中国特色金融消费权益保护：内在逻辑与实践探索

余文建 马绍刚 尹优平 等 ◎ 编著

中国金融出版社

责任编辑：张　铁
责任校对：孙　蕊
责任印制：程　颖

图书在版编目（CIP）数据

中国特色金融消费权益保护：内在逻辑与实践探索/余文建等编著. —北京：中国金融出版社，2023.11
ISBN 978 – 7 – 5220 – 2030 – 3

Ⅰ.①中…　Ⅱ.①余…　Ⅲ.①金融市场—消费者权益保护法—研究—中国　Ⅳ.①D922.284②D923.84

中国国家版本馆 CIP 数据核字（2023）第 094609 号

中国特色金融消费权益保护：内在逻辑与实践探索
ZHONGGUO TESE JINRONG XIAOFEI QUANYI BAOHU：NEIZAI LUOJI YU SHIJIAN TANSUO

出版　中国金融出版社
发行
社址　北京市丰台区益泽路 2 号
市场开发部　（010）66024766，63805472，63439533（传真）
网上书店　www.cfph.cn
　　　　　（010）66024766，63372837（传真）
读者服务部　（010）66070833，62568380
邮编　100071
经销　新华书店
印刷　保利达印务有限公司
尺寸　185 毫米 × 260 毫米
印张　28
字数　579 千
版次　2023 年 11 月第 1 版
印次　2023 年 11 月第 1 次印刷
定价　86.00 元
ISBN 978 – 7 – 5220 – 2030 – 3
如出现印装错误本社负责调换　联系电话（010）63263947

前 言

金融消费权益保护工作是一项与人民群众切身利益密切相关的工作，事关政治经济和社会发展全局，事关第二个百年奋斗目标顺利实现，事关促进共同富裕。党的十八大以来，中国人民银行金融消费权益保护局（以下简称消保局）在中国人民银行党委的直接领导下，始终坚持以人民为中心的发展思想，把走出具有中国特色金融消费权益保护发展之路作为目标，在应对新情况、新问题时，主动迎难而上，化挑战为机遇，在挑战中前行，中国特色金融消费权益保护实践探索取得了阶段性成效。

一、稳步推进金融消费权益保护领域基本制度建设，逐步建立完善有利于保护金融消费者权益的工作机制

消保局始终围绕保护广大金融消费者长远和根本利益这一宗旨，综合研究金融消费者保护重大问题，充分发挥制度建设在金融消费权益保护各项工作的引领作用，按照急用先行、循序渐进、分进合击的原则，坚持科学立法、民主立法、依法立法，持续加强与相关部门的沟通协调，逐步建立健全具有中国特色的金融消费权益保护基本制度。

一是深入推进金融消费权益保护制度建设。2013年，制定《中国人民银行金融消费权益保护工作管理办法（试行）》，为刚起步的人民银行金融消费权益保护工作奠定了重要的制度基础。2015年，人民银行联合原银监会、证监会、原保监会推动出台《国务院办公厅关于加强金融消费者权益保护工作的指导意见》，首次界定了我国的"金融消费者"概念，明确了金融消费者八项基本权利，是我国目前在金融消费者权益保护领域第一个全面、系统、效力层级最高的政策文件，是指导金融消费者权益保护工作开展的纲领性文件。2016年，制定规范性文件《中国人民银行金融消费者权益保护

实施办法》，为部门规章的出台打下立法和实践基础。2020年发布的《中国人民银行金融消费者权益保护实施办法》（中国人民银行令〔2020〕第5号）是我国首部部门规章层级的金融消费者权益保护专门立法，进一步夯实了依法行政的基础。进入新发展阶段，为破解高层级金融消费者权益保护专门立法缺失等难题，消保局积极探索推进金融消费者权益保护专门立法工作，在更广的领域进一步凝聚立法共识；同时，持续加强金融消费权益保护和普惠金融国际交流与合作，推动相关领域制度建设的国际影响力和话语权不断提升。

二是持续构建"三驾马车"工作格局。消保局坚持围绕中国实情，就金融消费权益保护工作的框架格局做了大量有益的尝试。尤其是在党的十九大以来，构建并丰富了以金融教育、普惠金融和金融消费者保护"三驾马车"为一体的金融消费权益保护工作整体框架，在助力老百姓更好学金融、用金融、信金融的问题上取得了积极进展。在解决学金融的问题上，消保局联动各相关主体以金融教育工作为抓手，不遗余力地推进金融知识纳入国民教育体系，构筑常态化金融知识普及教育阵地，显著提升了国民金融素养。在解决用金融的问题上，消保局在人民银行党委的直接领导下，坚决贯彻落实党中央、国务院有关发展普惠金融的统一部署，坚持深化普惠金融服务民生领域不动摇，与相关部门一道，以推进金融产品和服务更加安全、便捷、暖心为突破口，切实推动广大群众金融获得感持续提升。在解决信金融的问题上，消保局以零容忍的态度坚决打击侵害金融消费者合法权益的行为，有效保护了金融消费者合法权益，增强了老百姓金融助力实现美好生活的信心。

三是建立完善金融消费权益保护协调机制。为更好地贯彻落实第五次全国金融工作会议精神，消保局积极探索构建金融消费权益保护网状协调机制。横向上，牵头建立人民银行、银保监会、证监会消费者（投资者）保护部门参加的金融消费权益保护协调工作机制，通过协调工作机制持续加强沟通交流，寻求最大公约数，协同发力制定完善金融消费权益保护领域的基本制度、发展规划、行业标准等"四梁八柱"，着力补齐金融消费权益保护领域监管短板。纵向上，通过积极落实《国务院金融稳定发展委员会办公室关于建立地方协调机制的意见》的相关要求，推动中央金融管理部门与地方金融监管部门加强金融消费者保护协调合作，不断形成工作合力、实现优势互补，更好地推动解决地方层面金融消费权益保护重点难点问题。

二、推动建设"线上＋线下""集中性＋阵地化"的金融知识宣传教育新格局，消费者金融素养稳步提升

消保局始终以提升国民金融素养、防范金融风险为己任，推动金融知识宣传与风险教育以点及面、纵向潜深，逐步发展形成多层次立体化新宣教格局。同时，积极创新建立了消费者金融素养问卷调查制度，该问卷调查结果显示，我国消费者金融素养指数从2017年的63.71、2019年的64.77稳步提升到2021年的66.81。

一是科学统筹规划集中性金融知识普及活动。我们坚持以青少年、老年人、农民、务工人员、残疾人等重点人群的实际需求和重点问题为导向，聚焦人民群众对金融知识的迫切需求和薄弱领域，科学开展金融知识宣传普及工作，逐步构建起每年3月、6月、9月的集中性金融知识普及活动整体框架。特别是党的十九大以来，人民银行充分发挥牵头协调作用，联合银保监会、证监会、国家网信办等部门，以打造"金融知识普及月 金融知识进万家 争做理性投资者 争做金融好网民"活动品牌为重点，稳步形成各活动主体广泛参与、上下联动、统筹协同的金融知识普及新格局。

二是大力推进金融知识纳入国民教育体系。2013年，消保局会同原银监会、证监会、原保监会消保部门编写《中国金融教育国家战略》，首次提出将金融知识纳入国民教育体系。此后，积极联系教育部等单位，以启动义务教育课程方案和课程标准修订为契机，以编写面向小学高年级和初中生的常态化金融知识普及的配套读物《金融诚信伴我行》为经验，将金融知识纳入国民教育体系工作当作关系国家治理现代化和国民素质提升的事情扎实推进。2022年，教育部正式发布《义务教育课程方案和课程标准（2022年版）》，金融素养教育首次进入国家课程标准，标志着金融素养教育在标准制定层面得到正式认可，推进金融知识纳入国民教育体系工作取得突破性进展。

三是积极稳妥推进金融教育基地建设试点工作。为推动金融教育常态化阵地化发展，消保局在前期试点经验的基础上，于2020年制定下发《关于进一步做好金融教育示范基地建设试点工作的通知》，高标准地开展金融教

育基地建设工作。截至目前，人民银行各分支机构正式报备的省级金融教育基地中涵盖多类申报主体，包括金融机构、各类学校和社会实践基地、行业协会、社会组织以及基础金融设施或服务专门机构等。

三、金融消费者投诉管理"一体两翼"格局基本形成，消费者诉求表达、利益协调、权益保障渠道不断畅通

消保局积极践行金融为民理念，逐步探索建立以压实金融机构主体责任为主体，以"12363"暖心热线建设和金融纠纷多元化解机制建设为两翼的"一体两翼"投诉管理工作体系，持续督促和指导金融机构做好投诉受理、处理工作，促进金融机构完善内控制度和改进服务质量，取得了较好成效。

一是牢牢压实金融机构投诉处理主体责任。消保局着力构建投诉管理工作相关制度体系，制定人民银行消保系统内部投诉处理规程，指导金融机构建立健全内部投诉处理机制，强化对监管转办投诉办理质效的跟踪评价，充分发挥制度引领、规范和保障作用。同时，压紧压实金融机构投诉处理主体责任，以制定金融消费者投诉分类标准和建设金融消费者投诉数据统计监测分析系统等为重点，加强源头防控、前端化解，不断增强金融机构维护消费者合法权益的责任意识和主体意识，在提高金融消费者投诉处置的及时性、有效性上取得多点突破。

二是畅通金融消费者投诉咨询渠道。自2013年消保局有序推动"12363"金融消费权益保护咨询投诉电话开通以来，"12363"电话作为金融消费权益保护领域一项重要基础设施和人民银行服务广大金融消费者的窗口，经历了从无到有、从初建到稳定、从规范到特色的发展之路，成为帮助老百姓解决金融消费领域"急难愁盼"问题的"暖心热线"。特别是面对世纪疫情的冲击，较好地经受住重重考验，投诉咨询渠道始终保持畅通，助力一件件事关老百姓金融服务"冷暖"的关键小事得以解决。

三是统筹推进金融纠纷多元化解机制建设。消保局坚决贯彻落实习近平总书记关于"坚持把非诉讼纠纷解决机制挺在前面"的重要指示，坚持和发扬新时代"枫桥经验"。2019年，最高人民法院、人民银行、银保监会联合召开金融纠纷多元化解机制推进会，发布《关于全面推进金融纠纷多元化解机制建设的意见》。目前，金融纠纷多元化解地方工作机制已覆盖全国31个

省（自治区、直辖市），有效整合人民调解与司法调解资源，形成工作合力，打造矛盾纠纷收集与委派、按类调处、司法确认的对接机制。同时，消保局持续挖掘人民法院调解平台、中国金融消费纠纷调解网"双平台"数据交换、互联互通的功能效应，实现了案件移送、视频调解、签署协议、司法确认全流程在线办理，真正打通了金融纠纷解决"最后一公里"。

四、稳步推进金融消费者权益保护监督检查，筑牢金融消费者权益保护"铜墙铁壁"

消保局坚持聚焦"关系群众切身利益"的重点领域，综合运用执法检查、评估、风险提示、典型案例等现场与非现场监管手段，打出一套监督检查的"组合拳"，坚决维护好广大金融消费者合法权益。

一是扎实开展金融消费者权益保护领域执法检查工作。消保局在前期金融消费权益保护领域执法检查以专题式检查为主的基础上，稳步有序逐步扩大执法检查覆盖面，基本形成了以综合执法检查为主、以专项检查和行政调查为补充的金融消费权益保护执法体系。2022年，全面适用《中国人民银行金融消费者权益保护实施办法》（中国人民银行令〔2020〕第5号）开展金融消费权益保护执法检查，严格按照新出台的人民银行执法检查和行政处罚程序规定开展工作，持续关注和跟进执法检查、举报投诉、舆情反映的问题线索，着力提升监督检查精准度。

二是稳步推进金融消费权益保护评估工作。消保局通过制定下发统一的评估工作通知和评估指标体系，逐步构建完善金融消费者权益保护评估体系。特别是针对不同层级机构特点分设法人机构和分支机构两套指标，制定更为详细、操作性更强的证明材料目录和评分细则，对各家商业银行制作一家一份的个性化评估"诊断报告"，并注重评估结果与日常监管、监督检查、投诉举报等情况的有效衔接，确保消保评估的权威性、公平性、合理性，有力提升评估工作规范化水平。

三是进一步规范金融营销宣传行为。为贯彻落实第五次全国金融工作会议精神，消保局积极协调原工商总局、原银监会、证监会、原保监会和外汇局有关部门联合规范金融营销宣传行为，综合治理金融营销宣传领域问题乱象。人民银行通过与银保监会、证监会、外汇局联合发布《关于进一步规范金融营销宣传行为的通知》，积极参加国务院整治虚假违法广告部际联席会议，开发上线"金融广告监测管理信息系统""金融广告随手拍"以及大力倡导行业自律等手段，对金融营销宣传违法违规行为的突出问题进行了重点治理。

五、持续推进普惠金融高质量发展，基本建成与小康社会相适应的普惠金融体系

党的十八大以来，以习近平同志为核心的党中央对发展普惠金融作出了一系列部署安排，出台了一系列政策措施。2013年，党的十八届三中全会提出"发展普惠金融"，标志着普惠金融成为国家战略，中国普惠金融由此快速发展。消保局在人民银行党委的领导下，认真贯彻党中央、国务院决策部署，坚持政府引导和市场主导，坚持深化普惠金融改革创新，推动金融服务覆盖面、可得性、满意度显著提高。

一是加强普惠金融发展的顶层设计。2015年，原银监会、人民银行共同牵头起草《推进普惠金融发展规划（2016—2020年）》，经中央全面深化改革领导小组审议通过，由国务院正式印发，成为我国首个普惠金融发展规划。随后，人民银行牵头开展中国普惠金融指标体系建设，建立了全国、省、市、县四级普惠金融指标体系及填报制度。2020年，该规划如期收官，我国基本形成了与全面建成小康社会相适应的普惠金融服务和保障体系，在统筹疫情防控和经济社会发展、助力打赢脱贫攻坚战、补齐民生领域短板等方面发挥了积极作用。2021年，银保监会、人民银行共同牵头起草《推进普惠金融高质量发展的实施意见》，已由中央全面深化改革委员会第二十四次会议审议通过，明确未来一段时期普惠金融高质量发展的方向和举措。

二是不断完善普惠金融的供给体系。积极加强组织协调和业务指导，建立完善金融机构普惠金融联系机制，推动金融机构逐步提升普惠金融经营能力，加大普惠金融投入力度，支持构建"敢贷、愿贷、能贷、会贷"的长效机制。大中型银行通过单列信贷计划、内部资源倾斜、差异化绩效考核、尽职免责等举措，逐步探索出一条行之有效的普惠金融发展路径，普惠小微贷款增速连续几年超过30%。地方法人银行结合自身定位强化普惠金融战略导向，利用人缘、地缘优势，贴近客户、下沉重心。国家开发银行、政策性银

行积极开展普惠金融重点领域转贷款等业务。2021年,人民银行组织编写了《中国普惠金融典型案例》,以喜闻乐见的鲜活案例形式总结提炼了普惠金融各领域共262个典型案例,促进普惠金融互学互鉴。

三是创新破解普惠金融的发展难题。注重通过区域性试点进行创新探索,通过设立普惠金融改革试验区局部先行先试总结经验、发现问题,为全局性改革创新积累经验。2015年,正式批复宁波创建普惠金融综合改革示范区,在全国率先开展普惠金融示范区试点。随后,青海省、陕西省宜君县、河南省兰考县、福建省宁德市和龙岩市、江西省赣州市和吉安市、山东省临沂市等多地的普惠金融改革试点陆续开展,有效推动了当地普惠金融发展,并探索了可复制可推广的经验。

目　　录

第一章　金融消费者的概念辨析与法律界定 ……………………………… 1
　一、关于金融消费者概念界定的主要观点 ………………………………… 1
　二、部分国家和地区金融消费者概念的法律界定 ………………………… 3
　三、金融消费者概念界定的经济学分析 …………………………………… 6
　四、对我国金融消费者概念界定的立法建议 ……………………………… 6

第二章　中国金融消费者金融素养调查分析 ……………………………… 9
　一、金融素养的概念 ………………………………………………………… 9
　二、问卷调查总体概况 ……………………………………………………… 10
　三、四个维度的具体分析 …………………………………………………… 12
　四、值得关注的趋势或问题 ………………………………………………… 49
　五、主要结论与政策建议 …………………………………………………… 59

第三章　广义框架效应下的金融教育效果 ………………………………… 63
　一、引言 ……………………………………………………………………… 63
　二、金融教育和广义框架效应：文献评述 ………………………………… 64
　三、"长期效益—短期效益"框架效应的实证研究 ……………………… 68
　四、"高术语—低术语"框架效应的实证研究 …………………………… 79
　五、研究结论及政策建议 …………………………………………………… 86

第四章　金融消费者保护监管体制构建 …………………………………… 89
　一、金融消费者保护监管问题的提出 ……………………………………… 89
　二、金融消费者保护监管研究的文献综述 ………………………………… 90
　三、金融消费权益保护监管组织框架 ……………………………………… 94
　四、金融消费者保护执法机制 ……………………………………………… 101
　五、金融消费权益保护纠纷解决机制 ……………………………………… 110
　六、行政执法与争议解决的交叠：民行对接问题 ………………………… 114

第五章　金融消费者投诉分类标准制定和实施 ……………………………… 123
一、建立和实施金融消费者投诉分类标准的意义 ……………………… 123
二、域外金融消费者投诉分类的实践经验 ……………………………… 124
三、我国金融消费者投诉分类标准的实践探索 ………………………… 130
四、金融消费者投诉分类标准的建设与试点应用 ……………………… 132
五、我国金融消费者投诉分类标准的正式建立 ………………………… 135
六、金融消费者投诉数据的建模与分析应用 …………………………… 137
附录：金融消费者投诉统计分类及编码　银行业金融机构 …………… 142

第六章　金融营销宣传行为监管制度体系建设 ………………………………… 157
一、我国金融营销宣传行为监管制度体系现状 ………………………… 157
二、国际金融营销宣传行为监管制度体系建设经验 …………………… 160
三、完善我国金融营销宣传行为监管制度体系的建议 ………………… 162

第七章　金融领域债务催收行为的法律规制与治理 …………………………… 166
一、金融领域债务催收不当行为的界定与类型分析 …………………… 166
二、我国现行金融领域债务催收不当行为的法律规制及域外经验借鉴 …… 170
三、金融领域反催收不当行为的现状与成因分析 ……………………… 176
四、金融领域债务催收与反催收不当行为的治理路径 ………………… 180

第八章　探索建立金融消费者保护救济赔偿制度 ……………………………… 184
一、域外金融消费者保护救济赔偿制度比较 …………………………… 184
二、我国现有金融领域救济赔偿制度分析 ……………………………… 189
三、将行政罚款用于金融消费者专项赔偿的可行性研究 ……………… 193
四、完善我国金融消费者保护救济赔偿制度体系的建议 ……………… 196

第九章　个人金融信息保护立法与监管 ………………………………………… 199
一、个人金融信息保护立法与监管概述 ………………………………… 199
二、境外个人金融信息保护的良好经验及对我国的启示 ……………… 205
三、对完善我国个人金融信息保护立法与监管的建议 ………………… 212

第十章　金融领域格式合同的比较分析与监管 ………………………………… 223
一、金融格式合同条款的基本梳理 ……………………………………… 223
二、格式条款订入格式合同的规则与效力 ……………………………… 226
三、金融消费者保护领域格式条款问题的集中痛点 …………………… 228
四、规范金融领域格式条款的域外实践 ………………………………… 235

五、规范我国金融领域格式条款的启示和建议 ……… 237

第十一章 信用卡业务投诉管理难点与治理 ……… 241
一、问题的提出与文献综述 ……… 241
二、域外信用卡投诉治理经验 ……… 245
三、我国信用卡投诉现状分析 ……… 246
四、我国信用卡业务投诉形势成因分析 ……… 256
五、加强信用卡业务投诉管理的政策建议 ……… 261

第十二章 金融控股公司金融消费者保护立法与监管 ……… 266
一、我国金融控股公司金融消费者保护立法与监管现状 ……… 266
二、金融控股公司金融消费者保护监管的域外经验借鉴 ……… 270
三、金融控股公司金融消费者保护方面的主要问题 ……… 274
四、完善我国金融控股公司金融消费者保护的建议 ……… 280

第十三章 新兴领域金融消费者保护监管与规制 ……… 285
一、互联网平台消费者金融信息保护 ……… 285
二、平台算法风险对金融消费者保护的影响及其规制 ……… 291
三、元宇宙概念对金融消费者权益保护的影响和对策 ……… 300

第十四章 普惠金融指标体系构建与运用 ……… 309
一、构建中国普惠金融指标体系的必要性 ……… 309
二、国际上主要普惠金融指标体系的比较 ……… 310
三、中国普惠金融指标体系的构建过程 ……… 315
四、中国普惠金融指标体系重点指标分析 ……… 316
五、中国普惠金融指标体系的结果运用 ……… 324

第十五章 普惠金融、实体经济与货币政策 ……… 326
一、文献综述 ……… 326
二、DSGE 模型的构建 ……… 329
三、基于 DSGE 模型的实证研究 ……… 339
四、主要结论与政策建议 ……… 344

第十六章 普惠金融与财政政策作用机理 ……… 348
一、文献综述 ……… 348
二、普惠金融与财政政策之间的作用机理 ……… 350

三、实证检验 ……………………………………………………… 353
　　四、国际经验及借鉴 ……………………………………………… 360
　　五、结论及政策建议 ……………………………………………… 363

第十七章　普惠金融与金融稳定 …………………………………… 366
　　一、引言和文献综述 ……………………………………………… 366
　　二、普惠金融对金融稳定作用的理论与假设 …………………… 369
　　三、普惠金融对金融稳定作用的实证分析 ……………………… 372
　　四、相关普惠金融工作的政策建议 ……………………………… 382

第十八章　普惠金融与央行数字货币 ……………………………… 385
　　一、研究背景与国内现状 ………………………………………… 385
　　二、理论基础与国际经验 ………………………………………… 386
　　三、央行数字货币是破解普惠金融发展难题的新途径、新手段 … 389
　　四、普惠金融发展为优化央行数字货币使用提供新视角、新推力 … 391
　　五、央行数字货币与普惠金融协同发展可行路径及政策建议 … 393

第十九章　普惠金融与绿色金融融合发展 ………………………… 394
　　一、引言与文献综述 ……………………………………………… 394
　　二、绿色普惠金融发展的理论基础 ……………………………… 396
　　三、绿色普惠金融发展的国际经验 ……………………………… 399
　　四、绿色普惠金融发展的国内现状 ……………………………… 400
　　五、商业银行促进绿色普惠金融发展的实证分析 ……………… 402
　　六、绿色普惠金融发展面临的问题与挑战 ……………………… 407
　　七、绿色普惠金融发展路径与对策建议 ………………………… 409

第二十章　金融健康问题的理论与实践 …………………………… 413
　　一、金融健康问题的提出 ………………………………………… 413
　　二、金融健康的界定 ……………………………………………… 414
　　三、金融健康的国际和国内实践 ………………………………… 416
　　四、促进金融健康的必要性 ……………………………………… 419
　　五、我国居民金融健康指标体系的构建及调查分析 …………… 421
　　六、我国金融健康建设的着力点 ………………………………… 430

后　记 ………………………………………………………………… 433

第一章 金融消费者的
概念辨析与法律界定[*]

基于法律主体的概念界定是法律制度产生和重构的起点，对金融消费者概念的内涵和外延进行明确是全面准确保护金融消费者合法权益的基础。本章从分析国内理论界与实务界关于金融消费者的概念探讨及梳理金融消费者概念发展实践入手，通过对部分国家和地区金融消费者概念法律界定的比较借鉴，为我国金融消费者概念界定提出相关立法建议。

一、关于金融消费者概念界定的主要观点

（一）金融消费者概念争论的焦点

国内理论界与实务界围绕金融消费者概念的探讨，焦点主要集中在消费者的概念是否涵盖金融消费者、投资者是否属于金融消费者两大问题。

1. 金融消费者与消费者的关系

主张消费者概念可以涵盖金融消费者的观点认为，通过对生活消费作扩大解释，即将包括证券投资在内的各种金融活动都视为满足生活中对支付、结算、信用或资金运用等某一方面的金融需求的生活消费，就可以将包括投资者在内的所有"弱势的金融服务接受者"都纳入消费者概念范畴。主张金融消费者应和一般消费者予以区别的观点则认为，由于金融交易的特殊性，金融消费者较一般消费者处于更加弱势的地位，存在对金融消费者进行特别保护的客观需要。两种观点实质并不冲突，恰好说明我国学者普遍认为消费者是金融消费者的上位概念，但"金融消费者"并不简单作为"消费者"概念在金融领域进行延伸和特别化，立法还应满足金融消费者特殊保护的需要。

2. 金融消费者与投资者关系

一种观点认为，可以将接受支付、储蓄、保险等金融产品和服务的个人称为消费者，但应将资本市场上的个人投资者排除在金融消费者的范围之外。因为投资行为的直接目的是获得资金增值或资本收益，而不是为了生活消费。另一种观点提出给予金融消费者较为宽松的界定，使其能够涵盖整个金融服务领域。还有一种观点主张将个人投资者中以盈利为主要目的的专业投资者排除在金融消费者范围之外。总体来看，

---

[*] 本章作者：余文建、马绍刚、李婧、高妮、肖慧敏、董姝圆、刘雅琨、方芳、李亚荣、姚艳、张怡、付雅文、谢玛生、黄雪。

大多数学者认为,应对投资者的概念进行解构和划分,将个人投资者纳入金融消费者的概念,因为诸如投资股票债券、购买个人理财产品等结算、信用或资金运用等金融需求属于消费需求,或个人与金融机构之间发生金融交易行为符合消费者构成的三个基本特征;并且主张金融消费者不应包括专业投资者,其依据主要是个人投资者处于弱势地位,但专业投资者的弱势地位不明显。

(二)相关法规中关于金融消费者的规定

根据《中华人民共和国消费者权益保护法》(以下简称《消费者权益保护法》)规定,消费者是指为生活消费需要购买、使用商品或者接受服务者。一般认为消费者是指为个人或家庭的生活需要而购买、使用商品或者接受服务的自然人。我国现行法律中尚未明确规定金融消费者的概念,但监管部门政策文件中金融消费者的概念已被广泛运用,并被社会公众所接受。

1. 引入金融消费者的相关提法

2006年以后,"金融消费者"的提法在我国监管部门的规范性文件中开始出现。在银行领域,首次使用"金融消费者"概念的是银监会于2006年12月颁布的《商业银行金融创新指引》,该指引明确商业银行在金融创新活动中要充分维护金融消费者和投资者利益。2011年1月21日,《中国人民银行关于银行业金融机构做好个人金融信息保护工作的通知》提出要"强化个人金融信息保护""保护金融消费者合法权益"。在保险领域,2011年3月7日,保监会和银监会联合发布《商业银行代理保险业务监管指引》,明确规定其监管目标之一就是"保护金融保险消费者的权益"。上述文件中并未对金融消费者和投资者进行明确界定,而且在部分文件中还并用了金融消费者和投资者。

2. 明确使用金融消费者概念

国务院办公厅于2015年发布《关于加强金融消费者权益保护工作的指导意见》,明确使用金融消费者的概念,同时适用范围涵盖证券业,相当于间接认可了证券市场中存在金融消费者。为贯彻该文件,人民银行于2016年发布规范性文件《中国人民银行金融消费者权益保护实施办法》,把金融消费者界定为"购买、使用金融机构提供的金融产品和服务的自然人",并规定银行机构以及提供跨市场、跨行业交叉性金融产品和服务的其他金融机构以及非银行支付机构适用该办法,塑造了周延性较强的金融消费者概念。

3. 统一金融消费者概念的限制

2020年3月施行的《中华人民共和国证券法》规定,投资者可以分为普通投资者和专业投资者。依据证监会2017年发布的《证券期货投资者适当性管理办法》,专业投资者包括符合一定要求的自然人、法人或其他组织。因此,将投资者归属为金融消费者存在障碍,也对统一金融消费者概念造成了一定影响。2020年9月中国人民银行发布部门规章《中国人民银行金融消费者权益保护实施办法》,沿用"购买、使用银行、支付机构提供的金融产品或者服务的自然人"的定义,但将范围限定在开展中国人民银行职责范围内业务的金融机构，未将证券和保险公司纳入其中，因此金融消费者是否包含投资者这一关键性问题仍有待解决。

（三）统一金融消费者概念界定是立法的需求

目前，我国金融立法主要服务于分业监管模式，未界定统一的金融消费者概念，也未根据金融消费者与金融机构之间的不平等交易关系构建以金融消费者保护为核心目标的金融服务法或金融消费者权益保护法。从趋势上看，现有的金融消费者保护机构设置模式，是在分业监管下金融管理部门各自内部成立独立司局的"内双峰"模式，难以适应金融机构混业经营、交叉经营模式创新的发展趋势，也难以确定统一的金融消费者保护目标。同时，从国内司法实践来看，不同法院或法官基于对消费者、金融消费者、投资者含义的不同解释，就同类案件作出不同裁判结果的情形并不鲜见。这一现状既影响了司法的统一和权威，不利于市场主体准确预测行为结果，也不利于金融市场的长期稳定发展。理论界和相关业界纷纷提出，应以金融消费者保护和金融市场功能保障相结合的金融法内在价值目标为指引，明确统一的金融消费者概念，构建统一的金融消费者权益保护法律体系。

二、部分国家和地区金融消费者概念的法律界定

（一）美国将金融消费者界定为自然人或其代理人

美国消费者保护主要属于各州自治事务，联邦层面的立法有《马格努森—莫斯保修法案》《统一商法典》《诚实信贷法》等，立法均强调消费者是为个人、家人或家用目的购买商品或服务之人，也就是基于生活消费目的的自然人。美国1999年《金融服务现代化法案》规定金融消费者是"主要出于个人、家人或家用目的从金融机构处获得金融产品的个人及其代表"。此规定为2010年《多德—弗兰克华尔街改革与消费者保护法案》（以下简称《多德—弗兰克法案》）所继受，该法案规定，消费者是指任何自然人或代表该自然人行事的代理人、受托人或代表人。在美国，投资者与金融消费者并存，少有交集。投资者主要为证券法概念，金融消费者则是银行法概念，2010年《多德—弗兰克法案》设立的消费者金融保护局保护的"金融消费者"也主要是与"投资者"并列的"银行业消费者"，保险消费者保护仍主要属于州法管辖范围。

（二）英国将金融消费者限定为基于生活消费目的的自然人

英国1999年《消费者合同不公平条款法》与2015年《消费者权益法》将消费者限定为基于贸易或者职业外目的与经营者签订合同的自然人，也就是基于非商业目的的自然人。根据英国2000年《金融服务与市场法》和2012年《金融服务法》，金融消费者是指已经使用或考虑使用该法下任何金融服务的人，以及对该法下任何金融服务具有相应权利或利益的人。这一概念基本覆盖了整个金融服务领域的非专业交易者和投资者。英国金融服务管理局（FSA）制定的《FSA监管手册》、英国金融行为监管局（FCA）制定的《FCA监管手册》及英国《保险法》均明确，消费者取得商品或服务主要是为了个人、家庭或家用目的，将金融消费者限定为基于生活消费目的的自然人。

英国2000年《金融服务与市场法》用大一统的投资者概念与同样是大一统的金融消费者概念实现了对金融行业的基本覆盖。如该法第22条规定，金融活动是与投资有关的活动，投资包括任何资产、权利或利益。投资涵盖了银行、证券、期货、保险、信托等领域，已然成为金融商品的同义词，而非仅限于证券。但由于在行为主体方面，《FCA监管手册》规定消费者必须是自然人且具有非营业性，故机构投资者和以投资为业的专业投资者（包括自然人与法人）就被排除在金融消费者范围之外。同时，该法第138条规定"消费者不仅包括使用金融产品和服务的人，还包括虽不直接使用金融产品和服务但对其拥有相关权利和利益的人"，后者（如保单受益人等）并不能被称为投资者，故该部分金融消费者又不能被投资者概念所涵盖。金融消费者与投资者两个概念之间形成了一种高度交叉但又各有独立指涉范围的关系。

（三）韩国金融消费者包括自然人和法人

韩国1980年《消费者保护法》（2008年修订更名为《消费者基本法》）规定，消费者是最终购买和消费商品的人。此定义关注的重点是消费者应为商品的最终购买和消费者，至于其是自然人抑或法人则在所不问。韩国2020年3月通过、2021年生效的《金融消费者保护法》第2条规定："金融消费者"是指在金融商品销售合同订立过程中，金融商品销售业者的交易相对方，或者金融商品咨询业者的咨询业务相对方，包括自然人与法人，具体分为专业金融消费者与一般金融消费者。该法将与金融机构签订金融商品销售合同的所有交易相对方都作为金融消费者，同时以风险承受能力、资产规模、是否具备专业知识为标准，将金融消费者分类为专业金融消费者和一般金融消费者，体现了功能性监管理念。在韩国，金融消费者是投资者的上位概念。自2008年国际金融危机以来，为稳定金融市场，提振金融消费者信心，韩国政府一直致力于推进金融消费者保护统一立法。《金融消费者保护法》的颁布，标志着韩国金融消费者权益保护统一立法的正式确立。该法将银行、证券、保险、信托等所有金融产品及其相关业务类型均纳入调整范畴，凡是金融商品销售商的相对方或接受金融商品咨询业者咨询服务的相对方均属于法定的"金融消费者"。根据该法规定，一般金融消费者主要包括自然人和一般法人，受到全面的金融消费者保护规则保护；专业金融消费者是指具有一定金融商品知识的自然人、具有一定资产规模的自然人或法人，以及具有相应风险识别能力的金融消费者，只能享受金融消费者的部分保护规则。

（四）我国台湾地区金融消费者排除专业投资机构和符合一定财力或专业能力的自然人或法人

我国台湾地区2015年"消费者保护法"第2条规定："消费者：指以消费为目的而为交易、使用商品或接受服务者。""消费关系：指消费者与企业经营者间就商品或服务所发生之法律关系。"此种界定模式同样只关注是否存在"消费目的"，并没有选择将法人完全排除在消费者概念范畴之外。2011年"金融消费者保护法"第4条将金融消费者界定为"接受金融服务业提供金融商品或服务者，但不包括专业投资机构和符合一定财力或专业能力之自然人或法人。"据此，我国台湾地区的金融消费者包括自然人和法人，但并非全部自然人和法人都属于金融消费者。"金融消费者保护法"2016年修订后仍保留原有对金融消费者的界定。在我国台湾地区，金融消费者与投资者是两个彼此独立、互无交集的概念，均包括自然人和法人。当自然人或法人作为接受金融商品或服务一方时，其当然属于金融消费者，但仅当其满足法定条件时才可以成为投资者。投资者包括专业投资机构和符合条件的自然人与法人。台湾地区的"立法机关"认为，投资者主要分为证券投资者和期货投资者两类，均需满足主管机关规定的财力或专业能力等严格条件才能成为投资者，否则就全部属于金融消费者。

(五) 对我国金融消费者概念界定的启示

1. 消费者是金融消费者的上位概念，二者的主体范围一致

从各个国家和地区的立法实践来看，消费者的立法保护一般早于金融消费者，金融消费者一般沿袭消费者的定义方式。如美国，消费者是为了个人、家人或家用目的购买商品或服务之人，金融消费者则定义为主要出于个人、家人或家用目的从金融机构处获得金融产品的个人及其代表。更为显著的是，各个国家和地区金融消费者的主体范围无一例外地与消费者保持一致，即消费者主体范围为自然人则金融消费者也限定为自然人，若消费者包含自然人和法人，金融消费者也同样为之。由此可见，各国或地区均将消费者作为金融消费者的上位概念，这给我国金融消费者概念确定提供了最为直观的借鉴。

2. 购买金融产品和接受金融服务是金融消费者的统一行为特征

各个国家和地区关于金融消费行为的定义各有不同，美国为获得金融产品，英国为使用金融服务，韩国为金融商品购买或者金融商品咨询，我国台湾地区为接受金融服务业提供金融商品或服务。从这些行为本身来看，金融消费行为无外乎"购买金融产品或接受金融服务"。关于行为目的的考究，早期立法的英美等国一般限定为"家用目的"，即生活消费。新近立法的韩国和我国台湾地区则未限定金融消费行为目的，体现了逐渐淡化行为目的考究的立法趋势，这为我国立法提供了借鉴。

3. 投资者本质上属于金融消费者

从各国或地区的金融消费者和投资者关系分析来看，广义的金融消费者包含投资者是毋庸置疑的，因为无论是一般的金融投资还是证券、期货投资本质上都是购买金融产品或接受金融服务，都属于金融消费行为。关于金融消费者和投资者的关系，各个国家或地区都围绕自身的监管实际来确定。如美国，在金融分业监管格局下，"投资者""金融消费者（银行业消费者）""保险消费者"三者并列。而韩国，自2008年国际金融危机以来，为稳定金融市场，提振金融消费者信心，政府一直致力于推进金融消费者保护统一立法，并于2020年3月通过《金融消费者保护法》，将银行、证券、保险、信托等所有金融产品及其相关业务类型均纳入立法范畴，标志着韩国金融消费者权益保护统一立法的正式确立。

4. 可适当扩大金融消费者的外延

英国《金融服务与市场法》明确金融消费者是指已经使用或考虑使用该法下任何

金融服务之人，及对该法下任何金融服务具有相应权利或利益之人。该法规定，"消费者不仅包括使用金融产品和服务的人，还包括虽不直接使用金融产品和服务但对其拥有相关权利和利益的人。"韩国金融消费者是指金融商品销售商的相对方或接受金融商品咨询业者咨询服务的相对方。这些规定均扩大了金融消费者的外延，包括已接受以及正考虑接受金融产品或服务者，同时将保单受益人、贷款担保人等间接金融消费权利义务主体也纳入保护范围，值得我国在立法中予以借鉴。

三、金融消费者概念界定的经济学分析

（一）金融消费者的弱势地位

在传统商品交易中，消费者虽然处于信息劣势地位，但是其所购买的产品基本上是能够被人们所熟知的日常消耗品，即消费者能够利用自身既有的认知经验或知识储备，在较大程度上保障自己在商品交易中不会受到损害，或者尽可能获取更多的商品信息，以减少与商品生产者、销售者之间的信息不对称性。这也使传统商品交易的信息传递相对顺畅，消费者所拥有的信息相对完整与清晰。而金融市场交易并非如此，受金融产品类别复杂性、服务内容专业性等特征的影响，普通金融消费者很难利用既有的知识判断产品风险，与金融机构之间的信息不对称问题较为突出，这也导致其在金融交易中属于弱势一方。

（二）金融消费的特殊性

随着科技的发展和电子化交易的日益普及，金融市场高度发达，与普通消费相比，金融消费交易的特殊性主要体现在：交易标的无形性、交易内容信息化、交易意思表示格式化、交易方式电子化、销售方式劝导性，同时金融业具有天然的垄断性和高度的行业认同。金融消费的特殊性决定了金融机构和金融消费者之间的不平等关系。同时，这类不平等关系的调整仅依托现行的消费者保护法律无法得到有效解决。

（三）对投资者的保护与对购买银行、保险产品或服务的金融消费者的保护具有共同的理论基础

投资者与购买银行、保险产品或服务的金融消费者一样，由于信息不对称和专业能力的差异，在金融交易中处于弱势地位，与金融机构形成不平等交易关系。对于专业投资者而言，其面对复杂的金融投资商品和金融机构的不当劝诱，也容易作出非理性决策。同时，由于专业投资者投资的资金往往较多，也更容易对金融市场整体产生影响，进而引发金融风险。因此，从金融立法的内在价值目标出发，应当将各类投资者（包括专业投资者）纳入金融消费者保护的法律体系中，以维护金融市场的稳定秩序，保障金融市场的效率与自由。

四、对我国金融消费者概念界定的立法建议

为避免分业监管的局限性，建议各监管部门结合自身职责范围，并在明确金融消费者保护行为规范的基础上，制定出台《金融消费者权益保护法》，界定金融消费者的

概念，确立我国金融消费者保护统一立法。

(一) 建议将金融消费者作为消费者的下位概念

我们认为，关于应在消费者范畴之外另设金融消费者概念的观点，一方面并未提供这种另起炉灶创设一套法律概念体系的充足理由，另一方面也不利于我国消费者保护立法体系的统一性。而 2013 年修订的《消费者权益保护法》虽未明确提出金融消费者的概念，但增加了证券、保险、银行等金融领域消费者保护的条款，为将金融消费者纳入消费者范畴提供了法律依据。因此，建议将金融消费者作为消费者下位概念进行明确，金融消费者保护专门立法则作为《消费者权益保护法》的特别法，规定金融消费者除享有一般消费者的基本权利外，针对金融消费的特点，对金融消费者保护作出特别规定。

(二) 建议金融消费者概念涵盖整个金融领域消费者

关于金融消费者是否应涵盖银行、证券、保险等金融领域消费者，尤其是投资者是否应纳入金融消费者范畴，监管部门和理论界的认识日趋统一：通过金融活动积累个人财富已成为普通人生活不可缺少的部分，投资行为的增值、盈利目的与"生活消费需要"并无本质冲突；是否盈利并未改变自然人在金融服务过程中的弱势地位；增值、盈利是金融商品的基本属性和功能之一，如果不允许盈利，金融商品就丧失了其功能属性，金融消费者保护就失去了意义。此外，国务院以及最高人民法院文件已明确金融消费者应包括银行、证券、保险等金融市场消费者，尤其是最高人民法院《九民纪要》明确将高风险等级投资活动纳入金融消费者案件的范畴。因此，建议明确金融消费者涵盖银行、证券、保险等全部金融市场消费者，并基于此制定统筹整个金融领域的金融消费者保护专门立法，缓解目前金融消费者保护领域存在的监管空白、监管重叠等问题。

(三) 建议拆分"投资者"概念，将自然人中小投资者纳入金融消费者范畴

在我国制定统一的《金融消费者权益保护法》，无论从法理角度还是实操角度，"金融消费者"概念下都应该包括"投资者"，这也符合我国民众和社会对立法的普遍期盼。但对于"投资者"的概念如何纳入"金融消费者"概念中，需要借鉴域外立法经验后，结合我国国情社情和经济金融发展情况进行本土化研判。从对我国国民金融素养调查和相关调研情况来看，自然人中小投资者数量逐年增加，但风险意识却未能大幅提高，说明中小投资者在风险识别和抗风险能力上还有较大的提升空间。因此，现阶段，我们认为自然人中小投资者具备"金融消费者"的天然弱势地位，立法应当给予倾斜性保护。这一立法理念早在 2013 年出台的《国务院办公厅关于进一步加强资本市场中小投资者合法权益保护工作的意见》就已有明确体现。在立法过程中，应根据我国资本市场的实际情况，制定并公开中小投资者分类标准及依据，并进行动态评估和调整；进一步规范不同层次市场及交易品种的投资者适当性制度安排，明确适合投资者参与的范围和方式。但为了避免倾斜性保护的不当扩大，在立法中建议明确排除机构投资者和自然人专业投资者。自然人专业投资者需满足金融管理部门规定的财

力或专业能力等法定条件才能被认定为专业投资者,除此之外的投资者均属于中小投资者,应当受《金融消费者权益保护法》的保护。

(四)建议以"非贸易、非职业或非商业经营性"限定金融消费者行为目的

如前文所述,《消费者权益保护法》规定的"生活消费需要"并不排斥以增值、盈利为目的的投资行为,但可以明确的是消费行为不包括经营行为。例如欧盟立法,就以"非贸易、非职业或非商业经营的目的"界定受保护的消费行为。同理,在行为目的方面,我们建议将金融领域受保护的消费行为限定于"非贸易、非职业或非商业经营性"目的。例如,在银行卡收单业务中,拥有消费者身份的应只包括持卡人,而作为经营者的特约商户,不应作为消费者进行保护。

(五)建议拓宽金融消费者概念的外延

一方面将已购买使用或准备购买使用金融产品或服务的自然人均纳入金融消费者概念范畴。从实践来看,金融消费者合法权益受到侵害的情形,不仅体现在已完成的金融交易上,也体现在处于要约状态的金融交易中,例如消费者异地开立银行卡被拒、兑换小额零钞或者残损币被拒等。对于准备购买和使用金融产品或服务的自然人而言,金融机构也应保护其知情权、公平交易权、受教育权、受尊重权、信息安全权等合法权益。若将金融消费者概念仅定义为已购买使用金融产品或服务的自然人,则缩限了立法保护范围,不利于其依法保护自身权益,且也为相关部门履行监管职权造成阻碍,增加执法风险。另一方面,间接因其他人金融消费而与金融机构产生权利义务关系的自然人也应属于金融消费者的范畴。《中华人民共和国保险法》保障了保险受益人的相关权益,基于此,我国金融领域消费者权益保护的统一立法应涵盖保险受益人。此外,贷款担保人也间接参与金融活动,其权益也应得到保护。建议将金融消费者概念外延扩大至"虽不直接使用金融产品和服务,但对其拥有相关权利或承担相关责任的人"。

第二章　中国金融消费者金融素养调查分析*

通过金融教育提升国民金融素养水平，有助于促进普惠金融深入发展，有利于维护金融消费者的长远利益和根本利益，有益于金融市场健康稳定发展。本章基于人民银行建立的消费者金融素养问卷调查制度，客观分析消费者在金融知识、金融行为、金融技能和金融态度四个方面的基本情况，从年龄、学历、收入、职业、性别、城乡、地区等不同维度进行描述，就值得关注的趋势和问题进一步进行分析，并提出相应的政策建议。

一、金融素养的概念

到目前为止金融素养并没有统一的定义，学术界和政策制定者为此做了大量的探索，对金融素养概念的界定大致有以下几种：一是早期不少学者将金融素养等同于金融知识，尤其是个人对基本金融概念的了解，在衡量金融素养时考察的是消费者对基本知识点（比如利率计算、通货膨胀、风险分散化等）的掌握情况（Hilgert，Hogarth和Beverley，2003；Lusardi和Mitchell，2007）；二是认为金融素养是综合性概念，既包括金融知识，也包括人们处理各类经济信息并在诸多金融事务上作出明智决策的能力（Lusardi，Annamaria和Mitchell，2014），有学者用“金融能力”（Financial Competence）一词来强调人应当具备处理日常金融生活中各种问题的能力（Johnson和Sherraden，2007；Kempson，Collard和Moore，2005；Thomas Retzmann和Günther Seeber，2016）；三是认为金融素养不仅涵盖上述要素，还有着更为丰富的内涵，除应当包括金融知识、行为、态度外，还要包括个人的金融经验（Moore，2003），该定义注重实践，认为金融素养是消费者通过亲身经历将金融知识内化于行而获得的，金融素养良好的消费者能够评估新的和复杂的金融工具并在选择和使用金融工具上作出明智的决策（Mandell，2007）。还有学者结合行为金融学、心理学的成果从人类认知能力发展的角度对金融素养作出解读，从而进一步探索金融教育的必要性。值得一提的是，有学者（Margaret Sherraden和David Ansong，2016）将金融能力（Financial Capability）的概念在金融素养的基础上做了进一步的延拓，认为不仅包括消费者在金融知识、态度、行为、技能等方面展现的能力（Financial Literacy），还包括消费者获取金融产品和服务的机会，最

---

* 本章作者：余文建、尹优平、王瑱、武岳、李潇潇、张光源、张璇、华国斌、武加文、杨涛。

终在最大程度上获得个人的金融福利。

隶属于经济合作与发展组织（OECD）的金融教育国际网络（INFE）从2010年开始启动了对多个国家的金融素养问卷调查工作，在2011年的调查报告中对金融素养的定义是"与金融事务相关的意识、知识、技能、态度和行为，并将其用于金融决策以改善个人金融福利"。该定义对金融素养的内涵进行了拓展，超越了金融知识这一狭义范畴，将个人对金融的认知、态度、金融知识的掌握和运用、可观测的金融行为等方面综合起来，作为金融素养的内在要求。OECD/INFE给出的定义是基于其2005年发布的《关于金融教育和认识的原则与良好实践》中对金融教育概念的定义："金融教育是金融消费者或投资者增强对金融产品、概念和风险认识的过程，并学会通过各种手段获取客观信息，提高对金融风险和机会的认识，作出有效的金融决策，懂得维护合法权益，最终提升自身的金融福利。"金融教育的目的是提升金融素养，金融教育过程中涉及的核心内容如金融知识、行为、态度、技能等便是金融素养的必要组成部分，金融教育围绕这些核心要素开展。美国总统金融素养咨询委员会与OECD在金融教育这一概念上的定义基本一致，但在金融素养概念上强调的是消费者"利用知识和技能有效管理金融资源的能力"，获取"长期的金融福利"（PACFL，2008）。欧盟委员会对金融素养的定义更具针对性："消费者和小企业所有者具备理解零售金融产品、作出有效金融决策的能力"，将小企业所有者纳入其中是因为欧洲大陆有许多小企业所有者金融素养较低，但小企业对就业的贡献很大，金融素养不足会对小企业健康发展产生负面作用，从而影响经济增长。也有很多研究人员并未对金融素养的概念进行界定，Huston（2010）对1996—2008年间的71项金融素养（或金融知识）研究进行了文献计量学分析，发现72%的研究居然根本没有对金融素养进行概念界定，有13%的研究提供了定义但是看法不一，其余的研究讨论了定义问题但语焉不详。

从上面的分析可以看出，随着理论探索的深入和实践经验的积累，金融素养概念的内涵在不断扩展，本章所讨论的金融素养包括四个维度：金融知识、金融技能、金融行为和金融态度。金融知识既包括基本的金融概念、金融产品和服务知识（如货币、银行卡、储蓄、贷款、信用、利息、通货膨胀、风险等），也包括相对复杂的金融知识（如债券、基金、股票、衍生品等）。金融技能是指消费者将学到的金融知识运用于个人日常金融生活（如财务规划、金融产品和服务的选择等）的能力。金融行为是消费者在日常生活的实际行动，是可观测的最终结果。金融态度根植于个人对金融的整体认知和意识，能够反映金融消费者对风险的偏好程度。

二、问卷调查总体概况

为准确把握消费者金融知识水平及金融消费者教育领域中存在的薄弱环节，评估金融消费者教育的有效性，进一步做好金融知识普及工作，中国人民银行金融消费权益保护局分别于2013年和2015年针对消费者金融素养情况在九省市组织开展了两次试点调查，初步探索形成调查经验。在此基础上，2016年，人民银行办公厅下发《关于建立消费者金融素养问卷调查制度（试行）的通知》，正式建立了消费者金融素养问卷调查制度，并于 2017 年、2019 年在全国 31 个省级行政单位（除港澳台地区）全面开展消费者金融素养问卷调查。

2020 年新冠疫情发生之后，消保局对金融素养问卷调查的方式、方法和内容加以改进和完善，在顺利完成前期测试和调查培训工作后，于 2021 年 4 月第三次全面开展消费者金融素养问卷调查。

本次调查主要通过电子化方式采集样本。按第六次人口普查的数据口径，调查全面覆盖全国 31 个省级行政单位和 333 个地级行政单位。在县级层面，共有 2200 个县级行政单位参与本次调查，覆盖 77% 的县级行政单位。调查主要采用概率比例规模抽样法（PPS），组织 31 个省级分支机构以辖内乡镇和街道为基本单元进行随机抽样，最终确定了 3927 个乡镇和街道作为一级调查点，覆盖率约为 10%。本次调查共采集到约 14 万份样本，有效样本量为 118775 份。受访者的平均年龄为 40.39 岁，中位数年龄为 38 岁，其中，25~30 岁、30~35 岁、45~50 岁是受访者最为集中的年龄组（见图 2-1）。

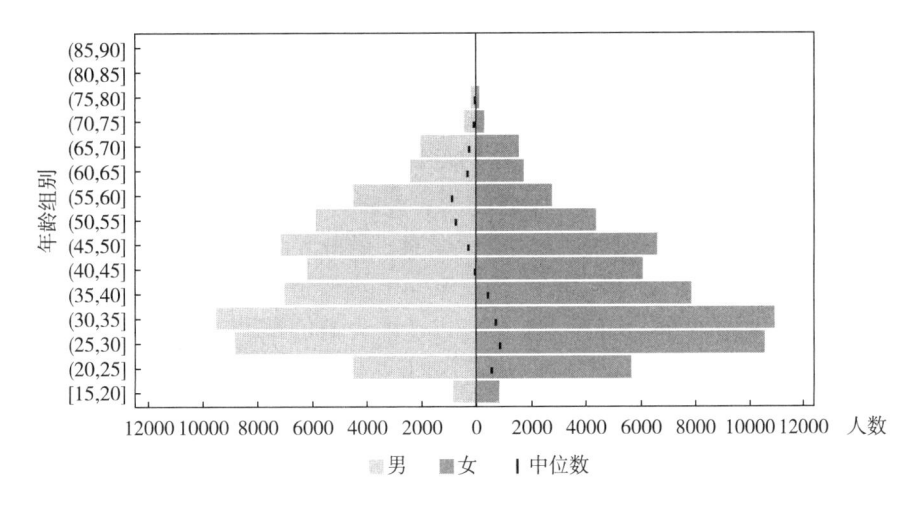

图 2-1 样本年龄分布

从金融知识方面看，整体上我国金融消费者对信用知识掌握较好，普遍能够认识到维护良好信用记录的重要性；对风险收益关系有较为正确的认识；对退保认识比较到位；对人民币知识掌握较好；对贷款期限与月还款金额及利息的关系有基本的理解。与 2019 年相比，金融消费者在信用知识、保险知识、贷款知识、存款保险知识、年化收益率计算等方面有较为明显的提升。同时，金融消费者的复利意识和贷款知识还存在不足；对存款保险的理解仍有提升空间；对商业保险基础知识的掌握还有待进一步加强；投资理财知识较为欠缺。与 2019 年相比，在分散化投资、风险收益关系方面的掌握有所下降。

从金融行为方面看，尽管通过手机进行支付已是我国金融消费者在日常生活中的首选，但大多数人有使用现金进行支付的经历，其中主要为小额支付；在信用卡还款方面普遍具有良好的表现；在贷款使用方面，主要用于购置房产和日常消费；在投资理财方面，主要购买或持有存款类、银行理财、基金、股票等产品；在金融产品或服务信息获取方面，金融机构网点和互联网渠道最受欢迎，选择非网点现场宣传、电话、短信等渠道的受访者较少；大部分人会阅读金融产品的合同条款。与2019年相比，金融消费者信用卡还款行为显著改善，全额还款的比例提高了8.20个百分点，最低还款额或还款能力不足的比例下降了2.81个百分点；阅读合同习惯有改善，仔细阅读合同条款的比例增加了12.31个百分点。

从金融态度方面看，我国金融消费者普遍认可现金在日常生活中的必要性，对商家拒收现金持有明确的反对态度；对负债消费普遍持有谨慎的态度；对互联网金融产品和服务持肯定态度，也有不少人认为便利与风险并存；认可金融教育的重要性，认为针对青少年金融教育最有效的方式是通过学校课程教育。金融消费者对金融投资的收益预期普遍偏高。与2019年相比，金融消费者对金融教育的重视程度有所提升，认为金融教育非常重要的比例提高了14.04个百分点，认为金融教育不重要的比例则下降近10个百分点。

从金融技能方面看，我国金融消费者在日常收支管理方面表现良好，大多数处于收支盈余或平衡状态；应急储蓄相对充足，普遍能够应对相当于3个月收入的意外支出；能够意识到要通过资质来辨别金融营销宣传；能够正确理解金融产品合同的关键性条款；知道如何正确处理假币；具有密码保护意识；基本能够选择正确的投诉渠道。与此同时，部分金融消费者要提高债务管理能力，减轻个人债务负担；在面对互联网上的高利诱惑时，近半数没有第一时间查看资质或直接拒绝；金融消费者在作出决策时更多依赖自身经验和知识，而非寻求第三方专业力量的帮助，容易因过度自信等因素而产生不良后果。与2019年相比，金融消费者在理解合同条款、应急储蓄、选择金融消费纠纷处理渠道方面有较为明显的改善；在ATM密码保护、假币处理等传统技能掌握方面有所下降。

三、四个维度的具体分析

（一）消费者金融知识

整体来看，我国金融消费者对信用知识掌握较好，85.15%的受访者知道严重不良信用记录会对自己申请贷款产生负面影响，71.84%的消费者知道不良信用记录的保存年限为自不良行为或事件终止之日起5年；对风险收益关系有较正确的认识；对退保犹豫期的认识比较到位，71.03%的消费者知道无条件退保相关规定；对人民币和通货膨胀有较好的认识；68.80%的受访者能正确认识到外币不能在我国境内流通使用；68.68%能正确理解通货膨胀对日常生活的影响；多数金融消费者（68.62%）对贷款期限与月还款金额及利息的关系有一定的理解。

消费者的复利意识和贷款知识还存在不足，56.59%的消费者能够正确理解复利，56.99%的消费者知道等额本金和等额本息的区别；对存款保险的认识还有待进一步加强，55.24%的消费者知道存款保险最高偿付限额；对保险的理解还有待提升，57.02%的消费者认为保险最基本的功能是保障（分摊风险），48.48%的消费者认为重复投保财产险无法获得重复赔偿；投资基础知识较为欠缺，仅有48.37%的消费者对分散化投资有正确的认识，44.69%的消费者能够正确估算年化收益率。

与2019年相比，金融消费者在不良信用记录保存年限、不良信用记录影响、财险重复投保、退保、贷款期限的影响、还款方式、存款保险等方面有较为明显的提升；在复利意识方面基本持平；在年化收益率计算、分散化投资、风险收益关系方面的掌握有所下降。

1. 对人民币主权地位的认识

通过询问外币是否能够在境内流通使用，间接考察我国居民对人民币主权地位的基本认知程度，68.80%的受访者能正确认识到外币不能在我国境内流通使用，人民币是唯一可以在我国境内流通使用的法定货币。低学历群体对货币主权地位的认识程度最低，小学及以下学历消费者仅有58.74%认为外币不能进入流通领域。

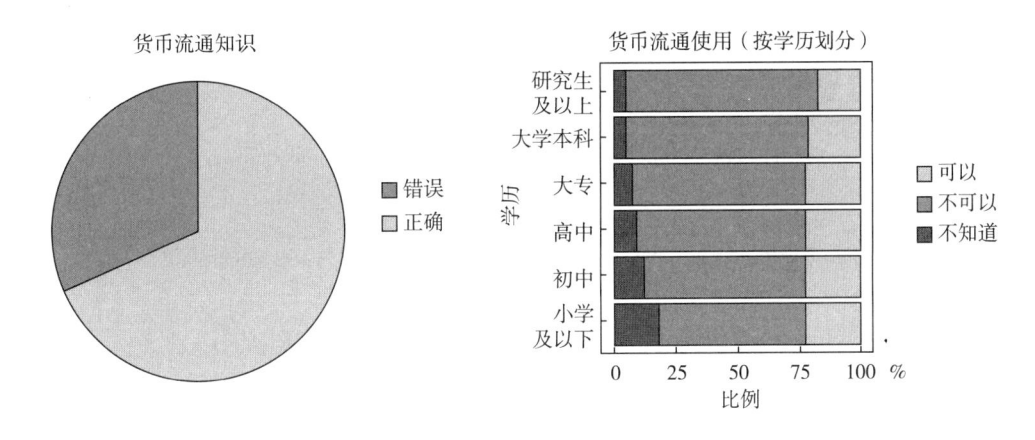

注："可以"认为外币可以在境内流通，"不可以"认为外币不可以在境内流通，"不知道"表示不清楚外币是否可以在境内流通。

图2-2 对人民币主权地位的认识

2. 对复利的认识

在复利意识方面，主要考察消费者是否具备复利意识并能正确估算，结果显示，56.59%的消费者能正确掌握复利知识，与2019年基本持平，正确率上升了0.25个百分点。从学历维度看，学历越高，对复利知识的掌握程度越高，研究生及以上学历64.93%的消费者能正确掌握复利知识，小学及以下学历比例仅为49.95%。从收入维度看，收入越高，对复利知识掌握程度越高，2万元及以上月收入段中，61.19%的消费者能正确掌握复利知识，月收入2000元以下的消费者中比例为53.50%。从职业维度看，全日制学生对复利知识掌握程度最好，59.20%的学生消费者能正确掌握复利概念。

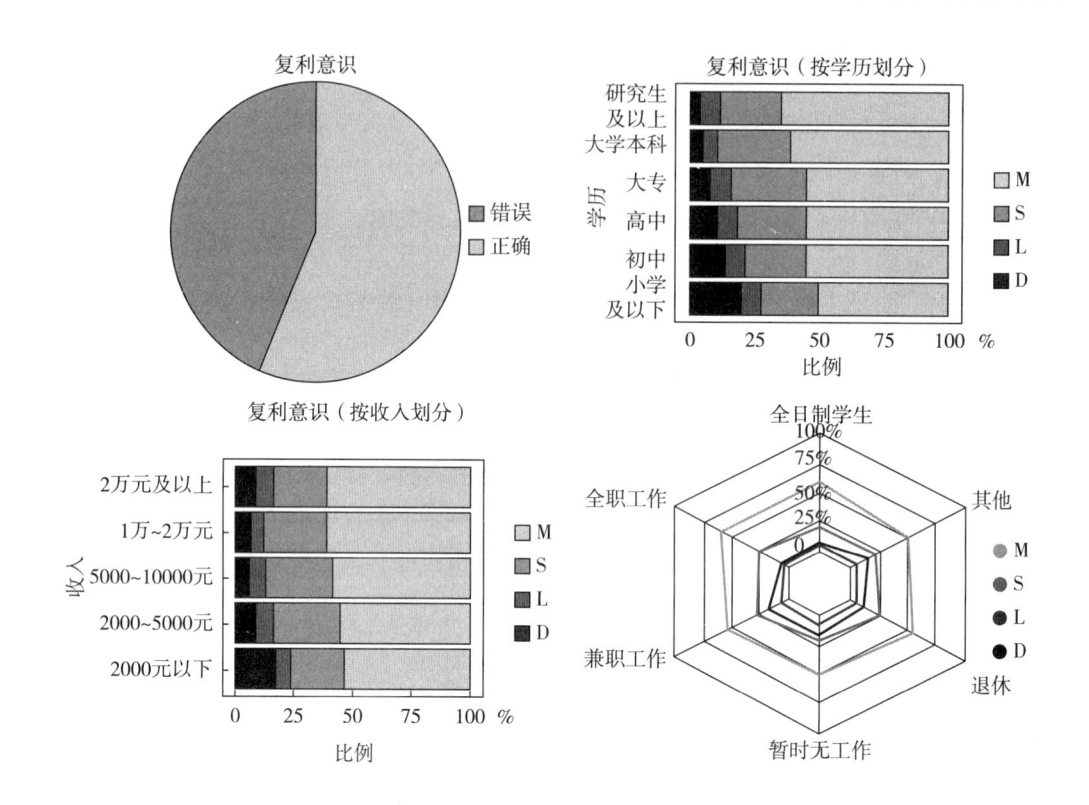

注：M 表示复利高于单利，S 表示复利和单利无区别，L 表示复利小于单利，D 表示不知道。

图 2-3 复利意识及估算

3. 对风险和收益的认识

在风险收益关系认识方面，调查结果显示，74.63%的消费者认为高收益往往伴随着高风险，与 2019 年相比，降低 3.19 个百分点。从学历维度看，学历越高对风险和收益的关系掌握程度越高，研究生及以上学历 83.35%的消费者能正确理解风险和收益的关系，初中学历消费者比例为 67.97%，小学及以下学历消费者比例为 64.43%。从收入维度看，低收入群体与其他组别有明显差距，月收入 2000 元以下的消费者中比例为 63.81%，其他组的正确率均在 75%以上。从城乡维度看，城乡差异明显，77.42%的城镇消费者能正确认识风险和收益的关系，比农村地区高 7.69 个百分点。

4. 对投资分散化原理的认识

在风险分散方面，仅有 48.37%的消费者对分散化原理有正确认知，与 2019 年相比，降低 9.71 个百分点。从年龄维度看，60 岁以上消费者对风险分散意识最差，60 岁以上消费者中正确率比例为 41.62%。从学历维度看，学历越高，风险分散意识越强，研究生及以上学历 68.87%的消费者能正确掌握风险分散概念，小学及以下学历消费者比例为 34.43%。从收入维度看，低收入群体的认知偏差最大，月收入 2000 元以下的消费者中比例仅为 35.50%，低于平均水平。从城乡维度看，存在明显的城乡差

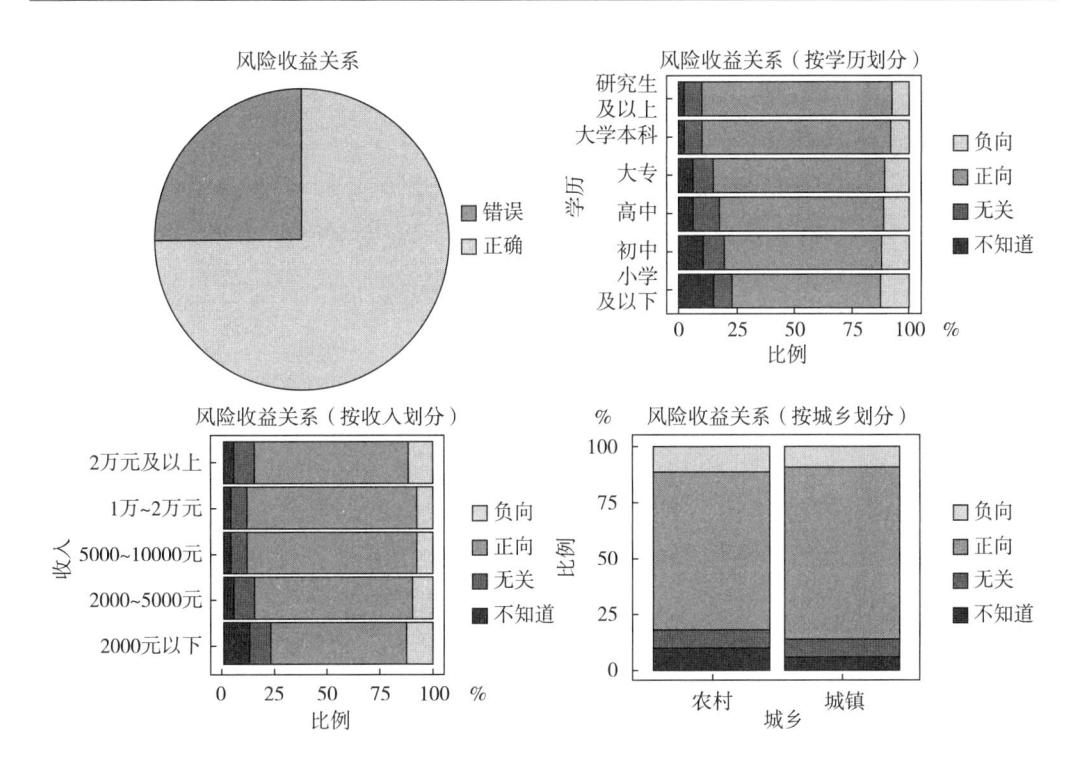

第二章 中国金融消费者金融素养调查分析

注:"负向"表示认为收益越高,风险越小;"正向"表示认为收益越高,风险越大;"无关"表示认为收益与风险无关;"不知道"表示不清楚收益与风险的关系。

图 2-4 对风险与收益关系的认识

异,51.86%的城镇消费者能正确理解风险分散的概念,比农村地区高9.59个百分点。从地区维度看,东部地区对风险分散概念掌握程度相对较高,55.88%的消费者能比较股票和股票型基金的风险高低,其他地区则仅有四成左右的消费者能够正确分辨股票和对应股票型基金风险的高低。

5. 对保险功能的认识

在保险基本功能方面,57.02%的消费者认为保险最基本的功能是保障(分摊风险)。从学历维度看,学历越低,对"保险的功能"的认识程度越低。调查结果显示,研究生及以上学历67.53%的消费者能正确认识"保险的功能",本科学历消费者比例为63.53%,大专学历消费者比例为56.86%,高中学历消费者比例为56.86%,初中学历消费者比例为51.98%,小学及以下学历消费者比例为46.66%。从收入维度看,调查结果显示,2万元及以上月收入段中,59.33%的消费者能正确认识保险的功能,月收入1万~2万元的消费者比例为63.92%,月收入5000~10000元的消费者比例为62.48%,月收入2000~5000元的消费者比例为56.51%,月收入2000元以下的消费者比例为46.84%。从地区维度看,东部地区60.06%的消费者能正确认识保险的功能,57.59%的中部地区消费者认为保险最基本的功能是分摊风险,西部地区和东北地区分别有54.57%和51.60%的消费者回答正确。

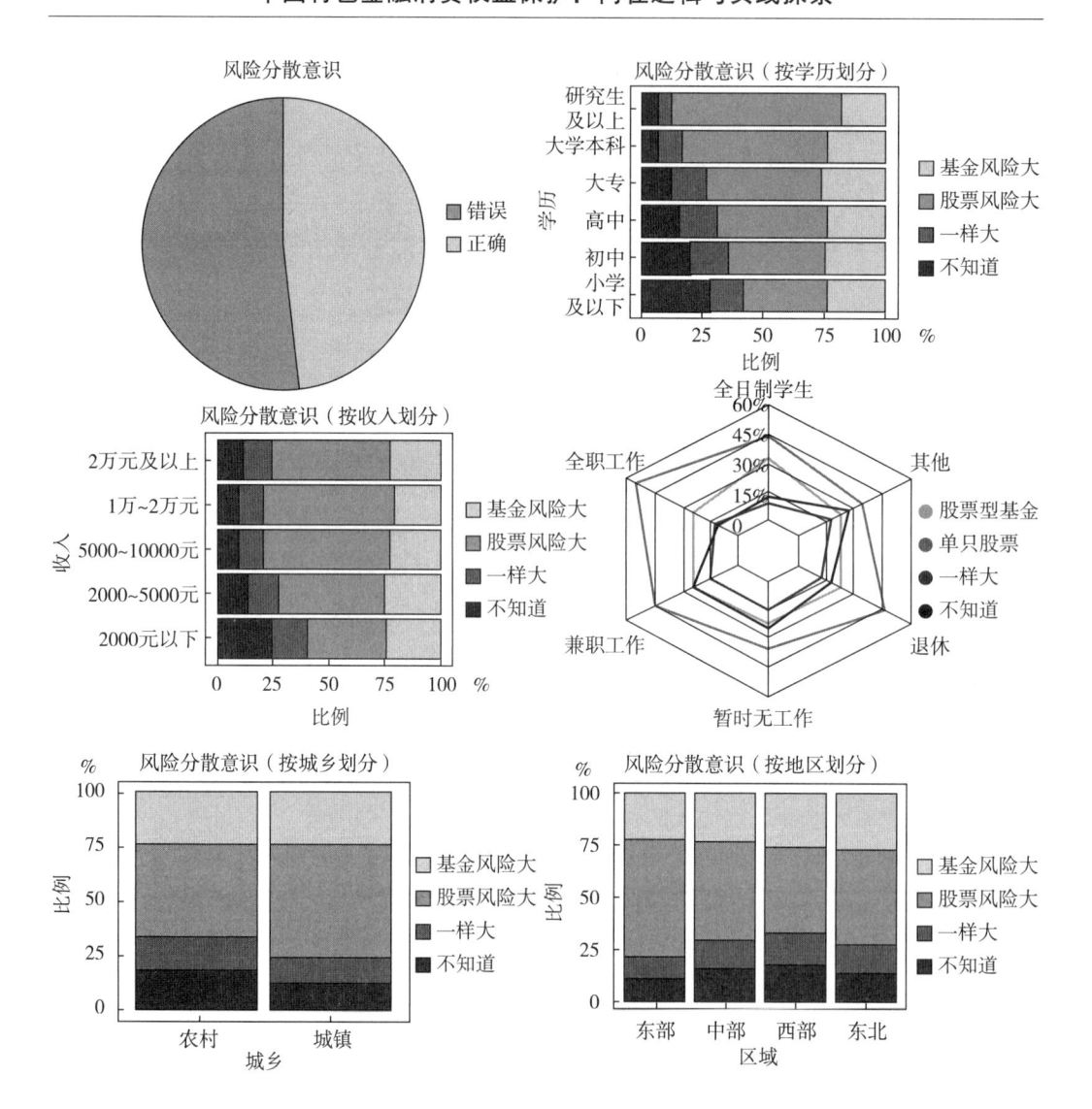

注："股票型基金"表示认为股票型基金风险更大,"单只股票"表示认为单只股票风险更大,"一样大"表示认为二者风险一样大,"不知道"表示不知道哪一个风险更大。

图 2-5 对风险分散的认识

6. 对重复投保的认识

在重复投保认识方面,48.48%的消费者认为重复投保财产险无法获得重复赔偿,与 2019 年相比,正确率提高 15.37 个百分点。从学历维度看,学历越低,对"重复投保"知识掌握程度越差,研究生及以上学历 53.23%的消费者能正确掌握"重复投保"知识,初中学历消费者比例为 46.40%,小学及以下学历消费者比例为 42.35%。

7. 对退保的认识

在退保认识方面,71.03%的消费者知道无条件退保相关规定,与 2019 年相比,正确率提高了 6.31 个百分点。从年龄维度看,年轻群体对退保知识掌握较好,30 岁以下

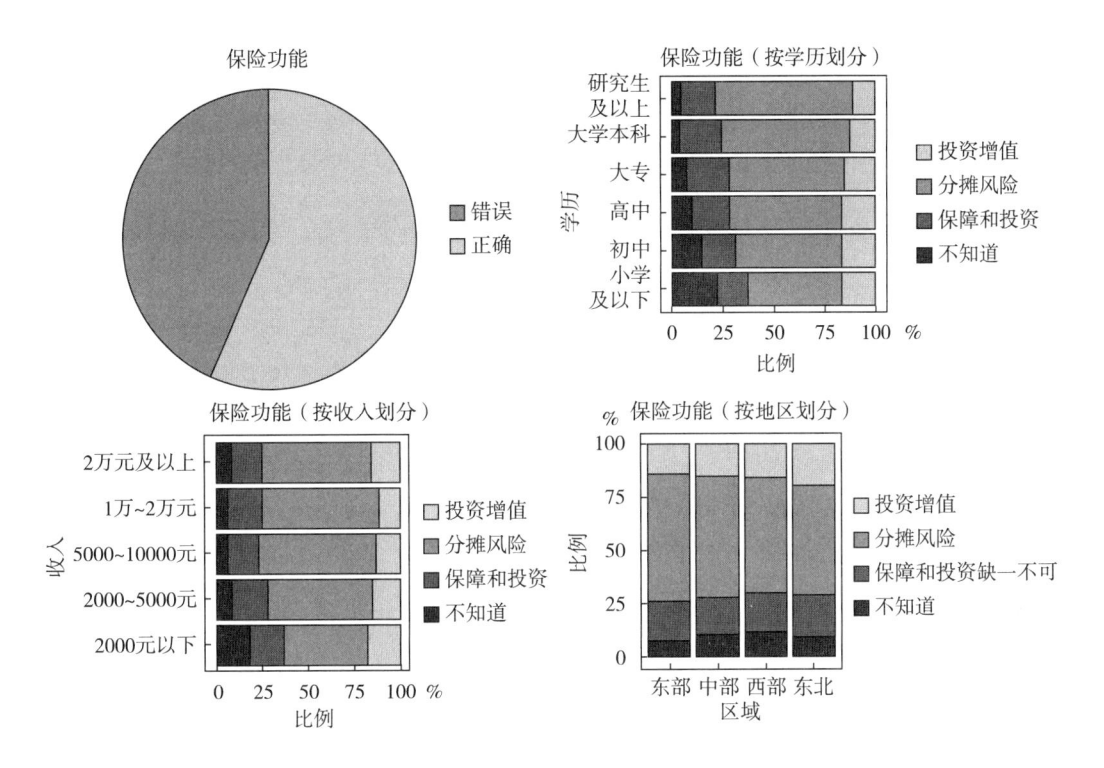

第二章 中国金融消费者金融素养调查分析

注：本题正确答案为"分摊风险"。

图 2-6 对保险功能的认识

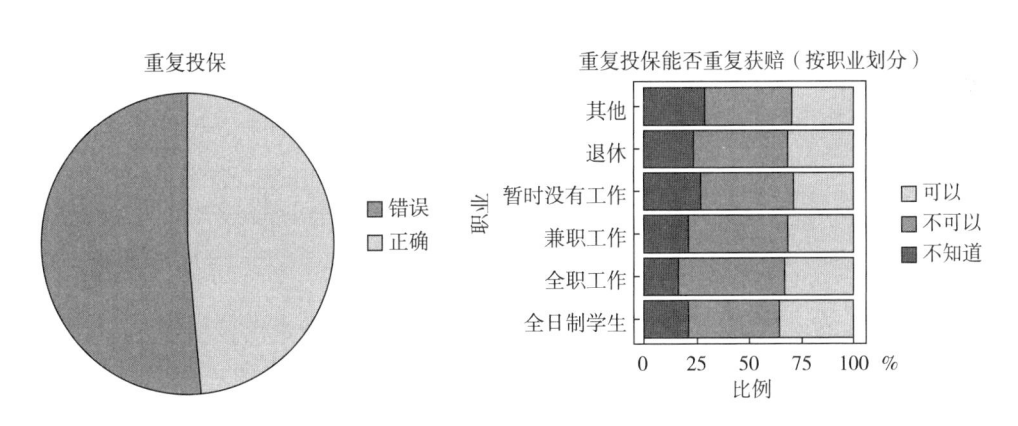

注：本题正确答案为"不可以"。

图 2-7 对重复投保的认识

年龄段中 71.61% 的消费者能正确掌握"退保"知识，60 岁以上仅有 60.75% 的消费者能正确回答"退保"问题。从学历维度看，研究生及以上学历 78.91% 的消费者能正确掌握"退保"知识，本科学历消费者比例为 79.23%，大专学历消费者比例为 73.37%，高中学历消费者比例为 69.35%，初中学历消费者比例为 63.19%，小学及以下学历消费者比例为 55.22%。

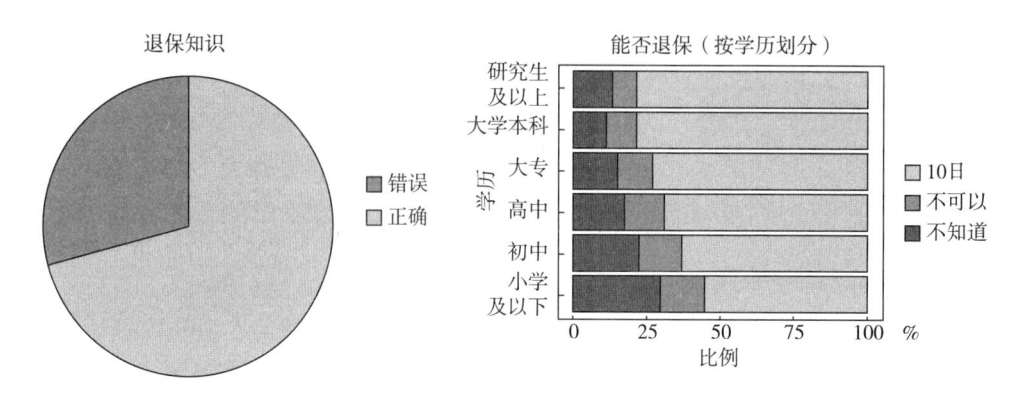

注：本题正确答案为10日。

图 2-8 对退保规定的了解

8. 对贷款期限的认识

在贷款期限影响方面，68.62%的消费者知道贷款期限越长，还款利息越多，每月还款额越少，与2019年相比，提高12.64个百分点。从收入维度看，2万元及以上月收入段中71.67%的消费者能正确掌握贷款期限的影响，月收入1万~2万元的消费者比例为76.77%，月收入5000~10000元的消费者比例为73.89%，月收入2000~5000元的消费者比例为68.04%，月收入2000元以下的消费者比例为58.37%。从城乡维度看，调查结果显示，63.60%的农村消费者能理解贷款期限的影响，比城镇地区低7.88个百分点。

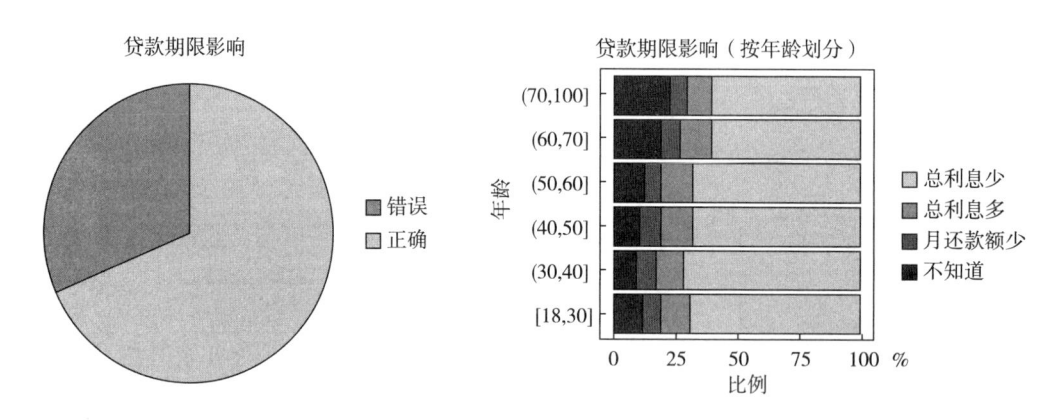

注：本题考察20年期相对30年期的贷款在还款总利息、月还款额上的区别，正确答案为"总利息少"。

图 2-9 对贷款期限影响的认识

9. 对还款方式的认识

在还款方式的理解方面，56.99%的消费者知道等额本金和等额本息的区别，与2019年相比，提高了7.81个百分点。从学历维度看，学历越高，对不同还款方式的理解程度越高。调查结果显示，研究生及以上学历65.94%的消费者能正确理解"等额本息"和"等额本金"相关概念，本科学历消费者比例为63.92%，大专学历消费者比例为 58.11%，高中学历消费者比例为 54.45%，初中学历消费者比例为 50.61%，小学及以下学历消费者比例为 47.64%。

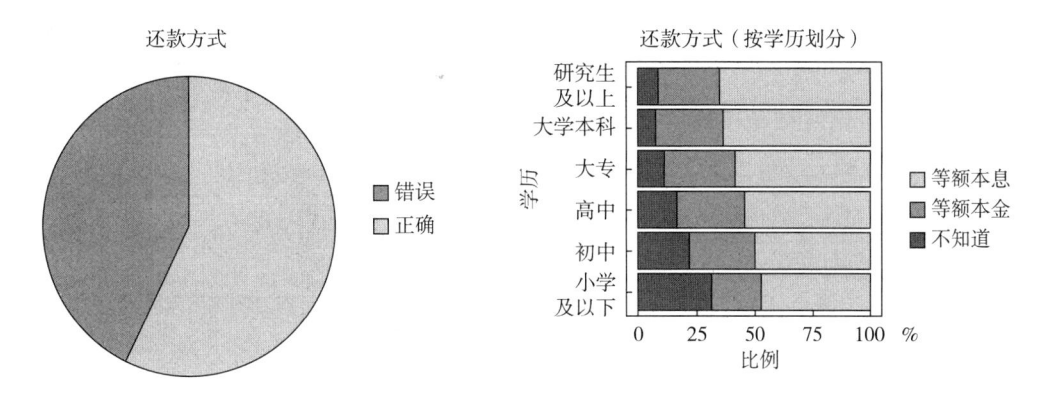

注：本题考察等额本息的定义，正确答案为"等额本息"。

图 2-10 对还款方式的认识

10. 对不良信用记录的认识

在不良信用记录影响的理解方面，85.15% 的消费者认为不良信用记录会对自己申请贷款产生负面影响，与 2019 年相比，提高了 8.73 个百分点。从城乡维度看，87.24% 的城镇消费者能正确看待不良信用记录的影响，比农村地区高 5.75 个百分点。从地区维度看，88.35% 的东部地区消费者认同不良信用记录对申请贷款的负面影响，中部地区、西部地区和东北地区分别有 85.22%、83.17% 和 79.29% 的消费者回答正确。

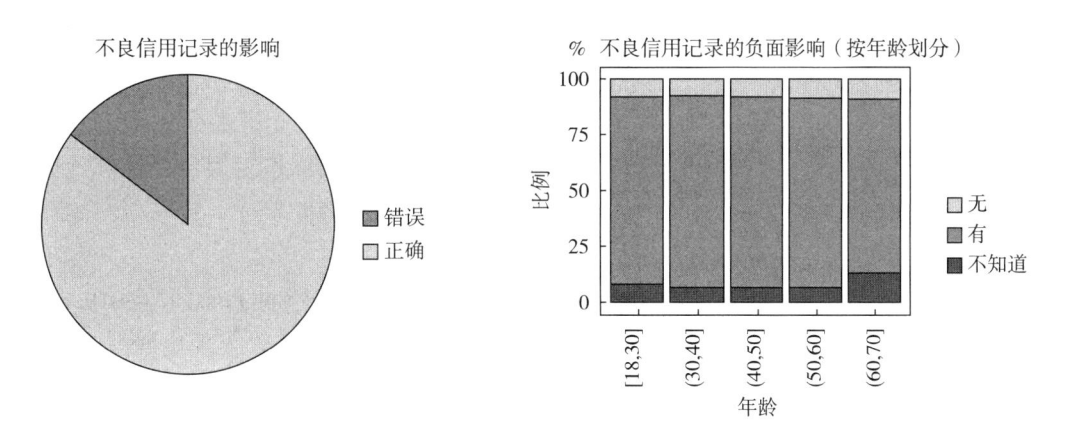

注："无"表示不良信用记录对申请贷款无负面影响，"有"表示不良信用记录对申请贷款有负面影响，"不知道"表示不清楚不良信用记录对申请贷款是否有影响。

图 2-11 对不良信用记录影响的认识

11. 对不良信用记录保存期限的认识

在不良信用记录保存年限方面，71.84% 的消费者知道自不良行为或事件终止之日起 5 年，不良信用记录会被覆盖，与 2019 年相比，正确率提高了 12.96 个百分点。从学历维度看，研究生及以上学历 74.94% 的消费者能正确掌握不良信用记录的保存期限，初中学历消费者比例为 63.93%，小学及以下学历消费者比例为 57.91%。从收入维度看，月收入 2000 元以下的消费者对不良信用记录保存年限有正确认识的比例为 58.08%，其他收入组的正确率均在 70% 以上。

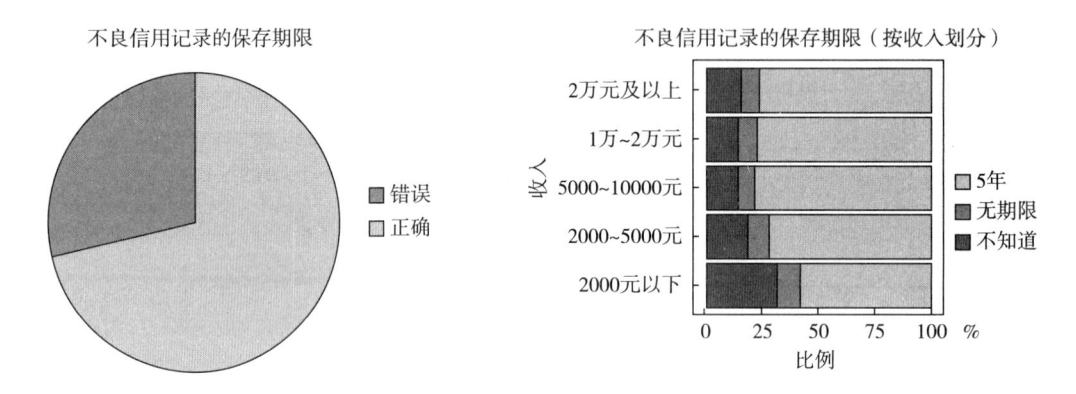

注：不良信用记录保存期限正确答案为 5 年。

图 2-12　对不良信用记录保存期限的掌握情况

12. 对存款保险的认识

在存款保险知识方面，调查结果显示，55.24% 的消费者知道存款保险最高偿付限额，与 2019 年相比，消费者对存款保险知识的掌握程度有所提升，正确率提高 4.92 个百分点。从学历维度看，低学历消费者存款保险知识掌握较差，本科学历消费者正确率为 61.11%，小学及以下学历的受访者的正确率为 49.59%。从收入维度看，低收入消费者存款保险知识掌握较差，月收入 1 万~2 万元的消费者比例为 59.16%，月收入 2000 元以下的消费者比例为 44.87%。从地区维度看，西部地区受访者对存款保险知识掌握最为薄弱，59.01% 的东部地区消费者知晓存款保险的最高偿付限额，中部地区、西部地区和东北地区分别有 56.32%、49.74% 和 55.27% 的消费者回答正确。

13. 对年化收益率的估算

在年化收益率计算方面，44.69% 的消费者能够正确估算年化收益率，与 2019 年相比，正确率降低 10.08 个百分点。从年龄维度看，30~40 岁年龄段表现最好，正确率为 45.77%。从学历维度看，学历越低，对年化收益率知识的掌握程度越差，研究生及以上学历 61.14% 的消费者能正确计算年化收益率，本科学历消费者比例为 52.90%，初中学历消费者比例为 39.94%，小学及以下学历消费者比例为 36.42%。从收入维度看，月收入 2000 元以下受访者表现最差，正确率仅为 35.88%。从地区维度看，仅东部地区有 50.11% 的消费者能正确计算年化收益率，其他地区能正确计算的消费者比例均不足五成，其中，中部地区、西部地区和东北地区分别有 44.53%、38.81% 和 43.71% 的消费者能正确回答。

第二章 中国金融消费者金融素养调查分析

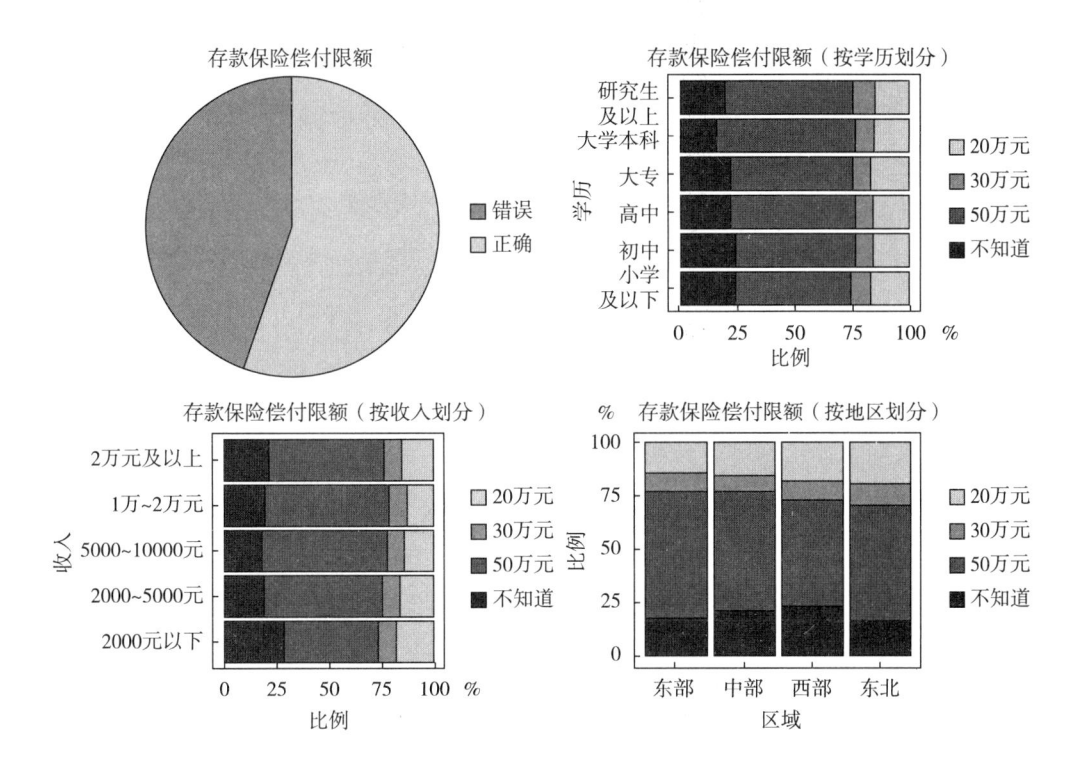

注：本题正确答案为50万元。

图 2-13 对存款保险偿付限额的知晓度

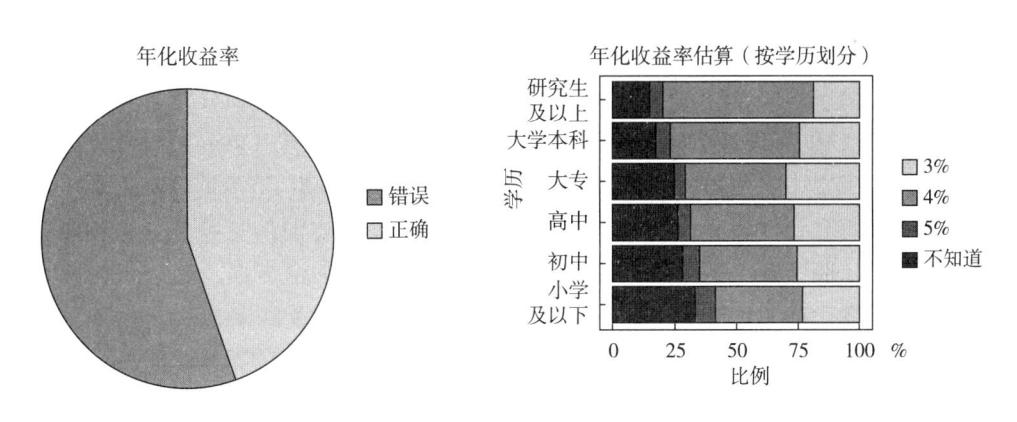

注：本题正确答案为4%。

图 2-14 年化收益率的估算能力

14. 消费者金融知识需求

从金融知识需求情况看，54.81%的受访者对人民币（包括数字人民币）知识感兴趣，34.17%的受访者想了解个人信用知识，31.07%的受访者想了解银行卡知识，30.08%的受访者想了解投资知识，24.87%的受访者想了解储蓄知识，23.3%的受访者想了解数字金融工具知识，14.86%的受访者想了解财务规划知识，11.55%的受访者想了解保险知识，11.36%的受访者想了解贷款知识，2.8%的受访者想了解金融消费纠纷解决相关知识。

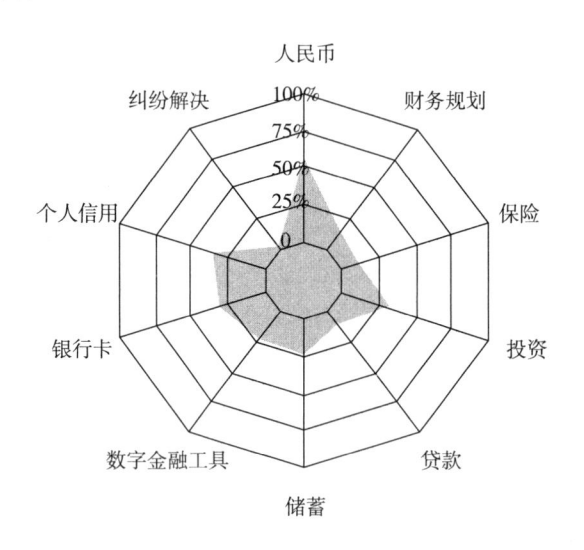

注：数值表示比例。

图 2-15　消费者金融知识需求

（二）消费者金融行为

整体来看，最近两年 77.02% 的受访者使用过手机进行付款，71.32% 使用过现金进行支付，44.69% 使用过银行自助服务设备，43.60% 有储蓄行为，40.91% 会记录或查看日常收支，36.17% 办理或使用过信用卡，21.82% 有购买保险的行为，21.65% 查询过个人信用报告，18.33% 有贷款行为。其中，在信用卡还款方面受访者具有良好的表现，大部分（79.24%）会全额还款，且绝大多数会在到期日（含）之前还款。在贷款使用方面，主要用于购置房产和日常消费，小部分群体（10.33%）以借新还旧方式进行债务周转，需要提高个人债务管理能力。在投资理财方面，主要持有存款类、银行理财、基金、股票等产品。在金融产品或服务信息获取渠道方面，金融机构网点和互联网渠道最受欢迎，选择现场宣传、电话、短信等渠道的受访者较少。大部分会阅读金融产品的合同条款。与 2019 年相比，金融消费者信用卡还款行为显著改善，全额还款的比例提高了 8.20 个百分点，最低还款额或还款能力不足的比例下降了 2.40 个百分点；阅读合同习惯有改善，仔细阅读合同条款的比例增加了 12.31 个百分点。

1. 使用现金支付

整体上看，71.32% 的受访者最近两年使用过现金进行支付。从年龄维度看，年龄段越大，使用现金支付的比例越高。66.87% 的 18~30 岁年龄段受访者最近两年使用过现金进行支付，30~40 岁年龄段中，67.31% 的受访者使用过现金进行支付；40~50 岁年龄段中，72.04% 的受访者使用过现金进行支付；50~60 岁年龄段中，78.76% 的受访者使用过现金进行支付；60~70 岁年龄段中，85.71% 的受访者使用过现金进行支

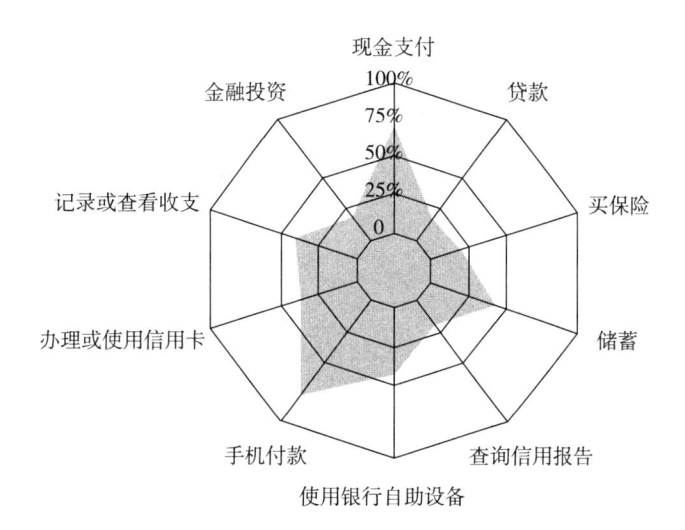

注：数值表示消费者近两年来发生过上述金融行为的比例。

图 2-16 金融行为

付；70岁以上年龄段中，89.41%的受访者使用过现金进行支付。从学历维度看，小学及以下学历使用现金支付的比例相对更高，85.90%的受访者使用过现金进行支付，而在研究生及以上学历段中，64.36%的受访者使用过现金进行支付。

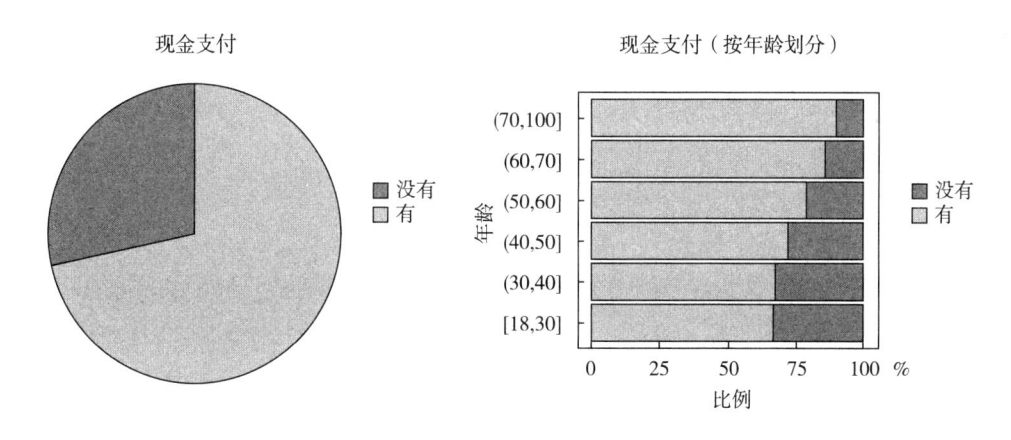

注："有"表示最近两年有过现金支付行为，"没有"表示最近两年没有现金支付行为。

图 2-17 现金支付行为

2. 记录或查看日常收支

从整体看，40.91%的受访者最近两年会记录或查看日常收支。从年龄维度看，年龄段越大，记录或查看日常收支的比例越低，51.56%的18~30岁年龄段受访者最近两年记录或查看过日常收支，70岁以上年龄段中，比例为18.59。从学历维度看，学历越高，记录或查看日常收支的比例越高，小学及以下学历段中，19.87%的受访者最近两年会记录或查看日常收支；研究生及以上学历段中，比例为61.94%。

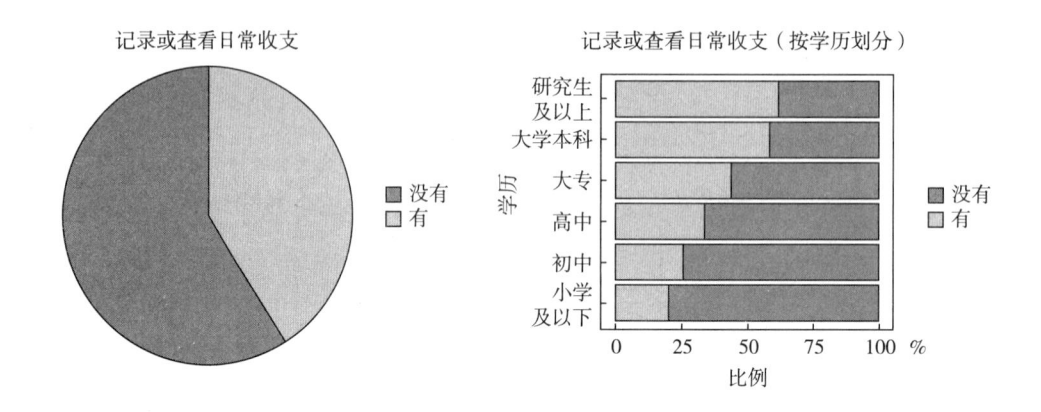

注："有"表示最近两年有记录或查看日常收支行为，"没有"表示最近两年没有记录或查看日常收支。

图2-18 记录或查看日常收支行为

3. 办理或使用信用卡

从整体看，36.17%的受访者最近两年有过办理或使用信用卡的行为。从年龄维度看，办理或使用信用卡主要集中于中青年龄段，44.64%的18~30岁年龄段受访者最近两年有过办理或使用信用卡的行为，60~70岁年龄段中，比例为11.29%。从学历维度看，学历越高，办理或使用信用卡的比例越高，小学及以下学历段中，11.38%的受访者最近两年有过办理或使用信用卡的行为；大学本科学历段中，比例为55.02%；研究生及以上学历段中，比例为56.09%。从收入维度看，月收入1万~2万元的消费者是办理或使用信用卡的主力军，比例为53.36%，月收入2000元以下的消费者比例为15.74%。从城乡维度看，25.67%的农村消费者最近两年有过办理或使用信用卡的行为，比城镇地区低16.49个百分点。

4. 使用手机支付

从整体看，77.02%的受访者最近两年有过手机付款行为。从年龄维度看，年龄段越大，使用手机付款的比例越低，85.77%的18~30岁年龄段受访者最近两年有过手机付款行为，30~40岁年龄段中，比例为83.38%；40~50岁年龄段中，比例为75.56%；50~60岁年龄段中，比例为68.15%；60~70岁年龄段中，比例为44.16%；70岁以上年龄段中，比例为32.10%。从学历维度看，小学及以下学历段中，44.84%的受访者最近两年有过手机付款行为；初中学历段中，比例为65.12%；高中学历段中，比例为73.30%；大专学历段中，比例为83.86%；大学本科学历段中，比例为89.96%；研究生及以上学历段中，比例为88.55%。从城乡维度看，调查结果显示，67.03%的农村消费者最近两年有过手机付款行为，比城镇地区低15.69个百分点。

5. 使用银行自助设备

从整体看，44.69%的受访者最近两年有过使用银行自助设备行为。从年龄维度看，年龄段越大，使用银行自助设备的比例越低，30~40岁年龄段中，比例为

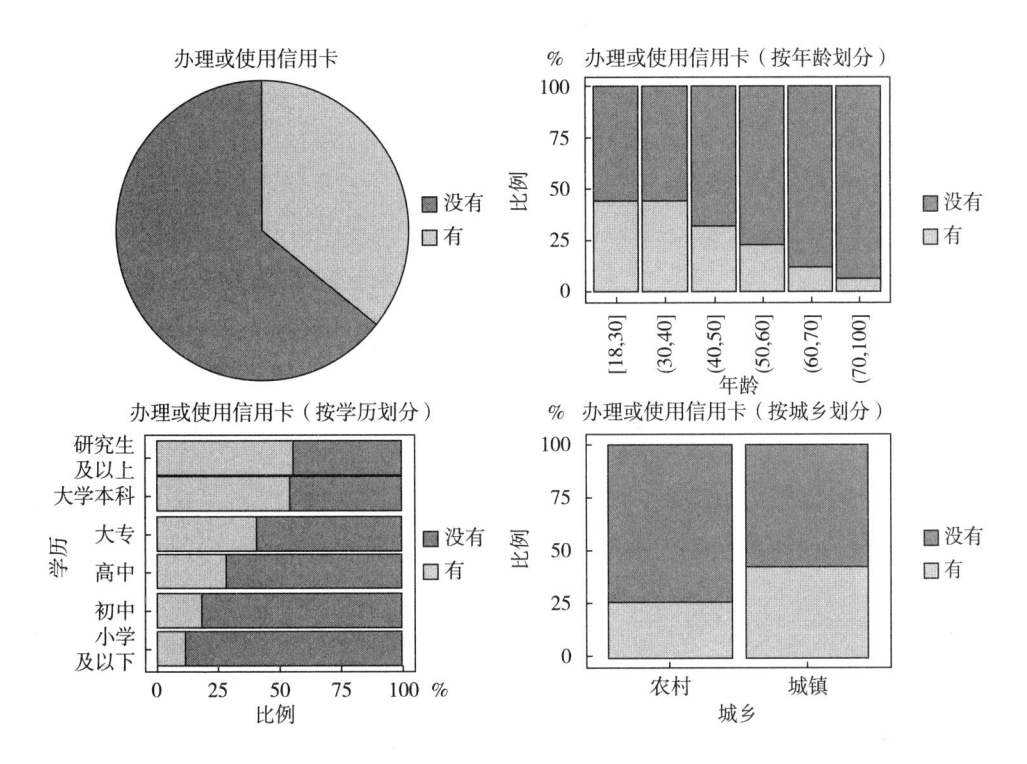

注："有"表示最近两年有过办理或使用信用卡的行为，"没有"表示最近两年没有办理或使用信用卡的行为。

图2-19 办理或使用信用卡行为

49.28%；70岁以上年龄段中，比例为19.62%。从城乡维度看，35.88%的农村消费者最近两年有过使用银行自助设备行为，比城镇地区低13.84个百分点。

6. 查询个人信用报告

从整体看，21.65%的受访者最近两年有过查询个人信用报告行为。从年龄维度看，年龄段越大，查询个人信用报告的比例越低，28.98%的18~30岁年龄段受访者最近两年有过查询个人信用报告行为；30~40岁年龄段中，比例为27.92%；70岁以上年龄段中，比例为2.67%。从学历维度看，高学历群体查询比例更高，小学及以下学历段中，4.89%的受访者最近两年有过查询个人信用报告行为；初中学历段中，比例为7.76%；大学本科学历段中，比例为38.12%；研究生及以上学历段中，比例为36.29%。从收入维度看，收入越高，查询个人信用报告的比例越高，2万元及以上月收入段中，33.48%的消费者最近两年有过查询个人信用报告行为，月收入1万~2万元的消费者比例为33.39%，月收入2000元以下的消费者比例为7.80%。

7. 储蓄

从整体看，43.6%的受访者最近两年有过储蓄行为。从年龄维度看，储蓄行为呈正"U"形，46.75%的18~30岁年龄段受访者最近两年有过储蓄行为；30~40岁年龄段中，比例为43.91%；40~50岁年龄段中，比例为40.12%；50~60岁年龄段中，

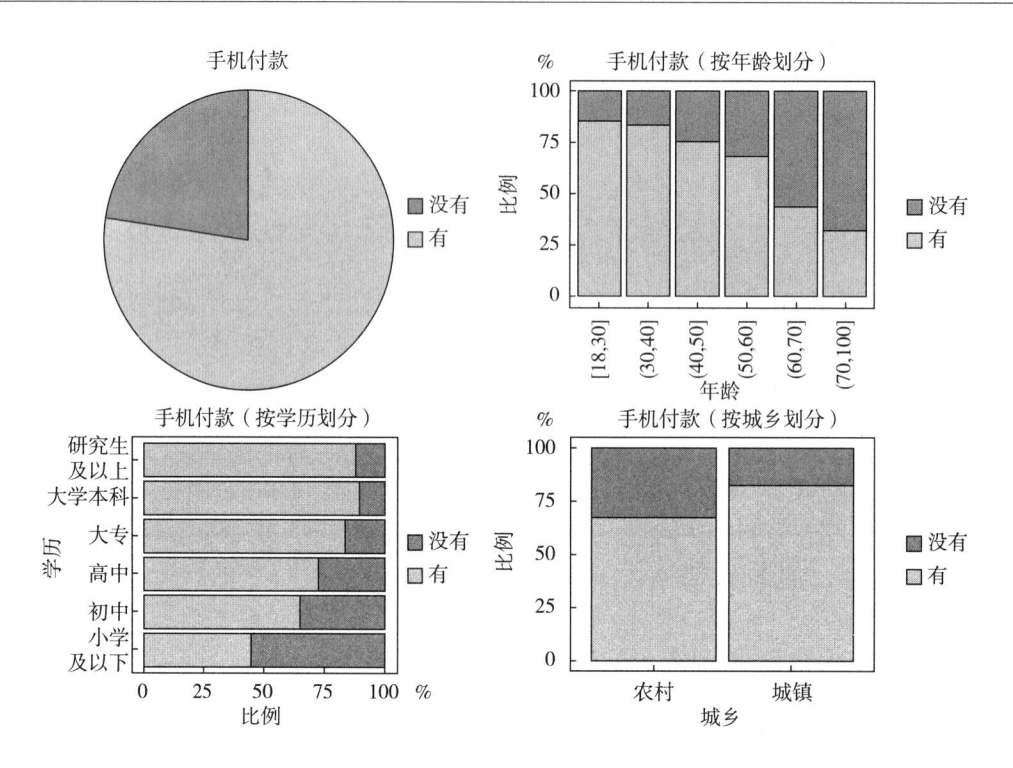

注:"有"表示最近两年有过手机付款行为,"没有"表示最近两年没有手机付款行为。

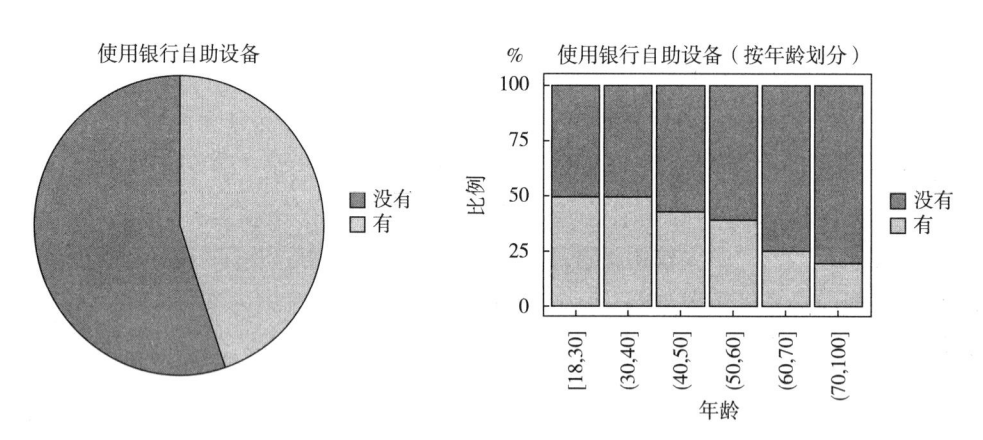

图 2-20 手机付款行为

注:"有"表示最近两年有过使用银行自助设备行为,"没有"表示最近两年没有使用银行自助设备行为。

图 2-21 使用银行自助设备行为

比例为 42.18%;60~70 岁年龄段中,比例为 43.23%;70 岁以上年龄段中,比例为 50.43%。从收入维度看,2 万元及以上月收入段中,48.38% 的消费者最近两年有过储蓄行为,月收入 1 万~2 万元的消费者比例为 50.25%,月收入 2000 元以下的消费者比例为 33.05%。从城乡维度看,38.23% 的农村消费者最近两年有过储蓄行为,比城镇地区低 8.43 个百分点。

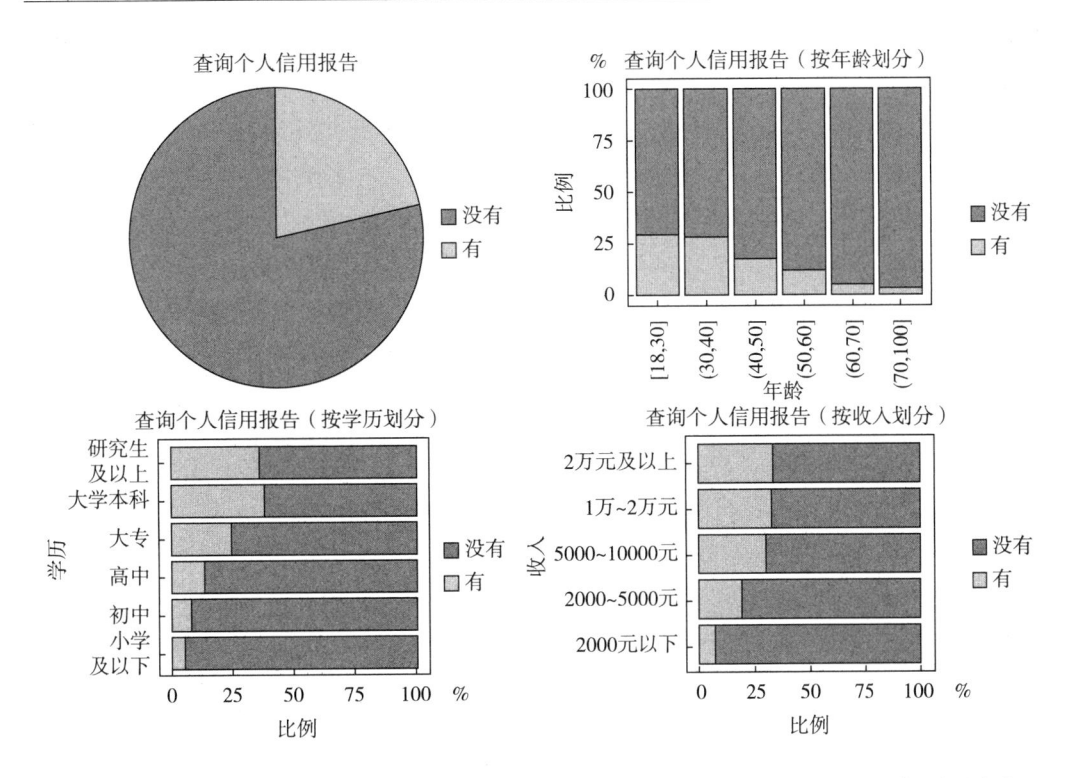

注:"有"表示最近两年有过查询个人信用报告行为,"没有"表示最近两年没有查询个人信用报告行为。

图 2-22 查询个人信用报告行为

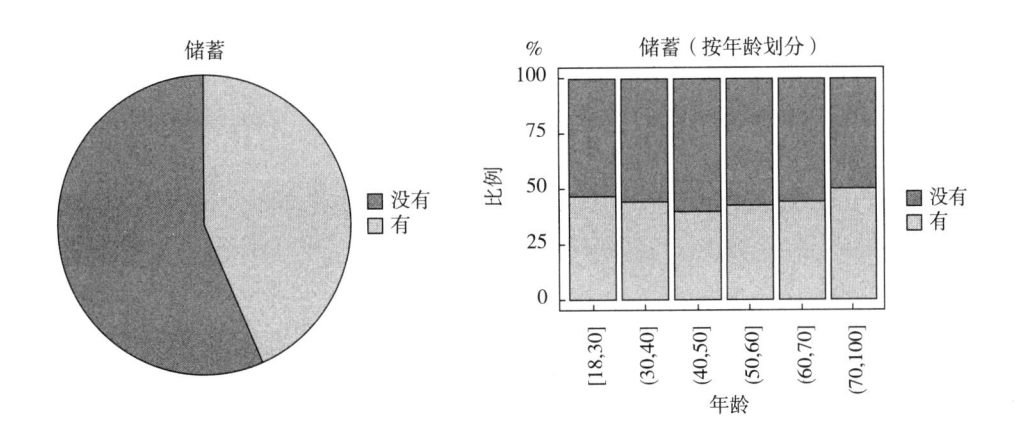

注:"有"表示最近两年有过储蓄行为,"没有"表示最近两年没有储蓄行为。

图 2-23 储蓄行为

8. 购买保险

从整体看,21.82%的受访者最近两年有过买保险行为。从年龄维度看,30~50岁群体保险意识相对较强,30~40岁年龄段中,购买比例为28.73%;40~50岁年龄段中,比例为20.87%;50~60岁年龄段中,比例为15.27%;60~70岁年龄段中,比例为 8.31%；70 岁以上年龄段中，比例为 5.51%。从学历维度看，学历段越高，购买保险的比例越大，小学及以下学历段中，6.21% 的受访者最近两年有过买保险行为；初中学历段中，比例为 10.19%；大学本科学历段中，比例为 33.63%；研究生及以上学历段中，比例为 34.31%。从收入维度看，收入段越高，购买保险的比例越大，2 万元及以上月收入段中，38.25% 的消费者最近两年有过买保险行为，月收入 1 万~2 万元的消费者比例为 36.31%，月收入 2000 元以下的消费者比例为 8.74%。

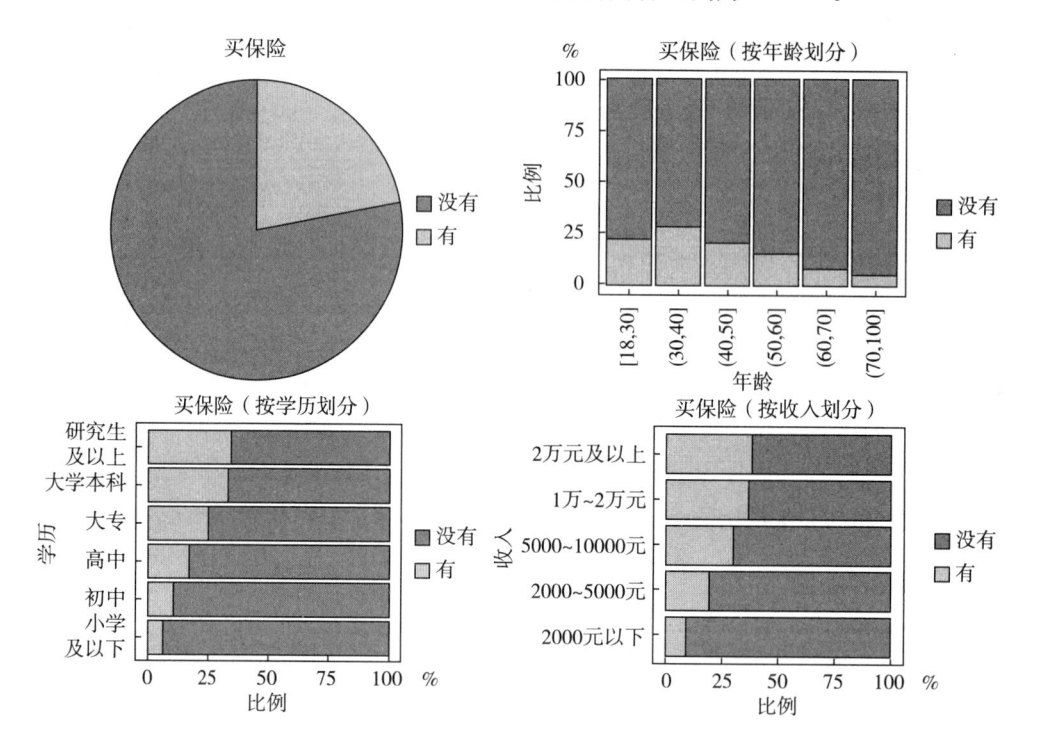

注："有"表示最近两年有过购买保险行为，"没有"表示最近两年没有购买保险行为。

图 2-24　购买保险行为

9. 贷款

从整体看，18.33% 的受访者最近两年有过贷款行为。从年龄维度看，50 岁以下群体是贷款的主要群体，其中 20.06% 的 18~30 岁年龄段受访者最近两年有过贷款行为；30~40 岁年龄段中，比例为 25.05%；40~50 岁年龄段中，比例为 16.66%。从学历维度看，学历越高，有贷款的比例越大，小学及以下学历段中，8.66% 的受访者最近两年有过贷款行为；初中学历段中，比例为 10.2%；大学本科学历段中，比例为 28.37%；研究生及以上学历段中，比例为 26.15%。从收入维度看，收入段越高，有贷款的比例越大，2 万元及以上月收入段中，35.36% 的消费者最近两年有过贷款行为，月收入 1 万~2 万元的消费者比例为 31.44%，月收入 2000 元以下的消费者比例为 7.19%。从城乡维度看，14.44% 的农村消费者最近两年有过贷款行为，比城镇地区低 6.11 个百分点。

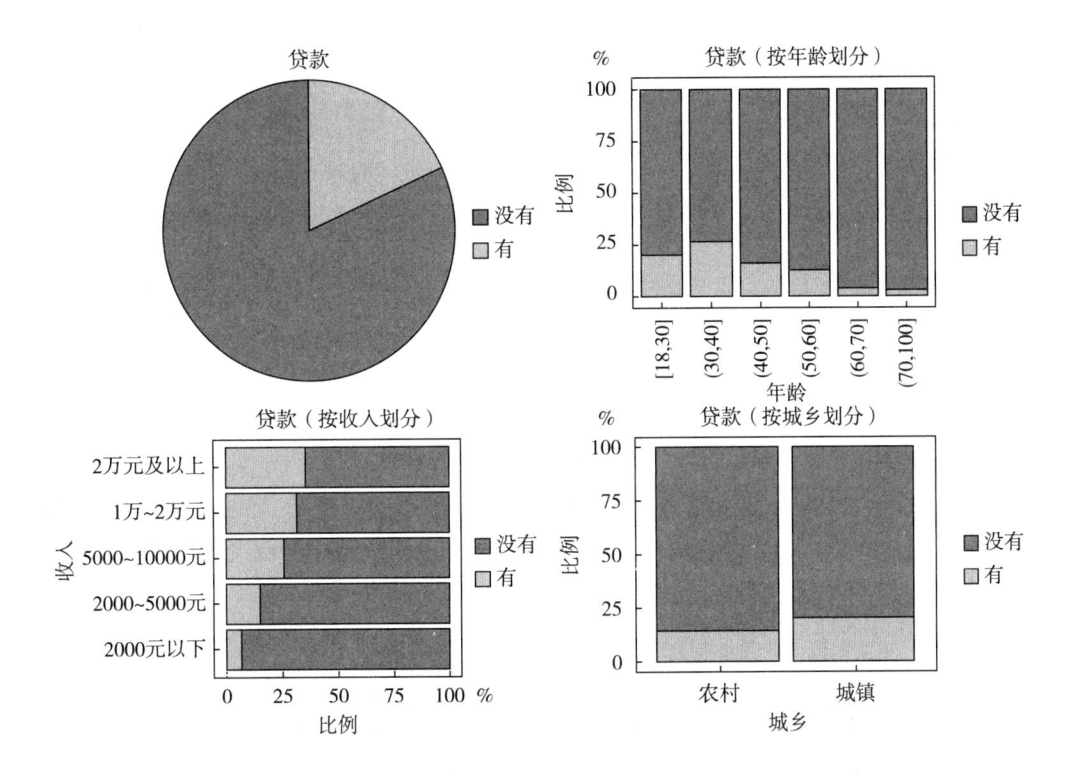

第二章 中国金融消费者金融素养调查分析

注:"有"表示最近两年有过贷款行为,"没有"表示最近两年没有贷款行为。

图 2-25 贷款行为

10. 现金支付金额

在现金支付金额方面,使用现金的群体主要用现金进行小额支付。83.4%的受访者现金支付金额在500元以下;33.55%的受访者最经常支付的数额在50~100元之间,25.82%受访者支付金额在50元以下。从收入维度看,调查结果显示,月收入1万元以下的消费者最经常支付的现金金额为50~100元,其中,月收入2000元以下的消费者38.14%最经常支付的现金金额为50~100元,月收入2000~5000元的消费者比例为36.9%,月收入5000~10000元的消费者比例为27.98%。

11. 偿还信用卡账单

在信用卡还款方式方面,我国居民在信用卡还款方面较为谨慎。在使用过信用卡的群体中,79.24%的受访者采用全额还款方式,12.95%会选择分期还款,采用最低还款额或还款能力不足的比例较低。与2019年相比,消费者信用卡还款行为显著改善,全额还款的比例提高了8.20个百分点,最低还款额或还款能力不足的比例下降了2.81个百分点。从年龄维度看,各年龄段消费者均倾向于全额偿还信用卡。从学历维度看,学历越高越倾向于全额偿还信用卡,研究生及以上学历消费者86.97%选择全额偿还信用卡,本科学历消费者比例为84.34%,初中学历消费者比例为68.42%,小学及以下学历消费者比例为67.78%。本科以下学历中,超过10%的消费者倾向于分期偿

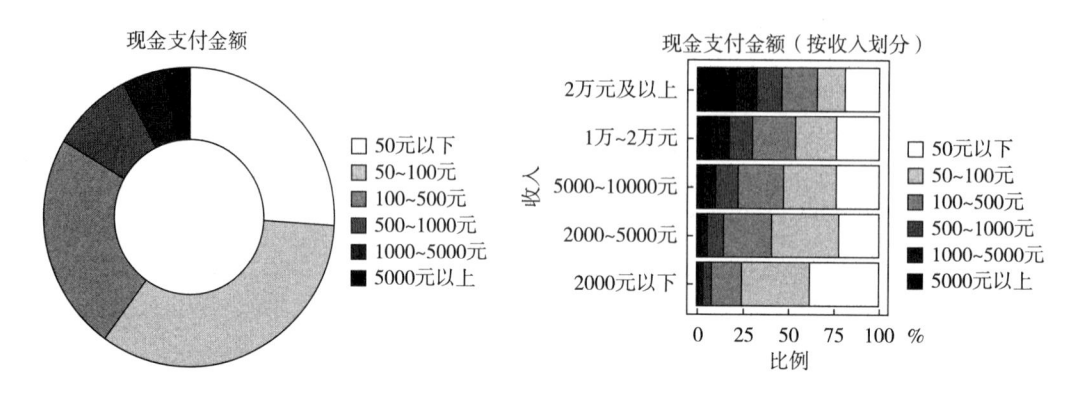

图 2-26 消费者现金支付习惯

还。从收入维度看，收入越高，选择全额偿还信用卡的比例越大，5000 元及以上月收入段中，超过 80% 的受访者选择全额偿还信用卡，月收入 2000 元以下的消费者比例为 68.81%。

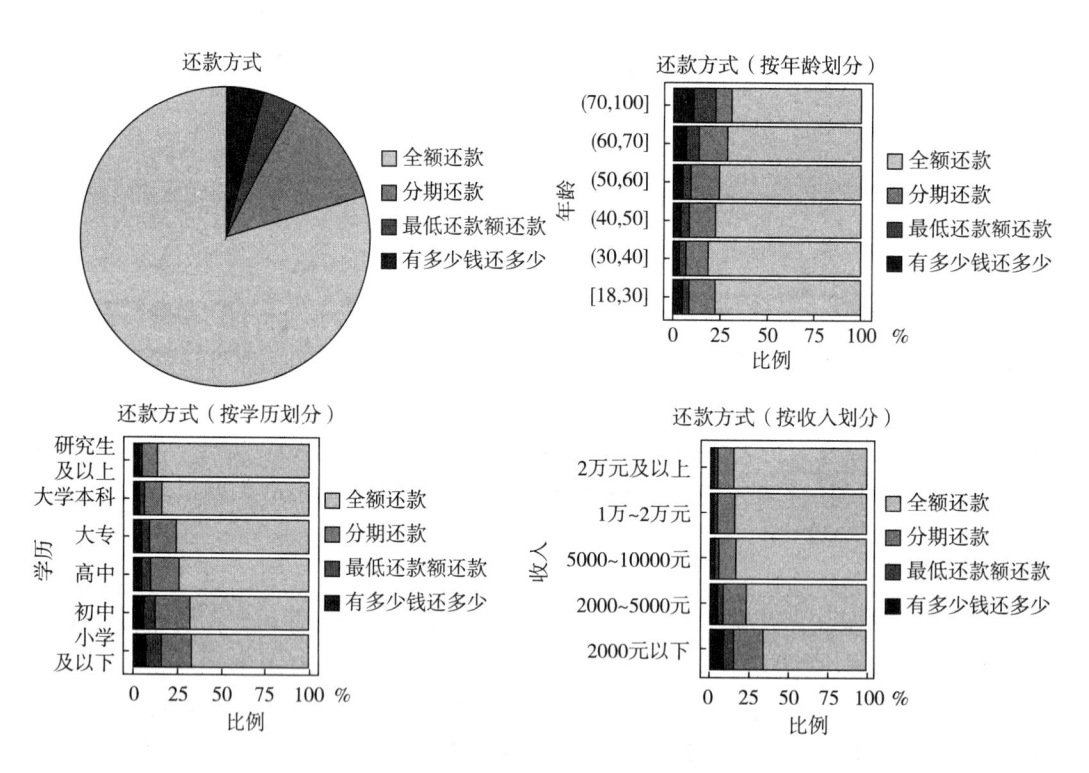

图 2-27 信用卡还款方式

12. 贷款用途

在贷款使用方面，有贷款行为的消费者主要用于购置房产和日常消费，部分受访者需要提高个人债务管理能力。从整体上看，34.80% 的受访者表示主要用于购置房

第二章 中国金融消费者金融素养调查分析

产,23.47%的受访者主要用来应付日常支出,11.94%的受访者表示借款的主要用途是购买汽车,10.33%的受访者主要用途是偿还信用卡等个人债务。从年龄维度看,60岁以下消费者债务主要来源于买房,60岁以上消费者则主要来自应付日常支出,30岁以下消费者"以贷养贷"现象值得关注。60岁以下消费者中,各年龄层超三成的消费者的主要债务都源自买房,其中占比最大的为30~40岁消费者,为38.57%;60岁以上消费者最主要的债务来源为应付日常支出,35.54%的老年人表示借债主要用于应付日常支出,比用来买房高6.27个百分点;此外,30岁以下消费者中有13.6%的消费者表示借债主要用来偿还信用卡等个人欠款。从学历维度看,高中及以上学历消费者负债主要来源于买房,高中以下则主要来源于应付日常支出。从地区维度看,购房是导致各地区消费者选择负债的主要原因。东部地区(38.61%)和东北地区(39.52%)近四成的消费者贷款是为了买房,中部地区这一比例为35.42%,最低的西部地区也有29.74%的消费者贷款用途是购房。

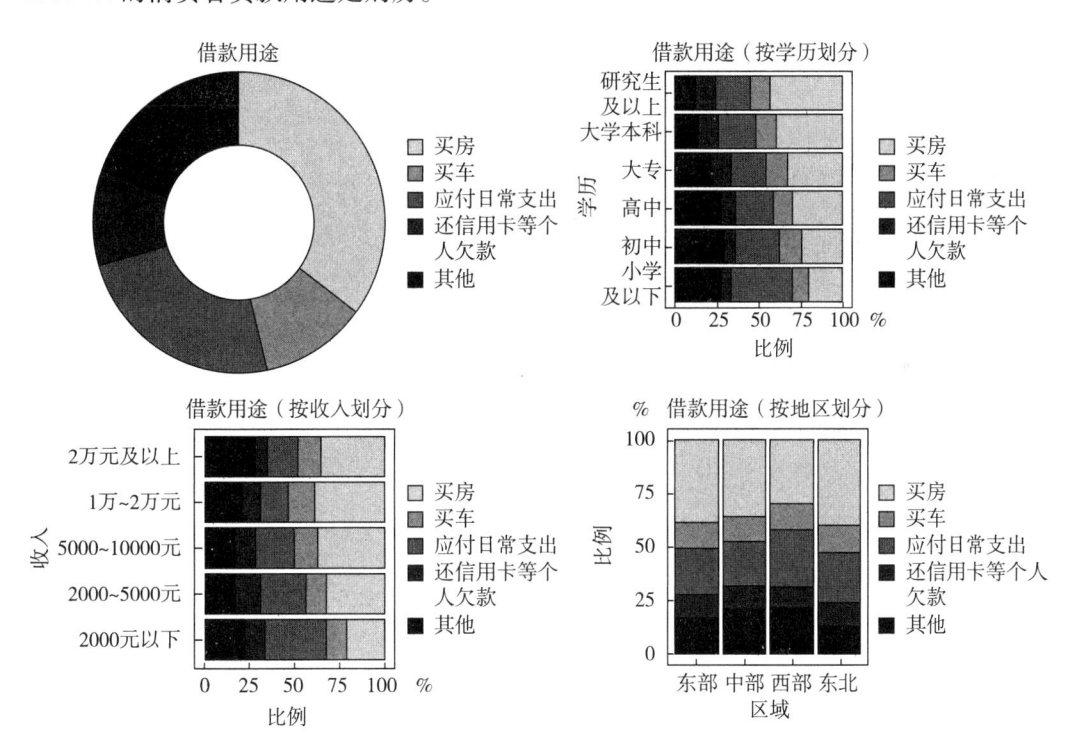

图2-28 借款用途

13. 投资理财行为

从整体情况看,最近两年60.36%的受访者持有过存款类产品,52.63%的受访者持有过银行理财产品;51.39%的受访者投资过基金(非货币类);29.14%的受访者买过货币类基金;27.82%的受访者买过股票;9.54%的受访者买过国债;5.09%的受访者买过金融衍生品。

图 2-29 消费者投资理财行为

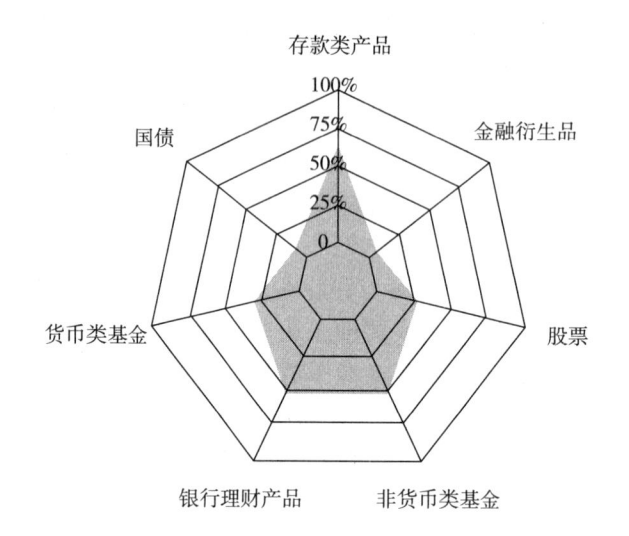

注：数值表示消费者近两年来有过上述投资理财行为的比例。

14. 金融产品或服务信息获取

从整体情况看，72.7%的受访者通过金融机构网点获取金融产品或服务信息，51.27%的受访者通过互联网获取金融产品或服务信息；33.59%的受访者通过传统媒体获取金融产品或服务信息；23.17%的受访者通过亲朋好友交流获取金融产品或服务信息；15.58%的受访者通过现场宣传获取金融产品或服务信息；13.52%的受访者通过电话或短信营销获取金融产品或服务信息；5.32%的受访者通过其他渠道获取金融产品或服务信息。

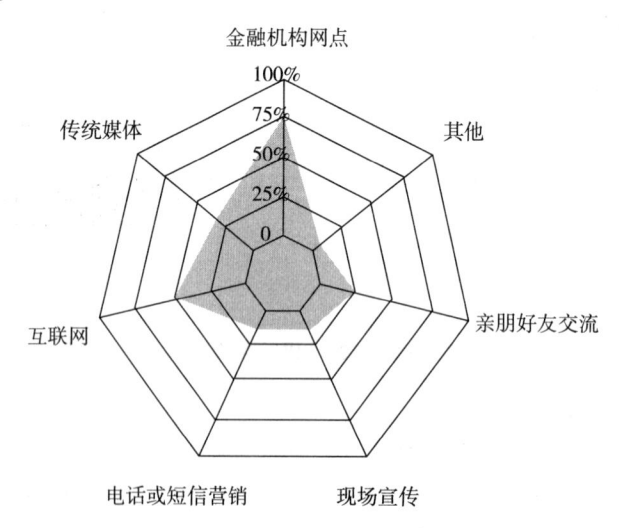

注：数值表示消费者近两年来通过上述渠道获取金融产品或服务信息的比例。

图 2-30 金融产品或服务信息获取渠道

一是金融机构网点渠道。从整体看，72.7%的受访者通过金融机构网点获取金融产品或服务信息。从年龄维度看，老年人对金融网点更为依赖，63%的18~30岁年龄段受访者通过金融机构网点获取金融产品或服务信息；30~40岁年龄段中，比例为71.63%；40~50岁年龄段中，比例为77.13%；50~60岁年龄段中，比例为81.44%；60~70岁年龄段中，比例为80.67%；70岁以上年龄段中，比例为82.7%。

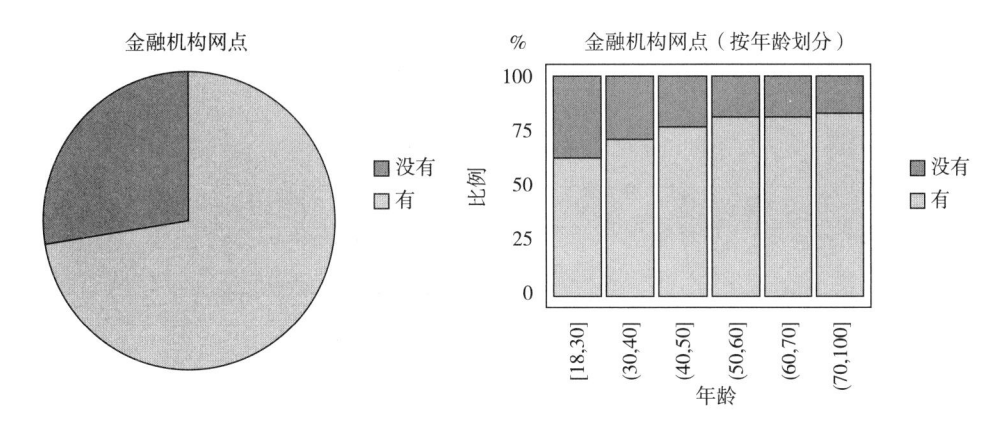

注："有"表示通过金融机构网点获取金融产品或服务信息，"没有"表示不通过金融机构网点获取金融产品或服务信息。

图2-31 通过金融机构网点获取金融产品或服务信息

二是传统媒体渠道。从整体看，33.59%的受访者通过传统媒体获取金融产品或服务信息。从地区维度看，调查结果显示，33.17%的东部地区受访者通过传统媒体获取金融产品或服务信息，中部地区、西部地区和东北地区这一比例分别为32.98%、33.54%和37.29%。

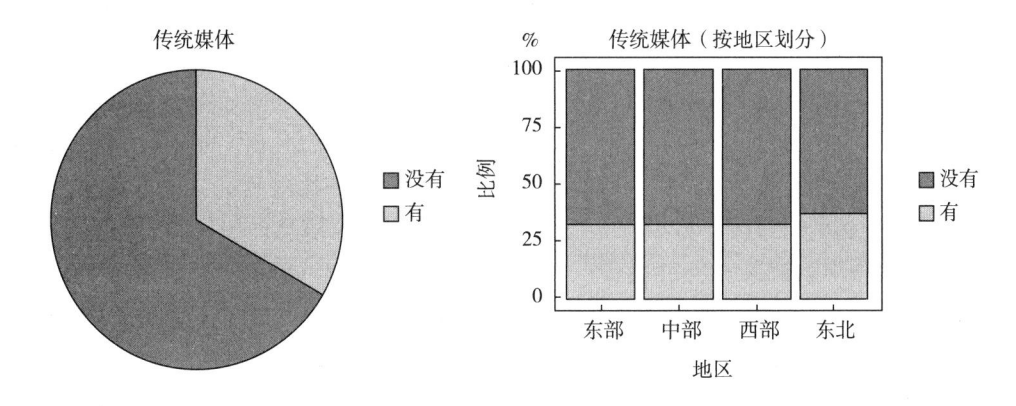

注："有"表示通过传统媒体获取金融产品或服务信息，"没有"表示不通过传统媒体获取金融产品或服务信息。

图2-32 通过传统媒体获取金融产品或服务信息

三是互联网渠道。从整体看，51.27%的受访者通过互联网获取金融产品或服务信息。从年龄维度看，年龄越大，通过互联网获取金融产品或服务信息的比例越低。调查结果显示，64.27%的18~30岁年龄段受访者通过互联网获取金融产品或服务信息；30~40岁年龄段中，比例为55.57%；40~50岁年龄段中，比例为46.05%；50~60岁年龄段中，比例为40.38%；60~70岁年龄段中，比例为25.78%；70岁以上年龄段中，比例为20.48%。

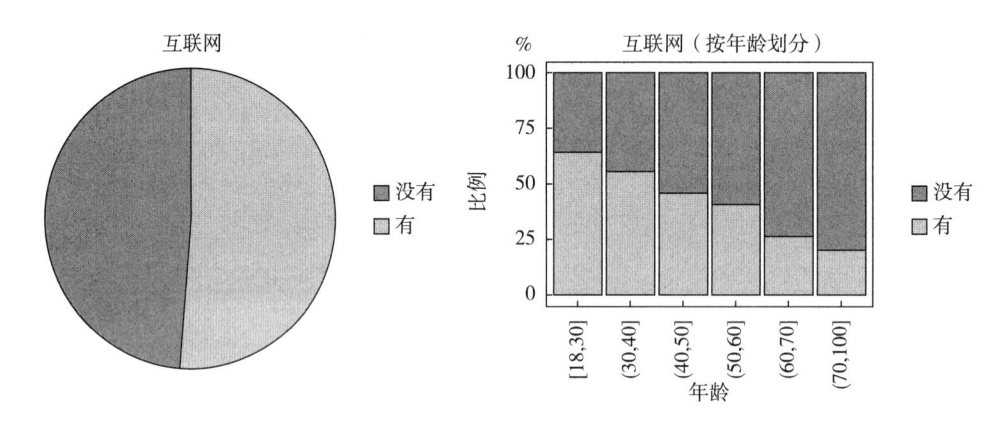

注："有"表示通过互联网获取金融产品或服务信息，"没有"表示不通过互联网获取金融产品或服务信息。

图2-33 通过互联网获取金融产品或服务信息

四是电话或短信营销渠道。从整体看，13.52%的受访者通过电话或短信营销获取金融产品或服务信息。各收入组选择电话或短信渠道获取金融信息的比例均不高，2000元以下月收入段中，12.52%的消费者通过电话或短信营销获取金融产品或服务信息，月收入2000~5000元的消费者比例为14.05%，月收入5000~10000元的消费者比例为13.6%，月收入1万~2万元的消费者比例为11.7%，2万元及以上月收入的消费者比例为13.71%。

五是现场宣传渠道。从整体看，15.58%的受访者通过现场宣传渠道获取金融产品或服务信息。各年龄段通过现场宣传渠道获取金融信息的比例均不高。相对而言，年龄越大，选择通过现场宣传渠道获取金融信息的比例越高。12.95%的18~30岁年龄段受访者通过现场宣传渠道获取金融产品或服务信息；30~40岁年龄段中，比例为15.5%；40~50岁年龄段中，比例为16.72%；50~60岁年龄段中，比例为17.4%；60~70岁年龄段中，比例为18.21%；70岁以上年龄段中，比例为19.02%。

六是亲朋好友交流渠道。从整体看，23.17%的受访者通过亲朋好友交流获取金融产品或服务信息。各年龄段均有一定比例的受访者通过亲朋好友获取金融信息，相对而言，老年人更依赖熟人渠道。23.77%的18~30岁年龄段受访者通过亲朋好友交流获取金融产品或服务信息；30~40岁年龄段中，比例为22.88%；40~50岁年龄段中，比例为22.19%；50~60岁年龄段中，比例为22.65%；60~70岁年龄段中，比例为25.78%；70岁以上年龄段中，比例为28.23%。

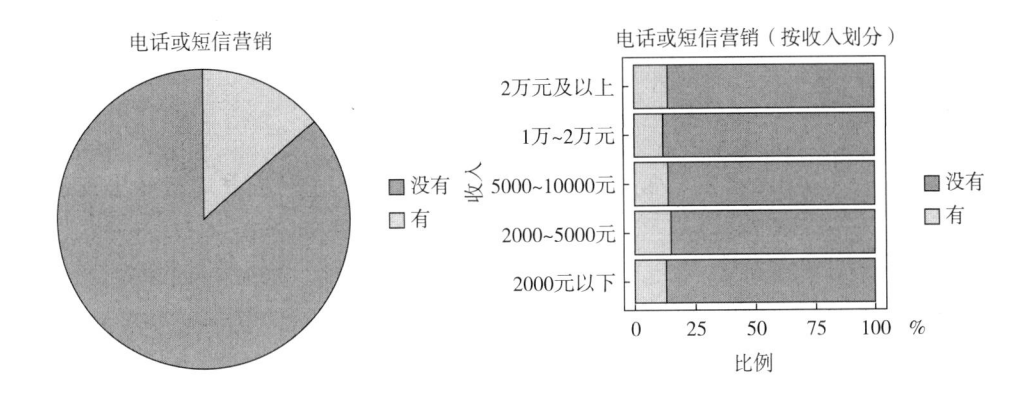

第二章 中国金融消费者金融素养调查分析

注:"有"表示通过电话或短信营销获取金融产品或服务信息,"没有"表示不通过电话或短信营销获取金融产品或服务信息。

图 2-34 通过电话或短信营销获取金融产品或服务信息

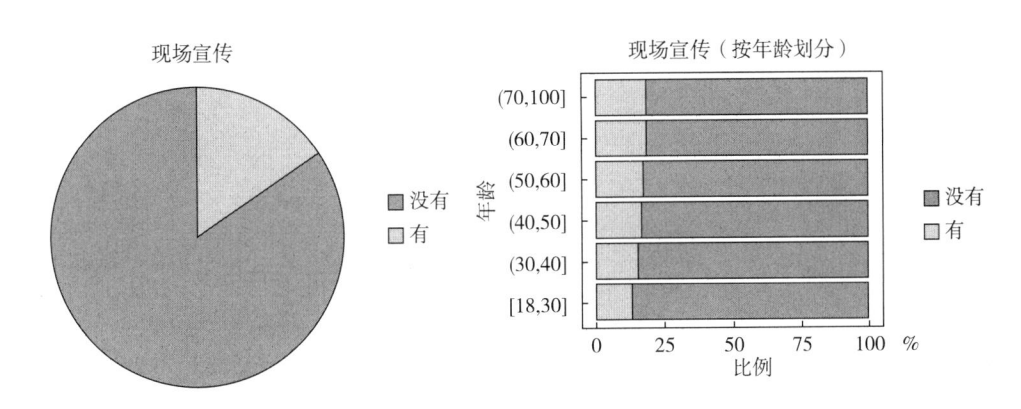

注:"有"表示通过现场宣传获取金融产品或服务信息,"没有"表示不通过现场宣传获取金融产品或服务信息。

图 2-35 通过现场宣传获取金融产品或服务信息

15. 阅读合同条款

在阅读合同条款方面,56.52%的受访者会仔细阅读合同条款,34.17%选择简要阅读,9.30%完全忽略合同条款。与2019年相比,金融消费者阅读合同习惯有所改善,仔细阅读合同条款的比例上升12.31个百分点。从学历维度看,调查结果显示,各学历组70%以上的消费者会简要或仔细阅读合同条款,其中,研究生及以上学历89.29%的消费者会阅读合同条款,本科学历消费者比例为91.64%,大专学历消费者比例为93.27%,高中学历消费者比例为92.57%,初中学历消费者比例为89.92%,小学及以下学历消费者比例为76.79%。初中到大专学历的消费者阅读合同条款更仔细,六成左右的消费者会仔细阅读合同条款。

16. 按时还款

在信用卡按时还款方面,居民具有良好的行为。55.10%会选择提前还款,

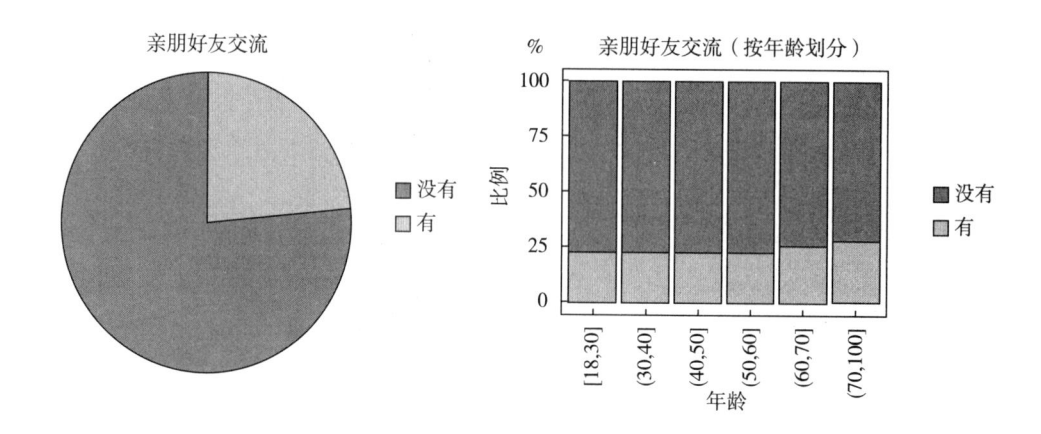

图 2-36 通过亲朋好友交流获取金融产品或服务信息

注："有"表示通过亲朋好友交流获取金融产品或服务信息,"没有"表示不通过亲朋好友交流获取金融产品或服务信息。

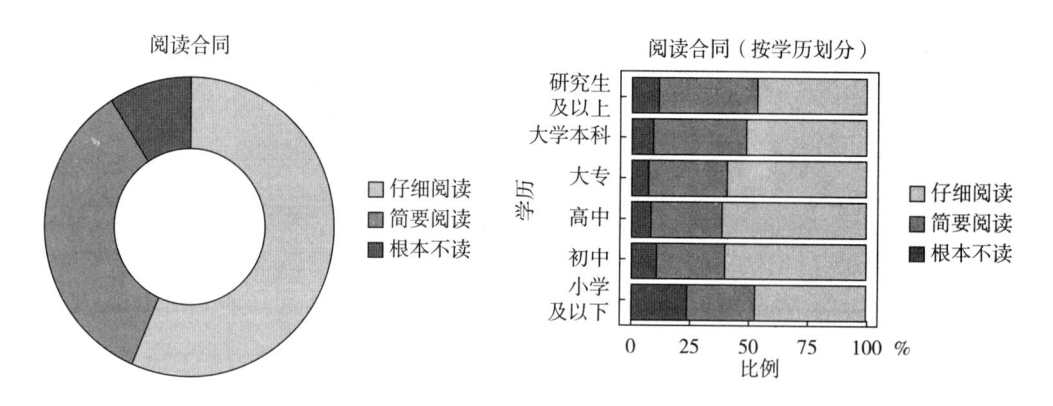

图 2-37 合同阅读习惯

41.76%会在到期日还款,少数会发生账单逾期或拖欠。从年龄和学历维度看,各年龄段绝大多数消费者均能准时偿还信用卡欠款。从收入维度看,各收入段90%以上的消费者均能在到期日前偿还信用卡欠款,2000元以下的消费者中选择拖欠信用卡还款的比例最大,为1.45%。

(三)消费者金融态度

整体来看,我国居民普遍认可现金在日常生活中的必要性,对商家拒收现金持有明确的反对态度(83.82%)。在负债消费意愿方面,普遍持有谨慎的态度,仅有23.57%在购置大件商品时会考虑用足贷款额度。在对互联网金融产品和服务的态度方面,过半受访者对互联网金融产品和服务持肯定态度,也有不少人(34.97%)认为便利与风险并存。大部分受访者(88.91%)认可金融教育的重要性,且多数人(67.28%)认为针对青少年开展金融教育最有效的方式是通过学校课程教育。在金融投资的收益预期方面,整体上公众对金融投资组合的收益预期具有非理性特征,仅有

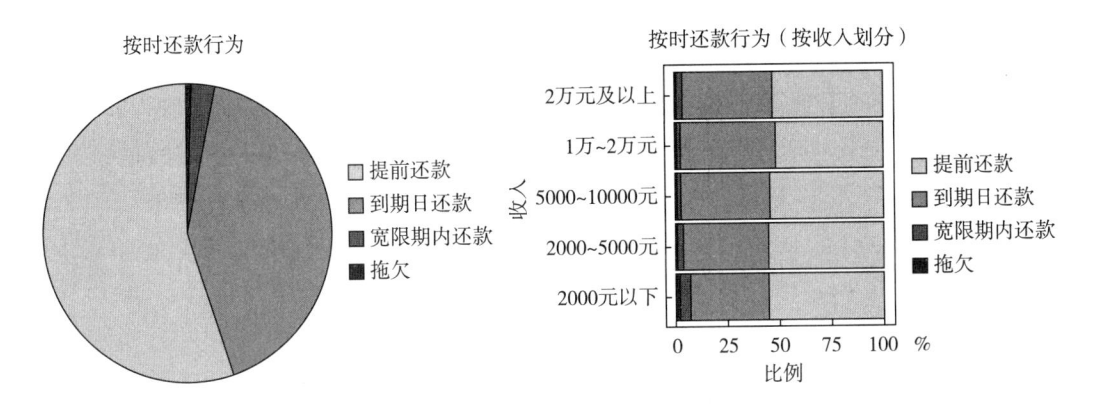

图 2-38　信用卡还款方式

28.23%的受访者的金融资产整体收益预期在 0~5% 之间。

与 2019 年相比，消费者对金融教育的重视程度有所提升，认为金融教育非常重要的比例提高了 14.04 个百分点，认为金融教育不重要的比例则下降近 10 个百分点。

1. 对商家拒收现金的态度

在对拒收现金的态度方面，使用过现金的金融消费者对商家拒收现金持有明确的反对态度。在使用现金的群体中，83.82% 的受访者表示不能接受商家拒收现金。认为商家可以拒收的只有 7.37%。各年龄段均对拒收现金行为持有鲜明的反对态度。50 岁以上消费者中对拒收现金行为持否定态度的比例相对较高。调查结果显示，30 岁以下年龄段比例为 83.66%，30~40 岁年龄段比例为 83.43%，40~50 岁年龄段比例为 82.85%，50~60 岁年龄段比例为 85.58%，60 岁以上消费者比例为 85.3%。40~50 岁消费者更认可拒收现金行为。调查结果显示，30 岁以下年龄段中 7.39% 的消费者认可商家拒收现金行为，30~40 岁年龄段比例为 7.28%，40~50 岁年龄段比例为 8.12%，50~60 岁年龄段比例为 6.83%，60 岁以上消费者比例为 6.57%。

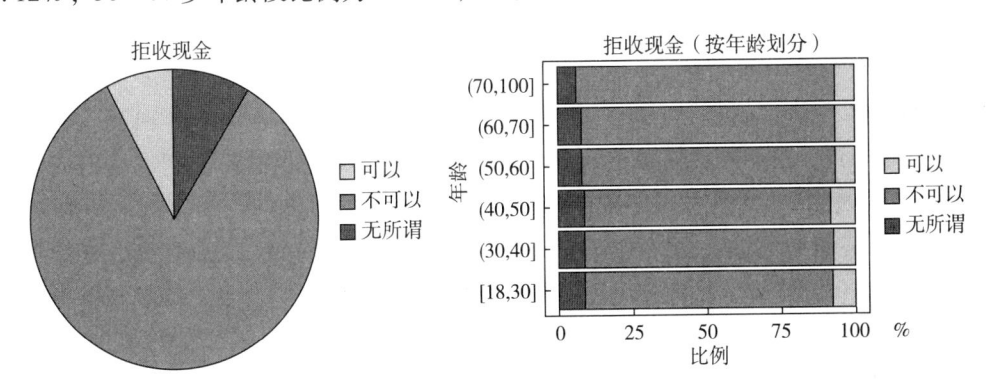

图 2-39　消费者对拒收现金的态度

2. 对负债消费的态度

从整体上看，我国居民对负债消费持有谨慎的态度。41.90% 的受访者在购买汽车等大件商品时倾向于全款支付，34.54%会选择部分贷款，23.57%会按最低首付支付，将贷款额度用足。从年龄维度看，负债消费的意愿与年龄负相关，年龄越大，在购买大件消费品时倾向于贷款的比例越低。30岁以下年龄段中34.34%的消费者在购买大件消费品时选择不贷款，30~40岁年龄段比例为38.25%，40~50岁年龄段比例为44.47%，50~60岁年龄段比例为49.93%，60岁以上消费者比例为59.68%。

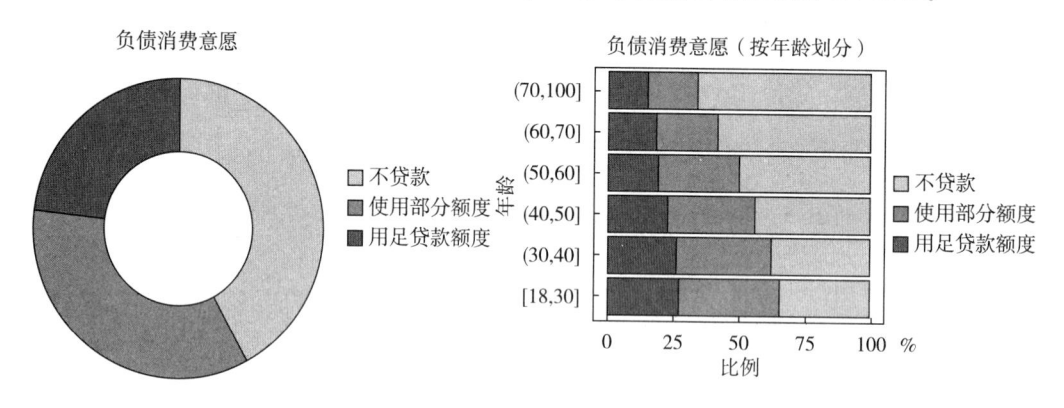

注："不贷款"表示消费者在购买大件消费品时选择不贷款，"使用部分额度"表示消费者在购买大件消费品时选择部分贷款，"用足贷款额度"表示消费者在购买大件消费品时选择全部贷款。

图 2-40 消费者负债消费意愿

3. 对互联网金融的态度

在对互联网金融产品和服务的态度方面，过半居民对互联网金融产品和服务持有肯定的态度。50.12%的受访者认为互联网金融产品和服务给日常生活带来很大便利；34.97%认为虽然很便利，但也存在风险；6.28%受访者认为不方便；8.63%受访者表示没有接触过互联网金融产品和服务。从年龄维度看，对互联网便利性的认可程度与年龄呈反向关系，年龄越大，认为互联网不便利的比例越大。30岁以下年龄段中2.52%的消费者认为互联网不便利，30~40岁年龄段比例为3.44%，40~50岁年龄段比例为7.14%，50~60岁年龄段比例为11.46%，60岁以上消费者比例为17.9%。年龄越大越容易忽视互联网可能带来的风险。从学历维度看，学历越高，对互联网金融的便利性越认可，也更加能够注意到互联网金融可能带来的风险。研究生及以上学历40.23%的消费者认为互联网带来的便利性和风险并存，本科学历消费者比例为39.77%，大专学历消费者比例为37.35%，高中学历消费者比例为33.91%，初中学历消费者比例为29.81%，小学及以下学历消费者比例为24.24%。收入维度与学历维度的情形较为类似。

4. 对金融教育的态度

大部分受访者认为金融教育非常重要。65.62%的受访者认为金融教育非常重要，23.29%认为金融教育比较重要。认为金融教育不重要的受访者比例低于2%。与2019年相比，消费者对金融教育的重视程度有所提升，认为金融教育非常重要的比例提高

第二章 中国金融消费者金融素养调查分析

图 2-41 消费者对互联网金融的态度

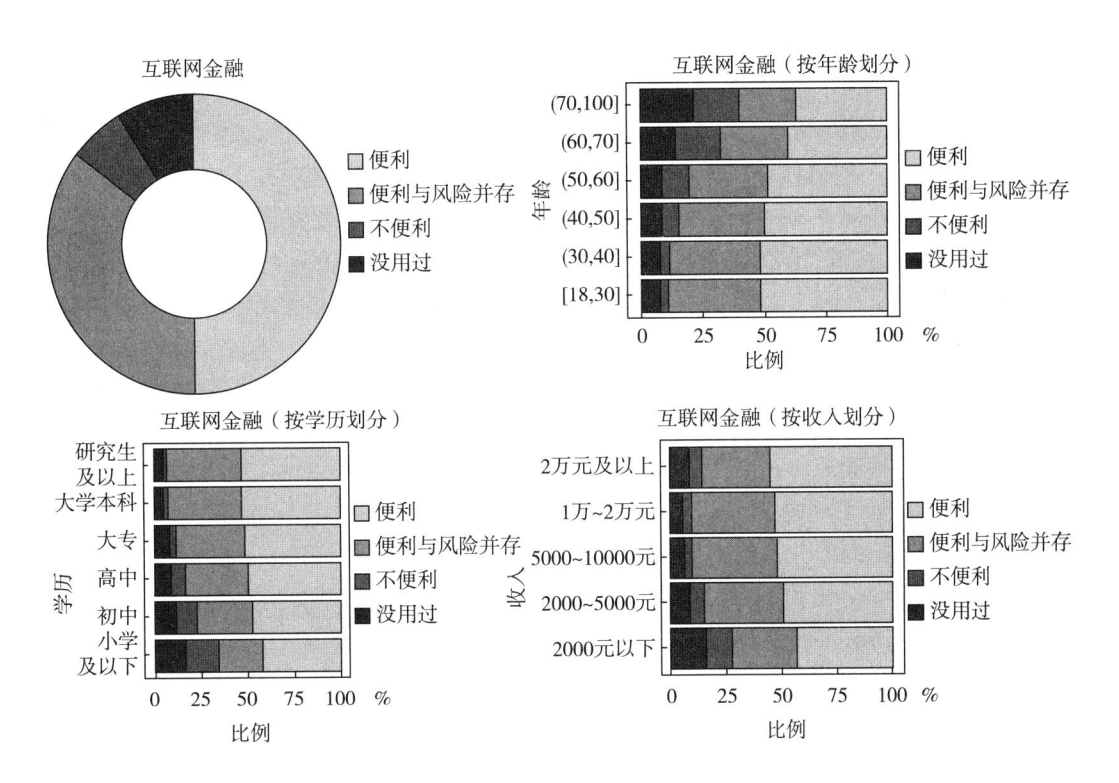

注:"便利"表示消费者认为互联网金融很便利,"便利与风险并存"表示消费者认为互联网金融便利但也存在风险,"不便利"表示消费者认为互联网金融不便利,"没用过"表示消费者没使用过互联网金融。

了 14.04 个百分点,认为金融教育不重要的比例则下降近 10 个百分点。从学历维度看,学历越高,越重视金融教育。调查结果显示,研究生及以上学历 74.47% 的消费者认为金融教育非常重要,本科学历消费者比例为 73.97%,大专学历消费者比例为 66.66%,高中学历消费者比例为 61.76%,初中学历消费者比例为 58.91%,小学及以下学历消费者比例为 55.16%。

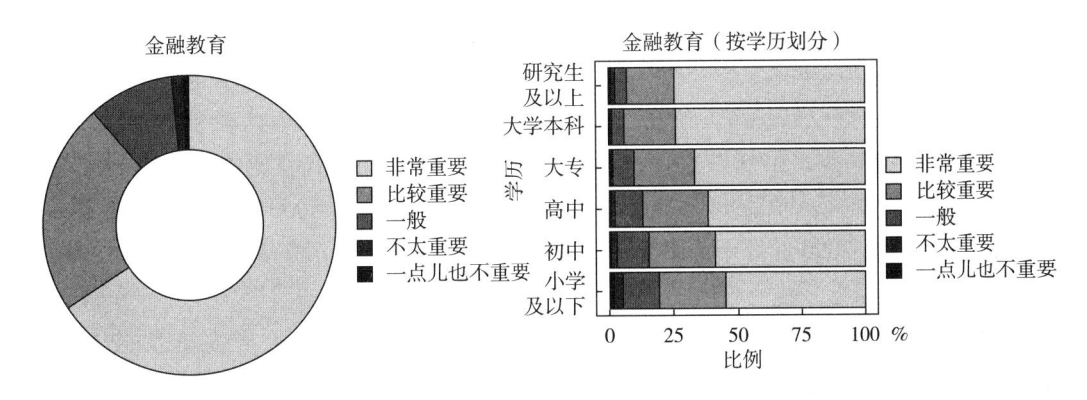

图 2-42 消费者对金融教育的态度

5. 对青少年金融教育的态度

在青少年金融教育方面，67.28%受访者认为在学校开设金融教育课程是最有效的方式，24.80%的受访者认为父母教育最为有效，3.07%的受访者认为没有必要对孩子开展金融教育。从收入维度看，各收入组群体均认可在学校开设金融教育课程。2万元及以上月收入段中，62.75%的消费者认为学校教育是对孩子最有效的金融教育方式；月收入1万~2万元的消费者比例为66.57%，月收入5000~10000元的消费者比例为68.54%，月收入2000~5000元的消费者比例为68.74%，月收入2000元以下的消费者比例为61.97%。

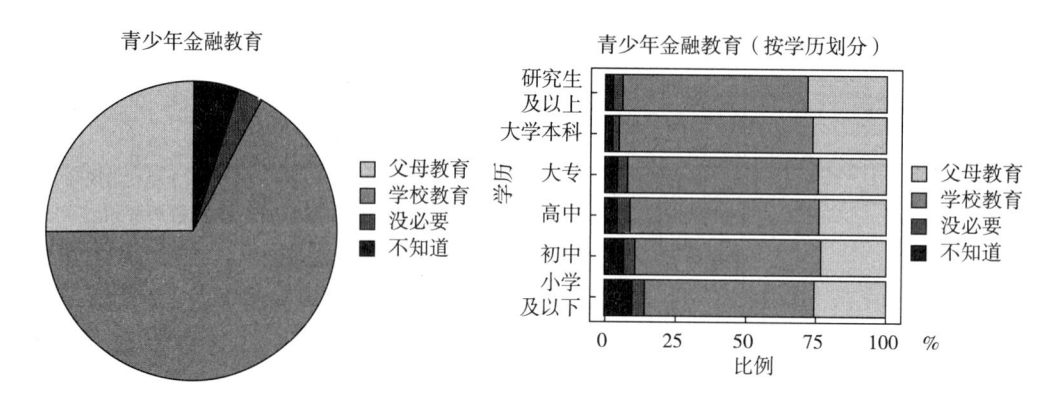

注："父母教育"表示消费者认为父母教育是青少年金融教育的最有效方式，"学校教育"表示消费者认为学校教育是青少年金融教育的最有效方式，"没必要"表示消费者认为青少年金融教育没有必要，"不知道"表示消费者不清楚青少年金融教育的最有效方式。

图2-43 消费者对青少年金融教育的态度

6. 对金融投资收益预期的态度

在金融投资收益预期方面，整体上公众对金融投资组合的收益预期具有非理性特征。在有金融投资行为的群体中，39.62%的受访者的金融资产年度整体收益预期在5%~10%之间，22.22%的受访者在10%~20%之间，仅有28.23%的受访者在0~5%之间。从年龄维度看，年龄越大的群体在金融投资方面的预期越理性。60岁以上消费者年度预期收益率主要在0~5%，60岁以下消费者年度预期收益率主要集中在5%~10%。学历和收入越高，预期收益率越高。2万元及以上月收入段中，53.12%的消费者年度预期收益率在10%以上；月收入1万~2万元的消费者比例为39.13%，月收入5000~10000元的消费者比例为32.68%，月收入2000~5000元的消费者比例为27.72%，月收入2000元以下的消费者比例为26.34%。

（四）消费者金融技能

整体来看，我国金融消费者在日常收支管理方面表现良好，大多数处于收支盈余或平衡状态。在应急储蓄方面优势明显，78%的受访者可以应对相当于3个月收入的意外支出。在通过互联网渠道获取金融产品或服务信息的群体中，受访者大多能够意

第二章　中国金融消费者金融素养调查分析

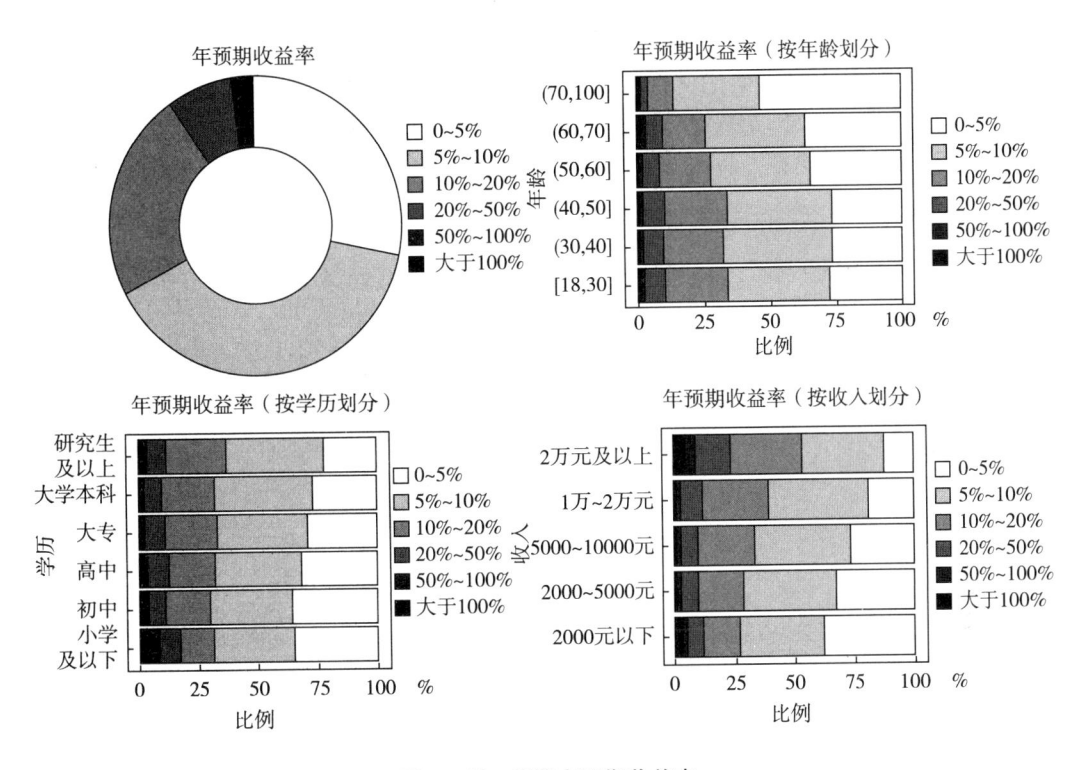

图 2-44　消费者预期收益率

识到要通过资质来辨别金融营销宣传，71.15%的受访者认为要通过查看金融牌照来辨别，53.57%认为要通过金融营销人员的资质来辨别。在有阅读合同习惯的群体中，八成以上受访者能够理解金融产品合同的关键性条款。71.96%的受访者知道如何正确处理假币，即交给商业银行或公安机关。74.69%的受访者在使用ATM时具有密码保护意识。在金融消费纠纷处理方面，受访者基本能够选择正确的投诉渠道。

与此同时，部分金融消费者要提高债务管理能力，41%的受访者感觉债务负担较重或非常重。在面对互联网上的高利息诱惑时，近半数还没有学会第一时间查看资质或直接拒绝。金融消费者在作出决策时更多依赖自身经验和知识，而非寻求第三方专业力量的帮助，容易因过度自信等因素而产生不良后果。

与2019年相比，金融消费者在理解合同条款、应急储蓄、选择金融消费纠纷处理渠道方面有较为明显的改善；在ATM密码保护、假币处理等传统技能掌握方面有所下降。

1. 日常收支管理

在日常收支管理方面，在有过查看或记录收支行为的群体中，56.94%的受访者表示每个月会有结余资金，34.09%的受访者表示基本能够维持收支平衡，仅有6.61%受访者在收支管理方面处于赤字状态。从年龄维度看，年龄段越大，在收支管理方面越严格，每月收入有剩余的消费者比例越高。从收入维度看，收入越高，每月收入越能有剩余。2万元及以上月收入段中，79.64%的消费者表示每月收入有剩余；月收入1万~2万元的消费者比例为76.15%；月收入5000~10000元的消费者比例为65.53%，月收入2000~5000元的消费者比例为50.3%，月收入2000元以下的消费者比例为39.62%。从地区维度看，各地区绝大多数消费者具备良好的消费习惯，能做到量入为出。

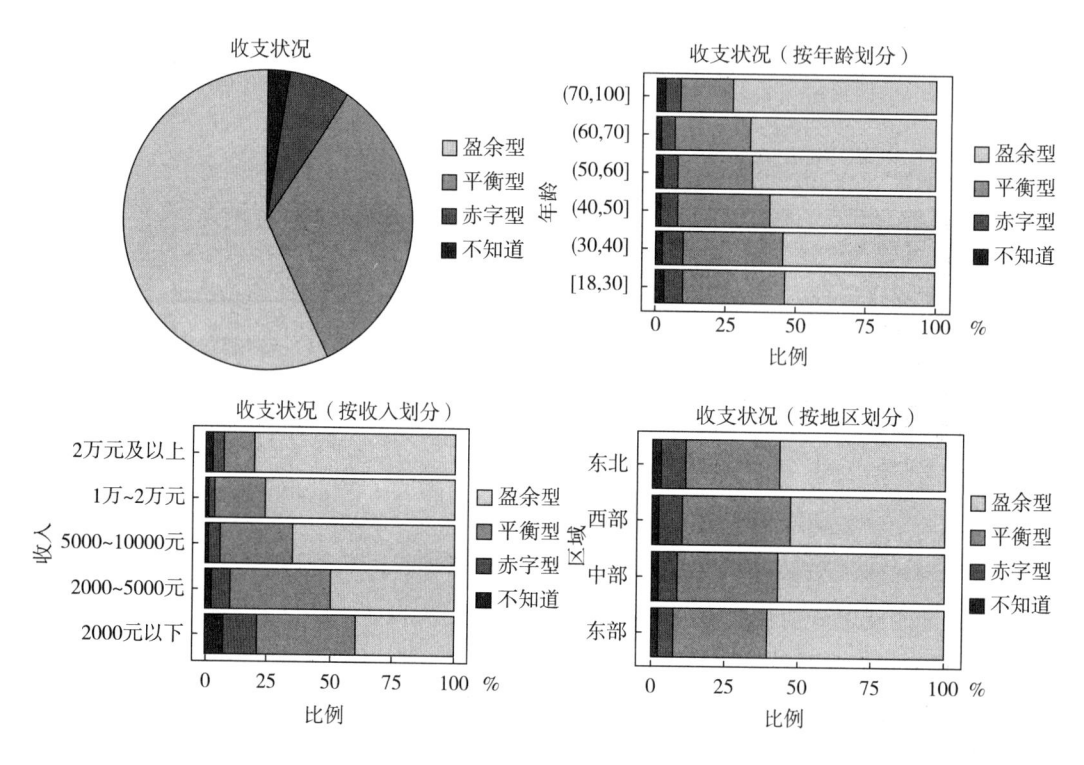

注："盈余型"表示消费者每月收入有剩余，"平衡型"表示消费者每月收入正好覆盖支出，"赤字型"表示消费者每月收入不足以覆盖支出，"不知道"表示消费者不清楚每月收支情况。

图2-45 消费者家庭收支管理能力

2. 密码保护

在密码保护意识方面，在使用过银行自助设备的群体中，74.69%的受访者在使用银行ATM时会对密码进行遮挡，与2019年相比下降了3.19个百分点，消费者金融安全意识有所下降。从年龄维度看，30岁以下的年轻群体金融安全意识相对较弱。18~30岁年龄段中67.06%的消费者取款输入密码时会进行遮挡，30~40岁年龄段比例为73.51%，40~50岁年龄段比例为81.81%，50~60岁年龄段比例为82.36%，60岁以上消费者比例为80.02%。

3. 债务管理

在债务负担方面，在有贷款的金融消费者中，58.97%的受访者表示目前债务负担较轻，33.72%表示负担较重，7.31%表示负担非常重。从收入维度看，收入越高，消

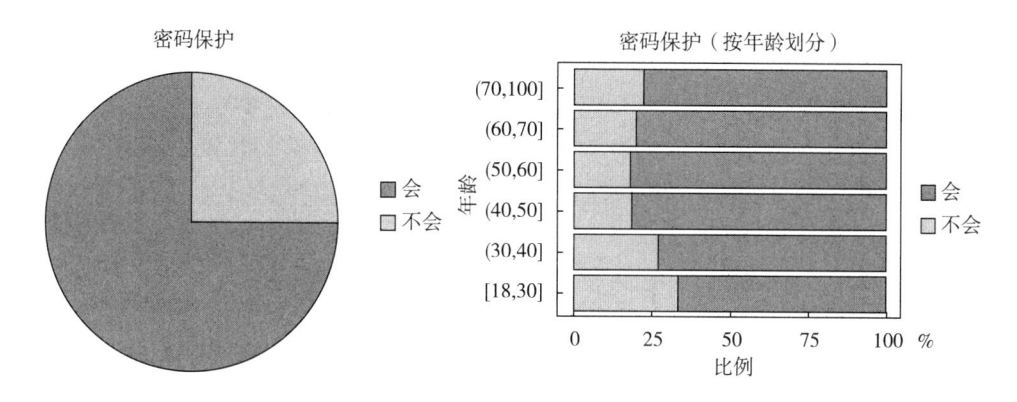

第二章 中国金融消费者金融素养调查分析

注:"会"表示消费者在取款时会有意识遮挡密码,"不会"表示消费者在取款时不会遮挡密码。

图 2-46 消费者金融安全意识

费者债务负担越轻。2 万元及以上月收入段中,76.3% 的消费者表示目前债务负担较轻,月收入 1 万~2 万元的消费者比例为 69.22%,月收入 5000~10000 元的消费者比例为 61.45%,月收入 2000~5000 元的消费者比例为 54.09%,月收入 2000 元以下的消费者比例为 44.53%。

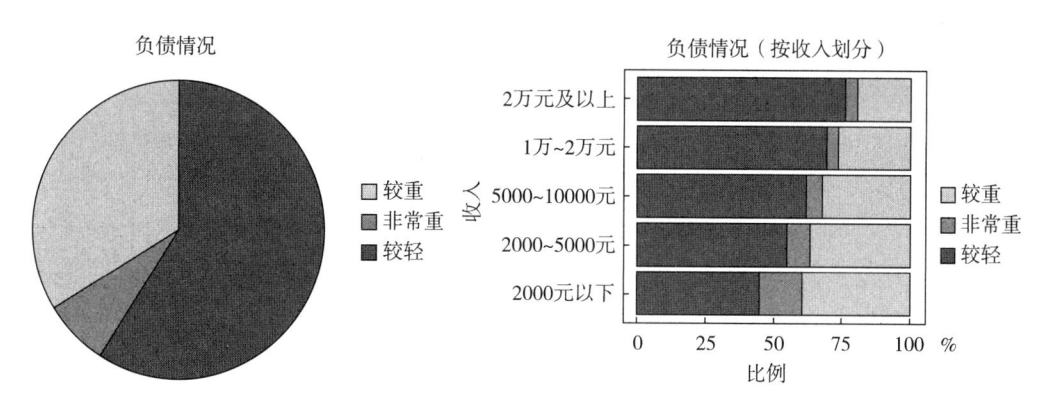

注:"较重"表示消费者目前债务负担较重,"非常重"表示消费者目前债务负担非常重,"较轻"表示消费者目前债务负担较轻。

图 2-47 家庭部门负债情况

4. 辨别金融营销广告

在辨别金融营销广告方面,在通过互联网渠道获取金融产品或服务信息的群体中,71.15% 的受访者认为要通过查看金融牌照来辨别,53.57% 的受访者认为要通过金融营销人员的资质来辨别,28.42% 的受访者相信熟人推荐,10.32% 的受访者明确表示不知道如何辨别。

5. 应对高利诱惑

从整体上看,在互联网渠道遇到高利诱惑时,通过互联网渠道获取金融产品或服务信息的群体中,51.60% 的受访者会先查看对方是否受监管;40.04% 的受访者会看

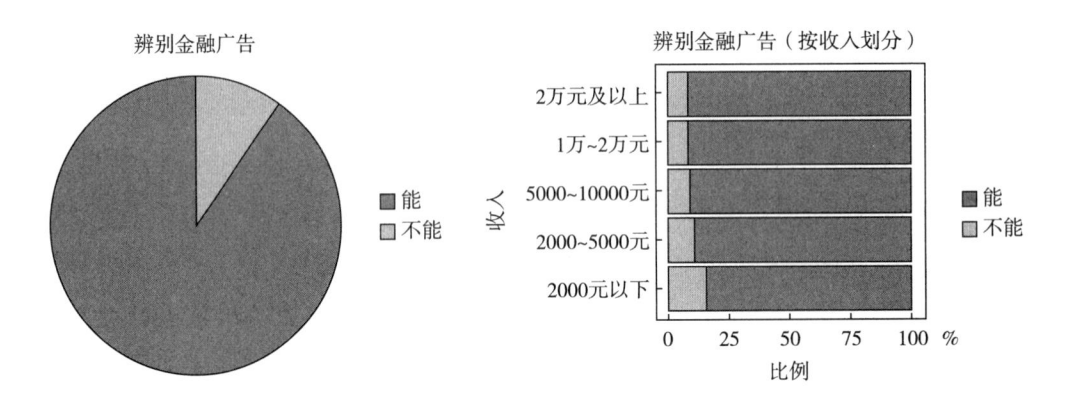

图 2-48 消费者辨别金融营销广告的能力

产品内容,但不会尝试;5.26%的受访者可能受到高利诱惑而进行小额尝试;3.10%的受访者会小额尝试并可能会追加投资。从收入维度看,收入越高,消费者应对高利诱惑的技能越强。2万元及以上月收入段中,56.42%的消费者表示在遇到高收益互联网投资产品推荐时,会先看产品是否受监管;月收入1万~2万元的消费者比例为55.18%;月收入5000~10000元的消费者比例为52.58%;月收入2000~5000元的消费者比例为51.02%,月收入2000元以下的消费者比例为48.13%。

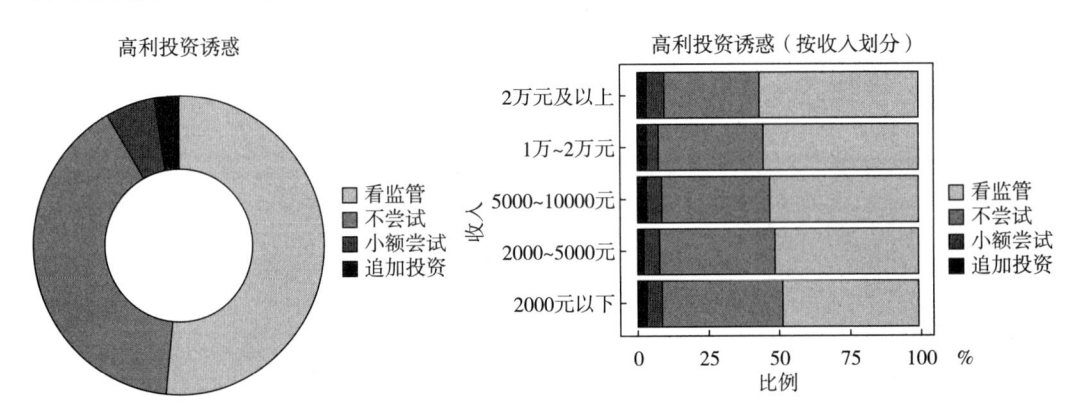

注:"看监管"表示消费者在遇到高利投资产品时会首先看产品是否受监管,"不尝试"表示消费者在遇到高利投资产品时不会尝试,"小额尝试"表示消费者在遇到高利投资产品时会小额尝试,"追加投资"表示消费者在遇到高利投资产品时可能会视情况追加投资。

图 2-49 消费者应对高利投资诱惑的能力

6. 金融决策

从整体上看,在选择金融产品和服务时,44.03%的受访者根据自身的经验和知识独自决定,26.69%的受访者会咨询第三方专业人员,10.77%的受访者主要根据营销人员的引导,16.98%的受访者会在咨询熟人后做决定。从学历维度看,学历越高越倾向于依靠自身知识和经验作出投资决策,学历越低越倾向于听从营销人员或熟人的建议,研究生及以上学历57.49%的消费者表示独自决定所选择的金融产品或服务,本科学历消费者比例为52.88%,初中学历消费者比例为37.03%,小学及以下学历消费者比例为36.01%。从收入维度看,收入越低越倾向于听从营销人员指导,2万元及以上月收入段中,7.91%的消费者表示在选择金融产品或服务时会听从营销人员指导,月收入1万~2万元的消费者比例为8.38%,月收入5000~10000元的消费者比例为9.08%,月收入2000~5000元的消费者比例为11.45%,月收入2000元以下的消费者比例为12.86%。从城乡维度看,城乡地区消费者主要依赖自身知识和经验作出金融决策。调查结果显示,39.1%的农村消费者倾向于独自作出金融决策,比城镇地区低7.72个百分点。

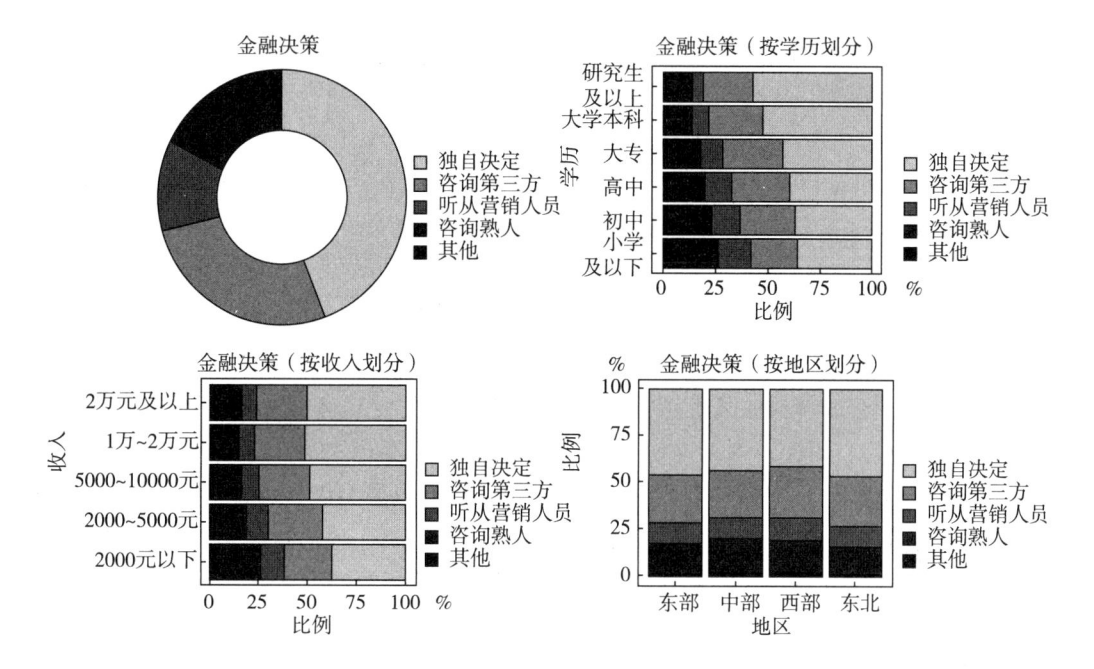

注:"独自决定"表示消费者依靠自身知识和经验独立作出金融决策,"咨询第三方"表示消费者通过咨询独立第三方作出金融决策,"听从营销人员"表示消费者根据营销人员建议作出金融决策,"咨询熟人"表示消费者通过咨询熟人作出金融决策。

图2-50 消费者金融决策方式

7. 理解合同条款

在对合同条款的理解方面,有阅读合同习惯的群体中,50.44%的受访者能够理解合同内容;34.29%的受访者基本能够理解,尤其是对关键性条款能够理解;12.31%的受访者觉得整体上很难理解,但对关键性条款大致明白;2.96%的受访者表示完全不能理解合同内容。与2019年相比,受访者对合同理解能力有较大提升,能够完全理解合同条款的比例提高26.28个百分点。从收入维度看,收入越高的金融消费者对合同条款的理解能力越强。2万元及以上月收入段中,60.87%的消费者表示能理解合同的大部分,对自身的权利责任有清晰的认识,月收入1万~2万元的消费者比例为

54.72%，月收入5000~10000元的消费者比例为49.42%，月收入2000~5000元的消费者比例为51.57%，月收入2000元以下的消费者比例为48.1%。

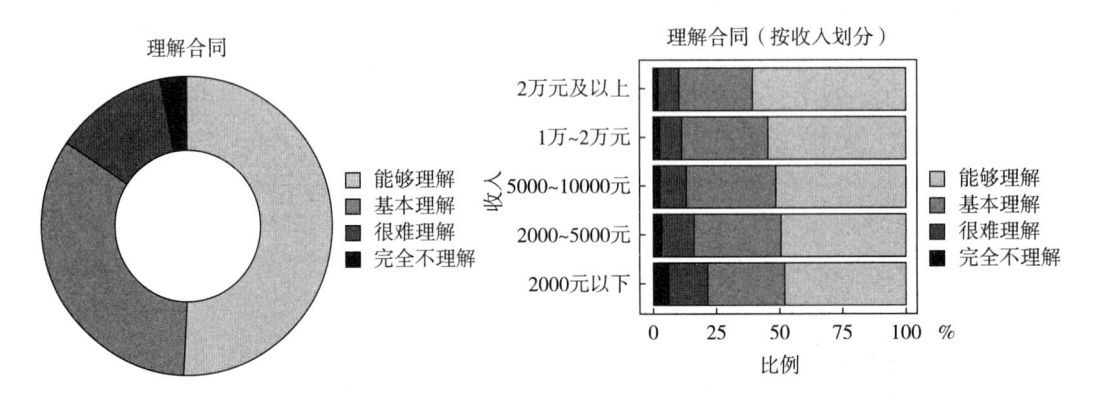

注："能够理解"表示消费者能理解合同的大部分，对自身的权利责任有清晰的认识；"基本理解"表示消费者基本能够理解，尤其是对关键性条款能够理解；"很难理解"表示消费者对合同整体上很难理解，但对关键性条款大致明白；"完全不理解"表示消费者完全不理解合同，即使对关键性条款突出显示也不理解。

图2-51 消费者对合同条款的理解能力

8. 应对财务冲击

在应对相当于3个月收入的意外支出时，59.67%的受访者表示完全没有问题，现有的储蓄足以应对；18.74%的受访者表示在卖掉部分金融资产后（如提前支取定期存款、卖出基金或股票）可以应对；16.01%的受访者表示需要借钱才能应对；5.58%的受访者表示肯定拿不出。与2019年相比，金融消费者应对财务冲击的能力大幅提高，能够应对相当于3个月收入的意外支出的消费者比例提高了24.27个百分点，肯定无法应对的比例则下降0.14个百分点。从年龄维度看，18~30岁年龄段消费者应对财务冲击的能力最弱。调查结果显示，18~30岁年龄段中52.43%的消费者仅靠储蓄就能全额支付约3个月收入的意外支出，30~40岁年龄段比例为60.15%，40~50岁年龄段比例为63.2%，50~60岁年龄段比例为64.6%，60岁以上消费者比例为63.24%。如果将资产纳入考虑，18~30岁年龄段中74.12%的消费者在卖掉资产后能全额支付约3个月收入的意外支出，30~40岁年龄段比例为79.17%，40~50岁年龄段比例为79.68%，50~60岁年龄段比例为81.47%，60岁以上消费者比例为80.8%。从收入维度看，收入越高的消费者应对财务冲击的能力越强。2万元及以上月收入段中，74.87%的消费者表示仅靠储蓄就能全额支付约3个月收入的意外支出，月收入1万~2万元的消费者比例为70.71%，月收入5000~10000元的消费者比例为65.44%，月收入2000~5000元的消费者比例为58.63%，月收入2000元以下的消费者比例为46.92%。2万元及以上月收入段中，2.89%的消费者表示无法全额支付约3个月收入的意外支出，月收入1万~2万元的消费者比例为1.67%，月收入5000~10000元的消费者比例为2.57%，月收入2000~5000元的消费者比例为5.04%，月收入2000元以

第二章 中国金融消费者金融素养调查分析

下的消费者比例为 13.85%。

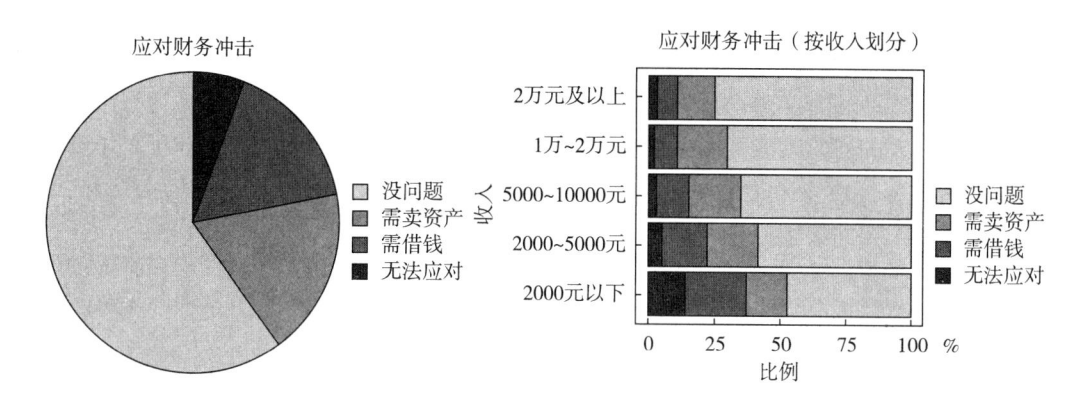

注:"没问题"表示消费者依靠储蓄就能应对 3 个月收入的意外支出;"需卖资产"表示消费者在卖掉资产后能应对 3 个月收入的意外支出;"需借钱"表示消费者需要借钱才能应对 3 个月收入的意外支出;"无法应对"表示消费者无法应对 3 个月收入的意外支出。

图 2-52 消费者应对财务冲击的能力

9. 应对非法股票投资诱惑

在互联网渠道遇到非法股票投资诱惑时,多数居民会予以明确的拒绝,也有部分居民会有观望或尝试的心态。73.09% 的受访者会予以明确的拒绝;21.01% 的受访者会进入聊天群观望;4.35% 的受访者会考虑尝试;1.56% 的受访者会先行尝试,并考虑追加投资。

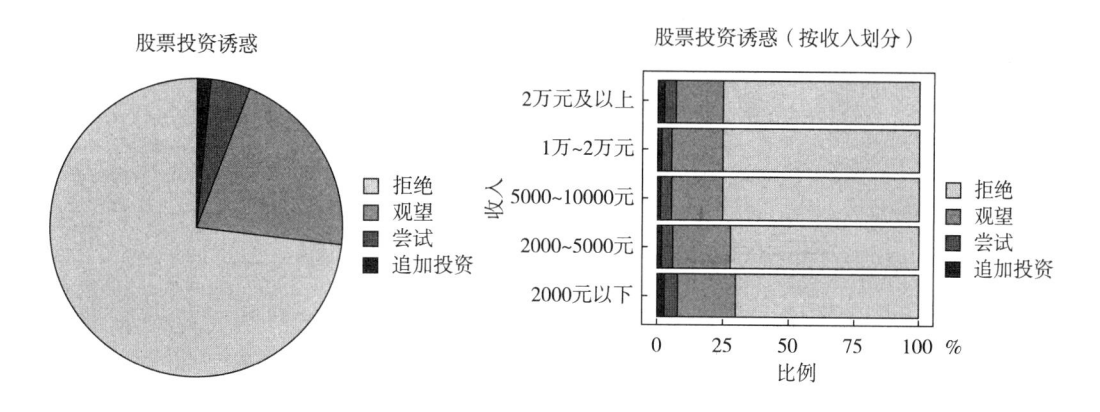

注:"拒绝"表示消费者在遇到非法推荐股票时会选择拒绝;"观望"表示消费者在遇到非法推荐股票时会选择观望;"尝试"表示消费者在遇到非法推荐股票时会选择尝试买入;"追加投资"表示消费者在遇到非法推荐股票时会在得到验证后追加投资。

图 2-53 消费者应对股票投资诱惑的能力

10. 处理假币

在处理误收的假币方面,71.96% 的受访者知道如何正确处理假币,即交商业银行或公安机关；16.13%的受访者认为应将假币撕毁；10.62%的受访者选择自行留存；想办法再花出去的比例很低（1.29%）。与2019年相比，金融消费者假币处理能力略有下降，能正确处理假币的消费者比例下降了1.06个百分点。从年龄维度看，18~30岁年龄段消费者处理假币能力最强，60岁以上消费者处理假币能力最弱。调查结果显示，18~30岁年龄段中75.63%的消费者具备正确处理假币的技能，30~40岁年龄段比例为70.81%，40~50岁年龄段比例为70.09%，50~60岁年龄段比例为71.46%，60岁以上消费者比例为70.02%。

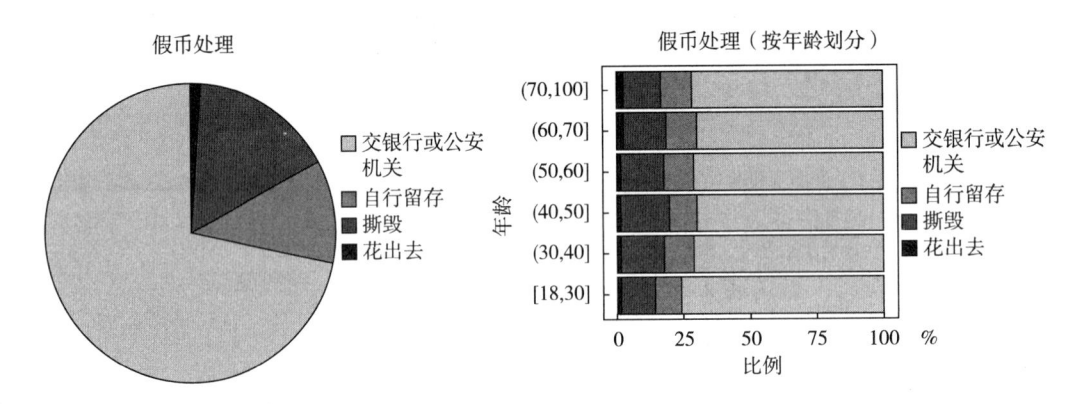

图 2-54 消费者处理假币的能力

11. 处理金融消费纠纷

在金融消费纠纷处理方面，我国居民对投诉渠道的选择整体上具有良好的意识。81.06%的受访者会选择向提供服务的金融机构投诉，51.37%的受访者会向当地人民银行进行投诉，55.60%的受访者会向当地银保监局、证监局投诉，34.45%的受访者

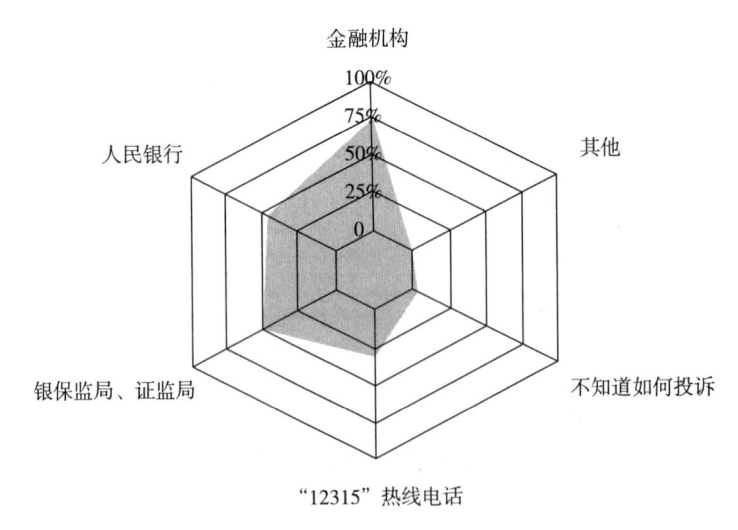

注：雷达图数值表示通过各渠道投诉的比例。

图 2-55 消费者金融纠纷处理渠道选择

会拨打"12315"热线电话向当地市场监管部门投诉。与2019年相比,受访者正确选择金融消费纠纷处理渠道的比例有所提高,选择向金融机构投诉的比例增加1.32个百分点,选择向人民银行投诉的比例提高2.33个百分点,选择向当地银保监局、证监局投诉的比例提高3.16个百分点。

四、值得关注的趋势或问题

(一) 我国居民金融素养水平的比较

隶属于经济合作与发展组织(OECD)的金融教育国际网络(INFE)在国际金融素养测评方面形成了较为成熟的指标体系,积累了近40个经济体的金融素养基础数据。为此,我们从INFE等多个官方渠道整理形成可供比较的金融素养数据库,从金融知识、金融行为和金融态度三个维度对44个经济体居民的金融素养水平进行比较分析。

根据指标的代表性和可获得性选取货币的时间价值、单利计算、投资分散化原理、风险收益关系四个指标衡量金融知识,选取收支管理、按时还款、购买保险三个指标衡量金融行为,金融态度指标用储蓄倾向来衡量(即更加偏好长期而非短期),对每个指标赋予100分,取平均值计算出金融素养得分并进行排名。

总的来看,我国居民的金融素养水平综合得分为69.65分,处于中等偏上水平,在二十国集团(G20)中排名较高。在44个经济体中,我国金融素养综合得分排第九位,低于芬兰、中国香港、挪威、奥地利、比利时、斯洛文尼亚、新西兰、加拿大。在G20中,我国排第二位,仅次于加拿大(墨西哥、澳大利亚、阿根廷、沙特阿拉伯四个国家由于数据缺失或数据兼容性差,没有被列为考察对象)。对44个经济体的金融素养综合得分与人均GDP(购买力平价)进行线性拟合,可以发现,每提高1万美元,金融素养平均提高4.2分。我国到2035年的经济发展目标是达到中等发达国家水平,按2万美元的人均目标匡算,预计届时我国金融素养综合得分在74分左右。

从金融知识水平看,我国居民的金融知识平均得分为67.76分,在44个经济体中排第十六位,处于中等水平,在G20中排第六位,居民对不同板块的知识掌握分化较大。我国居民在金融知识方面的强项是利率计算,单利计算仅次于中国香港和挪威,在44个经济体中居第三位;但在投资分散化原理及风险收益关系的理解上存在明显不足,分别为倒数第九位和倒数第十一位。在G20中,我国金融知识水平排第六位,在德国、俄罗斯、巴西、法国、土耳其之后,其中货币时间价值和单利计算分别排第二位和第一位,但在投资分散化原理及风险收益关系的理解上则分别是倒数第四位和倒数第三位。

从金融行为看,我国居民的金融行为平均得分是72.02分,在44个经济体中排第十位,处于中上水平,在G20中排第四位,保险产品购买或持有不足是我国居民的短板所在。在44个经济体中,我国居民的金融行为得分排第十位,低于芬兰、比利时、挪威、加拿大、中国香港、新西兰、日本、法国、奥地利。在日常收支管理和按时还款方面均排第一位，分别获得 91 分和 96.86 分，但在购买保险方面仅得 21.82 分，发达经济体在保险覆盖方面整体强于发展中经济体。同样地，在 G20 中，我国居民在收支管理和还款行为方面均排第一位，在购买（持有）保险方面排倒数第六位，不仅低于发达经济体，也低于南非、印度等发展中经济体。

从金融态度看，我国居民的平均得分是 76.44 分，在 44 个经济体中排第二位，处于领先地位，在 G20 中排第一位。金融态度主要考察居民更倾向于持有长期还是短期的态度，持有长期态度的更愿意储蓄，而短期主义者更愿意即时消费。我国居民在这方面具有绝对优势。一方面，要归因于我国的优良传统文化，考察我国的经济思想史，自周朝开始，官方便已有"量入为出"的财政观，以适应农业时代生产力不足的状态，这一思想有利于各阶层形成崇尚储蓄、反对支出无度的社会风气，在数千年的农业生产时代占据主流位置，形成巨大的历史惯性和文化惯性。另一方面，人民银行在开展金融教育工作时，将这一维度放在我国的经济金融大环境中进行思考，结合经济转型需要和现代金融发展需要，在宏观经济促消费的紧迫性和微观家庭储蓄的必要性之间取得平衡。具体来说，就是引导公众形成理性消费观念，针对不同群体提出不同的教育方案，鼓励高收入高净值群体多消费，引导中等收入群体量力消费，提醒青少年在没有收入来源的前提下克制消费欲望，避免提前消费，并大力普及负债管理知识。

同时，我们要看到当前国际主流的金融素养测评存在的不足。INFE 的金融素养测评框架主要是基于发达经济体的金融环境而设定，在很多方面并不适用于发展中经济体。例如，INFE 在金融态度的考察方面，看重的是受访者是否更倾向于储蓄，反映的是发达经济体居民普遍不储蓄的现状，而在我国，储蓄是一种习惯，不存在储蓄不足的问题，如何通过刺激消费来促进经济内生增长是更为重要的命题。再如，发达经济体的信用体系较为完善和规范，居民普遍重视个人信用，在维护信用方面不存在问题，但在我国，个人信用体系建立时间不长，居民维护个人信用、形成良好信用记录的意识还不够强，不少居民在正规金融体系中没有信用痕迹，个人信用考察应纳入我国的金融素养测评体系。

完全采用 INFE 的金融素养测评工具会高估我国居民的金融素养水平，要客观认识我国经济金融环境与其他经济体存在的不同，以我为主，继续采用符合我国实际情况的测评体系。在金融教育等新兴领域要积极参与国际规则制定，为发展中经济体争取更多的话语权，制定符合发展中经济体实际情况的金融素养测评体系。针对我国的金融素养优势，可以主动对外输出优秀传统文化和金融教育良好经验。

（二）金融教育视角下储蓄和消费之间的取舍

储蓄还是消费？这是对宏观经济发展有重要意义的问题。从短期来看，当家庭更倾向于即时消费时，将刺激生产，对短期经济增长有促进作用。从中长期来看，微观领域不注重储蓄的代价是家庭部门负债率不断攀升，超前消费观念在深入人心后将很难扭转过来，其负面影响可能不仅仅停留在经济金融领域。为此，我们聚焦金融素养核心四要素中的金融态度要素，将家庭的应急储蓄（反映家庭的财务韧性）作为考察指标[1]，进一步观察居民是否会将长期主义态度转化为实质性的储蓄行为，提高自身应对不可预期财务冲击的能力。2020年新冠疫情的暴发对居民的应急储蓄是一次重大考验，人民银行在2017年、2019年消费者金融素养问卷调查中发现，我国居民具有应急储蓄的比例均在70%以上，居民充足的应急储蓄为我国疫情后的经济复苏提供了有力支撑。

在2020年新冠疫情暴发后，很多经济体采取了不同程度的防控措施。限制性措施对就业产生了负面影响，凸显家庭应急储蓄的重要性。我国居民在应急储蓄方面遥遥领先，78.41%的居民能够应对相当于3个月收入的应急支出，同属东亚文化圈的中国香港、韩国、日本均有良好表现，分别排在第二位、第三位和第五位。德国（51.7%）、美国（49%）、意大利（32%）处于中上水平。印度尼西亚、格鲁吉亚、摩尔多瓦、黑山、罗马尼亚、俄罗斯等在26个经济体中排序靠后，有应急储蓄的居民比例不足20%。

居民应急储蓄是否充足对危机时期的经济运行有什么影响？简单考察居民应急储蓄和危机时期（2020年新冠疫情期间）经济增长率之间的关系，可以发现，总体上居民应急储蓄充足的经济体受疫情冲击程度较小。中国[2]和日本保持了非负增长（分别为2.3%和0），韩国（-0.96%）的经济表现也远在平均水平之上。居民应急储蓄充足有两个方面的好处：一是对于持续时间较短的事件（如疫情期间因封锁导致3个月的暂时性失业），发挥"自救"功能，既有的社会保障体系充当第二道防线，进而节约政策空间；二是在危机十分严重、常规手段已经无法应对时，居民充足的储蓄能够为相关政策的出台争取足够的利弊权衡时间，而不至于受到太大的短期压力（如部分发达经济体被迫出台民粹式的"以邻为壑"的政策）。

我国居民的应急储蓄优势能继续保持下去吗？从本次调查的结果看，金融消费者的储蓄意愿有下降的趋势。一方面，应急储蓄优势在年龄结构上存在分化，年轻群体（18~30岁）能够从容应对的比例要低于中老年群体。另一方面，年轻群体（18~30岁）的消费贷款意愿明显更强，在面临购买汽车等大件消费品时更愿意贷款，而中老年群体更愿意全款支付。这两方面均反映出我国居民具有的长期主义态度可能会随着世代更替而逐步降低。与此同时，不少发达经济体迫于居民债务压力的持续上升，正通过金融教育国家战略来提振居民的储蓄意愿，与我国形成了反向的趋势。因此，目前还不能断言谁是最终的长期主义者。

就国内当前的宏观经济环境而言，经济发展和转型需要刺激消费，让消费成为经济内生增长的动力源，这也是"双循环"体系中形成国内循环的必然要求。但对于金

---

[1] 不同金融素养调查在应急储蓄指标设计上稍有不同，大体上可以定义为收入法和支出法两种类型。我国采用收入法，调查的是居民是否拥有相当于平时3个月收入的储蓄。INFE采用的是支出法，调查居民是否拥有相当于3个月支出的储蓄。从效果上看，我国居民总体上是收入大于支出（这一判断可看日常收支平衡指标），若按INFE口径计算，预计我国这一指标数值会更高。

[2] 2020年我国香港地区受其他重大因素干扰，经济表现不佳。

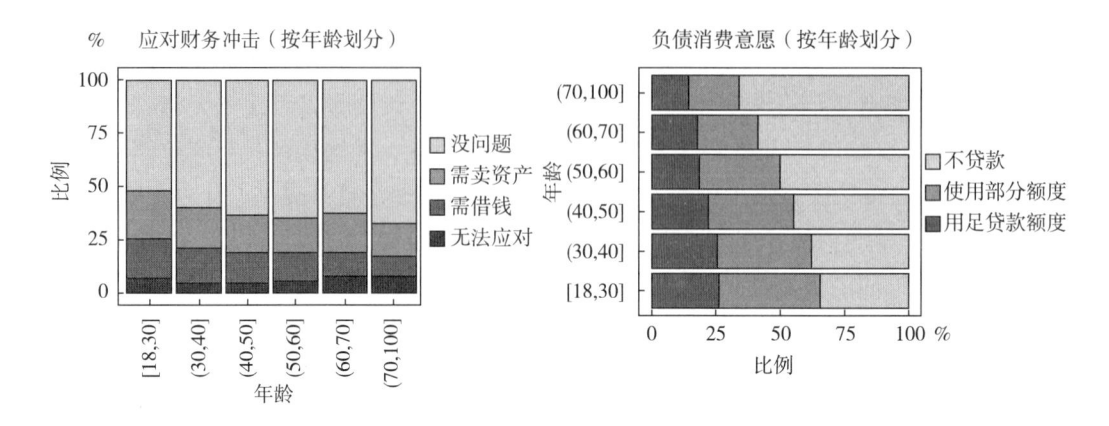

图 2-56　年轻群体的短期主义倾向

融教育和金融消费者保护而言，聚焦和关切的是微观主体中的家庭部门，需要引导公众循序渐进地做好日常收支、储蓄、家庭保险、负债、投资等方面的管理工作。因此，要通过持续性金融教育，在宏观经济促消费的紧迫性和微观家庭储蓄的必要性之间取得平衡。为保持我国居民金融态度方面的绝对优势，弥补金融知识短板，提升公众的整体金融素养水平，要重视对青少年的金融教育，在义务教育阶段帮助学生形成良好的金融态度和意识，可以考虑在部分省份实施金融素养提升工程。

（三）老年人面临的数字金融转型风险

总体而言，数字化对金融素养的影响整体上是正向的，可以概括为促进和滞后两种作用方向相反的效应，在年轻人身上主要是促进效应发挥作用，而滞后效应会阻碍老年人金融素养的提升。2020 年隶属于 OECD 的 INFE 发布金融素养相关报告[①]，通过对比多个经济体的数据，证明了数字化进程对金融素养的促进效应在不同国家均显著存在。在此，我们主要结合我国实际情况，从金融行为、金融态度等方面继续探讨数字化转型对老年人金融素养提升带来的滞后效应，并建议关注老年人面临的数字金融转型风险。

在日常生活中使用手机进行支付，对年轻人来说几乎是无师自通的基础金融技能，但对老年人来说却可能是进入数字金融时代难以跨越的技术障碍。本次调查发现，年轻群体和老龄群体之间存在明显的数字鸿沟，2019 年 4 月至 2021 年 4 月，在 18～30 岁群体中有 85.77% 使用过手机支付，而在 60 岁以上的年龄段中，这一比例为 42.59%。从密度曲线看，使用过手机进行支付的群体主要分布在 30 岁左右，而未使用过手机支付的受访者主要集中于中老年群体。从箱形图可以看出，未使用手机支付群体的年龄中位数及上下四分位数均明显高于使用手机的群体，再次说明数字鸿沟在年龄分布上显著存在。

在获取金融产品和服务信息方面，也存在类似的年龄上的分化。在我国，使用手

---

① OECD. OECD/INFE 2020 International Survey of Adult Financial Literacy，2020.

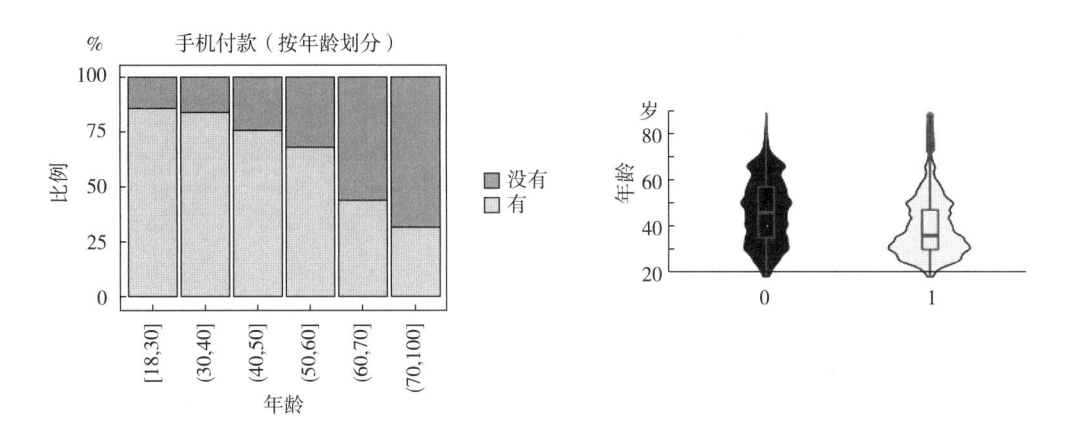

注：右图中0表示过去两年没有使用过手机支付，1表示使用过手机支付，小提琴图是密度函数曲线。

图 2-57 手机支付使用情况

机支付可以看成是较为简单的数字金融能力，而能够主动通过互联网渠道（包括电脑和智能手机）获取金融信息，则是一项较为关键的技能，能够集中体现受访者的金融消费方式，也是其能够适应金融数字化趋势的体现。调查结果显示，通过互联网获取金融产品和服务信息并不是老年人擅长的方式，60岁以上的群体中仅有25.09%会将互联网作为获取金融产品和服务信息的渠道，而在18~30岁的年轻群体中有64.27%会将互联网作为获取金融产品和服务信息的渠道。进一步地，对年龄①与互联网渠道两个变量做相互独立的原假设，并进行卡方检验，主要检验指标结果如表2-1所示。

表 2-1　　　　　　　　　　　卡方检验结果

原假设：年龄与是否通过互联网渠道获取金融信息相互独立		
χ^2	P值	自由度（df）
5934	2.20e-16	5

检验结果显示，卡方值为5934，P值接近于零，原假设成立的概率极低，可以认为年龄与互联网渠道这两个变量不是相互独立的，存在密切的关联性。从图2-58中可以比较直观地看出，年龄越大的群体越难以主动通过互联网获取自己想要的金融信息，年轻人在这方面具有明显的优势。同时，在对互联网金融产品和服务的态度方面，对互联网便利性的认可程度与年龄成负向关系，年龄越大，认为互联网不便利的比例越大，30岁以下仅有2.52%的消费者认为互联网不便利，60岁以上的比例为17.9%。在互联网金融风险方面，中青年比老年人更加具有风险意识。

此外，老年群体对金融机构物理网点和现金使用有更强的偏好。63%的18~30岁年龄段受访者通过金融机构网点获取金融产品和服务信息，60岁以上的老年群体中高

---

① 本次问卷调查的受访者填入的年龄是连续型数值变量，为做卡方检验，我们将年龄拆成若干年龄段，构造分类变量。

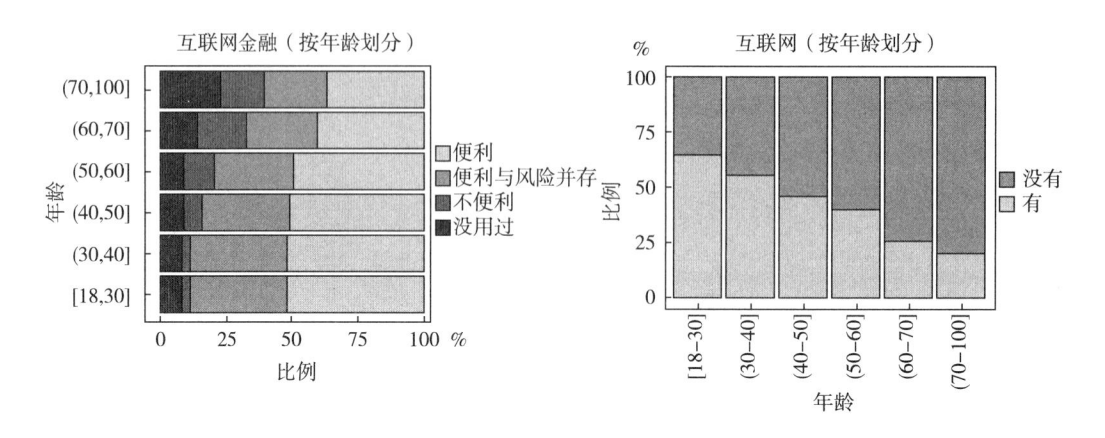

图 2-58　老年人对互联网金融的态度

达 80.94% 的受访者偏好金融机构网点。在现金使用方面，年龄越大使用现金支付的比例越高，在 60 岁以上的群体中 86.20% 的受访者过去两年有过现金支付的行为。

通过上述简要分析可以发现，在人口老龄化与金融数字化同时加快发展的背景下，老年人在适应金融数字化方面还存在明显的不足，非常依赖传统的金融机构网点等渠道来满足自身的金融需求。需要认真对待和适应老年人的这一偏好，既要避免出现"数字鸿沟"，也要关注老年人的数字化转型风险，避免老年人在转向数字渠道时遭到非法金融活动的侵害，加大对老年人的保护力度。

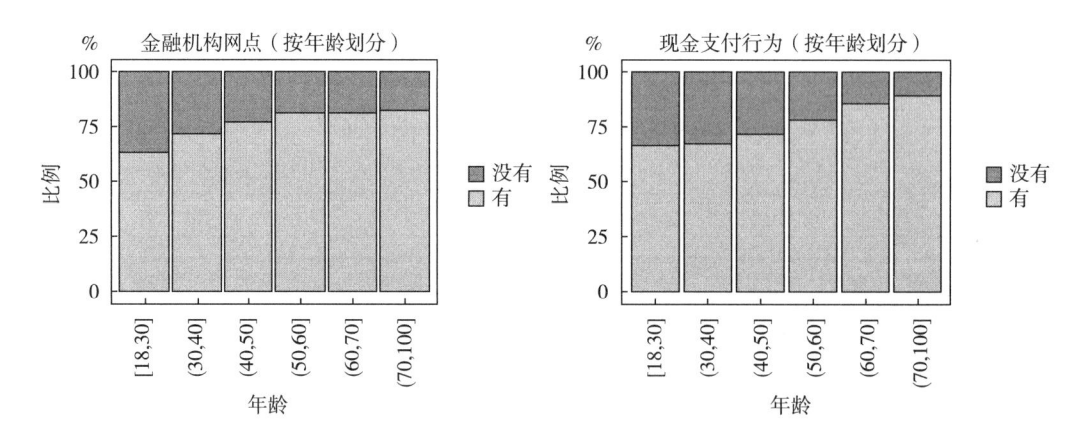

图 2-59　老年人对传统方式的偏好

金融机构可以考虑结合本地的老龄化状况，推动金融机构网点转型升级，更好地满足老年人的需求，提供有温度的金融服务，让金融机构网点成为应对老年人数字化转型风险的物理屏障。服务于金融消费者的金融从业人员要提高自身专业水平，持续转变服务理念，在个人业绩佣金收入和客户对金融体系的长期信任之间取得良好的平衡，不能因为过度追逐佣金收入而损害金融行业的整体声誉，更不得利用消费者金融素养不足来获取不当收益，要持续优化金融消费环境。

第二章 中国金融消费者金融素养调查分析

(四) 公众对保留现金使用的态度

总体上看,手机支付已经成为金融消费者在日常生活中的首选支付方式,但物理意义上的现金仍然是大部分受访者不可缺少的支付方式,且公众很难接受拒收现金现象的发生。

从日常支付方式看,最近两年 77.02% 的受访者表示使用过手机进行付款,71.32% 使用过现金进行支付。通过手机进行支付已经成为最常用的方式,在日常生活中,打开手机扫一扫就能完成支付,我国居民对此已习以为常,且在性别和地区方面没有太大差异。

在现金支付的金额方面,在使用现金的群体中,主要用于小额支付,83.40% 的受访者表示经常支付的金额在 500 元以下。

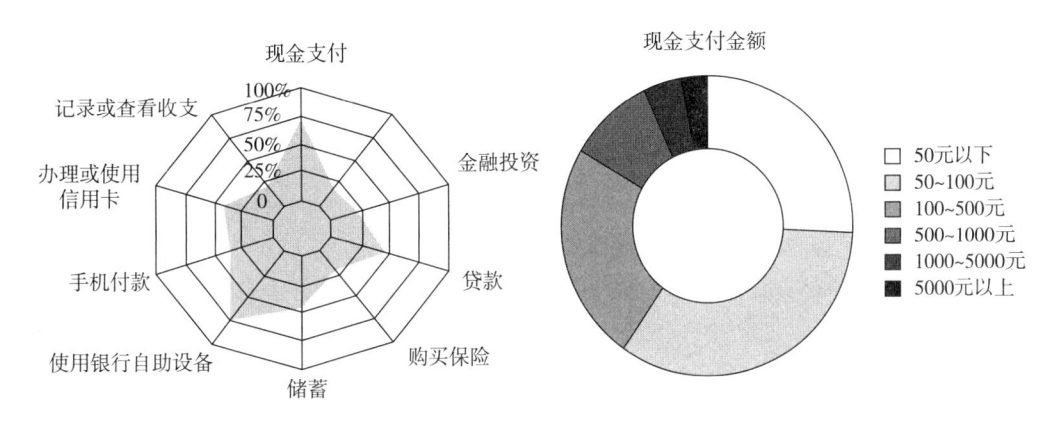

图 2-60 现金支付情况

在商家拒收现金方面,使用过现金的金融消费者普遍持反对态度,83.82% 的受访者表示不能接受商家拒收现金,且与年龄具有相关性,年龄越大持反对态度的比例越高。在实际遭遇拒收现金方面,在使用现金的群体中,超过 93% 的受访者表示没有遇到过拒收现金的情形,说明金融消费者在使用现金支付时被拒绝是少数情形。发生拒收现金情形的概率虽小,但不能忽视其产生的恶劣社会影响,尤其是会侵害弱势群体的合法权益,应当继续坚持零容忍的态度。

(五) 金融素养不足对金融市场稳定的潜在影响

调查发现,公众对分散化投资理念缺乏理解和认同,仅有 48.37% 的受访者能够正确认识到投资单一股票的风险要比股票型基金大,与 2019 年相比,这一准确率下降了 9.71 个百分点,是金融知识中较为明显的短板,在 G20 中排名倒数第四。在美国也存在类似的金融素养不足情形,金融业监管局(FINRA)每三年组织开展的金融能力调查数据显示,从 2009—2018 年,美国消费者认同分散化投资理念的比例从 52% 逐次下滑至 43%。

调查还发现,公众对金融投资的收益预期普遍呈现非理性特征,在有金融投资行为的群体中,仅有 28.23% 的受访者的收益预期在 5% 以内,且中青年群体的非理性程

被拒收现金　　　　　　　　　　　拒收现金

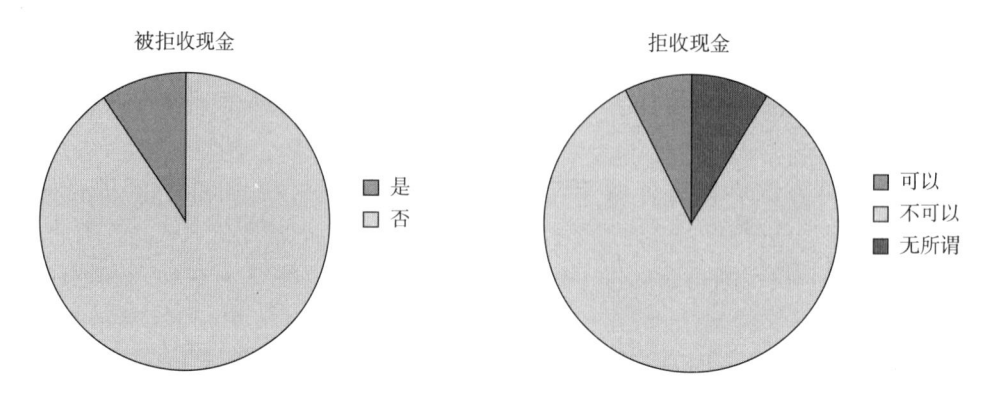

- 是
- 否

- 可以
- 不可以
- 无所谓

图 2-61　遭遇拒收现金及公众的态度

（资料来源：中国人民银行）

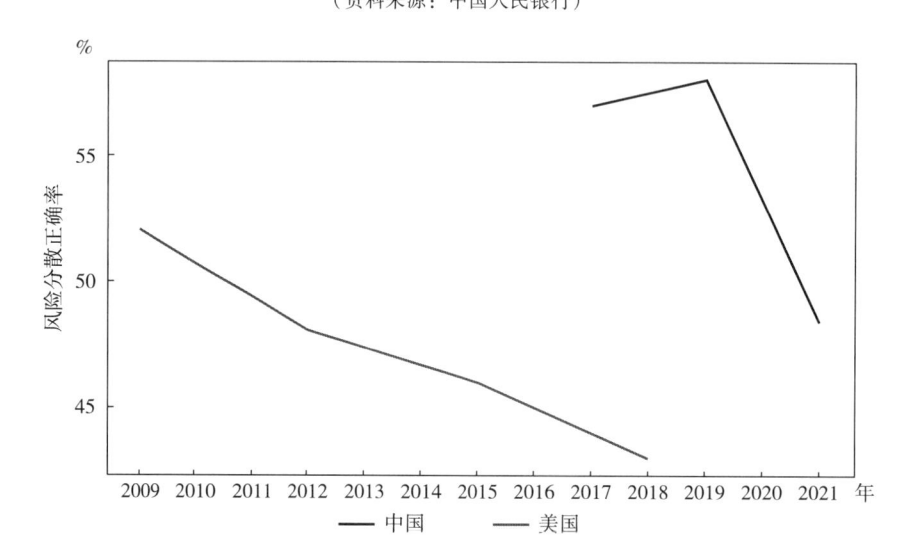

图 2-62　中美两国消费者对投资分散化知识的掌握

度更大。非理性的投资预期可能会导致非理性的投资行为（典型例子是羊群效应），加大金融市场的波动，对金融稳定产生影响。20 世纪 50 年代以来，"鸡蛋不要放在同一个篮子里"的投资组合理念成为金融学的基本常识，并根据收益和风险的关系推导出有效投资边界，即理论上最优投资组合的集合。调查结果显示这一基本常识目前还停留在学术界和政策领域，并未深入人心，反而随着金融数字化进程的加速，出现倒退现象，冲动投资现象频发，是金融市场的潜在不稳定因素，也可能造成贫富差距进一步扩大。例如，2020 年新冠疫情暴发之后，有人在美国网络社交平台 Reddit 上掀起"华尔街豪赌"（Wall Street Bets）运动，用"你只能活一次"（you only live once，YOLO）口号误导公众信奉短期主义，通过网络聚集起来投机单一股票及其衍生品，部分个股（如 Game Stop）出现史无前例的波动幅度，一度引发金融市场动荡，而跟风的个人投资者大多以亏损收场。

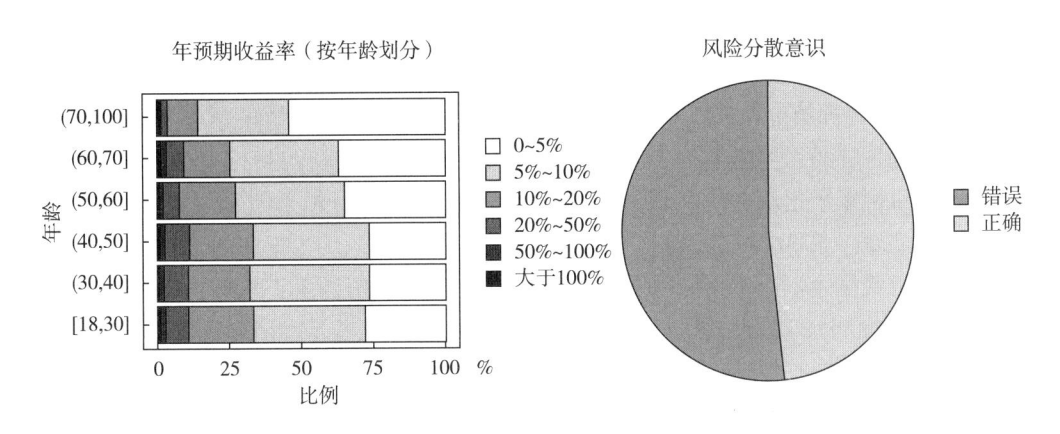

图 2-63　投资收益预期和风险分散意识

进一步地，考虑受访者对投资分散化知识的掌握和投资收益预期之间的联合分布情况。

首先补充说明理性投资预期边界的构建方法。调查发现，除存款类产品外，金融消费者主要购买银行理财、基金和股票，其中银行理财和基金的底层资产较为多元，涉足货币、债券、股票、衍生品等不同市场上的标的。由于金融素养问卷调查的对象是普通金融消费者，我们不考虑衍生品等适合专业投资者的市场，而是采用穿透思路，选取债券市场和股票市场上的代表性指数，估算 2010 年至 2020 年的复合收益率，进行加权后作为理性投资预期参考值。具体来说，我们将中债—综合指数 2010 年至 2020 年复合增长率作为债券市场的理性预期值，将沪深 300 全收益指数的复合增长率[1]作为股票市场的理性预期值，再用市场规模进行加权，得出最终的理性投资预期参考值，这一数值为 5.68%。考虑到还有货币市场，接下来我们将 5% 作为理性投资预期值的边界进行分类讨论。

表 2-2　　　　　　　沪深 300 指数 2010 年至 2020 年表现

指数	2020 年底	2010 年底	累计收益率	2010 年至 2020 年年化收益率
沪深 300	5211.29	3128.26	66.59%	5.24%
沪深 300 全收益	6790.39	3306.94	105.34%	7.46%

注：沪深 300 全收益指数考虑了成分股的分红情况。

表 2-3　　　　　　　　　理性投资预期边界的确定

项目	股票市场	债券市场
截至 2020 年底规模（万亿元）	79.72	113.12
收益率（%）	7.46	4.42
理性预期参考值（按规模加权）（%）	5.68	

---

[1] 股票市场波动性远高于银行理财，因此不将短期表现作为参考值。

从调查结果来看，在有金融投资行为的群体中，超出理性预期值边界的受访者比例为71.77%。其中，50.31%的非理性预期受访者掌握投资分散化原理，21.46%不掌握。这21.46%的受访者是重点关注对象，其在对投资基本常识缺乏了解的情况下，具有非理性的投资预期，容易产生非理性投资行为，更是非法金融活动的目标群体。从年龄看，这部分群体呈现年轻化特点，以18~30岁（35.21%）和30~40岁（34.15%）为主；从收入看，以2000~5000元（42.29%）和5000~10000元（35.79%）的群体为主；从学历看，主要以大学本科（49.61%）和大专（24.17%）学历为主；从城乡看，主要以城镇居民为主（79.98%），农村居民占比为20.02%。简单概括，这个群体以中青年为主，受教育程度较高，拥有较为稳定的收入，居住在城镇，享受着数字金融时代的各种便利，但更容易因非理性投资而产生损失或遭到非法金融活动的侵害。

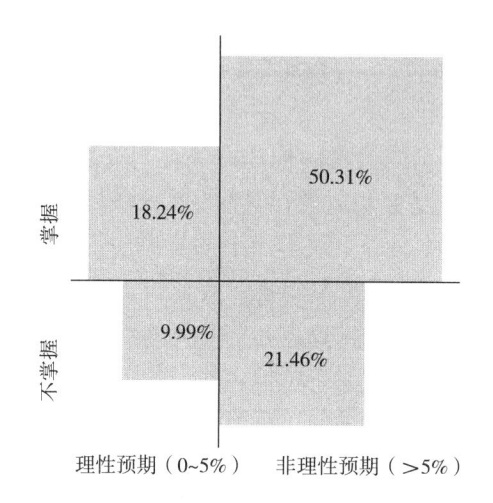

图 2-64 收益预期与投资知识准确率的联合分布

当前，我国直接融资市场正经历重大改革，客观上对公众的金融素养提出了更高的要求。引导公众形成理性投资预期，维护金融稳定，是金融教育的应有之义，需要多方共同努力，进一步提高金融教育战略地位，逐步提升公众的金融素养水平。总体而言可以分为三个层次：一是筑牢非法金融防范底线，引导公众切换思维模式，从收益思维模式切换到风险思维模式，看到收益想风险，不问收益有多高，先问亏损可能有多大[①]，破除刚性兑付思维，根据自身风险承受能力进行风险配置，远离非法金融活动。二是开辟"正面战场"，结合金融素养及其他相关调查结果，从个人金融规划的角度，有针对性地查漏补缺，系统性地为公众普及基础金融知识，循序渐进地做好正面引导。三是引导公众将精力和资源配置到实体经济，金融的天职是服务实体经济，按照马克思主义政治经济学的相关观点，长期来看金融行业的平均收益率不应该也不会

---

① 严格地说，给定任意投资组合和时间段，每一种可能的亏损都对应一个概率（VaR），这里指的可能亏损是指最大亏损情形，最大亏损情形发生的概率往往较小，这是一种底线思维，它也是金融消费者的风险承受极限。

第二章 中国金融消费者金融素养调查分析

超过实体行业,引导公众在掌握基本金融常识后,主要通过专业力量间接参与金融市场,从而将钻研精神用于所从事行业的技术进步和个人专业技能的提升,将冒险家精神用于实体领域创新,促进劳动生产率的提高和企业家精神的培育。

五、主要结论与政策建议

(一)我国消费者金融素养的整体情况

调查报告对变量客观赋权并计算消费者金融素养指数。结果显示,全国消费者金融素养指数为66.81,与2019年相比,提高了2.04。其中,金融知识平均得分为65.21分,金融行为平均得分为73.9分,金融态度平均得分为78.12分,金融技能平均得分为71.26分(见图2-65)。

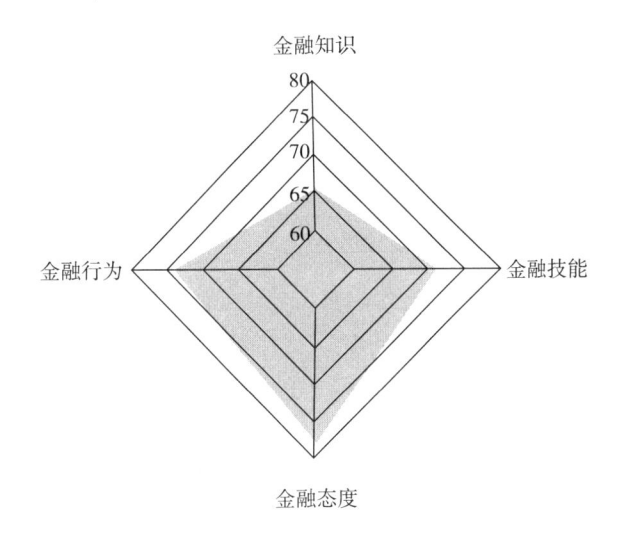

注:数值为金融素养各组成部分的平均得分。

图2-65 金融素养各组成部分平均得分

不同人口统计特征的群体金融素养水平呈现一定程度的分化。从年龄维度看,我国消费者金融素养分布呈倒"U"形。30~40岁群体金融素养最高,平均分为67.56分;18~30岁[①]群体得分为66.64分,得分最低的为60岁以上的群体,平均得分为63.61分。从学历维度看,学历越高金融素养水平越高,金融素养水平与学历呈正相关关系。研究生及以上学历消费者金融素养水平最高,平均得分为70.29分,小学及以下学历消费者平均得分为60.67分。从收入维度看,在中低收入组中,收入越高,金融素养水平越高,但最高档收入群体的金融素养水平并不是最高的,月收入在1万~2万元之间的消费者金融素养水平最高,平均得分为70.28分,月收入在2000元以下的消费者平均得分最低,为61.01分。从职业维度看,全职工作的消费者金融素养水平

---

① 调查对象为中国(不含港澳台地区)18周岁及以上公民,由于18~20岁区间段的样本量相对过小,在划分年龄组时将18~20岁、20~30岁两个区间合并为18~30岁。

最高,平均得分为 68.72 分,暂时没有工作的金融消费者平均得分最低,为 61.14 分。从性别维度看,两者没有明显差别,男性金融素养平均分为 66.98 分,女性金融素养平均分为 66.63 分。从城乡维度看,农村地区消费者金融素养水平低于城镇地区,城镇地区金融消费者平均得分为 68.06 分,比农村地区高 3.45 分,其中金融知识方面的差异最大,农村地区消费者的金融知识得分为 61.13 分,比城镇地区低 6.41 分。从地区维度看,整体上呈东高西低,东部地区消费者金融素养水平最高,平均分为 68.39 分,比西部地区(最低)高 3.15 分,中部地区为 66.7 分,略高于东北地区的 66.21 分。

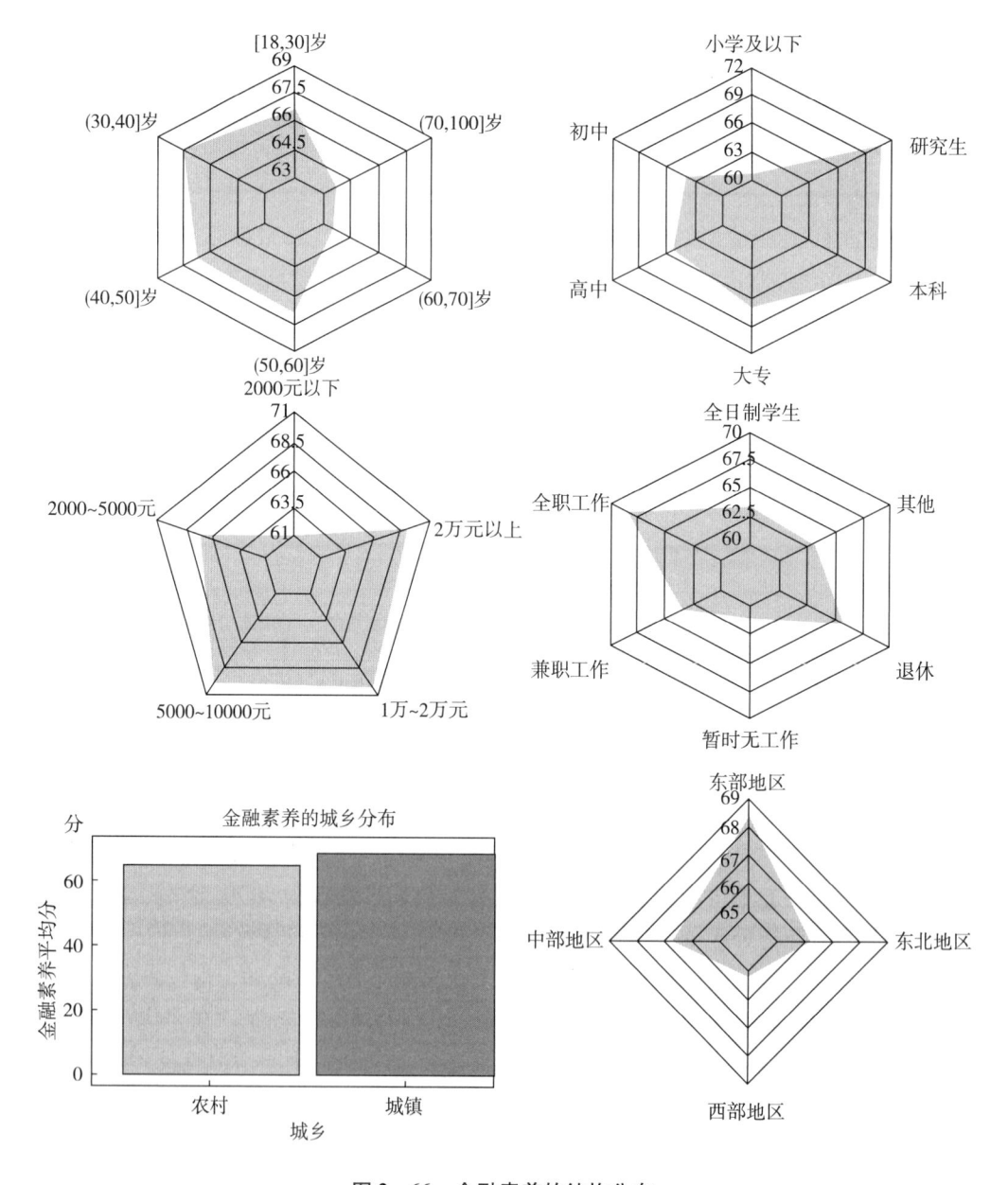

图 2-66 金融素养的结构分布

第二章 中国金融消费者金融素养调查分析

（二）主要发现

根据前述四个维度对我国消费者的整体金融素养水平进行综合分析后发现：

一是从国内看，总体上我国消费者的金融素养水平逐步提升，2021年全国消费者金融素养指数为66.81，与2019年相比，提高了2.04。其中，我国消费者在金融态度上的表现较好，在金融行为和技能的不同方面体现出较大的差异性，还需要进一步提升基础金融知识水平。

二是从国际比较看，我国消费者的金融素养水平在全球处于中等偏上水平。其中，在金融态度方面我国具有优势，但在基础金融知识方面与其他国家和地区相比还有差距。

三是我国消费者有较为充足的应急储蓄，对疫情下的经济复苏形成有力支撑，是我国经济韧性强的表现之一，为保持这一优势，需要加强对青少年的金融教育。

四是消费者对分散化投资等基本金融常识缺乏足够的认识，同时对金融投资的收益预期呈现非理性特征，容易产生非理性的投资行为，可能加大金融市场波动，需要进一步提高金融教育的战略地位。

五是从重点群体看，我国消费者金融素养在年龄上的分布呈倒"U"形，老年人和青少年的金融素养水平相对较低，"一老一少"是金融教育持续关注的重点对象。其中，老年人在适应金融数字化方面还存在明显的不足，依赖传统渠道和方式满足自身的金融需求，要关注老年人的数字金融转型风险，保持足够耐心，避免老年人在转向数字渠道时遭到非法金融活动的侵害，加大对老年人的金融消费权益保护。

六是我国金融消费者在日常消费中首选手机支付，但大多数人在过去两年有使用现金进行小额支付的经历，且被拒收现金是极少数情形，绝大多数金融消费者认为拒收现金性质恶劣，并持反对态度。

（三）政策建议

当前我国社会主要矛盾已经转化为人民日益增长的美好生活需要和不平衡不充分的发展之间的矛盾。对个人和家庭来说，美好生活需要的实现处处都要和"钱"打交道，通过金融教育提升国民金融素养，促进家庭部门资产负债表健康可持续发展，在人口老龄化和数字化的时代背景下，具有重要的现实意义。基于上述金融素养分析，我们提出以下政策建议：

一是加强国民金融素养提升顶层设计。正如前文所述，为提高储蓄率和提升公众金融素养，不少经济体已经将金融教育上升到国家战略的高度。OECD/INFE于2015年对全球65个经济体的金融教育国家战略状况进行了初步统计，超过半数的受访经济体制定并至少实施了一次金融教育国家战略，调动各相关机构参与大众化的金融知识普及工作。按照2015年数据口径测算，金融教育国家战略覆盖大约42.21%的世界人口、48.48%的土地面积和57.54%的全球生产总值。2013年人民银行消保局联合银监会消保局、证监会投保局、保监会消保局共同制定了金融教育国家战略初稿。鉴于我国未来经济金融发展趋势，要进一步提高认识，加大统筹力度，推动金融教育在顶层设计方面取得突破，为全球金融教育事业作出贡献。

二是开展阵地化常态化金融知识普及。近年来，我国消费者的整体金融素养水平已有显著提升，但在不少方面仍有较大的提升空间。要进一步夯实金融知识普及活动的品牌效应，充分发挥好每年 3 月、6 月、9 月开展的集中性金融知识普及活动对金融教育工作的宣传引领作用，引导社会公众更加重视和参与金融知识学习。此外，要积极稳妥推进金融教育基地建设工作，开展常态化的金融知识普及和风险教育。主动适应数字化转型，发挥线上渠道在传播方面具有的速度快、受众广、成本低等优势，加强官方账号、主流媒体等宣传渠道的运用，逐步形成数字金融教育传播矩阵，持续做好原创宣传作品、读物、视频课件等配套支持。

三是加大"一老一少"重点群体的金融教育力度。从前文分析可见，我国消费者金融素养在年龄上的分布呈倒"U"形，老年人和青少年的金融素养水平相对较低，"一老一少"是金融教育持续关注的重点对象。一方面，老年人在适应金融数字化方面还存在明显的不足，依赖传统渠道和方式满足自身的金融需求。要关注老年人的数字金融转型风险，避免老年人在转向数字渠道时遭到非法金融活动的侵害，加大对老年人金融消费权益的保护。另一方面，要大力提升青少年群体金融素养。进一步深入研究义务教育新课标从标准制定到落地实施和效果评估的各个环节，找准金融体系和教育体系的契合点，依托灵活丰富的形式和载体，找到将现代公民所应具备的金融生活理念和本领嵌入义务教育阶段教学的有效路径，并对效果进行评估检验，便于改进方式方法，持续优化义务教育阶段的金融教育。

第三章 广义框架效应下的金融教育效果[*]

研究提高金融消费者教育效果的可能性路径一直是金融消费者教育领域研究的重点和热点。本章以青少年为研究对象，基于行为经济学中框架效应理论，通过设计现场试验检测等方式对金融消费者教育信息的有效性进行分析。研究和论证金融消费者教育中框架效应的存在性，且在金融教育中嵌入"效益"或"术语"框架信息会对不同年龄层的青少年产生不一样的影响。建议应继续发挥政府在金融教育中的统筹引领作用，并利用框架效应理论在制定金融教育路径中"因材施教"，产生更大效应。

一、引言

一般认为，开展金融教育是提升消费者金融素养、促进消费者金融行为改善的重要途径之一。近年来，中国金融教育工作发展迅速，受众人群的覆盖率、教育宣传的影响力都在逐年加大，教育宣传的方式亦借助线上手段在不断丰富。关于提升金融教育效果的讨论一直是相关理论研究和实践探索的重点。针对不同的人群采用更合适的方式实施教育干扰，让各类人群都能在培养健康金融行为中提升个人及家庭的福利水平。这既是开展金融教育的良好愿景，也是新时代满足人民群众对更美好金融需求的具体体现。

为了研究提高我国金融教育效果的可能性路径，本研究以青少年为研究对象，应用行为经济学中框架效应理论对金融教育信息的有效性进行分析。框架效应是指由于语义的改变导致决策者对同一问题的备择方案产生的偏好转变，框架是指决策者对特定问题的选项、结果和结果可能性的感知。应用框架效应理论来研究金融教育在国际上尚处于起步阶段，在我国目前鲜有对于金融教育与框架效应理论相结合的系统性研究。本研究通过现场对照试验尝试验证金融教育信息的框架会影响人们（青少年）对信息选择的偏好，而在特定的信息框架下实施的金融教育将具有更高的认知效用，进而提出提高我国针对青少年金融教育的相关建议。本研究是我国金融教育理论研究的一次新的尝试，力图为我国在金融教育研究上提供新的视角，为教育实施提供新的方法，为检测教育效果并完善教育路径提供理论依据。

---

[*] 本章作者：余文建、孙崇昌、张光源、华国斌、武加文、孙奥。

二、金融教育和广义框架效应：文献评述

金融教育的目的是将载有与金融知识、金融技能和金融行为意识的有关信息准确传递给接收者，使接收者建立或者加强对金融教育和金融素养的正确认识，改变他们的偏差认知，从而推动优化他们在实际中的金融行为。

这个过程其实就是金融教育的受众对象选择、接受、融入金融教育的过程。他们的决策往往受到很多因素的影响，除了自身的认知能力、学习能力等因素外，感性、直觉等非理性因素都可能导致学习接受金融教育的系统性偏差。典型的例子就是受众对象对于本质相同但表述不同的金融知识会作出不同的抉择，即学习过程会受到表述"框架"的影响。基于这样的认识，下面将从以下三个维度进行梳理。

（一）金融教育的发展研究

我们认为，开展金融消费者教育的理论前提是通过金融知识普及，能够有效提高消费者的金融知识水平，促进金融行为的改善，最终提升个人及家庭的福利水平。事实上，金融教育自在欧美兴起后，逐渐发展成一个全球性的运动。有关金融教育的理论研究重点围绕"为什么""面向谁""怎么做"三个层面展开。一是对金融教育实施必要性的讨论，国内外的研究成果在不断丰富。Fernandes等（2014）发现教育干预对金融行为的平均影响在统计上表现显著。Xiao（2011）认为，美国的退休社会保障系统面临危机是美国掀起消费者金融教育高潮的重要原因之一，消费者需要直面养老金计划的改革，需要以更加积极的姿态参与到自己的退休储蓄计划中。而他们在许多金融决策中经常犯可以避免的错误（Agarwal等，2009）。2008年国际金融危机爆发后，对于金融危机的研究中，也有不少聚焦金融教育问题的思考。例如，美国总统金融素养咨询委员会就曾认为，虽然导致金融危机的原因有很多，但消费者缺乏金融素养也是重要的根源之一，具体表现就是众多美国人缺乏理解投资工具或者利用银行系统的金融技能。自此，主要发达国家将金融教育视为提升消费者金融素养、抵制不适当的金融产品和服务蔓延、维护金融市场信心和稳定的重要基石（贾晓雯，2019）。基于对国际经验及国内现状的反思和总结，近年来，国内就金融教育的理论研究同样做了不少探索。田霖（2011）和胡文涛（2015）从对金融产品的需求出发，认为加强金融知识教育，有助于降低金融排斥，发展普惠金融。而余文建（2017）则基于更为宏观的角度，指出金融知识普及教育关乎国家金融安全，是社会经济发展、深化金融改革与构建和谐社会的客观要求。我们认为只有回答好"为什么开展金融教育"这个问题，才能从逻辑上解答金融教育产生的缘由，这类的研究无论是对理论界还是具体的实际操作都是很有意义的。二是有关金融教育受众对象的研究，即回答"面向谁"的问题。除了一般认为的居民金融消费者，欧盟委员会在2007年指出除了消费者，小企业所有者亦应被纳入金融素养提升的对象。关于更为精准受众人群的讨论，不少研究均认为青少年学习能力强，容易接受新知识，以青少年（学生）为受众对象，提高其金融素养，有助于提升整个社会的福利（Xiao，2011；余文建，2017）。总的来看，目前一种

共识是，必须"因人而异""因材施教"地开展金融教育，如 Lusardi 和 Mitchell (2006) 指出，试图以"一刀切"的方案使每个人都建立足够的退休财富是不可能的。三是关于金融教育框架和内容的讨论，即处于"怎么做"这个层面。细分来看，一方面是"教什么"，比较有代表性的是 OECD 在其 2005 年发布的《关于金融教育和认识的原则与良好实践》中对金融教育概念的定义："金融教育是金融消费者或投资者增强对金融产品、概念和风险认识的过程，并学会通过各种手段获取客观信息，提高对金融风险和机会的认识，作出有效的金融决策，懂得维护合法权益，最终提升自身的金融福利。"这里明确了一点，要通过金融教育提升消费者对金融产品、概念和风险认识。此外，刘国强 (2018) 认为，金融教育应围绕金融素养的核心要素，如金融知识、行为、态度、技能等具体展开。另一方面是"怎么教"，这里就涉及对金融教育效果的检验。多数研究认为，金融教育能显著提升金融素养，即金融教育效果是显著存在的 (Lusardi 等, 2011; Walstad 等, 2010)，但也有少数研究认为，金融教育的干预职能解释金融行为很小一部分方差 (Mandell, 2005 等)。其中，教育时间、教育手段等非常重要，直接影响了干预的效果，其中主要取决于教育强度的提高和实施金融教育的"最优时间"(Fernandes 等, 2014)。一般认为，对于具体的金融教育实施，金融教育项目不应限于某种具体形式，可以是学校课堂教育，也可以是在线教学课程 (Lusardi, 2014)。尤其是 2020 年以来，伴随着疫情防控常态化的需要，推动金融教育线上化愈发迫切和重要 (中国人民银行金融消费权益保护局青年课题组，2020)。

(二) 框架效应的范畴和论证研究

美国国家科学院院士、美国人文和科学院院士 D. Kahneman 教授和他当时的学生 A. Tversky (1979) 在研究前景理论 (Prospect Theory) 时发现，人们不可能在每一种环境下都清楚地计算出某一事件发生带来的损益和风险概率。对于容易想到、印象深刻的事情，人们常常会高估其发生概率，相反则会低估其概率。后来，两人在 1981 年进行"亚洲疾病问题"研究决策时首次提出了框架效应 (Framing Effect)。一般认为，框架效应是指由于语义的改变导致决策者对同一问题的备择方案产生的偏好转变，框架是指决策者对特定问题的选项、结果和结果可能性的感知，是人们在决策时系统地偏离于理性的又一重要且常见的表现。

由于框架的概念是十分抽象且广泛的，在具体研究中，诸多学者对此从不同维度进行界定。有的研究基于风险收益的角度，研究人群受风险或收益偏好的影响发生的决策转变 (Levin I. P. 等, 1998)。有的研究则考虑到人群对自身发展目标的不同定位或对外部环境刺激的变化，进而影响到决策的转变 (X. T. Wang, 2004)。还有的从信息语素的复杂程度、干扰频次、时效持续程度等角度做了界定 (Milch K. F. 等, 2009; 施莉莉, 2016)。由此可见，伴随着研究的深入和人类行为的多样化，框架效应也在原先的范畴的基础上呈现出"广义化"的趋势。

近年来，对于框架效应的研究领域和深度在不断扩展，信息框架的效应被普遍证明存在于管理、教育、医学、经济、消费、政治等领域中并影响人们的决策。就经济金融领域而言，林卉等（2016）通过检验"中组部18号"文件引发的独立董事辞职事件中，对于辞职原因的表述不同而引起的市场的反应不同，证实投资者在决策过程中存在非理性的认知"偏误"，从而证实资本市场上存在框架效应现象。吴世农和吴超鹏（2005）研究发现，投资者对盈余信息的反应依赖于信息的度量方式。Elingsen（2013）等通过研究发现仅是将社会困境实验分别命名为"社区游戏"和"股票市场游戏"就会导致被试者捐给公共物品金额的差异。框架效应的存在还比较明显地影响了消费决策的过程，例如，Levin（2002）研究发现，在风险选择框架、特征选择框架下，大学生的购买决策会受到影响。Schindler（2005）在对顾客购买汽车时的促销信息的效果进行研究时发现，与"在汽车上添加功能"相比，个体更倾向于选择"不从汽车上拆卸不需要的功能"。此外，对于框架效应的影响因素，金志成（2010）研究发现工作记忆容量或者认知负载并不影响个体在决策过程中的框架效应，从而印证框架效应是更多依赖直觉的启发式系统作用的结果，而非更多依赖理性的分析式的加工的结果。郑君君等（2017）研究发现，在不同的心理距离下，框架效果存在差异，心理距离较远的时候，个体对倾向于运用整体式的加工方式来处理信息，此时框架效应有所增强。

（三）框架效应在金融教育中的应用研究

根据模糊痕迹理论（Fuzzy-trace Theory），个体对信息的加工偏好倾向于尽可能地抽取要义；前景理论（Prospect Theory）和概率心理模型认为人们根据参照点的期望价值进行决策而非期望价值的绝对值；而积极—消极不对称理论（Probabilistic Mental Model，PMM）认为，消极的刺激物可以唤醒个体赢的意愿以避免不好的结果。因此，人们在针对金融教育信息处理时，会基于信息的要义对参照点的期望价值进行评估，当期望价值的主观感受为消极时，人们会趋于冒险以改变现状，当主观感受为积极时，会因需保持当前状态而趋于规避风险，从而导致框架效应的产生。也正是因为这个原因，越来越多的金融教育工作者在理论和实践中不得不正视框架效应的存在以及利用框架效应探寻最佳教育模式。

目前有关框架效应在金融教育的应用研究主要集中在两个方面，一方面是论证框架效应在金融教育中的存在，即检验框架效应对金融教育效果的影响。这部分研究类似上面有关框架效应的范畴与论证研究，不再赘言。这里重点梳理另一个方面，即关于利用框架效应提升金融教育效果（特别是针对青少年）的应用研究。

Boatman等（2019）研究了联邦学生贷款计划（Federal Student Loan Programs）中的框架效应，发现把同样金额的资助以补贴的形式或贷款的形式呈献给学生，学生的反应并不相同。如果强调其中的补贴成分，学生申请的积极性就更好。同样一份内容，一个称为贷款合同，另一个称为人力资本合同，结果发现称为贷款合同后学生接受该项目的人数减少了8%。相较于这种"收益/补贴的信息框架"，Dinkelma等（2014）则选用了"宣传方式框架"进行研究，他们发现利用视频手段将复杂的大学助学金申请流程生动化呈现给学生，相较于传统的文字形式，能够显著提高学生对奖学金申请的掌握情况与申请意愿。

除以上利用框架效应从激发受众内心意愿的角度推动金融教育外，一些研究者还通过"表述方式的框架"对金融教育的效果进行了验证和探讨。例如，在信息术语上，Drexler、Fischer 和 Schoar（2014）在多米尼加实施了一项随机对照试验，评估了标准化的会计训练（Standard Accounting Training）和简单的经验法则训练（Simplified, Rule-of-thumb Training）两种不同的培训计划对小额信贷机构客户的行为影响，结果发现简单的经验法则训练对客户更有效，显著提升了客户的财务实践水平、财务报表质量和营业收入。尤其是金融知识水平低的客户更容易理解执行培训内容并产生更显著的效果。国内类似的研究，诸如张勇菊（2016）对青岛市大学生创业园的部分创业者进行了随机对照试验，比较了传统金融知识教育和基于行为经济学的拇指规则培训两种方法的有效性。传统金融知识教育是基于传统经济学的金融学知识讲授，讲授的内容是高等教育教学计划中经济类专业部分专业基础课程和专业课程。而拇指规则培训内容分两部分：第一部分与传统方法类似，让创业者理解为什么和怎样储蓄、贷款，根据经验，如何制定收支预算计划、进行信贷管理等；第二部分只讲解一些简单的金融决策规则和企业经营经验法则，并提供相应案例分析。研究结果发现，拇指规则培训因为简单易懂，更符合消费者决策特点而显著改善了创业者的金融实践行为。

基于以上研究成果，我们至少形成了以下四个方面的思考。

第一，金融教育内涵和目标决定了它是一个涉及面较广、变化较快较大且影响因素较多的领域，金融行为的培养又伴随着金融市场的日新月异而出现前所未有的挑战。因此，在探讨金融教育过程中的框架效应时，应将框架效应的范畴放在更广阔的边界内。

第二，人们使用金融的初衷是让金融更好地助力满足人们对美好生活的需求。因此，人们往往是带着实用性目的去接受金融教育，有的是基于眼前利益最大化，有的是为了将来的未雨绸缪。这种短期目标和长期目标的抉择可能影响金融教育的效果。这里面极有可能产生框架效应，这是以往研究较少涉及的。

第三，金融教育涵盖金融学、行为学、教育学等诸多学科。不少金融知识和金融技能的定义本身就带有较强的专业性。尤其是在面向尚未走入社会的青少年实施金融教育时，信息的"术语化"程度就很可能影响到金融教育效果。通过研究"术语"框架带来的影响，有助于完善针对青少年的金融教育设计。

第四，根据前期的文献研究可以推断框架效应在金融教育过程中应该是存在的，但现有的研究缺乏针对不同人群（如青少年就包括相对高龄的大学生和相对低龄的中小学生群体）进行分层研究，即研究同样的框架效应在面对不同人群时对金融教育效果的影响。

以上这些思考，也促使本研究重点围绕回答金融教育"怎么做"这一问题，针对同类不同质人群（青少年中的中小学生和大学生）开展对照试验的实证研究，并结合相应的配套观察结论，进一步探究广义框架效应下的金融教育效果问题。

三、"长期效益—短期效益"框架效应的实证研究

本部分试验运用行为经济学框架效应理论，在金融教育信息的"效益"框架的基础上，建立"长期效益"和"短期效益"两种框架，对金融教育的"效益"框架进行现场试验。

（一）试验方法

本试验首先选取两组试验对象（两个初中一年级班级和两个大学本科一年级班级），开展各自金融素养（能力）的测试定位。然后针对两组现场试验，分别设计载有"长期效益信息"和"短期效益信息"的金融教育课程，实施同样授课节奏、时间长度、主要内容的金融教育课程，观察记录学生的课堂反应。接着，开展相应的课程效果测试，并对照比较。最后依据课程测试效果，进行一对一回访，全面测定框架效应的最终影响程度，并讨论不同年龄群体的学生对两种金融教育信息框架的选择倾向（偏好）。试验流程设计如图3-1所示。

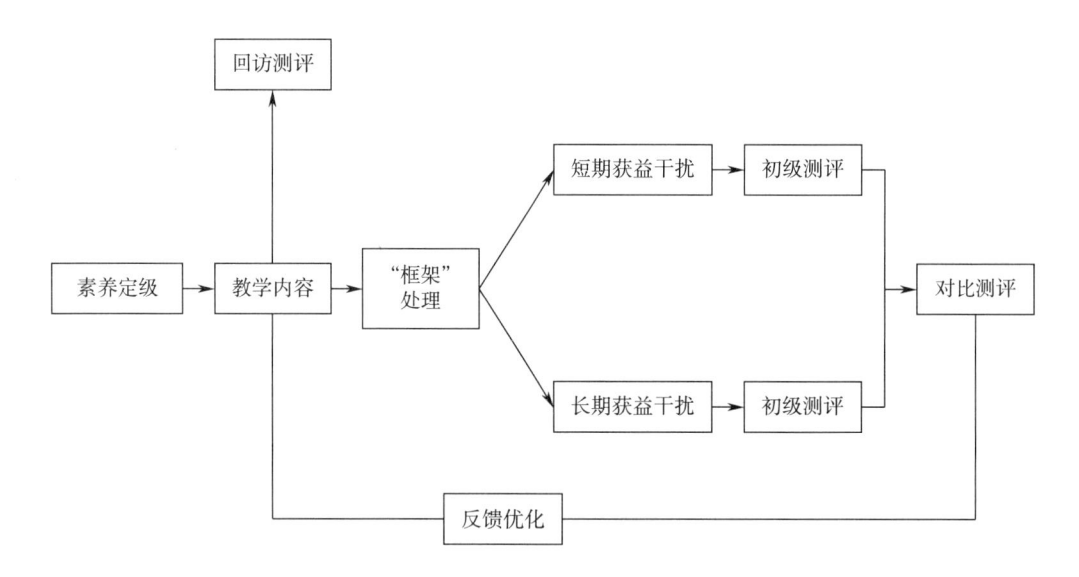

图3-1 "长期效益—短期效益"框架效应的试验流程图

（二）试验对象

为了尽可能地贴合中国国情，且减少试验人群自身金融素养较高带来的影响，本试验选取了河南省某初级中学初中一年级A班、B班作为试验对象，形成第一试验组①。

---

① 当试验群体本身具备较高金融素养，如经济金融专业学生或金融发达地区学生，其金融素养变化受短期金融教育干扰影响可能性较小，导致试验效果不明显。

其中，A 班 49 人，B 班 51 人。针对 A 班实施短期效益框架效应试验干扰，为对照组；针对 B 班实施长期效益框架效应试验干扰，为试验组。选取福建省某非重点本科院校大学非经济金融专业一年级 C 班、D 班作为试验对象，形成第二试验组，其中，C 班 48 人，D 班 42 人。针对 C 班实施短期效益框架效应试验干扰，为试验组；针对 D 班实施长期框架效应试验干扰，为对照组。

（三）信息框架构建及课程设计

本试验所指的金融教育是通过开展金融教育的现场教学实现金融知识和金融技能的提升，以促进青少年对健康金融行为的认知。对学生来说，金融行为离他们既"远"又"近"。鉴于这种特殊性，学生群体对于学习金融知识的渴望程度可能会受短期效益框架或长期效益框架的影响而产生不同的结果。

（1）关于"短期效益"和"长期效益"的定义。短期效益是指在获取金融知识和金融技能后能在短时间内利用其产生对个体生活的正向影响，包括但不限于收入增加、风险降低、名誉提升及个人幸福感增加等。对在校学生来说，这包括获取金融知识和金融技能后能合理规划个人收支、防范个体在金融交易中的风险、帮助父母或同学（室友）提升金融素养、在家庭或学校中获得新的认同（如被贴上"金融专家"的标签），甚至包括在各类金融知识测试中取得好成绩等。

长期效益是指在获取金融知识和金融技能后能在未来某个时段利用其产生对个体生活的正向影响，包括但不限于收入增加、风险降低、名誉提升及个人幸福感增加等。此外，参考学生学习的根本目的和中国传统文化中"修身齐家治国平天下"的良好夙愿，我们认为长期效益还应包括利用所学的金融知识推动个体在未来国家建设中发挥更加积极的作用，包括对社会的正向反馈等。对在校学生来说，包括获取金融知识和金融技能后未来能更为合理规划个人收支和理财安排，防范个体在未来金融交易中的风险、维持良好的个人信用以便在各类借贷中获取更大支持，成为金融某领域专家或利用良好的金融素养为社会作出更大贡献等。

基于以上定义，本试验针对两个试验组设置了两套学习课程（现场以 PPT 放映为主要教具）。两套课题所传递的金融信息内容基本一致，主体信息均严格遵循"科学、准确"的要求。

（2）针对初中一年级学生试验的学习课程。主要教学内容包括"污损人民币兑换""存款保险宣传""个人信用维护""房屋贷款""数字化背景下个人金融信息保护"等方面的知识点，基本涵盖了初中一年级学生可接触、可接受的金融知识内容。其中，效益框架主要通过以下三个要素嵌入。

一是在 PPT 背景的设计上，利用马斯洛心理需求层次理论，在短期效益框架试验中多采用生动化、生活化的背景图案；而在长期效益框架试验中多采用科技化、专业化的背景图案。两场试验 PPT 的首尾页对比如图 3-2 和图 3-3 所示。

二是在教学语言的设计上，在短期效益框架试验中多将金融知识融入生活场景中进入教学，例如选用这样的教学语言进行课程预热："虽然大家还是在校初中生，可是

图 3-2 两场"效益框架"试验的 PPT 首页对比

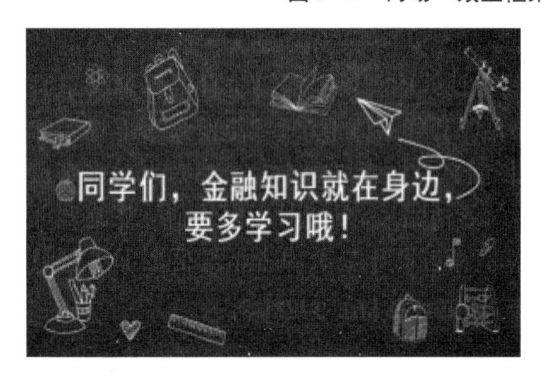

图 3-3 两场"效益框架"试验的 PPT 尾页对比

每天都在和金融行为打交道。比如买早餐，有手机的同学可能会用手机扫二维码；父母给生活费通过微信转账而不是给现金，等等。金融知识有很多，学到一点就马上能用一点。"而在长期效益框架试验中多假设将所具备的金融知识设定在未来某一场景中发挥作用。例如，选用这样的教学语言进行金融课程预热："那个时候（2035年），国家的发展更离不开强大的金融支撑。如果想成为专业的金融人才，那么从现在开始就必须学习金融知识；即使不想成为专业的金融人才，掌握一定的金融知识也是必要的——就像今天的年轻人一定要会说英语、一定要学计算机、一定要会开车一样。"

三是在与学生互动的设置上，在短期效益框架试验中，多与学生就近期的金融行为进行交流，例如，在涉及个人金融信息保护问题的互动交流上，会提问："有没有看过父母如何网上购物，你们知道如何保护自己家银行卡的密码吗？"而在长期效益框架试验中，多与学生对未来可能发生的金融行为进行展望，例如在涉及个人金融信息保护问题的互动交流上，会提问："未来某一天，当你在网上给自己买一套西装时，你觉得应如何保护自己的银行卡密码呢？"

（3）针对本科一年级学生试验的学习课程。主要教学内容包括"存款利率""贷款分类""消费贷""个人信用维护""数字化背景下个人金融信息保护"等方面的知识点，基本涵盖了本科一年级学生可接触、可接受的金融知识内容。其中，效益框架

第三章　广义框架效应下的金融教育效果

主要通过以下三个要素嵌入。

一是在 PPT 背景的设计上，采用和针对初中一年级试验相同的背景图案设计。

二是在教学语言的设计上，在短期效益框架试验中多将金融知识融入生活场景中进入教学，而在长期效益框架试验中多假设将所具备的金融知识设定在未来某一场景中。其中设置了"形影不离的金融行为和金融知识"的专门章节作为金融课程的预热环节，相关 PPT 介绍页面对比如图 3-4 所示。

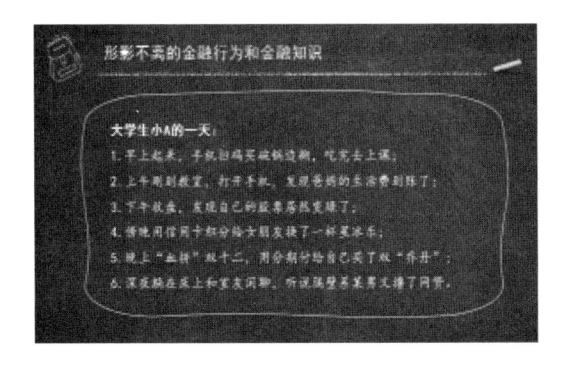

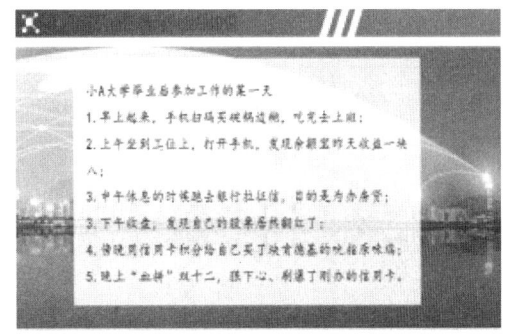

图 3-4　两场"效益框架"试验的预热环节 PPT 介绍对比

三是在与学生互动的设置上，在短期效益框架试验中，多与学生就近期的金融行为进行交流，例如在涉及消费贷的互动交流上，会提问："有没有使用花呗？花呗额度是多少？用花呗给自己买过什么东西？"而在长期效益框架试验中，多与学生对未来可能发生的金融行为进行展望，例如在涉及消费贷的互动交流上，会提问："走上社会参加工作后，你认为可能在哪些消费领域使用消费贷？你觉得消费贷每月借款数量占月收入的多少比例为宜？"

（四）金融教育效果检验设计

为了更为全面地检验不同框架效应下金融效果的偏差，设计四层检验，其中以试验前金融素养定位测试、试验后课程效果测评两项客观测评为主要判断依据。

1. 试验前金融素养定位测试

试验前开展金融素养的现场问卷测试，旨在对试验对象基本金融知识、金融态度以及所参与金融行为进行摸底调查，问卷采用百分制。针对同一组试验成员，选用相同的测试卷。其中，测试调查内容主要包括三个方面：一是个人基本信息（姓名、性别、家庭情况等），二是个人基本金融行为和金融态度，三是本试验教学涉及的金融知识和金融技能。整个环节控制在 20 分钟内完成。

2. 试验中课堂效果观测

参照计划行为理论中有关行为的测度方法，设计如下课堂效果观测表（见表 3-1）。在现场教学中，由两名试验助理同步观测，取二人观测均值填写，测评一项由随堂老师（班主任或辅导员）填写。

表 3-1　　　　　　　　　　　　　课堂效果观测表

试验班级：
试验时间：
记录人：

课程阶段	抬头专注人数	有无问答互动环节	问答环节平均举手人数	自发鼓掌人数	因故中途离席人数（原因）	测评（1~10 打分，分值越高，主观认为学生融入课程效果越好）
金融素养定位（测试调查）	/					
教学预开始（暖场阶段）						
教学开始阶段（前 20%）						
教学中间阶段（20%~60%）						
教学尾声阶段（60%~100%）						
教学效果测试阶段	/					
备注						
合计/总评						

3. 试验后课程效果测评

试验后发放现场课程效果测评问卷，旨在检验试验对象参与金融教育课程试验后对相关内容的吸收程度，问卷采用百分制。测试内容以课程讲授的金融知识和金融技能为主，同时设置了相关主观题考察试验对象对金融素养的认知（为后面反馈跟踪测试提供相关线索）。整个环节控制在 15 分钟内完成。

4. 跟踪回访效果测评

跟踪回访效果测评环节旨在通过课后一对一的回访工作，深度检测金融教育试验的效果。通过建立回访卡，重点关注三个方面问题：一是对课堂效果的回访，二是对课程相关知识点的再测试，三是对课程教育方式研提意见。回访卡由试验助理访谈后填写。课程跟踪回访卡见图 3-5。

课程跟踪回访卡

回访人员：

回访时间：

记录人：

1. 如果给本节课程整体打分，1~10 分，分值越高说明课程越好。请打分：

2. 你觉得本节课程的 PPT 展示吸引你的程度是多少，1~10 分，分值越高说明课程越吸引你。请打分：

3. 请写下本节课程你理解最透彻的一个概念，并作出解释。

图 3-5　课程跟踪回访卡示例

（五）关于课程效果的计量检验模型

利用试验前金融素养定位测试和试验后对比测试结果，建立双重差分模型进行分析。双重差分模型（Difference in Differences，DID）自 20 世纪 80 年代兴起以来，逐渐被广泛应用于多个领域，尤其是在公共政策效应评估方面，采用 DID 方法的研究成果层出不穷，基本模型如下：

$$Y_{it} = \beta_0 + \beta_1 t + \beta_2 u + \beta_3 t \times u + \varepsilon_{it}$$

其中，t 为政策实施虚拟变量，政策实施之前 t 取值为 0，政策实施之后 t 取值为 1。u 为分组虚拟变量，若个体 i 不受政策实施的影响，则个体 i 属于对照组，对应的 u 取值为 0；若个体 i 受政策实施的影响，则个体 i 属于处理组，对应的 u 取值为 1。$t \times u$ 为分组虚拟变量与政策实施虚拟变量的交互项，其系数反映政策实施的净效应。

（六）质量控制

1. 试验组选取控制

针对初一学生的试验，事前选取整体学习成绩相近的两个班级作为试验对象；针对大一学生的试验，事前选取非金融专业且专业接近的两个专业（班级）作为试验对象。均控制在各 50 人左右，且采用双盲方式：即试验授课老师不认识任何一名试验对象、试验对象不清楚该金融教育课程的目的。

2. 试验授课老师选取

为了最大限度地降低授课老师授课方式、授课魅力的影响，本试验均由同样一名主讲老师完成。

3. 试验工作规范培训

所有试验，均在试验开始前（至少提前一个工作日）对试验助理进行项目辅导，确保其在试验前后辅助主讲老师完成系列观测记录工作。采用课堂"双机位"记录方式，即试验过程中每一个环节都确保至少有两名试验助理观测记录。此外，为了确保现场试验秩序，所有试验均在试验开始前一天完成与试验对象班主任（或辅导员）的沟通协调。

(七) 试验结果与分析

1. 针对初中一年级学生试验测试情况

本试验实际共发放金融素养摸底定位测试卷100份，其中，A班49份，B班51份。从测试卷完成时间来看，A班最快完成时间是7分20秒，最慢是19分38秒，平均用时17分钟左右；B班最快完成时间是6分50秒，最慢是18分51秒，平均用时17分钟左右。

本试验实际共发放试验后效果测试卷100份，其中，A班49份，B班51份。从测试卷完成时间来看，A班最快完成时间是6分10秒，最慢是14分12秒，平均用时14分钟左右；B班最快完成时间是6分钟，最慢是13分51秒，平均用时14分钟左右。

（1）测试试验结果计量分析。本研究针对初中生的干预试验将学生分为两组，分别施加长期和短期框架的金融教育，其中，设定长期效益框架进行干预的对象列入试验组，采用短期框架进行干预的对象列入对照组。

试验结果如表3-2所示，对初中生采取长期效益框架影响下的金融教育干预，对学生金融素养水平的提升十分显著。交互项（$t \times u$）系数表明此次教育干预使试验组（"长期效益"试验组）平均高出对照组8分。

表3-2　基于测试总分的显著性分析（初中生—效益框架）

模型		未标准化系数		标准化系数	t	显著性
		Beta	标准误差	Beta		
1	（常量）	76.347	1.181		64.645	0.000
	t	-10.102	1.670	-0.558	-6.048	0.000
	u	-1.347	1.654	-0.074	-0.814	0.416
	$t \times u$	8.024	2.339	0.387	3.431	0.001

注：a. 因变量：总分。

进一步地，我们发现这种提升效应主要是由主观题得分的上升（提高5.5分）带来（见表3-3）。由于该试验中主观题部分主要测试学生对健康金融行为和金融素养提升的态度，因此可以推测金融教育干预能够显著改变学生对待金融的态度，这对于学生的长期健康金融行为的养成具有良好的促进作用。

表3-3　基于主观题测试得分的显著性分析（初中生—效益框架）

模型		未标准化系数		标准化系数	t	显著性
		Beta	标准误差	Beta		
1	（常量）	17.980	0.648		27.764	0.000
	t	-0.102	0.916	-0.010	-0.111	0.911
	u	-1.411	0.907	-0.143	-1.556	0.121
	$t \times u$	5.514	1.282	0.487	4.299	0.000

注：a. 因变量：主观。

(2) 课堂效果观测结果分析。从课堂效果观测结果来看（见表3-4），基于长期效益框架的金融教育过程，课堂参与效果更好，尤其是在第三方观测者（班主任或辅导员）测评环节中。

表3-4　　　　　　　课堂效果观测结果（初中生—效益框架）

观测项	短期效益框架 A 班	长期效益框架 B 班	备注
互动环节	教学各阶段都有	教学各阶段都有	
每次问答举手人数均值	4.5	6	尤其在暖场阶段和教学尾声阶段，B 班人数更多
自发鼓掌次数合计	4	4	
因故中途离席人数	0	0	
测评	8	9	B 班观测者认为，学生在课程中非常活跃，尤其是在畅想成为未来金融家的环节

(3) 跟踪回访效果测评结果分析。从跟踪回访效果测评结果来看（见表3-5），基于长期效益框架的金融教育得到同学更高分值的评价。但是在回答"请写下本节课程你理解最透彻的一个概念"这一回访题目时，答案并不集中。

表3-5　　　　　　　跟踪回访效果（初中生—效益框架）

回访项	短期效益框架 A 班	长期效益框架 B 班	备注
回访人数	10	10	
本节课程整体打分均值	8	8	
PPT 吸引程度打分均值	8	9	回访者认为长期效益框架 PPT 背景鲜亮、诱人
回访中出现最多的"理解最透彻概念"	个人信用（4人）	银行存款保险（3人）	

(4) 综合分析。综合以上分析，可以作出以下推测：对初中生来说，金融教育信息的"效益"框架效应是存在的，且长期效益框架效益影响更加明显，即利用长期效益框架来制定相应的金融教育信息能显著提高教育的效果。

2. 针对大学本科一年级学生试验情况

本试验实际共发放金融素养摸底定位测试卷90份，回收合格问卷90份，按试验班级划分为 C 班、D 班。从测试卷完成时间来看，C 班最快完成时间是 14 分 11 秒，最慢是 20 分 38 秒，平均用时 18 分钟左右；D 班最快完成时间是 7 分 50 秒，最慢是 21 分 51 秒，平均用时 18 分钟左右。

本试验实际共发放试验后效果测试卷 90 份，回收合格问卷 78 份，其中，C 班 41 份、B 班 37 份。从测试卷完成时间来看，C 班最快完成时间是 3 分 10 秒，最慢是 15 分 12 秒，平均用时 14 分钟左右；D 班最快完成时间是 4 分 5 秒，最慢是 13 分 51 秒，平均用时 14 分钟左右。

（1）测试试验结果计量分析。本研究针对大一学生的干预试验将学生分为两组，分别施加效益框架的金融教育，其中，设定短期效益框架进行干预的对象列入试验组，采用长期效益框架进行干预的对象列入对照组。

试验结果如表3-6所示，对大学生采取短期效益框架影响下的金融教育干预，对学生金融素养水平的提升十分显著。试验组（短期效益框架）在金融知识、态度、技能水平等方面的答题准确率（共计21道题）整体上有显著提升，比对照组（长期效益框架）平均多答对2.05个问题（9.77%），短期效益框架的金融教育干预效果较为明显。

进一步研究，我们还发现针对不同类型的金融知识和金融技能，金融教育干扰的效果也不一样。

其中，储蓄知识（3道题）方面（见表3-7）。根据测试卷考察内容，储蓄方面的知识包括复利、通货膨胀和存款保险三个方面。总体上看，大学生对储蓄方面的知识掌握情况较好，金融教育带来的边际改善作用有限，因此短期效益框架的教育干预显著性不够明显。

表3-6　　　　基于测试总分的显著性分析（大学生—效益框架）

模型		未标准化系数		标准化系数	t	显著性
		Beta	标准误差	Beta		
1	（常量）	14.000	0.443		31.635	0.000
	t	1.625	0.626	0.252	2.596	0.010
	u	0.853	0.653	0.132	1.306	0.193
	$t \times u$	2.051	0.923	0.267	2.222	0.028

注：a. 因变量：总分。

表3-7　　　　基于储蓄知识得分的显著性分析（大学生—效益框架）

模型		未标准化系数		标准化系数	t	显著性
		Beta	标准误差	Beta		
1	（常量）	1.650	0.130		12.704	0.000
	t	0.525	0.184	0.288	2.858	0.005
	u	0.262	0.192	0.143	1.366	0.174
	$t \times u$	0.357	0.271	0.165	1.319	0.189

注：a. 因变量：储蓄知识。

其中，投资知识（5道题）方面（见表3-8）。根据测试卷考察内容，投资方面的知识包括投资风险、投资组合，金融教育带来的边际改善作用显著，因此短期效益框架教育干预的显著性明显。

表 3-8　　　基于投资知识得分的显著性分析（大学生—效益框架）

系数a

模型		未标准化系数		标准化系数	t	显著性
		Beta	标准误差	Beta		
1	（常量）	3.900	0.151		25.908	0.000
	t	0.200	0.213	0.102	0.939	0.349
	u	-0.076	0.222	-0.039	-0.344	0.731
	$t \times u$	0.535	0.314	0.230	1.704	0.090

注：a. 因变量：投资知识。

其中，贷款知识（8道题）方面的干预非常明显（见表3-9）。根据测试卷考察内容，贷款方面的知识包括贷款计息方式、贷款申请方式、网贷知识等，金融教育带来的边际改善作用显著，因此短期效益框架的金融教育干预显著性明显。可能的原因是，大学生普遍不具有贷款方面的经验，对贷款的了解相当有限。同时，大学生又是具有强烈消费意愿的群体，各项收入来源（包括父母给予、兼职收入等）几乎全部用于支出。而当前借助数字渠道又非常容易获得贷款（网络消费类贷款针对大学生设置的门槛较低），聚焦于短期效应的贷款知识教育对学生来说是能够学以致用的实践类知识，而这一知识的传授在正规的大学课堂里是缺乏的。

表 3-9　　　基于贷款知识（含消费贷）的显著性分析（大学生—效益框架）

系数a

模型		未标准化系数		标准化系数	t	显著性
		Beta	标准误差	Beta		
1	（常量）	5.050	0.197		25.618	0.000
	t	0.500	0.279	0.173	1.794	0.075
	u	0.450	0.291	0.155	1.547	0.124
	$t \times u$	1.118	0.411	0.324	2.717	0.007

注：a. 因变量：贷款知识。

其中，对信用知识（3道题）干预的效果并不是很明显（见表3-10），原因是大学生对个人信用的掌握情况普遍较好[①]。

（2）课堂效果观测结果分析。从课堂效果观测结果来看（见表3-11），基于短期效益框架的金融教育过程，课堂参与效果更好，尤其是在第三方观测者（班主任或辅导员）测评环节中。

[①] 中国人一直都有重视个人信用的良好传统，加上目前社会对失信人群的容忍度极低，征信知识方面的普及度较高。

表 3-10　　　　基于信用知识的显著性分析（大学生—效益框架）

系数a

模型		未标准化系数		标准化系数	t	显著性
		Beta	标准误差	Beta		
1	（常量）	2.350	0.108		21.824	0.000
	t	0.300	0.152	0.217	1.970	0.051
	u	0.121	0.159	0.087	0.759	0.449
	$t \times u$	-0.006	0.225	-0.004	-0.026	0.979

注：a. 因变量：信用知识。

表 3-11　　　　课堂效果观测结果（大学生—效益框架）

观测项	短期效益框架 C 班	长期效益框架 D 班	备注
互动环节	教学各阶段都有	教学各阶段都有	
每次问答举手人数均值	5.6	3	尤其在交流是否利用花呗"双12"购物时，C 班交流活跃
自发鼓掌次数合计	2	1	
因故中途离席人数	1（接电话）	1（未知原因）	
测评	9	7	C 班观测者认为，学生能够在教学过程中经常性与自身实际结合，特别是在个人金融信息保护方面（防诈骗）

（3）跟踪回访效果测评结果分析。从跟踪回访效果测评结果来看（见表 3-12），基于短期效益框架的金融教育得到同学更高分值的测评。在回答"请写下本节课程你理解最透彻的一个概念"这一回访题目时，答案集中在"消费贷"等概念。

表 3-12　　　　跟踪回访效果（大学生—效益框架）

回访项	短期效益框架 C 班	长期效益框架 D 班	备注
回访人数	10	10	
本节课程整体打分均值	7.5	7.2	
PPT 吸引程度打分均值	6	6.6	
回访中出现最多的"理解最透彻概念"	消费贷（8人）	理财知识（6人）	

（4）综合分析。综合以上分析，可以作出以下推测：对大学生来说，金融教育信息的"效益"框架效应是存在的，且短期效益框架效益影响更加明显，即利用短期效益框架来制定相应的金融教育信息能显著提高教育的效果。与此同时，短期效益框架下的金融教育活动可能更有利于激发受众对现实问题的关注，例如对大学生生活密切相关的"消费贷问题"（我们的研究还发现在受访对象中有 62% 左右的大学生正在使

用包括支付宝花呗、信用贷款的消费贷产品）。

四、"高术语—低术语"框架效应的实证研究

本部分试验运用行为经济学框架效应理论，通过对金融教育信息中专业术语的梯度设计，建立"高术语"和"低术语"两种框架，对金融教育的"术语"框架进行现场试验。

（一）试验方法

本试验首先选取两组试验对象（两个初中二年级班级和两个大学本科一年级班级），开展各自金融素养（能力）的测试定位。然后针对两组试验，分别设计载有"高术语信息"和"低术语信息"的金融教育课程，实施同样授课节奏、时间长度、同样内容的金融教育课程，观察记录学生的课堂反应。接着开展相应的课程效果测试，并互相对照比较。最后依据课程效果，进行一对一回访，测定框架效应最终影响程度，并讨论不同年龄群体的学生对两种金融教育信息框架的选择倾向（偏好）。试验流程设计如图3-6所示。

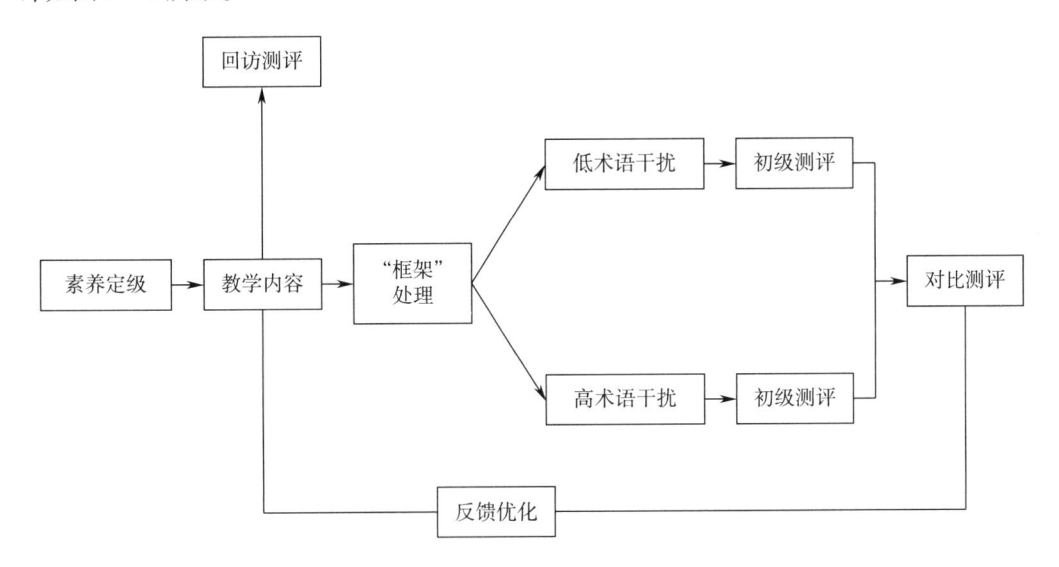

图3-6 "高术语—低术语"框架效应的试验流程图

（二）试验对象

本试验选取了河南省某初级中学初中二年级A班、B班作为试验对象，形成第一试验组。其中，A班51人，B班51人。针对A班实施高术语框架效应试验干扰，为对照组；针对B班实施低术语框架效应试验干扰，为试验组。选取福建省某非重点本科院校大学一年级C专业、D专业作为试验对象，形成第二试验组，其中，C专业51人，D专业58人。针对C专业实施高术语框架效应试验干扰，为对照组；针对B班实施低术语框架效应试验干扰，为试验组。

（三）信息框架构建及课程设计

本试验所指的金融教育是指通过开展金融教育的现场教学实现金融知识和金融技能的提升，以促进青少年对健康金融行为的认知。对普通人来说，金融是一门专业性较强的学科，同时金融知识和金融技能又带有明显的实践色彩。鉴于这种特殊性，金融教育信息的专业化程度（专业词汇的数量和复杂性）就可能影响学生群体在接受金融教育过程中的效果。

（1）术语梯度概念以及"高术语""低术语"的定义。术语（Terminology）是在特定学科领域用来表示概念的称谓的集合，在我国又称为名词或科技名词（不同于语法学中的名词）。一般用术语梯度来界定某类信息中术语的复杂化程度。例如，当由100个中文字组成的某段信息中，术语共占有50个字，认为这段信息术语梯度为50/100 = 0.5。基于以上认识，我们采用专家打分的方式，同时为了更利于试验作出显著区分，完成了高低术语梯度的设置，并作出如下定义：高术语是指金融教育信息中专业化词汇术语梯度在 0.4 以上（含 0.4），低术语是指金融教育信息中专业化词汇术语梯度在 0.35 以下（含 0.35）。

基于以上定义，本试验针对两个试验组设置了两套学习课程（现场以 PPT 放映为主要教具）。两套课程所传递的金融信息内容基本一致，主体信息均严格遵循"科学、准确"的要求。

（2）针对初中二年级学生试验的学习课程。主要教学内容围绕个人金融信息保护，其中"术语框架"主要通过以下三个要素嵌入。

一是在 PPT 背景的设计上，借助广告营销学相关理论，在低术语试验中多采用活泼、通俗、简洁的背景图案；而在高术语试验中多采用专业化、学术化的背景图案。两场试验 PPT 的首尾页对比如图 3 – 7 和图 3 – 8 所示。

图 3 – 7　两场术语框架试验的 PPT 首页对比

二是在教学语言的设计上，根据高低术语划分标准要求，将内容基本一致的金融信息进行梯度设计。例如，在高术语框架金融教育信息设计中，将"个人金融信息"定义为银行业金融机构在开展金融业务、提供金融服务时，或通过接入中国人民银行

图 3-8　两场术语框架试验的 PPT 尾页对比

征信系统、支付系统以及其他系统获取、加工和保存的财产信息、账户信息、信用信息、金融交易信息以及在这些信息基础上整理加工所得的衍生信息等。广义的个人金融信息应包括所有金融机构及特定非金融机构在与自然人建立业务联系、销售金融产品和提供金融服务的过程中产生、获得的所有个人信息的总和。通过梯度计算可得，术语梯度为 0.537 = 102/190[①]（术语字眼：个人金融信息的定义、银行业金融机构、接入中国人民银行征信系统、支付系统以及其他系统获取、加工和保存的财产信息、账户信息、信用信息、金融交易信息以及在这些信息基础上整理加工所得的衍生信息、广义、特定非金融机构）。

而在低术语框架金融教育信息设计中，将"个人金融信息"定义为当你和银行发生业务往来时，它们可以获取你的身份信息、财产信息、账户信息、信用信息、金融交易信息以及它们利用这些信息打包加工出新的信息。有时候，你与银行没有业务关系，它也可以从别的渠道获取这些信息，比如通过接入中国人民银行征信系统、支付系统以及其他系统获取和加工的信息。这些信息就是你的个人金融信息。更宽泛地说，不光是银行，所有金融机构及特定非金融机构与你发生业务关系时产生、获得的信息都是个人金融信息。通过梯度计算可得，术语梯度为 0.316 = 60/209（术语字眼：个人金融信息、身份信息、财产信息、账户信息、信用信息、金融交易信息、中国人民银行征信系统、支付系统以及其他系统、金融机构及特定非金融机构）。

三是在与学生互动的设置上。在高术语框架效应干扰中，避免用通俗语言对所教学专业术语进行解释。

（3）针对本科一年级学生试验的学习课程。主要教学内容围绕个人金融信息保护。其中"术语框架"主要通过以下三个要素嵌入：一是在 PPT 背景的设计上，采用和针对初中二年级试验相同的背景图案设计。二是在教学语言的设计上，在高术语试验中多用官方定义的方式解释相关知识点；而在低术语试验中尽可能将相关知识点转化为生活情境加以解释。三是在与学生互动的设置上，在高术语试验中，模拟一般的阅读

---

① 计算时剔除所有标点符号。

方式，鼓励学生采用朗读的方法来学习相关概念；而在低术语试验中，多采用简单的问答形式，加强交流互动。

（四）金融教育效果检验设计

参照效益框架试验的方式，本试验同样设置设计四层检验，并以试验前金融素养定位测试、试验后课程效果测评两项客观测评为主要判断依据。

1. 试验前金融素养定位测试

试验前通过现场金融素养的问卷测试对试验对象基本金融知识、金融态度以及所参与金融行为进行摸底调查，问卷采用百分制。针对同一组试验成员，选用相同的测试卷。其中，测试调查内容主要包括三个方面：一是个人基本信息（姓名、性别、个人消费、花呗额度等）；二是个人基本金融行为和金融态度；三是本试验教学将涉及个人金融信息保护内容。整个环节控制在20分钟内完成。

2. 试验中课堂效果观测

参照效益框架试验的方式，沿用同样的课堂效果观测表（见表3-1）。在现场教学中，由一名主讲人和两名试验助理同步观测，取三人观测均值填写。

3. 试验后课程效果测评

试验后发放现场课程效果测评问卷，旨在检验试验对象参与金融教育课程试验后对相关内容的吸收程度，问卷采用百分制。测试内容以课程讲授的金融知识和金融技能为主，同时设置了相关主观题考察试验对象对个人金融信息风险保护的认知和建议（为后面反馈跟踪测试提供相关线索）。

4. 跟踪回访效果测评

参照效益框架试验的方式，沿用同样的跟踪回访效果测评方法（含回访卡）。

（五）课程效果计量检验模型

参照效益框架试验的方式，利用试验前金融素养定位测试和试验后对比测试结果，建立双重差分模型进行分析。

（六）质量控制

在试验组选取、试验授课老师选取、试验工作规范培训等方面，沿用效益框架试验的方式。

（七）试验结果与分析

1. 针对初中二年级学生试验情况

本试验实际共发放金融素养摸底定位测试卷102份，回收102份有效问卷。其中，A班51份，B班51份。从测试卷完成时间来看，A班最快完成时间是15分19秒，最慢是21分10秒，平均用时20分钟左右；B班最快完成时间是14分11秒，最慢是20分51秒，平均用时19分钟左右。

本试验实际共发放试验后效果测试卷102份，回收合格问卷102份，其中，A班51份，B班51份。从测试卷完成时间来看，A班最快完成时间是10分10秒，最慢是15分，平均用时14分钟左右；B班最快完成时间是2分5秒，最慢是15分51秒，平

第三章 广义框架效应下的金融教育效果

均用时 15 分钟左右。

（1）测试试验结果计量分析。本研究针对初中生的干预试验将学生分为两组，分别施加高术语和低术语的金融教育信息干扰，其中，设定低术语框架进行干预的对象列入试验组，采用高术语进行干预的对象列入对照组。试验结果显示（见表 3-13），对初中生采取低术语框架影响下的金融教育干预，对学生金融素养水平（个人金融信息保护知识水平）的提升并不明显。从试验前金融素养定位测试结果来看，对照组班级（主观题得分均值为 57.4 分，客观题得分均值为 19.3 分，综合得分均值为 76 分）的基础要好于试验组班级（主观题得分均值为 56.6 分；客观题得分均值为 16.4 分；综合得分均值为 73 分）。从两者对比的计量结果看，低术语一定程度上能够提高学生对金融知识的理解，但在统计学意义上并不显著（且仅提高 0.16 分），低术语的干预造成了与预期并不一致的效果。[①]

表 3-13　　　　　基于测试总分的显著性分析（初中生—术语框架）

模型		未标准化系数		标准化系数	t	显著性
		Beta	标准误差	Beta		
1	（常量）	76.706	1.050		73.064	0.000
	t	0.020	1.485	0.001	0.013	0.989
	u	-3.706	1.485	-0.242	-2.496	0.013
	$t \times u$	0.157	2.100	0.009	0.075	0.941

注：a. 因变量：总分。

进一步细分研究，从客观题来看（见表 3-14），低术语干预对学生在客观题方面造成积极影响，平均拉高 6.31 分。

表 3-14　　　　　基于客观题得分的显著性分析（初中生—术语框架）

模型		未标准化系数		标准化系数	t	显著性
		Beta	标准误差	Beta		
1	（常量）	57.451	0.707		81.239	0.000
	t	-10.078	1.000	-0.789	-10.077	0.000
	u	-0.882	1.000	-0.069	-0.882	0.379
	$t \times u$	6.314	1.414	0.428	4.464	0.000

注：a. 因变量：客观。

（2）课堂效果观测结果分析。从课堂效果观测结果来看（见表 3-15），基于低术语框架效应的金融教育过程，课堂参与效果更好，尤其是在第三方观测者（班主任或

[①] 根据一般认知，低术语信息往往带有"通俗易懂"的色彩，也更有利于非专业人士学习理解。因此，在术语框架试验前，我们猜测低术语框架试验教学更有利于实现金融教育效果。

辅导员）测评环节中，高术语 A 班观测者认为"该教学方式有些刻板，教学语言不够丰富，学生只能通过死记硬背记住知识点。"

表 3-15　　　　　课堂效果观测结果（初中生—术语框架）

观测项	高术语 A 班	低术语 B 班	备注
互动环节	教学各阶段都有	教学各阶段都有	
每次问答举手人数均值	4	5	
自发鼓掌次数合计	3	4	
因故中途离席人数	0	1，上洗手间	
测评	6.5	8.7	A 班观测者认为该教学方式有些刻板，教学语言不够丰富，学生只能通过死记硬背记住知识点

（3）跟踪回访效果测评结果分析。从跟踪回访效果测评结果来看（见表 3-16），基于低术语框架的金融教育得到同学更高分值的测评。但在回答"请写下本节课程你理解最透彻的一个概念"这一回访题目时，答案呈现各有集中。

表 3-16　　　　　跟踪回访效果（初中生—效益框架）

回访项	高术语 A 班	低术语 B 班	备注
回访人数	10	10	
本节课程整体打分均值	6.5	9	
PPT 吸引程度打分均值	6	7	回访者认为低术语框架效应下 PPT 语言活泼、贴近生活
回访中出现最多的"理解最透彻概念"	关于个人信息保护的法律条文（5 人）	关于个人信息保护中应当如何注意信息采集条款（4 人）	

2. 针对大学本科一年级学生试验情况

本试验实际共发放金融素养摸底定位测试卷 111 份，回收合格问卷 109 份，其中，C 班 51 份、D 班 58 份。从测试卷完成时间来看，C 班最快完成时间是 9 分 11 秒，最慢是 21 分 38 秒，平均用时 20 分钟左右；D 班最快完成时间是 12 分 12 秒，最慢是 20 分 50 秒，平均用时 19 分钟左右。

本试验实际共发放试验后效果测试卷 111 份，回收合格问卷 94 份，其中，C 班 41 份，D 班 51 份。从测试卷完成时间看 C 班最快完成时间是 10 分 10 秒，最慢是 16 分 12 秒，平均用时 15 分钟左右；D 班最快完成时间是 7 分 5 秒，最慢是 16 分 11 秒，平均用时 15 分钟左右。

（1）测试试验结果计量分析。本研究针对大一学生的干预试验将学生分为两组，分别施加高术语和低术语的金融教育信息干扰，其中，设定低术语框架进行干预的对象列入试验组，采用高术语框架进行干预的对象列入对照组。试验结果显示（见表

第三章 广义框架效应下的金融教育效果

3-17），对大学生采取低术语金融教育信息干扰影响并不显著。

表 3-17　　　　基于测试总分的显著性分析（大学生—术语框架）

系数ª

模型		未标准化系数		标准化系数	t	显著性
		Beta	标准误差	Beta		
1	（常量）	1.100	0.039		28.389	0.000
	t	-1.100	0.055	-0.885	-20.074	0.000
	u	0.040	0.057	0.032	0.694	0.489
	t×u	-0.040	0.081	-0.027	-0.491	0.624

注：a. 因变量：总分。

（2）课堂效果观测结果分析。从课堂效果观测结果来看（见表3-18），基于低术语框架的金融教育过程，课堂参与效果更好，尤其是在第三方观测者（班主任或辅导员）测评环节中。

表 3-18　　　　课堂效果观测结果（大学生—术语框架）

观测项	高术语 A 班	低术语 B 班	备注
互动环节	教学各阶段都有	教学各阶段都有	
每次问答举手人数均值	4	5	
自发鼓掌次数合计	3	4	
因故中途离席人数	0	1，上洗手间	
测评	6.5	8.7	A班观测者认为该教学方式有些刻板，教学语言不够丰富，学生参与热情不高

（3）跟踪回访效果测评结果分析。从跟踪回访效果测评结果来看（见表3-19），基于低术语框架的金融教育得到同学更高分值的测评。但是在回答"请写下本节课程你理解最透彻的一个概念"这一回访题目时，答案呈现各有集中。

表 3-19　　　　跟踪回访效果（大学生—术语框架）

回访项	高术语 A 班	低术语 B 班	备注
回访人数	10	10	
本节课程整体打分均值	6.5	9	
PPT吸引程度打分均值	7	7	回访者认为低术语框架效应下PPT语言活泼、贴近生活
回访中出现最多的"理解最透彻概念"	关于个人信息保护的法律条文（5人）	关于个人信息保护中应当如何注意信息采集条款（4人）	

（4）综合分析。综合以上分析，从课堂效果来看，低术语框架效应下实施的教育模式更容易激发受众的共鸣（对提高金融教育效果的影响产生潜在的正向作用）。从计量结果来看，在对初中生的试验中，低术语框架下的影响有助于提高受众客观题得分。我们认为，普通消费者不是专业金融从业者，对其金融知识的普及教育，最主要的目的不是促使其成为专业金融从业者（或研究者），而是提高他们对健康金融行为的一般性认知，提高他们抵御风险的能力。一定程度上看，客观题作答得分的提高恰恰能反映出受众在接受教育干扰后对健康金融行为的一般性认知能力的提升。因此，我们认为低术语框架下的金融教育设计对于提升初中生群体的金融教育效果有一定的正向作用。

但在针对大学生的试验中，尽管从课堂效果来看，低术语框架效应下实施的教育模式同样更容易激发受众的共鸣（对提高金融教育效果的影响产生潜在的正向作用），但从计量结果来看，对大学生采取低术语金融教育信息干扰影响并不显著（包括对总分、主观题和客观题测试情况的回归结果）。其中的原因可能是试验设计的问题。术语的梯度设计较为困难，将术语用不同梯度通过口头传递给他人，这一过程在实际操作中可能会产生很大的偏差。对大学生来说，金融素养平均水平及学习理解能力远高于初中生，可能在面对高术语、低术语的金融教育信息时，对术语梯度没有初中生敏感。

五、研究结论及政策建议

本章结合文献研究、试验研究和计量研究等多种研究方式，以在校初中生和大学生为研究对象，较好地实现了多维度的研究论证。通过现场随机对照试验及系列配套研究，我们发现，金融教育信息的效益框架会显著影响学生对信息选择的偏好，而金融教育信息的术语框架可能只会影响部分学生群体对信息选择的偏好（术语框架效应对相对低龄学生群体刺激更为明显）。进一步地，我们发现初中生群体在接受金融教育过程中，带有长期效益框架和低术语框架的金融教育信息更能激发其学习的共鸣，进而对提升金融教育的效果起到正向效应。而大学生群体，带有短期效益框架的金融教育信息则有助于激发其学习的共鸣，进而对提升金融教育的效果起到正向效应。没有充分的研究能够证明，术语框架能够影响大学生群体对信息选择的偏好。

基于以上发现，我们认为，金融教育信息的设计对提升金融教育效果至关重要。其中金融教育信息的设计不仅包括教学素材的设计，还包括教学形式、课堂互动环节等方面的设计。在这个过程中，没有相关知识背景和实践经验的金融消费者即使面对术语程度较低的场景，可能仍然会无所适从，不利于其作出合适的金融决策。鉴于金融知识和金融技术的专业性和特殊性，消费者更可能愿意接受专业机构和专业人士可持续的金融教育。对此，本章提出以下政策建议。

第一，通过宣传教育提升公众金融素养是一个相对长期的过程，需要实施高质量、持续性及调动多方参与的金融宣传教育。这就要求必须坚持发挥政府在金融宣传教育中的统筹引领作用。通过更好发挥政府的作用，通过推动制定实施金融教育国家层面战略，整合多方专业机构和专业人士，共同提升金融宣传教育的质量。

第二，在设计金融教育模式的过程中，要坚持因材施教，针对不同群体设计不同的金融教育模式；同时也要结合地方发展水平等实际。可以借助行为经济学相关理论，以广义效应框架的设计为切入口，提高金融教育模式的可行性和效率。例如，针对低龄学生群体（如小学生、高中生），多采用通俗、生动的教学方式，并在教学信息中嵌入有关未来效益的框架（如围绕成为"未来金融家"的概念开发相应的金融教育课程）。

第三，要关注大学生这一特殊的金融消费者群体，注重健康金融观念的培养。结合当前大学生群体中超前消费、风险意识较低且具备一定理财能力和需求的特性，更有针对性地实施金融教育干扰，助力其培养健康的金融行为习惯。

参考文献

[1] 何桂华，金志成. 框架效应认知机制的研究[J]. 河南师范大学学报（自然科学版），2010，38（5）：178-181.

[2] 贾晓雯. 完善我国消费者金融教育的思考和建议[J]. 中国银行业，2019（1）.

[3] 刘国强. 我国消费者金融素养现状研究——基于2017年消费者金融素养问卷调查[J]. 金融研究，2018（3）.

[4] 施莉莉. 基于"框架效应"的控烟健康教育研究[D]. 上海：上海交通大学，2016.

[5] 田霖. 我国金融排斥的城乡二元性研究[J]. 中国工业经济，2011（2）.

[6] 肖经建. 消费者金融行为、消费者金融教育和消费者福利[J]. 经济研究，2011（S1）：4-16.

[7] 余文建. 推进金融知识纳入国民教育体系的几点思考[J]. 清华金融评论，2017（6）.

[8] 余文建，武岳，华国斌. 消费者金融素养指数模型构建与分析[J]. 上海金融，2017（4）.

[9] 张勇菊. 普惠制金融环境下传统金融知识教育与拇指规则培训有效性对比研究[J]. 上海金融，2016（2）.

[10] 郑君君，蔡明，李诚志，等. 决策框架、心理距离对个体间合作行为影响的实验研究[J]. 管理评论，2017，29（5）：102-109.

[11] Agarwal, Sumit, John C. Driscoll, Xavier Gabaix and David Laibson. The Age of Reason: Financial Decisions over the Life Cycle and Implications for Regulation [R]. Brookings Papers on Economic Activity, 2009 (2): 51-118.

[12] Annamaria Lusardi, Olivia S. Mitchell. Financial Literacy and Retirement Preparedness: Evidence and Implications for Financial Education Programs [R]. 2006. www.mrrc.isr.umich.edu/.

[13] Boatman A, Evans B, Soliz A. Applying the Lessons of Behavioral Economics to Improve the Federal Student Loan Programs: Six Policy Recommendations [R]. 2014.

[14] Daniel Fernandes, John G. Lynch, Richard G. Netemeyer. Financial Literacy, Financial Education, and Downstream Financial Behaviors [J]. Management Science, 2014, 60 (8).

[15] Dinkelman T, Martinez C. Investing in schooling in Chile: The Role of Information about Financial Aid for Higher Education [J]. Review of Economics and Statistics, 2014, 96 (2): 244-257.

[16] Drexler, Alejandro, Greg Fischer, Antoinette Schoar. Keeping It Simple: Financial Literacy and Rules-of-thumb [J]. American Economic Journal: Applied Economics, 2014, 6 (2): 1 – 31.

[17] Ellingsen T, Johannesson M, Mollerstrom J. Social Framing Effects: Preferences or Beliefs? [J]. Games and Economic Behavior, 2012, 76 (1): 117 – 130.

[18] Fernandes, D., J. G. Lynch Jr., R. G. Netemeyer. Financial Literacy, Financial Education and Downstream Financial Behaviors [J]. Management Science, 2014, 60 (8): 1861 – 1883.

[19] Levin, I. P., Schreiber, J., Lauriola, M. A Tale of Two Pizzas: Building up from a Basic Product Versus Scaling Down from a Fully-Loaded Product [J]. Marketing Letters, 2002 (13): 335 – 344.

[20] Lucas, R. E. On the Mechanics of Economic Development [J]. Journal of Monetary Economics, 1988 (22): 3 – 42.

[21] Lusardi A, Mitchell O S. Financial Literacy Among the Young [J]. Journal of Consumer Affairs, 2011, 44 (2): 358 – 380.

[22] Lusardi A, Mitchell, Olivia. The Economic Importance of Financial Literacy: Theory and Evidence [J]. Journal of Economic Literacy, 2014, 52 (1): 5 – 44.

[23] Mandell, L. Financial Literacy: Does It Matter? [R]. Washington, DC: Jump Start Coalition, 2005.

[24] Milch K F, Weber E U, Appelt K C, Handgraaf M J J. Krantz D. From Individual Preference Construction to Group Decisions: Framing Effects and Group Processes [J]. Organizational Behavior and Human Decision Processes, 2009: 108.

[25] X. T. Wang. Self-framing of Risky Choice [J]. Journal of Behavioral Decision Making, 2004 (17).

第四章　金融消费者保护监管体制构建[*]

金融消费者保护不仅关乎消费者利益，更是关乎金融体系健康稳定与国家经济安全的重要命题。系统深入研究金融消费者保护监管的理论和体制，明确各利益主体在金融活动中的权责关系、利益分配，有助于清晰地分析现有金融监管制度的缺陷与不足，从理论和实践上推动金融监管的发展和完善。本章围绕金融交易中涉及的供给方、需求方和监管方，从文献研究的视角梳理金融消费者保护监管的相关理论，强调加强金融消费者保护监管的必要性。在此基础上，进一步对金融消费者保护监管组织框架、执法体制、纠纷解决、民行对接等实践问题进行比较，并结合分析中国金融消费者保护现状，提出相应的政策建议。

一、金融消费者保护监管问题的提出

金融产品与金融服务的普及无疑是近几十年来金融业发展的主旋律，金融市场的蓬勃发展，使金融产品与服务迅速进入消费者的生活领域，消费者除了可以享受传统的银行、保险、证券服务以外，还可以购买银行理财产品、基金定投、储蓄连结保险等创新型金融产品与金融衍生品，享受信用卡、互联网金融服务带来的便利，极大地方便了消费者，增加了消费者的选择。金融消费已经渗透到社会的各个角落，与每一个社会成员休戚相关，成为社会生活不可或缺的部分。

但金融领域的消费不同于一般商品领域的消费，除了涉及当期资本的流动，还会影响未来时期资本的流动，具有更大的不确定性与风险，加之金融机构的利益驱动与短视行为，使金融消费者往往处于非常不利的境地，其合法权益往往不能得到充分尊重与保障，会受到各种侵害。对金融消费者权益的侵害不仅仅使金融消费者遭受经济上的损失，更为严重的是，会使金融消费者逐渐丧失对金融市场的信心，动摇金融市场发展的根基，影响金融体系的稳定。次贷危机的爆发已经印证了这种担忧并非杞人忧天：起初是金融消费者沦为牺牲品，众多金融消费者由于消费次级贷款而最终失去房产，购买保值性金融产品却受金融机构不当销售行为所累而沦为负资产，因金融机构的欺诈行为失去了本该获得的正常收益……进而金融机构也没能幸免，大量金融机

---

[*] 本章作者：余文建、马绍刚、王瑱、孙崇昌、李婧、张光源、高妮、武加文、王兆东、冀志芳、刘丹丹、刘雅琨、刘胜军、李芯、陈静雅、胡稷、宋雅晴、朱欢敏、叶霞。

构纷纷倒闭，信贷系统面临瘫痪，整个世界的实体经济也遭受重创，一系列恶性的连锁反应接踵而至。它不仅重创美国乃至全球经济，给整个世界的金融体系造成巨大的负面冲击，同时也将"金融消费者保护"这一主题推向前台，使之成为目前金融领域高度关注的主题。对金融消费者的保护不力是引发此次危机的主要原因之一，这点在世界范围内基本达成共识，各国金融监管当局纷纷对现有监管体系进行深刻反思与改革，在坚持审慎性监管的同时，突出金融消费者保护目标的重要地位，避免监管缺位，以防止新的危机发生。可以说，对金融消费者保护的重视达到了前所未有的高度。

而实际上，金融消费者保护并不是什么新鲜事物，早在20世纪60年代，金融消费者保护便已经随着全球轰轰烈烈的消费者保护运动而进入了人们的视野，成为消费者保护的一个重要组成部分。但随着金融市场的发展，金融产品与服务日益复杂与多样化，金融领域的消费活动与普通商品消费的差异越来越大。在金融消费过程中，作为交易双方的金融机构与金融消费者之间，存在着贯穿整个交易过程始终的不平衡与不对等，包括经济实力、信息和专业化程度等诸多方面，导致出现各种市场失灵，对于普通商品消费者的保护框架已经很难对金融消费者形成有效保护。在这种情况下，针对金融领域的特殊的消费者保护登上历史舞台。各国金融监管当局逐步将金融消费者保护纳入本国金融监管体系，到20世纪90年代中后期，金融消费者保护已经成为与审慎性监管并列的金融监管目标之一，世界各主要经济组织和监管机构以及各国金融监管当局相继出台了一系列与保护金融消费者权益相关的法律、法规和监管条例，涵盖银行、证券、保险、非银行金融机构等，涉及金融消费的各个行业。世界银行的调查报告 *Financial Access* 2010 显示，截至2010年，在被调查的142个国家和地区中，已经有118个拥有与金融消费者保护相关的法律法规。根据搜索统计，即便在次贷危机爆发之前，世界上各主要经济体所颁布的涉及金融消费者保护的法律法规和政策指导意见已不少于50部，应该说，在世界范围内，已然搭建起了一个金融消费者保护的基本框架。但在该框架的保护下，金融消费者的利益依然受到严重侵害，并由此引发了国际金融危机。而且，该危机最早发生在全球金融市场最为成熟、金融监管体系最为完善、一直被世界各国所学习借鉴的美国，这不得不让人深思，问题到底出在哪里？

因此，有必要对金融消费者保护的相关问题进行更加深入细致的研究。现有的金融消费者保护监管体系为何没能有效地消除这些潜在威胁？如何构建真正有效的金融消费者保护监管体系以及在这一过程中需要避免哪些问题？只有将这些理论和实践问题分析透彻，对症下药，才能真正确保金融消费者在享受现代化金融服务的同时，其合法权益不受侵害。

二、金融消费者保护监管研究的文献综述

金融消费者保护不是一个新问题，20世纪90年代，泰勒提出的"双峰理论"将金融消费者保护作为同审慎监管并行的两大金融监管目标之一，同时也拉开了对相关问题的理论研究的序幕，而不再仅仅局限于政策层面。对现有文献加以梳理可以发现，

现有研究主要围绕金融交易中涉及的供给方、需求方和监管方三个方面展开。

(一) 以需求方为研究视角

作为金融交易的需求方，金融消费者的弱势地位贯穿整个交易过程始终。这种弱势首先体现为信息的不对称，相较于金融机构，消费者在产品性质、价格和销售商品质量等方面均处于信息劣势（Porteous 和 Helms，2005），导致消费者无法准确判断金融产品的质量如何、与自身的抗风险能力匹配与否，当产品提供者打出误导性广告或提供部分的和令人迷惑的产品信息时，消费者可能作出不适当的选择，甚至接受一些可能伤害他们的产品，从而增加了消费者因不当购买而发生额外损失的可能性。因此，需要对金融消费者提供特殊保护以消除信息劣势为其带来的潜在威胁。

金融消费者的弱势还表现为专业知识的不足。与专业的金融机构相比较，金融消费者普遍缺乏基本的金融知识，甚至对于诸如利率计算等最简单的金融问题，掌握情况也不尽如人意。Luasrdi、Tufano 等的案例研究表明，23～28 岁年龄段的金融消费者中，仅仅有 27% 的人掌握了最基础的金融常识，而在 50～69 岁年龄段中，这一比例更是低至 24% 以下。这种情况在受教育程度和收入水平较低的消费人群中更为普遍。这大大增加了金融消费者犯错误的可能性，他们可能只有有限的认识、知识和技能去评估产品的风险与适当性，这导致他们在金融交易中往往支付更高昂的成本，更可能被金融机构侵害，并且不知道如何捍卫自己的权益。

虽然经验可以在一定程度上弥补专业知识不足的劣势，但是抵押贷款之类的金融决策只是偶尔才会发生，而且这类决策的结果可能会在很长时间之后才显现出来，在此期间还易受到随机冲击的影响，因此，个人经验的积累相当困难。社会上普遍比较忌讳谈论个人金融状况，这就更加降低了有关金融消费的社会学习的有效性。因此，经验无法完全弥补金融消费者专业知识欠缺所带来的负面效应，针对消费者的金融教育与金融救助此时显得尤为重要。

行为经济学的研究成果表明，消费者认识上的一些偏差会加剧上述信息与专业知识的劣势，导致自身利益受损。例如，当消费者面临选择时，往往会犯系统性错误，被金融机构利用，并且金融消费者容易低估某些风险（例如，对未来收入的乐观假设）和高估别人对未来事件的保证，有过度依赖金融精英和过分信任权威人士意见的倾向（如信贷人员和经纪人），Brix 和 Mckee 的案例研究恰恰支持了上述观点，他们发现，美国的金融市场上充斥着那种太过完美以至于不可能为真的金字塔投资计划，但消费者仍然乐意接受。此外，金融消费者还习惯于把更多的权重放在当前而不是未来，导致今天作出的决定，在某种程度上会降低自身未来的福利。

更为糟糕的是，认知偏差可能导致传统的解决市场失灵的方法失去效力。传统的市场失灵常常通过提供或披露信息的方式解决，以缓解信息不对称问题、降低搜寻成本、限制市场势力等。但如果金融消费者由于存在认知偏差，既不能理解这些信息，也不相信这些信息与他们作出决策有关，那么已有的信息披露可能无济于事。例如，当金融消费者错误地认为他们将每月按时偿还其信用账单时，对滞纳金和利率的清晰披露就无法改变他们的决策，因为金融消费者在购买时并不认为这些信息与他们有关。因此，有必要采取措施，以确保金融机构的信息披露是事前的，并且能被金融消费者充分理解，同时，可以进行金融消费者教育，引导金融消费者改变错误认识，作为保护金融消费者的手段之一。

上述研究都是从金融消费者自身出发，来揭示金融消费者在金融交易中利益受损的潜在原因，进而说明需要对金融消费者提供特殊保护。

（二）以供给方为研究视角

金融机构（包括金融中介机构）是金融产品的提供者和出售者，在金融交易中扮演供给方的角色。虽然从长期来看金融机构与金融消费者的利益是一致的，但不能否认，两者的短期利益有可能存在冲突。因此，金融机构有动机在金融交易中通过损害金融消费者利益来增加自身收益。

例如，McCoy通过对美国混合浮动利率抵押贷款市场的研究发现，复杂的产品设计导致金融消费者无法识别产品的性质与优劣，进而无法通过产品的质量来判断金融机构的质量。对于金融机构的声誉，金融消费者的认识也是滞后的，需要根据新的信息来调整对金融机构的认识。这种认识上的滞后时间持续越久，金融机构就越容易通过提高产品的复杂程度来向金融消费者出售低质量产品，提高自身收益，化解市场对金融消费者的保护作用，侵害金融消费者的利益。

现有的金融机构盈利模式也为金融机构侵害消费者权益提供了动力，尤其是对一些金融中介机构来说，它们与金融产品的提供者形成一种代售关系，而代售行为的薪酬结构与佣金模式有可能激励金融中介给予金融消费者不恰当的购买建议，从而损害金融消费者的利益，这种潜在的威胁需要监管部门加以限制才能削弱或消除。Carlin、Gervais的研究也得出类似的结论，他们认为市场中的金融企业与为其提供产品销售服务的经纪人之间面临着一种双边隐藏信息的问题。如果市场提高对产品质量的要求与监督，那么在销售过程中，中介机构为金融消费者评估产品质量与风险程度所能得到的边际收益就会变小。在这种情况下，中介倾向于选择较低的努力水平对金融消费者进行风险评估；而如果市场提高对金融中介的要求与监督，中介机构对于金融消费者与金融产品是否适合进行评估时就会投入更多的努力，导致产品生产机构有激励放松对产品质量的要求，从而产生了产品生产机构与中介机构的相互搭便车行为，导致市场失灵，使金融消费者权益得不到保障。

金融机构的金融创新也可能对金融消费者构成威胁。虽然有学者认为，金融创新有利于完善市场，增加金融消费者的选择，减少交易成本，是对新的风险因素与技术进步的回应。但不可否认的是，并非所有的创新产品都有利于金融消费者的利益。过于复杂的金融衍生产品，加剧了金融消费者的信息劣势，增加了其因购买不适宜产品而蒙受额外损失的风险。例如，"捐赠"或者"储蓄"型抵押贷款也许会使一些家庭享受税收优惠，但对另外一些家庭来说，却有可能使其低估这种绑定股权投资的风险。

上述供给方的原因也决定了需要对金融消费者进行特殊的保护，以避免其利益在金融交易过程中受到损害。而这种保护需要由金融交易的第三方来提供,这也是很多文献进行金融消费者保护研究的另一个重要角度。

(三) 以监管方为研究视角

金融交易中供求双方的实力差距悬殊,导致金融消费者没有足够的能力进行自我保护,金融机构对于保护金融消费者也缺乏足够的内源性动机。因此,为了维护金融行业的长期稳定发展,需要由第三方来为金融消费者提供有针对性、有倾向性的特殊保护,政府及其代理机构无疑是这个第三方的最佳人选。

自从泰勒提出"双峰理论",将金融消费者保护与金融监管联系在一起后,各国金融监管当局对政府应该在金融消费者保护中扮演重要角色达成共识。同时,由政府提供金融消费者保护,也符合管制经济学中的基本理论。根据管制经济学中的规制理论,作为规制者的政府(或者代表政府的具体监管机构)通过平衡生产者与消费者的利益来寻求社会福利最大化。金融消费者保护的实质正是对金融交易的双方——金融机构与金融消费者的利益进行一个平衡,防止金融机构为了短期利益侵害金融消费者,影响整个金融体系的长期稳定发展。这种平衡无法由交易双方通过市场来完成,只能依靠拥有强制力的第三方——政府来完成,因此,政府有必要承担起金融消费者保护的义务。

进一步地,政府有权力通过立法等手段明确金融消费者具备哪些权益,捍卫金融消费者保护的战略地位,提高市场竞争程度,限制金融垄断,降低因市场失灵对金融消费者的损害,改善社会福利水平。Llewellyn 的研究证实了上述观点。他讨论了为什么对金融零售业中的消费者来说,成立监管机构以保护其利益对社会福利是有好处的。Llewellyn 给出了包括金融市场潜在的系统性问题存在外部性、纠正金融市场中出现的市场失灵和不完备性、金融消费者信心对金融市场存在正的外部性以及金融消费者对金融监管的需求是为了获得一定程度上的保险以及降低交易成本在内的七大理由,分析了政府监管对于维护金融消费者利益的重要性。

政府的作用在于通过制定并执行法律、法规,强制金融机构进行信息披露,规范信息披露的形式,提高信息披露的有效性,打击虚假广告,使金融消费者更容易比较各种金融产品的风险,缓解信息不对称,降低搜寻成本。Brix 和 McKee 对柬埔寨、秘鲁、加纳、东欧和前苏联地区的实证研究表明,在这些地区实行新的价格披露要求明显地降低了小额信贷的利率水平,减少了金融消费者的融资成本。

此外,政府监管部门还可以通过立法限制金融中介的行为,防止出现中介机构为提高自身收益而向金融消费者推销不适宜的金融产品。例如,在抵押贷款市场上,建立抵押贷款经纪人信托责任制,以法律的形式要求经纪人尽其最大可能为借款人获得最优的贷款利率,保障金融消费者的利益;政府甚至可以进行直接的价格管制,防止金融机构利用金融消费者的搜寻成本来制定远高于边际成本的定价,避免金融消费者为金融产品支付显失公平的过高价格。

进行金融消费者教育,提高金融消费者自身的金融素质与识别金融产品的能力,也是政府进行金融消费者保护的重要途径，尤其对低收入水平与低受教育水平的消费人群进行必要的金融教育，是保护其利益不受损害的有效方式。但有效的金融消费者保护还应涵盖更广泛的内容，除了监管与金融教育，政府与监管部门需要保证金融消费者在金融交易中受到公平的对待，并在损害发生后向金融消费者提供有效的第三方救济。

但监管方提供的金融消费者保护也存在一定的负面作用。首先，政府提供保护的主要手段就是管制与干预。而管制除了带来高成本外，如果干预不当，还有可能造成市场价格扭曲、市场秩序紊乱等不良后果，导致政府失灵。同时，金融监管与金融创新之间存在着一种冲突。过于严厉的监管，有可能抑制金融创新的发展，导致可供金融消费者选择的金融产品种类减少，这在某种程度上也会使金融消费者的福利产生损失。

次贷危机的教训告诉我们，政府提供的金融消费者保护也并非万能的，监管失当是造成次贷危机爆发的根源之一。正如美国联邦储备委员会前理事 Edward Gramlich 所说："在优质市场上，我们本不太需要监督，但我们却监管很严密；在次级市场上，我们迫切需要监管，大多数贷款在几乎没有监管的情况下发放出去。这就像一个城市制定了关于谋杀的法律，但没有警察巡逻。"在此背景下，一部分学者开始了对美国现有金融消费者保护监管体系的反思，认为虽然美国的法律中不乏涉及金融消费者保护的条款，并且较之大多数国家而言，美国的金融监管制度相对完善，但对于金融消费者保护松懈却导致监管制度没有起到应有作用。McCoy 指出，联邦银行监管机构对待掠夺性贷款与不公平现象没有起到应有的作用。Wilmarth 在报告中统计，1994—2004 年间，美国货币监理署（OCC）没有提起一起针对主要银行关于违反金融消费者保护相关法律的诉讼。Levitin 也在其报告中指出，2000—2008 年间，OCC 征收的所有 69 起罚款中，只有 6 起与金融消费者保护有关。由此可以看出，金融消费者保护在实际操作层面缺乏力度。此外，复杂的监管体系也是进行金融消费者保护的一大障碍，搞不清楚各监管部门的权属，导致许多金融消费者不得不放弃投诉。

三、金融消费权益保护监管组织框架

2008 年国际金融危机爆发后，加强行为监管和金融消费者权益保护成为各国金融监管体系改革的重要内容。各国金融消费者保护的制度设计多种多样，从监管组织架构来看，"双峰"监管、分业监管、统一监管等模式是其中较有代表性的模式。

（一）拥有独立金融消费者（投资者）保护机构的"双峰"模式

"双峰"模式起源于英国。根据英国经济学家迈克尔·泰勒（Michael Taylor）的阐述，金融监管的目标应当是"双峰"的：一是实施审慎监管，旨在维护金融机构的稳健经营和金融体系的稳定、防范系统性风险；二是实施行为监管，旨在纠正金融机构的机会主义行为、防止欺诈和不公正交易、保护消费者和投资者利益。澳大利亚首先采取了"双峰"模式，这种模式被认为是澳大利亚经受住 2008 年国际金融危机考验的

一大重要因素。国际金融危机后,世界各国开始聚焦"双峰"模式,其中最引人注目的就是英国 2012 年开始的金融监管体制改革,放弃原有的"统一监管模式",转而采取了"双峰"模式。

1. 澳大利亚"经典双峰"模式

1996 年 6 月,澳大利亚政府启动对本国金融体系的全面调查,以检验澳大利亚金融体系放松管制(Deregulation)的效果,为金融监管体系进一步改革提供建议。此前,澳大利亚金融行业采取的是分业监管模式。调查报告建议采取"双峰"模式,由澳大利亚储备银行(RBA,澳大利亚的中央银行)负责制定和实施货币政策,维护金融稳定,同时由支付系统理事会(PSB)负责监管支付体系;由澳大利亚审慎监管局(APRA)负责授权存款机构(ADIs)、人寿和一般保险公司及养老金计划(包括行业养老金)的审慎监管;由公司和金融服务委员会(后成为澳大利亚证券与投资委员会,ASIC)来监管企业,维护市场诚信和保护消费者。澳大利亚政府于 1998 年 7 月 1 日成立澳大利亚审慎监管局和澳大利亚证券与投资委员会,开始了"双峰"金融监管模式的实践,该基本组织结构至今运行良好。澳大利亚审慎监管局是独立的审慎监管机构。澳大利亚证券与投资委员会是独立的金融行为监管机构,覆盖银行、证券、保险行业,保护澳大利亚消费者、投资者和放贷人,旨在向企业以及金融机构提供适当的市场行业标准,包括金融消费者保护和信息披露准则等方面的内容。从机构设置来看,澳大利亚证券与投资委员会独立于澳大利亚储备银行。从监管职责范围来看,澳大利亚证券与投资委员会独自承担对公司、投资行为、金融产品和服务的监管职能,是澳大利亚银行、证券、保险、外汇零售行业的监管者,监管职能实现了对金融行业的全覆盖。这种完全契合"双峰理论"的体制设计取得了很好的效果。2008 年国际金融危机中澳大利亚抵御冲击的表现就是有力证据。

2. 英国"准双峰"模式

2008 年国际金融危机后,英国对其金融监管体系进行了全面彻底的改革,制定出台了 2012 年《金融服务法》。该法赋予英格兰银行维护金融稳定的职责,并取消金融服务管理局(FSA),创建了一个新的监管体制,包括英格兰银行董事会内设的金融政策委员会(FPC)、隶属英格兰银行的审慎监管局(PRA)和独立的金融行为监管局(FCA)。2016 年 5 月,英国颁布 2016 年《英格兰银行和金融服务法》,进一步明确了英格兰银行在英国经济与金融体系中的中心地位,英格兰银行职能包括货币政策制定与执行、宏观审慎监管与微观审慎监管,分别由法律上处于平等地位的货币政策委员会(MPC)、金融政策委员会和审慎监管委员会管理。金融行为监管局保持独立,负责包括银行、证券、保险在内的所有金融机构以及诸如债务催收等行业的行为监管和金融消费者保护,也负责审慎监管局所监管的机构以外的各类机构的审慎监管。金融行为监管局既负责零售业务的行为监管(一般意义上的金融消费者保护),也负责批发业务的行为监管(比如对操纵 LIBOR 的处罚)。金融行为监管局的战略目标是保护与提升金融消费者和投资者对英国金融体系的信心,操作目标包括:对金融消费者进行适度保护；保证金融市场的公平公正，保护和加强英国金融体系的诚信；促进符合金融消费者利益的有效竞争。从机构设置上看，金融行为监管局独立于英格兰银行，负责监督各类金融机构的业务行为，承担金融消费权益保护职能。由于金融政策委员会和审慎监管局是英格兰银行下设的委员会，可以理解为英国金融监管的"双峰"——审慎监管局与金融行为监管局的机构层级低于英格兰银行。因此，相较于澳大利亚来说，英国的金融监管框架可以被称为"准双峰"模式。

（二）审慎监管机构负责金融消费者（投资者）保护的"非双峰"模式

目前，多数国家仍由审慎监管当局负责金融消费权益保护，最为常见的模式是多家分业监管机构负责各自行业的金融消费权益保护工作，我国也采取这一模式。与此同时，世界银行关于行为监管的研究报告指出：虽然"双峰"模式有很大优势，但小国家或者低收入国家的审慎监管和行为监管由一个机构负责更具可行性。

1. 欧盟：分业监管机构负责各自领域消费者保护工作

2008年国际金融危机爆发，重创欧洲金融市场，欧盟各成员国金融监管政策不统一造成的监管套利、监管漏洞问题凸显，进行监管体制改革十分必要。2010年9月7日，欧盟成员国财政部长一致通过了《泛欧金融监管改革法案》，9月21日，欧洲议会批准建立泛欧金融监管机构。根据该法案，在宏观层面上成立欧洲系统性风险委员会（ESRB），在微观层面上成立欧洲银行管理局（EBA）、欧洲证券和市场管理局（ESMA）、欧洲保险和职业年金管理局（EIOPA），构建了宏观审慎管理和微观审慎监管相结合的金融监管框架。其中，由成员国的中央银行行长组成的ESRB负责宏观审慎性监督，其重要职责和任务是监控欧洲金融体系的系统性金融风险，控制欧盟的信贷总体水平和抑制信贷"泡沫"，及时发出早期预警并提出补救措施与建议。EBA、ESMA、EIOPA则分别负责对银行业、证券市场和保险业进行微观审慎和合规监管，并在行为监管（金融消费者保护）方面发挥重要作用。同时，ESRB通过收集、分析数据信息，识别、评估系统性风险，向EBA、ESMA、EIOPA以及各成员国监管当局提出警告或建议。欧盟各成员国监管当局在欧洲中央银行（ECB）的指导下，在金融消费者保护领域发挥重要作用。可以看出，危机后欧盟层面的金融监管视角更多关注的是金融市场本身的系统性风险控制和更为宏观的社会负效应控制。在其监管实践中，宏观调控和审慎监管处于强势地位，行为监管仅被纳入审慎监管框架，金融消费者保护问题并未上升到独立监管的层面。

2. 新加坡：一家监管机构统一负责金融消费者保护

综合监管模式是指由一家监管机构负责所有金融机构、金融产品、金融市场的监管，既负责被监管机构审慎监管，同时负责其行为监管。综合监管模式构建了一个超级监管机构，有利于监管机构全面掌握市场信息，消除不同监管主体之间监管标准不一致导致的金融市场结构性失衡，2008年国际金融危机前的英国即采用这一模式，由"超级监管者"——金融服务管理局（FSA）同时负责审慎监管和金融消费者保护。新加坡也采用了综合监管模式，新加坡金融管理局（MAS）是新加坡中央银行和综合性金融监管机构,同时兼有宏观金融调控与金融监管两大职能。MAS的金融监管职能划分为三个条线,分别是银行与保险,资本市场,以及政策、支付体系与金融犯罪。其中,资本市场条线下设公司金融与消费者保护部,该部的消费者事务处专门负责金融教育工作以及协调处理金融消费者与金融机构之间的纠纷。从组织架构上看,新加坡没有将行为监管或金融消费者保护与微观审慎监管彻底分离形成"双峰"监管,而是将金融消费者保护工作嵌入已有的部门架构,且不占据主导地位。新加坡由一家金融监管机构负责金融调控和金融监管职能,使其有能力、有资源在宏观与微观层面高效、有力应对2008年国际金融危机,减轻危机的冲击与影响,助力经济金融快速恢复发展。同时,这一模式依赖于新加坡作为一个小国的国情实际。

(三)美国:朝"双峰"模式走了"半步"

2008年国际金融危机前,美国金融消费者保护职能分布在美联储(FED)、联邦存款保险公司(FDIC)、货币监理署(OCC)等相关监管机构。国际金融危机后,美国制定出台《多德—弗兰克法案》,对其金融监管体制进行改革,设立消费者金融保护局(CFPB),负责监管消费金融产品和服务,将原属不同监管机构的金融消费者保护职能予以整合。CFPB于2010年9月开始筹建,2011年7月21日正式运行,开启了相对独立的行为监管模式。受"联邦制"政体的影响,美国各州相关机构也承担了部分金融监管职责。

1. CFPB的基本职能

CFPB负责监管资产超过100亿美元的银行及信用社,住房抵押贷款、学生贷款和发薪日贷款机构,以及CFPB认定的大型参与者等。征信机构、债务催收机构也分别于2012年7月和10月纳入CFPB监管范围。CFPB的主要职责包括:制定法规,监管金融机构,执行联邦金融消费者保护相关法律规定;限制不公平、欺诈性或滥用性行为或做法;受理金融消费者投诉;推动金融教育;开展金融消费者行为研究;监测金融市场,识别影响金融消费者的新风险;执行打击消费金融领域歧视或其他不公正待遇的法律等。

2. CFPB的独立性

《多德—弗兰克法案》明确赋予CFPB相应权限及手段,以保证其独立性。

(1)相对独立的人事与财政权,具体运营不受美联储干预。虽然CFPB设立于美联储体系之下,但其局长由总统提名,由参议院任命。CFPB的运营经费来自美联储理事会的拨款,免受国会拨款委员会的审查。此外,法律还授权CFPB留存处罚款项,可用于偿付未能获得补偿的受害人,还可用于金融消费者教育项目。

(2)规则制定权。CFPB制定和发布规章不受美联储干涉,并有权独立向国会提交立法建议。唯一可以对CFPB规则制定活动实施监管的机构是金融稳定监督委员会(FSOC),当该委员会认为CFPB的行为威胁到了美国银行机构的稳健运行或者金融体系的稳定,并经全体委员三分之二同意后,可对CFPB实施否决权。CFPB成立以来,已颁布诸多规则,涉及住房按揭贷款、私人学生贷款、电子汇兑、信用报告等领域。

（3）现场检查权和行政裁决权。CFPB 的现场检查人员数量占比接近 30%，必要时还可以委托有关审慎监管机构对金融机构的金融消费者保护情况实施检查。CFPB 可以直接传唤证人或向法院申请传唤令，要求证人现场作证或者提供相关证据材料。CFPB 认为，相关违法行为危害金融消费者利益时，可命令停止违法行为。CFPB 可以对违反金融消费者保护法律的行为人实施罚款，并提起民事诉讼。还可以将涉嫌犯罪的行为人移交检察机关。

综上所述，CFPB 具有相对的独立性。从机构设置来看，CFPB 设置于美联储的体系之下，资金来源于美联储预算，但美联储无权干预其日常工作；同时 CFPB 的局长由总统提名，由参议院任命，只是相对独立于美联储。从职能分工来看，CFPB 也非金融消费者保护领域的唯一机构，其监管范围包括：存款、抵押贷款、信用卡和其他信用衍生产品；贷款服务；收集金融消费者报告数据；房地产结算；转账；金融数据处理等。美国证券交易委员会（SEC）、美国商品期货交易委员会（CFTC）、各州保险督查官分别负责证券、期货类衍生品、保险业的监管及相应的金融消费者保护。总体来看，美国的金融监管改革，尤其是金融消费者保护改革仍然没有脱离分业监管的模式，缺乏统一的监管机构。这也是美国国内两党政治、利益集团斗争妥协等政治生态的反映。但毕竟强化了金融消费者保护的职能和地位，这一趋势仍然值得肯定。

（四）中国：分业监管下的"内双峰"监管组织架构

2011 年以来，我国"一行三会"分别设立了金融消费者保护机构，相继出台了金融消费权益保护相关管理规定和办法。2018 年，我国金融监管改革部分吸收借鉴了"双峰理论"，确立了"一委一行两会"领导下的"内双峰"金融消费者保护监管体制，标志着我国从机构监管转向功能监管、审慎监管和行为监管，更加强调对金融消费者的保护。但具体到金融消费者保护领域，我国实行的仍然是分业监管模式，一定程度上制约了我国金融消费者保护监管功能发挥作用。

1. 金融消费者保护监管部门独立性不足

金融消费者保护规则得以有效执行的前提条件是：金融监管资源在审慎监管机构与金融消费者保护机构之间的合理分配。我国经济发展正处于高速增长阶段向高质量发展阶段的转轨时期，"一行两会"除承担金融消费者保护职责外，同时承担着支持国家产业政策、促进金融行业和金融市场发展、规范金融行为和维护金融秩序等职责。由于行为监管同审慎监管存在潜在竞争，金融消费者保护部门难以有效协调其他部门。当金融消费者保护和金融行业发展出现矛盾时，金融监管部门出于审慎监管目标考虑，通常更倾向于保护行业发展。因为现有评价体系对金融发展成效有明确的、"硬的"衡量指标，金融消费者保护工作则相对较"软"且难以定量评价，监管实践还是以审慎监管为主，对行为风险及金融消费者保护的重视程度不足，二者关系的不平衡一定程度上制约了我国行为监管特别是金融消费者保护工作的高质量发展。

2. 金融消费者保护监管资源不足

由于我国审慎监管与行为监管关系一定程度上存在不平衡，不可避免地导致人、财、物等稀缺监管资源向审慎监管倾斜，行为监管资源相对不足。近年来，大量侵犯金融消费者权益的行为主要发生在县域地区，除人民银行外，"两会"在县域基本没有分支机构，很难履行保护金融消费者权益职责，即便是人民银行县级分支机构，其人员往往身兼数岗，也很难满足当地金融消费者保护工作开展需要。从权、责、利关系看，"一行两会"金融消费者保护部门属内设部门，不负责对金融产品、金融机构行为的具体监管及入市审批，业务监管部门也很少征求金融消费者保护部门的意见，然而，一旦发生金融纠纷或群体事件，金融消费者保护部门也要承担相应的处置职责。从人员配备看，各监管机构内设的金融消费者保护局在人员编制方面也相对偏少，资源投入相对不足，一定程度上制约了行为监管在金融行业的有效实施。在监管方式上，囿于监管资源所限，"一行两会"金融消费者保护部门主要负责制定金融消费者保护基本制度、处理金融消费者日常投诉、金融知识宣传教育等事项，难以对金融机构行为及金融产品实施日常监管并进行及时干预，监管有效性亟待提高。

（五）完善我国金融消费者保护监管组织框架的建议

从主要经济体实践来看，金融消费者保护的实践多样，并不存在一种普遍适用的既定模式。不同国家之间、同一国家的不同历史时期，由于经济发展、金融监管等实际需要，对相关机构的设置和职能分配呈现不同发展态势。结合实际对我国金融消费权益保护监管组织框架提出以下建议。

1. 优化金融消费者保护监管机制

从域外经验来看，顺畅金融监管协调，强化统合金融消费者保护监管，是金融消费者保护体制建设的重要方面。金融消费者保护监管体制的构建是金融体制改革的基础性要素，直接影响金融体系根基的稳定和持久。国际金融危机以来，强化行为监管和金融消费者保护成为共识。鉴于审慎监管与行为监管在工作理念、对象、内容、目标方面天然存在差异，当某个监管机构身兼审慎监管和行为监管两种职能，则可能会出现偏重一方的情况，因此必须有一定的制度安排，确保两种监管方式都能得到必要的资源，减少两者之间的矛盾冲突、功能重叠，同时能有效降低金融机构应对多种监管的行为风险成本。世界银行对90个国家金融消费者保护机构设置情况的调查显示，有39个国家设立了独立于审慎监管机构的金融消费者保护机构，7个国家既设立了独立的金融消费者保护机构，也在审慎监管机构内部设立了相应的部门。英美两国不同程度借鉴了"双峰"模式，设立了负责金融消费者保护的专职机构，实现了金融消费者保护与审慎监管职能的分离。如美国设立了消费者金融保护局（CFPB），统一执行金融消费者保护职责，强化行为监管。英国则成立了金融行为监管局（FCA），负责对包括银行在内的所有金融机构行为进行监管。近年来的实践证明，独立统一的监管机构对于充分履行监管职责、保护消费者合法权益具有重要意义。世界银行《金融消费者保护的良好经验》调查结果也表明，相较于由一家综合监管机构同时负责金融消费者保护和审慎监管的国家，具有相互独立的金融消费者保护和审慎监管机构，即采取"双峰"模式的国家金融体系更加稳健。

我们认为，应结合实际，循序渐进地优化金融消费者保护监管机制。从短期来看，在适应分业监管的安排下，应强化"一行两会"金融消费者保护监管协调，凝聚监管合力，统筹金融消费者保护领域的规划制定和制度建设，统筹金融消费者保护领域的数据统计工作，统筹金融消费者保护领域的标准建设，统筹开展金融教育工作。可通过定期会议的方式，就共同关注的工作任务进行交流，协调监管措施，统一监管口径；共同研究该领域的重大、前瞻问题，包括但不限于个人金融信息保护、消费者（投资者）适当性等问题；在面向市场的维度，协调监管步伐，规范监管措施，避免"一拥而上""一哄而散"引发的监管重叠和监管空白。国务院金融稳定发展委员会的重要作用日益凸显，"一行两会"可在该框架下强化监管协调。从中长期来看，建议推动逐步统合金融消费者保护职能，强化金融消费者保护作为金融安全、金融稳定重要支柱的地位。英国FCA模式或美国CFPB模式均可成为我们构建独立金融消费者保护机构的借鉴。换言之，从中长期来看，应整合分散在多个金融管理部门的金融消费者保护职能的资源，探索"大金融"视域下的金融消费者保护，以适应金融混业发展趋势，强化监管职责的集约性，满足当前金融业务跨界监管的需要，设立相对独立的金融消费者保护机构。

2. 配置良好的金融消费者保护监管资源

近年来，各国金融消费者保护监管部门在履职中均能感受到，审慎监管与金融消费者保护虽然在功能上互补，但在监管资源配置中存在明显的"分蛋糕"关系。技术和法律的独立、充足的财政预算和资金、实现监管目标所需的适当权力，对金融消费者保护监管工作大有益处，因此，各国纷纷加大对金融消费权益保护监管部门的资源倾斜力度，提供充足的资金、人力、技术支持以确保金融消费者保护监管部门独立运作，提供不受政治、商业和其他行业利益外部干预的基础条件。特别是要加强金融消费者保护队伍建设。实际上，金融消费权益保护监管工作有效性的核心在"人"，体制、制度标准的执行以及信息分析最终要落实到人，要靠爱岗敬业、具有专业技能和丰富经验的监管队伍来实现。要有科学的激励机制和评价机制，充分调动监管人员的积极性，充分发挥监管人员的聪明才智。同时，加大经费支持力度，允许金融消费者保护监管部门通过购买服务的方式，委托会计师事务所或律师事务所等专业第三方机构，聘用神秘人暗访或者社会监督员等方式，就相关金融产品或者金融消费者保护开展非接触的信息采集和分析评估，为金融机构落实原则性监管的效果真实画像，从而改进窗口指导方式，为消费者保护队伍提供"外脑"。此外，还要加大金融科技要素在非现场金融监管工作中的使用，主动谋划监管科技在金融消费者保护领域的应用，提高风险行为数据分析和预警监测能力，充分运用大数据和信息技术，为消费者保护队伍提供数据采集、分析运用的能力，实现智慧监管。

3. 有效解决审慎监管与金融消费者保护监管之间的矛盾

金融消费者保护工作是一项社会工作，除金融消费者保护监管部门的努力外，还需要其他各方力量相互配合才能取得实效。为确保监管原则、标准的统一性，各国金融消费者保护部门都十分注重与其他部门的协调配合，以发挥金融消费权益保护工作协调机制的重要作用。如美国消费者金融保护局积极与审慎监管部门、联邦执法机构等签署"谅解备忘录"，以实现金融消费者保护工作的信息共享与监管合作，并规定各方在适当情况下可开展联合调查和执法行动。2021年，美国消费者金融保护局和联邦存款保险公司联合发布加强版《老年人理财资源指南》，实际上从审慎监管与消费者保护两个角度统一了对老年人金融消费者保护工作的重要性认识。英国则规定金融行为监管局与审慎监管部门在金融业务的规则制定中必须保持协调一致，同时每年要对合作备忘录进行审查，防止出现监管真空或过度监管，以期实现行为监管与审慎监管目标的协调统一。此外，加强与行业协会和消费者协会的沟通至关重要，特别是针对那些不在金融监管范围之内，但实际提供与受监管对象相同或类似金融产品或服务的非银行金融机构和非金融企业，加强与相关部门的协调可以有效降低金融消费者保护制度下法律和监管漏洞产生的不利影响。

4. 加强中央与地方金融消费者保护协作

金融消费者保护监管职责在中央和地方之间的合理分配，是金融消费者保护监管架构的重要内容。在坚持中央对金融业管理主导地位的原则下，要进一步明晰界定中央与地方金融消费者保护职责，给予地方金融监管机构相应的法律地位、监管职责及监管权力，同时要充分发挥地方金融管理局在规范地方金融秩序、维护当地群众合法权益方面的积极作用。加强二者在信息共享、金融消费者保护监管方面的协作配合力度，一方面能有效解决金融消费者保护部门基层组织、工作人员配备不足的现实困境，另一方面能有效解决地方金融工作局普遍反映的"在中央层面缺少业务指导""工作方向和地位不清""缺乏执法依据"等问题。

四、金融消费者保护执法机制

（一）美国消费者金融保护局执法机制

美国消费者金融保护局（CFPB）的核心使命是站在保护金融消费者的角度，确保金融消费者在金融市场上得到公平对待。CFPB开展金融消费者保护工作的重要手段即执行联邦消费者金融法律，要求金融服务提供商对其行为负责。CFPB采取的主要监管执法手段包括行政裁决程序、民事诉讼程序和发出警告信等。[1] 从执法机制来看，美国国会授予CFPB采取两种方式执行联邦的消费者金融保护相关法律：通过行政裁决程序，或依其自身诉权在联邦法院提起民事诉讼。

---

[1] 美国消费者金融保护局，https://www.consumerfinance.gov/。

1. 行政裁决程序（行政法官制度）

1946年《联邦行政程序法》正式建立了联邦政府的行政法官制度。行政法官是指在政府行政部门和机构中主持审判式行政听证，以解决受到行政决定影响的相关法律主体与行政机关之间的行政争议的官员。行政法官的职能在于主持行政机关内部的审判式行政听证，解释和适用法律和行政法规，致力于保障认为受到联邦或州行政机关的行政行为或拟作出的行政行为的不法侵犯的法律主体得到公正、及时的听证保护。行政裁决程序是由行政法官进行的正式对抗性程序。CFPB如通过行政裁决程序进行执法活动，须向行政裁决办公室（OAA）提交违反消费者保护法规的指控通知书，启动行政裁决程序，由行政法官负责主持一个类似于联邦法庭中没有陪审团的公开听证。像联邦法官一样，行政法官有权发出传票、决定案件的进展、决定接受证据等。行政法官向CFPB局长发布建议性决定，由局长最终决定是否采纳或修改行政法官的建议性决定。CFPB内设"行政裁决办公室"（Office of Administrative Adjudication, OAA），由若干名行政法官常驻，负责主持行政裁决程序。行政法官以公开、公正、快捷的方式主持行政裁决活动，其职责与审判法官相似。这些程序的运作方式类似于联邦地区法院的审判，但在证据规则等方面存在一些不同之处。行政裁决办公室保留所有行政裁决程序的正式公开记录。行政裁决程序须按照审判程序的业务规则进行。根据1946年《联邦行政程序法》第551~559节的有关规定，行政法官具有相对独立性，行使完全独立于CFPB的裁决权，人员任命及权力赋予均独立于CFPB。行政法官不受任何执行调查或指控职能的官员、雇员或代理人的监督、指示，且不用对其负责。根据《联邦行政程序法》的规定，行政法官由人事管理办公室选拔和任用。

2. 民事诉讼

国会授予CFPB可通过民事诉讼的方式开展执法活动。CFPB在发现金融机构存在违反联邦消费者金融保护法律后，可依托自身诉权向联邦法院提起民事诉讼，依托联邦司法体系行使监管职能。该诉权与司法部相互独立。CFPB向联邦法院提起诉讼的诉求一般包括向违法个人或金融机构下达禁制令、上交违法所得、赔偿消费者损失、处以罚款以及其他监管要求。事实上，CFPB的行政裁决程序和民事诉讼大部分以和解的方式结案：行政裁决程序一般以CFPB和执法对象签署"同意令"（Consent Order）的方式终结，民事诉讼一般以联邦法院签署"合意判决"（Consent Decree）的方式终结。因此，CFPB的执法行为需要通过相对独立的裁决或诉讼程序得以开展，并非直接向执法对象采取相应措施。与执法手段相配套，为最大限度地保护金融消费者权益，CFPB建立了较为完备的金融消费者补偿制度。CFPB在开展执法活动的过程中，可要求违法个人或金融机构对其造成的金融消费者损害采取补救措施，主要包括要求个人或公司向其受害者提供补偿（Redress）。补偿可由CFPB进行分配、被执法对象直接分配或由第三方监管部门进行分配。在某些情况下，当个案可获得的补偿不足以充分补偿金融消费者遭受的损失时，CFPB可通过民事处罚基金（Civil Penalty Fund）补偿受害者。民事处罚基金的资金来源于违法金融机构和个人缴纳的罚款，除用于补偿受害者之外还被用于开展金融消费者教育和金融知识普及等工作。此外,针对部分可能违反联邦消费者金融保护法的行为,CFPB不定期发布警告信(Warning Letter),告知部分市场参与者应注意某些业务的合规性,帮助部分市场参与者重新审查某些业务流程,确保业务开展符合联邦法律的规定。

(二)英国金融行为监管局执法机制

英国金融行为监管局(FCA)坚信其执法工作的核心在于强有力的威慑力,这种威慑力是保障FCA实现其监管职能的重要抓手。FCA执法部门的目标是通过执法手段使市场参与者了解违法违规会导致严重后果,继而敦促市场参与者(从业人员和从业机构)遵守法律法规的要求。相较于CFPB,FCA可采取的执法措施更加广泛、更为直接。首先,与CFPB类似,FCA可以通过诉讼程序行使执法权,同样也可以直接对被执法对象开展执法行动;其次,FCA可以在其监管工作的任何阶段对被监管对象采取执法措施,独立开展执法行动的自由度较大。[1]

1. FCA的主要执法措施

FCA开展执法行动的途径包括提起刑事诉讼、提起民事诉讼和进行行政处罚三个方面,其中行政处罚运用较为广泛。FCA的主要执法行动包括:一是吊销金融机构从业执照;二是禁止个人从事金融业务;三是禁止个人从事特定受监管的业务;四是暂停金融机构从事特定受监管的业务(最多12个月);五是暂停个人执行特定受监管的职能(最多2年);六是公开谴责金融机构或个人;七是处以罚款;八是向法院申请禁令、赔偿令和破产令等;九是向法院申请资产冻结;十是起诉未经授权从事受监管活动的金融机构和个人;十一是针对金融犯罪提起刑事指控,如内幕交易和从事未授权业务等;十二是发布针对有关无照经营的机构或个人的警告,并要求网络运营商断开相关网站的链接等。

2. FCA的执法流程

2000年《金融服务与市场法》授予英国金融服务管理局(FSA)执法权,2013年FSA分设为英国金融行为监管局(FCA)和审慎监管局(PRA),针对市场参与者的执法权由FCA负责执行。FCA的执法行动主要由执法与市场监督部负责。FCA的具体执法流程如图4-1所示。

3. FCA执法机制的特征

FCA的执法流程相对复杂,但具有鲜明的特征。一是执法对象具有一定自主权。在执法部门已有初步调查结果后,执法对象可以选择是否接受调查结果,即完全认可、部分认可和完全不认可。如执法对象完全不认可调查和处罚结果,则可以要求FCA内部的监管决策委员会继续处理并进行申辩,也可以寻求独立于FCA的高级审裁处进行审理,从而获得更为公正的处置结果。

二是实行"和解折扣"机制。被调查机构如选择完全认可调查结果或部分认可调

---

[1] 英国金融行为监管局,https://www.fca.org.uk/。

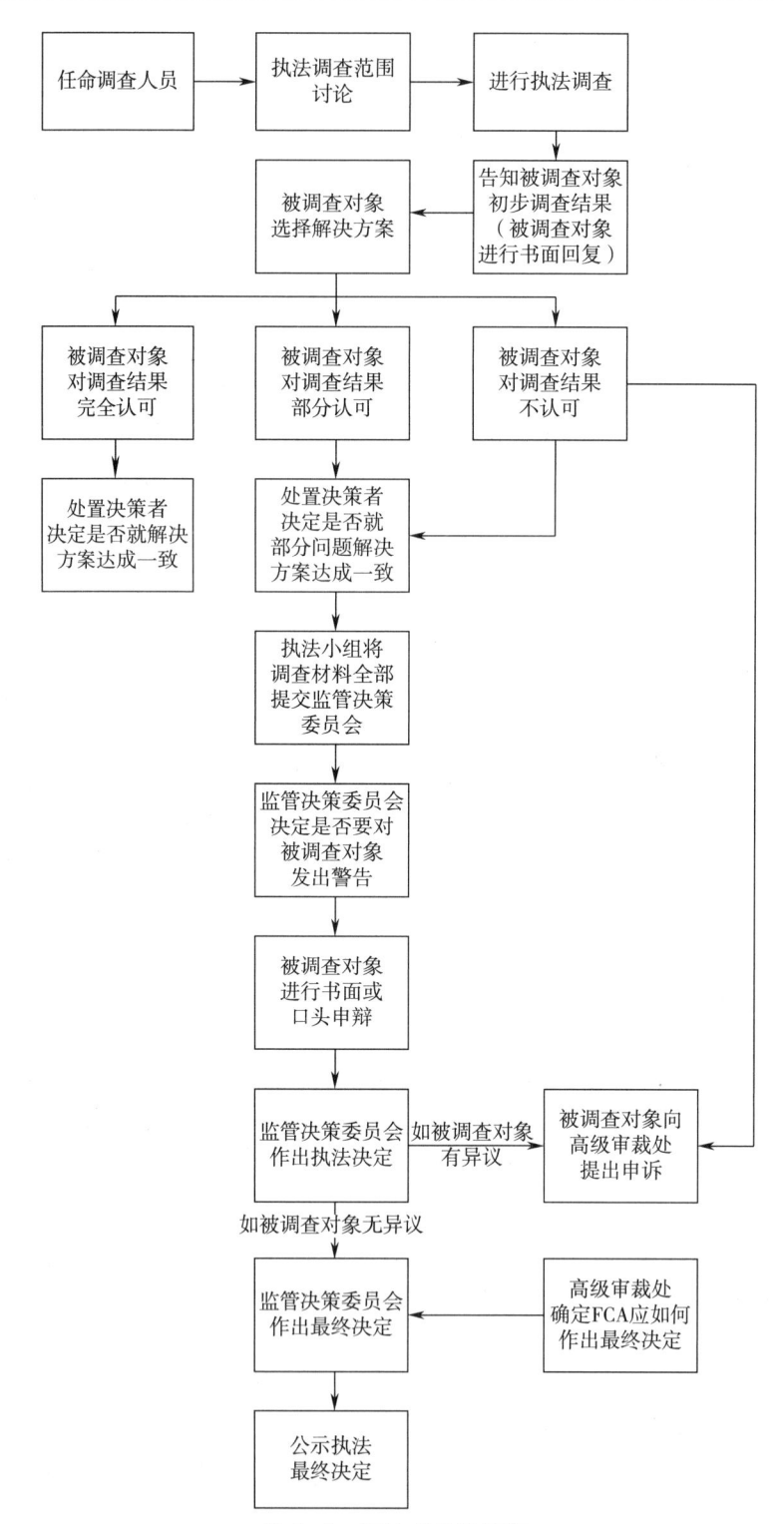

图 4-1　FCA 的执法流程

查结果，FCA 可对经济处罚给予相应折扣。根据这一机制，被调查机构本应支付的罚款最多可减少 30%。这一机制激励被调查机构或个人及早终结执法流程，有效节约了行政资源，提升了执法工作的效率。具体折扣标准如表 4-1 所示。

表 4-1　　　　　　　执法初步决定认可情况与处罚折扣标准一览表

认可内容	处罚折扣标准
认可所有调查事实、责任认定和处罚结果	30%
认可所有调查事实、责任认定，但不认可处罚结果	30%
认可所有调查事实，但不认可责任认定和处罚结果	15%~30%，具体由监管决策委员会决定
认可部分调查事实、责任认定和处罚结果	0~30%，具体由监管决策委员会决定
不认可所有调查事实、责任认定和处罚结果	0

三是引入调停机制。FCA 的执法机制致力于使监管部门和被监管机构或个人就违法违规情况及处置方案达成一致，因此 FCA 在执法流程中加入了调停机制。如执法部门与执法对象无法就调查结果和处置方案达成一致，执法对象可在执法流程中的任何一个阶段向执法小组成员提出由中立方进行调解。调解人主要负责基于双方立场促成双方就调查结果和处置方案达成一致。但在 FCA 计划就调查案件提起刑事诉讼或计划采取紧急行动的情况下，执法对象不可提出调解请求。

从 FCA 的执法流程可以看出，FCA 致力于在执法行动中与执法对象就调查结果和处置方案达成一致，即通过执法行动得到执法对象对法律法规和违法事实的承认，从而有效提升执法对象的合规意识，规范市场参与者的经营行为，维护金融市场有序发展。

（三）澳大利亚证券与投资委员会执法机制

澳大利亚证券与投资委员会（ASIC）依据 2001 年《公司法》、2001 年《澳大利亚证券与投资委员会法》和 2009 年《国家消费者信贷保护法》履行监管职责，致力于提振投资者和金融消费者的信心、保护投资者和金融消费者的知情权、维护公正有效的金融市场、实行有效的注册制和许可制。就行使执法权而言，ASIC 列出了三个具体目标：一是发现和处置违法行为，二是在适当情况下追回资金损失，三是预防可能发生的违法行为。[①] ASIC 会就多渠道来源的线索开展执法调查，主要包括公众举报、其他监管部门转交、审计师、破产从业人员等的具有法律效力的报告和日常监控工作。ASIC 会综合考虑多重因素最终决定是否对相关金融机构和从业人员进行执法调查，包括违法行为所造成的经济损失、经济损失对受害人所造成的影响以及违法行为对投资者和金融消费者信心的影响等。

1. ASIC 的主要执法措施

2001 年《澳大利亚证券与投资委员会法》强调 ASIC 可以采取广泛的措施确保达

---

① 澳大利亚证券与投资委员会，https://asic.gov.au/。

到其监管目标。根据法律规定,ASIC可以通过惩罚性措施、保护性措施、保留性措施、纠正性措施、补偿性措施、协商处置和发布侵权通知等手段行使其执法权。

(1) 惩罚性措施。对于存在违法行为的金融机构或从业人员,ASIC可以采取惩罚性措施对违法机构或个人进行处罚。这一措施可用的范围较广,不论违法情节轻重与否,ASIC均可采取这一措施。惩罚性措施主要包括三个方面:一是追究刑事责任。对于违法情节较重、对投资者和金融消费者产生严重不良影响的违法行为,ASIC会在采取民事补救措施的同时向澳大利亚联邦刑事检控专员署提交相关证据材料,继而由澳大利亚联邦刑事检控专员署评估后提起刑事诉讼,通过司法途径追究违法行为责任人的刑事责任。二是刑事经济处罚。法院可根据违法情节对违法机构或个人处以刑事罚款,以惩罚相关主体扰乱监管工作正常开展的行为。刑事罚款金额与违法情节相关,最低为850澳大利亚元,严重违法行为可能被判处巨额罚款,例如涉嫌内幕交易或操纵市场的个人最高可能被罚款76.5万澳大利亚元。如果ASIC与违法主体就判决结果存在争议,案件将由高级法院进行审理,并由陪审团作出最终裁决。三是民事经济处罚。在司法框架下,ASIC可向法院提出民事处罚的请求。民事处罚的手段较为广泛,包括取消资格令、赔偿令和罚款。针对个人的民事罚款最高可达20万澳大利亚元。

(2) 保护性措施。保护性措施的主要目的在于保护投资者和金融消费者免受违法行为的侵害。保护性措施为ASIC所采取的行政执法手段,可由ASIC独立执行。ASIC的保护性措施包括三个方面:一是取消违法个人进行公司管理的资格,禁止个人提供金融服务或从事信贷活动;二是吊销从业牌照或暂停营业,或更改从业牌照相关限制条件;三是公开发布警告。如果执法对象对ASIC的执法决定不满,可向行政裁判所上诉。如对行政裁判所的裁决不满,还可进一步向联邦法院提起诉讼。

(3) 保留性措施。为确保资产不再遭受进一步损失,ASIC可通过法院采取保留性措施,包括防止资产被转移和向个人下达禁令。根据2002年《犯罪所得法》的规定,ASIC可与澳大利亚联邦刑事检控专员署或澳大利亚联邦警察局开展合作,防止涉案资产被交易或没收违法所得。

(4) 纠正性措施。ASIC可申请法院下令违法机构或个人纠正违法行为并向全社会披露,例如纠正误导性或欺骗性广告并进行披露。

(5) 补偿性措施。根据2001年《澳大利亚证券与投资委员会法》第五十条的规定,ASIC有权代表遭受损失的投资者或金融消费者追讨损失。一般情况下,ASIC只会在损失影响超出受损群体、关系到公众利益的情况下代表个人投资者或金融消费者追讨损失和赔偿金。ASIC鼓励遭受资金损失的投资者和金融消费者通过金融申诉专员服务或向法院诉讼的方式追回损失。

(6) 协商处置。ASIC可与金融机构或个人通过协商的方式达成改进服务的目的,其目的是尽可能更快更好地满足监管要求,提升金融服务的质量。其中一个重要的举措是要求违法机构或个人作出可执行承诺。可执行承诺不需要法院介入,因此可以更高效地达成监管效果。ASIC可以要求机构或个人作出可执行承诺,内容包括提供赔偿金或今后遵守法律要求的相关计划。

（7）侵权通知。侵权通知是一项行政执法措施，由 ASIC 或经 ASIC 授权的市场纪律委员会（MDP）负责发布，主要是向可能存在违法行为的机构或个人作出提醒，如侵权通知接收对象未能及时作出整改，ASIC 将采取进一步行动。如果侵权通知得到遵守（如支付了罚款），则不能对该违反行为的接收者采取进一步的监管行动。如果侵权通知未得到遵守，ASIC 有权对侵权通知接收对象提起民事诉讼。

2. ASIC 执法机制的特征

ASIC 的执法手段较为丰富，执法机制呈现出如下特征：一是执法行为以公开为惯例，以不公开为例外。除法律另有规定，ASIC 将其执法结果向社会公开，接受全社会的监督。ASIC 坚信公开执法结果对于提高政府透明度、维护政府公信力和增强监管威慑力具有至关重要的作用，因此坚持以公开执法结果为惯例，以不公开为例外。二是将刑事责任纳入执法行动范畴。ASIC 强调对违法个人的责任追究，针对存在严重违法情节的个人甚至要追究刑事责任。此外，ASIC 与澳大利亚联邦刑事检控专员署建立了对接机制，可通过刑事检控专员署对违法个人提起刑事诉讼，强化了监管的威慑力。三是执法行动多在司法框架下开展。除保护性措施、协商处置和侵权通知外，ASIC 的执法行动多是通过向法院提出申请、由法院发布禁令等方式实现的，与司法体系结合较为紧密。

（四）我国金融消费者保护监管执法存在的问题

1. 缺少高层级金融消费权益保护专门立法

法律法规的制定是行为监管与消费者保护的基础性工程，可以为行为监管与金融消费者保护提供明确的依据。虽然我国已初步建立起有关金融消费者保护的监管体系，原"一行两会"也不断提出有关金融消费者保护的行为监管要求，但我国尚无一部专门适用于金融消费者保护领域的法律或行政法规，《消费者权益保护法》中的很多条款无法直接简单适用于金融领域。原"一行两会"有关金融消费者保护的规定和要求多为部门规章和规范性文件，法律效力层级较低，呈现部门化、条块化特征，且受限于分业监管体制。原"一行两会"内设金融消费者保护部门，只能在分工范围内行使职权，缺少统一监管标准容易造成监管套利，容易形成监管真空及监管重叠。同时，也增加了被监管机构及其工作人员对监管要求理解执行的难度，变相提高了开展金融消费者保护的运营成本，降低其保护金融消费者合法权益的积极性、主动性。

2. 金融消费者保护监管部门监管手段有限

随着区块链、生物认证、流动支付服务等科技创新手段在金融领域的深度融合运用，特别是大型互联网平台及金融控股公司的迅速发展，金融产品或服务呈现跨界融合、结构复杂等特征，金融机构或企业往往利用金融监管规则的空白达到规避监管的目的，金融消费者合法权益保护效果被弱化。我国金融消费者保护监管部门囿于具体监管规则的限定、监管科技手段资源的不足，难以满足金融科技创新过程中的金融消费者保护需求，无法对金融消费交易整个流程行为的合法、合规进行全方位监督。对损害金融消费者的行为难以进行前瞻性判断，无法及时采取监管措施及行动，甚至产生了"疲于应付市场失灵所产生的表面现象，而忽视了问题的根源"的负效应。即使采取措施，也主要是从管控宏观风险的角度履行金融消费者保护职责，对于微观的金融消费交易很难有效监管。此外，在具体监管措施方面，对于域外金融消费者保护监管领域最常使用且行之有效的通报批评、限制从业等措施，修订后的《中华人民共和国行政处罚法》（以下简称《行政处罚法》）明确将其纳入行政处罚种类，并对其使用规定了严格的适用程序。目前，我国金融消费者保护高层级专门立法缺失，导致金融消费者保护监管部门在履行职责过程中能使用的金融消费者保护监管措施十分有限，对大部分事项都没有行政处罚权或处罚较轻，也无权限制问题金融产品进入市场或暂停销售、召回问题产品等。此外，对于一些从事金融活动的非金融企业以及仿冒正规金融机构进行的非法金融活动、非法集资以及金融机构和类金融机构的各种侵权行为，监管部门无权也无法采取有效处置措施保护金融消费者合法权益，导致风险爆发后处置难度加大。

（五）完善中国金融消费者保护监管执法机制的建议

1. 推进金融消费者保护专门立法

从监管实践看，除正式立法外，各国金融消费者保护监管机构也对金融机构经营行为提出统一规范要求。如《多德—弗兰克法案》为美国开展金融消费者保护护工作提供了立法基础，明确了金融消费者保护工作的原则及目标。同时美国消费者金融保护局将原分散在不同监管机构的金融消费者保护职责整合，先后制定了抵押贷款新规、预付卡新规等数十部金融消费者保护规则，以统一明确相关领域金融消费权益保护监管规则，避免监管规则不统一带来的监管套利行为。英国金融行为监管局则明确"消费者是监管核心"的理念，加强对金融机构经营行为或产品的早期干预，旨在保护和提升英国金融系统的诚信度。如为有效保护网贷消费者合法权益，其在广泛吸收各方意见的基础上，发布了统一的信贷（P2P）和投资的众筹平台监管规则，为相关主体开展活动提供了统一明确的活动准测。各国经验证明，构建保护金融消费者的法律体系是加强金融消费者保护、规范金融机构竞争行为的重要基础性工作。在成立独立的金融消费者保护机构的前提下，金融消费者保护法律规定应当全面化，要明确金融消费者概念范围、金融消费者基本权利、金融服务经营者的主要权利和义务，同时从立法层面建立中央与地方金融消费者保护协调机制。在适用范围方面，应尽可能调整所有服务经营者提供的相同或类似金融产品或服务，对不同类型机构所从事的同类型业务、产品、服务实施相同的监管标准。

实际上，自2021年以来，我国金融监管部门持续关注虽未持牌但从事金融业务的大型网络平台企业，但因缺少法律依据难以将其金融业务全面纳入监管范围，建议在未来立法中加以考虑。为了更好地完成金融消费者保护责任和促进金融企业发展，必须形成一套系统化、规范化的金融消费者保护监管制度，以推动金融机构完善内部工作机制。因此，建议加快推进出台法律层级的《金融消费者权益保护法》，作为统领整个金融领域金融消费者保护的基本法律依据，明确金融消费者基本权利和金融机构各项义务，明确监管组织架构以及职责分工，充分调动、发挥行业协会、消费者组织等第三方自律和监督机制的积极性和主动性，全面构建金融消费者保护的社会共治格局。

2. 赋予金融消费者保护监管执法更多的灵活自主性

审慎监管以金融机构为核心，监管对象明确且有限，相关工作保密要求较高，更强调"形式合规""数据达标"。行为监管则以数量众多且不确定的消费者为核心，监管对象既有机构又有消费者，工作具有一定的开放性和透明度，其关注的是"实质合规""内容合理"，上述差异决定了两者不可能采用同样的监管原则与方式，应赋予金融消费者保护监管更多的灵活自主性。针对金融消费者保护领域仍然存在的执法方式不够丰富、依据不够坚实、自由裁量尺度不够明确、重点领域执法力度不够到位等问题，应充分借鉴域外经验，强化金融消费者保护执法机制建设。原则性监管作为一种结果导向式监管，不通过具体的规则而是依赖高位阶、概括性描述的监管原则来确定监管对象的经营活动标准，具有较强的持续性和稳定性，其将监管目标的实现指向了被监管对象，由被监管对象将金融监管原则融入日常经营管理及产品流程设计中，有利于压实金融机构金融消费者保护主体责任。英国、日本两国金融消费者保护监管部门不同程度采纳使用原则性监管。例如，英国2006年"公平待客计划"仅设定了6项原则性监管结果指标。2007年，英国据此对一家存在欺骗消费者行为而并未触及具体规则的寿险公司开出了高达126万英镑的罚单。整体上看，原则性监管能有效降低金融监管具体规则的复杂程度，弥补规则性监管方式的不足，促成金融监管部门和被监管机构的良性互动，推动金融消费者保护和行为监管的深入发展，也进一步扩大了金融监管评价的范围。因此，建议在金融消费者保护监管中，更多地纳入原则性监管的理念和内容，以增加金融消费者保护监管手段的"制度弹性"。

3. 充实金融消费者保护监管执法措施

"徒法不足以自行"，一项制度能否有效执行、效果是否达成，取决于是否有足够的行政监管措施与手段提供保障。目前常见的金融消费者保护监管措施包括：开展金融消费者保护环境评估，科学设置评估指标体系，强化评估结果运用，系统跟踪金融机构消费者保护机制建设和工作成效；除对金融机构采取处罚措施外，强化了相关人员的责任，采取对个人进行行政处罚的手段，提升其责任意识；通过细化规范自由裁量，实现"同案同罚"，避免法律适用不准确；对恶意侵害消费者权益且造成重大社会影响的，及时依法惩处，提升监管威慑力。除此之外，为确保金融消费者保护监管达到预期目标，在立法上应考虑金融消费者保护监管工作的特殊性，允许金融消费者保护监管部门在充分使用审慎监管工具的基础上，采取更加灵活有效的行为监管工具。如采取神秘人调查、新闻媒体报道、典型案例、第三方提供的预警信息等一系列数据信息识别金融机构的风险。通过金融监测评估体系分析金融机构在经营模式上可能导致的风险，未来对消费者产生的影响，允许监管部门通过调查取证、查封冻结、数据分析等提前介入措施，规范金融机构在金融产品开发、营销等方面的行为。允许金融消费者保护部门出于公众利益考虑，在金融领域积极探索金融产品评价体系，形成主动性的事前保护措施，在确认金融产品存在质量缺陷后，会商审慎监管部门提前对问题金融产品或服务采取干预措施，限制或暂停其上市流通。

五、金融消费权益保护纠纷解决机制

金融消费纠纷解决是金融消费者保护机制中最为重要的组成部分之一。及时、妥善地解决金融消费纠纷，可以切实保护金融消费者的合法权益，保障金融市场的良好秩序，维护金融市场的稳定运行。

（一）英美金融消费权益保护纠纷解决机制

1. 英国金融申诉专员服务公司：外部争议解决机构

英国金融申诉专员服务公司（FOS）由英国议会根据2000年《金融服务与市场法》设立，是一家负责处理金融机构与消费者之间纠纷的非营利性有限责任公司。2018—2019财年，FOS共受理金融消费者投诉388392笔，解决投诉376352笔。[①]

（1）投诉的处理流程。FOS接收金融机构与金融消费者之间产生的纠纷。自2019年4月1日起，FOS的职权范围扩大到包括中小型企业（SMEs）对金融业务的投诉，以及理赔管理公司（CMCs）客户的投诉。金融消费者对金融机构不满意时，应先向金融机构进行投诉。如果金融消费者对金融机构的回应不满意或金融机构没有进行回复，金融消费者可以要求FOS介入。FOS会对接收的投诉视情况进行调查处理，并会告知投诉人相关信息。如果投诉人或金融机构不接受FOS的意见，可以请求申诉专员就该纠纷出具正式意见。申诉专员作出的裁定为最终裁定，对金融机构具有约束力。但是，如果金融消费者对最终裁定仍不满意，可以选择诉讼或其他手段解决争议。

（2）投诉时限的规定。金融消费者通常需要在纠纷发生后的6年内向金融机构或FOS投诉。金融机构对涉及支付服务和电子货币类投诉的答复时限为15天。金融机构对大多数其他投诉的答复时限为8周。金融消费者可以在收到最终答复后的6个月内向FOS进行投诉。

（3）投诉的赔偿。如果金融消费者出现资金损失，FOS可以要求金融机构对金融消费者的资金损失进行补偿。如果消费者遭受了诸如困扰、不便、痛苦或是名誉受损等非资金损失，FOS也可要求金融机构对金融消费者给予赔偿。

（4）FOS与FCA的关系。作为监管机构，FCA承担着包括任命非执行董事为FOS董事会成员、确定FOS强制管辖范围的规则和批准FOS年度预算等职能，并就FOS承担的金融纠纷非诉解决机制（ADR）义务担任"主管部门"。

2. 美国消费者金融保护局：监管当局发挥金融消费纠纷解决作用

美国消费者金融保护局（CFPB）的一项重要工作就是接收金融消费者投诉。

（1）CFPB接收投诉的流程。CFPB接收金融消费者针对金融机构提供的金融产品

---

① 英国金融申诉专员服务公司，https://www.financial-ombudsman.org.uk/。

或服务提出的投诉，也接收由其他政府监管部门转送至 CFPB 的金融消费者投诉。金融消费者向 CFPB 进行投诉后，会收到电子邮件，同时也可以通过登录网站查询投诉的办理状态。与国内金融监管部门实际操作类似，CFPB 也会将金融消费者投诉转给被投诉金融机构，并要求金融机构进行答复。如果 CFPB 认为其他政府部门可以就投诉提供更好的协助，会将金融消费者投诉转送其他政府部门并告知金融消费者。金融机构会对金融消费者投诉开展调查，并与金融消费者进行沟通联系，同时报告针对金融消费者投诉反映的问题采取或可能采取的措施。消费者可以看到金融机构针对其投诉的答复。之后，CFPB 会在金融消费者投诉数据库中发布与投诉有关的信息（如投诉日期等），并在征得金融消费者同意的情况下，将删除部分个人信息的投诉事项描述予以发布。[①]

（2）CFPB 投诉数据库。CFPB 建立了金融消费者投诉数据库，加强投诉数据的共享，促进政府部门间的沟通交流。通过对投诉数据进行分析，更好地实施监管，保护金融消费者。对外发布的投诉数据具体包含以下内容：CFPB 收到投诉的日期；金融消费者投诉业务类别和子类别；金融消费者投诉中涉及的问题和子问题；金融消费者对投诉的简要描述（会事先征得金融消费者的同意，同时也会在简要描述中删除涉及消费者个人信息的内容）；被投诉金融机构作出的可选的公众回应（金融机构可以在预先设置好的选项列表中选择）和投诉对象等内容。CFPB 投诉数据库的建立，对我国具有较强的借鉴意义。

（二）我国的金融消费纠纷解决机制

近年来，随着我国经济高速发展，金融消费者对于金融产品与服务的需求与日俱增，维权意识不断增强，金融纠纷数量也逐年递增。金融纠纷多元化解作为金融领域"枫桥经验"的生动实践，为群众提供了高效便捷的诉求表达与维权渠道，及时有效化解了各类金融纠纷，是提升群众金融获得感、幸福感、安全感与防范化解金融风险的重要举措。

1. 金融消费纠纷解决现状

随着我国社会经济的快速发展，金融交易数量和金额迅猛增长，金融消费纠纷也逐年增长。如果单纯依赖于诉讼，一方面法院无力及时裁判数量呈指数级增长的大量纠纷，另一方面诉讼的高成本和时延性难以满足金融消费者快速、高效、便捷解决纠纷的要求。在这种形势下，调解、仲裁、和解、谈判、中立评估、裁决等替代性纠纷解决方式（ADR）等社会救济方式，与法院诉讼方式一起，形成能够满足金融消费者多元化需求的争议解决的程序体系，能够及时解决各类金融消费争议，大大增强了金融消费者的获得感，这也是践行金融为民，维护消费者合法权益的直接体现。2015 年，国务院办公厅发布《关于加强金融消费权益保护工作的指导意见》，明确要求"建立金融消费纠纷第三方调解、仲裁机制，形成包括自行和解、外部调解、仲裁和诉讼在内的金融消费纠纷的多元化解决机制，及时有效解决金融消费争议。" 2020 年，《中国人

---

① 美国消费者金融保护局，https://www.consumerfinance.gov/。

民银行金融消费者权益保护实施办法》（中国人民银行令〔2020〕第 5 号）明确规定："银行、支付机构、金融消费者可以向调解组织申请调解、中立评估。""金融消费纠纷调解组织应当依照法律、行政法规、规章及其章程的规定，组织开展金融消费纠纷调解、中立评估等工作，对银行、支付机构和金融消费者进行金融知识普及和教育宣传引导。"

目前，在实际操作中，金融消费者与金融机构产生金融消费纠纷时，大多会首先选择向金融机构反映问题并协商解决。金融消费者可以通过营业现场、网络平台或拨打金融机构客服电话等方式向金融机构反映诉求，金融机构在收到金融消费者投诉后，会按照相关规定及内部工作流程对投诉进行处理。如金融消费者对金融机构的答复或提供的解决方案不满意，也可以选择其他方式解决纠纷，如向金融监管部门投诉、申请仲裁或提起诉讼等。

为了推进国家安全体系和能力现代化，坚决维护国家安全和社会稳定，党的二十大报告提出要完善社会治理体系，健全共建共治共享的社会治理制度，提升社会治理效能。在社会基层坚持和发展新时代"枫桥经验"，完善正确处理新形势下人民内部矛盾机制，加强和改进人民信访工作，畅通和规范群众诉求表达、利益协调、权益保障通道，完善网格化管理、精细化服务、信息化支撑的基层治理平台，健全城乡社区治理体系，及时把矛盾纠纷化解在基层、化解在萌芽状态。未来，我国将不断提高金融纠纷多元化解的精度与广度，进一步畅通金融消费者的诉求通道，更加快速准确地处置矛盾纠纷，对社会治理体系形成强有力支撑，不断提升金融纠纷多元化解质效。

2. 金融监管部门纠纷解决机制

目前，国内金融监管部门均设置了开展金融消费者保护工作的内设机构并接收消费者投诉咨询。例如，中国人民银行设立了金融消费权益保护局，开通"12363"金融消费权益保护咨询投诉电话，受理中国人民银行法定职责范围内的金融消费者投诉。银保监会消费者权益保护局开通了"12378"银行保险消费者投诉维权热线等。以银保监会的纠纷解决机制为例：首先，银保监会对于银行业保险业消费投诉的定义是"消费者因购买银行、保险产品或者接受银行、保险相关服务与银行保险机构或者其从业人员产生纠纷，并向银行保险机构主张其民事权益的行为"。在这一定义中，明确了消费投诉是一种主张民事权益的行为，将投诉与举报和信访加以区分。当金融消费纠纷发生后，金融消费者可以通过公开渠道向金融机构进行投诉。金融消费者对金融机构投诉处理结果不满意的，可以选择向金融监管部门投诉。银保监会为金融消费者开通了消费投诉转办渠道，为金融消费者反映与金融机构的消费纠纷、进行投诉提供便利。按照银保监会的规定，监督管理部门应在收到投诉之日起 7 个工作日内，将投诉转送至被投诉金融机构并告知投诉人，由被投诉金融机构负责对投诉事项进行处理。同时，银保监会对银行保险机构处理投诉也提出了具体的要求。[①]

---

① 中国银行保险监督管理委员会，http://www.cbirc.gov.cn/。

(三) 我国金融消费纠纷解决领域存在的问题

从我国金融消费纠纷解决情况来看,目前主要面临以下几方面的问题。

1. 纠纷解决的专业性

目前,金融消费者可以通过向金融机构投诉、向监管部门投诉、申请调解、仲裁或通过法律途径等解决与金融机构的纠纷。近年来,金融纠纷调解组织成功调解了很多金融消费纠纷,在化解矛盾纠纷方面发挥了重要作用。但是,由于金融消费纠纷涉及金融领域专业知识,如金融产品的定价机制、费用计算等问题,不仅需要调解人员具备法律背景、掌握调解技能,而且对调解人员的金融专业知识提出了较高的要求。目前,国内调解员多为兼职调解,因此在纠纷解决的专业性方面有待提高。

2. 纠纷解决的效力

从域外主要经济体纠纷解决经验来看,调解员的判断和意见在纠纷解决中发挥着非常重要的作用。在国内,调解员判断的影响力相对被弱化,纠纷的最终解决往往更多取决于当事人的意见。这就出现了在经过调解后,当事人对调解结果不认可、纠纷双方仍然无法达成和解的现象,降低了纠纷解决效率。在这样的情况下,一方面可以参考FOS的模式,赋予调解员在纠纷解决过程中更多的裁决权力,这可以有效提高纠纷解决的效率。另一方面,也可以考虑将调解与其他纠纷解决方式进行有效衔接,如采取"诉调对接"方式,通过司法确认提高调解协议的效力。

3. 纠纷解决中的道德风险

近年来,消费者的维权意识不断增强,但也存在一部分消费者借投诉之名提出非理性的个人诉求。如部分消费者参与金融机构的抽奖活动,在未中奖后,采取向监管部门投诉等方式,要求金融机构向其发放奖品。还有部分金融消费者为达到某些不合理的个人目的,反复向监管部门投诉,向金融机构施压,甚至采取捏造不实信息、对投诉处理工作人员进行人身攻击等非理性方式。这在一定程度上为正常的投诉处理工作开展带来了困难,也造成了投诉处理部门人力、物力资源的浪费。

(四) 完善我国金融纠纷多元化解机制建设的建议

近年来,金融管理部门指导金融调解组织坚持和发展新时代"枫桥经验",指导金融纠纷调解组织与法院、仲裁机构构建"投诉+调解+判决"的全链条服务。尤其是2019年召开的全国金融纠纷多元化解机制建设推进会以及最高人民法院、人民银行、银保监会联合发布的《全面推进金融纠纷多元化解机制建设的意见》,更为这项工作定了调子、指明了方向。针对金融纠纷调解建设繁复、定分止争效力弱等问题,应当进一步强化金融纠纷多元化解机制建设。落实中央文件要求,统筹开展金融纠纷多元化解机制建设,探索制定发展总体规划,协调推进金融纠纷调解组织建设;以落实《全面推进金融纠纷多元化解机制建设的意见》为总抓手,规范调解流程,进一步强化金融纠纷调解组织与司法机关的双向联动,提升委托委派调解、司法确认效率;强化服务创新,拓展小额纠纷快速解决机制、中立评估机制的运用;研究制定专业性调解员的准入资质和培训机制,提升金融消费纠纷调解的专业性;推动专职调解员队伍建设,保证人员的长期稳定性,强化调解员独立的地位,保证调解员公正、无偏私地解决金融消费纠纷,提升纠纷解决的质量[①];稳步推进"投诉+调解+裁决(评议)"一站式纠纷解决机制建设,丰富调解组织权能,提升公信力。

六、行政执法与争议解决的交叠:民行对接问题

不少消费者在提起金融消费投诉时,会一并提出对金融机构违法行为的举报,在金融机构承担民事赔偿责任之外,要求金融管理部门履行职责,对被举报金融机构开展调查,并进行处罚。这一新趋势体现出金融消费者对强化金融机构责任的诉求,代表了在金融消费者保护领域行政执法与争议解决之间的交叠,也彰显出正确处理金融机构民事责任和行政责任衔接(以下简称民行对接)问题的紧迫意义。

(一)金融消费者保护对民行对接的要求:传统责任定性的局限

一般而言,传统的金融法要求金融机构承担的责任以公法上的责任为主,包括行政责任或者刑事责任,体现出强烈的金融监管"公权本位"和"惩戒性"监管理念。而从消费者保护的角度来看,其在金融交易中所受损失则主要通过民事途径得到救济,包括投诉后的和解、调解、仲裁及民事诉讼,对消费者的损失起到了重要的"矫正正义"的作用,也是行政责任、刑事责任[②]无法取代的功能,体现出"市场本位"和"救济性"理念。

值得关注的是,在当前的制度设计和实践中,金融机构在侵害消费者合法权益中的公法责任(包括行政责任和刑事责任)与民事责任多相互独立,难以实现有机互动,机制上的有机衔接也付之阙如。这一不足在涉众型金融消费纠纷中尤为明显,例如,金融机构推出某一违反金融监管规定的产品或服务,侵害了广大金融消费者的合法权益。监管部门在执法检查中发现金融机构的违法行为后,作出相应处罚,但对该产品或服务造成的消费者合法权益受损难以并案处理而多采用个案处理的方式,费时费力。这在很大程度上影响了保护消费者权益与压实金融机构责任的实效,需要加以完善。例如,查处金融机构违法行为后,如何处理检查中发现的金融机构侵害消费者合法权益问题?是否需立即启动对消费者,尤其是所涉群体性消费者的赔偿程序?又如,在处理金融消费者与金融机构的民事争议中发现金融机构存在违反监管规定的行为,是否立即启动检查程序?如果启动,民事争议中对金融机构行为"违法""违约"的认定,如何应用在后续行政执法程序中?类似问题都是金融消费权益保护工作面临的重要课题。

有鉴于此,从保护金融消费者的目的出发,对金融机构与金融消费者之间的纠纷,

---

① 杨东. 政府主导型金融申诉专员制度评介 [J]. 政法论坛, 2013, 31 (3): 174-180.

② 从金融管理部门的视角来看,对金融机构与金融消费者之间的争议,更多立足于民事责任和行政责任来加以论述,因此本研究暂不将金融机构的刑事责任纳入考察范围。

应采取私法责任与公法责任并重的指导思想：在因金融机构违反监管规定侵害消费者合法权益的纠纷中，应通过合理的制度设计，实现其及时承担民事责任；在金融机构侵害金融消费者合法权益时，如同时满足启动行政执法的条件，也应及时对金融机构的违法违规行为进行调查，并作出相应处罚。

（二）我国金融消费者保护领域民行对接机制建设现状

我国金融消费者保护领域的民行对接机制建设还不够完善，难以将民事程序和行政程序有机衔接。总体而言，主要存在以下问题：

1. 立法相对滞后，缺少明确的法律依据

《消费者权益保护法》作为该领域的主要依据，在保护金融消费者合法权益方面发挥着日益重要的作用。该法以消费者权益保护为视角进行法律框架建构，通过多种途径化解金融消费者与金融机构之间的纠纷。但对民事程序与行政程序之间的衔接没有作出规定。同样地，在《行政处罚法》中，规定了行政处罚种类、实施机关、管辖和适用等问题，未对民事争议的解决及其与行政程序的衔接作出规定。总体来看，在法律层面缺少关于民事程序和行政程序对接的依据，给工作带来一定不便。

2. 程序勾连中，民事证据与行政证据衔接不足

实践中，若在处理民事纠纷时发现金融机构存在违法违规问题，可以对金融机构进行相应调查，对于满足法定情形的行为予以行政处罚；或者在行政执法中发现金融机构存在侵害金融消费者合法权益的问题，也可督促金融机构积极履行相应义务。看似程序衔接较为顺畅，但其中的核心环节之一——证据效力的衔接却存在显著不足。对于在行政执法过程中发现的金融机构违法违规情节，能否直接作为处理民事争议时对消费者有利的证据，要求金融机构承担相应的侵权责任？当前仍然存在一定的争议。在民事程序向行政程序过渡中，同样存在这一问题。在当前的法律法规中，缺少关于证据效力如何衔接的明确规定。

3. 现有诉讼制度安排无法实现民事、行政程序衔接

目前，我国民事诉讼程序和行政法中的诉讼存在显著分野，不存在"行政附带民事诉讼"或"行政机关起诉金融机构"的制度安排，致使即便金融管理部门发现金融机构存在违法违规行为并侵害消费者合法权益，也不能通过直接要求其承担民事责任的方式予以矫正，更不可能通过提起诉讼的方式要求法院判决金融机构承担民事责任：其一，传统理论坚持行政机关不宜过度介入民事纠纷解决，尤其是不能强制性要求双方达成特定的民事协议；其二，行政机关也并非公益诉讼的适格主体，不能在行政执法过程中就其发现的违法违规问题另行提起诉讼，提请法院就民事争议作出相应判决。现有诉讼制度安排客观上限制了通过民事、行政程序衔接化解金融消费权益保护领域相关问题的可能性。

（三）域外金融消费者保护领域民行对接实践经验

域外国家、地区在金融消费者保护领域的某些做法，尤其是如何实现民事和行政对接值得我们借鉴。

1. 通过诉讼方式实现民行对接

2010年,美国的《多德—弗兰克法案》第十章"消费者金融保护法"把执行联邦所有关于消费者金融保护法律和行政规章的权力授予了CFPB,这些联邦法律与CFPB自行制定的行政规章相互配套,形成了完整的"基础法—专业细则"法规架构体系。例如,针对贷款类业务的法规有《诚实信贷法》《公平信贷机会法》《住房抵押贷款披露法》《军人贷款法》《公平信贷机会规则》《贷款业务实施规则》《住房抵押贷款披露规则》《住房抵押贷款服务规则》《住房抵押贷款广告规则》等。其中的"法"均为联邦法律,"规则"均为《CFPB监管和检查手册》中的相关规定,"法"为"规则"设定了原则,"规则"为"法"明确了实施细则,两者之间层次分明,形成有效衔接和良性互动。这样的法律制度建构,具有鲜明的层次性,既可以约束金融机构的经营行为(民商事领域),又为监管部门依法履职提供了依据。

不同于我国由行政机关"执法"、司法机关"司法"的体系,作为联邦行政机关的CFPB是通过司法途径来开展行政执法的。"诉权的保障就是其权力和地位的保障。"[1] CFPB有权采取向行政法官发起司法听证的行政诉讼方式,或是依自身诉讼权向联邦法院提起民事诉讼的方式来对被监管对象执法。

同意令和同意判决,其本质都是监管当局与被监管机构之间签署的、具有法律效力的和解协议,都要求被起诉的被监管对象停止侵害行为、赔偿受损害的消费者并缴纳罚款,类似于我国法院出具的行政调解书和民事调解书。并且,同意令突出监管当局的主体意识和行政处罚的执行程序,同意判决侧重于民事赔偿和救济。这种以司法来实现行政监管执法的"一站式"方式,既实现了监管当局对被监管对象的处罚和整改,又以官方代理诉讼的形式有效降低了受损害消费者的维权成本。

2. 通过行政和解方式实现民行对接

1946年,美国的《行政程序法案》规定,在时间、案件性质和公共利益允许的情况下,行政机关应该给予所有争议当事人进行和解的机会,但行政机关也并不一定必须接受当事人提出的和解方案。如果和解方案被执行机关接受,该方案就成为行政决定。1996年修订的《行政争议解决法》列举了六种禁止和解的情形:(1)为了形成明确的先例;(2)因事件的重大影响,需要使用其他程序;(3)为了彰显个案与已有政策的一致性;(4)重要利害关系人无法参与和解;(5)有悖执法过程公开;(6)妨碍行政机关持续管理目的。在具体实践中,美国联邦政府许多行政部门都将行政和解作为一种执法方式。例如,联邦能源管制委员会和联邦环保署均制定了和解规则和程序;联邦矿产安全和健康评估委员会制定了罚金和解程序等。美国证券交易委员会(SEC)于2003年7月发布了《行为规范》,对证券监管和解的条件、程序、审查和批准、和解申请人放弃的权利、和解申请的接受等方面进行了专门规范。

在银行监管领域,美联储(FED)、美国货币监理署(OCC)通常在其实际的执行

---

[1] 任肖容. 论美国独立规制机构的独立性 [D]. 天津:南开大学,2017:36.

行动中，特别是针对被监管对象实施罚金时采用和解方式。例如，OCC 在 2014 年的 20 例处罚令中均使用了和解方式。通常，处罚令包括五个要件：（1）违法事实，即对 OCC 调查发现的银行不当行为进行描述，具体描述程度取决于和解启动的时点；（2）和解意愿，即确认银行既未承认，也未否认相关不当行为及其和解意愿；（3）管辖，即明确监管机构对相关银行的监管权；（4）处罚金额，包括银行向 OCC 及其他监管机构支付的罚金，以及对受害消费者的赔偿；（5）弃权声明，银行在该项下将放弃听证、行政审查、司法审查、对处罚令有效性的质疑等权利。与此同时，OCC 仍有权根据法律规定及履职需要，对所涉及的违法行为采取监管措施，不排除其他部门采取监管或司法行动。

德国《联邦行政程序法》将和解契约作为行政执法的替代方式，但对和解契约的应用设定了较为严格的条件。该法第 55 条规定：第 54 条第二句意义上的公法合同，经明智考虑事实内容或法律状况，可借之通过相互让步消除存在的不确定性（和解）时，可以签订，但以行政机构按义务裁量认为达成和解符合目的者为限。由此可知，行政和解的条件包括：一是法律无相反规定，二是符合行政执法的目的，三是通过相互让步消除存在的不确定性。

从国际经验来看，无论是德国的和解条件，还是美国规定的禁止和解情况，行政和解作为一类行政行为，均需要明确规定其适用条件，一般包括：（1）符合行政目的，即选择和解程序不能背离处罚目的；（2）已经启动行政处罚程序，即已对相对人开展立案调查；（3）符合行政效益，即在违法违规事实尚不清楚、难以定性量罚的情况下，有助于节约行政资源（如行政处罚已经基本完成，则和解缺乏实际意义）；（4）不损害其他利益相关方及社会公共利益。

（四）探索建立我国金融消费者保护民行对接机制

为构建金融消费者保护领域民事程序和行政程序的有机联系，应探索建立民行对接机制。具体而言，可以从以下几个方面入手丰富适合我国实际的诉讼制度。一是引入并完善集体诉讼制度，鼓励、支持在金融领域设立专业金融消费者保护团体，或者"建议在制定规章、监管并检查金融机构的守法状况和对违法行为行政执法等密切相关的功能上，赋予消费者金融保护局以综合权力"[1]，直接赋予金融消费者保护部门在进行行政处罚之外，对金融机构提起侵权之诉和不作为之诉的权利，扩大在金融消费者保护领域提起公益诉讼的主体范围；规定公益诉讼的法律效果，除对该领域的公共利益产生良性效果外，也可要求侵权人对受到同一事由侵害的金融消费者进行赔偿。二是从创设新型诉讼的视角，借鉴美国的集团诉讼，允许金融消费者个人在发现金融机构存在违反监管规定后，针对侵权事件提起可以覆盖所有消费者的诉讼，要求金融机构等对其提供的金融产品或金融服务所造成的侵权损害对所有消费者承担完全的赔偿责任；同时，该诉讼中对金融机构违法违规行为的认定，可作为行政处罚认定的重要

---

[1] 韩龙，等. 金融规制改革新基石：重构金融监管与规制 [J]. 河北法学，2009，27（10）：11.

标准，实现民事与行政程序的"逆向联动"。探索建立行政和解制度。在金融管理部门通过群众举报或开展检查过程中发现的金融机构违法违规行为，在法律规定的范围内，与金融机构就改正涉嫌违法行为、消除涉嫌违法行为的不良后果（包括积极向受侵害的消费者赔偿损失等）、缴纳行政和解金（相当于罚款）等进行协商并达成行政和解协议。针对行政和解的适用范围，应以法律暂未有明确规定，而又必须予以调整的范围为主。不任意扩大行政和解的适用范围，不以损害国家、集体或第三人利益为代价，依法履行行为监管职责。完善相关立法，明确证据衔接。对于民事、行政领域的证据衔接作出相应安排，明确在满足特定条件下，涉及相关案件的民事纠纷中的证据和行政执法中的证据可以实现衔接，节约执法成本，强化民行对接。

参考文献

[1] 美国消费者金融保护局，https：//www.consumerfinance.gov/.

[2] 英国金融行为监管局，https：//www.fca.org.uk/.

[3] 澳大利亚证券与投资委员会，https：//asic.gov.au/.

[4] 中国银行保险监督管理委员会，http：//www.cbirc.gov.cn/.

[5] 英国金融申诉专员服务公司，https：//www.financial-ombudsman.org.uk/.

[6] 任肖容. 论美国独立规制机构的独立性 [D]. 天津：南开大学，2017.

[7] 韩龙，彭秀坤，包勇恩. 金融规制改革新基石：重构金融监管与规制 [J]. 河北法学，2009，27（10）：8-41.

[8] 杨东. 政府主导型金融申诉专员制度评介 [J]. 政法论坛，2013，31（3）：174-180.

[9] 冯乾，侯合心. 金融业行为监管国际模式比较与借鉴——基于"双峰"理论的实践 [J]. 财经科学，2016（5）：1-11.

[10] 张韶华，王琪. 主要国家金融消费者保护：机构、职责与发展趋势 [J]. 上海金融，2015（10）：96-102.

[11] 张韶华. 澳大利亚金融消费者保护体系及其借鉴 [J]. 金融发展研究，2015（6）：45-48.

[12] 温树英. 美国金融消费者保护机制的改革及经验 [J]. 美国研究，2015（1）：105-121.

[13] 林越坚. 金融消费者：制度本源与法律取向 [J]. 政法论坛，2015（1）：143-152.

[14] 高田甜，陈晨. 金融消费者保护：理论解析、政府职能与政策思考 [J]. 经济社会体制比较，2015（1）：80-90.

[15] 杨东. 论金融消费者概念界定 [J]. 法学家，2014（5）：64-76，177-178.

[16] 邓纲. 金融消费者保护体制及其相关问题 [J]. 法学杂志，2012（5）：66-72.

[17] 陈学文. 后金融危机时代的金融消费者保护——以美国《多德—弗兰克法案》为视角 [J]. 学习与实践，2012（4）：26-32.

[18] 彭真明，殷鑫. 论金融消费者知情权的法律保护 [J]. 法商研究，2012（5）：12-20.

[19] 金励. 后金融危机时代金融消费者保护的若干问题——以美国2010年的新法案为视角 [J]. 财经科学，2011（6）：1-8.

[20] 刘迎霜. 我国金融消费者权益保护路径探析——兼论对美国金融监管改革中金融消费者保

护的借鉴 [J]. 现代法学, 2011 (3): 91-98.

[21] 何颖. 论金融消费者保护的立法原则 [J]. 法学, 2010 (2): 48-55.

[22] 刘贵生, 孙天琦, 张晓东. 美国金融消费者保护的经验教训 [J]. 金融研究, 2012 (1): 197-206.

[23] 董新义. 以功能性规制为基础构建金融消费者保护法 [J]. 国家检察官, 2016 (6): 132-143.

[24] 柯心. 竞争政策与金融消费者保护研究 [J]. 经济研究导刊, 2016 (20): 182-184.

[25] 孙天琦. 金融业行为风险、行为监管与金融消费者保护 [J]. 金融监管研究, 2015 (3): 64-77.

[26] 吕宙. 澳大利亚和新西兰金融保险消费者保护经验启示与借鉴 [J]. 保险研究, 2014 (12): 119-123.

[27] 孙天琦. 金融消费者保护: 行为经济学的理论解析与政策建议 [J]. 金融监管研究, 2014 (4): 32-56.

[28] 林玲. 我国金融消费者权益保护法律问题研究 [D]. 上海: 上海社会科学院, 2014.

[29] 新平. 在借鉴与竞争中完善金融消费者保护制度 [N]. 上海证券报, 2014-01.

[30] 关伟, 张小宁, 黄鸿星. 金融消费者保护: 存在问题与监管优化 [J]. 财经问题研究, 2013 (8): 50-56.

[31] 李洁. 我国银行业金融消费者保护路径探析 [D]. 上海: 华东政法大学, 2013.

[32] 张晓东. 中国金融消费者保护: 路径选择与制度解构 [A] // 中国银行法学研究会. 金融法学家（第四辑）[C]. 中国银行法学研究会, 2012: 8.

[33] 尹继志. 美国与澳大利亚金融消费者保护机制及对我国的启示 [J]. 金融发展研究, 2012 (7): 34-39.

[34] 赵煊. 金融消费者保护理论研究 [D]. 济南: 山东大学, 2012.

[35] 金卡. 中国金融消费者权益保护法律研究 [D]. 上海: 华东师范大学, 2011.

[36] 粟媛. 金融消费者权益保护法律问题研究 [D]. 上海: 复旦大学, 2011.

[37] 刘一展. 构建我国金融消费者保护机制的若干思路——基于英国、澳大利亚、美国的经验 [J]. 消费经济, 2011 (7): 82-86.

[38] 中国人民银行西安分行课题组, 孙天琦, 张晓东. 目前我国金融消费者保护的现状、存在问题及对策建议 [J]. 西部金融, 2010 (8): 11-14.

[39] 周密. 论我国金融服务消费者保护存在的问题与法律对策 [D]. 长沙: 湖南大学, 2009.

[40] 黄艳. 金融消费者权益法律保护研究 [D]. 上海: 复旦大学, 2008.

[41] 殷长龙. 金融企业集团垄断行为规制研究 [D]. 重庆: 西南政法大学, 2008.

[42] 邵建东. 竞争法教程 [M]. 北京: 知识产权出版社, 2012.

[43] 孔祥俊. 反垄断法原理 [M]. 北京: 中国法制出版社, 2007.

[44] 王晓晔. 竞争法研究 [M]. 北京: 中国法制出版社, 2012.

[45] 包锡妹. 反垄断法的经济分析 [M]. 北京: 中国社会科学出版社, 2013.

[46] 辛笑海. 美国反托拉斯理论与政策 [M]. 北京: 中国经济出版社, 2015.

[47] 邱本. 经济法研究（中卷: 市场竞争法研究）[M]. 北京: 中国人民大学出版社, 2008.

[48] 王晓晔. 反垄断法热点问题 [M]. 北京: 社会科学文献出版社, 2013.

[49] 王晓晔. 中国反垄断法详解 [M]. 北京：知识产权出版社，2008.

[50] 刘益灯. 国际消费者保护法律制度研究 [M]. 北京：中国方正出版社，2005.

[51] 张严芳. 消费者保护法研究 [M]. 北京：法律出版社，2013.

[52] 黄勇，董灵. 反垄断法经典判例解析 [M]. 北京：人民法院出版社，2009.

[53] 本书编选组. 各国反垄断法汇编 [M]. 北京：人民法院出版社，2001.

[54] 邵建东，等. 竞争法学 [M]. 北京：中国人民大学出版社，2009.

[55] Robert H. Frank, Ben S. Bernanke. 微观经济学原理 [M]. 第2版. 郑捷，等，译. 北京：清华大学出版社，2004.

[56] 丹尼尔·史普博. 管制与市场 [M]. 余晖，等，译. 上海：上海三联书店，1999：57－61.

[57] 熊彼特. 资本主义、社会主义和民主主义 [M]. 绛枫，译. 北京：商务印书馆，1997：126－134.

[58] 吉珀·维斯库斯，约翰·弗农. 反垄断与管制经济学 [M]. 陈甬军，等，译. 北京：机械工业出版社，2004：59－62.

[59] 周其仁. 竞争垄断和管制——反垄断政策的背景报告 [EB/OL]. 中经网. （2003－01－13）. http：//www1. cei. gov. cn.

[60] 杨大光. 银行垄断效应分析 [J]. 理论研究，2003（3）：35－42.

[61] 乔治·J. 斯蒂格勒. 产业组织和政府管制 [M]. 潘振民，译. 北京：经济科学出版社，1989：135－139.

[62] 克拉克，等. 产业组织：理论、证据和公共政策 [M]. 杨龙，罗靖，译. 上海：上海三联书店，1989：189－193.

[63] 张五常. 入世：加速垄断权瓦解 [J]. 企业家信息，2002（1）：23－28.

[64] 奥利弗·E. 威廉姆森. 反托拉斯经济学 [M]. 张群群，黄涛，译. 北京：经济科学出版社，1999：22－23.

[65] 纪玉山，张跃文. 中国金融制度变迁滞后性的利益集团因素 [J]. 新经济，2005（2）：45－51.

[66] 褚伟. 透视国有银行的垄断结构 [J]. 政策与管理，2001（8）：28－32.

[67] 胡鞍钢. 中国：挑战腐败 [M]. 杭州：浙江人民出版社，2001：297－308.

[68] 植草益. 日本的产业组织——理论与实证的前沿 [M]. 锁箭，译. 北京：经济管理出版社，2000：101－105.

[69] 约翰·伊特韦尔. 新帕尔格雷夫经济学大辞典 [M]. 陈岱孙，等，译. 北京：经济科学出版社，1996：135－137.

[70] 让·雅克·拉丰，让·梯若尔. 政府采购与规制中的激励理论 [M]. 石磊，王永钦，译. 上海：上海三联书店，上海人民出版社，2004：124－133.

[71] 道格拉斯·诺思. 铍：时间历程中的经济绩效 [A] //罗仲伟，译. 经济变革的经验研究 [C]. 北京：经济科学出版社，2003：415－418.

[72] 阿伯西内·穆素. 讨价还价理论及其应用 [M]. 上海：上海财经大学出版社，2005：157－174.

[73] 奥尔森. 集体行动的逻辑 [M]. 陈郁，等，译. 上海：上海三联书店，上海人民出版社，1995：24－33.

［74］利奥维德·赫维茨，斯坦利·瑞德. 经济机制设计［M］. 田国强，等，译. 上海：上海三联书店，上海人民出版社，2009.

［75］Timothy J. Muris. The Federal Trade Commission and Future Development of U. S. Consumer Protection Policy ［J］. George Mason Law & Economics Research，May 20，2004.

［76］Clifford A. Jones and Mitsuo Matsushita. Competition Policy in the Global Trading System ［J］. Kluwer Law International，2002.

［77］Spencer Weber Waller：In Search of Economic Justice：Considering Competition and Consumer Protection Law ［J］. Loyola University Chicago Law Journal ，Winter，2005.

［78］Olha O. Cherednychenko. Financial Consumer Protection in the EU：Towards a Self-Sufficient European Contract Law for Consumer Financial Services ［J］. European Review of Contract Law，2014，10 （4）.

［79］Devon S. Johnson. Mark Peterson. Consumer Financial Anxiety ［J］. International Journal of Bank Marketing，2014，32 （6）.

［80］Han，Jang. Information Asymmetry and the Financial Consumer Protection Policy ［J］. Asian Journal of Political Science，2013，21 （3）.

［81］Clarke，G. R. G. &Cull，R. Why Privatize？The Case of Argentina's Public Provincial Banks ［J］. World Development，1999，27 （5）：865 – 886.

［82］Becker，G. S. A Theory of Competition among Pressure Groups for Political Influence，Quarterly ［J］. Journal of Economics，August 1983：98 – 102.

［83］H. T. Kolin，Microeconomic Analysis ［M］. New York：Harper & Row，1971：302.

［84］Harberger，A. ，C. Monopoly and Resource Allocation ［J］. American Economic Association，Papers and Proceedings，May 1954 （44）：77 – 78.

［85］Tullock，G. The Welfare Costs of Tariffs，Monopolies and Theft' Western ［J］. Economic Journal，1967 （5）：224 – 232.

［86］Karl Aiginger，Michael Pfaffermayr. Looking at the Cost Side of Monopoly ［J］. Industrial Economic Journal，1997：45 – 52.

［87］Leibenstein，Harvey. Allocative Efficiency vs. X-Efficiency ［J］. American Economic Review，June 1966 （56）：392 – 415.

［88］Stigler，G. J. Industrial Organization and Economic Progress ［M］. In The State of Social Sciences，ed，L. D. White，Chicago：University of Chicago Press，269 – 282.

［89］Kreuger，A O. The Political Economy of the Rent-Seeking Society ［J］. American Economic Review，1974 （64）：291 – 303.

［90］Heidenheimer，A. J. Political Corruption：Readings in Comparative Analysis ［J］. New York：Holt Reinehart，1998：157 – 164.

［91］Heidenheimer，A. J. Political Corruption：Readings in Comparative Analysis ［J］. New York：Holt Reinehart，1989：86 – 114.

［92］Jain，A. K. Models of Corruption，Economics of Corruption ［M］. Norwell，Massachusetts：Kluwer Academic Publishers，1976：35 – 60.

［93］Stigler，G. J. The Theory of Economic Regulation ［J］. Bell Journal of Economics，Spring 1971：

512-520.

[94] North, Douglass C. Understanding the Process of Economic Change [M]. Princeton University Press, 2005: 49.

[95] Peltzman, S. Toward a More General Theory of Regulation [J]. Journal of Law and Economics, August 1976: 28-35.

第五章　金融消费者投诉分类标准制定和实施[*]

金融消费者投诉数据能及时有效地反映金融消费者对金融产品和服务的意见和要求，也能较为充分地反映金融监管政策和金融机构内控制度的落地和执行情况。建立统一的金融消费者投诉分类标准，可以使金融市场各方参与者从中获益，有利于防范金融风险，维护金融安全，促进金融业持续健康稳定发展。人民银行等金融管理部门在深入研究美英等经济体投诉分类经验和我国投诉分类实践的基础上，结合实际工作需要，形成了符合我国国情的金融消费者投诉分类标准。自2018年金融消费者投诉分类标准生效实施以来，金融管理部门通过建立金融消费者投诉数据统计报送制度，开发上线金融消费者投诉数据统计监测分析系统，不断加强对金融机构投诉情况的统计监测和分析预警，促使金融机构切实履行主体责任，强化问题溯源整改，改进金融服务，提升金融消费权益保护工作质效。

一、建立和实施金融消费者投诉分类标准的意义

世界上主要国家的金融管理部门都非常重视对金融消费者投诉数据进行收集、汇总、统计和分析。我国金融机构每天产生并沉淀大量的金融消费者投诉数据，但由于各金融机构之间，甚至大型金融机构不同部门之间金融消费者投诉分类标准不一，在投诉分类标准实施前，很难通过对全行业金融消费者投诉数据进行归类分析从而挖掘出有价值的结构信息，投诉数据利用率较低。因此，探索建立科学、统一的金融消费者投诉标准化分类体系，对提高投诉处理效率和投诉数据分析的准确性至关重要。

从金融消费者角度看，金融机构如果在投诉受理环节应用投诉分类标准，将有利于金融消费者准确地反映问题和诉求，便于金融机构更高效地定位引发投诉的产品服务或业务环节，从而更加高效地处理金融消费者投诉，有效维护金融消费者合法权益。

从金融机构角度看，金融机构可以根据投诉反映出的金融消费者意见和需求，对金融产品和服务、业务流程及管理模式等进行有针对性的改进，提高服务质量，更好地满足金融消费者需要。同时，金融消费者投诉分类标准相关工作的深入开展将促使金融机构实现投诉处理流程、管理模式的规范化、标准化、程序化，有利于金融机构全面、合理、准确地对金融消费者投诉数据进行统计分析，发现产品或业务中存在的

---

[*] 本章作者：余文建、马绍刚、孙崇昌、钟磊、舒雄、杨佩、杨洋、卢静。

问题和潜在风险点，促使金融机构进一步完善内部管理，提升服务质量，加强金融消费者保护，提高市场竞争力，有利于各金融机构乃至整个行业的持续健康发展。

从金融管理部门角度看，建立全行业统一的金融消费者投诉分类标准，可以使金融机构对投诉分类的界定以及投诉数据的报送口径形成统一的理解，是建立全行业投诉统计监测制度、汇集全行业、全口径投诉数据的基础。通过对全行业投诉数据加以挖掘分析，将有利于金融管理部门尽早识别、预警、发现和处置全行业共性问题和风险。投诉数据还可以为金融消费权益保护监督检查工作提供线索和指引，可以反映出消费者在金融知识、能力、意识等方面的薄弱环节，促进提升金融消费者教育工作的针对性和有效性。

二、域外金融消费者投诉分类的实践经验

有关国际组织和主要经济体的金融管理部门均十分重视对金融消费者投诉数据的深度挖掘和分析。世界银行《金融消费者保护的良好经验》提出，功能完善的金融消费者保护体制针对金融消费者的投诉，包括这些投诉涉及的违规行为，要定期编纂并由金融督察机构或金融监管机构公开。投诉应当依据产品类型编制，便于识别以帮助改进相应服务，监管机构有法定义务公开其金融消费者保护活动的统计信息和分析，并对改变监管方式和金融消费者教育方式提出建议，以从源头上避免发生系统性的消费者投诉。[1] 世界银行《金融消费者保护的良好经验》（2017年版）也提出，金融服务经营者的投诉处理和数据库系统应允许其向监管机构报送投诉统计数据，应当鼓励金融服务经营者利用投诉信息和分析，持续改进政策、程序和产品。[2]

（一）英国的投诉处理机制及投诉分类经验

英国2012年《金融服务法》对英国金融监管体系进行了全面改革，拆分了金融服务管理局（FSA），创建了一个新的监管体制，包括金融政策委员会（FPC）、审慎监管局（PRA）和金融行为监管局（FCA）。FCA作为银行、证券、保险全覆盖的监管机构，不直接受理金融消费者投诉，但把报送投诉数据作为其监管报告制度的一部分，要求所有受其监管的金融机构都必须报送投诉数据，称为"投诉反馈"（Complaints Return），原则上一年报送两次。FCA在其规则和指引手册中对这一制度予以了明确，相关报表模板可以从其官方网站下载。

在英国，负责处理金融消费者投诉纠纷的机构是金融申诉专员服务公司（Financial Ombudsman Service, FOS）。FOS依据2000年《金融服务与市场法》（*Financial Services and Markets Act*, FSMA）设立，提供覆盖全部金融业的"一站式"投诉纠纷处理服务，以独立性、可获得性、高效、公平、合理为总指导原则，力求公平、合理、快捷处理金融消费者投诉纠纷。

---

[1] 世界银行《金融消费者保护的良好经验》第二章"金融消费者保护的通用良好经验"第27条、第28条。
[2] 世界银行《金融消费者保护的良好经验》（2017年版）第一章第62页。

1. 投诉的受理

FOS 行使职权的主要法律依据是 2000 年《金融服务与市场法》和 2006 年《消费信贷法》(Consumer Credit Act)。FOS 依据 FCA 颁布的一系列监管手册中"争议解决：投诉"部分的相关规定来处理投诉。FOS 明确规定了其管辖类型、可以受理的投诉范围和类型、投诉的主体和时间限制。

(1) FOS 的管辖类型。FOS 的管辖类型有两种：强制性管辖和自愿管辖。强制性管辖的范围是受 FSMA 规范以及可能纳入其规制范围的金融活动，主要负责消费者与 FCA 所监管的金融机构发生的争议。自愿管辖是金融机构自愿接受 FOS 的管辖，范围涵盖金融机构的所有相关金融业务。

(2) FOS 受理的投诉涵盖大部分英国金融产品和服务，包括：银行账户；信用卡、借记卡和储值卡；支付保障保险（Payment Protection Insurance，PPI）[①]；其他保险，如汽车保险、旅行保险、家庭保险；贷款，如发薪日贷款；其他信贷产品，如汽车金融；抵押贷款；还款问题和债务催收；转账和网上支付；财务咨询、储蓄和投资；养老金等。

(3) FOS 管辖的金融机构包括：受 FCA 监管并提供零售金融服务或信用相关产品的机构；一些曾经被 FCA 监管但目前不在监管名录的机构；一些设立在境外，从事金融服务但不受 FCA 监管的机构；以及使用其他公司品牌提供金融服务的机构。

(4) 投诉主体的规定。可向 FOS 投诉的金融消费者包括个人消费者和小微企业[②]及其代表以及慈善组织、低净值信托等。还有一些情况，投诉主体既不是个人消费者也不是小微企业，投诉人与被投诉金融机构存在一定的关系，如消费者是被投诉金融机构的客户或潜在客户；消费者是集合投资产品的持有人或所有人之一，而投诉对象是该投资产品的管理人或受托人等；消费者投诉机构有为抵押贷款或贷款提供担保或抵押的情况。

(5) 时限规定。消费者向 FOS 投诉前须向金融机构进行投诉。金融机构须在 8 周内处理投诉并向消费者提供"最终答复"。一般情况下，6/7 的投诉可由金融机构内部程序予以解决，仅有 1/7 会向 FOS 提出投诉。FOS 规定的投诉时效为：所投诉事件发生之日起 6 年内或投诉人发现所投诉事件之日起 3 年内，以及收到金融机构的"最终答复"之日起 6 个月内。涉及长期资本投资、按揭贷款的，最长不超过 25 年。

2. 案件的处理程序

FOS 的纠纷处理程序有前置程序，即金融机构的内部处理程序。消费者必须在向金融机构投诉并得到金融机构的最终答复函后，或者在金融机构未能在 8 周内发出该函的情况下，才可以将投诉事项提交 FOS 进行处理。经金融机构内部投诉处理程序仍

[①] 支付保障保险是一种抵押贷款业务保险，在借款人因生病、失业等原因无法偿还贷款时，由保险机构代偿。
[②] 适用欧盟标准，是指年营业额不超过 200 万欧元并且雇员少于 10 人的小型企业或其代表，也包括小规模公益团体和低净值信托（根据其营业额等衡量）。

未能解决的争议,消费者可通过电话、网站、书信等方式将该投诉案件提交 FOS。具体投诉处理和争议解决程序如下:

(1) 联络团队审查是否受理投诉。收到消费者投诉后,联络团队会与被投诉金融机构联系,确认投诉案件是否经过按照金融机构内部投诉制度处理过。如果发现案件未经金融机构处理,FOS 一般先要求客户直接与被投诉金融机构联系并且协商解决有关投诉事宜。经过金融机构处理的,联络团队仍会从四个方面进行管辖权审查,然后决定是否受理调查有关投诉:一是投诉案件是否属于 FOS 管辖范围;二是投诉案件是否符合时效规定;三是投诉人是否适格;四是是否属于其他不予受理的情形。FOS 如果决定不受理案件,会给予投诉人陈述和申辩的机会以及向投诉人和被投诉金融机构说明原因。FOS 受理案件后,联络团队的消费者顾问会听取争议双方的意见及参阅相关资料,之后会向消费者提出解决建议。若仍无法处理,案件将移交给案件处理团队。

(2) 裁决员处理案件,促成双方达成和解。联络团队的相关人员将不能解决的投诉案件移交给负责案件处理的裁决员,投诉案件从此时转化为收费案件。裁决员正式受理投诉案件后,将根据案情居间调解并提出非正式的解决建议,促使双方当事人达成和解。通常大部分双方当事人会达成和解。当双方当事人无法达成调解协议时,裁决员就案件作出初步决定,初步决定中包括赔偿数额。如果双方当事人都接受决定,投诉处理完毕。否则,任何一方均可要求将案件提交申诉专员作出最终裁定。这种情况非常少见,提交申诉专员处理的投诉案件占比低于 10%。

(3) 申诉专员作出最终裁定。案件被提交给申诉专员处理时,申诉专员将对投诉案件作出独立复核,并根据需要在作出最终裁定前进行案件调查。申诉专员审理案件时,以书面审理为原则,最终裁定也必须以书面形式作出。当双方提供的现有材料不能帮助申诉专员进行裁定时,申诉专员可能会举行听证。举行听证的案件较少,仅有 10% 的听证请求得到批准。申诉专员的最终裁定对被投诉金融机构自动生效。如果消费者在规定时间内(6 个月)书面表示接受裁定意见,则裁定书生效,对当事人双方均具有约束力;如果消费者明确表示拒绝接受或未有任何表示,则裁定书对当事人双方均不具有约束力。消费者拒绝接受最终裁定时,可以向法院另行起诉。

(4) 裁定补偿方式。FOS 可以要求金融机构向消费者进行两种类型的补偿:对金钱损失和投资损失的补偿以及对非经济损失的补偿——包括给消费者带来的任何麻烦和不安。当 FOS 要求金融机构赔偿消费者的金钱损失或投资损失时,还会考虑消费者是否有额外的损失,并要求金融机构对这种进一步的损失进行赔偿,采用支付利息的方式或其他方式。经济赔偿最高不超过 15 万英镑(针对 2012 年 1 月 1 日前收到的投诉,赔偿最高不超过 10 万英镑)。针对消费者非经济损失的赔偿有时只要求金融机构向消费者赔礼道歉,或是更正错误的信用信息或偿付之前拒绝支付的保险索赔就够了,有时也会采取经济赔偿的方式。

3. FOS 的投诉分类标准

FOS 根据金融产品或服务类型对投诉进行分类，分类较为详细。FOS 的投诉分类大致与 FCA 的六种产品分类（银行及信贷类投诉、抵押贷款和房屋金融类投诉、一般保险类投诉、PPI 类投诉、养老金类投诉和投资类投诉）对应。从大类来讲，FOS 与 FCA 的投诉分类基本一致。

（二）美国消费者金融保护局投诉处理机制及投诉分类经验

次贷危机发生后，美国根据《多德—弗兰克法案》成立消费者金融保护局（Consumer Financial Protection Bureau，CFPB），对资产规模超过 100 亿美元的银行、信用合作社和其他金融公司进行监管，并且负责执行消费金融法律，使金融消费者免受不公正、欺骗性、滥用的市场行为所害，加强对金融消费者的保护。

CFPB 是美国第一个专注于金融消费者保护的联邦机构。收集、调查和回应消费者投诉是 CFPB 工作的重要组成部分。《多德—弗兰克法案》第 1013 条（b）款明确规定 CFPB 应建立专门的部门以收集和跟踪投诉，主要包括：应设立免费的电话号码，建立网站和数据库（或利用现有的数据库），以便集中受理、监测和答复消费者有关金融产品或服务的投诉；CFPB 应在每年 3 月 31 日之前向国会提交年度报告，说明该局上一财年中收到的有关消费者金融产品和服务的投诉。年度报告应包含投诉量、投诉类型的信息和相关分析，在可能的情况下还应包含投诉处理方案的信息；同时，为便于相关报告的编制，助力监督和执法活动，监测金融产品和服务的市场情况，CFPB 应与审慎监管机构、联邦贸易委员会（FTC）、其他联邦机构以及各州机构，共享消费者投诉数据信息，并须遵循联邦机构适用的标准，以保护消费者个人身份信息和相关数据的安全性和完整性。根据相关法律的要求，CFPB 设立了消费者反馈办公室（Office of Consumer Response），直接从消费者处了解他们在市场上面临的挑战，并将消费者的关切反馈给相关金融机构，协助消费者处理投诉。

CFPB 从 2011 年 7 月运营之初就开始受理金融消费者投诉。CFPB 帮助消费者与金融机构取得联系，处理消费者与抵押贷款、银行账户和服务、学生贷款、车辆和其他消费贷款、征信、汇款、虚拟货币、债务催收、发薪日贷款、预付卡和其他金融服务有关的投诉。金融消费者的投诉有助于 CFPB 深入了解消费者在金融市场中遇到的问题，并帮助 CFPB 确定应优先采取的行动，从而为消费者带来更好的结果，为市场参与者创造出更好的金融市场。

1. 投诉处理程序

CFPB 受理金融消费者投诉过程中没有任何前置程序，即不要求消费者首先向金融机构进行投诉，而是直接接收来自消费者的投诉。CFPB 主要通过其网站、电话、信件、电子邮件、传真和相关机构转介受理投诉。除了在 CFPB 网站上提交投诉外，消费者还可以登录一个安全的消费者门户网站来跟踪投诉处理状态并查看相关金融机构的回应。

（1）提交投诉。消费者向 CFPB 提交投诉后将会收到电子邮件更新，并可以登录网站来跟踪投诉状态。

（2）审查和转办。CFPB 会将消费者投诉和提供的文件材料通过一个安全的机构网络门户转给相应机构。CFPB 也会将投诉转给相关政府机构进行处理，并通知消费者。

（3）金融机构回应。相关金融机构将查看消费者的投诉信息，并视需要与消费者联系，向消费者反馈针对投诉反映的问题已采取的或将采取的措施。金融机构通过安全的机构网络门户向消费者和 CFPB 进行回复，CFPB 也会通知消费者查看机构的回复并提供反馈。

（4）发布投诉。CFPB 将在其消费者投诉数据库中发布与投诉有关的信息，比如投诉的主题和日期。在征得消费者同意的情况下，CFPB 还会在采取措施消除消费者个人身份识别信息后，发布消费者对相关投诉事项的描述。

（5）消费者评价。CFPB 会在得到金融机构回复时提醒消费者。消费者可以查看相关机构的回应，并有 60 天的时间来提供对于金融机构回应的反馈。

CFPB 的投诉处理流程旨在确保消费者及时收到相关金融机构针对其投诉的回应，并确保 CFPB 及其他监管机构、消费者和其他市场参与者拥有所需的投诉信息，以改善金融市场的运作。

值得注意的是，CFPB 致力于在确保投诉系统易用、有效的同时收集可靠的投诉数据。当消费者提交投诉时，他们可以从列表中选择相应的金融产品或服务以及他们遇到的与该产品或服务有关的问题。这种方式可以用来对投诉进行分组，形成结构化数据，便于了解消费者对哪些金融产品或服务进行投诉以及他们遇到的问题是什么。除结构化数据外，CFPB 还在投诉受理、处理过程中收集消费者和金融机构的非结构化数据，比如消费者对投诉事项的陈述、提供的文件资料、相关金融机构提供的答复及文件资料等。CFPB 使用各种方法对消费者投诉进行分析，包括分组分析和文本分析（Cohort and Text Analytics），以确定投诉变动趋势和可能对消费者造成的伤害。CFPB 对非结构化数据的审查和分析有助于其更深入地对消费者投诉信息进行挖掘，帮助 CFPB 了解消费者在消费金融产品和服务方面遇到的问题。

2. CFPB 对投诉数据的利用

CFPB 每周都会向相关金融机构转去数以千计的金融消费者投诉，这些投诉数据有助于帮助其了解金融市场并保护消费者。CFPB 主要通过以下几种方式对投诉数据加以利用：一是将每个投诉转办相应的机构以获取回应；二是与各州和联邦机构分享投诉数据，同时向国会提交报告；三是对投诉数据进行分析，为监督相关金融机构的工作，执行联邦消费者金融法律，制定更好的规章制度提供帮助；四是在消费者投诉数据库中发布投诉（去除消费者个人身份信息后）。

对投诉数据进行分析可以帮助 CFPB 了解消费者在金融市场中遇到的问题以及这些经历对其生活的影响；开发相应的工具以加强消费者对自身权利的了解，提高自我保护能力；确定监督检查的范围和优先事项，并在检查时提出有针对性的问题；在情况恶化前识别并制止不正当的经营行为；进行调查，并在发现问题时采取行动。

3. CFPB 消费者投诉数据库（Consumer Complaints Database）

CFPB 消费者反馈办公室于 2012 年 6 月正式上线消费者投诉数据库，旨在向社会公众公开消费者投诉信息，便于社会公众从其他人的投诉中进行学习。如果金融机构对由 CFPB 转办的消费者投诉进行回应，对与消费者之间的商业关系进行了确认，或是在金融机构收到投诉 15 天之后，该消费者投诉就会被加入消费者投诉数据库。但消费者投诉的公开发布须满足一定的发布标准，否则不会被发布。这样做不仅可以加强消费者的知情权，而且可以让相关金融机构从数据中学习从而改进自身的合规运营和客户服务。

消费者数据库包含由 CFPB 收集的一些个体投诉数据，包括投诉类型、投诉提交日期、消费者（投诉人）的邮政编码以及被投诉的公司。消费者数据库还包含金融机构对投诉所采取的回应措施的信息，包括金融机构的回应是否及时、金融机构如何进行回应以及消费者是否对金融机构的回应提出异议。消费者数据库不包含有关消费者身份的保密信息。

自 2015 年 6 月起，CFPB 开始在消费者投诉数据库中发布消费者投诉陈述，使消费者有机会用自己的话分享他们在金融市场上的经历。只有消费者选择"同意"，并且相关叙述经过脱敏，去除消费者身份识别信息后才会被披露。这些投诉均为消费者愿意与他人分享的对相关投诉的叙述。CFPB 允许金融机构从一系列向公众公开的回应类别中进行选择，公开回应他们从 CFPB 收到的消费者投诉的实质内容。

消费者投诉数据库能够根据特定的搜索标准或标签过滤数据，以各种方式（如投诉类型、被投诉机构、州、日期或可用变量的任意组合）汇总并下载数据。数据库中的信息已在社交媒体上进行分享和评估，并被其他新的应用程序使用。

4. CFPB 的投诉分类标准

CFPB 从消费者的角度对金融消费者投诉进行分类，分为两个维度：一是按照金融产品或服务类型不同进行划分；二是在第一维度下，按照金融消费者反映的不同问题再进行划分。

根据 CFPB 消费者反馈办公室发布的《消费者投诉表格产品和问题选项》[①]，以金融产品或服务为标准，CFPB 将投诉分为九大类、48 个子类。九大类投诉分别为住房按揭，债务催收，征信、信用修复服务和其他消费者个人报告，信用卡或预付费卡，支票或储蓄账户，车辆贷款或租赁，学生贷款，发薪日贷款、（车辆）所有权贷款和个人贷款，汇款、虚拟货币和货币服务。其中大类又分别细分为若干子类。

以金融消费者反映的不同问题为标准，CFPB 将投诉分为大类问题和子类问题，每个大类问题根据情况细分为若干子类问题。以学生贷款为例，学生贷款（产品）分为联邦学生贷款（子产品）和私人学生贷款（子产品）。对应的问题包括贷款获取、与贷款人或服务商打交道、还款困难、信用报告或信用评分。其中与贷款人或服务商打

---

① 2017 年 4 月正式更新生效。

交道、还款困难两个大类问题又细分为若干子类问题（见表5-1）。

表5-1　　　　　　　　　CFPB消费者投诉分类示例

产品：学生贷款

子产品	问题	子问题
联邦学生贷款	贷款获取	
	与贷款人或服务商打交道（还款、获取有关信息、账户管理）	付款问题
		对费用有疑义
		贷款相关信息存在问题（信息不正确、不完整、不精确）
		需要有关贷款余额或条款的信息
		持续接到贷款相关的来电
		客服问题
	还款困难（推迟还款、债务展期、违约、破产、还款计划、借新还旧）	无法降低月还款额
		不能临时推迟还款
		没有偿还贷款的其他灵活方案
	信用报告或信用评分	

CFPB以金融产品或服务的类型为主、以消费者反映问题为辅的分类标准，有助于准确反映消费者投诉的集中业务领域和问题，有助于金融机构快速找到并解决问题。同时，将每一种投诉类别都通过"大类+子类+问题+子问题"的方式进行细分，提高了消费者投诉分类的准确性。

三、我国金融消费者投诉分类标准的实践探索

2011年以后中央机构编制委员会办公室先后批复原保监会、证监会、原银监会、人民银行成立金融消费者保护机构，根据各自职责范围开展金融消费者保护工作。原"一行三会"以及部分商业银行都在建立金融消费者投诉分类标准方面进行了探索。

（一）人民银行的金融消费者投诉分类实践

人民银行于2013年开始设计开发"金融消费权益保护信息管理系统"和"金融消费权益保护数据库"。在系统和数据库研发、上线过程中，根据《中国人民银行金融消费权益保护工作管理办法（试行）》，对金融消费者的投诉从三个维度进行分类：一是按照投诉受理范围、投诉处理手段和被投诉机构类型对投诉进行分类；二是对人民银行法定职责范围内的投诉，按照业务类型分为理财、电子银行、保险业务、国库管理、银行卡、银行代理业务（跨市场、跨行业交叉性业务）、贷款、证券期货业务、外汇管理、储蓄、人民币管理、支付结算管理、征信管理、贵金融、个人金融信息、其他共16类；三是按照投诉原因分为服务态度、服务质量、信息披露、定价收费、推诿拒办、

产品服务、强制交易、虚假信息、个人金融信息、消费者误解、产品收益、违法违规、其他共13类。

（二）原银监会银行业消费者投诉分类实践

原银监会要求各地银监局每半年汇总报送一次辖内银行业金融机构的投诉数据及分析，各地银监局则根据实际，要求辖内银行业金融机构按照规定的频次（如按月、按季）报送数据并进行分析。

原银监会对银行业消费者投诉按照三个维度进行分类：一是按业务领域分类，包括信用卡、银行理财、存款业务、转账汇兑、个人贷款、代理保险、代理基金、其他代理业务、服务设施及环境、外汇黄金业务、电子银行、其他；二是按原因分类，包括虚假宣传、信息披露不足、服务设限、服务收费、服务态度及服务水平类、服务流程或系统、其他；三是投诉渠道分类，包括书面投诉、电话投诉、现场投诉、网络投诉、其他。

（三）原保监会保险消费者投诉分类实践

原保监会于2013年发布《保险消费者投诉处理管理办法》（中国保险监督管理委员会令2013年第8号），根据该办法，对保险消费者投诉按照以下五个维度进行大类划分：一是按投诉渠道（"12378"热线、信件、网络、来访）；二是按投诉事项涉及类别（一级分类为涉及保险公司合同纠纷类投诉、涉及保险公司违法违规类投诉、涉及中介机构合同纠纷类投诉、涉及中介机构违法违规类投诉）；三是按投诉涉及地区（以省为单位）；四是按投诉涉及机构（按照财产险公司、人身险公司和中介机构以及中资、外资性质分别归类和排名，排名标准包括投诉绝对数量和亿元保费投诉量，该排名对外公开披露）；五是按险种（一级险种为财产险和人身险）。

此外，原保监会还对上述大类进行子类划分：一是按投诉事项涉及类别在一级分类下还进行了二级分类和三级分类，二是一级险种下还分为二级险种和三级险种。

（四）商业银行的投诉分类实践

商业银行最基本的投诉分类包括按时间跨度（如每天、每月、每年或选择任意时间段等）、按地区分布（如分省、分具体网点等）、按受理渠道（如电话、信息、网络、来访）等。同时，虽然商业银行在业务类型、优先程度、责任认定等方面的投诉分类标准大同小异，但不同商业银行也会各有侧重，形成差异。以中国银行的投诉分类标准为例，中国银行客户投诉分类分为工作失误、服务态度、内部管理、服务产品、服务渠道、违规操作、金融犯罪、匿名投诉八类。其中，工作失误、服务态度、内部管理为一般投诉，服务产品、服务渠道、违规操作为复杂投诉。

（五）实践探索过程中反映出来的问题

1. 缺乏统一的金融消费者投诉分类标准

2018年以前，金融管理部门之间、各金融机构之间尚未形成统一、全面、具体的金融消费者投诉分类标准。各自的分类标准仅用于内部数据统计分析，对具体投诉处理工作帮助有限。多种分类方式并存的模式使金融消费者投诉分类工作缺乏统一性、标准性和准确度,很容易造成数据统计的误差,一方面不利于金融管理部门汇总统计全行业数据,了解金融市场运行整体情况以及行业共性问题和风险点;另一方面不利于对各金融机构进行横向比较分析。此外,不同的分类标准也不利于投诉数据信息在金融管理部门之间的共享,造成信息孤岛,难以进行数据交换、共享和管理,实现投诉数据深度挖掘和分析。

2. 各金融机构之间对金融消费者投诉的界定及分类也存在较大差异

例如,某国有商业银行投诉类客户意见按照责任认定情况分为有责投诉、争议投诉和一般投诉。有责投诉是指经其总行认定为属于本行责任的投诉;争议投诉是指有待进一步认定相关责任方的投诉,争议投诉经其总行认定后,转为有责投诉或一般投诉;一般投诉是指经总行认定为非本行责任的投诉。而某全国性股份制商业银行从全面真实反映金融消费者诉求的视角考虑,明确凡是客户通过电话、书信、电子邮件、微博、微信等各种渠道表达出对该行产品和服务的意见、抱怨及不满均纳入投诉的范畴。

3. 金融机构与金融管理部门进行投诉分类的思路存在较大差异

金融管理部门对金融消费者投诉进行分类并收集投诉数据的主要目的是汇总分析行业共性问题,而金融机构对投诉进行分类的出发点是为了快速解决投诉,维护客户体验,比如金融机构在投诉处理过程中经常采用的"首问责任制""谁的客户谁负责"原则,都是为了厘清责任,提高投诉处理效率,注重投诉处理实效。金融机构在接到消费者投诉时,首先会根据客户不同资产等级,以及投诉的轻重缓急进行分类,再根据业务类别进行划分,主要是为了方便将投诉转办相应的业务部门,最后进行有责无责的认定。

四、金融消费者投诉分类标准的建设与试点应用

在对国外金融消费者投诉分类经验和国内金融管理部门及金融机构分类实践进行深入分析研究的基础上,得出建立全行业统一的金融消费者投诉分类标准的几点建议:一是明确以金融业务领域为主,辅助以其他维度的多维度分类思路。金融消费者投诉的复杂性和多维性决定了投诉分类标准也必然是多维的。从国内外实践经验看,通过金融业务领域进行分类,有助于发现投诉集中的金融产品或服务,进行有针对性的处置和改进,也有助于金融机构按照业务条线分类处理投诉,提高投诉处理的效率。二是明确"大类+子类+问题+子问题"的多层级分类体系。在依据金融业务领域进行投诉分类的基础上,针对业务流程各环节以及消费者在业务办理过程中遇到的问题(或投诉原因)进行多层级划分,有助于对消费者投诉进行更深入的分类,提高投诉分类的准确性。三是明确"科学、合理、适度、可行"的分类原则。既要考虑行业当前实际,又要顾及前瞻性和可持续性;既要能够反映出行业共性问题,又不能过于繁琐,给具体操作人员增加过度负担;既要规范、准确,又要便于理解、易于执行。

在明确金融消费者投诉分类思路、分类体系、分类原则的基础上,结合我国金融

管理部门金融消费者投诉分类统计的现状,形成了《金融消费者投诉分类标准》金融机构试行版。为检验金融消费者投诉分类标准与金融机构业务、内部流程和系统的匹配程度,确保其具备可行性和可操作性,人民银行先后分三批在4家国有大型商业银行、8家全国性股份制商业银行、1家外资法人银行以及全国31个省(自治区、直辖市)的多家地方性法人银行业金融机构开展了标准应用试点工作。

(一)第一批、第二批试点实施情况

2014年12月,人民银行金融消费权益保护局启动金融消费者投诉分类标准第一批试点工作,部署人民银行成都分行、重庆营业管理部、哈尔滨中心支行、西宁中心支行、银川中心支行金融消费权益保护处自主选择辖区内具有一定代表性的地方性法人银行业金融机构全面实践应用该标准。2015年5月和9月,人民银行分别选择中国农业银行、交通银行两家国有大型商业银行开展该标准应用试点工作。

人民银行于2016年4月启动第二批试点,选择中国银行、中国建设银行以及天津、辽宁、河北、河南、甘肃和新疆六省(自治区、直辖市)的多家地方性法人银行业金融机构开展该标准应用试点工作。

总体来看,第一批、第二批试点银行业金融机构主要从以下三个方面推进试点工作:一是完善系统。试点银行业金融机构或升级改造原有信息管理系统,将金融消费者投诉分类标准模块嵌入本单位OA办公系统、电话工单系统等既有信息管理系统,或开发建设新的客服系统或投诉管理系统,实现投诉受理、处理全流程、投诉数据分类汇总统计和相关报表生成及报送的信息化和电子化,提高了投诉管理的规范化和标准化水平。二是完善标准。试点地区人民银行分支机构和试点银行业金融机构结合工作实际,以金融消费者投诉分类标准涵盖的各类要素为基本配置,适当增加统计内容,或增加统计维度,或细化和完善投诉分类标准指标设置及说明,以更好地全方位、多维度对金融消费者投诉情况进行统计分析。三是完善制度。试点银行业金融机构以试点工作为契机,加强本单位金融消费权益保护工作,制定或修订相关规章制度,特别是投诉管理工作相关制度,涵盖投诉处理操作流程、统计分析、考核标准和奖惩机制等。一些试点机构从金融消费者投诉反映出的重大、紧急、共性问题或风险点入手,对本单位产品、服务或内部流程进行有针对性的改进,取得了良好成效。

(二)第三批试点实施情况

2017年,人民银行金融消费权益保护局在第一批、第二批金融消费者投诉分类标准应用试点工作的基础上,组织部分人民银行分支机构对投诉分类标准进行了优化和完善,制定了升级版本。为检验修订后的投诉分类标准的适用性和可操作性,于7月启动了第三批试点,选择中信银行、光大银行、华夏银行、民生银行、招商银行、兴业银行、广发银行、浦发银行8家全国性股份制银行,以及汇丰银行(中国)1家外资银行,并在所有之前未参与试点的省(自治区、直辖市)各选择2~5家地方性法人银行业机构试用修订后的投诉分类标准。

总体来看,第三批试点银行主要围绕以下四个方面开展试点工作:一是成立试点工作领导小组及建立工作机制。组织成立不同形式的工作领导小组来负责协调推进试点工作，明确牵头部门和其他相关部门的工作职责。二是制定工作计划时间表。制定较为详细的试点工作计划，并明确了各项工作任务的完成时间。三是明确系统升级改造目标。主要通过将金融消费者投诉分类标准嵌入试点机构各自现有的信息（投诉）管理系统中，实现投诉数据分类汇总统计和报送的信息化和电子化。四是调整细化投诉分类标准。各试点机构结合工作实际，对金融消费者投诉分类标准进行了细化、调整，使之与内部业务流程和系统更加匹配。

（三）试点实施的总体效果与相关问题的解决

总体来看，各试点银行业金融机构系统运行平稳流畅，按照规定的频次和要求报送的投诉分类统计信息更加贴合实际。从金融机构的反馈看，金融消费者投诉分类标准较为全面地涵盖了银行业金融机构受理的投诉事项，各类别和子类划分清晰合理，有利于银行业金融机构全面、科学和准确地对客户投诉情况进行统计分析，提高投诉管理的标准化和规范化水平。从金融监管角度看，各试点银行业金融机构根据金融消费者投诉分类标准报送的投诉分类统计信息及时、完整、准确，有利于为金融管理部门的工作决策提供参考。

然而在试点过程中，也暴露出一些与金融消费者投诉分类标准本身以及与投诉数据报送相关的问题。一是金融消费者投诉分类标准本身的问题，包括投诉分类交叉重叠的问题、分类缺失的问题以及"多因一果"如何分类的问题。这类问题主要表现为投诉分类标准具体条目设置与释义的技术性问题，在标准修订升级过程中进行有针对性的优化和完善。二是金融机构在根据标准口径报送数据过程中存在的问题，包括工作人员不熟悉投诉分类标准而影响分类准确性，工作人员漏报、瞒报投诉数据，金融机构人为修正投诉率等问题。这些问题反映出金融机构在投诉管理方面存在的不足。以漏报、瞒报为例，金融机构工作人员漏报、瞒报金融消费者投诉数据主要有以下两方面原因：一方面是金融管理部门简单以投诉案件发生率作为金融机构消费者保护工作有效性的评价指标，导致试点机构如实报送投诉数据存在诸多顾虑，且金融机构内部考核制度也将投诉案件发生率作为负面指标，导致其分支机构向上级机构报送数据存在漏报、瞒报的情况较为严重；另一方面，从投诉录入人员工作量的角度看，对投诉的定义过于狭窄，就难以保证投诉数据全面、客观、准确，对于投诉分析会产生影响，不能准确地反映投诉集中的领域和现象，而对投诉的定义过于宽泛，又会增加一线工作人员的工作量，因此部分机构工作人员会倾向于少报、瞒报投诉数据。

针对投诉数据报送过程中存在的问题，一方面，金融管理部门在制定金融消费者投诉分类标准的同时，应就相关概念作出明确界定，比如投诉的定义、数据报送的范围等，同时应制定标准实施操作细则，使金融消费者投诉分类标准更具可操作性。另一方面，金融机构应积极推动投诉分类标准在本单位的全流程应用，加强对一线客服人员的培训，确保其准确理解和掌握投诉分类标准。

五、我国金融消费者投诉分类标准的正式建立

为切实压实金融机构投诉处理主体责任,进一步强化对金融机构投诉情况的监测、分析和预警,2017 年以来,人民银行联合银保监会采取了"建标准、建制度、建系统"的"三步走"工作策略。

(一) 建立银行业金融机构投诉分类行业标准

在近四年试点的基础上,人民银行金融消费权益保护局会同银保监会消费者权益保护局组织部分人民银行分支机构、银保监会派出机构和银行业金融机构联合启动银行业金融机构金融消费者投诉分类行业标准制定工作。经过近一年的努力,2018 年 9 月 4 日,《金融消费者投诉统计分类及编码 银行业金融机构》(JR/T 0169—2018)(见附录)金融行业标准正式发布,并自发布之日起实施。

该行业标准分别从金融消费者投诉业务办理渠道、投诉业务类别和投诉原因三个方面,多维度、多层次,全面、科学、准确地对金融消费者投诉进行详细划分,为我国银行业金融机构金融消费者投诉统计分类提供了依据。

1. 投诉业务办理渠道

投诉业务办理渠道指金融消费者投诉所涉及的业务办理方式和途径。投诉业务办理渠道分为 2 个大类、6 个中类、11 个子类。其中,前台业务渠道大类包括营业现场、自助机具、电子渠道(网银渠道、电话渠道、移动客户端、网络公众平台、短信渠道和其他)、第三方渠道和其他 5 个中类。

2. 投诉业务类别

投诉业务类别指引起金融消费者投诉的,由金融机构提供的金融产品和服务以及相关经营行为。金融消费者投诉业务的大类划分以银行业金融机构所涉及的金融业务为主,中类和小类主要是对各类投诉所涉及金融业务的具体类型予以划分,对一些可能产生交叉的领域进行区分,避免分类时的重叠现象。投诉业务类别分为 14 个大类、62 个中类、74 个小类,主要以银行业务的细化为主,其中大类指标包括人民币储蓄、贷款、银行卡、自营理财、支付结算、人民币管理、外汇、贵金属、个人金融信息、银行代理业务、其他中间业务、债务催收、国库和其他。

3. 金融消费者投诉原因

投诉原因指金融消费者进行投诉的动机。《国务院办公厅关于加强金融消费者权益保护工作的指导意见》规定了金融消费者财产安全权、知情权、自主选择权、公平交易权、依法求偿权、受教育权、受尊重权、信息安全权八项权利。投诉原因一方面与金融消费者基本权利相结合,对投诉相对集中的金融消费者合法权益受到侵害的情形进行分类,同时也就金融机构在实际工作中容易引发投诉的产品、服务和业务环节等设置相应的指标。投诉原因分为 12 个大类、15 个中类、15 个子类。其中,大类指标包括因服务态度和服务质量,金融机构服务设施、设备、业务系统,金融机构管理制度、业务规则与流程,营销方式和手段,信息披露,自主选择权,定价收费,产品收

益，合同条款，消费者资金安全，消费者信息安全以及因债务催收方式和手段引起的投诉。

(二) 建立金融消费者投诉数据统计报送制度

为促进行业标准在银行业的应用实施，2018年10月，人民银行和银保监会联合印发《关于实施银行业金融机构金融消费者投诉统计分类及编码行业标准的通知》（银发〔2018〕243号），部署相关机构从建立健全工作机制、优化资源配置、规范投诉数据统计与报送、完善保障措施、强化监督管理五个方面着手推进标准应用实施工作。

该通知不仅明确要求在银行业建立金融消费者投诉数据统计报送制度，而且为提升投诉数据报送和统计分析效率，要求各银行业金融机构"建立完善本单位投诉管理系统"。相关安排一方面通过加强投诉管理信息化建设，促进银行业金融机构提升投诉处理规范化和标准化水平，进而提高投诉处理质效，切实履行投诉处理主体责任；另一方面加强投诉数据统计分析，进一步强化溯源整改，为相关工作决策提供技术和系统支撑。在标准实施过程中，有的银行组织研发了功能强大的投诉管理系统，如通过AI机器人进行投诉分类以及对投诉数据进行实时统计分析，并进行风险预警等，为投诉、消费者保护工作提供了强大的助力，同时也对银行经营管理产生了积极作用。在投诉管理系统的建设模式方面，考虑到银行业经营情况差异较大，同时结合试点过程中试点机构系统的多种模式，该通知并没有对投诉管理系统建设模式进行统一规定，而是坚持目标和结果导向，对系统所应实现的功能提出了要求。银行业金融机构内部投诉管理系统和人民银行金融消费者投诉数据统计监测分析系统的建设上线，为实现投诉数据报送和统计分析的电子化、信息化和智能化奠定了坚实的基础，有效提升了全行业投诉工作信息化水平。

(三) 开发上线金融消费者投诉数据统计监测分析系统

为加强对银行业金融机构金融消费者投诉情况的监测，进一步提升投诉数据采集效率和质量，深化投诉数据运用，加强风险预警提示，人民银行金融消费权益保护局组织开发建设了金融消费者投诉数据统计监测分析系统（以下简称投诉监测分析系统），并分两批与全国近4000家法人银行业金融机构完成对接。其中，18家全国性商业银行于2020年1月初采用接口方式接入投诉监测分析系统，实时报送投诉数据；各地方法人银行业金融机构自2020年7月起采用网页方式接入投诉监测分析系统，在线填报投诉数据。

投诉监测分析系统主要具备六项功能：一是数据传输报送。金融机构可以通过接口或者网页方式实时传输投诉数据。二是综合查询功能，包括明细查询、灵活查询和定时查询三个模块，主要满足系统使用者个性化、定制化的数据查询需求。三是统计分析功能，包括投诉数量趋势分析、投诉业务办理渠道分析、投诉业务类别分析和投诉原因分析，可以按时间、地区、金融机构分别形成统计报表，并对应生成饼状图、柱状图、折线图等。四是风险预警功能，包括自动预警和风险分析两个功能模块，分别实现系统自动风险提示和用户主动发起风险监测的使用需求。五是资料共享功能，主要便于上级人民银行向下级人民银行共享资料，如投诉形势分析、风险提示、典型案例等。六是任务通知功能，主要用于上级人民银行向下级人民银行发布通知，以及人民银行向商业银行总行发布通知等。

投诉监测分析系统自2020年上线以来运行平稳，各银行业金融机构累计向系统内报送金融消费者投诉数据逾1000万条，逐步形成覆盖全行业、全口径的金融消费者投诉数据库。

六、金融消费者投诉数据的建模与分析应用

为对金融消费者投诉数据加以深度挖掘和分析，将投诉数据用好、用深、用活，建设好投诉监测分析系统，进一步提升金融监管信息化、智能化水平，2021年，人民银行金融消费权益保护局组织建立投诉数据建模分析与应用工作专班，积极探索开展投诉数据建模工作，取得初步成果。一方面，通过计量分析方法构建投诉量合理性监测模型，加强对金融机构投诉数据报送质量的监测力度，及时发现金融机构投诉数据报送中的潜在错误以持续促进数据质量提升，为投诉数据分析与应用提供高质量数据基础；另一方面，采用深度学习、机器学习等人工智能算法，构建投诉量预测模型，加强对金融机构投诉变动趋势的分析，为及时发现、干预和处置问题和风险提供数据支撑。

（一）投诉量合理性监测模型

利用银行业金融机构向投诉监测分析系统报送的本机构金融消费者投诉数据与各机构经营指标数据，构建多元线性回归模型和多元个体固定效应面板回归模型，对各银行业金融机构月度投诉量进行估计，并与其向投诉监测分析系统中报送的投诉量进行比对，用于判定该银行业金融机构投诉数据报送是否合理。

1. 数据准备

根据建模需要，综合考虑经营指标与投诉量的相关性和经营指标数据的可得性，从《金融机构资产负债项目月报（人民币）》（A1411报表）中选取26个资产类指标和24个负债及所有者权益类指标，向样本银行收集相关指标月度数据用于建模分析。

2. 模型建设

一是构建多元线性回归模型。通过多种特征构造与离群值检测等方法，找出样本银行中投诉数据曲线有明显异动的机构。采用假设检验方法，即假设其余银行报送投诉量为合理，构建多元线性回归模型，计算得到公式参数。然后分别把样本银行经营指标代入公式计算得到估计投诉量，并与其向投诉监测分析系统报送投诉量进行对比，剔除估计投诉量与实际报送投诉量偏差较大的银行，即推翻原假设。继续重复上述过程，直到得到合理模型。结合业务经验和相关性分析结果，挑选与投诉量相关性较强的经营指标。通过 VIF[①] 剔除与其他指标多重共线性过强的指标。通过逐步回归逐个引

[①] VIF，即方差膨胀因子（Variance Inflation Factor），是衡量多元线性回归模型中共线性严重程度的一种度量。它表示回归系数估计量的方差与假设自变量间不线性相关时方差相比的比值。

入显著变量并剔除不显著变量,计算得出式(5-1)。

$$f(x) = (3.5551 \times x_1 - 2.4727 \times x_2 + 8.3550 \times x_3 - 0.9356 \times x_4$$
$$- 3.8546 \times x_5 - 11.1535 \times x_6 + 58.6792 \times x_7) \times f(holiday) \quad (5-1)$$

式中,$f(x)$ 为估计的月投诉量;x_1 至 x_7 为经营指标(详见表5-2);$f(holiday)$ 为节假日因子函数,具体计算方法如式(5-2)所示,$holiday_{num}$ 为当前月的非工作日天数,$month_{num}$ 为当前月总天数。

$$f(holiday) = \begin{cases} 1 - \dfrac{holiday_{num} - 9}{month_{num}}, & holiday_{num} \geqslant 9 \\ 1, & holiday_{num} < 9 \end{cases} \quad (5-2)$$

表5-2　　　　　　　　　式(5-1)自变量列表

自变量	经营指标
x_1	资产类总计 - 存放中央银行存款 - 存放中央银行准备金存款
x_2	资产类总计 - 贷款 - 短期贷款 - 个人贷款 - 个人消费贷款
x_3	资产类总计 - 贷款 - 中长期贷款 - 个人贷款 - 个人经营性贷款
x_4	负债及所有者权益类总计 - 存款 - 个人存款 - 个人定期存款
x_5	负债及所有者权益类总计 - 所有者权益 - 留存利润
x_6	负债及所有者权益类总计 - 所有者权益 - 本年利润
x_7	负债及所有者权益类总计 - 所有者权益 - 所得税

多元线性回归模型判定某家银行投诉数据是否合理的标准为:将模型估计值与各银行向投诉监测分析系统内报送投诉量进行比对,当平均绝对百分比误差(Mean Absolute Percentage Error,MAPE)[①]大于35%时,则判定当前银行上报的数据为疑似不合理;反之则为合理。

二是构建多元个体固定效应面板回归模型。使用VIF测试剔除高共线性变量,并根据贡献度和业务理解剔除不重要变量,缩减变量个数。采用时间序列平稳性检验和自相关检验等数据检验方法,确认面板回归建模方法适用于该数据集,且该数据集的平稳性良好、自相关的影响可控。综合考虑数据结构、模型特性、适用场景、预测作用、模型解释力和统计学检验,选用多元个体固定效应面板回归模型。

$$f(x_i) = -2826.8915 + D_i - 0.0002 x_{i1} + 0.0010 x_{i2} + 0.0018 x_{i3}$$
$$- 0.0004 x_{i4} + 0.0016 x_{i5} + 0.0011 x_{i6} - 0.0113 x_{i7}$$
$$+ 0.0001 x_{i8} + 0.0009 x_{i9} - 0.0003 x_{i10} + 0.0003 x_{i11}$$
$$+ 0.3502 x_{i12} - 0.0031 x_{i13} + 0.0016 x_{i14} \quad (5-3)$$

---

① $MAPE = \dfrac{100\%}{n} \sum\limits_{i=1}^{n} \left| \dfrac{\hat{y}_i - y_i}{y_i} \right|$,式中,$\hat{y}_i$ 代表模型估计值,y_i 代表实际值。MAPE值越小,表示估计值与实际值越接近,模型拟合效果越好。

式中，$f(x_i)$ 代表某家银行估计的月投诉量；i 代表样本银行中的某家银行，D_i 代表各样本银行对应的不同常数项，x_{i1} 至 x_{i14} 代表该银行经营指标（见表5-3）。

表5-3　　　　　　　　　　式（5-3）自变量列表

自变量	经营指标
x_{i1}	资产类总计-贷款-短期贷款
x_{i2}	负债及所有者权益类总计-存单发行-大额存单
x_{i3}	资产类总计-贷款-中长期贷款-个人贷款-个人消费贷款-其他贷款
x_{i4}	资产类总计-贷款-短期贷款-个人贷款
x_{i5}	负债及所有者权益类总计-所有者权益-所得税
x_{i6}	资产类总计-贷款-短期贷款-信用卡及账户透支-个人信用卡及账户透支
x_{i7}	负债及所有者权益类总计-证券负债-代发行证券-代发行国家债券
x_{i8}	负债及所有者权益类总计-存款-个人存款
x_{i9}	负债及所有者权益类总计-长期借款
x_{i10}	资产类总计-贷款-中长期贷款
x_{i11}	负债及所有者权益类总计-存款-个人存款-个人定期存款
x_{i12}	资产类总计-贷款-中长期贷款-个人贷款-个人消费贷款-助学贷款
x_{i13}	负债及所有者权益类总计-存款-个人存款-个人保证金存款
x_{i14}	资产类总计-贷款-短期贷款-个人贷款-个人消费贷款

多元个体固定效应面板回归模型判定标准为：若某家银行某月上报投诉量没有落在估计值的25%置信区间内，则判定该月份为该行投诉量可疑月份。

通过将样本银行月度经营数据代入上述两类投诉量合理性监测模型，综合模型判定结果和日常监管情况，人民银行金融消费权益保护局对投诉数据报送疑似不合理的机构进行约谈提醒，督促相关机构进一步提升数据报送的真实性、完整性、准确性，提高投诉数据质量。

（二）投诉量预测模型

采用深度学习、机器学习等人工智能算法，构建投诉量预测模型。一方面，尝试采用深度学习算法的模型，如长短期记忆神经网络（LSTM）模型。在众多深度学习模型中，循环神经网络（RNN）模型将时序的概念引入网络结构设计中，使其在时序数据分析中表现出更强的适应性。LSTM模型弥补了RNN模型的梯度消失和梯度爆炸、长期记忆能力不足等问题，使循环神经网络能够真正有效地利用长距离的时序信息。另一方面，尝试采用机器学习算法的模型，如极端梯度提升（XGBoost）模型进行预测分析。XGBoost模型支持分布式训练、模型泛化能力强，可最大化保证可扩展性、便捷性和准确性。

1. 数据准备

数据准备包括样本银行的投诉明细数据和"工作日""星期"两项日期标识数据，

由于投诉明细数据无法直接用于建模,需将投诉明细数据按天进行加工汇总,形成相应指标。将数据集划分为训练集和验证集,训练集的比例设置为80%,验证集的比例设置为20%。在模型搭建过程中,人工智能模型依据历史数据预测下一个月的投诉量,从而实现每月滚动预测的效果。随着模型迭代次数的不断增加,在避免模型过度拟合的情况下,选择最优的评价指标对应的模型。通过计算模型预测投诉量和实际报送投诉量的 MAPE 来评估比对不同模型的预测效果。

2. 模型实现方法与结论

LSTM 模型的训练与预测使用 Python 3.6 以及 TensorFlow1.13.1 和 Keras2.2.4 工具包进行,XGBoost 模型的训练与预测使用 Python 3.6 以及 XGBoost 0.90 工具包进行。建模结果证明,利用 LSTM 模型和 XGBoost 模型建立投诉量预测模型是可行的;在仅使用银行投诉数据的情况下,LSTM 模型预测效果较好,在后续实际使用中无需收集其他数据,使用较为方便。

对金融管理部门来说,可以通过投诉量预测模型加强对银行业金融机构投诉数据变动趋势的监测,及时识别异常波动,加强对投诉数据报送异常机构的提醒和督促。对金融机构来说,可以结合新产品或服务的推出或经营管理新举措的出台,加强对投诉变动的监测,及时发现和解决苗头性问题。

3. 模型局限

一是因样本数据时间跨度较短、样本量较小,可能造成人工智能模型在预测时过度拟合,该现象会导致模型预测结果只适用于该批次样本数据,如后期使用同一模型测算另一批次数据,会导致预测结果拟合表现不理想,从而影响投诉量的预测精度。二是 LSTM 模型仅使用银行报送的投诉数据和节假日数据,缺乏其他维度指标的数据,因此仅能预测投诉量随时间的变动,缺乏可解释性。此外,LSTM 模型暗含着投诉监测分析系统内各银行业金融机构投诉数据必须是真实、完整、准确的假设,因此在使用 LSTM 模型时,可以考虑结合投诉量合理性模型的判定结果,从而使 LSTM 模型的预测结果更为准确。三是在研究中发现,在 XGBoost 模型中加入银行业金融机构经营数据后,其模型预测精度也会有所提升。由于各机构业务特点、投诉数据结构存在差异,与之相应的人工智能模型参数配置也有所差异,各银行业金融机构可结合实际自行建立适合本机构的投诉量预测模型。

(三)完善金融消费者投诉数据建模与分析的建议

1. 在短期,继续推进金融消费者投诉数据定量分析研究,利用技术手段进一步提升金融消费者投诉管理工作效能

前面从探索建立金融消费者投诉分类标准开始,对投诉数据建模分析进行了初步尝试,但囿于篇幅以及相关数据可得性和计算能力的限制,更深入的分析则留待后续研究。金融机构一方面应严格落实《中国人民银行金融消费者权益保护实施办法》(中国人民银行令〔2020〕第5号)相关要求,继续全面深入实施银行业金融机构投诉分类标准,加强对金融消费者投诉处理信息系统的建设与管理,对金融消费者投诉数据

进行正确分类并按时报送相关信息，确保数据真实性、完整性和准确性。另一方面应加强对投诉数据的分析和预测，金融机构可以充分利用自身投诉数据和经营数据，建立合理性监测模型，梳理对投诉量影响较大的经营指标，有的放矢地优化产品服务和业务流程，也可以建立投诉量预测模型，加强对投诉波动的监测和预警，做到及时应对、有效处置。

2. 在长期，继续强化大数据、云计算、人工智能等技术手段的应用，加强金融监管科技平台建设

大数据、云计算、人工智能等技术手段一方面为金融科技创新提供了坚实的基础，另一方面也为监管科技创新提供了技术与信息支持。面对日趋复杂的金融消费场景和持续增长的金融消费者投诉，传统的手工统计分析方式已难以满足对金融机构投诉情况实时监测和对投诉数据深度挖掘的需求，不利于尽早发现、干预和校正问题与风险。而大数据和人工智能技术具有高效、智能以及基于大量数据自我学习、进化的特点，成为搭建自动化监测预警体系的必然选择，就效率而言，通过科技手段可以提升金融市场实时监测和预警能力，就深度而言，可使传统监管手段无法触达的一些风险行为受到遏制。金融科技的创新发展必然呼唤一个体系完善、有大数据平台支撑、灵活高效的金融监管科技平台。随着金融管理部门强化信息共享，推动平台贯通、数据融通，信息孤岛、数据烟囱等问题得以有效解决，金融机构相关数据质量得到有效提升，大数据、云计算、人工智能等技术手段得以充分利用，一个功能完善的监管科技平台必将为金融消费权益保护和金融风险防控工作高质量开展提供更加强大的科技支撑。

参考文献

[1] 舒雄. 金融消费纠纷投诉处理机制的构建 [N]. 金融时报，2017-05-15 (B10).

[2] 世界银行. 金融消费者保护的良好经验 [M]. 中国人民银行金融消费权益保护局，译. 北京：中国金融出版社，2013.

[3] 世界银行. 金融消费者保护的良好经验（2017年版）[M]. 中国人民银行金融消费权益保护局，译. 北京：中国金融出版社，2019.

[4] 何海锋，银丹妮，刘元兴. 监管科技：内涵、运用与发展趋势研究 [J]. 金融监管研究，2018 (10).

[5] CFPB. CFPB Consumer Response: Consumer Complaint Form Product and Issue Options [EB/OL]. [2017-11-30]. http://files.consumerfinance.gov/f/documents/201704_cfpb_Consumer_Complaint_Form_Product_and_Issue_Options.pdf.

[6] FCA. Handbook Dispute Resolution: Complaints [EB/OL]. [2017-11-30]. https://www.handbook.fca.org.uk/handbook/DISP.pdf.

[7] FOS. Full List of Complaint Product-codes [EB/OL]. [2017-11-30]. http://www.financial-ombudsman.org.uk/publications/policy-statements/complaint-product-codes.pdf.

[8] OECD. G20 High-Level Principles on Financial Consumer Protection [EB/OL]. [2017-11-30]. http://www.oecd.org/daf/fin/fin-nancial-markets/48892010.pdf.

附录

ICS 03.060
A 11

JR

中华人民共和国金融行业标准

JR/T 0619—2018

金融消费者投诉统计分类及编码 银行业金融机构

Statistical classification and coding of financial consumer
complaints –Banking institutions

2018-09-04 发布　　　　2018-09-04 实施

中国人民银行　　发 布

目　次

前言 ……………………………………………………………………………………	144
引言 ……………………………………………………………………………………	145
1　范围 …………………………………………………………………………………	146
2　规范性引用文件 ……………………………………………………………………	146
3　术语和定义 …………………………………………………………………………	146
4　分类和编码方法与代码结构 ………………………………………………………	148
4.1　分类和编码方法 ………………………………………………………………	148
4.2　代码结构 ………………………………………………………………………	148
5　金融消费者投诉统计分类及编码 …………………………………………………	148
5.1　投诉业务办理渠道分类及编码 ………………………………………………	148
5.2　投诉业务类别分类及编码 ……………………………………………………	149
5.3　投诉原因分类及编码 …………………………………………………………	154
参考文献 ………………………………………………………………………………	156

前　言

本标准按照 GB/T 1.1—2009 给出的规则起草。

本标准由中国人民银行、中国银行保险监督管理委员会提出。

本标准由全国金融标准化技术委员会（SAC/TC 180）归口。

本标准主要起草单位：中国人民银行金融消费权益保护局、中国银行保险监督管理委员会消费者权益保护局。

本标准参与起草单位：中国人民银行济南分行、广州分行、成都分行、营业管理部、重庆营业管理部、银川中心支行，中国银行保险监督管理委员会上海监管局、河南监管局、福建监管局，中国农业银行、招商银行、兴业银行、重庆银行，中国金融电子化公司。

本标准主要起草人：余文建、马绍刚、张永军、舒雄、田新宽、杨佩、杨洋、卢静、贾晓雯、单琳琳、周华、姚艳、芮思学、周薇、刘侃、江迪、王雷、王向榕、张涛、王子辰、陆文雯、谢瑜、邓琳莹。

引　言

为提高银行业金融机构投诉管理的规范化和标准化水平，促使银行业金融机构进一步完善内部管理，提升服务质量，维护金融消费者合法权益，提高市场竞争力，同时便于金融管理部门更好地分类汇总和比较分析全行业金融消费者投诉数据，及早识别、发现、预警和处置全行业共性问题和风险，加强金融消费者保护，防控系统性金融风险，特制定本标准。

本标准使金融机构能够统一金融消费者投诉分类的界定和投诉数据报送的口径，有利于汇集全行业、全口径金融消费者投诉数据，更好地实现投诉数据综合利用，为相关工作决策做好数据支撑，促进金融业持续健康发展。

金融消费者投诉统计分类及编码　银行业金融机构

1　范围

本标准规定了金融消费者投诉业务办理渠道、业务类别和原因的分类及编码。

本标准适用于中华人民共和国境内的所有银行业金融机构的金融消费者投诉统计、分析、报送和管理等工作。

2　规范性引用文件

下列文件对于本文件的应用是必不可少的。凡是注日期的引用文件，仅注日期的版本适用于本文件。凡是不注日期的引用文件，其最新版本（包括所有的修改单）适用于本文件。

GB/T 10113—2003　分类与编码通用术语

GB/T 20001.3—2015　标准编写规则 第3部分：分类标准

3　术语和定义

下列术语和定义适用于本文件。

3.1

金融消费者 financial consumer

购买、使用金融产品和服务的自然人。

3.2

投诉 complaint

金融消费者对金融机构提供的产品或服务不满意，并提出诉求的行为。

3.3

分类 classification

按照选定的属性（或特征）区分分类对象，将某种具有共同属性（或特征）的分类对象集合在一起的过程。

［GB/T 10113—2003，定义2.1.2］

3.4

分类对象 objects of classification

被分类的事物或概念。

[GB/T 10113—2003，定义2.1.4]

3.5

线分类法 method of linear classification

将分类对象按所选定的若干属性逐次地分成相应的若干层级的类目和/或项目，并形成一个逐渐展开的分类体系。

[GB/T 20001.3—2015，6.3.1.1]

3.6

面分类法 method of area classification

将所选定的分类对象的若干属性视为若干个独立的"面"，每个"面"中又可分成彼此独立的若干个项目。

[GB/T 20001.3—2015，6.3.1.2]

3.7

混合分类法 method of composite classification

将线分类法和面分类法组合使用，以其中一种分类法为主，另一种做补充的分类方法。

[GB/T 20001.3—2015，6.3.1.3]

3.8

编码 coding

给事物或概念赋予代码的过程。

[GB/T 10113—2003，定义2.2.1]

3.9

代码 code

表示特定事物或概念的一个或一组字符。

注：这些字符可以是阿拉伯数字、拉丁字母或便于人和机器识别与处理的其他符号。

[GB/T 10113—2003，定义2.2.5]

3.10

投诉业务办理渠道 business channel involved in a complaint

金融消费者投诉所涉及的业务办理方式和途径。

3.11

投诉业务类别 business category involved in a complaint

引起金融消费者投诉的，由金融机构提供的金融产品和服务以及相关经营行为。

3.12

投诉原因 cause of a complaint

金融消费者进行投诉的动机。

4 分类和编码方法与代码结构

4.1 分类和编码方法

本标准采用混合分类法和组合编码方法,将金融消费者投诉划分为门类、大类、中类和小类四级。门类代码用一位拉丁字母表示,即用字母 A、B、C……依次代表不同门类;大类代码用两位阿拉伯数字表示,按不同门类分别从 01 开始顺序编码;中类代码用四位阿拉伯数字表示,前两位为大类代码,后两位为中类顺序代码;小类代码用五位阿拉伯数字表示,前四位为中类代码,第五位为小类顺序代码。

大类和中类如果不再细分则用阿拉伯数字"0"补齐至第五位。大类、中类、小类中的"其他"类用"99"、"9"表示。

4.2 代码结构

本标准采用的代码结构图见图 1。

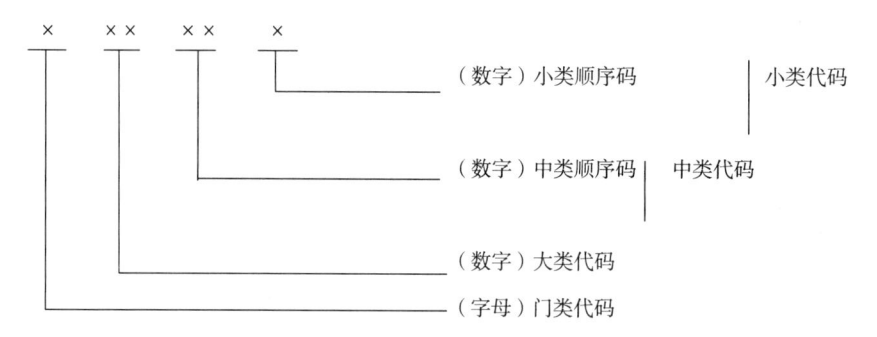

图 1 代码结构图

5 金融消费者投诉统计分类及编码

5.1 投诉业务办理渠道分类及编码

投诉业务办理渠道分类及编码表见表 1:

表 1 投诉业务办理渠道分类及编码表

代码				名称	说明
门类	大类	中类	小类		
A				投诉业务办理渠道	
	01	0100	01000	前台业务渠道	金融消费者通过银行前端进行咨询或办理业务发生的投诉:
		0101	01010	营业现场	——通过营业现场(含网点、流动柜台、驻点等)的柜面人员、大堂经理、理财经理、客户经理、保安等咨询或者办理业务时发生的投诉;

续表

代码				名称	说明
门类	大类	中类	小类		
		0102	01020	自助机具	——通过自动取款机（ATM）、循环自动柜员机（CRS）、远程视频柜员机（VTM）、自助发卡机、自助查询机等自助机具办理相关业务时发生的投诉（不含 POS 机）；
		0103	01030	电子渠道	——通过电子渠道咨询或办理业务时发生的投诉：
			01031	网银渠道	●通过网上银行咨询或办理业务发生的投诉；
			01032	电话渠道	●通过拨打电话咨询或办理业务发生的投诉；
			01033	移动客户端	●通过移动客户端咨询或办理业务或通过直销银行等手机软件咨询或办理业务发生的投诉；
			01034	网络公众平台	●通过官网、微信公众号、微信银行、微博等网络公众平台咨询或办理业务发生的投诉；
			01035	短信渠道	●通过短信方式办理业务发生的投诉；
			01039	其他	●通过其他电子渠道咨询或办理业务时发生的投诉；
		0104	01040	第三方渠道	——通过银行合作商户或其他合作的第三方渠道咨询或办理业务发生的投诉；
		0199	01990	其他	——通过上述之外的其他渠道了解、咨询或办理业务时发生的投诉。
	02	0200	02000	中、后台业务渠道	银行的产品设计、业务规则或进行风险管理等操作时引发的投诉，如信用卡积分赠送、账户异常、征信异议、信用卡账单等。

5.2 投诉业务类别分类及编码

投诉业务类别分类及编码表见表2：

表2 投诉业务类别分类及编码表

代码				名称	说明
门类	大类	中类	小类		
B				投诉业务类别	
	01	0100	01000	人民币储蓄	通过存折、存单等办理人民币存取款业务引起的投诉（通过银行卡办理存取款业务引起的投诉除外、因办理个人外汇储蓄业务引起的投诉除外）。
	02	0200	02000	贷款	在贷款申请、办理、偿还过程中引起的投诉：

续表

代码				名称	说明
门类	大类	中类	小类		
		0201	02010	个人住房贷款	——办理个人住房贷款引起的投诉；
		0202	02020	个人汽车消费贷款	——办理个人汽车消费贷款引起的投诉；
		0203	02030	教育助学贷款	——办理国家助学贷款或一般商业性助学贷款引起的投诉；
		0204	02040	其他消费贷款	——办理其他消费贷款引起的投诉；
		0205	02050	个人生产经营性贷款	——购买生产工具、商业用房等经营性贷款引起的投诉；
		0299	02990	其他	——除上述之外的其他贷款业务引起的投诉。
	03	0300	03000	银行卡	
		0301	03010	借记卡	
			03011	借记卡账户管理	• 与借记卡账户开户、销户、查询、对账及其他账户类业务有关的投诉；
			03012	借记卡收费及挂失	• 与借记卡年费和手续费及挂失有关的投诉；
			03013	借记卡使用	• 因借记卡使用（如使用借记卡存取现金、刷卡消费、转账结算等）引起的投诉（本标准已有明确业务分类的不纳入此项。如个人贷款、理财、代收代付、外汇业务等；因支付通道问题引起的转账结算、刷卡消费投诉计入支付结算的电子支付项下）；
			03014	借记卡市场活动及增值服务	• 与借记卡市场活动及增值服务有关的投诉；
			03015	借记卡盗刷	• 因借记卡被盗刷或疑似被盗刷引起的投诉；
			03019	其他	• 因有权机关查询、冻结、扣划引起的投诉； • 其他与借记卡有关的投诉；
		0302	03020	信用卡	
			03021	信用卡申请、开卡及换卡	• 与信用卡申请（额度审批）、卡片寄送、激活、到期换卡、毁坏换卡、卡类转换等有关的投诉；
			03022	信用卡使用和还款	• 与信用卡取现、转账、查询及对账、刷卡消费、分期还款、延期还款、额度调整等有关的投诉，包括因消费者对相关息费有异议引起的投诉（因支付通道问题引起的转账结算、刷卡消费投诉计入支付结算的电子支付项下）；
			03023	信用卡账单服务	• 与信用卡账单服务有关的投诉（因账单服务导致的征信异议纳入信用卡个人信用信息项下）；

续表

代码				名称	说明
门类	大类	中类	小类		
			03024	信用卡市场活动、积分及增值服务	• 与信用卡市场活动、积分、增值服务有关的投诉；
			03025	信用卡挂失及注销	• 与信用卡挂失、补卡及信用卡账户注销有关的投诉，包括因相关收费引起的投诉；
			03026	信用卡盗刷	• 因信用卡被盗刷或疑似被盗刷引起的投诉，包括因疑似盗刷导致个人信用信息异议引起的投诉；
			03027	信用卡个人信用信息	• 在办理、使用信用卡过程中与个人信用信息有关的投诉（因信用卡盗刷导致个人信用信息异议引起的投诉除外）；
			03029	其他	• 因有权机关查询、冻结、扣划引起的投诉； • 其他与信用卡有关的投诉；
		0303	03030	准贷记卡等其他卡类业务	——办理、使用功能介于信用卡与借记卡之间的卡类引起的投诉。
	04	0400	04000	自营理财	银行自营理财产品引起的投诉（银行代理理财产品放入银行代理业务项下）。
	05	0500	05000	支付结算	与支付结算业务有关的投诉：
		0501	05010	账户管理	——包括账户的开户、销户、挂失、查询及其他账户类业务（不含银行卡、票据、外汇账户）；
		0502	05020	资金汇划	——与资金汇划、转账结算、清算有关的投诉（不含银行卡、票据、外汇资金汇划）；
		0503	05030	票据	——与票据开立、承兑等业务有关的投诉；
		0504	05040	联网核查	——在相关业务办理中，因联网核查所引起的投诉；
		0505	05050	电子支付	——银行业金融机构电子支付业务（包括网上支付、电话支付、移动支付、ATM业务、POS业务和其他电子支付业务）引起的投诉；
		0506	05060	非银行支付机构网络支付	——通过非银行支付机构办理网络支付业务引起的投诉；
		0507	05070	汇兑业务	——因办理按址汇款、密码汇款等汇兑业务引起的投诉；
		0508	05080	多用途预付费卡	——因办理多用途预付费卡业务引起的投诉；
		0599	05990	其他	——除上述之外的其他支付结算类业务引起的投诉。

续表

代码				名称	说明
门类	大类	中类	小类		
	06	0600	06000	人民币管理	与人民币业务管理有关的投诉：
		0601	06010	残损、污损币兑换（收存）	——在残损、污损币兑换或收存过程中引起的投诉，不包括纪念币（钞）兑换收存引起的投诉；
		0602	06020	假币鉴定与收缴	——在假币鉴定与收缴过程中引起的投诉；
		0603	06030	小面额人民币兑换（收存）	——在小面额人民币兑换或收存过程中引起的投诉，不包括纪念币（钞）兑换收存引起的投诉；
		0604	06040	纪念币（钞）	——纪念币（钞）预约、发售（兑换）、流通、回收过程中产生的投诉；
		0699	06990	其他	——除上述之外的其他人民币管理业务引起的投诉。
	07	0700	07000	外汇	涉及外汇管理业务的投诉（因外汇理财业务引起的投诉应根据实际情况分别计入自营理财项下或银行代理业务项下）：
		0701	07010	个人结售汇	——与个人购汇、结汇和外币兑换有关的投诉；
		0702	07020	个人外汇汇款	——与个人外汇汇款及外汇资金划转有关的投诉；
		0703	07030	个人外汇交易	——与个人买卖外汇或交易外汇投资产品有关的投诉；
		0704	07040	个人外汇储蓄	——与个人外汇储蓄业务有关的投诉；
		0705	07050	外汇账户管理	——与个人外汇账户管理有关的投诉；
		0799	07990	其他	——其他与个人外汇业务有关的投诉。
	08	0800	08000	贵金属	与贵金属业务有关的投诉：
		0801	08010	自营实物贵金属	——金融机构自营的，与个人有关的购买、委托代保管和回购实物贵金属等业务以及因贵金属品质引起的投诉；
		0802	08020	自营账户贵金属	——金融机构自营的，个人开设贵金属账户，及对账户中的贵金属份额进行买卖、保证金缴纳等业务引起的投诉；
		0803	08030	代理贵金属交易	——代理贵金属交易过程中引起的投诉；
		0899	08990	其他	——其他与贵金属业务有关的投诉。
	09	0900	09000	个人金融信息	与个人金融信息有关的投诉（与信用卡个人信用信息有关的投诉除外）：
		0901	09010	个人信用信息采集	——与金融机构采集个人信用信息有关的投诉；

续表

代码 门类	大类	中类	小类	名称	说明
		0902	09020	个人信用信息使用	——与金融机构使用个人信用信息有关的投诉，包括查询、存储、保管、处理、分析和销毁等；
		0903	09030	个人信用信息异议处理	——因个人信用信息不准确及异议处理引发的投诉；
		0904	09040	除信用信息之外的个人金融信息的收集与使用	——与金融机构收集、查询、保存、加工、使用、提供和销毁个人金融信息有关的投诉（与个人信用信息有关的投诉除外）；
		0999	09990	其他	——其他与个人金融信息有关的投诉。
	10	1000	10000	银行代理业务	与银行代理业务有关的投诉（与银行代理贵金属业务有关的投诉除外）：
		1001	10010	代理保险业务	——因银行业金融机构代理保险业务引起的投诉；
		1002	10020	代理证券业务	——因银行业金融机构代理证券业务引起的投诉；
		1003	10030	代理期货业务	——因银行业金融机构代理期货业务引起的投诉；
		1004	10040	代理信托业务	——因银行业金融机构代理信托业务引起的投诉；
		1005	10050	代理基金业务	——因银行业金融机构代理基金业务引起的投诉；
		1006	10060	代理他行业务	——因代理中央银行、政策性银行、其他商业银行业务（如代理理财等）引起的投诉；
		1099	10990	其他	——其他银行代理业务引起的投诉。
	11	1100	11000	其他中间业务	涉及其他银行中间业务的投诉：
		1101	11010	个人资信证明	——涉及个人资信证明的投诉；
		1102	11020	保管箱	——涉及保管箱业务的投诉；
		1103	11030	代收代付业务	——涉及接受客户委托代为办理指定款项的收付事宜的投诉；
		1199	11990	其他	——涉及上述业务之外的中间业务的投诉。
	12	1200	12000	债务催收	金融机构自身或委托第三方进行债务催收引起的投诉：
		1201	12010	信用卡债务催收	——与信用卡债务催收有关的投诉，包括金融机构自身或委托第三方进行的信用卡债务催收；

续表

代码				名称	说明
门类	大类	中类	小类		
		1202	12020	贷款债务催收	——与贷款债务催收有关的投诉，包括金融机构自身或委托第三方进行的贷款债务催收；
		1299	12990	其他	——其他与债务催收有关的投诉。
	13	1300	13000	国库	与行政性收费、事业性收费等代理国库收付业务有关的投诉：
		1301	13010	国债	——与国债的购买与兑付有关的投诉；
		1302	13020	税收与行政事业性收费	——与个人税费、行政事业性收费的缴纳、退付有关的投诉；
		1303	13030	资金拨付	——与低保、社保发放等国库类资金拨付有关的投诉；
		1399	13990	其他	——其他与国库业务有关的投诉。
	99	9900	99000	其他	
		9901	99010	功能类业务	——涉及回单打印、系统功能、窗口排队等，与具体业务无关或消费者不愿提供业务类别的投诉；
		9902	99020	其他银行业务	——除上述业务，因其他银行业务引起的投诉；
		9903	99030	呼叫服务	——因金融机构客服服务、包括客户服务热线外拨，如金融机构营销、客户调查等引起的投诉；
		9999	99990	其他投诉	——不属于以上各类的投诉。

5.3 投诉原因分类及编码

投诉原因分类及编码表见表3：

表3 投诉原因分类及编码表

代码				名称	说明
门类	大类	中类	小类		
C				投诉原因	
	01	0100	01000	因服务态度及服务质量引起的投诉	与金融机构或其工作人员服务态度及服务质量相关的投诉：
		0101	01010	服务态度	——与营业网点工作人员（大堂经理、客户经理、柜面人员、保安等）、电话服务中心工作人员服务语言、服务态度、服务形象、服务礼仪相关的投诉；
		0102	01020	业务操作及效率	——与工作人员业务操作熟练程度、服务效率相关的投诉；

第五章 金融消费者投诉分类标准制定和实施

续表

代码				名称	说明
门类	大类	中类	小类		
		0103	01030	业务差错	——与金融机构及其工作人员业务差错、业务解释不准确、错账、分支行执行政策不一等相关的投诉；
		0104	01040	营业秩序	——与营业网点和电话服务中心服务时间、排队等候时间、客户引导分流、营业秩序等相关的投诉。
	02	0200	02000	因金融机构服务设施、设备、业务系统引起的投诉	与金融机构网点窗口设置、服务设施、设备、业务系统相关的投诉。
	03	0300	03000	因金融机构管理制度、业务规则与流程引起的投诉	与金融机构管理制度、业务规则与流程相关的投诉。
	04	0400	04000	因营销方式和手段引起的投诉	与金融机构及其工作人员营销方式和手段相关的投诉。
	05	0500	05000	因信息披露引起的投诉	与金融机构信息披露、消费者知情权相关的投诉。
	06	0600	06000	因自主选择权引起的投诉	与消费者自主选择权（包括消费者自主选择金融机构、产品品种、服务方式，自主决定购买或者不购买产品或服务，以及进行比较、鉴别和挑选的权利等）相关的投诉。
	07	0700	07000	因定价收费引起的投诉	与金融机构产品和服务定价、收费项目、收费标准等相关的投诉。
	08	0800	08000	因产品收益引起的投诉	与产品收益相关的投诉。
	09	0900	09000	因合同条款引起的投诉	与产品和服务合同条款相关的投诉。
	10	1000	10000	因消费者资金安全引起的投诉	与消费者资金、账户安全相关的投诉。
	11	1100	11000	因消费者信息安全引起的投诉	与消费者个人信息真实性、准确性和安全性相关的投诉。
	12	1200	12000	因债务催收方式和手段引起的投诉	与金融机构债务催收相关的投诉。

参 考 文 献

[1] GB/T 7027—2002 信息分类和编码的基本原则与方法
[2] GB/T 10113—2003 分类与编码通用术语
[3] GB/T 19012—2008 质量管理 顾客满意 组织处理投诉指南
[4] GB/T 20001.3—2015 标准编写规则 第3部分：分类标准
[5] JR/T 0061—2011 银行卡名词术语
[6] JR/T 0115—2014 金融信用信息基础数据库用户管理规范
[7] JR/T 0117—2014 征信机构信息安全规范
[8] 国务院.征信业管理条例（中华人民共和国国务院令第631号）.2013年1月21日.
[9] 国务院办公厅.国务院办公厅关于加强金融消费者权益保护工作的指导意见.2015年11月4日.
[10] 中国人民银行.中国人民银行金融消费者权益保护实施办法（银发〔2016〕314号）.2016年12月14日.

第六章 金融营销宣传行为监管制度体系建设[*]

进入 21 世纪后，在我国金融机构向现代金融企业转型的过程中，金融营销宣传开始兴盛起来，并在过去几年的互联网金融风潮中得以蓬勃发展。与此同时，违法违规金融营销宣传也相伴而生，使金融风险扩散速度加快、风险传播链条更宽，危害金融安全和社会稳定，损害了金融消费者合法权益。如何更好地监管违法违规金融营销宣传行为，对金融监管者提出了全新的挑战。本章以金融营销宣传行为监管制度体系建设要领为切入点，通过分析总结我国金融营销宣传行为监管制度体系现状与不足、域外相关制度体系建设经验教训等方面内容，提出建设我国现代金融营销宣传行为监管制度体系的政策建议。

一、我国金融营销宣传行为监管制度体系现状

（一）基本建立起金融营销宣传行为监管法律框架

在金融领域，《商业银行法》《银行业监督管理法》《证券法》《证券投资基金法》《保险法》《外汇管理条例》等法律法规从全面规范金融业务的角度对金融营销宣传行为规范作出了规定；从地方层面来看，截至 2022 年 6 月底，全国已有 16 个省、自治区、直辖市、计划单列市出台了地方金融监管法规，明确金融营销宣传行为监管要求。在一般领域，《消费者权益保护法》《广告法》《反不正当竞争法》等法律法规对商业广告及其他营销宣传行为作出了明确规定，《网络安全法》从规范互联网信息的角度提出了对营销宣传信息的要求，《个人信息保护法》从保护个人信息的角度对营销宣传行为作出了明确规定。现阶段，我国法律体系基本明确了金融营销宣传相关主体的权利和义务，基本覆盖了对各类金融产品营销宣传行为的监管规范，基本能够实现保护金融消费者合法权益、支持防范化解金融风险和维护金融安全稳定的总体目标。

（二）基本确立了多部门分工协作的监管体制机制

《广告法》明确由市场监管部门负责广告的监督管理工作，各有关部门负责各自监管领域的广告管理工作，确立了市场监管部门牵头、金融管理部门及互联网、工信、广电等部门配合监管金融广告的总体格局，各部门依托整治虚假违法广告联席会议机制开展分工协作。根据金融领域法律和《消费者权益保护法》《反不正当竞争法》，金

---

[*] 本章作者：马绍刚、钟磊、章于芳、李婧、钟瑞仪。

融管理部门负责监管金融营销宣传行为（金融广告除外），人民银行依法牵头建设了金融营销宣传行为监测治理体系，依托国务院金融委办公室地方协调机制、互联网金融监管协调机制等跨部门协作机制，协调"两会一局"和其他有关部门共同抓好相关监管工作。目前的工作格局能够基本满足对金融营销宣传行为的日常监管需要，保证金融营销宣传行业总体依法有序运转。

（三）基本发展出一整套金融营销宣传行为规则指引

在金融领域，金融管理部门推动出台了《国务院办公厅关于加强金融消费者权益保护工作的指导意见》，分别发布了《中国人民银行金融消费者权益保护实施办法》《商业银行理财业务监督管理办法》《商业银行互联网贷款管理暂行办法》《公开募集证券投资基金销售机构监督管理办法》《互联网保险业务监管办法》等监管规定，联合发布了《人民银行　银保监会　证监会　外汇局关于进一步规范金融营销宣传行为的通知》（银发〔2019〕316号），提出了金融营销宣传行为的定义，明确了金融营销宣传"三个清单"原则要求，细化了金融营销宣传行为重要原则和具体规则。在一般领域，市场监管部门牵头推动出台《广告管理条例》《互联网广告管理暂行办法》等法规文件，依据《广告法》细化了广告行为规则；国家互联网信息办公室发布了《互联网信息服务管理办法》等监管规定，明确了营销宣传类信息的传播规则。现阶段，金融营销宣传行为规则指引能够基本满足金融营销宣传主体开展合规工作的需要和金融消费者依法维权的需求。

（四）基本设置了金融营销宣传行为违法处罚条款

《广告法》规定了广告主、广告发布者及广告代言人等主体的金融广告违法责任，由市场监管部门依法实施罚款、吊销营业执照等处罚措施。依据《消费者权益保护法》《反不正当竞争法》等法律，法定监管部门对于金融营销宣传违法主体可以采取罚款、停业整顿和吊销营业执照等处罚措施。金融领域法律文件明确了金融管理部门可以依法对金融营销宣传违法主体采取处罚措施。如《中国人民银行金融消费者权益保护实施办法》规定，人民银行及其分支机构在职责范围内，有权依据《消费者权益保护法》第五十六条规定，对违反该办法的金融营销宣传主体予以处罚。《商业银行理财业务监督管理办法》规定，银行保险监管机构依据《银行业监督管理法》第四十六条规定对违反该办法的金融营销宣传主体予以处罚。《网络安全法》规定，网信部门对于发布违法信息的主体可以采取罚款、关闭网站等处罚措施。目前相关法律文件能够为监管部门惩治违法违规金融营销宣传行为提供依据，确保监管处罚"有法可依"，对市场主体起到一定的震慑作用。

（五）基本形成了金融营销宣传行为行业自律格局

金融行业自律组织和各地金融消费者权益保护协会积极开展金融营销宣传行为行业自律工作，通过倡导会员单位签署金融营销宣传行为自律公约、制定行业标准与规则、实施行业自律惩戒、开展合规宣传教育等形式配合监管部门规范金融营销宣传行为。中国互联网金融协会在人民银行指导下开发了互联网金融营销宣传监测系统、金

第六章 金融营销宣传行为监管制度体系建设

融广告监测管理信息系统和"金融广告随手拍"微信小程序等监测系统,为金融管理部门监测违法违规金融营销宣传活动提供坚实的技术支持。广告业协会和消费者协会等组织也积极开展金融营销宣传相关自律工作,指导广告机构依法制作发布金融广告,协助消费者依法维权。行业自律组织的积极行动在一定程度上支持和补充了监管部门工作,推动形成了自觉守法开展金融营销宣传活动的良好行业氛围。

但同时,基于对我国金融营销宣传发展现状的认识和与发达国家相关情况的比较,我国金融营销宣传行为监管制度体系还存在明显不足。一是缺乏统一权威的法律制度。目前我国没有一部统一权威的全面涵盖金融营销宣传行为监管重要事项的法律法规,金融营销宣传行为的基本原则、法律责任、监管要求等方面内容分散在多部法律法规之中,且大多不是直接针对金融营销宣传行为的规定,在法律适用过程中还有许多障碍。目前相对统一全面的金融营销宣传行为监管文件是《关于进一步规范金融营销宣传行为的通知》,但该通知仅为规范性文件,法律效力层级较低且不能设置罚则,执法威慑力尚有欠缺,一些难点重点工作的推进客观上面临一些困难。二是监管职责分工不够合理。对于当前最突出的无金融业务资质机构非法金融营销宣传问题,相关法律并未明确主要监管部门,该问题始终未能从根本上得到解决。同时,目前的监管资源配置一定程度上存在监管权和专业性上的错配——对于作为金融营销宣传最重要部分的金融广告,金融专业性相对更强的金融管理部门并无监管权;而拥有监管权的市场监管部门更关注涉及政治导向和食药监行业等的关系群众生命健康的广告监管,在金融领域方面专业性相对较弱且资源分配有限。上述现状使当前的金融营销宣传监管格局无法发挥出最优的监管效能。三是行为规则统一性、专业性、操作性不够强。目前的金融营销宣传行为规则相对分散,是原则性的,缺乏统一权威的行为规则和操作指引,同类型、同性质金融产品的营销宣传规则可能因监管部门差异、央地差异甚至是传播渠道差异而出现显著差别,从而埋下"监管套利"的隐患。部分规则仍停留在对传统营销宣传形式的规范水平,未能跟上当前营销宣传数字化、移动化、智能化的趋势。市场主体在操作过程中面临较多疑虑,致使其合规成本偏高、合规倾向转弱。四是违法处罚条款不够完善。如"e租宝""套路贷"之类的违法违规金融营销宣传诱使群众陷入非法金融活动,使其遭受严重财产损失和身心伤害,诱发重大金融风险,社会危害性极强,但目前对于金融营销宣传行为的违法处罚条款数量较少、力度不足,对违法违规金融营销宣传行为的处罚在适用相关法律上存在不少障碍,一些严重损害群众权益的金融营销宣传行为依据部门规章最多只能罚款 3 万元,而其导致金融消费者因被欺骗而遭受的经济损失可能高达数百万元,违法违规成本与其社会危害性明显不匹配。五是行业自律工作有待充实。目前行业自律组织对于规范金融营销宣传行为工作的参与程度仍然较低,工作形式也相对传统和单一,对于会员单位的约束手段不足,惩戒力度也较轻,未能充分顺应金融科技发展的新趋势担负起更多的新型行业自律职能,对行政监管的支持和补充还有较大的提升空间。

二、国际金融营销宣传行为监管制度体系建设经验

发达国家金融营销行为监管制度体系建设起步较早,积累了一定的良好经验可供我国借鉴。

(一) 出台统一的金融营销宣传行为监管法律

国际金融消费者保护组织(FinCoNet)发布的报告《金融广告与消费者保护:监管挑战与路径》显示,超过50%的受调查国家拥有统一的金融营销宣传行为监管法律制度,统一的法律制度能够有力保障金融营销宣传行为监管工作的统一性、权威性。英国于2000年出台《金融服务与市场法》,对金融营销宣传行为基本的原则性要求作出明确规定,并于2005年依据该法出台《金融营销令》,进一步明确了金融营销宣传行为的基础概念、规制范围、重要原则规则和其他相关事项,形成了统一的金融营销宣传行为监管法律制度体系。美国于2010年出台《多德—弗兰克法案》,将原有的18部消费者金融保护法全面统一起来,其中包含金融营销宣传行为监管内容。澳大利亚于2001年出台《公司法》,对金融营销宣传行为监管的相关事项作出了统一规定。日本于21世纪初先后出台《金融商品销售法》《贷金业法》,统一明确了金融营销宣传行为的监管要求。韩国于2020年出台了《金融消费者保护法》,统一对金融营销宣传行为监管事项设置了专章内容。

(二) 金融消费者保护部门拥有金融营销宣传行为主要监管权

金融营销宣传的主要对象就是金融消费者,发达国家普遍立法明确金融消费者保护部门对于金融营销宣传行为的主要监管权。根据《金融市场与服务法》,英国金融行为监管局(FCA)是英国的金融消费者保护部门,其拥有对所有金融产品和服务的营销宣传行为的主要监管权,在此基础上与英国广告标准局(ASA)开展监管合作,ASA主要介入金融营销宣传行为监管中涉及伦理、价值观、文化等方面的工作。根据《多德—弗兰克法案》,美国消费者金融保护局(CFPB)拥有对所有消费者金融产品营销宣传行为的规则制定权和对资产100亿美元以上金融机构的监管执法权,美联储(Fed)、货币监理署(OCC)等部门保留对非CFPB管辖的金融机构的监管执法权,CFPB与美国联邦贸易委员会(FTC)签署了监管合作备忘录,FTC负责监管非金融机构的消费者金融产品营销宣传行为。澳大利亚证券与投资委员会(ASIC)、日本金融厅(JFSA)、韩国金融服务委员会(FSC)均为本国的金融消费者保护部门,都拥有对本国金融营销宣传行为的主要监管权,并与本国广告监管部门开展监管合作。

(三) 设计系统完备的金融营销宣传行为规则指引

英国FCA制作了《全面指引手册》《合规手册》等指引文件,澳大利亚ASIC制作了《金融产品和服务(含信贷)营销宣传:良好行为指南》,全面包含了金融营销宣传行为的基础概念、规制范围、一般原则、具体规则、操作标准等方面监管要求,并对不同种类金融产品服务的营销宣传行为的具体规则要求作出了详细解释。面对新兴趋势,美国联邦金融机构检查委员会(FFIEC)发布了《社交媒体:消费者保护合规

风险管理指南》、英国 FCA 出台了《社交媒体金融营销宣传行为指南》等针对新媒体金融营销宣传行为的新型指南，以图片和官网视频等形式帮助市场主体开展合规工作。各国金融营销宣传行为规则具有较高借鉴价值的内容主要包括：扳机条款，即当金融营销宣传内容中出现涉及消费者权利义务的重要内容时，则触发强制的附加信息披露义务，宣传主体必须在同一页面中的醒目位置披露更加详细的信息并进行解释；代表性示例，即金融营销宣传中使用的利率、金额、期限、费用等重要数字，必须根据业务实际经营情况选用具有代表性的数值，并配以标准化的示例进行解释；媒介中性，即无论选取何种传播媒介，金融营销宣传都应遵守一致的监管原则和重要规则，宣传主体应避免使用不恰当的媒介开展金融营销宣传，如用短信营销金融衍生品等复杂金融产品；可比较性，即为利率、金额、期限、费用等数字设置统一的展示标准，便于消费者在不同金融机构、不同金融产品之间进行比较；人文关怀，如禁止在短期高利贷广告中出现强调贷款速度快、贷款便利性等可能诱导消费者轻视借款责任的内容，禁止明示或暗示消费者可以通过借取短期高利贷以资享乐或进行其他非必要的支出等；强制风险提示，如要求所有消费贷款广告均醒目提示"警告，逾期还款将导致严重的信用及财务问题，如需帮助请访问金融消费者保护部门网站或拨打金融消费者保护热线"等。

（四）明确金融营销宣传行为违法的严重法律责任

英国《金融服务与市场法》规定，未取得金融业务资质开展金融营销宣传活动属于犯罪行为，最高可能处以 2 年监禁和巨额罚金。澳大利亚《公司法》规定，以误导、虚假或欺骗性方式诱导消费者从事金融交易的行为，最高可处 10 年监禁和巨额民事或刑事罚金。美国《真实贷款法》等消费者金融法对于金融营销宣传行为的违法处罚条款设置十分严厉，CFPB 甫一成立便联合 FTC 对全国抵押贷款广告进行全面整顿，查处了多起抵押贷款违法案件，罚款金额普遍为数十万美元，其中就退役军人抵押贷款广告违法行为对美国新日金融公司罚款 200 万美元。日本、韩国等对于金融营销宣传行为的违法处罚条款也相当严厉，能够对市场主体起到极强的震慑作用。

（五）行业自律组织承担金融营销宣传事前审查的重要职能

各国行业自律组织普遍具有对金融营销宣传的事前审查职责，同时开展相关的自律规范工作。英国广告主管部门 ASA 本身就是广告业自律组织，依法承担了广告监管审查的重要职责，其下由广告事务委员会（CAP）和广播电视广告事务委员会（BCAP）负责具体自律工作，无偿提供广告刊播前的咨询和审查服务并开展前置性督导工作，督促广告主体执行 ASA 发出的监管指令。日本金融服务业协会和贷金业协会按照分工对金融广告进行事前审查，未通过审查的金融广告不得发布，对于违法金融广告可以要求广告主体修正、删除相关内容或停止发布相关广告。韩国贷款业协会在韩国 FSC 的指导下对贷款广告进行事前审查。美国金融业监管局（FINRA）是证券领域的行业自律组织，负责对会员单位的金融广告进行事前审查。

但同时，发达国家金融营销宣传行为监管制度体系也存在一定缺陷。一是西方金融监管制度理论存在内生缺陷,消费者权益被置于资本利益之下。西方资本主义国家的金融营销宣传行为监管制度理论主要根源于古典经济学理论,其价值根基就是借"市场自由"之名行"资本自由"之实。在西方监管者眼中,监管目的在于消弭信息不对称、恢复消费者信心,进而使市场恢复运转,为资本自由扩张提供场所,因此,消费者权益必须让位于资本利益,这也是2008年国际金融危机的根源之一。这样的理论土壤不可能产生真正保护金融消费者权益的法律,《多德—弗兰克法案》只是金融资本家与政客被美国民众"占领华尔街"的呼声恫吓出的妥协产物,新设CFPB的监管权力因遭到金融资本家的极力反对而严重受限,与美国学者伊丽莎白·沃伦最初提出的关于建立一个强大的金融消费者保护机构的构想相去甚远。二是法律体系过于庞大复杂提高治理成本,企业合规和消费者用法成本过高。英国、美国等的金融营销宣传行为监管法律体系十分庞大复杂,英国基于《金融服务与市场法》制定的金融营销宣传行为规则"事无巨细、一应俱全",相关规则指引动辄多达数十页甚至上百页,美国联邦—州二元"伞形"金融监管体制导致金融营销宣传行为相关法律规则不计其数、体系非常复杂,正所谓"过犹不及",由此导致的就是企业合规成本极其高昂,消费者在使用相关法律规则时也面临较大困难。三是监管体制设计不够合理,阻碍监管发挥应有的效能。美国CFPB拥有金融营销宣传行为监管的规则制定权,但其监管执法权却相对受限,大量资产规模较低的金融机构仍由联邦审慎监管部门和州金融监管部门负责监管执法,因目标冲突,审慎监管部门没有足够的动力做好行为监管工作,并可能因维护其所发牌照金融机构的利益,通过金融稳定监督委员会(FSOC)决策规则联合否决CFPB提议的新监管规则,而州监管部门也可能因为地方利益保护而在适用CFPB规则的过程中"阳奉阴违"。英国FCA本身属于公司制私营企业,尽管担负行政监管职责,但内部工作人员实行市场化薪酬管理方式,缺乏思想政治引领,近年来由于英国经济疲软,FCA降薪压力加大,内部稳定性愈发减弱,2022年6月更是遭遇大规模员工罢工的尴尬境地,金融营销宣传行为监管工作受到严重影响。有鉴于此,我国应对国际金融营销宣传行为监管制度体系建设经验予以辩证吸纳,去粗取精。

三、完善我国金融营销宣传行为监管制度体系的建议

(一)建立统一的金融营销宣传行为监管法律体系

立足我国实际,建议在延续金融营销宣传行为"三个清单"要求的基础上,通过分阶段逐级立法的方式,从两个方向入手建立统一的金融营销宣传行为监管法律体系。一是"自上而下",首先生出"树根",出台《金融消费者权益保护法》,明确金融营销宣传行为的重要原则性法律要求;其次长出"树干",出台行政法规层面的《金融营销宣传行为监督管理条例》,基于上位法要求明确重要概念和适用范围,细化金融营销宣传行为的重要规则和处罚条款;最后发出"枝叶",由金融管理部门依法出台相应的部门规章和规范性文件,进一步细化各类金融产品服务营销宣传行为的具体规则和标准。二是"自下而上",各有关部门推动将《关于进一步规范金融营销宣传行为的通

知》升格为联合部门规章，后续再逐级上升为行政法规，最终在制定《金融消费者权益保护法》或其他相关法律的过程中写入相关原则要求。同时，应统筹考虑即将出台的《地方金融监督管理条例》《金融产品网络营销管理办法》等法律文件，就重要的原则规则进行协调与整合，确保构建起能够全面覆盖金融营销宣传行为监管全链条、全领域、全渠道的完整法律制度体系。

（二）确立金融消费者权益保护部门在金融营销宣传行为监管中的核心地位

应当尽快推动出台《金融消费者权益保护法》或相关的高位阶法律法规，明确授予金融消费者权益保护部门对金融营销宣传行为的主要监管权。适时推动《广告法》修订，将金融广告监督管理权同时授予金融消费者权益保护部门，可以参照英国模式，由金融部门负责金融广告中金融专业领域事务的监管，广告监管部门主要负责金融广告中涉及政治导向、伦理价值、文化因素等方面事务的监管。应当理顺金融营销宣传行为监管的央地关系，在坚持金融监管主要是中央事权原则的基础上，充分发挥地方金融监管部门的监管职能，加快推动出台《地方金融监督管理条例》，明确由地方金融监管部门牵头打击无金融业务资质机构非法金融营销宣传活动，金融管理部门、广告监管部门等予以支持配合。同时，明确由金融消费者权益保护部门牵头建立跨部门、央地间金融营销宣传行为监管协作机制，金融管理、广告监管、媒体监管、网络监管、科技监管等领域监管部门共同参与，畅通信息交互、数据共享、线索移送和问题反馈等渠道，形成齐抓共治、合作有力、央地协同的金融营销宣传行为联合监管格局。

（三）制定一整套科学合理的金融营销宣传行为规则指引

应当紧盯我国金融营销宣传业态现状趋势，借鉴国际良好经验，制定一套有利于监管部门监管治理、有利于金融营销宣传主体理解执行、有利于金融消费者学习使用的金融营销宣传行为规则指引。要明确金融营销宣传行为的"正面清单"，强调金融营销宣传行为的资质要求，未取得金融业务资质的市场主体禁止作为金融经营主体开展金融营销宣传活动，只能为金融经营主体提供营销宣传方面的辅助性服务。要细化金融营销宣传行为的"负面清单"，在《关于进一步规范金融营销宣传行为的通知》八方面原则性禁止规定的基础上，将近年来新出现的明显损害金融消费者合法权益的营销宣传行为纳入"负面清单"，特别是要针对大数据、人工智能等技术支持下的新型营销方式作出明确规定，除了原有的禁止欺骗和误导金融消费者外，新增关于禁止利用金融消费者心理、生理等各方面弱点过度营销宣传金融产品和服务的行为的规定（即禁止消费者滥用）。制定相关规则时要充分听取金融营销宣传主体的意见建议，了解其在展业过程中面临的实际困难，确保相关规则具有较高的可操作性和可执行性，在保障金融消费者权益的基础上，维持好监管强制要求与市场发展合理诉求之间的平衡。应当参照国外良好经验，新增关于扳机条款、代表性示例、媒介中性、可比较性、人文关怀、强制风险提示等方面的行为规则，促进金融营销宣传中重要信息披露的标准化、规范化，确保金融消费者对金融产品和服务的"第一印象"维持在相对准确、无偏、清楚的区位，尽可能地作出理性的、兼顾自身短期和长远利益的金融消费决策。

此外，还应当关注金融营销宣传国际化和虚拟化两大趋势，与各国监管部门加强交流合作，对于涉及跨国金融交易、虚拟货币、非同质化代币（NFT）、元宇宙等领域的新型非法金融营销宣传活动，探索制定跨国界的和虚拟环境下的金融营销宣传行为监管规则。

（四）设置震慑力强的金融营销宣传行为违法处罚条款

应当充分认识违法违规金融营销宣传行为对金融消费者权益、市场信心和金融安全稳定的严重危害性，通过金融营销宣传行为监管的法律、行政法规、部门规章等法律制度分级设置好金融营销宣传行为的处罚规则，从欺骗误导程度、影响波及范围、主观恶意与否等多个方面考虑，对不同情形、情节的违法违规金融营销宣传行为设置适当的、标准清晰的处罚条款，惩罚力度应当比现阶段《广告法》处罚相同情形、情节的一般性虚假违法广告的惩罚力度更高。在具体处罚措施方面，对于违法机构主体可以考虑采取在行业内通报批评、禁止在一定时段内开展金融营销宣传活动、记入行业或企业信用平台"黑名单"、行政罚款、吊销营业执照和取缔金融牌照等处罚措施，对于违法个人可以采取在行业内通报批评、禁止其在一定时段内从事金融营销宣传业务、记入行业或社会信用平台"黑名单"、罚款乃至终身禁止从事金融营销宣传业务等处罚措施。

（五）赋权行业自律组织承担规范金融营销宣传行为的重要职能

应当倡导金融业、广告业和消费者保护等行业自律组织充分运用现有的自律规则、惩戒措施、行业统计和消费者研究等工具，协助监管部门监测识别违法违规金融营销宣传行为风险，汇总存储、统计梳理、深度挖掘金融营销宣传行为数据线索和重要信息，配合监管部门开展对金融营销宣传重点问题、发展趋势等方面的分析研判，在行政监管举措之前、之外对成员单位违法违规金融营销宣传行为施加行业自律规范和惩戒措施，同时加强对金融消费者心理、认知、行为等方面的调查研究，发挥好连接金融消费者、市场经营主体与监管部门的桥梁纽带功能，促进群众力量、行业力量与监管力量充分结合、形成合力。从长远看，可以探索由行业自律组织开展金融营销宣传事前自律性审查工作，由行业自律组织设计开发金融营销宣传事前审查系统设施，金融营销宣传主体将宣传方案及相关材料上传至系统中，由系统依托大数据、云计算、人工智能等技术自动完成合法性审查与金融消费者保护风险审查，从源头上降低违法违规金融营销宣传进入市场环境的概率。

（六）发展彰显"金融为民"理念的金融营销宣传理论和行业文化

"金融为民"的思想理念是贯穿我国红色金融事业发展始终的，金融营销宣传是服务于金融消费者认知金融产品的工具，而不能让资本把控着成为"割韭菜"的镰刀，要做到这一点，就必须发展创新现代金融营销宣传理论和行业文化。应当充分吸收现代行为经济学、认知科学、人工智能等学科领域关于金融营销宣传行为的新观点、新方法，大力发展以保护金融消费者为核心的现代金融营销宣传理论，指导市场主体完善自身的金融营销宣传实践，使金融营销宣传向金融消费者友好的方向发展，根据金融消费者阅读和理解习惯革新表达和传播模式,让金融营销宣传创新服务于提升金融消费者的获得感、幸福感和安全感。金融营销宣传本身还包含着文化的因素,对人们的消费习惯、兴趣偏好、生活理念甚至是价值观念都会起到潜移默化的影响作用,应当培育起尊重和保护金融消费者合法权益的金融营销宣传行业文化,维持好金融营销宣传商业利益追求与消费者保护责任之间的平衡,引导人们更多选择健康的金融消费和生活方式,更好服务于建设富强民主文明和谐美丽的社会主义现代化强国的宏伟目标。

第七章　金融领域债务催收行为的法律规制与治理*

随着我国经济"三期叠加"影响持续深化，经济下行压力加大，消费信贷领域债务逾期现象逐渐增多，但对债务催收的规范仍存在薄弱环节，侵害金融消费者权益的不当催收行为时有发生。同时，各类逃避债务偿还的反催收手段也层出不穷，其中的不当行为成为干扰正常金融秩序、影响金融稳定的隐患。本章基于对金融领域债务催收不当行为的界定与类型分析，梳理我国现行金融领域债务催收不当行为的法律规制及其不足之处，进一步分析金融领域反催收不当行为的特点、常见方式与危害以及成因，并介绍以美国、日本为代表的域外金融领域债务催收的法律规制借鉴，提出金融领域债务催收及反催收不当行为的治理路径。

一、金融领域债务催收不当行为的界定与类型分析

研究金融领域债务催收不当行为，首先需厘清金融领域、债务催收、不当行为等核心概念的边界，一方面在理论层面对相关概念进行界定，另一方面通过司法案例归纳实践中金融领域债务催收不当行为的主要类型。

（一）金融领域债务催收不当行为的理论界定

1. 金融领域债务催收的界定

债务催收是指当债务人出现违约或逾期还款的情况，债权人以自身名义或委托第三方债务催收机构以债权人名义收取欠款的活动，[1] 在涉及债权债务关系的金融领域与非金融领域普遍存在。本章从金融消费者权益保护角度出发，聚焦金融领域债务催收研究。

金融业是经营金融商品的特许经营行业，在中央金融监管领域，主要包括银行业、保险业、信托业、证券业和租赁业，其中以银行贷款业务与信用卡业务中的债务催收最为常见。在地方金融监管领域，小额贷款公司等机构在业务开展中也频发针对金融消费者的债务催收。原银监会、人民银行《关于小额贷款公司试点的指导意见》（银监发〔2008〕23号）、中国银保监会办公厅《关于加强小额贷款公司监督管理的通知》（银保监办发〔2020〕86号）将小额贷款公司作为给普惠金融重点服务对象提供金融

---

* 本章作者：余文建、马绍刚、李婧、高妮、张光源、钟瑞仪。
[1] 孙天琦，武岳，王昀，张晓东. 我国第三方债务催收市场调查报告［N］. 金融时报，2015 - 12 - 07.

服务的重要主体，关注其债务催收行为对金融消费者权益保护有着重要意义。

近年来，随着互联网技术的进步以及互联网与金融的快速融合，互联网金融迅速发展，出现了互联网支付、网络借贷、股权众筹融资、互联网基金销售、互联网保险、互联网信托和互联网消费金融等互联网金融主要业态，其中网络借贷与互联网消费金融是债务催收的多发领域。中国人民银行等十部门《关于促进互联网金融健康发展的指导意见》（银发〔2015〕221号）明确指出，互联网金融本质仍属于金融，故互联网金融债务催收属于金融领域债务催收的重要组成部分。

除上述合法金融业态外，金融领域存在部分无金融业务资质，专门从事非法放贷的公司。此类公司常与高利贷、"套路贷"挂钩，并伴随着大量债务催收不当行为，对金融市场健康发展与金融稳定造成了严重负面影响。因此，虽然此类非法放贷公司不属于正规持牌金融机构，但仍将其纳入金融领域债务催收不当行为的研究范围。

综上所述，本章研究的金融领域债务催收包括传统金融领域债务催收、互联网金融领域债务催收及非法放贷公司所从事的债务催收。

2. 金融领域债务催收的理论分类

以不同分类标准区分，可将金融领域债务催收分为不同类型。以催收主体为标准，金融领域债务催收可分为自行催收和委托第三方催收。以催收客体为标准，金融领域债务催收可分为个贷催收和商账催收，本章研究以自然人金融消费者为催收对象的个贷催收。以催收方式为标准，金融领域债务催收可分为非接触式催收、上门催收和诉讼催收。

3. 金融领域债务催收不当行为的界定及成因

社会舆论中，债务催收常与暴力催收、黑社会等负面词汇相联系，存在被污名化的倾向。但金融领域债务催收本身并不违法，相反，其是债权人请求债务人清偿债务的正当诉求，属于权利人向义务人提出履行请求的方式之一，构成诉讼时效中断的法定事由，对实现债权、消解不良资产累积风险具有必要性。

实践中，金融领域债务催收产生异化，出现种种不当行为的原因主要在于以下两个方面：从债务人角度看，对于部分恶意逃避还款义务的债务人而言，多数合法正当的债务催收行为对其不构成强制，通过诉讼进行催收耗时较长且可能难以执行，导致债务人自觉还款的意愿降低。而不当的债务催收行为通常给债务人造成生理或心理强制，债务人迫于压力不得不及时清偿债务，故债务催收不当行为客观上提升了债务人的还款意愿。从催收方角度看，无论是债权人自行催收或委托第三方进行催收，催收主体都面临回款率考核的压力，而债务催收不当行为能在很大程度上提升催收效率与回款率，成为催收方采取不当行为进行催收的内在动力。

金融领域债务催收不当行为的界定，可以从现行法律规范中寻找依据。现行法律、法规、规章及规范性文件中，涉及不当催收并加以具体描述的有三处，一是《刑法修正案（十一）》第二百九十三条之一规定"有下列情形之一，催收高利放贷等产生的非法债务，情节严重的，处三年以下有期徒刑、拘役或者管制，并处或者单处罚金：（一）使用暴力、胁迫方法的；（二）限制他人人身自由或者侵入他人住宅的；（三）恐吓、跟踪、骚扰他人的。"二是《商业银行信用卡业务监督管理办法》第六十八条规定"发卡银行……不得采用暴力、胁迫、恐吓或辱骂等不当催收行为。"三是《关于规范整顿"现金贷"业务的通知》（整治办函〔2017〕141号），其总述部分指出"现金贷"业务中不当催收问题十分突出，进而在业务开展原则中要求"各类机构或委托第三方机构均不得通过暴力、恐吓、侮辱、诽谤、骚扰等方式催收贷款。"从上述条文来看，《刑法》所规定的催收非法债务罪主要针对高利贷等非法债务，其他法律规范中的不当催收是较为广义的概念，采用暴力、胁迫、恐吓、侮辱、诽谤、骚扰等违法违规方式，催收合法或非法债务的行为都属于不当催收。故金融领域债务催收不当行为可界定为违反法律、法规、规章或规范性文件的各类债务催收行为，它既包括一般不当催收行为，也包括性质更为严重的非法催收行为甚至犯罪行为；既包括对非法债务的不当催收，也包括对合法债务的不当催收。

（二）司法实践中金融领域债务催收不当行为的类型分析

实践中，金融领域债务催收不当行为有哪些常见表现形式，主要分为哪几种类型，可以通过司法判决案例加以研究。在"北大法宝"网站[①]中，以"不当催收""非法催收"为关键词，审理法院级别设置为中级人民法院及以上，共收集案例111个，除去其中个人民间借贷、货物买卖等非金融领域纠纷案件40个，共得到有效案例71个。

在71个有效案例中，包含民事案件36个、刑事案件32个、行政案件3个。从催收主体来看，涉及银行不当催收行为的14个，其中6个为银行自行催收，8个为银行委托第三方进行催收；涉及网络贷款平台、消费金融公司、小额贷款公司等金融领域其他主体不当催收行为的20个，其中15个为自行催收，5个为委托第三方催收；涉及非法放贷、催收公司不当催收行为的37个。通过对上述案件进行梳理，司法实践中金融领域债务催收不当行为主要可以分为以下四种类型。

1. 侵害债务人人身、财产安全或人身自由

这是债务催收不当行为中恶劣性质较为严重的类型，暴力程度较高，对债务人人身、财产权造成了直接损害，常见的表现形式有非法拘禁、殴打债务人，强行抢夺债务人财物等。如在（2020）青01刑终133号案例中，某小额贷款公司在催收时将债务人强行带到公司进行殴打，并限制随意走动，只有债务人当场还款或许诺还款时间后才能离开，债务人人身安全和自由受到严重侵害。在（2020）皖15刑终103号案例中，被告公司非法从事汽车贷款抵押业务，并在债务人发生逾期后短时间内，以偷开、强抢方式扣押客户车辆，并以此为要挟向对方索要高额违约金、拖车费及剩余本息。在（2020）青01刑终183号案例中，非法放贷公司人员进入债务人家中，损毁铝合金门窗、玻璃等物，造成债务人财产损失4000余元。

---

① http://www.pkulaw.cn/Case，最后访问时间：2020年10月25日。

2. 侵害债务人人格尊严、生活安宁等精神性权利

除直接采用暴力冲突方式对金融消费者人身、财产造成物理性损害外，通过侮辱、恐吓、骚扰等行为对金融消费者造成较大精神压力，逼迫其还款，也是金融领域债务催收不当行为的常见方式。如在（2020）辽12刑终119号案例中，非法放贷组织在债务人居所楼道内、房门上用油漆喷涂侮辱、辱骂字样威胁，并到债务人工作的政府机关门前拉横幅，用高音喇叭喊话"某某国家工作人员欠债不还"等，对债务人的人格尊严造成侵害。在（2019）赣07刑终717号案件中，被告债务催收公司为催收债务，多次非法侵入债务人住宅并长期滞留，每天早上六七点钟用手机大声放音乐，晚上睡在客厅沙发上，有时半夜还做夜宵，严重影响了债务人家中孕妇的正常生活和休息，导致孕妇腹中胎儿早产夭折。

3. 向债务人以外的第三人催收

此种债务催收行为对第三人造成了侵扰，其不当性主要体现在以下两个方面：一是泄露了债务人隐私，二是催收人通常采用非法手段获取第三人个人信息，损害了第三人的个人信息安全权。

在债务人隐私权方面，催收人是否不应向债务人及其担保人以外的任何第三人透露债务人的债务信息，不同法院存在不同理解。在（2020）沪74行终4号案例中，某银行信用卡中心委托的第三方催收机构向债务人家人透露了其欠款信息，债务人因此向上海银保监局举报，上海银保监局在《举报事项答复书》中称："在您家人主动询问的情况下，该中心催收人员告知其您信用卡欠款事宜，存在向与债务无关第三方透露欠款信息的情况。对此，我局已责令该银行信用卡中心严肃整顿催收业务，对相关人员予以追责。"本案法院亦赞同银保监局的这一处理，体现了对向第三人透露债务信息从严把握的态度。但在（2015）沪一中民一（民）终字第3333号案例中，某银行工作人员向债务人妻子打电话进行催收，并透露债务人消费记录，告知其妻子其在酒店开房的信息，债务人认为银行侵害了其隐私权。但法院认为，债务人妻子并不是与债务无关的第三人，而是共同债务人，银行向其催收的行为并无不当，与前一案例态度截然不同。

在第三人个人信息安全权方面，由于催收人往往半强制收集债务人通讯录，以便在债务逾期后向通讯录中的联络人催收，这类信息收集行为并未获得被收集的信息主体同意，侵害了其个人信息安全权。如在（2020）鄂08刑终108号案例中，非法放贷公司在发放贷款前要求债务人下载QQ同步助手，将手机上所有联系人同步到QQ，并把QQ账号和密码发给该公司，该公司因此获取了债务人手机通讯录上所有人的电话号码。在债务逾期后，催收人开始给债务人的紧急联系人、父母打电话催收，并说一些侮辱言辞。如果债务人仍未还款，就通过群呼软件向其通讯录上的经常联系人持续不断地电话催收，迫使债务人还钱。

4. 以欺诈方式进行催收

部分催收人采取虚假陈述，假冒警察、律师等欺诈手段对债务人进行催收，违反

民法中的诚实信用原则，并可能涉嫌犯罪。如（2020）陕01刑终69号案例中，被告催收公司员工多次冒充国家机关工作人员，伪造公安机关立案决定书、逮捕通知书、法院传票、执行通知书等国家机关公文发送给债务人，并冒充公安机关、法院名义给债务人发短信，致使债务人误以为其被司法机关处理，这一行为严重损害国家机关威信。

二、我国现行金融领域债务催收不当行为的法律规制及域外经验借鉴

（一）我国现行金融领域债务催收不当行为的法律规制

目前，我国尚无关于金融领域债务催收的专门性法律规范，根据债务催收不当行为的类型及其所侵害的债务人权益不同，分别由相应的民事、刑事或行政法律规范加以规制。按不同法律效力层级划分，我国现行金融领域债务催收不当行为的法律规制体系如下。

1. 《宪法》层面

《宪法》是我国的根本大法，对公民享有的基本权利进行了规定，构成金融领域债务催收行为的边界与底线。具体来说，《宪法》明确公民的合法私有财产不受侵犯，国家依照法律规定保护公民的私有财产权；公民的人身自由不受侵犯，禁止非法拘禁和以其他方法非法剥夺或者限制公民的人身自由，禁止非法搜查公民的身体；公民的人格尊严不受侵犯，禁止用任何方法对公民进行侮辱、诽谤和诬告陷害；公民的住宅不受侵犯，禁止非法搜查或者非法侵入公民的住宅。实践中对金融领域债务催收不当行为的规制，一般需通过其他各项法律规范对《宪法》权利加以具体化后再做实际运用。

2. 法律层面

我国现行法律中对金融领域债务催收并无整体性规定，《刑法修正案（十一）》规定了"催收非法债务罪"，仅针对催收高利放贷等产生的非法债务的行为，而《民法典》《刑法》《治安管理处罚法》中有关公民权利及禁止性行为的一般规定，分别从民事、刑事、行政领域对相应金融领域债务催收不当行为设置了规范依据。

（1）2020年5月颁布的《民法典》系统整合了新中国成立以来长期实践形成的民事法律规范，是我国市场经济的基本法，在法律体系中居于基础性地位。其中涉及债务催收不当行为的规定主要有：民事主体的人身权利、财产权利以及其他合法权益受法律保护，任何组织或者个人不得侵犯；民事主体从事民事活动，应当遵循诚信原则，秉持诚实，恪守承诺；民事主体从事民事活动，不得违反法律，不得违背公序良俗；自然人的人身自由、人格尊严受法律保护；自然人享有生命权、身体权、健康权、姓名权、肖像权、名誉权、荣誉权、隐私权、婚姻自主权等权利；自然人的个人信息受法律保护等。

其中，在实践中运用较多且存在一定分歧的是公民名誉权的相关规定。如在（2019）粤03民终33901号案例中，某网贷平台委托的第三方公司通过向债务人通讯录中的不特定人发送合成的不雅图片，向债务人施压要其还款，法院认为此举降低了

债务人的社会评价，侵害了债务人的名誉权。而在（2019）浙 0192 民初 2537 号、（2019）琼 01 民终 2104 号等更多案例中，法院认为根据《最高人民法院关于审理名誉权案件若干问题的解答》第七条的规定，是否构成侵害名誉权的责任，应当根据受害人确有名誉被损害的事实、行为人行为违法、违法行为与损害后果之间有因果关系、行为人主观上有过错来认定。以书面或口头形式侮辱或者诽谤他人，损害他人名誉的，应认定为侵害他人名誉权。实践中法院往往认为如果催收人仅告知他人债务人欠款的事实，并不存在诽谤、侮辱的情形，不构成侵害名誉权；同时，由于债务人难以提供充足证据证明其社会评价确被降低，其关于名誉权受侵害的主张较难获得法院支持。

（2）《刑法》是最严厉的法律制裁方法，通过刑罚对金融领域债务催收中构成犯罪的不当行为进行规制。根据《刑法》规定，债务催收不当行为可能触犯的罪名主要有催收非法债务罪、故意伤害罪、非法拘禁罪、绑架罪、非法侵入住宅罪、侮辱罪、诽谤罪、侵犯公民个人信息罪、寻衅滋事罪、强迫交易罪、敲诈勒索罪、故意毁坏财物罪、招摇撞骗罪等。

在本章研究的 71 个有效案例中，25 个涉及寻衅滋事罪，11 个涉及非法拘禁罪，10 个涉及敲诈勒索罪，8 个涉及非法侵入住宅罪，6 个涉及组织、领导、参加黑社会性质组织罪，5 个涉及侵犯公民个人信息罪，2 个涉及强迫交易罪，1 个涉及招摇撞骗罪。其中占比最高的为寻衅滋事罪，金融领域债务催收不当行为中常见的滋扰手段，多被认定为寻衅滋事。如在（2019）晋 05 刑终 220 号案例中，法院认为某银行委托的第三方催收公司在催收过程中，在债务人居住的小区、单位张贴寻人启事，到债务人单位静坐，打电话或发短信进行恐吓、威胁，甚至在债务人住处、经营场所撒鸡粪、拉横幅等，严重破坏了他人正常的工作、生活秩序及公民的居住安宁，造成了恶劣的社会影响，构成寻衅滋事罪。

（3）《治安管理处罚法》是行政领域的法律规范，可对金融领域债务催收不当行为中扰乱公共秩序，妨害公共安全，侵犯人身权利、财产权利，妨害社会管理，具有社会危害性，但尚不够刑事处罚的，实施行政处罚。《治安管理处罚法》规定的违法行为中，金融领域债务催收不当行为可能触犯的有：非法限制他人人身自由；非法侵入他人住宅或者非法搜查他人身体；写恐吓信或者以其他方法威胁他人人身安全；公然侮辱他人或者捏造事实诽谤他人；多次发送淫秽、侮辱、恐吓或者其他信息，干扰他人正常生活；散布他人隐私；殴打他人或者故意伤害他人身体；抢夺、敲诈勒索或者故意损毁公私财物；强拿硬要或者任意损毁、占用公私财物；冒充国家机关工作人员或者以其他虚假身份招摇撞骗等。

（4）《个人信息保护法》于 2021 年 8 月正式发布，根据其规定，个人信息是以电子或其他方式记录的与已识别或者可识别的自然人有关的各种信息，债务人的债务信息、第三人的通讯信息都属于个人信息范畴。对于个人信息的处理规则，《个人信息保护法》进行了全面规定，如应遵循"知情—同意"、合法、正当、必要和诚信原则，不得非法公开他人个人信息，债务催收不当行为中向第三人披露债务人的债务信息，以及未经信息主体同意收集债务人通讯录中他人的电话号码信息,都属于违法行为。同时,《个人信息保护法》规定金融账户属于敏感个人信息,处理敏感个人信息应当取得个人单独同意,并告知处理的必要性及对个人权益的影响。如果金融机构将债务人的金融账户信息提供至第三方催收公司而未履行上述义务,同样属于违法行为。

3. 行政法规层面

我国现行法律体系中,行政法规层面暂未有可用于规制金融领域债务催收不当行为的相关规定。

4. 部门规章层面

银保监会(包括原银监会)从多个不同的业务领域对债务催收作出了相应规定,主要涉及商业银行信用卡业务、保理业务、互联网贷款业务,以及消费金融公司的债务催收行为。

(1)《商业银行信用卡业务监督管理办法》(中国银行业监督管理委员会令2011年第2号)是第一部对金融领域债务催收行为作出较为明确规定的部门规章,相关规定主要有:"发卡银行不得对催收人员采用单一以欠款回收金额提成的考核方式。""发卡银行应当对债务人本人及其担保人进行催收,不得对与债务无关的第三人进行催收,不得采用暴力、胁迫、恐吓或辱骂等不当催收行为。对催收过程应当进行录音,录音资料至少保存2年备查。"以及信用卡催收函件应当对持卡人披露的基本信息。

(2)《消费金融公司试点管理办法》(中国银行业监督管理委员会令2013年第2号)第三十二条规定:"借款人未按合同约定归还贷款本息的,消费金融公司应当采取合法的方式进行催收,不得采用威胁、恐吓、骚扰等不正当手段。"

(3)《商业银行保理业务管理暂行办法》(中国银行业监督管理委员会令2014年第5号)第六条第(一)项规定:"应收账款催收:商业银行根据应收账款账期,主动或应债权人要求,采取电话、函件、上门等方式或运用法律手段等对债务人进行催收。"第二十五条规定:"商业银行应当直接开展保理业务,不得将应收账款的催收、管理等业务外包给第三方机构。"

(4)《商业银行互联网贷款管理暂行办法》(中国银行保险监督管理委员会令2020年第9号)第五十六条规定:"商业银行不得委托有暴力催收等违法违规记录的第三方机构进行贷款清收。商业银行应明确与第三方机构的权责,要求其不得对与贷款无关的第三人进行清收。商业银行发现合作机构存在暴力催收等违法违规行为的,应当立即终止合作,并将违法违规线索及时移交相关部门。"

5. 规范性文件层面

仍以银保监会(包括原银监会)制发的各项通知为主,相较于高位阶法律规范而言规定更为具体。

(1)《中国银监会关于进一步规范信用卡业务的通知》(银监发〔2009〕60号)第十三条规定:"银行业金融机构应审慎实施催收外包行为……不得单纯按欠款回收金额提成的方式支付佣金。"第十四条规定:"银行业金融机构承担相应的外包风险管理责任。"

（2）中国银监会、中央网信办、教育部、工业和信息化部、公安部、工商总局联合印发的《关于进一步加强校园网贷整治工作的通知》（银监发〔2016〕47号）规定："不得采取非法催收等手段胁迫借款人还款""各地公安机关要加大对有关非法拘禁、绑架、暴力催收等违法犯罪活动的打击力度"。

（3）《关于规范整顿"现金贷"业务的通知》（整治办函〔2017〕141号）规定："各类机构或委托第三方机构均不得通过暴力、恐吓、侮辱、诽谤、骚扰等方式催收贷款。"

（4）《中国银保监会办公厅关于加强小额贷款公司监督管理的通知》（银保监办发〔2020〕86号）规定："小额贷款公司应当按照法律法规和地方金融监管部门的要求，规范债务催收程序和方式。小额贷款公司及其委托的第三方催收机构，不得以暴力或者威胁使用暴力，故意伤害他人身体，侵犯人身自由，非法占有被催收人的财产，侮辱、诽谤、骚扰等方式干扰他人正常生活，违规散布他人隐私等非法手段进行债务催收。"

（5）《中国银保监会办公厅关于印发融资性信保业务保前管理和保后管理操作指引的通知》（银保监办发〔2020〕90号）对保险公司自催收和委外催收管理制度作了原则性规定，同时是目前对债务催收不当行为描述最为详细的规范性文件。该通知第十三条规定："催收工作不得存在以下行为：（一）通过暴力、胁迫、恐吓、侮辱、诽谤、骚扰等方式催收；（二）对履约义务人/担保人进行言语攻击，故意挑衅、刁难、责骂、刺激履约义务人/担保人；（三）虚报减免金额或承诺明知不可能操作的事项来诱导履约义务人/担保人缴款；（四）冒充公、检、法等国家机关工作人员进行催收；（五）在催收过程中收取现金及财物；（六）逾期催收的款项进入个人账户；（七）未经履约义务人/担保人许可，公开其姓名、肖像、住址和电话号码；（八）非法侵入、搜查履约义务人/担保人住宅，或以其他方式影响他人居住安宁；（九）其他违反法律法规或有损行业形象的不当行为。"

除针对金融领域债务催收不当行为的规定外，有关部门关于"讨债公司"也出台了一系列文件。《最高人民法院、最高人民检察院、公安部、司法部关于公检法司机关不得成立"讨债公司"的通知》（法〔办〕发〔1988〕16号）、《国家工商行政管理局关于停止办理公、检、法、司机关所属"讨债公司"登记注册有关问题的通知》（工商企字〔1993〕124号）、《公安部、国家工商行政管理局关于禁止开办"讨债公司"的通知》（公通字〔1995〕87号）、《国家经济贸易委员会、公安部、国家工商行政管理局关于取缔各类讨债公司严厉打击非法讨债活动的通知》（国经贸综合〔2000〕568号）等均对专门性债务催收公司持否定态度。

6. 行业自律规范层面

行业自律组织实现自我约束、自我管理的一个重要途径就是制定行业自律规范，在金融领域债务催收方面，中国银行业协会于2010年出台了《中国银行业协会委外催收机构管理办法》，对银行业金融机构委外催收进行管理；中国支付清算协会 2014 年制定了《银行卡业务风险控制与安全管理指引》，其中第六十六条至第六十八条对信用卡催收作出了规定；中国互联网金融协会 2018 年组织签署了《互联网金融逾期债务催收自律公约（试行）》，为互联网金融领域债务催收行为确立了遵纪守法、规范审慎、保护隐私、严格自律的基本原则，对失信惩戒、业务管理、人员管理、信息管理、外包管理、投诉处理等作了具体规定，明确了债务催收行为的正负面清单，设定了执行与惩戒机制，旨在保护债权人、债务人、相关当事人及从业机构合法权益，促进行业健康发展。

（二）金融领域债务催收现行法律规制体系的不足

1. 立法较为分散，统一的专门性规范缺失

我国现行法律体系中，并无对金融领域债务催收的统一性规定，相关规定分散在各法律部门、各层级的规范中。行政法规及以上的规范中，尚未对债务催收有专门规定，而是通过对债务人合法权益的一般性保护、对违法犯罪行为的普遍性规制，将金融领域债务催收中触及这些条款的不当行为纳入规制，并未对债务催收治理有特殊考量。明确针对金融领域债务催收不当行为的规制则多依托于行业监管规定，分散在信用卡、保理、互联网贷款、小额贷款等各专门领域中，缺乏体系性且立法内容趋同；从内容上看，大多数规定为原则性规定，通常表述为"不得采用暴力、胁迫、恐吓或辱骂等行为"，管理机制等监管框架欠缺。

2. 法律层面的一般性规定门槛较高，可通过有意规避形成灰色地带

如前所述，在民事领域，名誉权侵权行为需要证明债务人确有名誉被损害的事实等四个要件，对债务人来说举证难度较大，其名誉权受损时常难以认定。在刑事领域，以非法拘禁罪为例，须满足非法拘禁持续时间超过 24 小时或 3 次以上非法拘禁他人等条件方可立案，若催收人对债务人实施 2 次 20 小时的非法拘禁，则不构成非法拘禁罪，只能降格适用行政处罚。催收人往往利用这些灰色地带，实施尚未达到法律规定构成要件的债务催收不当行为，在给债务人带来精神压力的同时，规避法律惩戒。

3. 具体规定效力层级较低，违规成本及威慑力不足

对金融领域债务催收不当行为的具体规定主要集中于部门规章及规范性文件中，缺少上位法的有力支撑与统领，效力范围有限。就《中国银保监会办公厅关于印发融资性信保业务保前管理和保后管理操作指引的通知》（银保监办发〔2020〕90 号）而言，虽然其详细规定了债务催收的九项禁止性行为，但规范性文件不能设定行政处罚，而目前涉及金融领域债务催收的四部部门规章并未对相关不当行为设置法律责任，导致这两个层级的规范虽然对债务催收进行了一定规定，但缺少相应的处罚措施与监管手段督促催收人遵守相关规定，以致金融机构或其委托的第三方等倾向于为经济利益违反监管规定。

（三）域外金融领域债务催收的法律规制借鉴

域外许多发达国家与地区均在金融领域债务催收方面制定了较为成熟的法律规范，

如美国 1977 年的《公平债务催收作业法》、英国 2003 年的《债务催收指引》、日本 1988 年的《债权管理回收业特别措施法》、我国香港地区 1998 年的《个人信贷资料实务守则》等。其中，美国与日本分别采取了行为规制与行业规制的模式，在此作为英美法系与大陆法系的代表作重点介绍。

1. 美国

美国 1977 年颁布的《公平债务催收作业法》是世界上第一部债务催收领域的专门立法，主要内容包括立法目的、债务催收的主体和客体、债务催收机构及其执业人员的法定义务、债务催收的禁止性行为、债务人的法定权利、债务催收行业的行政执法、债务催收机构及执业人员的法律责任[1]。美国债务催收法律规制的主要特点有以下几个。

（1）通过立法明确催收人的义务。一是禁止对消费者进行烦扰和虐待，例如禁止债务催收机构使用或威胁使用暴力或其他犯罪手段，造成任何人身、名誉或财产的伤害；二是禁止使用不实、欺诈或误导的陈述或手段，例如债务催收机构与消费者联系时，必须披露自身的身份与催收债务的目的；三是禁止采取不公平或不合理的方式收债或试图收债，例如债务催收机构不得在债务人不方便的时间打催收电话，特别是在晚间 9 时至早晨 8 时之间[2]。具体而言，明确了催收人在联系债务人过程中的五项义务和债务催收的八项禁止性行为。

（2）明确债务催收行业监管机构。美国联邦贸易委员会（FTC）和消费者金融保护局（CFPB）对债务催收行业共同实施监管。根据《公平债务催收作业法》第 814 条的规定，美国联邦贸易委员会为该法的执行机构，对于消费者集中投诉的不公平债务催收行为，可展开调查并与债务催收人进行谈判解决，谈判不成的可提起诉讼[3]。消费者金融保护局对《公平债务催收作业法》具有解释、修改和颁布新规则的权力，同时也负责接收债务催收领域的投诉。

（3）设立行业自律组织实施自律监管。1939 年美国国际信用催收协会成立，作为债务催收行业的自律组织，该协会发挥了政策法律协调、教育培训服务、自律合规监督、行业信息共享和会员困境协助等作用[4]，形成了政府监管与行业自律相辅相成、良好互动的局面。

2. 日本

日本 1988 年颁布的《债权管理回收业特别措施法》将债务催收作为一种特殊行业予以规制，该法具体规定了债权回收公司的成立、经营、破产等规范，均带有明显的行业规制色彩。其主要特点包括以下几个。

---

[1] 林钧跃. 世界各国信用相关法律译丛（北美卷）[M]. 北京：中国方正出版社，2005：212 - 221.
[2] 孙天琦，武岳，王昀，张晓东. 我国第三方债务催收市场调查报告[N]. 金融时报，2015 - 12 - 07.
[3] 侯乐. 如何规范债务催收——美国《公平债务催收法》之镜鉴[J]. 银行家，2017（7）：128.
[4] 谭曼，段明. 中国债务催收行业的机遇、挑战及其治理[J]. 首都师范大学学报（社会科学版），2019（2）：51 - 52.

（1）明确债务催收主体与客体。《债权管理回收业特别措施法》主要规范第三方债务催收人，根据该法第 2 条的规定，催收客体为特定金钱债权，并进一步列举了其"特定"范畴包括银行、保险等金融机构的贷款，资产证券化中产生的金钱债权等。

（2）对第三方债务催收组织设置设立许可与准入门槛。根据《债权管理回收业特别措施法》第 5 条的规定，第三方债务催收公司必须符合一定条件方能得到设立许可，主要包括三点：一是资本额必须达 5 亿日元以上；二是组织形式必须为股份有限公司；三是任职资格的限制，至少有一位董事具有律师资格，不得为暴力组织成员所控制或利用。对于从事债务催收的人员，该法也设定了相应的标准，如不得为黑社会性质组织的成员、没有接受过监禁以上的刑罚、未曾在债务催收过程中存在不正当或不诚信的行为。[①]

（3）行政主导与行业自律高度融合。日本对债权管理回收业的管理主要由法务省负责，在决定许可时需要听取警察厅和律师联合会的意见，反映了政府对于债务催收行业暴力程度的认识以及基本的行政主导型监管逻辑。日本贷金业协会于 2007 年成立，其虽为行业组织，但具备日本首相认可成立的"认可法人"地位，事实上承担了政府的部分监管职能而具有"准政府机构"的性质，具有包括规章制定、投诉处理、公关调研、法律咨询、从业人员资格考试和登记、业务研究、广告审查和监督检查，甚至行政罚款的权力[②]，这也从另一个侧面证明了日本债务催收监管的行政主导性质。

三、金融领域反催收不当行为的现状与成因分析

与金融领域债务催收相生相伴的另一个问题是反催收。过去在监管上更关注债务催收不当行为，将其作为金融消费者权益保护工作中的一个重点问题予以规制。但近年来，反催收现象开始出现，尤其是新冠疫情暴发以来，反催收案例数量增长较快，随之而来的是投诉量上升、贷款难以收回、法院判决执行难等问题，对贷款机构的正常经营造成影响和冲击。如果说金融领域催收不当行为侵犯债务人的合法权益，那么反催收则是债务人运用违法违规手段逃避自身应当履行的义务，将风险不当转嫁给债权人，当涉及的债务金额积累到一定规模后，同样会对整个金融体系造成风险，影响金融稳定，因此"打击恶意逃废债"被写入了 2020 年中央政府工作报告中。由于疫情对就业的影响仍在持续，部分债务人仍然无法按期偿还债务，反催收不当行为问题将在可预见的一段时间内继续存在。鉴于上述原因，本章选取了部分银行业金融机构以及消费金融公司为调研对象，结合相关新闻报道，对债务反催收问题进行了研究。

（一）反催收问题现状

研究反催收问题需要从反催收活动的特点、常见不当行为和产生的危害等方面

---

① 谭曼，段明. 中国债务催收行业立法论纲 [J]. 湘潭大学学报（哲学社会科学版），2019（6）：66.
② 孙章伟，王聪. 日本"消金三恶"与治理研究 [J]. 现代日本经济，2011（1）：43.

入手。

1. 反催收活动的特点

一是反催收活动呈现高发状态。以消费贷为例，根据某消费金融公司反映，2020年上半年，特别是3月份和4月份，网络出现大量中介机构在线下及各类社交、电商平台上分享经验，宣称帮助债务人"停掉高额违约金、利息""减少还款金"，仅2020年上半年该公司就发现类似情况34起。另一公司估算各平台反催收账号多达数百个，粉丝高达500多万人。消费金融贷款机构债务催收投诉占比普遍较高，大部分参与调研机构的债务催收投诉占比在10％以上，部分机构债务催收投诉占比超过总投诉量的一半。大部分消费金融贷款机构反映遇到过反催收行为。通过微信、QQ、知乎、抖音、西瓜视频等线上平台检索关键词"反催收"，可以搜到很多相关的账号、QQ群、文章和视频，如在知乎、抖音、西瓜视频、微信公众号等平台均可搜索到某一财经类账号，其上传"逾期反催收技能"系列视频教授如何在逾期后应对催收，传递了错误的价值观，每个视频播放量从几百到数千次不等，并建立一个1429人的QQ群。二是反催收行为逐渐专业化、组织化。当前，反催收已不仅仅是"单人作战"，而是逐渐趋向有组织的专业化运作。根据调研发现，反催收组织常常以商业咨询、法律咨询、网络科技信息等名目成立公司，一些公司里还有律师、风控等专业人士。此外，这些公司还提供"一条龙"服务，闲鱼平台上的某些店家表示可在无刑事风险的前提下提供防催收、拉长还款周期、规避罚息等系列服务，有的店家还称可提供从获得"新口子"到"逃废债"的一条龙服务，即帮助借款人从金融机构骗贷，然后协助借款人逃脱债务。三是反催收活动大部分涉嫌违法违规。一方面，部分反催收组织和人员并未取得合法的资质，其经营范围可能超出工商登记许可范围，涉嫌非法经营。比如微信公众号"逾期反催收服务"主页显示其账号主体是"某某市航空基地某某百货店"，经查询，其工商登记的经营范围是"网上销售日用百货、服装鞋帽、箱包皮具、化妆品、家居用品、母婴用品"，反催收业务明显超出了工商登记的经营范围。另一方面，由于反催收组织运作的成功率并不能得到保证，债务人不仅可能无法减免债务，反而会被反催收组织以各种手段敲诈勒索，造成财产损失。同时，在与反催收组织合作的过程中，债务人的个人信息已被反催收组织掌握，这些信息的安全无法得到保障，极有可能被泄露或者被非法使用，对债务人人身财产安全造成威胁。

2. 反催收不当行为常见方式

当前，在相关组织和人员指挥下，反催收不当行为的方式越来越多样化，总结起来可以概括为以下几种：一是恶意投诉。投诉人在并不具有法律依据或合理事实的情况下，通过单次或者反复投诉的方式，对贷款机构施加压力，以达到迫使贷款机构满足其减免欠款或者延长还款期限的要求。自疫情暴发以来，许多贷款机构对受疫情影响而暂时失去收入来源的个人采取优惠政策，但一些债务人不当利用这些政策，通过制造噱头（如声称采取极端行为）逼迫贷款机构减免费用、宽限还款。此外，一些债务人还试图利用金融监管部门向贷款机构施压，通过拨打金融监管部门投诉电话，迫使贷款机构让步或者作为谈判的筹码。某银行信用卡中心表示，职业投诉人不断通过各种方式获客，吸引并指导债务人向监管部门投诉达成其延期还款、不还款的目的，传授反催收应对话术与贷款机构周旋，甚至有不少历史结清客户要求退还息费。二是拖延。部分债务人以消极拖延的态度应对贷款机构的催收行为，比如面对催收人员的电话，欠款人寻遍各种理由与催收人员消磨时间。还有一些债务人在反催收组织的指导下，钻监管规定的空子，采用"以小博大"的方式拖延还款，如很多反催收教学视频中提到"停息挂账"，依据的是《商业银行信用卡业务监督管理办法》第七十条规定："在特殊情况下，确认信用卡欠款金额超出持卡人还款能力且持卡人仍有还款意愿的，发卡银行可以与持卡人平等协商，达成个性化分期还款协议，个性化分期还款协议的最长期限不得超过5年……双方达成一致意见并签署分期还款协议的，发卡银行及其发卡业务服务机构应当停止对该持卡人的催收，持卡人不履行分期还款协议的情况除外。"部分债务人选择在"还款意愿"上做文章，保证每个账单期有还款记录，如果无法偿还每期最低还款金额，则每天还1元，相对充裕时每个月还一两百元，通过这种方式与贷款机构周旋。三是造假。造假的方式分为两种，一种是污蔑贷款机构，比如向金融监管部门投诉称贷款机构或者其委托的第三方催收公司存在暴力催收的情况，或者诉称在决定向贷款机构借款时，贷款机构未向金融消费者详细说明相关重要信息，侵犯金融消费者知情权。另一种是将自己包装成弱势群体，通过伪造贫困证明、病历证明、薪资收入证明、住院缴费清单等，从贷款机构处获得息费的减免。如在对某催收公司的调研中发现，自疫情暴发以来，不少"老赖"声称已被确诊或为疑似病例，但大多数无法提供有效证明材料，若再被催收，便以命抵债，更有甚者表示要到银行轻生。四是隐匿转移个人财产或者行踪。部分债务人从"钱"和"人"两方面抵制贷款机构的催收行为。贷款机构在催收无果后，只能走司法程序，通过诉讼的方式收回贷款，但一些精明的债务人已经提前隐匿转移了个人财产，或者直接"跑路"，即便贷款机构获得法院的支持，也无法执行判决。以消费金融机构为例，不少贷款机构都呈现胜诉率高但执行率低的特点，如截至2020年上半年，涉及某消费金融公司存量诉讼为10969件，在已判决的案件中，胜诉率为100%，执行率仅为40.5%；另一消费金融公司存量诉讼为20106件，胜诉率为100%，执行率仅为36.9%。

3. 反催收不当行为的危害

反催收不当行为表面上看似乎为部分债务人争取到了一定的利益，但在这一场债务人、贷款机构和反催收组织之间在法律边缘甚至法律红线之上的拉锯战中，最终不会有赢家，每一方都会遭受损失：一是对于幻想"强制上岸"的债务人而言，其试图通过种种手段迫使贷款机构减免本金息费或者延长还款期限的做法并不可取，一旦贷款机构向法院提起诉讼并且胜诉，法院将判决债务人向贷款机构偿还借贷的本金、利息等，并且由于长时间的逾期及诉讼程序的耗时，债务人所需要归还的利息将远超按期还款的金额，给债务人造成不小的额外支出，并且其个人信用报告也将受到影响。若债务人拒不执行法院的判决，还有可能被纳入失信被执行人名单，成为"老赖"，在生活中处处受限，甚至影响子女就学就业。二是对于贷款机构而言，反催收不当行为严重影响了机构业务的正常开展，规模性协商对营业部门收入和资产质量形成较大压力，而通过代理组织协商成功的债务人往往容易出现二次逾期，由此新生成的不良贷款和不良率普遍上升。反催收组织和人员极大地干扰了策略的科学制定，贷款机构原有的风控策略被迫调整。恶意的投诉给贷款机构决策带来了巨大的困扰，影响了正常工作的开展，更消耗了各机构及监管部门大量的投诉处理资源，给日常投诉处理协商还款造成了巨大的影响。三是对于反催收组织和人员而言，参与人最终可能受到法律制裁。在反催收可观的收益背后也可能涉及暴力因素，该行业难以在合法合规前提下存续。虽然反催收组织声称贷款机构或者第三方催收公司存在暴力催收行为，但其自身在反催收过程中也存在使用暴力抵制的情况，在代理债务人同贷款机构交涉的过程中采取威胁的手段去争取不法利益，逾越法律的红线，无法实现行业从法律灰色地带向阳光地带的转变，最终只能自食苦果，相关人员也将受到法律的制裁。

（二）反催收不当行为成因分析

1. 疫情导致部分债务人失去收入来源

新冠疫情暴发之后，经济活动受到一定影响，部分债务人失去工作，没有足以偿还欠款的收入来源。尽管贷款机构实行延期、展期、免息、暂不记录征信等优惠政策，但对于部分债务人而言，当前的还款能力仍然无法负担对贷款机构的债务，在现实压力与侥幸心理作用下，选择采取与合法的债务催收行为相对抗的方式来逃避负债。

2. 债务催收行为不规范，加深贷款机构与债务人之间的矛盾

债务催收行业快速发展，但催收人员业务素养参差不齐，未能与行业扩张速度相匹配，加之部分贷款机构业务外包管理不到位，出现催收行为不规范的现象。同时，部分贷款机构的贷款合同中对债务催收的规定不合理，存在侵犯金融消费者合法权益的隐患。比如某银行在《个人信用消费贷款授信合同》中规定授信人可以"委托第三方或通过任何公众媒体发布公告等方式进行催收或追偿"且"授信人采取上述措施无需征得受信人的同意……授信人无义务必须通知受信人；无论何种原因造成通知不及时、通知未达或无法通知等情形的，不影响授信人决定的有效性，授信人也不因此承担任何法律责任。"该合同条款未对在媒体上公告的适用条件予以详细说明，且声明免除自身因未通知或通知不及时承担的责任，该行为忽视公告催收可能对被催收人带来的过度的不良社会影响，以及可能的个人金融信息泄露风险。类似的格式条款容易激化金融消费者与金融机构之间的矛盾，刺激债务人采取不理性方式对抗催收。

3. 反催收"中介"的鼓吹宣传容易误导金融消费者

反催收组织和人员抓住债务人害怕贷款机构催收的心理，乘虚而入，通过诸如"揭秘催收套路""教你如何与暴力催收斗智斗勇，带你早日脱离苦海""专业的律师团队帮你出谋划策维权"等话术吸引债务人，通过列举暴力催收的行为、案例和危害的方式向债务人暗示和灌输其已经遭受暴力催收的想法，使债务人树立起受害者的自我设定，而后又虚假宣传反催收团队的实力，并列举所谓的在反催收组织帮助指导下

摆脱债务束缚的案例，激发债务人加入反催收行列的决心和信心，最后教授债务人一些所谓的反催收技巧，让债务人彻底相信反催收组织的花言巧语，加入"反催收联盟"中，心甘情愿向反催收组织缴费。

4. 贷款机构迫于考核、监管以及社会影响压力而作出让步

反催收组织和债务人之所以会采取制造噱头、恶意投诉等方式进行反催收，正是抓住了贷款机构的"软肋"。一些贷款机构内部设置投诉量指标，过高的投诉量导致无法通过机构系统内部的考核，影响绩效。而反催收人员投诉至金融监管部门则会对贷款机构造成监管压力，即便调查认定贷款机构无责，但调查行为本身也会对贷款机构造成监管压力和资源消耗。此外，反催收人员通过捏造、传播所谓的暴力催收信息，引发社会负面舆情，试图降低公众对贷款机构的社会评价，从而影响贷款机构的正常经营。贷款机构对上述因素进行考量，有时会被迫满足债务人全部或者部分要求，助长反催收人员的气焰。

5. 国家整治债务催收不当行为被反催收人员曲解利用

2017年，互联网金融风险专项整治、P2P网贷风险专项整治工作领导小组办公室下发《关于规范整顿"现金贷"业务的通知》（整治办函〔2017〕141号），对债务催收不当行为进行整治，其第一点第五项规定"各类机构或委托第三方机构均不得通过暴力、恐吓、侮辱、诽谤、骚扰等方式催收贷款"。国家对于债务催收不当行为越来越关注，打击的力度也越来越大，一些反催收人员故意曲解国家的整治行动，将整治行动解释为对反催收的背书与支持。同时，一部分原本从事催收业务的工作人员因专项整治行动而失去催收工作，干脆加入反催收的行列，利用自己对催收工作的了解开展反催收活动。

四、金融领域债务催收与反催收不当行为的治理路径

目前，我国对金融领域债务催收与反催收不当行为的治理主要通过法律规制进行，这是我国依法治国基本方略得以贯彻落实的重要体现。在完善法律手段的基础上，应进一步探索全方位、多元化的治理路径，从金融领域债务催收的各主体、各环节入手，实现综合治理水平的提升。

（一）法律制度端：完善金融领域债务催收法律基本制度建设

由于我国金融领域债务催收现行法律规制体系尚存在立法分散、效力层级低、余有灰色地带等不足，需进一步完善相关法律基本制度建设。建议制定覆盖整个金融领域的《金融消费者权益保护法》，其中设置专章对金融领域债务催收行为作出较为全面统一的规定，借鉴美国与日本行为规制与行业规制的先进经验，对债务催收主体、催收客体、权利义务、行为规范、行业监管、法律责任等内容作出具体规定；重点明确金融领域债务催收的各项禁止性行为，强化对债务人及第三人个人信息的保护，并对反催收不当行为进行规定。在《刑法》领域，建议考虑在"催收非法债务罪"的基础上调整新增"暴力催收罪"，不再局限于高利贷等非法债务的催收，将严重侵害债务人

人身权、财产权等合法权益的暴力催收行为规定为单独罪名，针对暴力催收行为的特殊性明确具体的犯罪构成要件，解决目前实践中债务催收不当行为游走于现行其他罪名之间的灰色地带，逃避刑法规制的问题，同时明确出现法条竞合时，从一重罪论处。

（二）监管部门端：明确金融领域债务催收监管主体，强化配套监管措施

目前，我国尚未明确金融领域债务催收的行政主管部门，因而出现在部分领域多头监管而部分领域监管空白的情况。从现行关于债务催收各项规定的发文主体与发文数量来看，建议明确银保监会为金融领域债务催收的行为监管主体，中国人民银行在与债务催收相关的金融消费者保护基本制度建设方面发挥牵头引领作用。

一方面，监管部门要建立长效多元化的投诉处理机制，为受到金融领域债务催收不当行为侵害的债务人提供监管救济渠道，及时将投诉转交被投诉人处理；发现违法违规行为的，可将相关线索移送公安部门或市场监督管理部门，强化监管协调。另一方面，我国个人征信系统尚未全面覆盖个人财产和信用行为，为一些缺少诚信意识的债务人逃避债务、转移财产留下空间。监管部门应完善金融领域债务催收相关的信用基础体系，对于从事反催收不当行为的债务人，要依法依规将逾期信息记录到个人信用报告中，同时与其他监管部门联动，使其不仅在金融活动领域受到限制，而且在出行、消费等领域同样加以限制，深化落实"一处失信，处处受限"的举措。

（三）金融机构端：优化债务催收方式，加强对债务催收外包业务的监督管理

在金融机构自行催收方面，随着互联网技术的发展和大数据的广泛运用，金融机构可转变以往与债务人直接接触的人工催收方式，充分开发利用智能催收系统，对客户信息、客户行为与反馈数据进行分析，从而确定客户状况，识别欺诈误导等反催收不当行为，实现债务催收的智能化和自动化，在节约人力成本的同时有效避免与债务人发生直接冲突。但在运用技术手段过程中应尤其注意债务人个人信息及隐私保护，防止滥用技术的侵权行为。

在委托第三方催收方面，金融机构应建立健全自身监督管理机制，主要包括：明确事前审慎选择合作机构的制度与标准，对第三方机构的业务资质、催收流程、内部考核机制、责任追究制度等进行考察，避免与存在侵害债务人合法权益风险的机构合作；事中定期开展对第三方机构债务催收行为的考核，发现不当行为的应及时责令改正或停止合作；事后发生债务人对催收行为的投诉时，及时进行处理。同时应明确，第三方机构的债务催收不当行为对债务人权益造成损害的，金融机构承担连带责任，激励金融机构加强对其委托的第三方机构的监管。

（四）第三方催收机构端：明确准入与监管标准，提升从业人员素质

虽然20世纪末的多份文件禁止将债务催收作为一项独立经营范围，否定专门性债务催收公司的合法性，但随着信贷领域分工不断细化，以"咨询公司"等各种其他名目存在的第三方催收机构，事实上在金融领域债务催收过程中发挥了重要作用，同时也由于缺乏有效监管而出现暴力催收等乱象。因此，应正视第三方催收机构的存在，

明确市场准入标准与各项监管要求，使其在充分监督下规范化运营。具体而言，首先应明确第三方催收机构的设立条件，包括组织类型、资本金额和人员构成等，并明确此类业务是否需经行政许可。其次应确定第三方催收机构的各项监管标准，包括主管部门、内控制度建设、业务规范、高管任职资格等，并在各环节纳入金融消费者保护的要求。

针对具体从事金融领域债务催收的第三方催收机构从业人员，应建立起系统化管理与培训机制。一方面应明确准入标准，对其信用背景作出一定要求，并禁止黑社会组织成员或有犯罪记录的人员从事该行业，降低出现债务催收不当行为的风险。另一方面应建立科学的催收人员培训与考核机制，通过法律法规、沟通谈判等技能培训提升从业人员素质，并运用科学的考核评价体系综合考量催收回款率与合法合规性，避免催收人员在考核压力下采用不当手段催收。

（五）行业自律端：成立金融领域债务催收行业自律组织，制定自律公约与标准

从发达国家的经验来看，行业自律在金融领域债务催收的规范中发挥了重要作用。《中共中央关于全面推进依法治国若干重大问题的决定》明确提出，支持行业协会商会类社会组织发挥行业自律和专业服务功能，发挥社会组织对其成员的行为导引、规则约束、权益维护作用。因此，在金融领域债务催收专门性法律制度尚未建立的情况下，可先行成立行业自律组织，制定行业准入、机构资质、行为准则、业务范围等行业标准，并通过签订自律公约、提供从业人员培训教育、举办从业人员执业资格考试等方式实现成员的自我管理与自我约束。

金融领域债务催收行业自律组织应充分发挥金融消费者权益保护的功能，建立投诉接收、机构评级等机制。对于违反行业自律公约与标准的不当催收行为，债务人可向行业自律组织投诉，自律组织可视情况采取通报批评、限制成员权利等措施，同时构建包括投诉情况等指标在内的机构评级机制，对成员机构按年度评级并向社会公布，在激励成员机构合法合规催收的同时，为其他主体选择业务合作方及金融消费者维护自身权益提供参考。

（六）金融消费者端：加强金融消费者教育，培养依法维权意识和诚信意识

目前，人民银行已建立起以"3·15金融消费者权益日""普及金融知识 守住'钱袋子'""金融知识普及月"等活动为主的长效金融消费者教育机制，可将金融领域债务催收作为一项重点主题，向金融消费者开展相关宣传教育。一方面应继续培养金融消费者依法维权意识，金融消费者相较于专业的金融机构与催收机构而言金融知识欠缺，应增强其对金融领域债务催收行为的了解，明确债务催收本身属于合法行为，但面对债务催收不当行为，金融消费者可通过行政及司法等途径合理维权。另一方面，面对反催收不当行为频发的现状，应帮助金融消费者树立诚信意识，首先充分考虑自身情况，避免过度借贷；其次应诚实清偿债务，避免因采取反催收不当行为逃避债务而成为失信人员，在各方共同努力下，共建和谐稳定的金融环境。

参考文献

[1] 孙天琦. 金融行业行为监管与消费者保护研究［M］. 北京：中国金融出版社，2017：217-292.

[2] 谭曼，段明. 中国债务催收行业立法论纲［J］. 湘潭大学学报（哲学社会科学版），2019，43（6）：64-68.

[3] 谭曼，段明. 中国债务催收行业的机遇、挑战及其治理［J］. 首都师范大学学报（社会科学版），2019（2）：42-55.

[4] 李云. 论暴力催收行为的源头治理［J］. 法制与经济，2019（3）：131-132.

[5] 黎四奇. 我国债务委外催收存在的问题与解构［J］. 中南大学学报（社会科学版），2019，25（2）：28-38.

[6] 王怀勇，刘帆. 债务催收治理的法制困境及出路［J］. 南方金融，2019（4）：20-27.

[7] 王红举. 非法催收贷款行为的刑法规制［J］. 法学杂志，2019，40（3）：60-66.

[8] 李娜娜. 金融不良贷款催收的法律规制探析［J］. 甘肃广播电视大学学报，2019，29（1）：43-47.

[9] 贾晓雯. 第三方债务催收乱象及债务人权益保护［J］. 中国银行业，2017（7）：93-94.

[10] 侯乐. 如何规范债务催收——美国《公平债务催收法》之镜鉴［J］. 银行家，2017（7）：126-128.

[11] 孙天琦，武岳，王昀，张晓东. 我国第三方债务催收市场调查报告［N］. 金融时报，2015-12-07（012）.

[12] 唐慧俊，苏号朋. 非法催收中的消费者权益保护——基于信用卡消费领域的视角［J］. 中国工商管理研究，2015（6）：71-75.

第八章 探索建立金融消费者保护救济赔偿制度*

救济赔偿制度是金融消费者保护的重要组成部分，是金融消费者权益受到不法侵害之后得以恢复的制度保障。完善金融消费者保护救济赔偿制度，保障金融消费者财产安全，是畅通金融消费者权益保障通道的重要内容，事关金融稳定和社会稳定和谐。本章梳理研究境内外金融及相关领域救济基金、惩罚性赔偿制度的相关情况，结合案例进行相关制度在我国本土化落地的可行性分析，并从坚持金融消费者保护多位一体救济赔偿机制的建设思路、渐进式推进金融消费者保护救济基金建设、完善金融消费者保护救济基金管理规则等方面提出建议。

一、域外金融消费者保护救济赔偿制度比较

美国、英国于21世纪初就建立了金融消费者保护救济赔偿相关制度，运作机制也较为成熟。美国在美联储下设立了"消费者金融民事处罚基金"，用于向违反消费者金融保护法的受害方提供赔偿；英国授权金融服务管理局制定规则，要求受监管金融机构建立和实施消费者赔偿计划，并利用金融服务补偿计划兜底。虽然两国的救济制度存在较大区别，但是二者均表现出显性保护、主动兜底、资金有效管理的特点。

（一）美国消费者金融民事处罚基金

1. 基金设立背景和法律依据

基于对次贷危机的反思，2010年7月，美国通过《多德—弗兰克法案》，依法成立消费者金融保护局（CFPB），并设立消费者金融民事处罚基金[1]（Consumer Financial Civil Penalty Fund，CPF）。《多德—弗兰克法案》第1017（d）节明确，CPF设立在美联储[2]，用于向因违反美国消费者金融保护法的行为而受到损害的消费者提供赔偿，即CFPB通过执法行动收取民事罚款时，罚款会存入CPF，资金汇集起来用于对未获得全额损害赔偿的受害者进行补偿。

2. 基金资金来源和运作模式

根据《美国法典》第12编第5565节，在诉讼和程序中，法院或联邦调查局可以

---

* 本章作者：余文建、马绍刚、李婧、高妮、郭艳玲、单琳琳、许红霞、董紫千、许开颜、王邦武、毛毅、吴治濠、易华清、胡利峰、尚楠、尚帅、张雅楠、蒋智渊、富海峰、胡泽林。

[1] https://www.consumerfinance.gov/enforcement/payments-harmed-consumers/civil-penalty-fund/.

[2] 实际设在美联储纽约银行。

要求违法的一方支付民事罚款。其中，CFPB 必须将根据联邦消费者金融保护法律在任何司法或行政诉讼中向任何人收取的民事罚款存入 CPF。CPF 中的款项不受财政年度限制。如果没有赔付需求，CPF 资金可用于金融知识宣传和金融消费者教育项目。此外，由于分配赔偿金产生的相关管理费用也由 CPF 资金列支。在运作方面，CPF 设立了基金管理人，并由基金管理委员会直接管理，基金管理人必须遵循基金管理委员会的书面指示。基金管理委员会由 CFPB 办公室主任担任主席，成员包括负责监督、执法、公平贷款和机会平等的副主任、消费者教育副总监、首席运营官和总法律顾问。CFPB 官网赔付案例显示[1]，CFPB 签约了 Epiq Systems[2]、Rust Consulting 等公司作为管理人，负责跟进集体诉讼和确定索赔解决方案，并向公众答复案件相关问题。根据 CPFB 的 2021 年度财报[3]，2012—2021 年度 CPF 累计收入民事罚款共 13.16 亿美元，赔付相关金融消费者 8.9 亿美元，支持金融消费者教育项目 2881.28 万美元，支付相关管理费用 1007.33 万美元。截至 2021 年末，CPF 尚有结余资金 4.76 亿美元。

3. 基金赔付规则和监督管理

2013 年 5 月，CFPB 发布了《消费者金融民事处罚基金最终规则》[4]（以下简称规则），规定了有资格获得基金赔付的受害者条件，CFPB 可以向他们支付的款项金额，以及 CFPB 分配基金资金时应遵循的程序。一是明确审查和赔付周期。CPF 将每年划分为两个审查周期，具体为 4 月 1 日至 9 月 30 日、10 月 1 日至次年 3 月 31 日，并在每期结束后的 60 天内完成赔付资金拨付，即最迟赔付期限为每年 11 月 29 日和次年 5 月 30 日[5]。根据 CFPB 的 2022 年第三季度财报[6]，CPF 已完成了成立以来的第 19 期（2021 年 10 月 1 日至 2022 年 3 月 31 日）审查，并于 2022 年 5 月 27 日完成第 19 次赔偿分配，涉及金额 1.2 亿美元，完成后基金结余可赔偿资金 4.16 亿美元。二是确定符合条件的被救济人员。如果 CFPB 通过诉讼对造成消费者损害的一项或多项违法行为处以民事处罚，那么受害者就有资格获得民事处罚基金的偿付，而且获赔金额不仅限于直接造成他们损失的个人或公司缴付的罚款。实践中，在每个审查周期内，基金管理人通过评估可赔付的资金余额、审查已办结的处罚案件，确定当期有哪些人员符合获赔条件。当可用资金不足以向所有类别的受害者提供全额赔偿，根据规则，近六个月内首次遭受损害且未获得过赔偿的人员将获得优先偿付权。如果在向所有受害者提供全额赔偿之后还有资金剩余，则前一期的受害者将获得第二优先权，依此类推，直到没有

---

[1] https://www.consumerfinance.gov/enforcement/payments-harmed-consumers/payments-by-case/.

[2] Epiq Systems, Inc. 是为法律行业提供整合技术解决方案的公司，简化破产管理、诉讼、金融交易和监管合规事宜。这家公司的顾客包括律师事务所、企业法律部门、破产管理人、政府机构、抵押处理机构、金融机构等。该公司于 1988 年 7 月 13 日在美国密苏里州注册成立。公司网址：www.epiqsystems.com。

[3] https://files.consumerfinance.gov/f/documents/cfpb_financial-report_fy2021.pdf.

[4] https://www.federalregister.gov/documents/2013/05/07/2013-10320/consumer-financial-civil-penalty-fund.

[5] https://www.consumerfinance.gov/enforcement/payments-harmed-consumers/civil-penalty-fund/allocation-schedule/.

[6] https://files.consumerfinance.gov/f/documents/cfpb_cfo-update_report_fy-2022_q3.pdf.

资金剩余为止。三是确定赔偿金额。基金管理人将根据法院判决或行政命令的内容确定受害者可获得赔偿的全部损害。如果基金中有足够的资金,符合条件的受害者可以从该基金获得未得到的补偿。根据规则,基金中的资金仅用于赔偿受害者未得到赔偿的部分,即受害者可得到的全部赔偿减去已经得到的或合理预期内会得到的赔偿。如果无法根据法院判决或行政命令确定受害者可获得赔偿的金额,则一般根据其因侵权行为而遭受的实际损失来确定。针对部分赔偿款无法送达受害者而被退回的情形,规则举例说明了四种处置情形。假设一个案子涉及100个受害者,每名受害者都遭受200美元的无补偿性侵害,则根据可供赔偿的资金总额和分配成本,对部分未送达赔偿款处置如表8-1所示。

表8-1　　　　　　　　　　未送达赔偿款处置情况表

分配的赔偿总金额（美元）	每位受害者的赔偿（美元）	成功收到赔偿的人（个）	成功发放的赔偿金（美元）	未送达赔偿款金额（美元）	未送达赔偿款的再分配安排
10000	100	75	7500	2500	受害者尚未得到足额损失赔偿,75名受害者将平分2500美元。
10000	100	96	9600	400	虽然受害者尚未得到足额损失赔偿,但由于未送达赔偿款金额较小,与发放成本相比,不经济。剩余未送达赔偿款将返回CPF基金。
20000	200	75	15000	5000	由于受害者已经得到足额损失赔偿,剩余未送达赔偿款将返回CPF基金。
16000	160	75	12000	4000	受害者尚未得到足额损失赔偿,75名受害者将再得到40美元/人的赔付,补足至200美元/人。最后剩余1000美元将返回CPF基金。

（二）英国消费者赔偿计划和金融服务补偿计划

1. 计划设立背景和法律依据

根据2010年《金融服务与市场法》第14条,英国施行了消费者赔偿计划（Consumer Redress Schemes,CRS）,规定消费者在购买金融产品或者接受金融服务遭受损失的,经审核为金融机构在过程中存在误导或者信息披露不充分等行为,导致消费者决策错误的,消费者可以要求赔偿。同时,授权金融行为监管局（FCA）制定规则,要求受监管金融机构建立和实施CRS。针对部分受监管金融机构破产违约而无法履行赔偿义务的,根据2000年《金融服务与市场法》,英国金融行为监管局早在2001年就建立了金融服务补偿计划（Financial Services Compensation Schemes,FSCS）,负责承担符合条件的兜底赔付。①

2. 资金来源和运作模式

CRS 不设置预缴款基金。当金融消费者认为自身权益受到侵害时，可以直接联系金融机构要求赔偿。金融机构应当设置相关内部解决机制，在收到消费者诉求后 8 周内处理完毕并作出书面答复。如对金融机构处理结果不满，金融消费者可以通过申诉专员机制（Ombudsman Scheme）寻求救济。如不满意申诉专员的处理结果，还可以向法院提起诉讼。② FSCS 属于英国存款保险制度，并设立金融服务补偿计划有限公司负责实施。该公司是独立法人机构，承担金融服务管理局委任的存款、保险和投资赔付。任何一家金融机构一旦被英国金融行为监管局批准在英国运营，其自动成为金融服务补偿计划有限公司的成员。每家金融机构成员须向 FSCS 缴纳三种资金：初期资金、继增资金和特别出资。FSCS 资金存在英格兰银行，由其进行必要的债券投资，以扩大资金规模。同时，如果英国金融行为监管局认为在任一财年赔偿金额有可能超支，经英国财政部批准，可以向受监管金融机构临时征收资金。此外，FSCS 还可以从英格兰银行临时贷款，总额不超过 1.25 亿英镑。

3. 赔付条件和监督管理

根据 CRS，符合条件的金融消费者应当符合 2000 年《金融服务与市场法》第 138 条第 7 款的定义。是否遭受损失以及公平合理的赔偿金额，应当由独立第三方审查员（Independent Reviewer）审核，并通过审查证据和金融消费者证言，确定个案赔偿数额。赔偿数额通常由三部分构成，包括直接损失、利息损失（通常为直接损失数额乘以 8% 年利率）、后续损失（法律支持、税费等其他费用）等。其间，金融消费者可以聘请专业的索赔管理公司（Claims Management Companies，CMCs）代理索赔③，以保障维权能力的对等。同时，在金融消费者因为理解偏差，自认为权益受到侵害而实际未被侵权或无法得到赔偿时，CMCs 也有责任提前如实告知消费者，避免无谓的维权损耗。CMCs 需要接受政府机关的监管，大部分由 FCA 直接监管，可以通过 FCA 官方网站认证查询，该网站也受理对 CMCs 的投诉。此外，FCA 对 CMCs 的最高收费标准进行了明确规定，2022 年 3 月 1 日起执行的标准如表 8-2 所示。

表 8-2　英国金融行为监管局对索赔管理公司最高收费标准的规定

获赔金额（英镑）	最高收费比例（%）	最高收费金额（英镑）
1~1499	30	420
1500~9999	28	2500
10000~24999	25	5000
25000~49999	20	7500
50000 以上	15	10000

---

① https://www.fca.org.uk/consumers/claim-compensation-firm-fails.
② https://www.fca.org.uk/consumers/how-complain.
③ https://www.fca.org.uk/consumers/using-claims-management-companies#Claim-direct.

FSCS 的保护对象为在英国有存款、投资和保险的自然人及法人,但不包括外国公司、投资基金、养老基金、跨国机构、政府部门等。被索偿对象是金融服务补偿计划的成员,且该成员必须处于违约状态。在成员机构经法院裁定进入临时清算、特别行政管理、破产清算或金融服务管理局认定该机构已无力偿付其到期债务时,可以启动补偿程序。FSCS 保障每位符合赔付资格的人,在每家银行、建房互助协会或信用合作社,其最高可得到限额为 8.5 万英镑的赔付;联名账户最高可得到 17 万英镑的赔付。FSCS 建立专门的网站①,公开披露覆盖的对象并提供公众申诉渠道②,但通常当成员机构破产时,FSCS 会自动赔付受害人。

(三) 美国与英国救济机制比较分析

1. 均以立法先行的形式体现"显性保护"

基于历史原因,美国和英国在金融消费者救济制度设置方面存在较大的区别,但均通过立法及制定实施细则等形式,明确了执行机构、管理机构、资金来源、受保护范围及相关工作流程等,体现了对金融消费者合法权益的"显性保护"。显性保护是明确的制度化保障,有利于稳定金融消费者预期,有助于维护金融消费者对金融系统稳定运行的信心。同时,相较于国家兜底、财政兜底等无限额且相对不确定的隐性保护,显性保护有利于培育金融消费者风险责任意识,增强市场约束,降低道德风险。

2. 均以制度设计体现"主动兜底"

"兜底"体现在救济机制是相关金融机构有限责任无法履行时的弥补手段。例如,CPF 基金中的资金仅用于赔偿受害者未得到赔偿的部分,FSCS 赔付条件是成员机构必须处于违约状态,两项机制主要还是适用于金融机构违约时的赔偿款支付或破产等情形。"兜底"的前提是,必须尽可能避免规避市场约束,避免增加道德风险。同时,两项兜底救济制度均体现了"主动性",即不需要受害者申请,达到触发条件,赔付程序自动启动。例如,CPF 赔付基金源自对 CFPB 被监管机构的行政执法罚款,在收缴相关罚款后,主动联系案件涉及的相关受害者进行赔付。同样,FSCS 在官网明确不需要消费者聘请第三方维权公司,避免不必要的法律成本,FSCS 会主动开展赔付。此外,两项救济制度从机制设计上保障了被监管主体与被救济主体的关联一致性,即"专款专用"。例如,FSCS 明确被索偿对象为该计划的成员,并在官网公开披露覆盖的行业和机构,而对于 FSCS 未覆盖保障的业务或机构,如支付机构,FCA 在官网提供其他救济渠道,也明确作出了无法保障的提醒。

3. 均以实体运营实现"有效管理"

虽然两项基金的资金来源、运行模式和资金使用方式均不相同,但都以实体化运作的方式实现有效管理、体现监管意志。由于救济资金使用涉及人员广泛、流程复杂,包括确定有资格获赔的人员、每个人的赔付金额、人员的沟通联系、赔付方式和具体

---

① https://www.fscs.org.uk/.
② https://claims.fscs.org.uk/PreScreening/EnterDetails.

实施等，实际操作中需要大量的人力投入和物力支持。例如，根据 CFPB 2021 年财报，CPF 在 2021 年的管理成本就达到 400 万美元[①]，而 2021 年实际完成的赔付项目仅有 4 个，均为 2018—2019 年度确定赔付的项目，实际赔付金额为 9888 万美元，涉及金融消费者 24.3 万人次。因此，在实际运作中，救济资金的赔付周期不短且实施成本不低，需要成立专门实体或委托第三方实体具体实施。

二、我国现有金融领域救济赔偿制度分析

根据《消费者权益保护法》和《国务院办公厅关于加强金融消费者权益保护工作的指导意见》，金融消费者受到人身、财产损害时享有依法获得赔偿的权利，金融机构应当保障金融消费者的依法求偿权。当前，我国金融消费者保护领域对侵害金融消费者合法权益的救济赔偿主要通过投诉处理、人民调解、司法诉讼等方式予以保障，基本可以满足大部分情形下金融消费者的依法求偿需求。但对于经营异常机构及涉众违法金融事件，除了存款保险制度对存款人权益进行保障外，尚缺少其他金融消费权益保护兜底救济机制来保障金融消费者依法、及时获得赔偿。

我国现有金融消费者保护救济基金主要包括银行业的存款保险基金、证券业的投资者保护基金、保险业的保险保障基金、信托业的保障基金，除了这些基金提供的保障外，在金融机构破产清算时对消费者还有一些特殊保护措施。

（一）银行业救济赔偿制度安排

1. 存款保险基金的设立

近年来，我国银行业金融机构快速发展，特别是中小银行数量增加，对积极稳妥防范化解金融风险提出了更高要求。过去我国通常采取行政救助，即用国家的信用保护银行的信用，防止银行破产，从而保护存款人的利益。然而，目前这种保护体制正在改变，刚性兑付被打破，"银行可以破产"的时代正在来临。在此背景下，建立与完善银行破产的预防、挽救、清算制度来保障广大存款人的利益就显得尤为重要。2015 年 5 月 1 日，《存款保险条例》正式实施，依据该条例成立了存款保险基金。存款保险基金的主管部门是中国人民银行，管理机构是存款保险基金管理有限责任公司，该公司于 2019 年 5 月成立，是中国人民银行设立的专门管理存款保险基金的法人。该公司参与了对包商银行风险的处置工作，是我国存款保险救济的一个标志性事件。

2. 存款保险制度的资金来源和管理模式

存款保险基金的来源渠道有四种：一是投保机构交纳保费；二是在投保机构清算中分配的财产；三是运用存款保险基金获得的收益；四是其他合法收益。存款保险基金的管理依据的是《存款保险条例》，在基金运作上有三种方式：一是存放于人民银行；二是投资政府债券、中央银行票据、信用等级较高的金融债券以及其他高等级债券；三是国务院批准的其他资金运用方式。

[①] https：//files.consumerfinance.gov/f/documents/cfpb_financial-report_fy2021.pdf.

3. 存款保险制度的救助赔偿方式

按照《存款保险条例》，银行机构发生破产状况时，存款保险的最高偿付额度为50万元人民币。即同一存款人在同一家投保机构所有被保险的存款账户中的本金和利息合并计算的资金额度；超出最高赔偿限额的部分，依法从投保机构清算财产中受偿。该额度将来可根据经济发展、存款结构的变化、金融风险状况等因素，由中国人民银行会同国务院有关部门进行调整，并报国务院批准后公布执行。此外，存款保险基金管理有限责任公司还可委托其他机构代为偿付被保险存款；为其他投保机构提供担保、损失分摊或资金支持，以促成其收购或承担被接管、被撤销或申请破产的投保机构的全部或者部分业务、资产、负债。

（二）证券业救济赔偿制度安排

1. 证券投资者保护基金的设立和资金来源

2005年10月修订的《证券法》明确规定设立证券投资者保护基金，从而在法律层面上确认了投资者保护基金。按照2005年6月发布的《证券投资者保护基金管理办法》（以下简称《管理办法》），投资者保护基金由证监会、财政部、中国人民银行三部门联合监管，2005年8月30日中国证券投资者保护基金有限责任公司正式成立。

为了解决后期运营、赔付等需要大量资金的问题，投资者保护基金设立之时财政部注入63亿元资金。除此之外，中国人民银行还在投资者保护基金设立初期给予该保护基金大量的"特殊再贷款"。《管理办法》规定基金的来源有以下六种渠道：一是依法向有关责任方追偿所得、破产清算受偿收入；二是国外机构组织和个人的捐赠；三是上海和深圳两个证券交易所在风险基金分别达到上限后，交易经手费的20%纳入基金；四是所有在中国境内注册的证券公司，按其营业收入的0.5%~5%实行差别比例缴纳；五是发行股票、可转债等证券时，申请冻结资金的利息收入；六是其他合法收入。

2. 证券投资者保护基金运作模式

中国证券投资者保护基金有限责任公司独立管理投资者保护基金，而且兼具其他职能。其在投资者保护基金管理方面有两项职责：一是负责基金管理运营，主要涉及筹集管理基金、发放运行基金、保证基金的安全等；二是行使保护基金其他权利，例如对于证券市场日常风险进行常规监测、参与证券公司风险处置、证券公司清算等日常工作。目前，我国证券投资者保护基金主要用于在证券公司被撤销、关闭、破产、被证监会采取强制性监管措施时，按照国家有关政策规定对债权人予以偿付，以及被批准的其他用途。

3. 证券投资者保护基金救助赔偿方式

投资者保护基金的赔偿对象即《管理办法》中明确的债权人。赔偿额度目前未作明确规定，在具体操作上，对于证券交易结算资金实行全部全额赔付；对于个人的其他债权，该基金则是分段按照不同比例进行偿付。投资者保护基金采取此种区分措施，有利于维护证券市场的稳定发展。证券公司在破产或者清算时，客户的交易资金和证券不属于破产或清算的财产。证监会于 2022 年 7 月 29 日联合财政部印发了《关于证券违法行为人财产优先用于承担民事赔偿责任有关事项的规定》（中国证券监督管理委员会　财政部公告〔2022〕40 号），明确了违法行为人所缴纳的行政罚没款用于承担民事赔偿责任的具体工作机制。

（三）保险业救济赔偿制度安排

我国的保险保障基金是根据《保险法》和《保险保障基金管理办法》的规定缴纳形成的行业风险救助基金，集中管理，统筹使用，用于救助保单持有人、保单受让公司或者处置保险业风险。2008 年 9 月，保监会、财政部、中国人民银行联合发布新的《保险保障基金管理办法》，设立中国保险保障基金有限责任公司，依法负责保险保障基金的筹集、管理和使用。银保监会对该公司的业务和保险保障基金筹集、管理运作进行监管，财政部负责基金公司国有资产的管理和财务监督。

1. 保险保障基金资金来源

保险保障基金分为人身保险保障基金和财产保险保障基金。前者由人寿保险公司、健康保险公司和人寿再保险公司缴纳形成，后者由财产保险公司、综合再保险公司和财产再保险公司缴纳形成。其资金来源有以下五种渠道：一是境内保险公司依法缴纳的保险保障金，二是保险保障基金公司依法从破产保险公司清算财产中获得的受偿收入，三是捐赠，四是上述资金的投资收益，五是其他。

2. 保险保障基金的赔偿方式

无论是寿险还是财产险，如果保单的持有人损失在 5 万元之内，不区分个人和机构，保险保障基金予以全额偿付；超额部分按照个人保单 90%，机构保单 80% 予以偿付。如果寿险保单被其他保险公司接管，保险保障基金承担的比例为：个人保单不超过转让前保单利益的 90%，机构保单不超过转让前保单利益的 80%。

（四）信托业保障救济制度安排

1. 信托业保障基金设立和资金来源

我国的信托业保障基金设立基于《信托法》和《信托业保障基金管理办法》。《信托业保障基金管理办法》于 2014 年 12 月 10 日发布，该办法规定了基金的筹集、管理、使用、分配、清算、监管等要求。同时成立了中国信托业保障基金有限责任公司，作为保障基金的管理人，负责保障基金的筹集、管理与使用。信托业保障基金的来源有两种渠道：一是获得的净收益、捐赠等，二是根据不同标准缴纳的保障资金。如根据《信托业保障基金管理办法》第十四条规定：信托公司按净资产余额的 1%、资金信托按新发行金额的 1%、新设立的财产信托按信托公司收取报酬的 5% 缴纳。

2. 信托业保障基金赔偿方式

信托业保障基金的主要用途是为信托公司提供流动性支持及担任最后贷款人的角色。赔付方式主要是针对信托公司每个资金信托产品清算发生支付困难时垫付。

（五）现有其他领域救济赔偿制度对我国建立金融消费者救济赔偿制度的借鉴意义

上述金融领域的救济赔偿制度最主要的功能在于当银行、证券、保险、信托公司等金融机构出现被撤销、关闭或破产等情形时,对金融消费者予以偿付,这对我国建立金融消费者救济赔偿制度有着十分重要的借鉴意义。

1. 提高制度立法位阶层级

目前,我国在各金融分业领域大都建立了针对金融消费者的利益保障和补偿规定,总体来看,部门规章居多,立法效力位阶较低。除针对银行业的《存款保险条例》为国务院颁布的行政法规外,证券、信托、保险等保障基金管理办法均属于部门规章。立法位阶高低会对法律制度的执行程度和运行效果产生一定的影响。基于此,我国建立金融消费者救济赔偿制度,建议在立法层面出台相对高位阶、专门针对金融消费者保护的救济赔偿制度。相较而言,由国务院出台行政法规在现阶段看来更具可行性。

2. 救济基金缴纳比例差异化

我国现有的各项保障基金规定的资金来源都涵盖各金融机构的缴纳。证券投资者保护基金来源之一即为各证券公司按其营业收入的0.5%~5%实行差别比例缴纳,具体缴纳比例根据公司的风险等级确定。建立我国金融消费者保护救济赔偿制度,在资金来源上可以采取差别化缴纳制,各金融机构根据行业评级适用不同的缴纳标准。对于评级高信用好的金融机构可以降低缴纳标准,对于评级较低的金融机构则要适当提高其缴纳标准,激励金融机构做好整体风险控制。

3. 基金依据市场规则公司化运作

各类保障基金均由法律明确规定后予以设立,并通过各自的保障基金管理办法确立运作模式。多数基金由新成立的基金管理有限责任公司来管理,例如根据相关条例、办法分别成立的存款保险基金管理有限责任公司、中国证券投资者保护基金有限责任公司、中国保险保障基金有限责任公司等。我国目前各项基金设立的时间相较运作成熟的国家较晚,建立金融消费者救济赔偿制度的运作模式:一是要借鉴国外运作成熟国家的先进经验;二是可以成立较为独立的金融消费者保护基金管理公司,明确其法律地位、治理结构、如何独立运营等问题;三是结合我国实际更多地聚焦行业监管,进一步完善金融机构有序退出机制。

4. 基金赔付条件明确可操作

我国现有各项基金赔付的情形都是基于金融机构出现重大变故或风险时,即关闭、破产、被撤销时的赔付,但赔付条件存在一定的差异。银行业的存款保险实行限额偿付;证券业的偿付主要针对个人投资者和机构投资者的证券交易结算资金,并采取全额收购的措施,但该领域尚无赔付案例出现;保险业赔付较为细致,如规定无论是寿险还是财产险,如果保单的持有人损失在5万元之内,不区分个人和机构,保险基金予以全额偿付;超额部分按照个人保单90%、机构保单80%予以偿付等。我国金融消费者保护救济赔偿制度的建立,在赔付标准上应加以明晰,重新评估确定新的赔偿起点以及区分幅度,明确赔偿的对象、范围、额度。可以根据社会经济以及市场状况动态调整赔偿限额,建立完整且切实可行的消费者赔付体系。

三、将行政罚款用于金融消费者专项赔偿的可行性研究

（一）有关案例及法理分析

2022 年 7 月 28 日，美国消费者金融保护局对美国银行未经金融消费者授权使用个人数据、未经消费者授权开设账户、未依法披露等违法行为处以 3750 万美元罚款，罚没所有非法收取费用并退还金融消费者。美国消费者金融保护局将罚款存入消费者金融民事处罚基金，向因银行违反《消费者金融保护法》而受到侵害的金融消费者提供赔偿。

而在证券领域，美国早就建立了类似的公平基金制度。美国的公平基金制度是一种公共执法对受损投资者的补偿手段，且在美国已有 20 多年的实践基础。其最早源于美国证券交易委员会（SEC）的证券赔偿实践，1990 年美国制定的《证券执法救济和小额股票改革法》中涉及了公平基金制度。公平基金制度作为一种证券公共补偿制度，将追缴的违法所得分配给受害的证券投资者，从而达到救济和补偿的目的。投资者在接受公平基金的赔偿之外，也可以对责任主体提起证券集体诉讼来获得民事赔偿。这两项救济制度的运用不相互排斥。公平基金的来源主要为对证券违法主体的行政罚款和收缴的违法所得。为了确保公平基金的安全管理和合理分配，美国证券交易委员会会向法院申请设立公平基金和任命管理人，通过法院的核准开展公平基金的运作和管理。法院在整个公平基金管理和分配的过程中都作为监督者全程参与，确保公平公正。获赔的投资者不得在赔偿结束后对分配方案提起诉讼。

从我国法律实践来看，罚没收入以违法行为人的行为产生危害后果为前提，是因受害人损失而产生的副产品。罚没本身就在于制止违法，因此将罚没收入用于赔偿受害者符合罚没制度设置的初衷，也符合《行政处罚法》保护公民、法人或者其他组织合法权益的立法宗旨。此外，根据《行政处罚法》的过罚相当原则，如果对一项违法行为的罚没金额较高，往往是因为该行为社会危害程度较高、受害人的损失较大，因此将罚没款项补偿给受害者也是过罚相当理念的一个体现。然而，行政罚款用于专项赔偿制度的建立及运行的前提，应是受害人的赔偿来源于行政处罚的罚没款项，需充分考虑罚款收缴及分配制度与现行法律制度的衔接问题。

（二）我国目前关于罚款管理的制度规定

我国目前关于罚款管理的制度规定主要体现在《行政处罚法》《预算法》《国家金库条例》《罚款决定与罚款收缴分离实施办法》《罚没财物管理办法》等，归纳上述关于罚款管理的制度规定可以看出，我国对行政罚款的管理有以下要求。

1. 除现场收缴外，均应实施罚缴分离

如《行政处罚法》第六十七条第一款规定："作出罚款决定的行政机关应当与收缴罚款的机构分离。"第二款规定："除依照本法第六十八条、第六十九条的规定当场收缴的罚款外，作出行政处罚决定的行政机关及其执法人员不得自行收缴罚款。"《罚款决定与罚款收缴分离实施办法》第三条规定："作出罚款决定的行政机关应当与收缴罚

款的机构分离；但是，依照行政处罚法的规定可以当场收缴罚款的除外。"《罚没财物管理办法》第四条规定："罚没财物管理工作应遵循罚款决定与罚款收缴相分离，执法与保管、处置岗位相分离，罚没收入与经费保障相分离的原则。"第二十五条规定："除依法可以当场收缴的罚款外，作出罚款决定的执法机关应当与收缴罚款的机构分离。"

2. 所有罚款均应上缴国库

《行政处罚法》第六十七条第三款规定："当事人应当自收到行政处罚决定书之日起十五日内，到指定的银行或者通过电子支付系统交纳罚款。银行应当收受罚款，将罚款直接上缴国库。"第七十四条第二款规定："罚款、没收的违法所得或者没收非法财物拍卖的款项，必须全部上缴国库，任何行政机关或者个人不得以任何形式截留、私分或者变相私分。"《罚款决定与罚款收缴分离实施办法》第四条第一款规定："罚款必须全部上缴国库，任何行政机关、组织或者个人不得以任何形式截留、私分或者变相私分。"第十一条规定："代收机构应当按照行政处罚法和国家有关规定，将代收的罚款直接上缴国库。"《国家金库条例》第十四条规定："国家的一切预算收入，应按照规定全部缴入国库，任何单位不得截留、坐支或自行保管。"《罚没财物管理办法》第二十七条规定："除以下情形外，罚没收入应按照执法机关的财务隶属关系缴入同级国库：……（二）海关（除缉私外）、国家外汇管理部门、国家邮政部门、通信管理部门、气象管理部门、应急管理部所属煤矿安全监察部门、交通运输部所属海事部门中央本级取得的罚没收入全额缴入中央国库。省以下机构取得的罚没收入，50%缴入中央国库，50%缴入地方国库……"

3. 上缴国库的行政罚款纳入一般公共预算收入管理

《罚没财物管理办法》第二十四条规定："罚没收入属于政府非税收入，应当按照国库集中收缴管理有关规定，全额上缴国库，纳入一般公共预算管理。"第三十条规定："政府预算收入中罚没收入预算为预测性指标，不作为收入任务指标下达。执法机关的办案经费由本级政府预算统筹保障，执法机关经费预算安排不得与该单位任何年度上缴的罚没收入挂钩。"《预算法》第二十七条第一款规定："一般公共预算收入包括各项税收收入、行政事业性收费收入、国有资源（资产）有偿使用收入、转移性收入和其他收入。"

4. 不能将行政罚款返还至作出行政处罚决定单位

《行政处罚法》第七十四条第三款规定："罚款、没收的违法所得或者没收非法财物拍卖的款项，不得同作出行政处罚决定的行政机关及其工作人员的考核、考评直接或者变相挂钩。除依法应当退还、退赔的外，财政部门不得以任何形式向作出行政处罚决定的行政机关返还罚款、没收的违法所得或者没收非法财物拍卖的款项。"《罚没财物管理办法》第三十条规定："政府预算收入中罚没收入预算为预测性指标，不作为收入任务指标下达。执法机关的办案经费由本级政府预算统筹保障，执法机关经费预算安排不得与该单位任何年度上缴的罚没收入挂钩。"

2022年8月17日，国务院办公厅发布《关于进一步规范行政裁量权基准制定和管理工作的意见》提出，要准确规定行政裁量权基准内容，依法合理细化具体情节、量化罚款幅度，坚决避免乱罚款，严格禁止以罚款进行创收，严格禁止以罚款数额进行排名或者作为绩效考核的指标。

（三）将行政罚款纳入金融消费者保护基金存在一定的制度障碍

1. 行政责任与民事责任的衔接不顺畅

一是《行政处罚法》第二十八条第二款、第七十四条第三款中将"依法应当退赔"作为禁止财政部门返还罚没款的例外情形，为行政罚款用于金融消费者保护赔偿提供了制度方面的可操作性，但"依法应当退赔"是属于行政法意义上的责令整改的强制措施，还是属于民事领域的民事赔偿并未进行明确。此外，如果将其认定为民事赔偿，是否应当以具有执行效力的民事退赔文书为标准并未规定。二是金融消费者赔偿的申请主体方面，是由执法机关强制性责令退赔还是由受侵害消费者提出退赔申请也尚未明确。

2. 行政罚没款用于金融消费者赔偿的现有实践操作程序复杂，落实存在一定难度

以证券领域为例，根据《关于证券违法行为人财产优先用于承担民事赔偿责任有关事项的规定》，受害投资者要从行政罚没款中得到赔偿，受害投资者不仅首先应提出申请，而且还要等到法院强制执行完毕，出具终结执行裁定书。而证监会在收到申请与执行裁定书之后，还需核实案件前期执行、破产财产分配情况，并于收到人民法院情况反馈后一个月内完成审核工作。认为申请符合相关规定的，再书面通知受害投资者，并抄送财政部。之后再由证监会按年度向财政部提出退库申请，对于材料齐全、符合形式要求的，财政部将在一个月内完成审核工作，并将有关罚没款退还至证监会账户，再由证监会及时将违法行为人罚没款退付给受害投资者。从上述流程看，中间不仅有诸多环节，还要消耗较长时间，并且证监会是按年度向财政部提出退库申请，申请时限没有具体规定，这将在一定程度上影响受害投资者索赔的积极性。因此，对受害投资者来说，如果将罚没款直接纳入投资者保护基金中的投资者赔偿基金账户，从投资者赔偿基金中支付对受害投资者的赔偿比从国库里直接退库显然要方便快捷。

3. 优先用于民事赔偿可能难以全面覆盖所有受到侵害的金融消费者

以证券领域为例，实践中，投资者可能单独或者共同提起民事诉讼，因此，不同投资者提出退库申请的时间可能不同。按照《关于证券违法行为人财产优先用于承担民事赔偿责任有关事项的规定》的制度安排，证监会按批向财政部提出申请，某批投资者申请的退库总额达到或者超过违法行为人实际缴纳的罚没款的，退库资金将会全部用于该批投资者的赔偿，之后提出申请的投资者将无法再获得退库资金赔偿。而将罚没款直接纳入投资者保护基金中的投资者赔偿基金账户，账户内资金不限于此次处罚的资金，与其他资金累加补充，就可能达到补偿所有受害投资者损失的目的。

（四）探索将行政罚款用于金融消费者专项赔偿的建议

1. 建议在现行框架下，将证券领域行政罚款优先用于民事赔偿制度进行推广扩大

证券领域已经先行探索将行政罚款优先用于民事赔偿，《关于证券违法行为人财产

优先用于承担民事赔偿责任有关事项的规定》明确了申请前提即主体、申请材料、申请期限、申请金额、证监会对申请材料的审核、退付流程以及行政罚没款的继续缴纳与收缴等事项，且已经在实践中运用。可以继续推广并在实践中不断优化证券领域的做法，形成成熟且可复制的经验模式，逐步将其应用于其他金融领域的金融消费者受损赔偿。

2. 建议借鉴投资者保护基金公司模式，探索建立金融消费者保护基金

2005年我国正式建立了投资者保护基金制度，并且在同年对《证券法》进行了修改，正式将投资者保护基金制度纳入我国证券法中。随后《证券投资者保护基金管理办法》出台，对该项制度进行了更为详细具体的说明，对资金的来源、分配、管理和监督机制进行了详细、科学的设计。可以说，我国证券投资者保护基金，无论是制度上，还是法律规范上都已经较为成熟，而该制度与先行赔付制度均突出了"投资者保护"的理念，都是为及时弥补投资者遭受的损害。为解决投资者赔付程序繁琐和覆盖面不全的问题，建议探索成立专门的金融消费者保护基金，将罚没款由财政划拨到基金，明确框定其赔付额度、范围、比例等各项内容，更为高效地实现对消费者的赔付。

3. 建议探索改革现有行政罚没款缴纳制度

建议建立行政罚款"先赔后缴"机制，先从部分涉众较广、影响较大、金额较大的案件入手，探索实行行政罚款暂缓入库制度，将被处罚人缴纳的行政罚款先暂时放入监管部门的账户，直到该案中受损投资者全部获得赔偿，剩余款项按照规定程序上缴国库，以保证金融消费者损失能够得到及时赔偿，帮助其尽早恢复正常的生产生活。

四、完善我国金融消费者保护救济赔偿制度体系的建议

（一）坚持多位一体金融消费者保护救济赔偿机制建设思路

一直以来，我国高度重视法治建设，全面加强对公民人身权、财产权的保护，在金融监管部门的积极推动下，金融消费者权益保护框架日益完善。从金融消费者救济渠道来看，主要有以下几个：一是向金融机构提出投诉，协商和解；二是向第三方调解组织申请调解、中立评估；三是向金融监管部门提出投诉、举报；四是基于合同或侵权法律关系提起民事诉讼，或者由法律规定的机关或有关组织提起公益诉讼；五是基于存款保险、保险保障基金、证券投资者保护基金的制度设计，获得偿付；六是基于破产制度设计，作为债权人从破产清算的金融机构处获得按比例偿付。从救济原则来看，《消费者权益保护法》《证券法》等法律规定了民事赔偿责任优先于行政罚没收入的制度设计。从救济实践来看，通过投诉、调解、举报、诉讼等方式解决民事争议或要求监管处理较为普遍；通过公益诉讼以及存款保险、保险保障基金、证券投资者保护基金偿付，在金融机构破产清算时，罚没款项退付受害者较为少见，实践中多种救济渠道的适用并不充分，救济效果存在不平衡的问题。从救济覆盖面来看，目前部分金融领域尚无相关救济制度保障，例如，对金融消费者支付清算损失，除金融机构赔付和政府处置外，尚无补充性救济渠道。例如，2014年预付卡持牌机构上海畅购挪

用客户资金,资金链断裂跑路,涉及资金超过4亿元,持卡人资金赔付统一由政府处置;2018年,银盛支付外包服务商河北瀚迪失联,超过1200万商户的近亿元未到账资金由银盛支付赔付。商业银行虽有存款保险保障,但存款保险的保障范围有限,仅包括符合一定条件的存款人本外币存款本金及利息,而银行的票据业务、自营理财、自营信托暂未在《存款保险条例》保障范围内。可见,金融消费者权益受损所涉金融机构、金融产品与服务尚未全部纳入现有救济保障范围,尤其在救济保障基金方面,缺乏全面统一的制度设计和规划。在金融混业经营的背景下,为更好地保障金融消费者的合法权益,有必要借鉴境外救济基金及我国道路交通事故社会救助基金等做法,建立金融行业广覆盖、全领域的金融消费者保护救济基金,作为现有救济渠道的有力补充,探索建立多位一体的金融消费者保护救济赔偿制度体系。

(二)渐进式推进金融消费者保护救济赔偿基金建设

从长远来看,基于分业监管基础而建立的存款保险、保险保障基金、证券投资者保护基金的制度,难以完全满足混业经营及金融创新发展形势下对金融消费者保护救济的现实需要,需统筹谋划金融领域全面统一的金融消费者保护救济赔偿基金建设工作。考虑到前述三项救济机制仍在各自领域发挥作用,建议统一救济基金建设工作循序渐进、稳步推动,并在《金融消费者保护法》等相关重要立法设计中予以明确。具体可分两步走:一是短期内在现有制度框架下用活现行机制。对于部分规模较小、内部治理不完善的银行机构、支付机构、保险机构、证券机构等存在严重违法违规行为,很可能被给予大额罚没处罚的机构,建议借鉴证监会的做法,在部分案件中试点适用《消费者权益保护法》中民事赔偿责任优先规定,联合财政部明确行政罚款退付、退库规定,使金融领域的民事赔偿责任优先原则不再是沉默条款。二是立足长远加强相关立法建设。与统一救济赔偿基金相适应的立法建设需重点解决三个问题:第一,明确保障的金融消费者范围,覆盖全金融领域的金融消费者应包括银行业消费者、证券投资者和保险消费者等,目前存款保险、保险保障基金、证券投资者保护基金的偿付范围均包含法人或其他组织,因此立法中还需明确金融消费者是否包含法人或其他组织;第二,明确罚没款项可以作为基金来源,建议在未来的《金融消费者权益保护法》或金融消费者专门立法中明确建立金融消费者保护救济赔偿基金,将罚没收入、公益诉讼惩罚性赔偿作为基金资金来源,由金融管理部门联合制定基金管理办法,将民事赔偿责任优先原则在基金偿付中贯彻落实;第三,考虑在未来的《金融消费者权益保护法》中对公益诉讼惩罚性赔偿作出制度安排,明确金融消费者保护协会等行业自律组织可以向法院提起公益诉讼。

(三)建立健全金融消费者保护救济赔偿基金管理规则

1. 基金设立及监管

考虑到金融消费者保护救济赔偿基金覆盖银行、保险、证券、支付机构、征信机构等金融领域,涉及人民银行、银保监会、证监会等金融管理部门职责,为加强统筹协调,建议由国务院金融稳定发展委员会牵头,参照存款保险、保险保障基金、证券投资者保护基金的管理模式，成立中国金融消费者保护基金有限责任公司。公司决策机构为董事会，董事由各相关金融管理部门以及银行业协会、保险行业协会、证券业协会、支付清算协会等行业组织代表组成。公司主要负责资金收缴与运作、偿付认定与退付、金融知识宣传教育等，具体职责由国务院金融稳定发展委员会或其授权的金融管理部门确定。公司日常运营费用从基金中支出，接受社会监督和审计监督。公司可设立银行、证券、保险、支付等行业专业委员会，对本行业资金收缴、偿付制定计划或方案，提请董事会进行审议。

2. 资金来源及运作

资金来源主要包括：一是财政拨款，财政拨补初始资金，以满足初期运营需要；二是中央银行再贷款，主要用于基金的最后保障，需要归还；三是公益诉讼中代偿金融消费者的赔款，主要系法院判决的赔偿金额；四是各市场主体按所在行业的市场份额缴纳费用（具体缴纳方案由基金公司各专业委员会结合现有做法分别制定），可适当提高高风险机构或存在严重侵害金融消费者权益情形机构的缴纳比例；五是对存在侵害金融消费者权益违法违规行为的罚没收入；六是基金管理机构依法运用基金所得收益；七是捐赠及其他合法收入。同时，明确基金公司应当开立专户，公益诉讼中惩罚性赔偿、罚没收入直接由法院或执收机关缴纳入基金专户，由此避免缴纳、退库问题。可根据金融市场发展状况和市场风险状况，设立基金资金保障上限，使基金能惠及更多的金融消费者。资金运作应遵循"安全、流动、保值增值"原则，可将资金依法投资政府债券、中央银行票据、信用等级较高的金融债券以及其他高等级债券，或者以国务院批准的其他资金运用形式予以存放。

3. 偿付范围及程序

基金定位为救助性基金，在确定偿付范围时，应突出消费者风险自负和机构自救原则。因此，基金应在消费者穷尽其他救济措施仍未得到足额偿付、机构自有资产存在资金缺口无法承担的情况下介入；偿付的范围为消费者作为"无辜第三人"遭受的损失，不包括消费者自陷风险导致的损失，如参与非法金融活动、忽视风险等行为；偿付的申请、认定程序为消费者或者代表人、行业组织向基金管理机构提交申请及资料，必要情况下由金融管理部门协助基金管理机构进行认定审核，对符合偿付范围和条件的，基金管理机构偿付并通报作出判决的法院以及相关部门；为避免道德风险，确保消费者不从中超额受益，保障大多数人的权益，应对偿付金额和受害者申请基金偿付的期限进行限定，偿付金额仅限于经法院认定或金融管理部门认可的损失，申请的期限可以参考诉讼时效的规定，为受害者自知道或者应当知道之日起3年内，若超过限额及期限，基金管理机构有权拒绝接受申请。

第九章　个人金融信息保护立法与监管*

随着金融科技与数字化转型，区块链、大数据等新兴技术深度融入金融领域，给个人金融信息保护带来新的挑战。个人金融信息保护是行为监管的重要内容之一，也是金融消费者保护工作中的重要一环，在金融领域，金融市场经营主体在日常业务开展中收集的各种个人金融信息是一项重要的基础数据，同时也是与金融消费者人身、财产安全等基本权利密切相关的重要内容。本章基于对我国个人金融信息保护立法与监管现状的分析，进一步强调了加强个人金融信息保护立法与监管的必要性和紧迫性。同时，在借鉴美国与欧盟的个人金融信息保护立法以及与个人金融信息保护相关的国际协定和国际组织规范的基础上，提出完善我国个人金融信息保护立法与监管的建议，旨在实现个人金融信息保护、数据价值实现与行业健康发展的有机统一。

一、个人金融信息保护立法与监管概述

（一）我国个人金融信息保护立法与监管的现状

从2013年开始，涉及个人信息的立法层出不穷，但是个人金融信息保护的专门立法较少。目前，我国直接体现"个人金融信息"的法律文件如表9-1所示。

表9-1　涉及"个人金融信息"规定的主要法律文件

序号	规范性文件	监管主体	客体	义务	法律责任
1	《商业银行法》	国务院银行业监督管理机构	存款人信息	保密	行政处罚、刑事责任
2	《征信业管理条例》	中国人民银行及其派出机构	个人信息	建立信息安全规章制度，保障信息准确性，金融信用信息基础数据库提供查询服务，国内使用，行业自律	行政处罚、民事责任、刑事责任
3	《个人信用信息基础数据库管理暂行办法》	中国人民银行	个人信用信息	保密	行政处罚、刑事责任

---

* 本章作者：余文建、马绍刚、朱红、孙崇昌、李婧、钟瑞仪、高妮、缪铁文、冼宇航、朱伟彬、尚帅、罗世乐、毛桂枝、胡朋、徐爱华、罗聪、谭咏梅、熊堂捷、徐泽南。

续表

序号	规范性文件	监管主体	客体	义务	法律责任
4	《金融机构客户身份识别和客户身份资料及交易记录保存管理办法》	"一行两会"	客户身份资料和交易记录	采取必要管理措施和技术措施,防止缺失、损毁、泄露	无
5	《刑法修正案(七)》		在履职或服务中获得的公民个人信息	不得出售、非法提供,不得获取或非法获取	刑事责任
6	《中国人民银行金融消费者权益保护实施办法》	中国人民银行	消费者金融信息	较为全面	行政处罚
7	《个人信息保护法》	网信部门及其他相关部门	金融账户信息	将"金融账户"信息纳入敏感个人信息保护	行政处罚、民事责任、刑事责任

从现行规定来看,目前我国在个人金融信息保护立法方面需要关注的问题有以下几个。

1. 虽有个人信息保护的专门性上位法规定,但与金融领域衔接不畅

2021年11月我国正式实施的《个人信息保护法》虽然细化了个人信息保护的各个方面,但是其中仍然缺少对个人金融信息的专门规定。从散见"个人金融信息"的各种规范性文件来看,其法律位阶较低,一般只是以部门规范性文件的形式体现出来,这样分散式的低位阶立法也很难同《个人信息保护法》有效衔接,导致出现法律适用层面的困难。从表9-1可以看出,各规范性文件中对规制主体、个人金融信息客体、规制义务和相关法律责任规定的表述都不尽相同,若无完整详细的上位法牵引,在同一案件中,适用的规范性文件不同,就会产生不同的法律后果。在当前《消费者权益保护法》仅对个人信息保护进行原则性规定以及《个人信息保护法》在金融领域适用困难的情况下,针对个人金融信息保护的专门立法显得尤为重要。

2. 监管部门职责不清,易产生业务监管空白或重叠

《消费者权益保护法》规定的监管部门为市场监督管理部门及其他有关行政部门,而《个人信息保护法》中将监管职责规定为:"国家网信部门负责统筹协调个人信息保护工作和相关监督管理工作。国务院有关部门依据本法和有关法律、行政法规的规定,在各自职责范围内负责个人信息保护和监督管理工作。县级以上地方人民政府有关部门的个人信息保护和监督管理职责,按照国家有关规定确定。"在其他法律文件中,对监管部门的规定也并不统一:《商业银行法》规定的监管主体是国务院银行业监督管理机构,《征信业管理条例》和《个人信用信息基础数据库管理暂行办法》规定的监管主体是中国人民银行(及其派出机构)。除此之外,工信部、网信办、市场监管总局等

相关行政管理部门根据《网络安全法》《反不正当竞争法》等规定，一定程度上也可以对个人金融信息实施管理，使整个监管框架更加复杂化。

单从"一行两会"三个金融领域的业务主管部门来看，虽然"一行两会"是在国务院领导下分工合作，但是，由于在个人信息保护领域暂时缺乏明确的职责分工和专项协调机制，个人金融信息保护工作仍在一定程度上存在多头监管、监管真空、效率不高的状况，较为典型的是《金融机构客户身份识别和客户身份资料及交易记录保存管理办法》。该办法虽然是中国人民银行和原银监会、证监会、原保监会共同制定的，也在第二十八条中规定了"应采取必要管理措施和技术措施，防止客户身份信息和交易记录的缺失、损毁，防止泄露客户身份信息和交易信息"，但在第四章"法律责任"中并没有提到对第二十八条的具体措施，只是在第三十一条第二款中规定"中国人民银行县（市）支行发现金融机构违反本办法的，应当报告上一级中国人民银行分支机构，由上一级分支机构按照前款规定进行处罚或者提出建议"，对个人金融信息保护的具体监管主体并没有明确。

3. 个人金融信息内容规定不明确，可操作性有待提升

上述涉及个人金融信息的具体规定中《金融机构客户身份识别和客户身份资料及交易记录保存管理办法》列举的个人金融信息内容最多，其在"附则"里专门规定了身份基本信息，包括姓名、性别、国籍、职业、住所地或者工作单位地址、联系方式，身份证件或者身份证明文件的种类、号码和有效期限。但是严格意义上来说，这些信息都仍属于个人身份信息，而不是个人金融信息。同时，其他规范性文件中并没有对个人金融信息加以明确，更多的是以个人信息或者个人信用信息的形式体现在法条里。且现有规定均以原则性规定为主，简单表述为相关主体对知悉的个人信息保密、不公开或者不泄露的义务，实际操作起来存在一定的困难。而在《征信业管理条例》中虽然有对建立信息安全规章制度、保障信息准确性、金融信用信息基础数据库提供查询服务、国内使用、行业自律等方面较为具体的规定，但是其操作性依然有待提升。网络信息社会的个人金融信息需求已经到了非常具体和细化的程度，需要收集和使用个人金融信息的经营业务远比《征信业管理条例》中规定的复杂，仅仅规定了特许经营管理并不能对企业经营中遇到的个人金融信息问题进行有效处理。

4. 缺少个人金融信息处理的合法性事由，金融信息价值难以发挥

社会信息化进程的加快推动了个人金融信息价值的多元化，其中尤为凸显的是个人金融信息的商业价值和公共管理价值。随着科技与金融行业的不断融合，为了满足金融行业提升效率和鼓励创新的需求，促进整个金融行业的信息高效共享成为各国立法的共同选择。不论是美国《金融服务现代化法案》在财产规则上采取金融机构与关联方信息共享"无需同意"、与非关联方信息共享需"默示同意"的授权模式，还是欧盟严格保护个人数据基础上的"开放银行"模式，均力图实现个人信息保护与促进信息共享的平衡。

《个人信息保护法》确立了以"个人同意处理"这一传统模式为核心的个人信息处理规则，要求处理个人信息应当在事先充分告知的前提下取得个人同意。在"个人同意处理"的基础上，第十三条第一款第二项至第七项增加了无需取得个人同意的六种个人信息处理的正当化事由。这一规定放宽了信息处理的范围，更新了原有"个人同意"和"个人同意+特定免责"模式，转变为以"个人同意"为出发点的"多元合理事由模式"，更利于实现个人信息保护、信息共享两大目标与个人信息的多元价值。基于个人金融信息的复杂性与潜在价值，应当在立法时对个人金融信息处理的合法性事由予以关注，平衡好个人金融信息处理的公平与效率之间的关系。

5. 缺乏对不同类型个人金融信息的分级保护

一是美国将个人信息区分为公开的个人信息和隐私的个人信息，并分别对不同类型的个人信息配置不同的保护规则，有效地避免了对个人信息安全的过度保护，较为合理地界定了各类主体处理个人信息的合规风险。二是欧盟《通用数据保护条例》开宗明义地提出"保护个人资料的权利并非绝对权利。此项权利必须结合其社会功能来加以考虑，并依照比例原则与其他基本权利保持平衡"，并区分了一般个人信息、匿名个人信息、敏感个人信息，合理设定了不同类型信息使用主体的合规责任。从国内的立法实践来看，《个人信息保护法》的逻辑框架区分了两个保护层次，即一般性保护规则和敏感信息保护规则。

随着社会的不断发展进步，个人金融信息涉及的内容会越来越多，并且不同的个人金融信息对其个人的财产安全重要程度也不尽相同，在立法保护时需要结合个人金融信息内容和监管实际，形成不同层次的个人金融信息保护规则。目前，《中国人民银行金融消费者权益保护实施办法》对消费者金融信息实行的是"普遍一致性保护"，随着金融活动的持续深入和监管不断强化，未来的金融消费者保护专门立法需要更多地考虑"过罚相当"和"比例原则"。例如，不当使用消费者在金融 APP 内留存的一般身份信息（如手机号码）用于营销与不当使用消费者账户流水信息进行营销，其带来的社会危害程度存在明显差异，在处罚规则设计上也应该有所区别。

6. 需要在现行信息跨境流动监管保护的基础上，进一步完善个人金融信息跨境监管

一方面，个人信息保护的跨境流动由网信办牵头统筹监管，与金融管理部门的业务监管存在交叉；另一方面，人民银行与银保监会等金融管理部门之间也存在对个人金融信息跨境流动交叉监管的情况，存在监管重叠的同时，也增加了金融机构的负担。例如，2022 年 7 月，国家网信办发布的《数据出境安全评估办法》（以下简称《评估办法》）对数据跨境安全进行了规定，且这一规定在当前商业银行数据跨境接收对象广泛、业务场景多元、个人敏感信息含量高的情况下，将使商业银行面临更多问题。一是《评估办法》未确定金融行业的数据标准与申报方式，商业银行在申报安全评估时缺乏明确的操作指引。二是《评估办法》将评估数据接收地政策法规与网络安全的义务设定于数据处理者上，受限于单家银行的能力与主观因素，评估的客观性与准确性

难以保证。三是《评估办法》给予的政策过渡期为 6 个月，综观商业银行梳理数据出境场景、数据体量、跨境频率与个人信息包含内容的各个环节，在现有操作指导尚不明确的情况下，商业银行的合规压力较大。四是《评估办法》规定评估的时限为 45 个工作日，特殊情况下还可延长，若频繁进行安全评估，将极大增加商业银行的时间成本与经济成本，并且如果该时限不能匹配境外诉讼、司法协查或境外监管部门查询等场景的要求，也将影响商业银行的正常经营。根据《个人信息保护法》第六十条，人民银行、银行保险监管机构等国务院有关部门按照法律法规的规定，在职责范围内开展个人信息保护和监督管理工作。现行个人金融信息保护的相关规范主要由人民银行制定发布，但银保监会发布的《银行业金融机构反洗钱和反恐怖融资管理办法》也规定涉及跨境信息提供的相关问题应向银行业监督管理机构报告的内容，金融机构在实际操作中较难判断个人金融信息跨境究竟应由哪个部门负责，通常做法是要向所有监管部门报告，对业务处理效率带来一定影响。

此外，从监管力度上看，人民银行、银保监会等行业监管部门对个人金融信息跨境流动监管目前以行业标准指导为主，执法检查、工作评估等监管手段的作用在于确保监管对象执行行业标准。在无案件发生或线索举报的情况下，监管部门在个人金融信息跨境流动过程中难以对金融机构形成主动有效的风险管控，监管力度较为薄弱。如果将来我国加入《全面与进步跨太平洋伙伴关系协定》（CPTPP），金融服务领域的数据跨境传输与访问需求将明显增加，监管部门与金融机构将面临更大的压力。

7. 在大数据广泛应用的大背景下，个人金融信息采集及其衍生问题较为突出

当前金融机构采集金融消费者信息已从简单的客户资料记录逐渐演变成对客户画像的全面分析，分析结果的应用场景已从简单的身份识别发展为精准营销、信用评估、风险偏好分析等场景。大数据时代金融消费者信息来源多样，信息采集方式隐蔽以及数据技术的更新，都使金融消费者对其个人信息的处理更加难以掌控。

信息采集环节是侵权事件的高发区，最突出的问题为对金融消费者信息的过度采集，即所收集的信息范围已超出本业务所需。银行未在收集前明确告知金融消费者所收集信息的使用目的、方式和范围，金融机构出于商业目的以及内部运作便利的考量擅自扩大金融消费者信息采集范围。此外，强制收集信息与知情同意原则异化现象亦较为明显。例如，某些金融机构通过格式合同限制金融消费者对自身信息的自主选择权益，若金融消费者不同意自己的信息被用于某些领域（如营销、用户体验改进等），则完全无法使用该机构提供的基础金融服务。并且，由信息采集问题衍生出金融消费者信息采集主体问题也值得关注。如今，与金融机构的业务关联机构种类繁多，除商业银行、证券公司、保险公司等传统持牌金融机构外，还有科技公司及互联网企业等非传统机构。上述机构因与金融机构的业务往来而成为业务关联部分银行客户的金融信息管控机构。相较于传统商业银行，这些关联机构接受的监管标准不一且各自的数据保护水平参差不齐，有造成金融消费者信息安全风险的可能。

8. 与国际标准和发展趋势对接不够，可能阻碍我国国际金融活动

相较而言，英美、欧盟等发达经济体对个人金融信息方面的立法相对较早，相关理论研究也较为丰富。如美国早在1970年的《银行保密法》里就规定了个人金融信息的相关内容，后来颁布实施的《金融隐私权法》更是直接针对金融领域的个人信息保护问题。德国也是于1970年就制定了《个人信息保护法》[①]，规定了银行在合同关系存续期间对客户个人金融信息负有保密义务。2016年，欧洲议会通过了《通用数据保护条例》，将个人金融信息作为数据的一种进行保护，对所有行业实行统一标准，保证各成员国在个人数据立法保护上都能达到必要的水平。在商业数据跨境流动方面，为了减少不必要的贸易摩擦，美国和欧盟通过签署国际协议，弥合双方之间关于个人金融信息保护尺度上的差异。由此可见，个人金融信息保护政策在国际交往中已经上升到了非关税贸易壁垒的高度，我国个人金融信息保护方面的不足，将有可能使我国在国际贸易和跨国金融交往中处于不利地位。

（二）个人金融信息保护立法与监管的必要性和紧迫性

1. 个人金融信息对金融消费者身份识别、定位和还原精准度高

随着我国经济快速发展和国民收入水平的不断提高，人民群众对投资理财的需求越来越高，金融消费者在购买金融产品和服务的过程中，会不同程度地提供各种金融信息。这就导致这些个人金融信息对金融消费者身份的识别、定位和还原非常精准，使金融消费者往往难以分辨掌握这些信息的主体究竟是合法主体还是非法主体。例如，曾引发社会热议的"徐玉玉案"就是由于犯罪分子非法获取被害人徐玉玉的个人金融信息，从而实施精准诈骗而导致的悲剧。

2. 金融市场经营主体对个人信息的收集、储存和处理能力大幅提高，单靠机构自律难以实现个人金融信息保护目标

随着金融信息化程度的不断提升，金融市场经营主体对个人信息的收集、储存和处理能力大幅提高。然而经营机构存在天然的逐利本性，往往会出于抢占市场份额、营销推介产品和服务、降低合规成本和最大化个人金融信息价值等各种目的，或者滥用其掌握的个人金融信息，或者在内控制度和风险管控上疏于防范，最终导致信息泄露事件的发生。由此可见，单靠机构自律是难以实现个人金融信息保护目标的。因此，客观上需要通过立法规制和加强监管手段来规范相关机构的经营管理行为。

3. 现有专门立法的不足导致在实践中遇到许多难以解决的监管难题

例如，2017年，A银行收购B银行的个人业务，B银行个人业务所涉及的所有金融信息需要转移至A银行。当事方担心触犯人民银行现行监管规定中关于不得向他人出售个人金融信息的条款，遂向人民银行进行合规方面的咨询。这反映出在企业分立、合并、收购等变更过程中，个人金融信息应如何转移、受到企业变更影响的金融消费者的权利如何保障、在信息转移过程中如何控制风险等一系列问题亟须立法加以明确。

---

① 谈李荣. 金融隐私权与信用开放的博弈 [M]. 北京：法律出版社，2008：79.

又如，2017 年，有 9 家非银行支付机构因存在《中国人民银行关于〈支付业务许可证〉续展工作的通知》（银发〔2015〕358 号）第六条规定的不予续展情形被停牌，这些机构被停牌后，其持有的大量个人金融信息如何妥善处理也是亟须解决的问题。一方面，由于欠缺操作性处置流程，未明确具体程序与配套措施，监管机构面临非银行支付机构退出时支付业务信息处理、客户权益保障等监管困境。另一方面，在这些机构的支付牌照被注销后，出售消费者个人金融信息可能成为第三方支付机构获取最后一份利益的方式。另外，对于机构内掌握相关敏感信息的高管或其他工作人员离职后将处于监管真空状态，现行法律法规难以对其实现有效的监管。

4. 在经济全球化的背景下，个人金融信息的跨境流转及国际监管合作与交流等问题客观上也需要法律进行规范

一方面，从国家金融发展战略来看，随着实体制造业"走出去"战略的升级，我国金融业也开始迅速向境外发展，个人金融信息的国内外交互已经成为经常性的金融活动，有进行立法规制的必要。另一方面，在当前复杂的国际经济金融形势下，对跨境信息报送进行立法，能有效填补当前我国个人信息保护法制的空白、维护国家金融法制权威性和金融主权。例如，美国商务部建立了一个信息跨境传输的公共目录，规定该公共目录中的成员必须自愿遵守相关信息跨境传输的规则。在该公共目录中的成员可以接受、传输来自欧盟的个人数据。另外，欧盟的《个人数据保护指令》提出的要求比美国的更高。由此可见，若我国在个人信息保护方面的立法和监管缺失，则有可能直接导致我国在国际贸易和国际金融合作中处于被动地位。

二、境外个人金融信息保护的良好经验及对我国的启示

随着科技与金融行业的不断融合，为了满足金融行业提升效率和鼓励革新的需求，促进整个金融行业的信息高效共享成为各国立法的共同选择。

（一）美国与欧盟的个人金融信息保护立法

1. 美国

美国立法的一个最大特点是对个人金融信息保护的尺度在不同时期内，在行政效率、经济效率和个人隐私保护之间不断博弈取舍。如行政效率和隐私保护之间，从 1970 年《银行保密法》赋予政府获取个人金融信息的权力，到 1978 年《金融隐私权法》限制该项权力，再到 2001 年《爱国者法案》加强了银行的反洗钱义务，经历了权力限制和反限制的反复博弈；如金融机构和个人之间，从最开始认为银行对其收集的个人金融信息拥有绝对处置权，到 1961 年"彼得森"案[①]通过"默示条款"确认银行

---

① 爱达荷第一国民银行（Idaho First National Bank）按照彼得森（Peterson）所在公司经理的要求，向该经理透露了彼得森曾开过空头支票的事。彼得森以银行违反金融隐私权保护义务为由，起诉银行。法院依据"默示条款"理论，认为虽然银行与彼得森签订的合同中没有明确规定此项，但按照常理和银行职责，银行对客户负有金融隐私保护的义务，未经客户的明示或默示的同意，不得向任何第三人披露客户信息。谈李荣. 金融隐私权与信用开放的博弈［M］. 北京：法律出版社，2008：4.

负有对签约存款客户个人金融信息的保护义务,到 1982 年"蒂尔瓦扎德"案[①]确认银行对尚未签约贷款客户的个人金融信息也负有保护义务,以及通过《隐私权法》《金融隐私权法》《金融服务现代化法案》等一系列成文法逐步加强金融机构对个人金融信息的保护义务和要求;再如,经济效率(社会征信)和隐私保护之间,1971 年《公平信用报告法》首次对社会信用调查机构收集、使用和传播个人金融信息进行了约束,之后该法又先后经历了 12 次修订[②],于 2003 年修订为《公平准确信用交易法》,逐步对征信机构的义务和消费者的权益进行了更具体的规定,既给了征信行业发展的空间,也逐步严格相关的管理政策,保障了个人的金融信息权益。

目前,美国在追求共享基础上加强个人信息权利保护,采取了各行业领域单独立法的模式。一方面,从美国的立法理念来看,促进信息共享利用始终是金融领域立法的首要目标,在特定的金融领域中还在逐步放宽与其他机构共享金融信息的范围和前提条件。《金融服务现代化法案》是一项旨在促进整个金融服务业信息有效共享的联邦立法尝试,其立法目标是通过消除"银行、保险和证券业之间的联营壁垒",以便于用户获取"一站式"金融服务,从而提升行业效率,降低机构交易成本,提高行业利润。基于促进信息共享的立法思路,具体规则主要围绕如何实现金融机构与其他机构高效共享信息而确定,主要体现在:一是采取关联方"无需同意"以及非关联方"默示同意"的授权模式。金融机构与其关联机构之间,以及与其专门设立进行数据处理的公司之间,无需获得个人授权,即可自由共享非公开个人信息;在金融机构向消费者发出"选择退出"通知,并对如何行权进行说明的前提下,金融机构可以与非关联方共享非公开个人信息。二是规定金融机构无需提供"选择退出"权利的例外情形,客观上又促进了信息共享,弱化了信息主体的选择退出权利。例如,基于"共同营销行为",即出于为用户提供服务所必需,或者金融机构本身或与其他机构共同营销的需要,以及在立法规定的例外情形下,金融机构可直接向非关联方披露消费者的非公开信息。

另一方面,在遵循促进信息共享的整体宗旨之上,该法案第五章关于"非公开信息披露"的规定,回应了社会对金融隐私保护存在的担忧。联邦执法机构在执法实践

---

① 蒂尔瓦扎德(Dinwharzadeh)向城市国民银行(City National Bank)申请贷款用于购买一处房地产,作为贷款申请审查的一部分,银行要求蒂尔瓦扎德告知该房产的购买价格,银行的贷款员向银行高层管理人员的家属透露了该房产的购买价格,而此家属利用这一内部信息抢先购买了该房产。蒂尔瓦扎德以银行违反了对其贷款申请信息的保密义务为由起诉了银行。初审法院认为事实不足以证明银行对贷款申请信息负有保护义务,判决原告败诉。上诉法院推翻初审判决,认为银行对贷款申请的相关信息负有默示的、非合同的金融隐私保护义务。谈李荣. 金融隐私权与信用开放的博弈 [M]. 北京:法律出版社,2008:8.

② 《公平信用报告法》分别在 1978 年、1984 年、1989 年、1991 年、1992 年、1994 年、1995 年、1996 年、1997 年、1998 年、1999 年、2001 年进行了修订。此外,1996 年美国国会还出台了《情报授权法》(*Intelligence Authorization Act*)和《债务催收改进法》(*Debt Collection Improvement Act*)对该法案进行了补充,分别授权联邦调查局和联邦政府机构取得信用调查报告的权力。谈李荣. 金融隐私权与信用开放的博弈 [M]. 北京:法律出版社,2008:76.

中发展出了金融机构在处理非公开个人信息时应当同时遵守的两套规则体系：信息安全保障规则和隐私保护规则。其中，隐私保护规则主要体现在以下三个方面：一是信息主体有权获取隐私政策通知，并对隐私政策通知的内容及其方式作出明确规定。二是赋予信息主体的选择退出权利。在金融机构与非关联方共享信息之前，信息主体享有"选择退出"的权利。三是对共享信息进行限制，包括限制信息的再次重复共享，即除非另有规定或者金融机构直接合法授权，否则非关联方不能再将其从金融机构获取的信息提供给其他第三方；限制金融机构仅为了营销目的而与非关联方共享消费者的信用卡账户、存款账户或交易账户、类似的访问号码或代码。概言之，在金融领域中个人享有的信息控制权利是相对有限的，促进信息共享利用仍然是个人信息处理的首要原则。

在数据跨境方面，美国同样注重保证信息数据流动的自由。虽然联邦政府层面没有统一规定，但美国采用了"法律红线规定"+"自由贸易协定"的模式规制信息数据跨境："法律红线规定"是指只要不违反美国《消费者金融信息隐私法》中金融机构日常经营对用户权益保护的红线，则可较自由地传输日常经营所需的信息数据；"自由贸易协定"则是指美国通过与其他国家签订的自由贸易协定来构建数据跨境规则，例如《美墨加协定》（USMCA）约定不得以在对方境内使用或放置计算机作为金融机构开展业务的前提，成员国监管机构能够即时、直接、完整并持续地访问和监督境内外金融信息。

2. 欧盟

德国于1970年最早制定了《个人信息保护法》[1]，之后，又于1977年出台了《联邦信息保护法》。法国于1978年颁布了《信息、档案和个人权利法》，英国于1984年出台了《数据保护法》。其他欧洲国家，如荷兰、瑞典、比利时等，都制定了本国的个人信息保护法。直到欧盟正式成立后，政治上的统一提升了联盟相关法律的执行效力，1995年通过的《个人数据处理保护和数据自由流动的指令》（简称《个人数据保护指令》）对后来欧盟成员国制定各自个人信息保护法律法规[2]提供了明确的指引。2016年，欧洲议会通过的《通用数据保护条例》于2018年取代《个人数据保护指令》成为欧盟统一的个人数据保护准则。欧盟将个人金融信息作为数据的一种进行保护，对所有行业实行统一标准。这样的统一标准，既为数据能够在欧盟范围内自由流动扫清障碍，也能保证欧盟成员国在个人数据立法保护上都能达到必要的水平。

当前欧盟在严格保护个人数据的基础上实行了"开放银行"模式。起初，作为个人信息保护领域统一立法模式的代表，欧盟《通用数据保护条例》是适用于各行业领域的基本立法，对包括金融领域在内的各领域个人信息保护进行了极其严格的规定。《通用数据保护条例》对个人金融信息的特殊保护表现在：一是系统性隐私保护，要求

---

[1] 谈李荣. 金融隐私权与信用开放的博弈[M]. 北京：法律出版社，2008：79.
[2] 如英国的《数据保护法典》、法国的《数据保护法典》等。

数据控制者应当在运营、管理与商品服务设计等各个阶段贯彻隐私保护，预防外部因素对用户个人信息的侵犯，确定了主动而非被动、预防而非补救、正和而非零和、隐私保护嵌入设计与开发、完整的数据生命周期保护、保持开放性、以用户为中心七项基本原则。二是默认数据保护，要求数据控制者采取必要的技术手段或组织性措施，保证默认情况下对特定目标仅处理必需信息，即在默认状态下个人信息得到充分保护，数据控制者或处理者不得代替用户"同意"或作出授权。三是设置数据保护官（DPO），要求同欧盟组织、大型互联网企业等一样，强制符合条件的个人金融信息控制者设置数据保护官职位，否则可能面临高额罚款。

但欧盟严格的数据保护严重限制了行业发展。一方面，数据确权尝试并不成功，从权属上割裂"个人数据"和"非个人数据"在实务工作中异常困难。另一方面，严格的绝对权属性导致欧盟的数字经济整体落后于美国。为此，欧盟意图在通过《通用数据保护条例》提升整体个人信息保护水平的同时，通过《支付服务指令修正案》（以下简称《支付指令》）增强对金融业特别是银行业数据的开放利用。《支付指令》于2016年1月12日开始生效，采取了"开放银行"（Opening Bank）的思路；开放银行作为一种新的金融发展理念发端于英国，引发了全球银行业的新一轮转型浪潮。

从开放银行的理念以及《支付指令》的具体规则来看，其包括以下内容：第一，"开放银行"本质上是加强金融机构与第三方机构的金融信息共享。即强制要求金融机构通过应用程序编程接口，对第三方支付服务提供者开放用户账户信息权限；第三方支付服务访问客户的支付行账户及获取交易信息，为其提供支付启动、账户信息查询和资金确认三种服务。第二，个人数据处理仍然应当遵守欧盟关于个人数据保护的指令，第三方支付服务提供者访问、处理和留存为用户提供服务所需的个人信息，原则上以用户明示同意为前提条件。但同时为了防止、调查和发现支付欺诈，允许支付系统和支付服务提供者在必要时处理个人信息。第三，采取信息安全措施是实现信息共享的前提条件。根据《支付指令》第五章的规定，欧盟发布了《关于加强客户身份验证和通用安全开放通信标准的监管技术标准》（以下简称《监管技术标准》），该标准包括加强客户身份验证、安全通信技术标准、风险管理等内容，以保障用户的资金和个人信息的安全。

在数据跨境方面，欧盟采取了正面清单的方式开展与非欧盟国家的数据流动，即在其他国家向欧盟提出申请后，经欧盟认定该国家或地区已经对个人信息进行了充分保护、与《通用数据保护条例》水平相当，则将该国家纳入数据自由流动"白名单"，允许该国与欧盟国家自由传输数据。此外，欧盟还与美国签订了与"白名单"机制一致的"隐私盾"协议。

（二）与个人金融信息保护相关的国际协定和国际组织规范

1. 美国与欧盟的"安全港"协定和"隐私盾"协议

欧盟和美国关于个人金融信息的保护在宽严尺度上存在差异，这使欧盟与美国之间产生了较多的贸易争端，美国企业将欧盟高水平的数据保护政策视为非关税贸易壁垒。为了协调双方在贸易领域的矛盾，减少不必要的贸易摩擦，2000年3月美国与欧盟达成了一个初步协定，2000年7月"安全港"协定由欧盟成员国投票通过生效。但2013年"棱镜门事件"的曝光以及"安全港"协定无效案[①]的发生，推动欧盟就"安全港"协定是否满足数据保护的"充分标准"发起了调查，并最终于2015年10月废除"安全港"协定。同时，处于对数据交流不畅阻碍经济发展的担忧，于废除前的2015年9月达成犯罪调查的数据保护协议（伞协议），并于2016年2月进一步达成"隐私盾"协议，以替代"安全港"协定，作为欧美商业数据跨境流动的新框架。同月，美国总统奥巴马签署《司法赔偿法案》，赋予欧洲公民与美国本土居民同等有效的司法救济权，使欧盟公民有权在美国法院对个人数据被滥用的行为提起诉讼。[②]

2. 《保护个人隐私和跨国数据流动指南》

1980年9月，经济合作与发展组织（OECD）通过了《保护个人隐私和跨国数据流动指南》（Guidelines on the Protection of Privacy and Transborder Flows of Personal Data），该指南不仅影响了其后诸多国际组织的立法文件，而且也奠定了许多国家国内立法的原则体系的基础。该指南确定的原则对其后的国家立法以及国际文件都产生了示范作用。

3. 《金融消费者保护高级原则》

2011年10月，G20巴黎峰会通过了OECD牵头起草的一份有关金融服务领域消费者保护的共同原则——《金融消费者保护高级原则》，目的在于帮助G20成员和其他相关经济体增强对金融消费者的保护。《金融消费者保护高级原则》提出，要保护消费者的数据和隐私，建立消费者个人信息和财务信息的适当控制和保护机制。建立明确说明客户信息收集、处理、保存、使用和披露目的（特别是向第三方披露时）的机制。明确消费者知悉其信息采集、共享、错误信息纠正或删除以及非法获取信息删除等方面的权利。

4. 《隐私保护纲领》

2003年，亚太经济合作组织（APEC）制定的《隐私保护纲领》与《保护个人隐私和跨国数据流动指南》的核心价值相符，再次确立了隐私对个人和社会的价值。该纲领的隐私保护并不凌驾于因国家主权、国家安全、公共安全的原因而依法采取的措施之上。《隐私保护纲领》关于个人信息保护的九项原则包括预防损害原则、充分告知原则、适当收集原则、有限利用原则、自主原则、完整性原则、安全管理原则、查阅

---

① 2013年6月25日，奥地利人马克西米连·斯科瑞姆斯（Maximillian Schrems）向爱尔兰的信息保护专员申诉，认为其个人信息在转移给美国脸书（Facebook）公司时未受到充分保护，要求对脸书公司在美国的存储数据的保护情况进行调查。在遭到否决后，其又以爱尔兰数据保护专员为被告，将案件上诉至爱尔兰高等法院。爱尔兰高等法院将此案提交至欧盟法院。欧盟法院经过调查认为，欧盟委员会在通过"安全港协定"时，对美国是否为个人数据提供了充分保护未履行应尽的调查职责，于2015年10月6日最终判决认定美欧"安全港协定"无效。刘碧琦. 美欧《隐私盾协议》评析 [J]. 国际法研究，2016（6）.

② 桂畅旎. 美欧跨境数据传输《隐私盾协议》前瞻 [J]. 网事焦点，2016（6）.

和更正原则、责任原则。

(三) 对我国个人金融信息保护立法的启示

总体上看，发达国家对个人金融信息保护的法律法规相对完备，相关法律立法层级高、权威性也高，保护法规系统、全面、覆盖面广，在具体的法律条款和监管方式等方面都能给我们良好的经验启示，具体如下。

1. 监管取向方面

随着科技与金融行业的不断融合，为了满足金融行业提升效率和鼓励革新的需求，促进整个金融行业的信息高效共享成为各国立法的共同选择。美国《金融服务现代化法案》是法经济学理论在金融领域的一次践行，在财产规则上采取金融机构与关联方信息共享"无需同意"、与非关联方信息共享需"默示同意"的授权模式，以及"共同营销行为"豁免等具体规则，实际上将金融信息的"产权"分配给了金融机构。同时，在联邦执法过程中，衍生出信息安全保障规则和隐私保护规则两套规则，不断优化金融机构的告知义务，其本质上也是促使处于信息优势地位的金融机构持续性地进行信息披露，以减少双方在信息共享过程中的信息不对称问题，力图实现个人信息保护与促进信息共享的平衡。欧盟则从严格保护个人数据转向了"开放银行"模式。从法经济学的视角分析，《通用数据保护条例》为信息主体提供了普适性个人信息保护规则，用户"明示同意"仍然是支付服务提供者等为其提供服务的前提条件。虽然开放银行的思路没有改变信息"产权"归属消费者的本质，但是通过"消费者赋权"的路径，强制要求金融机构开放用户账户信息权限，同样有利于金融信息的共享利用。促进个人金融信息的利用共享，并不意味着放松个人金融信息保护。国际视域下金融信息共享机制的规则趋同表明，能否实现个人金融信息保护与促进信息共享两大目标的双赢，取决于个人金融信息共享规则的顶层设计。

2. 立法模式方面

国际上对个人信息保护的立法主要有统一立法、分散立法等模式。其中，欧盟采用统一立法模式，即通过统一的法律标准来规范公共部门和私人部门对个人信息的处理行为。美国采用分散立法模式，即针对各行业的特征分别制定标准来规范个人信息的处理行为。欧盟统一立法更为均衡，统一适用于公共部门和私人部门等所有领域，更体现个人自主权利，但是也遭到诟病，被认为是"一刀切"政策，过于严格，阻碍了信息的自由流动和经济发展。美国分散立法更多地考虑对政府行为的管制，对私人部门的限制较少，这在一定程度上也帮助了相关行业快速发展，如征信行业，但随着网络技术的发展，过去的限制可能会显得约束不足，过于宽松的个人金融信息流通可能也会导致一些社会性问题的出现，如"营销轰炸""人肉骚扰"等，有的可能还会干扰社会经济秩序的稳定，甚至会产生金融犯罪问题，如网络欺诈等。同时，随着个人金融信息的经济价值逐步提升，公民对个人金融信息保护意识日益增强，美国的立法模式也不能完全满足我国公民对保护自身个人金融信息权益的要求。

在借鉴立法模式的基础上，可以综合参考美欧立法模式的相对优势，通过统一立法对基本原则和个人金融信息保护的统一标准进行确定，全面覆盖公共部门和私人部门，也便于对接国际标准，再结合金融业各项业务的特点，通过规章对具体权利和义务进行更细致、更严格的规定。

3. 监管方式方面

个人金融信息保护的具体执行需要特别的监管部门。可以参考英国信息官或数据保护官的设置，针对个人数据保护的日常监督，最好有专门的政府职能部门负责。该部门不仅能够对实践中个人数据主体和数据处理者每天可能遇到的问题作出及时解答，而且能够监督法律的具体执行，密切把握发展动态，将现实中出现的违法现象控制在最初始的状态，避免事态进一步恶化，减轻法院和其他司法机关的压力。而且，在法制较不发达的国家，选择以行政手段解决某一方面的法律问题，往往是一个较为经济而又有效的方式。在个人数据保护法案的基础上增加个人数据保护官的官方职能，并不时由该保护官出具对于个人或企业在个人数据保护实践中的具体问题的具有法律效力的解释，以避免立法条文和实际操作的脱节。参考法国经验，明确对监管部门独立性的要求。法国成立专门的个人信息保护机构，即国家信息与自由委员会（CNIL）。该机构为独立的行政机构，不接受任何其他机构的指示，直接对议会负责。如果企业涉及个人数据处理，则必须向国家信息与自由委员会申报。当网站涉及发布或收集个人信息时，必须向国家信息与自由委员会申报。国家信息与自由委员会同样接受民众个人信息与隐私被侵犯等投诉，向政府提出个人信息保护相关立法建议，接受政府在个人信息保护立法方面的咨询。同时，在行政监管的基础上，结合行业自律措施，推动行业个人信息保护宣言、建议、指南等多种手段结合并用。

4. 具体条款设置方面

可供参考借鉴的立法细节有很多，如个人金融信息共享限制。目前，大型互联网金融企业将客户的个人金融信息广泛用于关联企业共享，这种行为是否合理值得考究。美国《公平准确信用交易法》《消费者金融隐私保密最终规则》等法律规则规定金融机构在与消费者签订消费协议之初就应提供个人信息管理政策及做法的告知书，内容包括采集个人信息的范围、个人信息使用领域及披露对象，并且给予消费者自主选择是否参与信息披露共享的权利。国内的金融机构并没有向消费者提供关于个人信息处理政策的告知书，也没有提供"选择退出"信息披露的权利。此外，《联盟营销的限制规则》对金融机构将客户信息用于自身及其关联部门的产品营销事项作出限制，金融机构使用客户的隐私数据进行营销策略研究、产品（服务）推销对象选择等，必须事先告知客户，但国内银行、证券公司、电信运营商根据客户的存款信息或者消费数据进行产品推销之前可能存在并未告知客户的情况，而国外法律对个人数据保护的主要原则认为个人信息是客户所有的私人资产，在收集、使用客户私人数据时必须征得个人信息所有主体的同意。

又如，信息防盗预警机制。《公平准确信用交易法》设立了"防盗预警机制"。消费者可以向消费者信用报告机构申请设置诈骗警报标识，并且预警标识在所有信用报告机构之间共享。消费者报告机构自收到消费者申请之后,对其资料设置至少90天的诈骗警报,当消费者申请延长预警期限之后,消费者信用报告机构就不得在未来7年内向第三方金融机构提供该消费者的任何信息。目前,国内个人信用报告机构并没有这样的预警机制,当金融机构向征信报告机构申请消费者信用报告时,只体现了金融机构与征信报告机构两方的权利义务,而个人信用信息所有主体参与感并不强。再如个人信息的删除权方面,《征信业管理条例》规定征信机构对个人不良信息的保存期限,自不良行为或者事件终止之日起为5年;超过5年的,应当予以删除,而不少发达国家对不良信息的保存期限按不良信息的严重程度进行规定,更具有适当性和可操作性。

三、对完善我国个人金融信息保护立法与监管的建议

综上所述,有必要进行个人金融信息保护的专门立法,并强化监管。在金融消费者保护专门立法中设置个人金融信息保护专章是其中一种立法选择,该专章可以用于衔接《消费者权益保护法》中的消费者信息保护要求和《个人信息保护法》中的个人信息保护要求,以全面、系统地明确金融领域的消费者信息保护规则,通过立法在保障信息安全的基础上持续推动数据价值为经济金融发展服务,促使相关金融信息产业形成良性发展循环,保护金融消费者合法权益,保障金融市场的有序运行,维护国家金融安全。

(一)通过立法明确个人金融信息保护的各项基本概念

对个人金融信息保护所涉及的基础概念进行界定是开展立法和监管问题研究的前提。就个人金融保护问题而言,最为关键的基础性概念是"个人金融信息"和"金融消费者"二者。此二者的范围直接关系到立法对个人金融信息保护的力度。一般来说,对个人金融信息和金融消费者的界定越宽泛,个人金融信息保护的力度相对越大;对个人金融信息和金融消费者的界定越缩限,个人金融信息保护的力度相对越小。处理好个人金融信息保护和金融信息合理流通之间的关系是界定基础概念应遵循的原则。根据这一立法原则,我们认为应对"个人金融信息"和"金融消费者"概念作出以下界定,并且引入"关联第三方"和"非关联第三方"的概念。

1. 完善个人金融信息概念

从目前涉及个人金融信息保护的规范性文件定义来看,"个人金融信息"可以被通俗地理解为自然人的行为在资本的价值流通阶段产生的能够表现客观事物状态和变化的实质内容,但这一定义仅为学理上的定义,立法过程中立法者必须从确定的立法目标出发,遵循一定的立法原则将这一概念内核进行提炼。例如《中国人民银行关于银行业金融机构做好个人金融信息保护工作的通知》(银发〔2011〕17号)对个人金融信息定义为:银行业金融机构在开展业务时,或通过接入中国人民银行征信系统、支付系统以及其他系统获取、加工和保存的个人信息。该通知中采用了较为详细的列举式立法的形式,规定了七个种类的个人金融信息。《中国人民银行金融消费者权益保护

实施办法》（中国人民银行令〔2020〕第 5 号）明确规定："本办法所称消费者金融信息，是指银行、支付机构通过开展业务或者其他合法渠道处理的消费者信息，包括个人身份信息、财产信息、账户信息、信用信息、金融交易信息及其他与特定消费者购买、使用金融产品或者服务相关的信息。"这一定义是从信息获取人或控制人的角度出发，采取概括、列举相结合的方式来界定个人金融信息。然而在个人金融信息内涵不断深化、外延不断拓宽的情况下，如果继续采取概括加列举的方式很难对个人金融信息进行准确定义，故建议紧扣个人金融信息必须与金融活动相关的特点，同时关注可识别或者已识别的自然人的个人信息，参照《个人信息保护法》"识别说"+"关联说"的方法，将个人金融信息定义为：金融机构在提供金融产品或服务时获取的以电子或者其他方式记录的已识别或者可识别的与自然人有关的各种信息。

2. 在"消费者"范畴中划分出"客户"的概念

美国《个人金融信息隐私权条例》对消费者的概念进行了界定，该条例中的消费者概念与《中国人民银行金融消费者权益保护实施办法》的界定基本一致。其不同之处在于，该条例在消费者概念范畴中进一步提炼出"客户"的概念，使"消费者"这一法律概念出现了两个层级的划分。《个人金融信息隐私权条例》对消费者的界定是："以个人、家庭或家族使用为目的，获得或正在获得金融机构产品或服务的个体，或个体的法定代表人"；对客户的界定是："与金融机构建立了客户关系的消费者"[1]。该条例认为客户关系是指消费者与金融机构之间建立的持续的关系[2]，而那些未能成功建立持续关系的消费者，如向银行申请贷款但最终被驳回或者撤销，则不认为存在客户关系。

3. 规定金融机构对"客户"负有比其他金融消费者更严格的信息保护义务

《个人金融信息隐私权条例》明确提出，金融机构对已经与其建立了客户关系的消费者，必须承担更为严格的保护义务，其中不仅包括保护信息安全的义务，还包括更严格的信息披露义务和为客户提供选择权的要求。具体来说，在信息披露义务方面，该条例规定"客户"有权每年获得一份机构的隐私声明，而对于非客户消费者，该条例规定只有当金融机构需要向例外情况中没有涉及的非关联第三方透露非公开个人信息时，非客户消费者才有权获得首次的隐私声明。并且该条例要求，金融机构在客户关系存续期间，至少每 12 个月要向客户提供一次年度通知，但对非客户消费者没有定期通知义务。在拒绝权方面，该条例也对客户和非客户消费者进行了区别对待。例如，《个人金融信息隐私权条例》提出，如果机构在例外情况范围内披露未公开个人信息，则无须向非客户消费者提供拒绝权通知。这样就能合理降低金融机构的合规成本，较好地处理了个人金融信息保护和信息的合理流通之间的关系。

---

[1] 美国联邦储备委员会消费者与社区事务局. 美联储金融消费者保护合规手册 [M]. 中国人民银行西安分行，译. 北京：经济科学出版社，2013：342.
[2] 当消费者与金融机构进行下列活动之一，客户关系随之建立：（1）保持存款或投资账户；（2）获得贷款；（3）进行个人财产租赁；（4）以付费的形式获得金融、投资或经济方面的咨询服务。

4. 引入"关联第三方"与"非关联第三方"概念，解决金融集团经营模式下的个人金融信息保护困境

在实践中，由于以金融控股集团模式经营的公司在信息保护和隐私策略方面常常具有高度的同质性，在信息权限审核、信息安全技术和安全策略等方面高度一致。此外，由于这些公司开展的金融业务存在高度的关联性，其通常会通过格式合同条款的方式获得客户授权，以实现消费者的个人金融信息在集团公司之间的共享。在此前提下，个人金融信息在集团公司间的流通属于一种"准内部流通"，虽然也有加以规制的必要，但在监管力度上应与典型的对外流通有所区别。

美国《个人金融信息隐私权条例》中首先对"关联第三方"进行了定义，即是指控制该金融机构、受控于该金融机构，或与该金融机构共同被控股的任何公司。在此基础上，该条例采取排除法对"非关联第三方"进行了定义，即是指除了上述的关联机构，或同时受雇于该金融机构与另一公司（非该金融机构的关联机构）的员工之外的任何人或组织。我国可参照美国这一立法模式，根据金融信息流转机构之间的关系，划分出关联第三方与非关联第三方。

在区分关联第三方与非关联第三方的基础上，立法可分别设置不同的个人金融信息保护门槛。如《个人金融信息隐私权条例》允许金融机构与适用同一隐私保护政策的关联第三方共享，但必须向金融消费者提供该机构隐私保护政策的首次声明和拒绝权通知，同时还允许金融机构将账号信息透露给经纪商，用于机构自有金融产品或服务的市场营销目的，但金融机构不得授权经纪商向客户收费，该条例关于向非关联第三方共享信息的规定明显比向关联第三方共享信息的规定要严格得多。如该条例规定金融机构不得将信用卡、存款账户或其他交易账户的账号、类似形式的接入号或接入密码透露给任何非关联的第三方，用于向消费者电话营销、邮件营销或其他通过电子邮件的形式营销等目的。如果金融机构获得来自非关联第三方机构的未公开个人信息，对该信息的披露和使用也是受到极大限制的。[①] 我国可以根据国内实际金融业务开展需求，确定如何设定符合国情的监管门槛。

（二）通过立法强化相关机构的个人金融信息保护义务

1. 明确个人金融信息处理的合法性事由

立法应从个人金融信息之上负载个人利益与社会利益的角度综合考量，在以"告知—同意"原则为获取金融信息的合法基础上，规定可以不经信息主体同意即可获取个人金融信息的法定事由，实现信息保护与利用的平衡，发挥个人金融信息蕴藏的其他价值。这些法定事由主要包括：一是金融机构为履行合同义务所必需，如通过邮箱或者手机向信息主体发送账单、消费提示信息、验证码等。二是基于维护金融市场安

[①] 如该条例规定，对于从非关联第三方获得的未公开个人信息，金融机构仅限于：（1）向获得信息的金融机构及其分支机构披露这些信息；（2）向自己的分支机构披露这些信息，且其分支机构只能在金融机构限定范围内披露和利用这些信息；（3）这些信息的披露与使用仅限于条例规定的活动（例如，机构获得信息的目的是处理财务或账户信息，则可以将此信息披露给审计员）。

全、化解金融市场风险的公共利益或履行法定金融义务所必需,如为保护社会公共利益或不特定多数人的利益,履行维护金融稳定、履行反洗钱、反恐怖融资、反客户欺诈、投资者适当性审查等法定义务。三是金融机构履行监管要求所必需。如银行为落实适当性原则,需要在收集客户信息和测评客户风险承受能力的基础上,向其推荐与其风险承受能力相适应的金融产品或服务。四是法律、行政法规规定的其他情形。上述信息处理的法定事由表述中均强调"必需"二字,即应当严格遵守《个人信息保护法》第五条规定的必要原则,该原则要求对不同位阶的利益保护价值予以综合考量,从而判断是否满足"必需"条件。

2. 对个人金融信息进行分层分级保护

一是建议区分一般金融信息和敏感金融信息。建议参考《个人信息保护法》分级保护的立法逻辑,通过个人金融信息保护立法对个人金融信息进行一般性个人金融信息和敏感性个人金融信息分类。一般性个人金融信息是指一旦泄露或者非法使用,可能对消费者的人格尊严或者人身、财产安全造成不利影响的信息,包括个人身份信息、财产信息等;敏感性个人金融信息是指一旦泄露或者非法使用,容易导致消费者的人格尊严受到侵害或者人身、财产安全受到危害的个人信息,包括生物识别、金融账户(含银行账户、证券账户、保险账户、支付账户等)、行踪轨迹等信息,以及不满十四周岁未成年人的个人金融信息。同时,参考《征信业管理条例》《个人金融信息保护技术规范》(JR/T 0171—2020),可将敏感金融信息分为绝对敏感信息和相对敏感信息。如将《征信业管理条例》第十四条列举的宗教信仰、基因、指纹、血型、疾病和病史信息作为绝对敏感信息,即原则上不能采集的信息;绝对敏感金融信息之外的信息即为相对敏感金融信息,在满足相应的严格条件后可以采集。二是建议建立有所区别的保护规则。建议依据《个人信息保护法》中"一般性保护规则"和"敏感信息保护规则"的框架逻辑,在个人金融信息专门立法中建立个人金融信息一般性保护规则和敏感性个人金融信息保护规则。因此在保护规则的具体设置上,立法上要在当前个人金融信息一般性保护规则的基础上,增设敏感性个人金融信息保护规则,特别对敏感个人金融信息的收集、使用、存储、传输、删除等处理行为给予更加严格的保护,在对应的法律责任中明确规定按"情节严重"处理并进行"双罚"。三是建议增加对敏感金融信息"删除""加工"的处理规定。建议援引《个人信息保护法》第四十七条的相关规定,将"删除"明确纳入个人金融信息处理范畴,明确消费者敏感金融信息的删除权利与金融机构的删除义务,并系统梳理现行金融法律法规中关于"法律、行政法规规定的保存期限未届满"的例外情形(例如,《征信业管理条例》规定征信机构对个人不良信息的保存期限为5年。《反洗钱法》规定客户身份资料在业务关系结束后、客户交易信息在交易结束后,应当至少保存5年),明确"删除"权利的例外规定,如列明"信用信息、身份识别信息以及客户交易信息等未达到法律、行政法规规定保存期限的除外"。建议基于敏感金融信息的性质特征,对个人金融信息"加工"进行分类管理。因为禁止采集绝对敏感类信息,且加工会对信息主体的人身和财产产生巨大的损害，建议禁止加工绝对敏感类信息；相对敏感类信息可以在采取必要的技术手段和管理措施，确保加工信息过程中能够保障信息安全并取得信息主体的明确授权下进行。同时注重约束敏感金融信息商业推广运用。如通过自动化决策方式向个人进行信息推送、商业营销，应当同时提供不针对其个人特征的选项供个人进行自主勾选，或者向个人提供便捷动态拒绝的方式。四是增加处理敏感个人信息影响评估义务规定，完善法律责任条款。针对影响评估义务设定问题，建议根据《个人信息保护法》，结合金融领域的特殊情况，在监管规定中设定银行和支付机构的事前事后影响评估义务，并明确用户数量巨大的具体判断依据，为银行、支付机构履行影响评估义务提供制度依据。针对法律责任设定问题，建议根据《个人信息保护法》第六十六条的相关规定，系统梳理与修改调整相关监管规定，使之与《个人信息保护法》保持一致，确保既符合法律适用原则，又强化敏感金融信息的保护。

3. 完善个人金融信息采集保护制度

一是建议确立以"最小、必要"为基本原则进行金融消费者信息采集。金融消费者信息采集"最小、必要"原则是指采集和处理金融消费者信息应当有明确、合理的目的，并应当限于实现该目的的最小范围，不得进行与该目的无关的信息采集预处理。细化金融消费者信息采集"最小、必要"原则是监管部门规范金融机构信息采集行为的第一道关卡。参考《信息安全技术——个人信息安全规范》和《网络安全实践指南——移动互联网应用基本业务功能必要信息规范》中对"最小、必要"提出的要求，其中关于"直接关联""最低频率""最小数量"的定义具有借鉴意义。"直接关联"是指银行所收集的金融消费者信息是否与现有产品及服务的功能直接关联，缺失该类型信息导致产品及服务无法正常完成，体现出该类型信息的必要性。"最低频率"和"最小数量"是对银行收集金融消费者信息最小化的判定标准。由于商业银行的资产业务、负债业务及中间业务种类繁多，且每家商业银行有自身的特色业务，故难以制定具体细致的全业务种类都适用的标准。因此，建议在立法层面将"最小、必要"原则规定为商业银行对金融消费者信息采集的基本原则，并对商业银行的传统业务大项进行信息采集范围的规定。行业协会可以在上述基础上针对具体业务制定相应的信息采集"最小、必要"标准。该标准应尽可能详细，确保相关表述精准、恰当、合理且不存在任何歧义，使之最大限度地发挥限制和导向作用。二是建议针对不同类型的金融消费者信息采取不同的采集模式。《个人金融信息技术保护规范》将金融消费者信息按敏感程度分为 C3、C2 和 C1 三个类别，敏感程度依次递减。但目前无论是在《民法典》《个人信息保护法》中，还是在《中国人民银行金融消费者权益保护实施办法》中，对银行等金融机构的信息采集行为并未做区分要求。在实践中，如果任何信息收集行为都需金融消费者同意，则会增加金融机构的运营成本。同时，有些金融机构为了节省成本，规避法律责任，往往采用格式合同中的霸王条款，强制索取信息使用授权。对此，建议可以针对不同类型的信息采取差异化的知情同意规则，以兼顾金融消费者权益保护和金融机构的数据利用。由于 C3 类型的信息主要为账户密码等用户鉴别信息，该类型信息生成于金融消费者使用金融产品的过程中，不需要金融机构额外进行收集，且该信息因其敏感程度而不具备共享可能，故不在目前讨论范围内。C2类型的信息为可识别特定个人信息主体的信息，包括身份信息、联系信息、地址信息等。该类型信息一般在银行开展业务时向金融消费者进行收集，并对金融消费者进行主动告知，实行选择进入模式，亦为目前主流模式。C1类型的信息，即金融机构内部使用的个人金融信息，其中包括金融消费者在使用金融产品及享受金融服务时所产生的行为信息。该部分信息一般用于数据分析、产品开发及后续交叉营销，且金融机构属于以被动记录的形式存储该类型数据，且该数据一旦产生便由服务提供者而非用户自身所直接占有和控制。因此，建议可以尝试采用选出模式，即金融机构无需事前征得金融消费者同意，在告知金融消费者后就可采集其个人金融信息，但被采集的金融消费者保留随时选择退出采集的权利。该类型信息类似网络行为数据，是金融消费者金融活动轨迹的反映，主要由金融消费者的交易行为记录、浏览行为记录、搜索行为记录等组成，与金融消费者的隐私利益相关性较弱。三是建议设立金融消费者信息管控机构准入资格及日常监管标准。大数据时代扩大了金融消费者信息管控机构的范围，银行的业务关联机构实质上已成为部分银行客户金融信息的管控机构。金融消费者信息一经提供或被记录，就脱离了金融消费者的控制，加之业务关联机构的多样性，因此业务关联机构和银行间金融消费者信息监管要求不一的漏洞有被利用的可能，容易造成侵犯金融消费者信息权益的后果。因此，建议由金融监管机构、网信部门等相关监管机构发挥各自专业特长，跨部门联合制定金融消费者信息管控机构准入资格及日常监管标准，在同一标准下监管银行及业务关联机构等金融消费者信息管控机构，共同保护金融消费者信息安全。该标准重点关注金融消费者信息管控机构的信息安全保障能力及内控管理水平。在信息安全保障方面，可参照《信息安全等级保护管理办法》制定相关标准。在关联机构内控管理方面，可参照商业银行标准进行评估。任何业务关联机构只有达到相关信息保障技术标准及内控水平达标，才能成为合格金融消费者信息管控机构，才可收集和处理金融消费者信息，与银行开展业务合作。否则，该机构被禁止收集及处理金融消费者信息，并禁止与金融机构开展相关合作。出于金融业务专业性的考虑，建议该标准的日常执行由金融监管部门负责，在遇到特殊情况时，可会商网信部门等提供专业技术支持。同时，由于大数据技术日新月异，应对"合格金融消费者信息管控机构"资格设置时效性管理，以免该关联机构后续技术落伍及内控水平下滑而导致其金融消费者信息安全保障能力下降。

4. 明确金融消费者的拒绝权及例外情况

个人金融信息保护立法的关键环节就是要确保金融消费者有权拒绝或阻止金融机构向无关的第三方透露其非公开的个人金融信息，但某些特殊情况下除外。除了应明确金融消费者享有拒绝权这项权利本身外，还应明确金融机构向金融消费者提供行使拒绝权的合理机会和合理方式。具体的拒绝权规定由金融机构根据交易环境自行设定，但必须给予金融消费者行使拒绝权的合理时间段。行使拒绝权的合理方式包括回复邮件或者拨打电话等成本低且易于操作的方法，要求消费者必须通过亲自写信等不便利的方式行使拒绝权显然是不合理的。同时应明确，在金融消费者行使拒绝权后，金融机构应在接到指令的合理时间内执行金融消费者的决策。当客户关系结束后，金融机构应继续遵守客户的退出决定，不可将在客户关系存续时收集的与该客户相关的未公开的个人金融信息披露给第三方。为了保持合理的市场效率，立法应明确规定金融机构无须遵守拒绝权要求的例外情况，具体包括：（1）在金融机构进行了事前声明，且以合同形式规定，禁止第三方泄露信息或将信息用于非指定用途的前提下，金融机构可为向其提供服务或以金融机构名义开展业务的非关联第三方披露个人金融信息。(2）能够帮助启动、管理或完成客户要求或授权的交易。（3）为了完成金融机构日常业务的特定披露，如为了防止或打击欺诈交易等。（4）向金融机构的律师、会计师、审计师披露信息。(5）为了遵守相应法律法规要求，向有权机构披露信息。

5. 规定金融机构的"安全港待遇"

为了降低机构合规成本，以及提高监管效率，立法应给予金融机构"安全港待遇"[①]。安全港待遇主要通过使用监管部门提供的关于拒绝权行使、信息保护政策通知等的标准模板来获得，标准模板主要用于金融机构向金融消费者通知其对个人金融信息有关的各项做法。使用标准模板的好处是避免了个性化通知带来的有可能无法满足监管规定的风险。但考虑到金融产品和服务多样性的问题，强制要求金融机构适用标准模板是不切实际的，因此，立法上应给予金融机构自主选择权，鼓励金融机构更多地使用标准模板。使用标准模板的金融机构可以在相关的金融消费者投诉中免于证明个人信息保护部分的格式合同条款的合法性及合理性，在相关的监督检查中免于审查通知内容，在相关的评估评级中，与该项内容相关的部分直接给予满分等。

6. 明确金融机构对个人金融信息保护政策的定期通知、随时备查和及时更新义务

人民银行历年开展的监督检查发现，部分金融机构的个人金融信息保护政策通常仅在合同中进行声明。对于存续时间较长的合同，比如与信用卡、按揭贷款等相关的合同，经常会遇到个人金融信息政策变更的情况。金融机构出于降低成本的考虑，往往通过群发短信或在官网上进行公告等便捷形式进行通知，这些通知往往在公告期结束后便"消失无踪"，导致金融消费者查询困难。美国《个人金融信息隐私权条例》不仅规定了金融机构负有定期通知的义务，而且规定了随时备查的义务。该条例规定，金融机构必须保证消费者能够保留或随时查询与金融信息隐私权相关的通知。对于通过互联网购买的金融产品和服务，在征得客户同意的前提下，可以将通知发布在机构网站上，但必须及时更新。我国可参照美国立法，确立金融机构的上述义务。

7. 加强个人金融信息跨境流动保护

一是明确个人金融信息跨境传输的范围。金融机构掌握大量的个人金融信息，包

---

① 此处的"安全港待遇"与前文美国与欧盟签订的"安全港"协定不是同一概念，特此说明。

括个人身份信息、个人账户信息、个人资金信息等，应建立个人金融信息的安全等级制度，对个人金融信息的重要性作出区分，明确规定哪些信息可以跨境提供，哪些信息不得跨境提供，合理规定在不同的安全等级下跨境传输个人金融信息所要采取的审慎措施。二是明确个人金融信息跨境传输的审查标准。对跨境传输的审查是典型的行为监管范畴，立法应当明确金融机构实现个人金融信息跨境传输目的所必须履行的合规义务。合规义务应满足真实需求、充分保护、记录良好三个基本条件。审查标准中应向金融机构明确提示必须提交给审查机关的各项证明材料，同时制定审查管辖、审查时限、作出不允许跨境传输决定的救济措施等程序性规则。三是建议明确个人金融信息跨境流动主要监管部门。明确个人金融信息跨境流动主要监管机构，统筹协调监管工作，制定信息跨境流动的统一规范和细化标准，细化监管职责，建立监管合作机制，形成一部门统筹、多部门协调，多领域、全方位的个人金融信息跨境流动监管态势，切实解决跨境流动的法律适用、责任追究救济、国际协调机制建设等问题。四是建议建立个人金融信息跨境流动告知和授权制度。信息处理者应向信息主体充分履行告知义务并征得其同意，告知内容包括信息处理者和境外信息接收者的身份，信息流动的目的、类别、内容及接收国的信息保护情况等，使信息主体能够充分理解并引起重视。同时为信息主体提供是否跨境转移的明确选项，如信息主体未作出选择或提出明确拒绝，则不能进行金融信息的跨境转移。五是建议建立个人金融信息跨境流动报送审查制度。建议要求金融机构对涉及信息跨境流动的标准合同进行备案审查，重点审查跨境转移的信息内容、转移目的和范围、安全措施、异议处理、责任追究等方面。批量跨境转移个人金融信息时，应当就信息的种类、内容、数量、技术安全措施、输入国信息保护程度等内容向监管部门进行申报，并提供与境外信息接收者签订的合同及接收者作出的信息安全使用书面承诺。六是建议建立个人金融信息跨境流动的责任承担原则。一般情况下，应以过错原则认定信息跨境流动中的法律责任，即存在过错责任的一方需要承担相关法律责任。但由于信息跨境传输中必然涉及他国司法管辖权，可能因各种客观原因难以实现对境内信息主体权益的有效保护。因此，可以考虑在专门立法中明确，在难以追究境外信息处理者责任的情况下，由境内信息处理机构承担连带责任。境内信息处理机构对金融消费者先行赔付后，仍能依法向境外信息处理者追偿。

(三) 通过立法解决个人金融信息保护中的监管问题

1. 通过立法确定企业退市后的个人金融信息保护方案

我们认为，大体上有以下三种方案可供立法参考，但方案各有利弊，需要在立法时进行权衡和取舍。方案一是由相关金融监管部门代为保管退市企业的个人金融信息，直至信息法定的保存期限届满。此方案的优势是金融监管部门作为个人金融信息的主管部门，能最大程度地实现对消费者个人金融信息的保护。该方案的问题是将使金融监管部门面临信息泄露时的不良舆情和诉讼风险，也面临后续的资料接收、配合调查、数据提取和保存成本等工作压力。方案二是由行业第三方机构（如银联、网联或支付清算协会等）接管退市企业的个人金融信息。该方案的优势是此类行业第三方机构带有一定的公有或公益属性，有实力且能较为公正地完成任务。该方案的问题是由第三方机构接管退市企业的个人金融信息，除扩大信息及平台人员接触范围外，还面临客户对信息交由第三方保管的授权的法律障碍。方案三是由退市机构在完成退市操作后仍然保留一个相对独立的组织，自行保管其所持有的个人金融信息。该方案的优点在于通过强制立法来延续退市企业对消费者个人金融信息的保护义务，不涉及信息转移和再授权的问题。该方案的缺点在于虽未扩大个人金融信息的接触面，但退市企业面临固有的经费来源缺失、员工流失和逐利动机等，容易导致封存保管的信息被违规用于其他商业用途。

2. 科学分析违法成本，合理设计行政处罚

立法环节中的最后一项重要内容是对侵犯金融消费者信息安全权的违法行为进行违法成本分析，进而作出合理的行政处罚设计。行政处罚设计的合理与否直接关系到法律的威慑力和执行力。我们建议从以下五个方面入手进行行政处罚设计：一是提高金融信息违法的处罚威慑性。提高个人金融信息保护规范的法律层级能够直接提高处罚威慑性。根据我国《宪法》与《立法法》的相关规定，法律能够规定的罚则是最全面、最有力的。完善信息保护基本法律中的罚则是提高处罚威慑性的根本保障。二是提高处罚标准。对于预计查处概率较高的违法行为，处罚标准只需稍高于违法收益即可；对于预计查处概率较低甚至极低的违法行为，则要确定更高额的处罚标准。建议引进累进制处罚标准。给予首次违法者设定相对较低的处罚标准，一旦违法者再次违法，则参考刑法上的"累犯"制度，为其设定更高额的处罚标准。三是提高查处概率。正视执法人员不足现象，在执法机关之间合理调剂执法力量。考虑到不同执法机关任务轻重不同，编制部门应当定期或者不定期地在不同机关之间调配人员，尽量减少人员短缺的现象。四是解决执法意愿不高的问题。要采取措施减少各方面对依法执法设置的阻力，降低执法成本，也要增加消极执法或者不执法的成本，使执法者在依法执法和消极执法二者之间取舍时，考虑到消极执法可能产生的恶劣后果而"不得不执法"，必须依法执法。五是改善执法技术，在坚持法治原则的前提下适当简化执法程序。运用云计算、大数据等手段，改善执法技术，如采用"时间锁"等技术固定数据型证据等。在做实体法顶层设计的同时，考虑配套的程序法立法，明确简化执法程序可适用的情况和具体流程，以提高执法效率和执法意愿。

（四）强化监管措施，提升个人金融信息保护监管效能

完善的立法是实现个人金融信息保护监管的必要前提，但在具体的法律条款落地的过程中，依旧需要金融监管部门在法律授权的框架内充分发挥主观能动性，依法运用各种监管手段将各项规定落到实处。从个人金融信息保护工作的监管实践出发，可以从以下几个方面入手提升监管效能。

1. 重点强化针对金融控股集团的执法协调

根据第五次全国金融工作会议精神，现代金融监管体系要强化综合监管、突出功

能监管和行为监管。金融控股集团普遍采取多级法人交叉控股、持股，子公司、分公司分别经营不同金融业务并相互渗透，单一监管主体很难穿透其层层嵌套的业务模式，理清其业务实质和风险状况，因此更需要在不同监管部门之间实现综合监管、执法协调。对综合经营的金融控股公司、跨市场跨业态跨区域金融产品，可以依托国务院金融稳定发展委员会办公室，尽快建立功能监管和行为监管框架，形成由各金融监管部门共同参与的执法协调机制，统筹系统重要性金融机构监管，按照金融控股集团的主要业务内容明确监管主体，形成主监管者全面负责、其他相关监管者协助配合的执法协调工作制度，落实监管责任，强化综合监管。

2. 构建个人金融信息保护影响评估机制

我国2017年6月起施行的《网络安全法》规定，对于个人信息和重要数据，因业务需要，确需向境外提供的，应当按照国家网信部门会同国务院有关部门制定的办法进行安全评估。2022年9月1日，《数据出境安全评估办法》实施，在落实上位法数据出境管理规定的基础上，保障了数字经济健康有序发展，成为应对数据跨境传输安全风险的有效手段。为了更好落实《数据出境安全评估办法》相关要求，进一步强化个人金融信息跨境保护，建议金融监管部门与网信部门就《数据出境安全评估办法》在金融信息跨境的适用上进行充分沟通。一是建议与网信部门沟通不同场景下商业银行数据安全评估的简化与豁免，可以在保证安全时允许商业银行简化评估申报方式，并根据场景需求批量申报。还可研究推动"业务白名单"与"地区白名单"等模式，考虑对敏感度低且频繁的业务以及数据保护水平高且来往密切的国家地区免于评估。二是建议加快明确数据跨境风险自评估操作细则，制定金融领域重要数据的目录与认定标准，确定金融领域关键信息基础设施认定规则，完善应急管理机制以应对境外监管、司法的规定。三是建议增强工作合力，组织行业交流提升整体合规水平，定期开展金融数据安全保护国家地区评估及分级研究，推动跨境业务标准一致。

3. 发挥行业协会、行业标准和对外包服务商认证的补充作用

调研发现，大多数金融服务外包业务都会导致承包商接触到个人金融信息，对外包服务商的管理是个人金融信息保护工作中非常关键的一环，但囿于绝大多数外包供应商并不在金融监管部门的监管范围内，因此本章仅从充分发挥行业自律的角度对我国的外包业务管理提出建议。以外包服务行业发展迅速的印度来看，其为吸引欧美等国家的外包业务，不断规范自身的外包服务行业。为提升印度外包服务行业的整体水平，印度成立了NASSCOM行业协会。同时，NASSCOM设立了外包数据库，涵盖印度国内所有外包从业人员的基本信息，如从业资格、第三方认证及职业记录等信息。[①] 2004年，NASSCOM促成"孟买计算机实验室"的建立，其中培训外包从业人员的信息安全保护意识和防范能力就是建立实验室的目的之一。为更加有效地促进数据安全

---

① 邓浪. 我国金融服务外包中个人金融信息保护研究［D］. 广州：广东财经大学，2015：24.

的保护，NASSCOM 组建了数据安全理事会，主要从事提供、监控和执行信息安全保护标准，并促使该标准符合国际标准以及对外包服务商进行安全认证等工作。因此，我们认为，我国应充分发挥行业协会、行业标准及对外包服务商的认证等措施的作用，将其作为金融监管手段的有益补充，进一步强化金融服务外包领域个人金融信息保护效果。

参考文献

［1］周汉华. 中华人民共和国个人信息保护法（专家意见稿）及立法研究报告［M］. 北京：法律出版社，2006.

［2］王秀哲. 信息社会个人隐私权的公法保护研究［M］. 北京：中国民主法制出版社，2017.

［3］洪海林. 个人信息的民法保护研究［M］. 北京：法律出版社，2010.

［4］杨芳. 私权保护与个人信息保护法：对个人信息保护立法潮流的反思［M］. 北京：法律出版社，2016.

［5］熊远艳. 论个人金融信息的法律保护［D］. 重庆：重庆大学，2008.

［6］朱伟彬. 我国个人金融信息保护法律问题研究［J］. 西部金融，2014（10）.

［7］洪海林. 个人信息保护立法理念探究：在信息保护与信息流通之间［J］. 河北法学，2007（5）.

［8］王宝刚，张立先，马云全，等. 个人金融信息保护法律问题研究［J］. 金融理论与实践，2013（2）.

［9］刘松涛，曾云阳，王俊帆. 我国个人金融信息保护存在问题与对策研究［J］. 中国市场，2015（27）.

［10］中国人民银行长沙中心支行课题组. 个人金融信息保护问题研究［J］. 金融经济，2014（2）.

［11］刘广，马勇虎. 个人金融信息保护工作实践与探索［J］. 西部金融，2015（6）.

［12］王利明. 民法典·人格权法重大疑难问题研究［M］. 北京：中国法制出版社，2007.

［13］邓蕊，王雪. 银行客户金融隐私权的法律保护研究［J］. 长春工业大学学报（社会科学版），2014，26（1）.

［14］郑启福. 金融消费者隐私权的法律保护研究［J］. 西北大学学报（哲学社会科学版），2012，42（2）.

［15］彭礼堂，饶传平. 网络隐私权的属性：从传统人格权到资讯自决权［J］. 法学评论，2006（1）.

［16］王正飞. 网络个人金融信息的法律保护［D］. 哈尔滨：哈尔滨工业大学，2016.

［17］王晓薇. 个人金融信息违法的违法成本分析［D］. 北京：北京林业大学，2016.

［18］马运全. 个人金融信息管理：隐私保护与金融交易的权衡［D］. 济南：山东大学，2014.

［19］叶慰. 对违法行为的分类治理研究——从提高违法成本角度分析［J］. 行政法学研究，2013（1）.

第十章 金融领域格式合同的比较分析与监管[*]

格式合同的使用已经成为金融行业标准化运作的基础，其最明显的功能就是大大降低了金融市场的合规成本，显著提高了金融交易的效率。然而，在格式合同在金融领域得到广泛应用的大背景下，也应当注意到其不当使用给金融市场带来的一些负面影响甚至是危害。本章基于近年来最高人民法院和地方人民法院公布的典型案例和公报，对金融领域格式合同及其条款的各种表现形式、容易出现问题的领域和产生问题的原因进行了分析，并借鉴欧盟、美国、英国、德国等规范金融格式合同条款的域外实践，提出规范我国金融领域格式合同条款的启示和对策。

一、金融格式合同条款的基本梳理

（一）金融领域格式条款的定义

1. 格式条款的概念

"格式条款"概念的确立要追溯至1999年的《中华人民共和国合同法》（以下简称《合同法》）第三十九条[①]，在此借鉴王利明教授的观点："一方当事人为了反复使用而预先拟定的、并由不特定的第三人所接受的、在订立合同时不能与对方协商的条款，即为格式条款。"[②] 格式条款可能是格式合同的全部内容，也可能仅涉及合同中部分条款。因为是为了反复使用而制定文本条款内容，所以对于条款的标准要求，还是要基于一般相对人利益，制定一个平衡的考量标准。[③] 格式合同或部分条款争议、诉讼等个案当中的相对人各有其不同情况或例外事由，在此不做详论。

2. 格式条款的相关法律内容

关于格式条款的各项规定，主要体现在《民法典》《消费者权益保护法》《保险法》《电子商务法》以及《最高人民法院关于审理食品药品纠纷案件适用法律若干问

---

[*] 本章作者：马绍刚、孙崇昌、钟磊、李婧、陈黎、原宇航、钟瑞仪、劳越。

[①] 原《合同法》第三十九条规定：采用格式条款订立合同的，提供格式条款的一方应当遵循公平原则确定当事人之间的权利和义务，并采取合理的方式提请对方注意免除或者限制其责任的条款，按照对方的要求，对该条款予以说明。

格式条款是当事人为了重复使用而预先拟定，并在订立合同时未与对方协商的条款。

[②] 王利明. 合同法研究（第一卷）[M]. 北京：中国人民大学出版社，2002：384.

[③] Fuchs, in: Ulmer/Brandner/Hensen, AGB-Kommentar, §307, Rn. 93f., 100, 102.

题的规定》等法律和司法解释中。

（1）民事法律框架的规定。2020年颁布的《民法典》对原《合同法》相关条款进行了修订，第四百九十六条①第一款对"格式条款"作出了定义，第二款对采用格式条款订立合同的行为进行了规范，明确了格式条款提供方肩负的公平原则和提请注意义务及法律后果；第四百九十七条②规定了格式条款无效的三种情形；第四百九十八条③就格式合同的理解发生争议时的不利解释原则予以明确。

（2）《消费者权益保护法》的规定。1993年颁布的《消费者权益保护法》采用了"格式合同"的表述，规定在原第二十条；2013年修订的《消费者权益保护法》又补充完善了格式合同的相关规定，集中规定在第二十六条④中。

（3）其他部门法上的规定。以2015年修订的《保险法》为例，第十七条⑤对保险格式条款的无效情形进行了明确，第三十条⑥对保险合同格式条款的解释规则、效力做了说明。

尽管民事法律框架及其他部门法都对格式合同作了规定，但是总体而言依旧在系统性上有所不足，适用范围不一，标准口径也有所差别。鉴于本章主要针对金融领域格式合同做相关案例梳理和比较分析，对以《民法典》和《消费者权益保护法》为基

---

① 《民法典》第四百九十六条规定：格式条款是当事人为了重复使用而预先拟定，并在订立合同时未与对方协商的条款。

采用格式条款订立合同的，提供格式条款的一方应当遵循公平原则确定当事人之间的权利和义务，并采取合理的方式提示对方注意免除或者减轻其责任等与对方有重大利害关系的条款，按照对方的要求，对该条款予以说明。提供格式条款的一方未履行提示或者说明义务，致使对方没有注意或者理解与其有重大利害关系的条款的，对方可以主张该条款不成为合同的内容。

② 《民法典》第四百九十七条规定：有下列情形之一的，该格式条款无效：
（一）具有本法第一编第六章第三节和本法第五百零六条规定的无效情形；
（二）提供格式条款一方不合理地免除或者减轻其责任、加重对方责任、限制对方主要权利；
（三）提供格式条款一方排除对方主要权利。

③ 《民法典》第四百九十八条规定：对格式条款的理解发生争议的，应当按照通常理解予以解释。对格式条款有两种以上解释的，应当作出不利于格式条款一方的解释。格式条款和非格式条款不一致的，应当采用非格式条款。

④ 《消费者权益保护法》第二十六条规定：经营者在经营活动中使用格式条款的，应当以显著方式提请消费者注意商品或者服务的数量和质量、价款或者费用、履行期限和方式、安全注意事项和风险警示、售后服务、民事责任等与消费者有重大利害关系的内容，并按照消费者的要求予以说明。

经营者不得以格式条款、通知、声明、店堂告示等方式，作出排除或者限制消费者权利、减轻或者免除经营者责任、加重消费者责任等对消费者不公平、不合理的规定，不得利用格式条款并借助技术手段强制交易。

格式条款、通知、声明、店堂告示等含有前款所列内容的，其内容无效。

⑤ 《保险法》第十七条规定：订立保险合同，采用保险人提供的格式条款的，保险人向投保人提供的投保单应当附格式条款，保险人应当向投保人说明合同的内容。对保险合同中免除保险人责任的条款，保险人在订立合同时应当在投保单、保险单或者其他保险凭证上作出足以引起投保人注意的提示，并对该条款的内容以书面或者口头形式向投保人作出明确说明；未作提示或者明确说明的，该条款不产生效力。

⑥ 《保险法》第三十条规定：采用保险人提供的格式条款订立的保险合同，保险人与投保人、被保险人或者受益人对合同条款有争议的，应当按照通常理解予以解释。对合同条款有两种以上解释的，人民法院或者仲裁机构应当作出有利于被保险人和受益人的解释。

础的金融领域格式条款也将做特征、效力等方面的进一步阐释。

(二) 金融领域格式合同产生的背景及意义

利益的贯彻,对于相对方而言是强者利用其经济力量制定契约条款的开端。[①] 从手工生产到机器化大生产的时代转化中,交易双方对交易定式的需求不断增加,格式合同基于这种需求应运而生。一方面,格式合同明显缩减了缔约时间与成本,大大提升了交易效率;另一方面,格式合同发展中呈现的诸多弊端也显而易见。格式条款的拟定者多为经济优势更强一方,为了实现自身利益最大化,该拟定方往往将减轻或免除己方责任、加重对方责任等不公平条款订入合同;而因为在经济交易中缺乏足够的话语权和谈判能力,合同相对方几乎没有协商的自由,往往要被迫接受格式条款带来的不利益。因此,格式条款的实质不平等被形式缔约自由掩盖,但考虑到格式条款独特的法律性质,其已经超出了传统的契约法理论的规范范围。

1. 格式条款具有极佳的市场价值

现代经济学上的"效率"一词主要是指在产品生产过程中,利用价值确定的生产要素的有效率。凡能够以最少、最低的要素收获既定的产出量,或以固定投入得到最大产出的,即最为有"效率"。[②]"公平"二字与正义、公允等词息息相关,属于特定情况下直觉的正义[③],其本身关注的就是规范与制度安排及其对人类的影响和价值。[④] 市场本身对格式条款的出现提出了要求;格式条款又凭借较少较低的要素付出,对交易市场的产出运转产生了正激励。

2. 格式条款存在明显的社会效用

格式条款可以直接反作用于市场,利用市场趋利避害的本能,平衡格式条款方面市场调节与政府宏观调控方面的利害循环。当利益集团出现规模型、集团化的金融消费者侵权状况时,政府就要利用宏观手段来对失控的市场作出规制和打击,以防止金融市场动乱发生,校正格式条款方面的潜在垄断与失控。

3. 格式条款蕴含了法价值机理

美国法学家庞德称:"在法律所进行的调整背后,总是存在评价各种互相冲突、重叠的利益的准则。"[⑤] 格式条款常常作为契约文本的组成部分,是在民商事法律规范的调整范围之内。格式条款直观地体现了公平性:格式合同不因对方当事人的合同地位、履约能力等不同而对文本条款本身做调整,为交易条件不等的当事人提供了平等自由交易的机会,呈现相对的法律的公平价值。虽然在格式合同中,因为要效率会不可避免地失去合同相对方本应该拥有的许多权利和自由,但也不代表格式条款相对方丧失了基

[①] 郑玉波. 民法债编论文选辑(上)[M]. 北京:法律出版社,1994:464.
[②] 罗伯特·D. 考特,托马斯·S. 尤伦. 法和经济学[M]. 施少华,等,译. 上海:上海财经大学出版社,2002:12.
[③] 昂格尔. 现代社会中的法[M]. 吴玉章,周汉华,译. 北京:中国政法大学出版社,1994:191.
[④] E. 博登海默. 法理学——法哲学及其方法[M]. 邓正来,姬敬武,译. 北京:华夏出版社,1987:238.
[⑤] 庞德. 通过法律的社会控制——法律的任务[M]. 北京:商务印书馆,1984:55.

于格式条款的所有权利和自由,首先相对方直接得以保留"全部接受或者完全拒绝"的权利。在这个意义上,格式条款的缔结本身体现了效率价值与公平价值的动态均衡。①

4. 格式条款法经济学意义较大

在资源涌流的市场经济条件下,保护消费者权益是发展市场经济体制优势的内在要求。消费者权益保护本身也处于不断改进和完善的过程中,以应对日新月异的社会变革。但金融消费者权益保护不足问题损害了整个金融市场的健康发展。因金融消费者权益保护涉及市场交易主体之间的权益冲突,要在法律层面对此作出相应规范就必须考虑法经济学的成本与收益问题。针对格式条款乱象和弊端合理的规整思路应当是,重视法经济学的分析方法和解释思路,区分不同消费领域对公平与效率价值的强弱需求,在遵循不同法价值机理的基础上配置不同的多方规制手段。

(三)金融领域格式条款的特征

根据《民法典》的规定,认定格式条款须同时满足三个要件:一是为了重复使用而制定的条款;二是在对条款协商前或合同签订前,一方事先拟定好的条款;三是在合同订立时提供条款方未与对方协商。简言之,格式条款应同时符合三个条件:反复使用、事先拟好、未经协商。

分析格式条款的上述要件可以发现,为了保证缔约效率,格式条款由经营者事先拟好,导致格式条款时常成为经营者侵害消费者合法权益的工具。② 在金融消费者权益保护领域,格式条款问题主要是来自经济法领域常见的"霸王条款",即格式条款对另一方当事人不公平,存在不同程度的不平等与不合理现象、侵害金融消费者的知情权、自主选择权等,直接违反了契约正义原则。作为一种常见的格式条款具体形式,该类条款通常指一方当事人单方制定、未经协商且免除或减轻己方责任,或者加重对方责任,而另一方在交易中不得不接受的条款。

二、格式条款订入格式合同的规则与效力

(一)将格式条款订入格式合同的一般情形

格式条款生效不是指该条款就此具备法律约束力,而是指条款被订立入文本,成为一份格式合同的组成部分。格式条款订入合同文本的前提是经营者以明示或者其他合理、适当的方式提醒消费者注意。对"合理、适当"的判断标准,则应根据合同个案来判断。在格式条款双方当事人就部分格式条款的效力产生争议时,法院首先审查该格式条款是否订入合同文本,在条款订立审查完毕后,才开始审查格式条款的法律效力。对当事人来说,只有当该被订入格式合同文本的格式条款经过法院审查被认定为是有效条款,该格式条款才对当事人产生法律拘束力。

1999 年实施的《合同法》是我国合同领域的基本法。其中合同订立部分有三个条

---

① 张严方. 消费者保护法研究 [M]. 北京:法律出版社,2003:366 – 367.
② 杜军. 格式合同研究 [M]. 北京:群众出版社,2001:128 – 130.

文对格式条款作规则性的规范,具体涉及格式条款订入规则、解释规则和无效情形。这是我国立法上首次对格式条款的法律规则做了一个范围较广的规定。其后陆续出台的各类法律、司法解释对格式条款制定方的义务及未履行义务的法律后果又做了细化与调整。如关于"格式条款未履行提示、说明义务"的法律后果,原《合同法解释(二)》第九条[1]赋予对方当事人撤销权,但撤销权对于维护消费者权益设置了一定壁垒,将行使条款撤销权作为前提实际增加了消费者的负担,而如果消费者未行使撤销权或撤销权因除斥期间经过不复存在,此类格式条款则当然对消费者产生约束力,未免显失公平。与之相对地,《保险法》第十七条第二款规定"未作提示的格式条款,不产生效力"。新修订的《最高人民法院关于适用〈中华人民共和国民事诉讼法〉的解释》(以下简称《民诉法解释》)第三十一条[2]仍然规定对未经提示的管辖协议的效力进行否定。新修订的《民法典》第四百九十六条与上述法律和司法解释保持了内在统一,规定提供格式条款的一方未履行提示或者说明义务,相对方可以主张该条款不成为合同的内容,即合同条款本身无效。

(二) 消费者保护领域格式合同订立与效力的特殊之处

1993年我国通过了第一版《消费者权益保护法》,它是我国首部针对格式条款专门制定规则的法律,其中第二十四条两款做了格式合同有效性等内容的规定;2009年《消费者权益保护法》第一次修正时未对该条款做修改;2013年该法进行第二次修正时,有关格式条款的规定增加了一款,具体体现在第二十六条,主要增加规定了格式条款使用者的提示说明义务,并且第二款在原条文第一款的基础上用列举的方式说明了"不公平、不合理的规定"的具体情形。

《民法典》作为民法领域的一部基础性法律,属于私法范畴,强调当事人之间的地位平等和意思自治;而《消费者权益保护法》则更偏重经济法上的社会法范畴,注重国家调控与弱者保护。[3] 私法和社会法上对格式条款均有法律规制,但显然不同的法有各自规制手段的侧重点和把握。例如,《民法典》与《消费者权益保护法》在格式条款的调整适用范围方面不同:《民法典》调整的格式条款法律关系主体范围较广泛,涵盖所有采用民事合同进行交易的主体(自然人、法人、其他组织等);而《消费者权益保护法》中格式条款的法律关系主体则限定在消费者与经营者,且消费者的范围囿于生活消费合同的当事人。

《民法典》仅将履行提示、说明义务的条款范围表述为"免除或者减轻其责任等与

---

[1] 原《合同法解释(二)》第九条规定:提供格式条款的一方当事人违反合同法第三十九条第一款关于提示和说明义务的规定,导致对方没有注意免除或者限制其责任的条款,对方当事人申请撤销该格式条款的,人民法院应当支持。

[2] 《民诉法解释》第三十一条规定:规定经营者使用格式条款与消费者订立管辖协议,未采取合理方式提请消费者注意,消费者主张管辖协议无效的,人民法院应予支持。

[3] 应飞虎,王莉萍. 经济法与民法视野中的干预——对民法与经济法关系及经济法体系的研究[J]. 现代法学,2002(4):116-123.

对方有重大利害关系的条款"，而《消费者权益保护法》则对经营者的提示、说明义务范围进行了较为详细的列举，要求对"商品或者服务的数量和质量、价款或者费用、履行期限和方式、安全注意事项和风险警示、售后服务、民事责任等与消费者有重大利害关系的内容"进行提示、说明。

（三）格式条款的行政规制

我国很早就已意识到政企不分的经济背景会造成市场行业的规则垄断，在"放管服"改革的大背景下，许多地方对此已经结合地域实际进行了不少有益探索，如制定了格式条款方面的地方性法规等。

1. 地方行政法规规制

如《上海市合同格式条款监督条例》，作为地方性法规于2001年1月1日生效，其中规定了格式条款的禁止性内容，并在第十条规定了提供方拟定格式条款可参照的各类示范合同文本。示范合同文本由有关行政主管部门或者行业组织制定。当然因为该条例主要也是立足于原工商管理局（现市场监督管理局）对合同示范文本的规定，其他行业主管部门还涉及自行制定合同示范文本后的跨部门备案问题。再如，《深圳经济特区合同格式条款条例》，自2012年8月1日起施行，分总则、制定和使用、监督管理、法律责任、附则等。

2. 地方行政监管实践

2019年9月，浙江省市场监督管理局梳理了全省当年房地产、汽车买卖、物业管理行业的二十项存在问题的格式条款并作为典型案例予以公布，而且就开展的消费者权益保护专项行动（2018年11月至2019年11月）进行了记者会通报。截至2019年8月底，该项消费者权益保护专项行动实现了全省各个层级的市场监管部门的充分参与，采取多种方式发挥了监管作用。

三、金融消费者保护领域格式条款问题的集中痛点

（一）典型案例中的格式条款效力认定

从逻辑上看，格式条款的司法规制是一个渐进的演进过程。合同包括格式合同的正义、自由和诚信等价值基础画下了司法规制的逻辑原点。法律之所以有力量能调整社会关系，是因为纷繁复杂的社会关系在经过法律的正向评价后才能获得法律效力。条款若能订入格式合同，就成为文本的部分内容；组成格式合同有机部分的格式条款即拥有了法律的认可。这种法律认可的效力受到国家的强制力保证，必须由双方（多方）法律主体承受。

在审判和法律研究中，许多案件都不具备明确的法律指引。运用法学方法论工具进行法律指引上的填补非常常见，也是必然之选，而其中援引一般条款[①]、民法原则

[①] 我国的格式条款内容控制制度采用的是一般规定和具体类型相结合的方式。一般条款因包含存在价值填补之必要的法律概念而有别于一般法律条文，对条款进行价值填补和适用，在方法论上需另作处理。

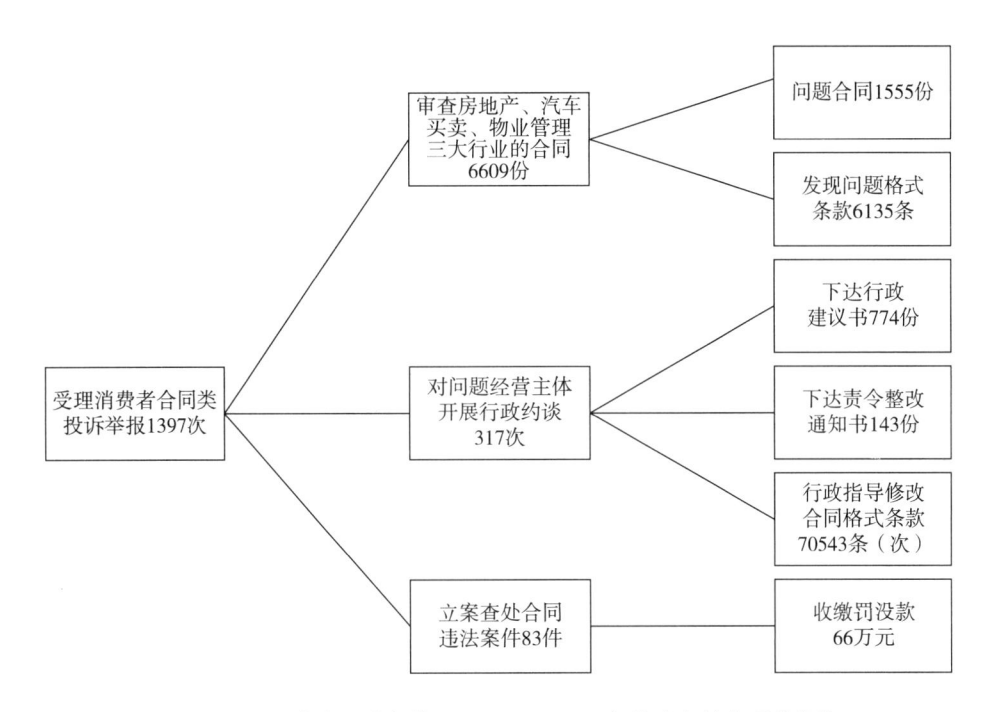

第十章 金融领域格式合同的比较分析与监管

```
受理消费者合同类        审查房地产、汽车          问题合同1555份
投诉举报1397次    ──→  买卖、物业管理     ──┬→
                      三大行业的合同         └→ 发现问题格式
                      6609份                   条款6135条

                                           ┌→ 下达行政
                                           │  建议书774份
                  ──→  对问题经营主体    ──┼→ 下达责令整改
                       开展行政约谈         │  通知书143份
                       317次                └→ 行政指导修改
                                              合同格式条款
                                              70543条（次）

                  ──→  立案查处合同      ──→ 收缴罚没款
                       违法案件83件          66万元
```

图 10-1　浙江省市场监督管理局 2018—2019 年格式条款专项整治情况

等，是补充法律漏洞的重要一环。当然，在同类型案件中践行相对统一的标准本身就是学术界和司法实践面临的长期挑战，在格式条款的类型化案件中更不会例外。判例的"一大意义就在于渐进稳妥地演进法律，为法教义学体系输入新问题和新素材。"[①] 同时也有相反观点认为"可直接放弃对一般条款的具体化尝试，仅仅将一般条款作为立法者的'授权条款'理解，由法官对案件事实符合一般条款抽象要件的案件实施法的深造和续造。"[②] 目前，一般考虑设置格式合同中条款的最终法律效力类型（有效、无效、效力待定、可撤销可变更等），而效力类型化规制的难点一是在于明晰要将哪几种效力类型作为格式条款效力的否定评价；二是确定不同案件情形中导致该项效力类型的要件还不成熟。

在金融领域尤其是金融消费者权益保护相关案件中，金融机构主要存在利用金融格式条款减轻或免除自身责任、加重对方责任、排除对方主要权利、设置部分不公平不合理的条款、设置的条款内容与现行法律法规抵触等情形。以下主要基于近年来人民法院公布的典型案例和公报，梳理金融领域格式条款无效的判例类型。

1. 利用格式条款免除己方责任

如银行卡格式条款因免除银行责任被判无效。根据《广东深圳市中院（2016）粤03 民终 6123 号交通银行股份有限公司深圳上步支行与何剑锋银行卡纠纷二审民事判决

---

① 王洪亮. 德国判例的编纂制度［N］. 法制日报，2005-03-10.
② Rüther, Rechts Theorie: Begirf Geltung und Anwendung des Rechts, 1999, Rn. 836.

书》，该银行在领用合约中条款规定"密码相符即视为持卡人交易"；法院经审理认为此条款是金融机构利用了自己格式条款制定一方的优势地位，以期免除自己作为产品和服务提供方对金融消费者交易安全、财产安全的保障义务。根据原《合同法》第四十条[①]，法院认定该条款无效。

2. 利用格式条款加重对方责任

（1）借贷合同条款因加重保证人的责任被判无效。根据《辽宁阜新市中院（2016）辽09民初34号中国建设银行股份有限公司阜新分行与阜新东方富通融资担保有限公司、彰武县禾顺物资有限公司、贾某某、史某某、贾某某、贾某某、高某某、王某金融借款合同纠纷案一审民事判决书》，该银行在借贷合同中未经提示约定"债权债务人变更主合同条款的用款计划"等内容，并规定"保证人同意在其保证额度内承担连带保证责任"；法院经审理认为该条款系银行提供格式条款，加重了保证人的责任，同时银行未举证证明其对保证人以合理方式对该约定进行了提示及说明。根据原《合同法》第三十九条、第四十条，原《合同法解释（二）》第十条[②]，法院认定该条款无效。

（2）抵押合同中加重第三人作为抵押人负担的条款被判无效。根据《黑龙江高院（2017）黑民终105号龙江银行股份有限公司哈尔滨哈西支行与哈尔滨翼鹏鸿昌经贸有限公司、刘某某、郑某某、衣某某、孟某某借款合同纠纷一案二审民事判决书》，该银行未经提示约定"银行保有对抵押人（非债务人）清偿全额的追索权"，法院经审理认为该条款系银行提供的格式条款，加重了第三人作为抵押人的责任和负担，且银行无证据证明其已采取合理方式履行了提示和说明义务。根据原《合同法》第三十九条、第四十条，原《合同法解释（二）》第十条，法院认定该条款无效。

（3）担保合同中明显加重抵押人责任的保证条款被判无效。根据《杭州市下城区人民法院（2018）浙0103民初2155号广发银行股份有限公司杭州分行与杭州天元农业开发有限公司、朱某某金融借款合同纠纷案》，当事人间签署的合同名称是"抵押合同"，但合同文本里却隐含保证的内容。法院经审理认为保证内容明显加重了抵押人的责任，且银行未采取合理方式提醒抵押人注意保证条款，该保证条款应属无效。事实上，很多银行的抵押合同中会同时含有抵押相关的条款与保证条款。此类保证条款主要有两种形式：一种是直接约定抵押人作为保证人，为债务人的银行贷款承担连带保证责任；另一种是约定如果抵押权未成立或者无效（如抵押权未登记、抵押物存在瑕疵，或者抵押人对抵押物无处分权的情形），则抵押人要为债务人的银行贷款承担连带保证责任。

3. 利用格式条款排除或限制对方主要权利

经过对部分银行卡领用合约的梳理发现，银行业金融机构存在概括引用格式条款

---

① 原《合同法》第四十条规定：格式条款具有本法第五十二条和第五十三条规定情形的，或者提供格式条款一方免除其责任、加重对方责任、排除对方主要权利的，该条款无效。

② 原《合同法解释（二）》第十条规定：提供格式条款的一方当事人违反合同法第三十九条第一款的规定，并具有合同法第四十条规定的情形之一的，人民法院应当认定该格式条款无效。

来限制消费者知情权和自主选择权的情形。类似的领用合约格式条款常常呈现近似的问题：机构在领用合约中仅概括引用约定某项相关的权利义务单独适用某项制度规定、章程或协议。再者，机构常常在文本中约定若日后该章程或协议内容变更时，金融消费者自动适用变更后的内容等。在金融消费者权益保护领域，机构采用此类过宽的概括条款排除金融消费者类似主要权利的情形仍然存在，亟待集中清理。

4. 格式条款内容不公平、不合理

如机构不当约定消费者金融信息的授权、使用等，侵害了金融消费者的信息安全权和自主选择权。例如，部分机构在格式条款中约定可以收集消费者金融信息用于营销、用户体验改进或者市场调查等目的，但未让金融消费者自主选择是否同意，如某银行 APP 隐私政策约定"2. 我们如何使用个人信息。2.1 为给您提供更好的服务，您同意我们可将您的信息用于我们的其他服务或营销推广，例如向您推荐您可能感兴趣的产品或服务。"以上条款未保障消费者对于本人信息使用的自主选择权，属于不公平、不合理的格式条款规定。

5. 提供方未合理提示加重对方责任的条款

（1）合同争议解决条款因未对加重对方责任的格式条款进行合理提示被判无效。根据《湖北高院（2013）鄂民监三再字第 00009 号重庆市农村商业银行股份有限公司万州支行与重庆市万州区金元船务有限公司、徐某某、李某某、徐某某、王某某、徐某某、王某、汪某某船舶抵押借款合同纠纷再审民事判决书》，该银行格式合同在未经提示约定违约方承担律师费等费用，且无证据表明该银行就该争议解决条款对合同相对方进行过合理提示。法院经审理认为，律师费等费用并非实现债权必须发生的费用，而加重对方责任的格式条款须特别提示。根据原《合同法》第三十九条、第四十条，原《合同法解释（二）》第十条，法院认为该争议解决格式条款无效。

（2）银行开展新型业务时未履行风险告知义务被判承担赔偿责任。根据《上海市浦东新区人民法院（2015）浦民六（商）初字第 9326 号民事判决书》，该银行未在缔约、履约等环节履行风险告知义务和专业有效的咨询服务，导致储户发生损失，因此承担相应的赔偿责任。法院认为，对于"超级网银"跨行资金归集①业务这项创新性较强、同时风险高的新业务，银行须履行好业务开展各阶段的安保义务和释疑责任：在缔约前期，银行应当进行明确的风险提示并通过规范途径留存证据；在交易中，银行应保留持续的风险告知说明、业务短信记录。在完整的交易过程中，面对客户的疑问、提出的咨询和投诉等各项业务需求，作为新型业务提供方的银行均该就其格式合同文本做好最基础、有效及时的安全指导和解释说明，尽到保障金融消费者财产安全和知情权等基本权益的责任。

---

① 跨行资金归集即储户通过设置归集规则，将本行账户资金自动转账归集到经签约授权的他行账户中，或反之将经签约授权的他行账户资金自动转账归集到储户本行账户。该服务形式可方便储户对其分散的资金进行集中分配和管理，但加大了储户资金被盗用的风险。

6. 格式条款内容与现行法律规定不符

如担保条款中约定与现行法律不符的内容而被认定无效。根据《江苏南通市中院（2015）通中商终字第 00275 号交通银行股份有限公司南通分行与南通五山农业机械有限公司、南通锦鹏金属铸造有限公司等金融借款合同纠纷二审民事判决书》，该担保协议中约定了"担保合同效力独立于主合同"。法院认为，关于担保合同的从属性问题，最高人民法院认可国际独立担保但否认国内独立担保，该条款与我国现行规定不符，认定该条款无效。

我国并非判例法国家，从法理角度来说不承认"遵循判例"原则。但承认先例的作用、研究判例，对实现法的"安定性"价值、践行"同案同判"的意义重大。司法的延续性较之法官自身的判断、心证所得的个案评价具备更高的价值。[①] 且从最新的文件精神看，自 2019 年 10 月 28 日起，《最高人民法院〈关于建立法律适用分歧解决机制的实施办法〉》（法发〔2019〕23 号）正式施行，这正是为了解决审判实践中同案不同判问题的最新尝试。

（二）金融领域格式条款效力认定的法理分析

体系在整个法律科学中具有极高的地位，条文规范本质上是为了服务秩序体系的完整而存在的。运用体系解释对条文进行理解可在文义解释不甚了了的情形下有效避免条文间的冲突矛盾导致的片面解释的问题，最终实现理解更接近立法原意的解释成果。体系解释本身可以分为主观目的解释和客观目的两方面：前者专注探究法规自身目的，后者则基于规范客体本身的性质。[②]

关于格式条款的效力，有的法律直接否定了某一类具体条款的效力，例如《民诉法解释》第三十一条规定的管辖权问题[③]和《电子商务法》第四十九条第二款[④]，适用标准较清晰。对于其他格式条款，一般用《消费者权益保护法》第二十六条考虑相应的效力法则。该条的核心在于条款内容不公平或者不合理；但对于不公平、不合理的解释，法律没有作出明确的规定，司法实践中不可避免审查标准的问题。另外，《民法典》第四百九十七条可分两个层次理解：一是当条款出现第一编第六章第三节的无效情形或第五百零六条的免责内容时，条款当然无效。本身《民法典》的相关规定就适用于所有合同领域，格式条款作为一般问题包括在内。二是要关注是否存在不合理地免除或者减轻己方责任、加重对方责任、限制或者排除对方主要权利的情形。事实上，虽然《消费者权益保护法》基于消费者与经营者之间的地位差异，对经营者应当履行的提示、说明义务

---

① Bydlinski, Juirstische Methodenleher und Rechtsberiff, 2. Aulf. 1991, S.507.
② 陈金钊. 法律解释规则及其运用研究（上）——法律解释规则的含义与问题意识 [J]. 政法论坛，2013 (3).
③ 《民诉法解释》第三十一条规定管辖约定无效，主要基于合理性考量。因为在网络购物中，消费者住所地或合同履行地往往与网站所在地有一定距离，在网络交易环境下，协议管辖条款不合理地加重了消费者的维权成本，导致消费者的诉权无法有效实现。
④ 《电子商务法》第四十九条第二款规定电子商务经营者不得以格式条款等方式约定消费者支付价款后合同不成立；格式条款等含有该内容的，其内容无效。

的条款范围有所扩大，但也是基于对消费领域实质性公平问题的衡量。这就使《民法典》的规定基本与《消费者权益保护法》第二十六条内涵一致，一般应同时适用。

无论是认为"对于格式条款的合理性，属于商业判断范畴，法院应当审慎"，还是认为"对于格式条款内容是否公平、合理，均应由法院判断"，我们都应当明确一点：对于格式条款内容的公平性、合理性的审查是一项核心内容。鉴于《消费者权益保护法》和《最高人民法院关于审理食品药品纠纷案件适用法律若干问题的规定》[①] 均将"条款内容是否不公平、不合理"进行明文规定，法院在具体案件审判中就不能回避对条款内容公平性、合理性的审查，且必须具有法律依据。

总体而言，以"金融机构是否做到合理提请注意、金融消费者是否理解和接受该条款"来判断"该格式条款是否订入了合同文本"为司法规制的逻辑展开奠下了最基础的基石；以"与现行法律法规抵触的格式条款无效、部分内容免责格式条款无效、严重显失公平的格式条款无效"来确定格式条款的效力构成了审判规制重点；以"非格式条款解释、通常解释、体系解释和不利解释"等疑义解释方法为审判规制的逻辑补充。在司法实践中，往往需要法官结合解释方法和原则对格式条款的内容是否存在无效情形进行判断，这样才能从实质公平的角度切实维护好金融消费者的合法权益。

（三）规范金融领域格式条款的难点

中国电子商务研究中心于2017年发布的《2016年消费金融平台用户格式条款审查报告》是国内首份针对消费金融用户的格式条款审查报告，审查内容包括合同的合法性、合理性、用语恰当性等。根据报告，趣分期等6家消费电商平台存在不同程度的条款不合规问题。即使管中窥豹，我们也能发现金融消费领域格式合同合规问题严峻，且颇具整顿清理难处。

表 10 – 1　　　　　　　2016 年消费金融平台用户格式条款违规示例

平台	涉嫌违反的法律法规、规章和文件规定	存在问题数	涉及条款数	违规排名
趣分期	《互联网用户账号名称管理规定》《网络交易管理办法》《网络零售第三方平台交易规则制定程序规定（试行）》《网络交易平台合同格式条款规范指引》《合同法》《网络安全法》《全国人大常委会关于加强网络信息保护的决定》《消费者权益保护法》《电信和互联网用户个人信息保护规定》《网络交易管理办法》《著作权法》	8	8	1
99分期	《互联网用户账号名称管理规定》《合同法》《网络交易管理办法》《网络零售第三方平台交易规则制定程序规定（试行）》《网络交易平台合同格式条款规范指引》《网络安全法》《消费者权益保护法》《网络交易管理办法》《零售商促销行为管理办法》《合同违法行为监督处理办法》《电信和互联网用户个人信息保护规定》	7	7	2

---

① 《最高人民法院关于审理食品药品纠纷案件适用法律若干问题的规定》第十六条规定：食品、药品的生产者与销售者以格式合同、通知、声明、告示等方式作出排除或者限制消费者权利、减轻或者免除经营者责任、加重消费者责任等对消费者不公平、不合理的规定，消费者依法请求认定该内容无效的，人民法院应予支持。

续表

平台	涉嫌违反的法律法规、规章和文件规定	存在问题数	涉及条款数	违规排名
爱学贷	《互联网用户账号名称管理规定》《网络交易管理办法》《网络零售第三方平台交易规则制定程序规定（试行）》《网络交易平台合同格式条款规范指引》《合同法》《网络安全法》《全国人大常委会关于加强网络信息保护的决定》《消费者权益保护法》《电信和互联网用户个人信息保护规定》《网络交易管理办法》《著作权法》	6	6	3
人人分期	《互联网用户账号名称管理规定》《网络交易管理办法》《网络零售第三方平台交易规则制定程序规定（试行）》《网络交易平台合同格式条款规范指引》《合同法》《网络安全法》《电信和互联网用户个人信息保护规定》	7	7	4
分期乐	《互联网用户账号名称管理规定》《合同法》《网络交易管理办法》《网络零售第三方平台交易规则制定程序规定（试行）》《网络交易平台合同格式条款规范指引》《消费者权益保护法》《零售商促销行为管理办法》《合同违法行为监督处理办法》	6	6	5
优分期	《互联网用户账号名称管理规定》《网络交易管理办法》《网络零售第三方平台交易规则制定程序规定（试行）》《网络交易平台合同格式条款规范指引》《合同法》《网络安全法》	6	6	6

1. 金融产品和服务的复杂性进一步提升

以信用卡产品创新升级与带来的相关风险为例，近年来信用卡产品业务不断升级，金融机构在信用卡还款、支付、营销方式等方面进行了不同程度的创新。数字技术的发展让信用卡市场面临了日趋增加的风险，如信用卡诈骗甚嚣尘上。目前，对信用卡相关风险采取的主要措施包括利用数字技术升级风险监测、识别系统，对交易过程分步骤进行身份验证，考虑在信用卡发行机构和商家之间通过数字技术实现数据共享功能等。但是面对金融产品和服务丰富性、创新性和复杂性不断提升的现状，格式条款侵权问题依然难以解决。侵犯消费者权益的问题实质在于不同社会地位的两种理性交易主体对消费权益实质的不同认知。作为现代社会特有的案件，消费侵权类案件特征较为明显：一是经济实力、信息背景差异导致双方实质不平等，二是受害原因和内容广泛趋同。

2. 多头监管导致认定标准不一致

上海、浙江、江苏等地在地方立法中设置了"行政事前防控"的消费类合同格式条款备案制度，强化"消费维权"于"合同监管"中。在当前金融消费权益保护领域多部门监管的现实国情下，机构在面对多部门监管时常会面临与监管对接不畅、疲于应付却从未将格式条款工作做好的情形。地方格式条款的立法主要确立了市场监督管理局的合同监管、消费维权地位和职责，进一步拓展市场监督管理部门的监管覆盖面。但关于目前消费类合同格式条款的地方立法主要是基于市场监督开展执法管理的需求，不能完全满足金融监管的特殊需求，使金融市场主体对金融消费类格式合同缺乏足够的预期，尤其是难以形成良好的救济预期。

3. 以自律组织为主的救济偏向事后保障

关于行业自律组织救济不足，本章以催收规范化规制为例说明问题。暴力催收违反行业自律公约，但仍屡禁不止。相关机构针对暴力催收出台过相关文件：《关于规范民间借贷行为 维护经济金融秩序有关事项的通知》于2018年印发，明确指出要严厉打击以非法手段催收贷款的行为。中国互联网金融协会出台的《互联网金融逾期债务催收自律公约（试行）》对债务人未按照合同约定履行还款义务，出现债务逾期或违约时的催收行为作出相关规范[1]。由于缺乏足够的强制力，道德呼吁和情感自觉未能使互联网金融领域满足格式条款的监管要求；同时，自律组织更多是为了配合行政监管机构的工作而承担许多协调性和探索性职能，在现行框架下更偏向事后救济型保障机制，没能完全实现自律和他律之间的良好转化，行业引导号召力有待进一步提升。

四、规范金融领域格式条款的域外实践

（一）欧盟

1993年4月，欧洲经济共同体公布《关于消费者合同中不公平条款的指令》，其中第三条规定"未经个别协商的合同条款若违背诚实信用原则，导致双方的合同权利义务显著失衡且损害消费者利益，该等条款将被视为不公平条款；事先起草的且消费者不能影响其实质内容的条款，特别是预先拟定的格式合同中的条款，皆应被认为是'未经个别协商的合同条款'。"该指令的适用范围明确仅适用于销售者与消费者之间签订的合同。从消费者保护的政策出发，欧洲法在"非单独协商条款"体系概念的基础上构建条款控制体系，随后的统一法工程则逐渐把商事合同纳入适用范围。消费者保护归属法律的次级目的，更多作为工具以促进内部市场发挥作用。[2]

（二）美国

1952年美国制定的《统一商法典》至今依旧是合同法领域最重要的成文法。该法区分不同的签订主体，从不同的举证责任分配来规制对当事人双方各自的利益影响，针对不同情形有助于作出效力不同的判决，来修正显失公平的格式条款容易产生的不良后果。美国律师协会发布的《合同法重述（第二部）》则明确了格式合同的解释标

---

[1] 《互联网金融逾期债务催收自律公约（试行）》主要规范内容摘要：(1) 债务催收对象应符合法律法规的有关要求，不得骚扰无关人员。(2) 从业机构无法与债务人取得联系时，为恢复与债务人的联系，方可与债务人事先约定的联系人进行联系。(3) 催收人员在与债务人及相关当事人沟通时，不得采用恐吓、威胁、辱骂以及违反公序良俗的语言或行为胁迫债务人及相关当事人。(4) 催收人员应在恰当时间开展债务催收活动，不得频繁致电骚扰债务人及其他人员。(5) 催收人员不得向债务人外的其他人员透露债务人负债、逾期、违约等个人信息，法律法规另行规定的情形除外。(6) 催收人员不得冒用行政部门、司法机关以及其他任何机构或个人的名义开展催收。

[2] Klaus Tonner, Die Rolle des Verbraucherrechts bei der Entwicklung eines europäischen Zivilrechts, JZ 1996, S. 533 (537).

准,但该解释标准的适用范围较为狭窄,"达到显失公平的程度"证明标准较高,实践指导意义较为有限。

在格式合同方面可以借鉴美国的催收规范实践:美国在债务催收方面专门制定了《公平债务催收作业法》,立法内容重点在于第三方债务催收行为的规范,指明了第三方收债平台应承担的义务以及被限制的行为,例如,在整个债务催收过程中,不得采取不公平或不合理的方式收债等。通过加强债务催收的法治监管,努力使借贷双方在整个债务催收的过程中法律地位基本持平。

(三)英国

英国法中将格式条款称作"标准合同"。英国法对不公平合同条款的规制实现了以司法控制为主到成文立法的转变。在制定专门的法律前,英国法院在考虑将格式条款纳入格式合同是否公平合理时,通常考虑标准格式出现的场合。例如,商业交易场合常用的格式合同(提单、保险单、商品买卖合同等)标准条款一般由相关利益群体经数年交易协商后固化并被广泛采用,因此在审查此类标准条款的公平性时,往往通过评判缔约双方谈判能力来反推该类条款是否公平。1977年英国通过的《不公平合同条款法》是英国颁布的调整不公平格式条款最重要的成文法。该法第十七条规定:消费者合同或者标准格式合同中的任何条款,如果是为了实现下列目的,则该条款不产生法律效力:(1)合同一方当事人违反合同义务,该条款免除或者限制其违反合同应当对消费者或者顾客承担的责任;(2)针对合同义务,提出不履行义务或者提出的履行明显地不同于消费者或者顾客依据合同所合理期望的履行,并且将它纳入合同不是公平和合理的。

(四)德国

1976年德国《一般交易条款法》第一条即提出了德国法层面的格式条款概念:对大批量的合同所事先规定的,由合同一方当事人在合同缔结时向另一方当事人提出的合同条款。[1]《一般交易条款法》最初不区分合同适用类型,直至转化欧洲经济共同体指令后才将消费者保护作为一项特别的政策考量。2002年德国《债法现代化法》生效后,《一般交易条款法》的实体法部分并入《德国民法典》第三百零五条至第三百一十条。其中第三百一十条规定了该法中部分条款不适用于对经营者、公法上的法人或公法上的特有财产使用的一般交易条款,主要涉及企业之间商业合同的不适用问题。而德国对"一般交易条款"进行效力判定时引入诚实信用原则,德国法院常用善良风俗等一般条文来审查格式条款的合法性。典型如《德国民法典》第三百零七条规定:"一般交易条款中的条款违反诚实信用原则,不适当地使使用人的合同相对人受不利益的,不发生效力。"[2] 德国实行特殊条款行政审批模式,避免对司法自治的过分干涉。特定行业格式条款的强制审批由对口主管机关完成。

---

[1] 卡尔·拉伦茨. 德国民法通论(下册)[M]. 徐国建,谢怀栻,译. 北京:法律出版社,2003:769.
[2] 陈卫佐. 德国民法典[M]. 北京:法律出版社,2010:102.

五、规范我国金融领域格式条款的启示和建议

通过对金融领域格式条款的域外监管做法的比较可以发现，不论法系为何，域外经验都偏重成文法的作用，注重在一般法和特别法上规制格式条款内容。其格式条款的立法规制以不公平的格式条款为规制对象；其司法规制则根据格式条款解释规则及其最终的效力来作出判决；关于行政规制，各国强调事前审查、备案管理与事后监督并举。以上种种，对于我国完善金融领域格式条款、实现金融消费者权益保护和金融行业健康发展的共赢具有较大的参考价值。

（一）法律规制路径

1. 立法修改建议

第一，考虑重新探讨将格式条款规则的适用范围仅限定为"消费者合同"的立法设计。"消费者合同"的范围对于现代商业活动中格式条款的应用范围来说稍嫌过小：我国《消费者权益保护法》对消费的定义为"消费者为生活消费需要购买、使用商品或者接受服务"，而欧盟《关于消费者合同中不公平条款的指令》第二条对"消费者"的定义为："签订本指令所规制之合同的自然人，且其签订该合同非出于贸易、商业或职业目的。"我国消费者合同的范围不包括因商业、经营等原因而签订的合同，但是电力、运输、邮政等领域大量存在"当事人因经营需要签订的合同，其中部分或全部条款均为格式条款"的现象。因此，消费者和消费合同的定义可重新考量。第二，在《消费者权益保护法》之下的行政法规和部门规章中，可更多地就格式条款的相关规定予以细化，配以相应罚则，增强对格式条款侵犯金融消费者合法权益的威慑力，提高违法成本。

2. 司法审判规制

公平性、合理性是一种衡量尺度，在司法实践更加统一化、规范化的时代，考虑呈现"约定消费者一方承担责任的条款需达一定程度以至于影响公平性、合理性，才能否认效力"的引领趋势。事实上，在判断经营者的提醒是否已经达到合理程度时，应当考虑以下五个方面因素：文件外形、提示方法、条款内容清晰程度、提示时间、提示程度。如果不具备上述任何方面的因素，一般足以构成提醒注意不充分或不合理。"免除提供格式条款一方的责任"要达到免除合同条款提供者法定责任的程度；"加重对方责任"应当理解为按照正常的交易习惯，对方当事人不应当承担的合同义务；"排除对方主要权利"应当理解为排除对方当事人依法享有的法定权利和足以影响对方当事人实现合同目的的权利。

3. 落实格式条款问题的公益诉讼

根据《民诉法解释》，并结合《消费者权益保护法》第三十七条[①]的规定，考虑在

[①] 《消费者权益保护法》第三十七条规定：消费者协会履行下列公益性职责：……（七）就损害消费者合法权益的行为，支持受损害的消费者提起诉讼或者依照本法提起诉讼……。

《消费者权益保护法》中争议解决部分单设公益诉讼内容，配套民事诉讼法的公益诉讼制度；也可以考虑在下位法的部门规章或者行政法规中具体设置格式条款公益诉讼相关内容。在此类案件中，基于两者在经济关系中一般较为不对等的情况，建议实行举证责任倒置的责任分配方式。对于单独提起的格式条款公益诉讼，要尊重该类诉讼的既判力，明确各项程序。

(二) 行政规制建议

行政规制是指"特定的行政主体所采取的，直接影响市场主体及其市场行为的，设立规则、制定政策、实施干预措施等行政活动的总称"。[①] 在行政监管层面，消费者权益保护与合规的视角并不一致。合规性是底线，但是消费者权益保护的要求更高。基于金融消费者权益保护视角的行政规制，要求金融机构将金融消费者权益保护要求纳入公司治理和顶层设计，由其金融消费者权益保护专职部门或牵头部门完成格式条款的事前审查。

1. 适时进行窗口指导，清理存量问题条款

金融监管部门在历年监管的基础上，充分征求和吸收社会意见，可考虑对机构的问题格式文本集中进行清理和修订。一般金融机构的格式条款制发权限归属总行/总公司，往往是由其分支机构进行层层上报来反馈条款问题，应督促金融机构对近年来本机构接收到的问题格式条款作文本清理，同时，监管部门应加强对金融机构清理修订的窗口指导，形成联合修订纠察的良性工作联动。

2. 建立健全督查检查和登记备案制度

银保监会、人民银行等金融管理部门应在各自监管职责范围内在评级、评估、现场检查中加大对金融机构格式条款问题的审查，通过刚性和柔性手段相结合的方式推动金融机构不断规范合同文本；要求金融机构建立较为完善的格式合同文本信息披露机制，明确金融机构向客户公布相关格式合同文本的内容和形式，配套对应的纠纷解决制度。

(三) 金融机构校正

在制定出台格式合同的整个过程中，金融机构首先要继续提升对金融消费者权益保护工作重要性的认识，建立起格式条款的长效内控机制，对其金融消费者权益保护部门在格式合同审查和启用等方面进行赋权，鼓励金融机构在内控制度中明确金融消费者权益保护部门有权对侵害金融消费者合法权益的不当格式条款或合同进行一票否决。

1. 拟定格式条款前

在格式合同制定领域，合理划定金融消费者权益保护部门与其他相关业务部门的分工内容，以保障金融消费者权益保护部门的有效参与。金融机构需广泛征求各方意见来确定条款的内容和表述，提供的格式条款内容既要合法合规，又要合情合理、明确易懂，便于金融消费者理解文本的真实意思，使用法律用语和文字应当准确，不使

---

① 江必新. 论行政规制基本理论问题 [J]. 法学，2012 (12)：29.

用容易发生歧义的词语，不添加没有实际意义的用语，不人为把条款内容复杂化、冗长化，以免影响对方对合同真实意思和目的性的理解。考虑适当增加勾选确认选项和填写部分条款。

2. 使用格式条款方面

加强产品和服务售前、售中和售后的全流程管控，尤其要做到把符合金融消费者权益保护要求作为推出产品和服务的前置条件。金融机构法务人员应熟悉现行法律法规和司法解释中有关合同条款效力性质的规定，掌握合同条款无效的法律内容，适时修订或剔除文本相关内容，做好提示工作。如对于某些限制对方权利的格式条款，机构需要在文本中包含"本人已阅读并充分准确无误地理解以上条款"等表述的基础上采用加粗等方式对条款进行充分提示和有效说明。机构要给予消费者查阅格式合同历史文本的权限和途径，不能仅展示修改后的合同内容。同时，在营销宣传层面，机构也要注意增强消费者的法制观念，提高合同当事人的法律意识和守约意识。

3. 后端风险控制层面

从强化消费者权益保护出发，研究制定改进措施，完善金融消费者投诉处理机制，及时有效解决消费争议，对投诉处理情况实施有效监督和考评，切实提高消费者对投诉处理的满意度。机构应加强金融消费者教育，完善内部金融教育和金融知识普及体系、售后服务，改善客户消费体验等，将提升格式条款纠纷解决的能力和水平作为做好风控工作的重要一环。主动加强金融消费者权益保护内部培训，营造真正尊重、维护金融消费者合法权益的企业文化。

（四）行业自律管理

1. 发挥互联网金融协会、消费者协会等行业自律组织的作用

行业自律组织本身带有社会性组织的性质，对于协调金融消费者与金融机构之间的消费争议解决具有愈发突出的作用。根据民事诉讼法上的规定，消费者协会可以提起公益诉讼，虽然公益诉讼机制在除证券领域之外的金融消费领域目前适用还不甚成熟，但对金融消费者来说也是提供了一个法律援助意义上的纠纷解决支持。

2. 考虑制定职责范围内的格式合同参考范本

金融机构在开展日常业务时经常自行制定相关格式文本，因为缺乏协商却普遍适用，消费者在自身利益能否被保障的问题上会有所怀疑。若能由第三方提供一个较为客观的基础样本，则能比较恰当地维护金融机构和消费者各自的利益，也能挖掘金融消费者通常的理解难点。因此，自律组织可考虑试点研究出台一些规范的、使用率较高的金融消费合同参考样本，以达到平衡金融机构和消费者双方利益的目的；待时机恰当，考虑修正完善后推广合同范本的使用。

3. 优化第三方纠纷解决机制的建设

第三方解决机制更多的是基于为金融消费者提供多样性纠纷解决手段的目的，一方面作为传统金融纠纷解决方式的补充，给消费者和金融机构提供一种新的选择权；另一方面是为了探索高效解决纠纷的模式，站在维护金融体系稳定和防控金融风险的

高度。在格式条款的争议解决方面，应更多发挥调解组织和中立评估制度的作用。

4. 发挥更广泛的舆论和媒体监督的作用

媒体舆论应当致力于在全社会营造和引导一种风清气正的金融维权风尚，让金融机构更加明确自身在格式条款争议解决中应承担的主体责任角色，支持金融消费者通过合法合理的方式维护好正当权益，通过舆论监督进一步平衡好金融机构和金融消费者之间的关系。

参考文献

[1] 王利明. 合同法研究（第一卷）[M]. 北京：中国人民大学出版社，2002.

[2] 杜军. 格式合同研究 [M]. 北京：群众出版社，2001.

[3] 郑玉波. 民法债编论文选辑（上）[M]. 北京：法律出版社，1994.

[4] 罗伯特·D. 考特，托马斯·S. 尤伦. 法和经济学 [M]. 施少华，等，译. 上海：上海财经大学出版社，2002.

[5] 昂格尔. 现代社会中的法 [M]. 吴玉章，周汉华，译. 北京：中国政法大学出版社，1994.

[6] E. 博登海默. 法理学——法哲学及其方法 [M]. 邓正来，姬敬武，译. 北京：华夏出版社，1987.

[7] 庞德. 通过法律的社会控制——法律的任务 [M]. 北京：商务印书馆，1984.

[8] 张严方. 消费者保护法研究 [M]. 北京：法律出版社，2003.

[9] 应飞虎，王莉萍. 经济法与民法视野中的干预——对民法与经济法关系及经济法体系的研究 [J]. 现代法学，2002（4）.

[10] 王洪亮. 德国判例的编纂制度 [N]. 法制日报，2005-03-10.

[11] 陈金钊. 法律解释规则及其运用研究（上）——法律解释规则的含义与问题意识 [J]. 政法论坛，2013（3）.

[12] 卡尔·拉伦茨. 德国民法通论（下册）[M]. 徐国建，谢怀栻，译. 北京：法律出版社，2003.

[13] 陈卫佐. 德国民法典 [M]. 北京：法律出版社，2010.

[14] 江必新. 论行政规制基本理论问题 [J]. 法学，2012（12）.

[15] 王正辉. 格式条款的法律探讨 [J]. 法制与经济（下旬），2011（5）.

[16] 冉俊. 金融消费者权益保护问题研究 [J]. 金融纵横，2011（2）.

[17] 杨悦. 金融消费者权益保护的国际经验与制度借鉴 [J]. 现代管理科学，2010（2）.

[18] 李斌. 银行消费者权益法律保护浅析 [J]. 泉州师范学院学报，2010（1）.

[19] 喻宝田. 论格式条款中的说明义务 [D]. 北京：中国政法大学，2011.

[20] 周密. 论我国金融服务消费者保护存在的问题与法律对策 [D]. 长沙：湖南大学，2009.

[21] 王泽鉴. 债法原理 [M]. 北京：法律出版社，2001.

[22] Fuchs, in: Ulmer/Brandner/Hensen, AGB-Kommentar, §307, Rn. 93f., 100, 102.

[23] Riither, Rechts theorie: Begirf Geltung und Anwendung des Rechts, 1999, Rn. 836.

[24] Bydlinski, Juirstische Methodenleher und Recht sberiff, 2. Aulf. 1991, S. 507.

[25] Klaus Tonner, Die Rolle des Verbraucherrechts bei der Entwicklung eines europischen Zivilrechts, JZ 1996, S. 533（537）.

第十一章 信用卡业务投诉管理难点与治理[*]

随着我国信用卡市场的不断扩张,信用卡业务相关投诉显著增加。新冠疫情暴发以来,受宏观经济环境等因素的影响,信用卡业务领域的矛盾纠纷更为凸显,投诉量占比也居高不下。本章首先梳理域外信用卡投诉管理相关理论研究,以及域外金融监管部门在信用卡投诉管理方面的有益实践。在此基础上,对 2020 年以来信用卡业务投诉现状和成因进行分析,并就进一步加强信用卡投诉管理提出政策建议。

一、问题的提出与文献综述

近年来,随着我国信用卡产业的发展,信用卡这一支付工具在我国得到了广泛运用,并为推动我国社会经济发展发挥了重要作用。随着居民消费水平和信贷需求的不断提升,我国信用卡业务进入爆发式增长阶段。如今,信用卡不仅为个人客户和商户提供收付款便利,而且已成为银行提供全面金融服务、提升盈利水平的重要工具,是银行零售业务的重头戏。我国自 1985 年发行第一张信用卡以来,从最初仅有 2 家银行提供发卡业务,到现在数百家金融机构与社会各界合作共同提供多样化服务,信用卡行业经历了跨越式的发展。中国人民银行发布的《2019 年支付体系运行总体情况》显示,截至 2019 年末,银行卡授信总额为 17.37 万亿元,同比增长 12.78%;银行卡应偿信贷余额为 7.59 万亿元,同比增长 10.73%。信用卡逾期半年未偿信贷总额高达 742.66 亿元。信用卡作为传统的消费信用工具,是中国居民透支消费习惯最早的培养者,无疑也是目前消费金融市场的最大占有者。但是在信用卡行业经历了多年跑马圈地式粗放扩张后,信用卡违约规模也"水涨船高",形成了一定的风险,对银行体系和整个金融大环境产生了深远影响。2020 年初新冠疫情暴发以来,各大银行 2020 年上半年年报显示,信用卡的不良率整体上升,建设银行、交通银行、邮储银行、招商银行的信用卡不良贷款率分别为 1.03%、2.38%、1.74%、1.35%,相较 2018 年,各银行信用卡的不良率同比均有一定幅度的上升。在各银行信用卡不良率本就处于上升的趋势下,新冠疫情的暴发使不良率上升的情况更为严峻。

与此同时,金融消费者针对信用卡业务的投诉不断增加。无论是从金融监管部门公布的数据,还是各种非官方渠道统计数据来看,信用卡业务的相关投诉已然成为

---

[*] 本章作者:余文建、马绍刚、孙崇昌、刘静、杨佩、原宇航、卢静、郑绿萌、陈黎。

2020年金融消费者投诉的最大热点。从金融监管部门的统计数据来看，中国人民银行金融消费者投诉数据统计监测分析系统显示，2020年1—10月，向该系统报送投诉数据的银行业金融机构共受理金融消费者投诉2195831笔。针对银行卡业务的投诉1250056笔，占全国性银行业金融机构投诉总量的56.93%。其中，信用卡业务投诉887988笔，占银行卡业务投诉量的71.04%，信用卡业务投诉量占比超过七成。按照从开卡、使用到销卡的全流程视角进行业务分类，信用卡业务的投诉主要集中在信用卡使用和还款等业务领域。信用卡使用和还款业务投诉525429笔，占信用卡业务投诉量的59.17%；信用卡市场活动、积分及增值服务业务投诉12.51%；信用卡个人信用信息业务投诉78463笔，占信用卡业务投诉量的8.84%。银保监会消费者权益保护局发布的《关于2020年第二季度银行业消费投诉情况的通报》显示，2020年第二季度，涉及信用卡业务投诉33732件，占投诉总量的50.2%。信用卡业务投诉量占比过半。从各种非官方渠道统计数据来看，在过去一年里，银行信用卡业务成为消费者投诉的重点领域之一。据移动支付网从各大投诉平台、论坛、贴吧等渠道的不完全了解，默认开通收费业务、账单擅自分期、随意降额、滥用联系方式进行电话营销、遭遇违规催收等是信用卡投诉热点。

回顾历史，美国、韩国、日本、中国香港、中国台湾都爆发过严重的卡债危机。以韩国为例，1997年亚洲金融危机后，日本、韩国等外向型经济国家遭受重创。为振兴经济，韩国政府从财政政策和货币政策两个层面鼓励国内消费持续增长，其中一个重要举措就是大力发展信用卡产业。1998—2002年，韩国信用卡发卡量经历了井喷式增长，金融机构为占据市场份额和短期效益争相发卡。截至2003年，韩国爆发了信用卡债务危机，主要表现为16%的持卡人出现违约，信用卡坏账率增至30%，重创了信用卡行业，并带来了一定的社会问题。

新冠疫情导致的信用卡逾期爆发和近两年来信用卡业务投诉激增不容忽视，已引发不少信用卡发卡行、消费金融公司、投资界人士和监管机构的担忧——信用卡投诉的激增是否会造成我国的信用卡行业系统性风险。因此，本章希望通过系统分析，探寻导致信用卡业务投诉激增的真正根源、背后可能隐藏的系统性风险和金融消费者权益保护方面存在的问题，并努力探究信用卡危机的有效化解之道。本章将结合信用卡业务的投诉现状，对信用卡业务投诉趋势进行分析判断，进而从宏观、中观和微观三个角度对信用卡投诉成因进行分析，在分析域外先进经验的基础上，尝试从金融消费者、金融机构和金融监管部门三个维度探究如何解决当前信用卡业务领域面临的风险和金融消费者保护问题，以期能够为防范化解金融风险和保护金融消费者长远利益提供必要的政策参考。

在对域外发达国家的研究成果进行总结后发现，当前对信用卡投诉行为的理论分析主要集中在信用卡投诉行为、投诉行为分类和投诉动因分类方面。

（一）域外信用卡投诉行为研究

早在1977年，Day和Landon就提出了客户投诉模型。他们将客户投诉行为分成私下行为和公开行动两大类型，私下行为指的是客户通过与身边 10 个以内的朋友分享的方式来抵制购买某个机构的产品，公开行动指的是客户通过多种渠道或行为去投诉从而获取补偿。之后，Singh（1988）对投诉行为进行了正式的定义和分类，第一次讨论市场环境、消费者个体和消费场景等因素与消费者投诉行为的关系，并探讨客户过往的经历是否也会影响其投诉行为。此后，各国学者逐渐关注对客户投诉行为的原因分析。2001 年，Liu 对比了韩国和美国两种不同的市场环境下客户投诉行为，对投诉行为的原因进行了分析，探讨是否有行为共性。而 Huppertz（2003）通过研究指出，消费者的个性会对认知投诉行为的成本产生重要影响，对自我肯定程度较低的客户来说，投诉获得的补偿往往难以弥补投诉过程付出的成本；消费者的个性也会影响消费者对于投诉的态度，个性较为鲜明的消费者往往更容易进行投诉。

（二）域外信用卡投诉行为分类研究

从投诉分类来看，Warland 和 Willies（1975）采用随机抽样的方法对 1215 名消费者进行了满意度调查，在对样本进行分析后得出两类投诉行为："困扰—不采取行动"和"困扰—采取行动"。它们分别指的是消费者产生不满但未采取相关行动，以及消费者产生不满并采取了有效行动进行维权。

Day 和 Landon（1977）对投诉进行了进一步的划分，将消费者"困扰—采取行动"的行为进行进一步细化，从而把消费者采取的行动分为"公开行动"和"私下行动"。"公开行动"主要包括：与产品或者服务的提供者沟通并索要赔偿，向第三方机构进行反馈或投诉以及采取必要的法律行动。"私下行动"主要表现为：消费者个人不再继续购买该机构的产品或服务，传播不满情绪并劝告周围人停止使用该机构的产品或服务。

Day（1980）在之前模型的基础上，将投诉种类分为三类：寻求补偿类，即通过与机构进行沟通协商或抱怨，从而要求弥补损失或提供补偿；发泄不满类，即消费者不再以获得补偿为诉求，而是传播该机构的负面信息，劝说周围人停止使用该机构的产品或服务；个人抵制类，即消费者放弃该机构的产品或服务，转向其他提供类似产品或服务的机构。

1988 年，Singh 第一次通过实证的方法，通过对比银行业、医疗行业、货物采购和汽车维修四个行业的场景，提出针对投诉行为新的分类方式：直接投诉、私下抱怨、向第三方机构投诉。之后，Singh 又根据消费者产生不满情绪后的不同反应对投诉行为进行了进一步划分：消极型投诉——不采取任何行动、发声型投诉——抱怨但不采取行动、积极型投诉——抱怨或者私下采取行动、发怒型投诉——抱怨并私下采取行动。

（三）域外信用卡投诉动因分类研究

根据投诉主体的不同，大致可以把信用卡投诉动因分为三种：一是金融机构原因产生的投诉，二是消费者自身引发的投诉，三是政府原因引发的投诉。

1. 金融机构原因产生的投诉

从金融机构端来看，此类投诉又具体可由以下三种行为导致：服务未能达到消费者预期，机构对产品或其服务考虑不周全；消费者推测问题的责任归因。一是从服务未能达到消费者预期来看，主要表现为消费者认为该金融机构提供的产品未能达到行业标准，或者其享受的服务不到位，服务体验感较差。Bitner 等（1994）在研究具体的投诉案例后指出服务未达到预期可以细分为：机构对相应投诉未能及时提供有效解决方案，机构对于消费者的诉求未能有效提出解决对策，以及机构的服务人员应对突发性事件的反应较差。二是从机构对产品或其服务考虑不周全来看，消费者对于某一项产品或者服务进行考量的首要因素为价格，通常认为价格与产品或者服务的质量应当呈现正相关关系，若质量达不到心理预期，则投诉的概率会升高。Keng（1995）研究指出，某项产品的使用次数或者频率也会对投诉行为的发生有一定的影响，特别是多次使用的产品或者服务引发消费者投诉的可能性更高。三是从消费者推测产生问题的原因来看，消费者会对产品或者服务出现的问题进行归因，并采取相应的行动。Jaccard 和 Jacoby（1981）研究发现，当问题的责任归属不明晰时，消费者会倾向于将责任归因至该产品或者服务的提供者。此外，如果消费者认为问题的原因是经常性的，那么其会认定该问题将在未来反复出现，消费者通常会诉诸赔偿或者直接更换该产品或服务。

2. 消费者自身引发的投诉

首先，不同特征的人群引发投诉的可能性有所差别。根据 Moyer（1984）的研究，有着良好教育和社会地位的消费者更加倾向于通过理性投诉的渠道解决问题；Richins（1982）指出，有的消费者在投诉前会考虑采取投诉这一举动是否符合自身身份，特别是投诉是否会对自身形象产生负面影响。其次，在关于消费者不满意程度和最终产生投诉这一行为之间的关系方面，国外的研究有不同的结果。Maute（1993）研究表明，消费者的不满意程度与产生投诉的可能性有较强的正相关关系；而 Singh 的研究发现，二者之间不是线性关系，不满意程度并不是产生投诉行为的主要因素，特别是当不满意程度尚未超过消费者情绪的临界值时。最后，消费者在投诉前也会进行收益—成本分析，投诉渠道的顺畅程度、投诉程序的复杂程度都是影响其决定是否投诉的重要因素。Richins（1982）指出，当消费者需要花费大量时间、金钱或者精力来完成投诉时，他们往往会选择放弃投诉，但如果类似的问题反复出现并且超过消费者所能容忍的程度时，消费者会不惜一切代价采取更为强硬的投诉甚至报复性举动。

3. 政府原因引致的投诉

一方面，在政府的约束和导向下形成的不同市场形态会影响投诉的发生。Hirschman（1970）研究发现，消费者的投诉行为在不同市场环境中是截然不同的，在竞争市场环境中，消费者更换购买产品或者服务的机构的成本很低，当他们不满意时，往往选择直接放弃该机构而转向其他机构；在垄断市场环境中，消费者更换服务商的成本较高，此时往往选择让步而非更换机构。另一方面，政府对市场秩序的引导有利于充分保障消费者权益，从而引导消费者进行理性投诉。Day（1981）指出，政府对市场的监管可以推动市场主体建立统一的行业标准并且严格执行信息披露要求，从而减少消费者和机构之间的信息不对称。

二、域外信用卡投诉治理经验

从域外信用卡消费者权益保护的特点来看，首先，大多数发达国家对信息披露的规定较为完善，有相关的法律法规要求发卡机构持续披露信息。其次，在信用卡法律体系较为完善的国家中，其对信用卡消费者隐私的保护有较为明确的立法和实践，例如，将隐私权单独作为一项公民的权利设立专门的法律进行保护，或者明确公共部门或权力机构搜集个人数据的权限和依据及具体的要求。最后，许多国家仍在探索适度保护原则，即寻求金融机构与金融消费者的权利义务的平衡，避免过度保护或保护不到位导致金融秩序和规则混乱。

（一）美国

在信用卡监管方面，美国信用卡市场呈现出集约化、规模化的特点，目前基本形成了以美国证券交易委员会为监管主体部门，信用报告、信用管理等行业协会为补充的监管体系。从法律体系来看，美国涉及信用卡市场的法律法规主要有《信用卡发行法》《公平信用报告法》《贷款真实性法》《公平债务催收法》等16项法律，通过法律体系有效应对信用卡市场的各种风险事件。此外，美国也通过这些法律法规赋予了金融消费者在合法权益受到侵害时通过法律进行求偿的权利。

在信用卡投诉和争议解决方面，美国消费者金融保护局在其网站上提供超过300个信用卡发行机构的信用卡条款，并对其中重要条款进行提示，网站上也提供了消费者投诉的渠道。与此同时，美国还提供多种解决信用卡领域纠纷的方式，提供包括调解、仲裁等替代性争议解决机制的方式。同时，金融消费者还可以通过美国仲裁协会以仲裁的方式解决争议纠纷。

在监管实践方面，美国通过建立个人信用档案和信息数据库等措施完善整个国家的信用体系，美国的几家大型信用评估机构负责对客户的授信内容开展评级，逐步建立和完善动态个人信用评估机制。此外，美国金融机构还采取了一系列风险预警措施，通过关注消费者信用卡透支情况，采取及时通知和提示等方式有效化解风险。

（二）英国

2001年，英国根据《金融服务与市场法》明确要求金融服务管理局制定统一的监管规定，并要求对信用卡持有者进行相关金融知识培训教育。目前，对信用卡的监管主要由金融行为监管局（FCA）负责，通过发布行为指引和一系列监管措施，有效规范信用卡市场和机构的行为。

从金融机构实践来看，英国金融机构在发放信用卡前，要求客户在其银行开立账户，并根据客户的收入情况确定初始透支额度，随后根据其还贷情况和信用情况可增加额度。此外，英国有三家信用信息证明机构可以在内部网络上发布进行借贷欺骗的消费者名单，类似于"黑名单"。进入该名单的消费者以后办理信贷或从事其他金融业务会受到严重影响。

在信用卡争议解决方面，为了合理解决金融交易纠纷，英国早在20世纪80年代就设立了保险申诉专员机构，银行申诉专员机构也于1986年成立。在此基础上，英国建立了金融申诉专员服务体系，以便更加高效地处理金融纠纷，更加有效地保护消费者的合法权益。

（三）日本

日本通过制定覆盖面较广的金融领域消费者保护法律法规，有效减少信用卡领域的风险。2000年，日本制定《金融商品销售法》，对金融机构在销售和交易产品时可能出现的违法违规行为进行规范，并且强化金融机构应当承担的民事责任。2016年，日本通过《金融商品交易法》，进一步明确并扩充金融机构需要承担的消费者保护的义务范围。

在信用卡争议解决方面，日本主要通过设立特定的纠纷调解机构解决纠纷，并通过成立投资者保护基金有效保护消费者的利益，消费者可以在金融财产受到一定损失时，诉诸投资者保护基金以求取一定的补偿。

三、我国信用卡投诉现状分析

基于对金融消费者投诉统计监测分析系统的实时监测和统计分析，我们对2020年1—9月全国性银行业金融机构信用卡投诉数据及趋势进行了统计分析，并选择一家国有大型商业银行和一家全国性股份制商业银行作为样本对投诉人特征及投诉内容进行分析，为信用卡投诉成因分析及应对策略研究提供依据。

（一）全国性银行业金融机构信用卡业务投诉基本情况

从全国性银行业金融机构的投诉情况来看，针对银行卡业务的投诉较多。2020年1—9月，针对银行卡业务的投诉量约占1—9月全国性银行业金融机构投诉总量的58.30%。从银行卡业务投诉数量的变化趋势看，2020年2月，针对银行卡业务的投诉数量较1月明显减少。2020年3月，对银行卡业务的投诉较2月明显增加，增幅达80.51%。从2020年4月起，针对银行卡业务的投诉总体上呈下降趋势。

从全国性银行业金融机构的投诉情况来看，2020年1—9月，针对信用卡业务的投诉量约占1—9月全国性银行业金融机构银行卡业务投诉量的72.04%。从信用卡业务投诉数量的变化趋势看，2020年2月，信用卡业务的投诉数量较1月明显减少。2020年3月，信用卡业务的投诉较2月明显增加，增幅达95.49%。2020年4—7月，信用卡业务的投诉呈下降趋势。2020年8月，信用卡业务的投诉数量较7月有所增加，9月信用卡业务的投诉数量较8月有所回落，且低于7月的投诉数量。

从投诉数量变化趋势看，银行卡业务的投诉数量变化趋势与信用卡业务投诉数量变化趋势总体较为相似。

从信用卡投诉占当月银行卡投诉数量的比例来看，2020年1—9月，该占比总体较为稳定，不同月份有所波动。其中，占比最小值为1月的67.48%，最大值为3月的77.09%。

第十一章 信用卡业务投诉管理难点与治理

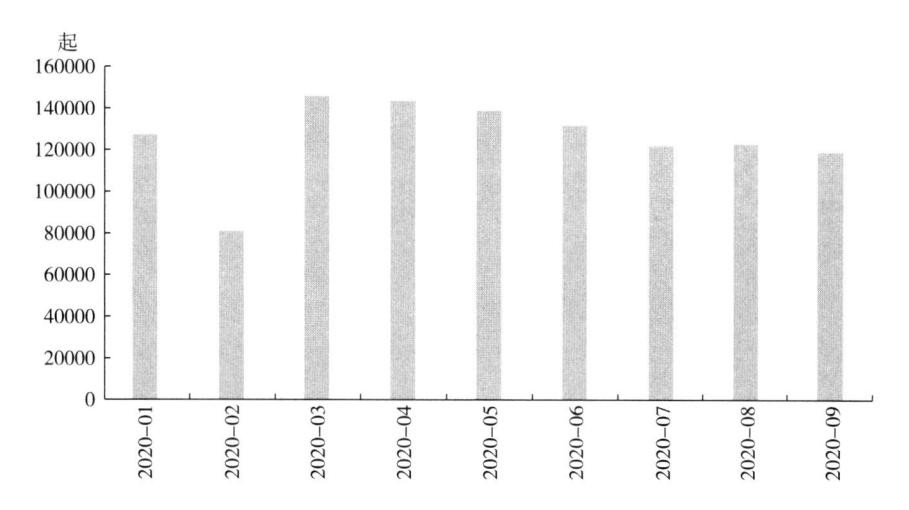

图 11-1 全国性银行业金融机构银行卡业务投诉情况

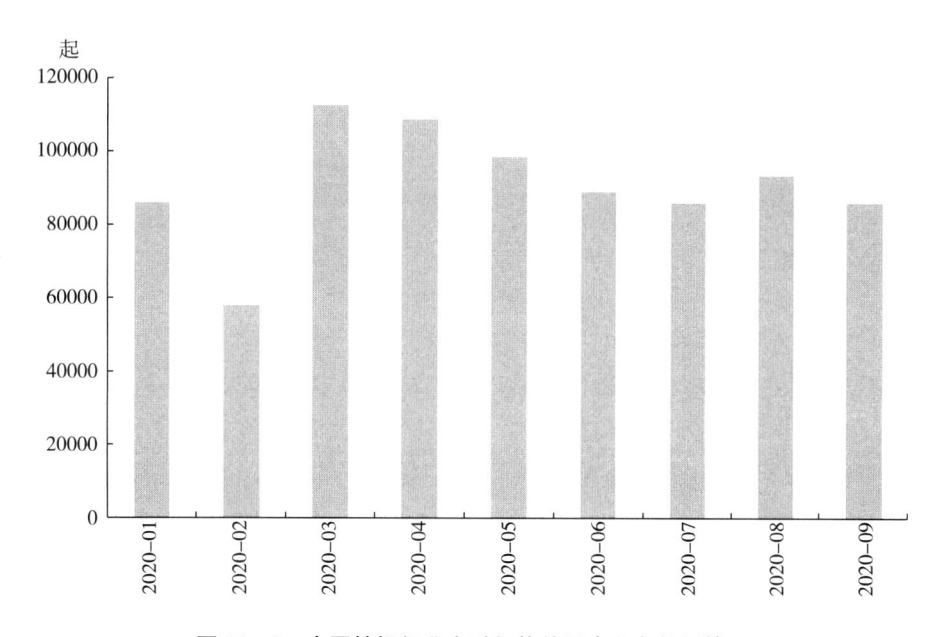

图 11-2 全国性银行业金融机构信用卡业务投诉情况

此外，2020年1—9月，在债务催收类投诉中，针对信用卡债务催收业务的投诉占债务催收类投诉总量的98.68%。

（二）全国性银行业金融机构信用卡投诉业务类别

2020年1—9月，从信用卡投诉业务类别情况看，信用卡使用和还款的投诉较多，占信用卡业务投诉总量的59.09%；针对信用卡市场活动、积分及增值服务的投诉量占信用卡业务投诉总量的12.44%；信用卡个人信用信息业务的投诉量占信用卡业务投诉总量的8.86%；信用卡申请、开卡及换卡业务的投诉量占信用卡业务投诉总量的6.30%；信用卡账单服务业务的投诉量占信用卡业务投诉总量的2.17%；信用卡挂失

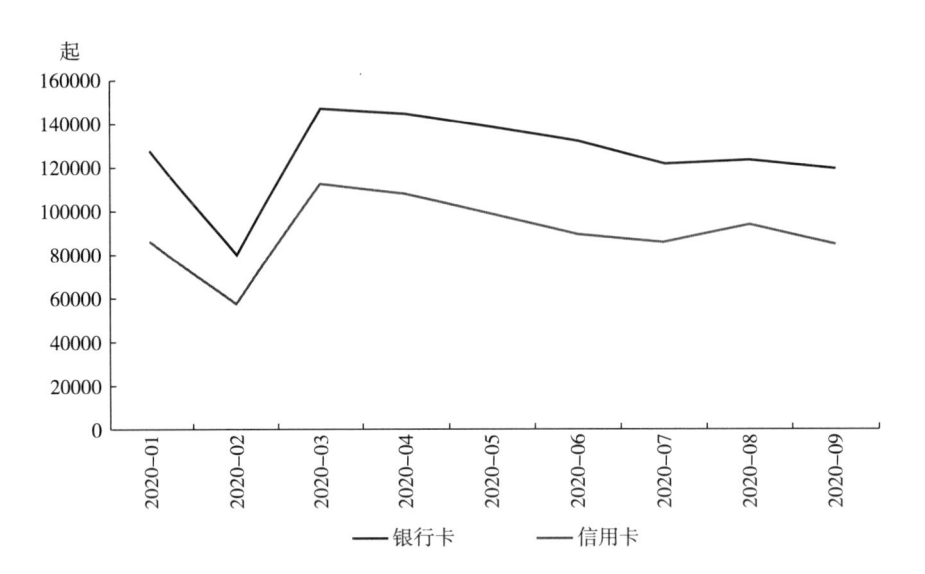

图 11-3　全国性银行业金融机构银行卡、信用卡业务投诉变化情况

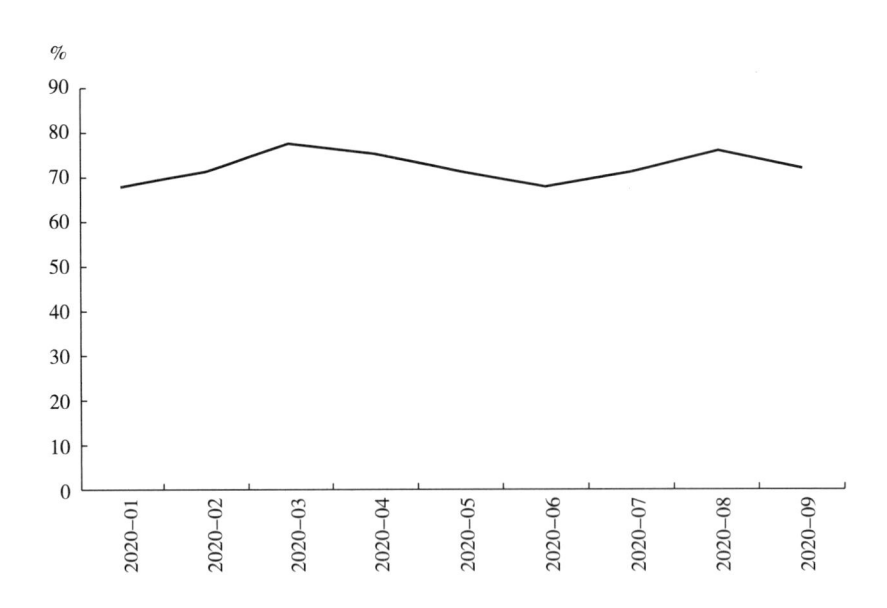

图 11-4　全国性银行业金融机构信用卡业务投诉占银行卡业务投诉变化情况

及注销业务的投诉量占信用卡业务投诉总量的1.57%；信用卡盗刷业务的投诉量占信用卡业务投诉总量的1.26%；其他业务的投诉量占信用卡业务投诉总量的8.30%。

从月度情况看，信用卡使用和还款业务的投诉在信用卡业务投诉量中的占比较高。2020年1—9月，信用卡使用和还款业务的投诉占信用卡业务投诉的比例分别为54.38%、64.35%、63.81%、59.43%、58.92%、57.37%、56.02%、57.98%和59.98%。涉及信用卡使用和还款的投诉主要包括信用卡的刷卡消费、消费者对信用卡进行取现操作、消费者要求与银行进行分期还款或延期还款协商以及消费者对信用卡

第十一章 信用卡业务投诉管理难点与治理

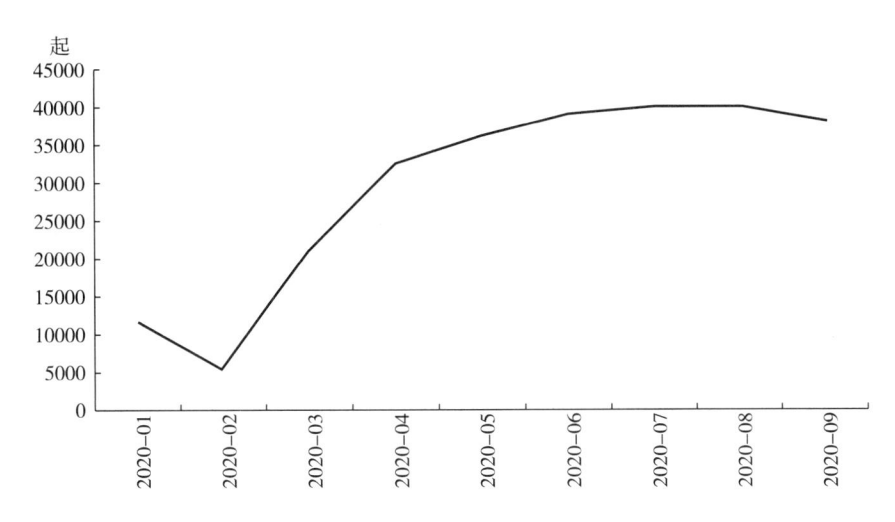

图 11-5 全国性银行业金融机构债务催收业务投诉变化情况

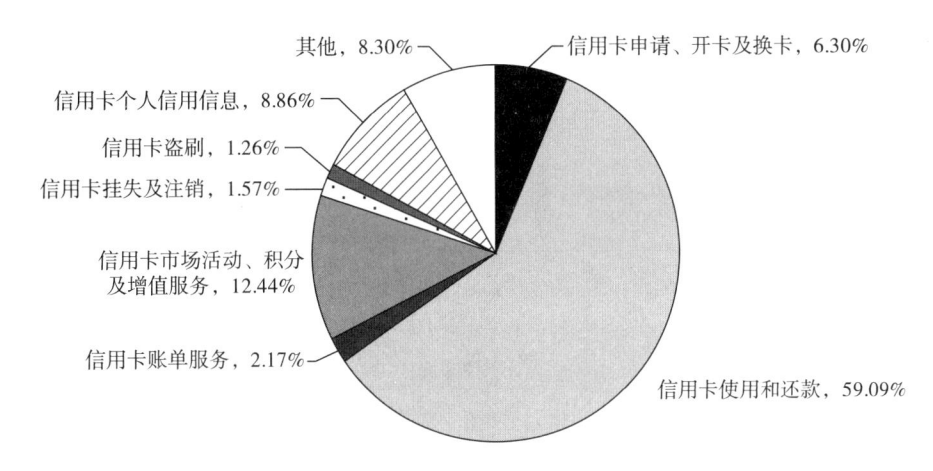

图 11-6 2020 年 1—9 月信用卡投诉业务类别

息费收取或信用卡额度调整存在异议等。

(三) 信用卡业务投诉人年龄分布情况

1. A 银行信用卡业务投诉人年龄分布情况

以某国有大型商业银行 A 银行为例，系统数据显示，2020 年 1—9 月，在该银行涉及信用卡业务的投诉中，投诉人出生年份在 1940—1949 年的约占 0.08%；投诉人出生年份在 1950—1959 年的约占 1.01%；投诉人出生年份在 1960—1969 年的约占 6.56%；投诉人出生年份在 1970—1979 年的约占 18.17%；投诉人出生年份在 1980—1989 年的约占 48.78%；投诉人出生年份在 1990—1999 年的约占 25.30%；投诉人出生年份在 2000—2002 年的约占 0.09%；其他约占 0.01%。

从年龄分布情况看，A 银行涉及信用卡业务投诉的投诉人年龄分布主要集中在 1980—1989 年和 1990—1999 年两个年龄段，两个年龄段的投诉人合计占比超过七成。

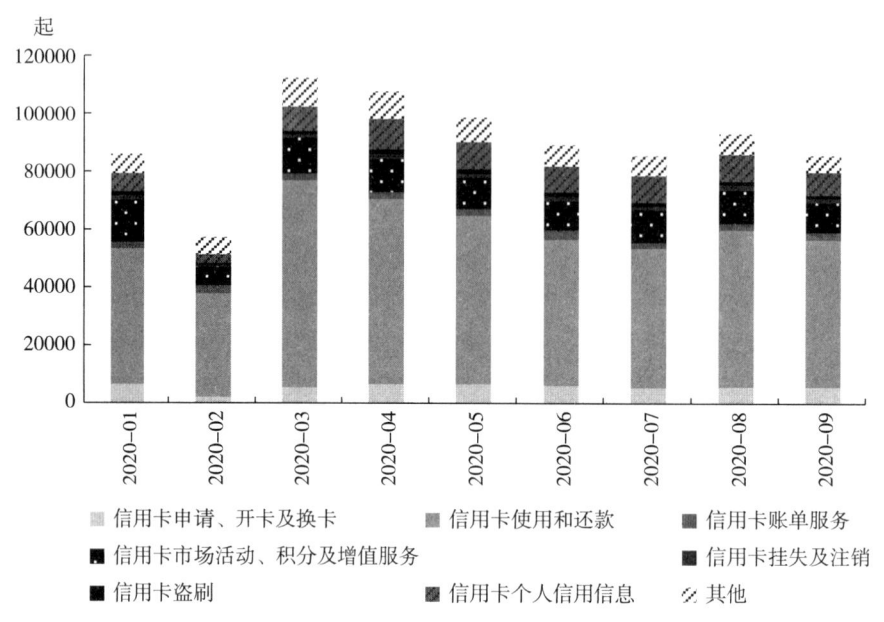

图 11-7　2020 年 1—9 月信用卡投诉业务类别分布情况

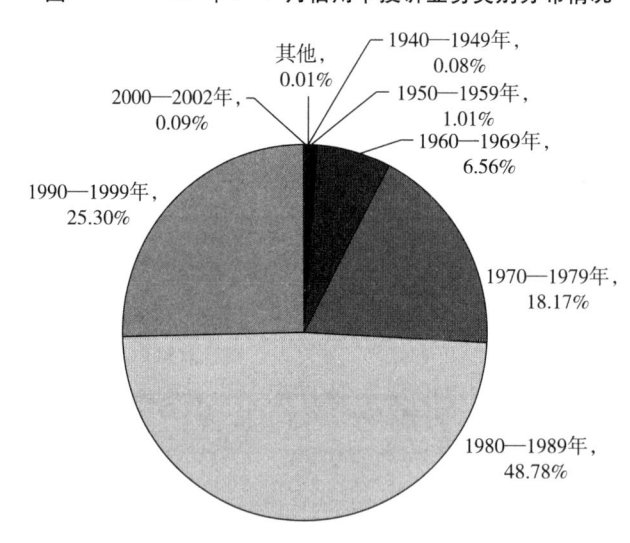

图 11-8　2020 年 1—9 月 A 银行信用卡业务投诉人年龄分布情况

从投诉业务办理渠道看，A 银行出生年份在 1940—1949 年的投诉人涉及前台业务渠道的投诉（金融消费者通过银行前端进行咨询或办理业务发生的投诉）占该年龄段全部信用卡投诉的 28.43%，涉及中台、后台业务渠道的投诉（银行的产品设计、业务规则或进行风险管理等操作时引发的投诉，如信用卡积分赠送、账户异常、征信异议、信用卡账单等）占该年龄段全部信用卡投诉的 71.57%。出生年份在 1950—1959 年的投诉人涉及前台业务渠道的投诉占该年龄段全部信用卡投诉的 16.53%，涉及中台、后台业务渠道的投诉占该年龄段全部信用卡投诉的 83.47%。出生年份在 1960—1969 年的投诉人涉及前台业务渠道的投诉占该年龄段全部信用卡投诉的 17.57%，涉及中台、后台业务渠道的投诉占该年龄段全部信用卡投诉的 82.43%。出生年份在 1970—1979 年的投诉人涉及前台业务渠道的投诉占该年龄段全部信用卡投诉的 16.65%，涉及中台、后台业务渠道的投诉占该年龄段全部信用卡投诉的 83.35%。出生年份在 1980—1989 年的投诉人涉及前台业务渠道的投诉占该年龄段全部信用卡投诉的 16.69%，涉及中台、后台业务渠道的投诉占该年龄段全部信用卡投诉的 83.31%。出生年份在 1990—1999 年的投诉人涉及前台业务渠道的投诉占该年龄段全部信用卡投诉的 14.74%，涉及中台、后台业务渠道的投诉占该年龄段全部信用卡投诉的 85.26%。出生年份在 2000—2002 年的投诉人涉及前台业务渠道的投诉占该年龄段全部信用卡投诉的 17.54%，涉及中台、后台业务渠道的投诉占该年龄段全部信用卡投诉的 82.46%。

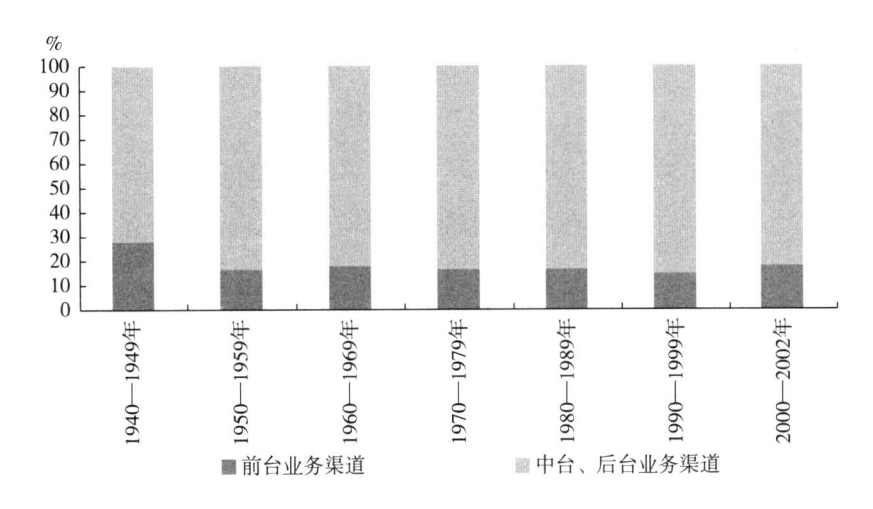

图 11-9　2020 年 1—9 月 A 银行信用卡投诉业务办理渠道

从投诉原因看，A 银行出生年份在 1970—1979 年的投诉人针对信用卡业务的投诉原因及占比主要为：一是因定价收费引起的投诉，占比为 35.23%；二是因信息披露引起的投诉，占比为 20.31%；三是因金融机构管理制度、业务规则与流程引起的投诉，占比为 14.28%；四是因消费者信息安全引起的投诉，占比为 10.86%；五是因营销方式和手段引起的投诉，占比为 5.97%。

A 银行出生年份在 1980—1989 年的投诉人针对信用卡业务的投诉原因及占比主要为：一是因定价收费引起的投诉，占比为 34.68%；二是因信息披露引起的投诉，占比为 19.83%；三是因金融机构管理制度、业务规则与流程引起的投诉，占比为 14.70%；四是因消费者信息安全引起的投诉，占比为 12.54%；五是因营销方式和手段引起的投诉，占比为 6.07%。

A 银行出生年份在 1990—1999 年的投诉人针对信用卡业务的投诉原因及占比主要为：一是因定价收费引起的投诉，占比为 36.35%；二是因信息披露引起的投诉，占比为 17.33%；三是因金融机构管理制度、业务规则与流程引起的投诉，占比为 14.94%；

因金融机构服务设施、设备、业务系统引起的投诉，3.02%
因消费者资金安全引起的投诉，1.52%
因自主选择权引起的投诉，3.80%
因服务态度及服务质量引起的投诉，0.88%
因合同条款引起的投诉，4.14%
因营销方式和手段引起的投诉，5.97%
因消费者信息安全引起的投诉，10.86%
因定价收费引起的投诉，35.23%
因金融机构管理制度、业务规则与流程引起的投诉，14.28%
因信息披露引起的投诉，20.31%

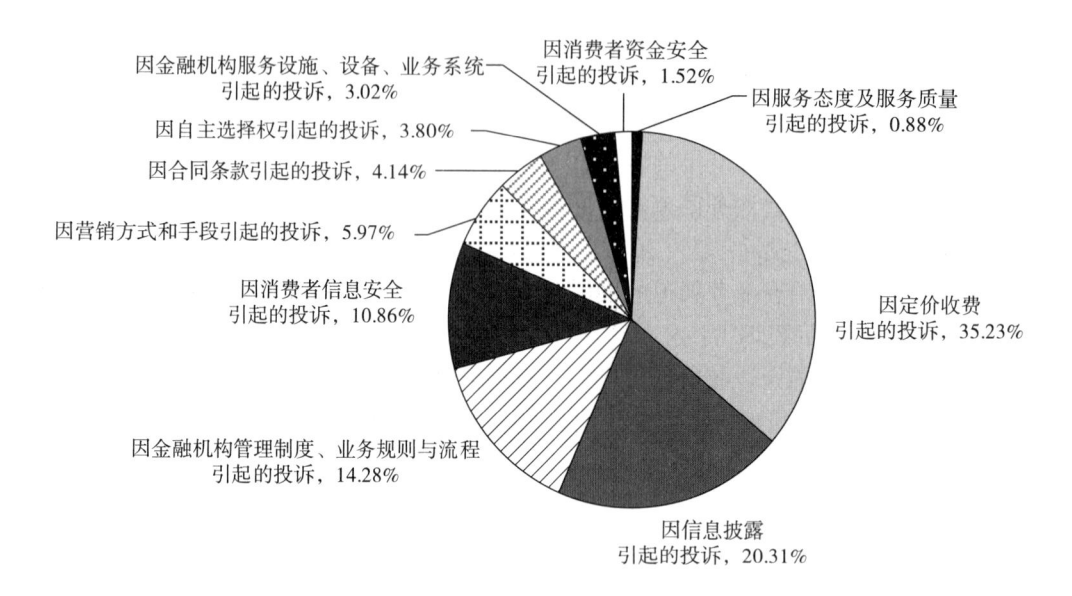

图 11-10　A 银行出生年份在 1970—1979 年的投诉人信用卡业务投诉原因

四是因消费者信息安全引起的投诉，占比为 12.82%；五是因营销方式和手段引起的投诉，占比为 7.31%。

从投诉原因分布情况看，"70 后""80 后""90 后"投诉人对 A 银行信用卡业务的投诉原因分布结构总体较为一致，表明引起这几个年龄段投诉人投诉的原因较为相近。

2. B 银行信用卡业务投诉人年龄分布情况

以某股份制商业银行 B 银行为例，金融消费者投诉数据统计监测分析系统显示，2020 年 1—9 月，在该银行涉及信用卡业务的投诉中，投诉人出生年份在 1940—1949 年的约占 0.07%；投诉人出生年份在 1950—1959 年的约占 0.70%；投诉人出生年份在 1960—1969 年的约占 4.88%；投诉人出生年份在 1970—1979 年的约占 14.83%；投诉人出生年份在 1980—1989 年的约占 44.66%；投诉人出生年份在 1990—1999 年的约占 34.12%；投诉人出生年份在 2000—2002 年的约占 0.67%；其他约占 0.08%。

从年龄分布情况看，B 银行涉及信用卡业务投诉的投诉人年龄分布主要集中在 1980—1989 年和 1990—1999 年两个年龄段，两个年龄段的投诉人合计占比超过七成。

从投诉业务办理渠道看，B 银行出生年份在 1940—1949 年的投诉人涉及前台业务渠道的投诉（金融消费者通过银行前端进行咨询或办理业务发生的投诉）占该年龄段全部信用卡投诉的 70.89%，涉及中台、后台业务渠道的投诉（银行的产品设计、业务规则或进行风险管理等操作时引发的投诉，如信用卡积分赠送、账户异常、征信异议、信用卡账单等）占该年龄段全部信用卡投诉的 29.11%。此后，随着出生年份的向后推移，涉及前台业务渠道的投诉占对应年龄段全部信用卡投诉的比例逐渐降低，并在 1980—1989 年这一年龄段达到最低值 58.78%。在此年龄段之后，前台业务渠道投诉占比又有所上升。

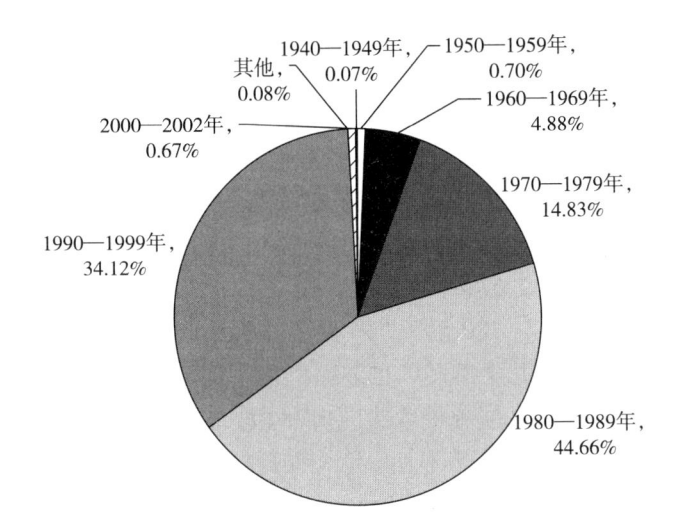

第十一章　信用卡业务投诉管理难点与治理　253

图 11-11　2020 年 1—9 月 B 银行信用卡业务投诉人年龄分布情况

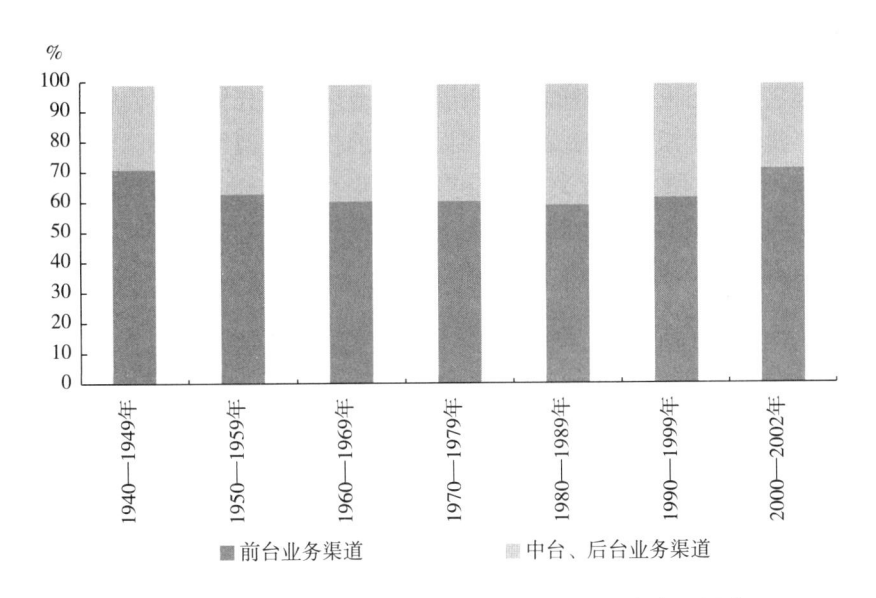

图 11-12　2020 年 1—9 月 B 银行信用卡投诉业务办理渠道

从投诉原因看，B 银行出生年份在 1970—1979 年的投诉人针对信用卡业务的投诉原因及占比主要为：一是因金融机构管理制度、业务规则与流程引起的投诉，占比为 69.06%；二是因定价收费引起的投诉，占比为 15.99%；三是因服务态度及服务质量引起的投诉，占比为 5.43%；四是因债务催收方式和手段引起的投诉，占比为 3.20%；五是因营销方式和手段引起的投诉，占比为 2.96%。

B 银行出生年份在 1980—1989 年的投诉人针对信用卡业务的投诉原因及占比主要为：一是因金融机构管理制度、业务规则与流程引起的投诉，占比为 67.59%；二是因定价收费引起的投诉，占比为 16.95%；三是因服务态度及服务质量引起的投诉，占比为 5.93%；四是因债务催收方式和手段引起的投诉，占比为 3.99%；五是因营销方式和手段引起的投诉，占比为 3.12%。

B 银行出生年份在 1990—1999 年的投诉人针对信用卡业务的投诉原因及占比主要为：一是因金融机构管理制度、业务规则与流程引起的投诉，占比为 65.57%；二是因定价收费引起的投诉，占比为 17.30%；三是因服务态度及服务质量引起的投诉，占比为 8.28%；四是因债务催收方式和手段引起的投诉，占比为 4.07%；五是因营销方式和手段引起的投诉，占比为 2.67%。

从投诉原因看，"70 后""80 后""90 后"投诉人对 A 银行信用卡业务的投诉原因分布结构总体较为一致，主要都聚焦在金融机构管理制度、业务规则与流程、定价收费、服务态度及服务质量、债务催收方式和手段、营销方式和手段等原因。同时，股份制商业银行 B 银行和国有大型商业银行 A 银行在引发金融消费者投诉的主要原因上也有差别，但定价收费、金融机构管理制度、业务规则与流程以及营销方式和手段等都是引发两家机构金融消费者投诉较为主要的原因。

（四）信用卡业务投诉人地域分布情况

仍以 A 银行和 B 银行为样本。各家银行的发展战略不同，其在各地的信用卡业务发展程度可能受到本行发展策略的影响，因此在地区分布分析中我们将两家银行合并进行分析，尽量降低各银行发展战略不同而导致的投诉量地区差异。监测系统数据显示，2020 年 1—9 月，两家银行受理金融消费者涉及信用卡业务的投诉共 484790 件。根据投诉人所在地，我们对以上投诉样本进行了分省统计，得到各地区信用卡业务投诉量地区分布表。

表 11-1　　　　　各地区信用卡业务投诉量　　　　　单位：件

排名	地区	投诉量
1	广东省	41040
2	山东省	40557
3	江苏省	30476
4	湖北省	30141
5	河南省	26586
6	辽宁省	25447
7	上海市	20334
8	北京市	19306
9	河北省	18903
10	黑龙江省	18806
11	安徽省	18618
12	浙江省	18401
13	四川省	18115

第十一章 信用卡业务投诉管理难点与治理

续表

排名	地区	投诉量
14	陕西省	18036
15	福建省	17288
16	湖南省	17214
17	江西省	14103
18	山西省	12999
19	吉林省	12887
20	广西壮族自治区	9735
21	天津市	8876
22	甘肃省	8722
23	内蒙古自治区	7940
24	云南省	7354
25	重庆市	6430
26	贵州省	5347
27	新疆维吾尔自治区	4954
28	宁夏回族自治区	2652
29	海南省	2341
30	青海省	1153
31	西藏自治区	29

其中，投诉量最高的省份为广东省，投诉量为41040件，约占全国投诉量的8.06%；投诉量最低的省份为西藏自治区，投诉量为29件，约占全国投诉量的0.01%。信用卡业务投诉人基本集中在东部沿海地区和中部部分人口密集地区，与经济发展水平基本呈正相关关系，即经济较发达地区投诉量较高。

考虑到客户数可能对投诉量产生的影响，我们对投诉量进行相对值处理，得到各地区信用卡业务每万人投诉量。

表11-2　　　　　各地区信用卡业务每万人投诉量　　　　单位：件

排名	地区	投诉量/人口（万人）
1	北京市	8.96
2	上海市	8.37
3	辽宁省	5.85
4	天津市	5.68
5	湖北省	5.09
6	黑龙江省	5.01
7	吉林省	4.79

续表

排名	地区	投诉量/人口（万人）
8	陕西省	4.65
9	福建省	4.35
10	山东省	4.03
11	宁夏回族自治区	3.82
12	江苏省	3.78
13	广东省	3.56
14	山西省	3.49
15	甘肃省	3.30
16	浙江省	3.15
17	内蒙古自治区	3.13
18	江西省	3.02
19	安徽省	2.92
20	河南省	2.76
21	河北省	2.49
22	湖南省	2.49
23	海南省	2.48
24	四川省	2.16
25	重庆市	2.06
26	新疆维吾尔自治区	1.96
27	广西壮族自治区	1.96
28	青海省	1.90
29	云南省	1.51
30	贵州省	1.48
31	西藏自治区	0.08

从相对值来看，每万人信用卡投诉量最高的地区为北京市，每万人投诉量达到8.96件，其次为上海市，每万人投诉量达到8.37件；每万人投诉量最低的地区为西藏自治区，每万人投诉量为0.08件。通过相对量的比较，我们可以发现北京、上海这两个一线城市的信用卡相关投诉更为密集，东北地区每万人投诉量显著高于其他地区。

四、我国信用卡业务投诉形势成因分析

（一）从宏观因素角度来看

1. 国内消费需求变动带动信用卡消费变动

疫情暴发以后，居民消费需求受疫情防控影响得到一定程度抑制，社会消费品零售总额显著下降。随着复工复产规模持续扩大，国内消费需求逐渐恢复。此外，2020

年以来，为刺激消费需求，促进经济内循环，各地政府均出台了各项刺激消费的财政政策，提振经济社会发展。在此背景下，信用卡作为最为普遍的支付工具之一，在推动消费需求增长的过程中发挥了重要作用，由此而产生的相关业务问题也随之增多，投诉量随之增长。另外，信用卡消费具有超前消费的特征，因此当期消费额应反映在下个月的账单中，在下下个月须进行还款，即消费的增长对于信用卡持卡人产生的实际支出反映在两个月后。而一般信用卡还款环节易产生纠纷问题，继而导致投诉量增长。因此，消费需求的增长对信用卡投诉量的影响存在一定的滞后性。从图11-13可以看出，社会消费品零售总额当期值自2020年4月至6月稳定增长，信用卡业务投诉量在7月至8月出现小幅增长；社会消费品零售总额当期值自6月至7月小幅下降，信用卡业务投诉在8月至9月同样出现小幅下降。①

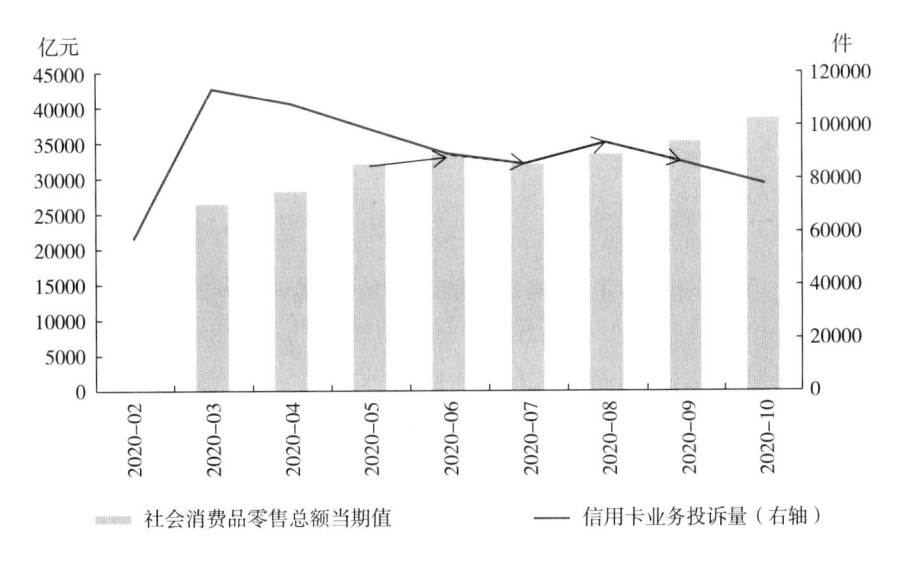

图11-13 信用卡业务投诉量和社会消费品零售总额当期值统计图

（资料来源：国家统计局）

2. 失业率直接影响信用卡持卡人还款能力

从投诉业务类别来看，信用卡投诉问题集中表现在信用卡使用和还款这一类别，约占信用卡投诉量的近六成，说明大部分信用卡业务投诉主要出现在信用卡账单偿付环节，即消费者出现了还款困难，难以满足信用卡正常还款需求，与银行就还款方案无法达成一致，故进行投诉。疫情暴发以来，部分行业因无法及时复工复产而出现企业倒闭等情况，导致部分金融消费者面临失业困境，收入来源受到影响，难以满足信用卡还款需求。从图11-14可以看出，2020年2月，受疫情影响，失业率显著增长，达到6.2%；随后在3月，金融消费者投诉出现了2020年以来的峰值，达到112769件。这表明在无法获得正常收入来源的情况下，依赖日常收入进行个人财务周转的消

---

① 2020年2月至4月存在疫情防控政策因素，因此数据受到影响，不具有参考意义。

费者难以满足正常还款需求，继而与银行产生纠纷。图 11-14 反映出信用卡投诉量对失业率的反应存在一定的滞后性，因此可以看出相当一部分消费者依赖于当期收入偿还信用卡消费贷款，财务状况较为脆弱。

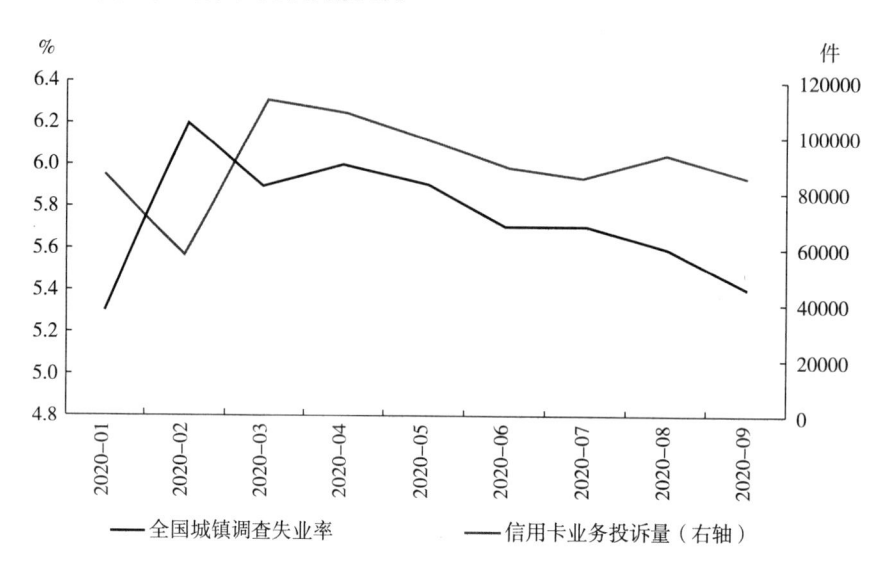

图 11-14　信用卡业务投诉量和全国城镇调查失业率统计图

（资料来源：国家统计局）

3. 疫情防控期间信用卡业务相关政策予以适当调整

2020 年 2 月 1 日，人民银行、财政部、银保监会、证监会、外汇局五部门联合发布了《关于进一步强化金融支持防控新型冠状病毒感染肺炎疫情的通知》，其中要求金融机构要对受新冠疫情影响的五类人群在信贷政策上予以适当倾斜，灵活调整住房按揭、信用卡等个人信贷还款安排，合理延后还款期限。在此政策出台之后，各家金融机构出台了本行支持疫情防控的相关政策，但对哪些人群应当予以倾斜这一问题上，各家银行的衡量标准并未统一。政策出台后，大量消费者向金融机构提出延后还款或减免息费的申请，但实际并非所有消费者都能获得倾斜，在这种标准不明晰的情况下，消费者与银行的矛盾更易激化，故产生大量投诉。

（二）从金融机构角度来看

1. 逾期账户增速快，个人杠杆率显著提升

近年来，信用卡行业逾期账户增速快，客户共债风险显著增长。2017—2018 年，银行业金融机构和互联网金融公司在现金贷款上大幅投放信贷，消费者共债情况显著增长，个人杠杆水平大幅提升，导致消费者抗风险能力显著下降，信用卡业务风险暴露程度有所上升。如消费者因失业或其他不可抗力因素失去稳定收入来源，个人短期现金流难以满足其在多个银行或借贷平台的还款需要，导致其难以按期限偿还信用卡欠款，向银行申请调整还款计划或减免部分利息，但银行拒绝满足其诉求，故引发投诉。

2. 信用卡风险管控措施增强，影响消费者用卡需求

2018年以来，各银行业金融机构加强了信用卡业务风险管控措施，在发卡审核、贷中管理和催收保全等多个工作环节均加强了管理力度，导致部分消费者用卡需求受到影响，故引发投诉量增长。如部分信用卡中心加强了对客户账款的管理力度，提高了催收频率和催收工作力度，消费者认为催收行为对其正常生活产生了不良影响，故引发投诉。

3. 部分银行金融消费权益保护观念不强，埋下投诉纠纷隐患

近年来，各银行高度重视信用卡业务，为迅速抢占市场份额大量发放信用卡，但在开展业务创新，推动利润增长的同时，部分银行未能有效落实金融消费者权益保护全流程管控机制，切实保障金融消费者合法权益，各银行有限的服务能力和服务水平与巨大的发卡量之间存在显著差距，是信用卡投诉量大幅增加的主要原因。同时，在开展信用卡相关业务的过程中，部分银行存在重业务轻服务、重营销轻合规的情况，营销推介不规范、息费告知不清晰、业务风险提示不到位、业务操作不规范、发卡审核不严格，加之贷后管理环节未能严格执行相关监管规定和要求，导致侵害金融消费者合法权益的事件时有发生，埋下投诉纠纷隐患。

4. 个别银行为避免声誉风险而选择满足投诉人不合理诉求，引发道德风险

个别银行面对投诉人"有恃无恐""理直气壮"的不合理诉求，出于避免引发监管关注或声誉风险的目的，一味迁就满足投诉人诉求，甚至包括不合理诉求。出现投诉后，一些银行首先考虑通过最大程度地满足投诉人诉求以求"大事化小、小事化了"，从而息事宁人，而非严格依据法律法规或相关政策规定处理解决问题，一方面导致银行在投诉处理过程中没有深层次了解金融消费者真实诉求，无法解决实质问题，治标不治本，另一方面也容易引发道德风险，进一步加剧类似投诉的恶性循环。如某全国性商业银行信用卡中心曾经因对个人征信异议类投诉审核把关不严，为避免矛盾轻易帮助投诉人更正征信记录，反而招致更多类似的投诉，该银行在监管机构指出问题后进行整改，严格按照相关流程审核、办理，使此类投诉大幅减少。以消费者宁某为例，宁某因信用卡长期逾期被H银行上报了逾期征信记录，后因其需要买房，查询征信记录后发现存在信用卡逾期未还的情况，故向H银行进行投诉，要求为其修改征信记录。H银行根据要求未予以修改，宁某随即通过向监管部门投诉、上访等方式反映其诉求，且出现了辱骂工作人员等非理性维权的情况。后H银行迫于宁某长期缠诉的压力，为其修改了征信记录。此类举措虽暂时缓和了矛盾，但是造成的后果却是满足了消费者的不合理诉求，而且让征信管理工作制度形同虚设，更是危害到社会信用体系的构建。

5. 个别体制机制性因素成为投诉纠纷解决的客观阻碍，引发反复投诉或矛盾升级

如部分国有商业银行和全国性股份制商业银行信用卡中心反映，为避免国有资产流失，在投诉处理过程中，往往无法直接赔偿或补偿投诉人，或者只能通过在其他经费中列支相关费用，带来一定的风险，工作人员也缺乏相应的动力。而通过诉讼途径

虽然完全符合相关制度规定,但不仅耗时长、成本高,而且对抗式的诉讼模式也不利于维系客户关系,容易导致矛盾进一步升级。部分银行对金融纠纷非诉第三方解决机制的认识不足,对金融纠纷调解的参与度和认可度不高,未将调解协议作为会计核销的依据之一,未能充分发挥金融纠纷非诉第三方解决机制定分止争的作用。

(三) 从金融消费者角度来看

1. 信用卡客户群体年轻化,客群正处于消费高峰期

从监测系统数据来看,目前信用卡业务投诉人主要集中在21~40岁(1980—1989年、1990—1999年出生),俗称为"80后"和"90后"。20世纪80年代后,改革开放不断向纵深发展,超前消费观念冲击着中国传统的储蓄习惯,潜移默化地改变着年青一代的消费观念,进而影响"80后"和"90后"倾向于选择信用卡等信用消费工具。因此,相较于理财、贷款等其他产品而言,信用卡这类金融产品的受众更为年轻化。随着"80后"和"90后"逐渐建立家庭,消费水平也进一步增长,信用卡消费量随之增加,导致相关投诉出现增长。此外,"80后"和"90后"在成长过程中得到了更好的教育,维权意识和维权能力显著增强,相较于其他年代的人群具有更强的动力进行维权,导致"80后"和"90后"在信用卡业务投诉人中占比较高。

2. 消费者金融素养显著提升,权利意识不断增强

信用卡市场的蓬勃发展离不开消费者对消费信贷产品接受度的提升。投诉量的增长直接反映了消费者权利意识的增强,反映了消费者金融素养的提升。通过对比,我们发现投诉量较高的地区与消费者金融素养较高的地区高度重合。除北京、上海等发达城市外,东北三省、湖北省、福建省、陕西省等每万人投诉量排名较为靠前的地区消费者金融素养水平也相对较高。这表明消费者金融素养的提升带来的是消费者对金融产品的接受度和维权意识持续增强。

3. 部分金融消费者合理用卡和安全用卡意识仍然薄弱

随着消费信贷的逐步发展和普及,超前消费观念逐渐成为主流。虽然消费者金融素养得到了显著提升,但部分金融消费者特别是老年人、儿童、学生等弱势群体受自身金融知识和素养不足所限,并不能理性衡量自身收入水平和消费能力,个人抗风险能力较差,在出现还款困难或逾期还款影响个人征信记录时,往往寄希望于通过投诉解决问题。同时,近年来信用卡盗刷案件频发,并已成为主要投诉类型之一,相当一部分盗刷案件的发生是由于金融消费者未能妥善保管个人信息、卡片信息和密码等原因,反映出金融消费者自身安全意识薄弱的问题。

4. 金融消费者非理性维权情况增多

随着金融消费者维权意识的提升和维权渠道的不断多样化,金融消费者投诉成本持续降低,在这一大背景下,金融消费者非理性维权情况不断增多,存在不少缠诉和以转嫁风险为目的的无理由投诉,实践中还存在金融消费者对信用卡投诉纠纷中自身是否存在责任及过失,甚至自身应承担的损失比例已有大致判断,但仍本着"会哭的孩子有奶吃""小闹小处理、大闹快处理"的思维,违反契约精神、避开司法途径,希

望通过反复投诉、缠诉缠访等方式向银行施压，谋取赔偿甚至不正当利益。

5. 以反催收联盟、职业投诉人为代表的"金融黑产"行业扰乱金融秩序，成为行业共同的痛点

该类组织通过抖音、微信公众号、微博等渠道以有偿付费方式向金融消费者提供"反催收"指导，或者教唆金融消费者通过投诉、信访、举报等方式向监管机构和政府部门施压，进而胁迫银行同意其不合理诉求。一些职业投诉人刻意引导投诉人将对银行的投诉转变为对行政机关的履职申请，穷尽举报、信息公开、行政复议及行政诉讼等各种救济途径，不断发起对监管机构的冲击，以达成其获取经济利益的目的。很多职业投诉人对相关法律法规和金融监管政策较为熟悉，往往同时提起多起投诉举报，有时为达目的甚至捏造嫁接证据、歪曲解释监管规定、煽动群体性投诉，加剧投诉人与银行之间的矛盾，不仅耗费银行和金融管理部门的大量资源，而投诉人自身财产安全权和信息安全权也无法得到保障。以Z银行为例，2019年，Z信用卡中心了解到进行"反催收"投诉的消费者共2734位，要求减免金额约846.86万元。其中，大量消费者提出如不满足其诉求，将向监管部门进行投诉，对金融监管部门和商业银行的投诉管理工作造成较大压力。

五、加强信用卡业务投诉管理的政策建议

（一）强化投诉管理信息化建设，探索建立信用卡投诉监测预警工作机制

金融消费者投诉数据是指导金融消费权益保护工作的晴雨表，是挖掘金融消费权益保护工作方向的价值"富矿"。目前，金融消费者投诉统计监测分析系统已上线运行，数据量渐成规模。如何利用好实时监测的功能、达到防范风险的效果成为目前重中之重的命题。当前的金融消费者投诉统计分析方法仍然局限在事后分析、跟踪监测层面，将宏观经济数据指标与投诉数据相结合，从时间序列分析和截面数据分析等多个角度深挖投诉数据背后的特征和趋势，构建出投诉监测预警模型，才能让监测系统真正发挥实效。此外，根据域外对于金融消费者投诉的研究成果来看，金融消费者投诉数据的挖掘分析离不开行为经济学的理论框架。通过对金融消费者投诉进行系统性挖掘，对投诉人行为动机进行针对性分析，我们可以得到金融消费者对金融产品和服务的需求偏好，以及可能产生风险的问题症结，这将为消费信贷行业甚至整个传统银行业的发展产生深远的影响。

（二）加快推动金融相关立法，明确催收等相关法律问题

1. 加快建立健全包括信用卡债务在内的债务催收法律法规

对债务催收等法律法规立法时应坚持利益平衡原则，平衡债权人、债务人、催收机构以及第三人四方的利益。通过建立严格的催收准入规范，设置一定的行业准入门槛，吸纳具有资质规范的专业人员进入合法的催收体制，明确催收机构执业权限，建立催收行为准则正面与负面清单。同时，建议明确债务催收行业的行政监管主体部门，负责推动行政法规、部门规章等的拟定，进行市场监督，统一行业规则，明确若违反

行业管理和行为规则所应承担的法律责任。通过立法和监管措施，明确法律支持使用的催收措施，规范现有催收行业，禁止暴力违法催收、限制恶意催收行为，促使我国的信用卡真正实现法治化和规范化发展。

2. 加强对反债务催收中介和联盟的打击

从2019年起，反债务催收中介和联盟开始在QQ群、微信、微博、抖音、快手等平台大量涌现，越来越多的债务人被其逃废债宣传吸引。债务人与反催收方形成有偿代理，反催收业务代理形成常态化、产业化，主要表现为：一是代客与机构交涉。中介或联盟预设坚定的逃债立场、了解催收流程、监管要点、机构痛点及话术，以债务人亲属的名义，代客与信贷机构交涉，常用手段包括激怒催收、收集催收辱骂的录音、诱导客服和催收承认存在违规行为等，借此向监管部门投诉以反制机构。二是伪造反催收证据。具体证据如贫困证明、报警回执、法院传票等；新冠疫情暴发以来，中介或联盟还伪造核酸检测阳性证明、高风险省市区的位置定位或照片、社区隔离证明等，一定程度上更增加了信贷机构鉴别证据真伪的难度。三是利用监管和舆论工具。包括向监管部门寄送投诉函、向消保委提出投诉、在媒体和投诉网站曝光等，利用信贷机构的投诉解决考核和社情舆论压力，倒逼机构就范。

3. 加快推进个人金融信息保护立法，保护金融消费者合法权益

《个人信息保护法》发布实施，体现了以加强个人信息保护为主、兼顾经济社会实际生活复杂性的立法思路，全方面深化了个人信息保护制度。在个人金融信息保护的立法分支层面，尤其在面对大量出现的"老赖"打着保护个人信息旗号逃避债务催收现象时，债权人为实现债权获取恶意逃债的债务人个人信息就具备了实质正义的特征。因此，面对公权力救济实现成本较高等现实情况，应当适度允许债权人在一定范围内采取"自力救济"获取债务人个人信息，以实现其债权。这种"自力救济"在信用卡催收领域具体表现为债权人的信息获取及合理使用。当债务人联系方式发生变化，或其提供的地址均不能成功联系上本人时，信用卡债务催收员在不违反国家安全、社会公序良俗的前提下，可以申请向合法拥有债务人个人信息的国家机关、企事业单位等查询债务人个人信息，相关单位予以协助，同时相关机构要严格限制、控制催收员信息获取的范围、方式、渠道、用途等，查询获取信息的种类不得超出债务人在借款合同中合法让渡原始债权人使用的信息范围，并配备有相应后续跟踪措施，保证个人金融信息流转的安全。

4. 继续配合有关部门加强个人破产相关研究，适时建立健全个人破产法律制度

为防止过度负债的个人债务人陷入绝境、让诚实的个人债务人获得经济再生，个人破产制度应运而生。在从公民法律权利角度而非制度层面来考虑个人破产立法架构问题时，则应当明确"以允许个人破产为原则、在查明滥用后确认不破产免责为例外"的立法原则。当某个体出现无法清偿一定数额的到期债务等个人破产情形时，如果经征信数据判断该公民为诚实的人，则可根据债权人的申请就该公民是否滥用破产程序逃债进行审查；如果无债权人申请或排除了个人破产例外情形，则允许公民进入个人

破产程序，由公民个人向管理人移交豁免财产以外的财产，经过一定的考察期后获得债务豁免。2020年4月，最高人民法院发布《关于推进破产案件依法高效审理的意见》，明确要求人民法院要准确把握违法行为入刑标准，严厉打击恶意逃废债行为；中国人民银行上海总部与上海市高级人民法院联合制定发布《关于合作推进企业重整优化营商环境的会商纪要》，提出合力打击逃废债等犯罪行为，对保障金融机构债权人合法权益作出明确规定。以上意见、纪要等的出台，均有利于提高金融机构债权人参与破产程序的积极性，致力于为"诚实而不幸的债务人"提供一套完善严格的权益保护法规体系，在合理豁免债务人的同时补偿债权人，也为债务人提供"东山再起"的机会，鼓励创业创新，推动市场经济健康发展。

（三）优化监督管理和指导，加强跨部门监管协作

1. 全面推进金融纠纷多元化解机制建设

2019年11月以来，《关于全面推进金融纠纷多元化解机制建设的意见》出台并加快落地实施。相关部门持续发力，常抓不懈推进金融调解组织建设，发布金融纠纷多元化解典型案例，推行"投诉、诉讼、调解、裁决"一体一站式的纠纷解决服务，配套互联网法院、智慧法院建设，提供多管齐下的各类信用卡纠纷依法解决途径，保障金融消费者能依法有序捍卫其合法权益，合理解决好相关金融纠纷。

2. 不断加强对金融机构信用卡相关消费纠纷处理的监督指导

建议监管部门科学合理地设置金融机构监管指标，建立完善投诉管理数据库及系统，与金融机构保持沟通联系，督促妥善处理信用卡消费纠纷，形成投诉的良性处理机制。敦促金融机构优化系统考核评价体系，调整优化金融消费权益保护工作考核指标，更多关注投诉处理过程、质效，避免过多关注数量与撤诉率；指导金融机构进一步改进内部投诉处理流程，强化投诉管理，厘清金融机构和消费者在相关纠纷中的责任，不让信用卡投诉沦为部分不负责任的金融消费者逃避金融债务的工具，也不逃避金融机构应承担的责任，形成信用卡消费纠纷处理良性循环。

3. 大力加强跨部门的监管协作，尤其注重与公安、网信部门等的监管协同

随着金融产品和业务的不断创新发展，信用卡诈骗风险也有所上升。如前文所述，时下热门的反债务催收中介或联盟，其以互联网、新媒体为主要的营销获客渠道，具有极强的反证据意识。针对其中一些走向较偏的反债务催收中介或联盟，就需要联合公安及网信部门加以整治，包括严控传播渠道、依法取缔涉及的社交媒体等执法手段，摧毁联盟的网络宣传获客渠道；加强舆情监测，联合网信部门建立专门的舆情防控网络，预判反催收相关热点、敏感话题，形成上下联动、边识别边分析的分级预警机制；必要时，将相关情况移交公检法，协助司法部门完成对非法债务、非法催收、反债务催收中介或联盟等行为的调查处理。

（四）落实金融机构信用卡业务全流程主体责任，加强行业自律

1. 从金融机构端加强对信用卡业务规范的源头治理

银行业机构要严格规范发卡，通过强化科技赋能扩展信息获取的渠道，更好地依

托信息系统和数据模型，改进信贷审核批准流程，强化反欺诈机制，提高风险识别和控制能力，对多头申请、超出个人负债能力申请信贷的行为予以限制。在信用卡业务开展过程中，银行业机构作为直接参与方应将场景营销、金融科技、风控管理等全流程模式纳入完整的业务链条，切实防范金融逃废债现象。在拓展个人消费贷款、信用卡等业务的同时，银行业机构应注重风险防范，可借助金融科技改进贷后智能催收系统，力争实现精准客群分层，保证债务回收成效，控制催收成本，并加强跟踪、监管、服务，例如，对账户有频繁大额交易、交易额度与经营状况明显不相符等异常行为的客户，做到及时提醒。

2. 整治肃清"互联网金融创新"名义下的行业乱象

金融机构要建立债务整理行业规范，严厉打击涉嫌非法经营、敲诈勒索以及诈骗的信用卡行业乱象。全行业要健全审核管理制度，从贷款审核到贷后管理全流程监控，加大对客户收入状态、信誉状况及还款能力的审核，加大对贷后客户状态的管理，从根源上规范金融机构个人信贷业务的开展，避免金融机构审核不严导致恶意投诉；明确行业自律规则，形成包括催收、反催收、外包管理等行业规则，如注重加强对第三方催收公司的管控，提高催收服务品质对佣金的影响比重，明确催收应遵守的公序良俗，加大对外包公司催收行为的监督检查力度，进一步规范催收行为。

（五）加强金融消费者教育，提升金融消费者金融素养

针对特定群体，有的放矢地普及信用卡业务、征信、法律法规相关知识，引导全社会尤其是年轻群体理性消费。从学生抓起，分不同阶段针对不同年龄的群体加大金融知识的宣传普及，尤其要面向高中以上学生和青年群体宣传理性消费、适度消费的理念。银行业金融机构积极打造线上服务平台，对老年人、较偏远地区的金融消费者等提出了挑战。面对老年人等特殊群体，要加强反诈骗宣传教育。同时，敦促广大信用卡使用者杜绝贪婪和侥幸心理，设置合理的还款方式、额度，遵守相关法律政策，正确购买和使用金融产品与服务，争做合法理性的维权人。作为"非接触"时代重要触达介质的手机银行APP、信用卡微信公众号等使用频率越来越高，各方要多管齐下，致力于提高广大金融消费者的金融素养和风险意识。

（六）深化社会信用体系建设，建立风险联防共治格局

社会信用体系是授信人和受信人之间遵守的规则，应具备存储记忆、警示、揭示、预警功能，既能保存失信记录，又可防范失信行为。伴随着社会信用体系功能的完善，银行授信端可以综合判断受信人情况，有效预判失信情况，制约失信行为。事实上，关于"谁是诚实的债务人"的问题是一个事实判断而非法律判断，不需要进行"大前提、小前提和结论"的推理，可从债务人日常行为的诚信数据积累中得出结论。通过依法运用包括人民银行征信数据、民间百行数据、电信部门手机费欠缴数据、交警部门交通事故数据等在内的行为数据，科学识别使用反催收等方式就债务问题进行反复投诉、恶意投诉、虚假投诉的"不诚实债务人"，并将该类债务人的债务逾期情况及时上报金融信用信息基础数据库；后续金融机构等按照风险定价的原则，对相关领域失

第十一章 信用卡业务投诉管理难点与治理

信人提高后续金融服务的贷款利率、保险费率等，进一步加大对失信人的惩戒力度。

在大数据时代背景下，与其设定一个类似企业破产的复杂程序，不如将注意力放在建立和完善个人信用数据体系上，关注如何实现各部门、各企业现有个人信用数据联动，以及如何合理利用个人信用数据，划分公共利益与个人隐私的边界，以个人信用数据为基础重构信用制度。依托各地建立的跨部门联合惩戒机制，对失信行为加大失信惩戒力度，形成金融相关立法推进、政府部门协同联动、压实机构主体责任、行业组织自律管理、信用体系联防、社会舆论广泛监督的共同治理格局。

参考文献

[1] 黄莉. 我国信用卡业务中的金融消费者保护制度研究 [D]. 深圳：深圳大学, 2018.

[2] 彭以明. 信用卡市场的立法监管及对我国的借鉴意义 [J]. 国际经济, 2011 (12).

[3] 温伟龙. S 银行信用卡客户投诉动因及管理优化研究 [D]. 深圳：深圳大学, 2019.

[4] Bitner, M. J., Booms, B. H., and Mohr, L. A. Critical Service Encounters: The Employee's Viewpoint [J]. Journal of Marketing, 1994, 58 (4): 95 – 106.

[5] Day, R. and Landon, E. Jr. Toward a Theory of Consumer Complaining Behavior. In Woodside, Sheth and Bennett (eds.). Consumer and Industrial Buying Behavior [J]. North Holland Publishing Co., Amsterdam, 1977: 425 – 437.

[6] Day, R. Research Perspectives on Consumer Complaint Behavior. Lamb and Dunne (eds.). Theoretical Developments in Marketing [J]. AMA, Chicago IL, 1980: 211 – 215.

[7] Hirschman, A. O. Exit, Voice and Loyalty: Responses to Decline in Firms, Organizations and States [M]. Harvard University Press, Cambridge, MA, 1970.

[8] Huppertz, J. An Effort Model of First-Stage Complaining Behavior [J]. Journal of Consumer Satisfaction, Dissatisfaction and Complaining Behavior, 2003 (16).

[9] Jaccard, J. and Jacoby, J P. The Sources, Meaning, and Validity of Consumer Complaint Behavior: A Psychological Analysis [J]. Journal of Retailing, 1981 (57): 4 – 24.

[10] Maute, M. F. The Structure and Determinants of Consumer Complaint Intentions and Behavior [J]. Journal of Economic Psychology, 1993 (14): 219 – 247.

[11] Moyer, M. S. Characteristics of Consumer Complainants: Implications for Marketing and Public Policy [J]. Journal of Public Policy and Marketing, 1984 (3): 67 – 84.

[12] Richins, M. L. An Investigation of Consumers' Attitudes toward Complaining [J]. Advances in Consumer Research, 1982 (9): 502 – 506.

[13] Singh, J. Consumer Complaint Intentions and Behavior: Definitional and Taxonomical Issues [J]. Journal of Marketing, 1988, 52 (2): 93 – 107.

[14] Warland, R. H., Hermann, R. O. and Willis, J. Dissatisfied Consumers: Who Gets Upset and Who Takes Action [J]. Journal of Consumer Affairs, 1975, 9 (2): 148 – 163.

第十二章　金融控股公司金融消费者保护立法与监管[*]

金融控股公司的出现是市场竞争、金融创新和金融综合经营等因素共同推动的结果，具有规模庞大、股权结构复杂、关联度高等特征。党中央高度重视防止资本无序扩张，设立金融控股公司并进行有效监管是其中重要一环。由于涉及业态和领域较多，金融控股公司可能通过综合金融业务规避或突破法律的监管限制，利用规模经济与范围经济的优势地位，控制相关金融市场的产品价格或业务规则，诱导金融消费者与其进行信息不对称的高风险交易，侵害金融消费者合法权益，严重的可能会对我国金融体系稳定造成负面影响。与此同时，数字化高速发展，大型互联网平台在推进金融科技进步和数字普惠金融发展方面发挥了积极作用，但也同时存在金融消费者保护总体状况不容乐观等问题，引发公众对资本无序扩张和平台不正当竞争等的关注。部分大型互联网平台呈现出跨行业综合性经营的特点，已经符合成立金融控股公司的要求。结合当前形势，金融消费者保护的一个新的重要切入点就是推动金融控股公司建立健全金融消费者保护体制机制，强化对金融控股公司的监管。本章从金融消费者保护的角度出发，对金融控股公司的公司治理与体制机制建设、立法与监管现状、域外经验、现存主要问题等进行研究，并提出进一步完善金融控股公司金融消费者保护立法与监管政策的建议。

一、我国金融控股公司金融消费者保护立法与监管现状

我国金融控股公司的探索发展已有近二十年，目前，中信金融控股有限公司、北京金融控股集团有限公司、招商局金融控股有限公司3家获得了人民银行批准的金融控股公司设立许可，中国光大集团股份有限公司和中国万向控股有限公司的设立申请已被人民银行受理。本部分首先介绍我国金融控股公司发展历程，探究其金融消费权益保护工作现状，并梳理现有法律规范中对金融控股公司金融消费者权益保护的规定及不足之处，指出金融控股公司金融消费者权益保护仍呈现分业监管现状，监管机制有待进一步协调完善。

---

[*] 本章作者：余文建、马绍刚、李婧、高妮、张光源、钟瑞仪、王兆东、冀志芳、刘丹丹、苏怡、席怡、曹婧、陈佳琪、郭艳玲、单琳琳、栾怡、王媛媛、张琨、许宇珊、刘雅琨、陈康洁、舒昱、龚奇志、金小平、王巍、蒋智渊、李天忠、蒋颖、李琨、程相镖、罗世乐、胡朋、陈晓丽、刘慧宜。

(一) 我国金融控股公司发展历程

为顺应全球金融混业经营趋势，提高我国金融业国际竞争力，有效履行我国加入世界贸易组织对外开放金融市场的承诺。我国在坚持金融"分业经营、分业监管"主基调下，积极开展金融综合经营相关工作。通过修改《商业银行法》《证券法》等方式，为金融机构开展多元化经营提供法律依据，将"推进金融业综合经营"明确纳入我国金融业发展和改革"十一五"和"十二五"规划中，鼓励金融机构采取组建金融控股公司等形式，打通金融市场、金融机构、金融产品之间的界限，促进金融市场资源优化配置。2002年，国务院批准中信集团、光大集团、平安集团开展金融控股公司试点工作，成为我国金融控股公司发展的开端。一些大型金融机构纷纷开始尝试综合化经营，金融业跨业投资步伐加快，部分非金融机构也纷纷投资金融领域，形成事实上的类金融控股公司。

我国的金融控股公司和类金融控股公司目前主要可分为以下两类：一类是金融机构开展混业经营形成的金融控股公司，如中信金融控股有限公司。另一类是非金融企业投资控股两种或两种以上类型的金融机构形成的金融控股公司，进一步可分为：央企国企型金融控股公司，如招商局金融控股有限公司、英大国际控股集团等；地方政府主导型金融控股公司，如北京金控集团、上海国际集团等；民营系金融控股公司，尤其是大型互联网平台型金融控股公司，如蚂蚁集团、腾讯等。从上述金融控股公司发展规模及社会影响力看，中信集团、光大集团、平安集团等以金融业务为主要载体的金融控股公司，凭借大型银行牌照优势、国家政策支持以及自身多年在各金融领域的专业深耕发展，金融市场占有率与社会认可度一直较以产业资本为主的金融控股公司更高。与此同时，大型互联网平台型金融控股公司通过兼并收购等方式获得多种金融牌照，利用其长期服务积累的客户数据和大数据处理技术，快速崛起并深入参与金融市场竞争。

鉴于金融控股公司在经济金融体系中占据重要地位，为有效防范金融风险，推动金融控股公司整体发展，增强金融服务实体经济的能力，我国金融管理部门一直致力于积极推动其规范发展。2018年4月27日，"一行两会"发布《关于加强非金融企业投资金融机构监管的指导意见》（银发〔2018〕107号），要求加强对非金融企业和金融机构的穿透监管，揭开了金融控股公司规范监管的序章。2018年11月2日，人民银行选取招商局集团、蚂蚁金服、苏宁集团等5家机构开展金融控股公司模拟监管试点工作。2020年11月1日，我国正式施行《国务院关于实施金融控股公司准入管理的决定》（以下简称《准入管理决定》）和《金融控股公司监督管理试行办法》（中国人民银行令〔2020〕第4号，以下简称《金控办法》）。《金控办法》规定，设立金融控股公司应当经中国人民银行批准，依照金融机构管理。金融控股公司必须控股或实际控制两个或两个以上不同类型金融机构，作为母公司其本身不能直接从事商业性经营活动，只能开展股权投资管理工作。2021—2022年，人民银行相继正式受理中信集团、光大集团、北京金控集团、招融投控、万向控股设立金融控股公司的申请，其中，中信金控、北京金控、招商局金控已获得批准。随着金融市场的完善和金融监管的深化，我国金融控股公司的发展将会更加成熟。

（二）我国金融控股公司金融消费者保护工作开展情况

金融控股公司在为经济社会提供更优质、更全面金融服务的同时，也对金融消费者保护工作带来了一定挑战。对处于弱势地位的金融消费者来说，如何保护自身合法权益成为重大课题与挑战。受相关法律法规缺位、金融控股公司主体地位不明、监管难度大等现实因素制约，实践中无论是金融监管机构还是金融控股公司，更多关注的是金融控股公司的经营模式、业务发展及风险控制等，对金融消费者合法权益保护的实践一直处于探索阶段。

从实践层面看，我国金融控股公司的金融消费者保护工作，更多由其控股子公司按照"一行两会"监管要求分领域承担。此外，一些头部互联网平台凭借较高的技术及行业垄断地位，深入参与金融领域，为金融消费者提供各类金融产品或服务，但其在金融消费者保护方面存在明显不足，依然存在忽视平台社会责任，片面追逐经济利益的行为。部分平台虽然建立了金融消费者保护的制度机制、投诉处理机制，但发挥作用有限。究其原因，是金融控股公司未树立金融消费者保护意识，未将金融消费者保护要求纳入公司治理与企业文化建设中，未将保护金融消费者合法权益纳入金融产品或服务售前、售中、售后等全流程管控所致。

（三）现有法律规范中对金融控股公司金融消费者保护的规定

现有法律规范中对金融控股公司金融消费者保护的规定主要有以下三个方面。

1. 《金控办法》中对金融消费者保护内容的规定

《金控办法》第二十二条规定了金融控股公司母公司与子公司、子公司之间在开展业务协同及共享信息等资源时，不得损害金融消费者合法权益，且应当对责任分担进行明确。《金控办法》第二十三条从消费者金融信息保护及尊重消费者知情权、选择权方面进行了制度安排。《金控办法》第三十四条从金融控股公司风险隔离方面进行规定，防止风险的传递与扩散，损害消费者合法权益。

2. 《商业银行法》《证券法》等金融法律中对金融消费者保护内容的规定

金融控股公司通常涵盖商业银行、证券公司、保险公司等多个不同类型的金融机构，因此在《商业银行法》《银行业监督管理法》《证券法》《证券投资基金法》《保险法》《信托法》等法律中对金融控股公司子公司的金融消费者权益保护规定也同样适用。如《银行业监督管理法》第一条立法目的包含保护存款人和其他客户的合法权益的内容；《商业银行法》规定商业银行应当保障存款人的合法权益，遵循存款自愿、取款自由、存款有息、为存款人保密的原则；《保险法》第十七条、第十九条、第三十条对格式条款的使用和解释作了有利于保险消费者的规定等。

3. 其他法律规章中对金融消费者保护内容的规定

《消费者权益保护法》《网络安全法》《个人信息保护法》《中国人民银行金融消费者权益保护实施办法》（中国人民银行令〔2020〕第5号）、《关于进一步规范金融营销宣传行为的通知》（银发〔2019〕316号）等金融消费者保护方面专门或相关立法的规定也适用于金融控股公司中的部分子公司。

从现有法律规范看，对金融控股公司金融消费者保护的规定还有较大的细化和提升空间。

（1）《金控办法》作为金融控股公司的专门立法，对金融控股公司自身的金融消费者保护通用规则的规定较为简单，对指导、协调其子公司构建相应的消费者保护机制的规制力度不足。例如，《金控办法》第二十二条规定金控公司可以共享数据、信息、技术等资源，但是第三十四条又规定要注意对金控公司内部的信息共享、业务往来等进行合理隔离。如何解决好协同效应和风险隔离之间的潜在冲突问题，以及如何确定信息共享与风险隔离的相应边界，都是亟须厘清的问题。

（2）由于立法考量、立法背景、立法时间等方面存在较大差异，金融控股公司各子公司的金融消费者保护规则与标准各有侧重，缺乏宏观和整体的视角，监管口径存在差异，出现部分难以协同的情形，会使金融控股公司产生道德风险和行为激励，通过利用规则的差异性来规避监管，损害金融消费者合法权益。

（3）目前对金融控股公司与其子公司的法律责任安排方面存在空白之处，易出现责任主体不明、分配不均等问题。金融控股公司属于母公司，其品牌效应往往会惠及其旗下子公司，但法律责任却一般仅由某个子公司承担，加之金融消费者信息严重不对称，品牌效应与法律责任的不匹配会对金融消费者合法权益的保障造成不良影响。

（4）相较于金融机构主导的金融控股公司，对近几年新出现的大型互联网平台型金融控股公司的监管规定缺乏针对性。大型互联网平台凭借其平台优势、技术优势、客户优势，着力于打造全生态、全链条式的金融产品和金融服务，与此同时也存在新型风险。比如，商业闭环下的风险内部化、交易高频化、大数据化，使金融风险更加难以识别和预警；而且先进技术导致金融准入门槛降低，体系分散、长尾特征及技术特性，产品具有网络和规模效应，可能催生出大量的高风险客户，因此如果对其金融消费者权益保护的规定不足，可能会引发更大范围的风险。

（四）金融控股公司金融消费者保护仍呈现分业监管现状

对于金融控股公司的金融消费者保护，目前我国暂无统一监管模式，主要是由"一行两会"分别建立金融消费者保护部门，即由中国人民银行金融消费权益保护局、银保监会消费者权益保护局、证监会投资者保护局，在各自监管范围内开展金融消费者保护工作。除此之外，地方金融监管局也承担着部分金融消费者保护监管职责。在监管的内容上，重点是监督金融控股公司保护金融消费者的财产安全权、知情权、自主选择权、公平交易权、依法求偿权、受教育权、受尊重权和信息安全权八项权利。在监管措施上，主要有现场检查、非现场检查和调查、机构评估等。

目前，各个监管部门地位平等，没有从属关系，对被监管对象和产品按照各自制定的行政规章进行监管，行为监管体系较为分散，导致对交叉领域中金融消费者保护存在监管盲区或监管重叠。同时，由于未实现穿透式监管，被监管对象也许在公司治理理念、治理结构、制度体系、市场行为、内部评价等方面均满足监管部门各自的监管规定，但对于金融控股公司内部协同下的衍生问题，其业务开展实际可能并不真正符合监管目标。此外，金融控股公司可能利用自身业务的界限逃避不同监管主体的监管，在信息披露和争议解决等义务上模糊处理，加剧对金融消费者的利益侵害。

二、金融控股公司金融消费者保护监管的域外经验借鉴

鉴于我国金融控股公司金融消费者保护监管尚在探索阶段，梳理域外主要经济体和国际组织在金融控股公司金融消费者保护方面的立法和监管经验，介绍典型监管案例并进行比较借鉴，能为我国推进相关监管工作提供一些有益参考。

（一）主要经济体对金融控股公司金融消费者保护的监管模式

1. 美国的监管模式

美国于1999年颁布《金融服务现代化法案》，首次提出"金融控股公司"概念，并明确对金融控股公司开展监管。与此同时，美国对金融控股公司采用"伞形"监管模式，由美联储在集团层面对金融控股公司进行整体监管，由货币监理署、州保险局等行业监管部门对其下属子公司进行分业监管。出于对2008年国际金融危机的反思，美国政府于2010年7月颁布《多德—弗兰克法案》，设立消费者金融保护局，整合各行业金融消费者权益保护监管规则，并加强了对金融控股公司的整体监管。但资产规模超过500亿美元的金融控股公司仍由美联储直接负责监管。[1]

2. 英国的监管模式

英国在1997年设立金融服务管理局（FSA），赋予FSA统筹监管金融市场的职责，并在FSA内部为每家金融控股公司确定了对接监管部门。2000年，英国颁布《金融服务与市场法》，在法律层面为FSA的监管提供了更明确的依据，并赋予FSA维护市场信心、保护公众知情权、保障金融消费者权益等职责。2012年，英国颁布《金融服务法》，撤销FSA并设立金融政策委员会（FPC），在FPC下设金融行为监管局（FCA），统筹负责金融消费者权益保护工作。

3. 欧盟的监管模式

欧盟于2002年发布《关于金融集团中的信贷机构、保险企业和投资公司的补充监管指令》（以下简称《补充监管指令》），并于2005年正式实施对金融控股公司的全面监管。《补充监管指令》界定了金融控股公司的概念，规定了金融控股公司集团层面的具体牵头监管机构，建立了欧洲金融控股公司的共同审慎监管标准。但《补充监管指令》没有将一些法律结构特殊的金融控股公司纳入监管范围，与欧盟先前制定的分业监管法规也存在部分内容冲突。

鉴于此，2010年9月，欧洲议会通过新的金融监管法案，设立了欧洲系统性风险委员会（ESRB）和欧洲监管局（ESA），分别从宏观和微观层面保护金融消费者。欧

---

[1] 曹莉，任浩. 美欧金融集团监管的演变及对中国的启示[J]. 金融会计，2015（2）.

洲监管局下面又分设了欧洲银行业监管局（EBA）、欧洲证券和市场监管局（ESMA）、欧洲保险和养老金监管局（EIOPA），分别负责对银行业、保险业和证券业的监管。[①] 从此确定了以下监管框架：重点突出欧洲中央银行在金融控股公司监管中的重要地位，并由各监管局分别开展各自领域的金融消费者保护监管。

4. 日本的监管模式

"泡沫经济"崩溃后，日本不得不放开对金融混业经营的限制，同时解除了对金融控股公司的禁令。1997年，日本颁布《金融控股公司解禁整备法》，在法律层面确认了金融控股公司的合法地位。1998年，日本颁布《金融体系改革法》，改变了由大藏省统管财政、金融、税收的做法，并将对金融控股公司的监管权赋予直接隶属首相府的金融监督厅（于2000年7月改名为金融厅）。2007年，日本金融厅发布《金融集团监管指引》，按银行控股、保险控股及证券控股等维度对金融控股公司进行分类监管。但日本金融厅并未对不同类型金融控股公司金融消费者权益保护的规定进行整合，该类规定散落在《银行法》《保险业务法》《证券与交易法》等法规中。

5. 韩国的监管模式

1997年以前，韩国采取分业监管模式，由银行监管委员会、证券监管委员会、保险监管委员会和非银行监管局分别对各类金融机构进行监管。亚洲金融危机爆发后，为加强金融业竞争力，1998年4月，韩国政府将上述四个监管部门合并，成立金融监督院。[②] 同时修订了一系列法律法规，并专门出台《金融控股公司法》及配套法规，如《金融控股公司法施行令》《金融控股公司监督规定》等。

（二）几种监管模式比较

通过对美国、英国、欧盟、日本、韩国的金融控股公司金融消费者权益保护监管模式变化的比较分析可知，上述经济体为适应现代金融业的发展需要，均结合自身金融监管特点，从不同层面设置金融控股公司监管架构（见表12-1）。

表12-1　　　　　主要国家和经济体金融控股公司监管制度

监管模式	国家和经济体	法律	集团层面	子公司层面		
				银行	证券	保险
统一监管与分业监管相结合	美国	《多德—弗兰克法案》	美联储	货币监理署、美联储、联邦存款保险公司、州银行监管办	证券交易委员会	州保险局
	欧盟	《补充监管指令》	欧洲中央银行	欧洲银行业管理局	欧洲证券和市场监管局	欧洲保险和养老金管理局

[①] 何建雄，朱隽. 欧盟金融制度 [M]. 北京：中国金融出版社，2015.
[②] 王姝. 金融控股公司的生成演变、风险控制与发展研究 [D]. 成都：西南财经大学，2010.

续表

监管模式	国家和经济体	法律	集团层面	子公司层面		
				银行	证券	保险
统一监管	英国	《金融服务法》	在金融政策委员会下设立审慎监管局和金融行为监管局，形成"双峰"模式			
	日本	《金融集团监管指引》	日本金融厅			
	韩国	《金融控股公司法》	韩国金融监督院			

综观上述国家和经济体的监管模式，主要可分为两类：一类是统一监管模式，以英国、日本、韩国为代表。统一监管的优势在于制定统一的监管标准、节约监管成本、避免监管重叠和监管真空。另一类是统一监管与分业监管相结合模式，以美国、欧盟为代表，即在金融控股公司集团层面指定牵头监管机构负责整体监管，在控股子公司层面采取分业监管模式，并加强不同监管机构之间的沟通协调。尽管监管模式不同，但各国都注重对金融控股公司进行法律约束。例如，美国《多德—弗兰克法案》对包括金融控股公司在内的所有金融机构进行覆盖监管；欧盟《补充监管指令》为各成员国的监管提供指引；日本《金融控股公司解禁整备法》和《金融集团监管指引》以及韩国《金融控股公司法》都对金融控股公司进行了专门的约束。

（三）国际组织的相关指导性规则

1. 《金融集团监管原则》

金融集团联合论坛[1]于1999年发布《金融集团监管原则》，并于2012年进行了更新，着力加强对金融控股公司[2]的监管力度，特别是国际上活跃的金融控股公司。该原则共有5个方面29条原则，从监管权力和授权、监管责任、公司治理、资本充足性及流动性、风险管理等方面构建了对金融控股公司的监管框架。

2. 《金融产品和服务零售领域的客户适当性》

国际清算银行、国际证监会组织、国际保险监督官协会于2008年联合发布了《金融产品和服务零售领域的客户适当性》，对泛金融中介机构向金融消费者提供金融产品或服务时，在产品推介营销与契合金融消费者的财务状况、投资目标、金融素养等方面进行了规范。

3. 《G20金融消费者保护高级原则》

2011年10月，G20巴黎峰会通过了经济合作与发展组织牵头起草的《金融消费者

---

[1] 金融集团联合论坛由巴塞尔委员会（BCBS）、国际证监会组织（IOSCO）、国际保险监督官协会（IAIS）共同设立。

[2] 由于联合论坛中所提金融集团与本章所指金融控股公司在基本内容方面相似，本章不严格区分金融集团与金融控股公司。

保护高级原则》，将金融消费权益保护和普惠金融、金融消费者教育并列为三大支柱。原则倡导完善金融消费者保护法律和监管框架、发挥监管主体作用、公平公正对待消费者、加强信息披露和透明度、保护消费者数据和隐私等十方面内容，全面适用于银行、保险和证券业及其他金融行业。

4.《金融消费者保护的良好经验》

世界银行在系统汲取了全球金融消费者保护领域良好实践的基础上，2012年首次发布《金融消费者保护的良好经验》，并于2017年发布第二版，进一步补充完善原则和指引。《金融消费者保护的良好经验》涵盖存款与信贷、保险、证券、零售支付服务、信用报告体系、金融能力等方面，内容涉及法律和监管制度、信息披露和透明度、公平待遇和商业行为、数据和隐私保护、纠纷解决机制、担保方案和破产等金融消费者保护等方面内容，为各国政策制定提供了参考。

(四) 域外金融控股公司金融消费权益保护相关监管案例

1. 花旗集团因风控系统不完善被处罚

花旗集团是世界上最大的金融控股公司之一，通过控股子公司实现了对银行、证券、保险、信托、租赁等业务的综合经营。其中，花旗银行是花旗集团中最大的单一法人实体。对花旗集团的监管准确地体现了美国的伞状监管模式，美国货币监理署负责监管花旗银行及其经营的子公司，而花旗集团的其他非银行机构主要受美联储和其他联邦/州监管机构监管。

美联储和货币监理署在2020年10月对花旗集团采取执法行动并处罚款4亿美元，主要问题是花旗集团识别风险和保护客户数据的系统存在基础架构缺陷。花旗集团被要求在风险管理、内部控制、合规管理、资本规划、流动性风险上进行全面风险排查，并在3个月内对风险管理、数据管理和内部控制方面发现的问题进行整改，包括加强员工的专业技能培训、升级完善信息管理系统、制定风险管理计划等。

2. 德意志银行集团违规提供个人信息案

德意志银行集团是以一家全能银行为主导的金融控股公司。2005年5月，中国留学生邱某从德意志银行某分行的个人账户提取了4000欧元，这一信息被该银行职员泄露给当地的外国人管理局。根据德国法律规定，银行不得泄露储户资料，只有在外国人管理局主动要求的情况下，才可提供相关材料。迫于舆论压力，德国监管部门对德意志银行展开调查。德国《联邦数据保护法》规定，德国监管部门可以对德意志银行处以最高25万欧元的行政罚款。2006年3月，德意志银行法律部负责人向邱某道歉，并承认存在向外国人管理局违规提供资料的行为。

3. 摩根大通"严重误导公众"案

摩根大通是美国规模最大的金融服务集团之一，提供包括投资银行、私人银行、商业金融服务、私募股权投资等多类业务。国际金融危机之后，摩根大通因在金融危机前违规操作，向公众和投资人披露信息方面存在严重失实，导致美国政府对其提起民事诉讼，主要是因为摩根大通打包、推销、销售以及发行大量住房抵押贷款证券，向消费者夸大其证券质量，未完整披露投资风险，误导消费者，从而造成消费者重大损失。美国政府处罚摩根大通 130 亿美元，成为当时美国历史上企业与政府达成的最大数额和解金，其中 40 亿美元被用于救济因摩根大通非法行为而陷入困境的购房者。

三、金融控股公司金融消费者保护方面的主要问题

金融控股公司在金融消费者保护方面存在的问题主要可以分为以下三类：第一类是基于金融控股公司特性形成的问题，包括监管套利、法律责任分配不均、旗下金融机构与科技公司联合利用数字化手段侵害金融消费者合法权益等；第二类是金融消费者权益保护领域的常见问题在金融控股公司背景下被放大，如集团内消费者金融信息共享和利用协同效应进行金融营销宣传等；第三类是金融控股公司可能形成垄断而产生的金融消费者保护问题。

（一）基于金融控股公司特性产生的金融消费者保护问题

1. 金融控股公司监管套利行为对金融消费者权益的影响

监管套利是指在其他条件相同的情况下，金融机构利用不同监管机构在监管规则和标准上的不同甚至是冲突，选择监管环境最宽松的市场进行经营活动，从而达到降低监管成本、规避管制，获取超额收益的目的。[①] 主要有六种表现形式：期限套利、信用套利、流动性套利、币种套利、资本套利和信息套利。[②]

在我国金融控股公司由人民银行进行整体监督管理，但其所控股的金融机构根据各自行业的监管标准运行。在混业经营、分业监管的模式下，由于不同监管机构的监管规则和标准高低不一，监管界限分明，可能出现监管真空。加上近年来我国金融业的交叉融合已经成为大趋势，机构、业务、交易结构以及资金等都融合，机构通过各种通道业务、平台合作等规避监管限制，金融控股公司基于内部的便利性更加容易开展各机构间的合作，利用交叉性金融业务及产品进行监管套利。

（1）金融控股公司监管套利的常见模式。一是银信合作模式，即信托贷款业务。融资企业与信托公司合作成立信托计划，并将信托计划受益权转让给商业银行，商业银行利用发行银信合作理财产品募集到的资金购买该受益权。信托贷款业务不纳入商业银行信贷资产的管控范围，从而规避金融监管部门对信贷规模的约束。[③] 二是银银合作模式，即委托贷款业务。委托贷款业务不占用银行自有资金，因此银行不承担信用风险，相当于将原属于贷款项的业务向表外转移，同样规避了信贷监管。三是银证信合作模式，实际上是银信模式的升级版。融资企业与信托公司成立信托计划，证券公司利用商业银行代销其集合理财产品所获得的资金流购买该信托受益权。通过银证信合作模式，商业银行既规避了与其合作的金融机构的主体限制，又实现了信贷资产的

---

① 时辰宙. 监管套利：现代金融监管体系的挑战 [J]. 金融监管，2009（7）.
② 中国人民银行原副行长殷勇在出席中国财富管理 50 人论坛 2017 年北京年会时提出。
③ 陈和，陈增欢. 商业银行监管套利、影子银行业务与资产结构变化 [J]. 南方金融，2020（7）.

转移，以其他资产的形式向融资企业提供表外贷款。① 四是银科合作模式，即银行与互联网平台开展联合贷款业务。大型互联网平台远程化、门槛低和"全牌照"特点极大扩展了原有的信用消费外延，大型互联网平台型金融控股公司旗下银行与小额贷款公司、科技公司等共同开展联合贷业务，突破了业务范围、经营地域及资本金、杠杆率等监管规定。与传统银行的信用卡业务受到的"强监管"相比，小额贷款公司目前独有的"宽监管"状态给互联网消费信贷产品留下了迅速生长的政策空间，银行通过与平台合作，借助小额贷款公司的业务通道规避信贷监管。

（2）金融控股公司监管套利行为对金融消费者权益造成的影响。一是监管套利易引发系统性风险，损害金融消费者财产安全权。监管套利使金融控股公司内部各子公司间的业务关联更加复杂并具有隐蔽性、波动性、易变性，其能够逃避金融监管而进行高风险的金融活动，一旦集团内某一个子公司出现问题，风险即会沿着集团内部复杂的业务进行传递，会对整个金融控股公司乃至金融市场的安全性和流动性产生较大影响，引发系统性的风险，损害消费者利益。如中国泛海控股集团（泛海系）旗下控股金融机构包括民生证券、民生信托、民生期货、亚太财险、民生财富等多家机构，从2020年下半年起，民生信托、民生财富部分信托理财产品和私募基金相继逾期不能兑付，开始大面积暴雷，引发整个集团以及其他相关金融机构的流动性危机，并给投资者造成巨大损失。其中很多资金池业务产品的设计和投资标的不明确，利用监管套利隐藏风险，多层嵌套也增加了金融风险的传递性。资管新规正式实施后监管套利空间将被全面压缩，但短期内可能仍有一定存续。二是监管标准差异导致产品风险等级划分不一致，适当性原则落实不到位。金融控股公司监管套利下的各类交叉性金融产品的行业监管标准不同，导致产品的风险等级划分及对消费者的风险承受能力评估执行的标准不一样，易导致低风险承受能力的消费者购买高风险的金融产品，不能真正落实适当性原则。三是信息披露不充分影响消费者进行有效决策。监管套利下的各类交叉性金融产品较为复杂且具有隐蔽性，如果金融控股公司及其子公司存在未真实、准确、全面地向消费者披露相关金融产品信息的情形，消费者在对产品性质、运行方式、风险等本质并不十分清楚的情况下购买相关金融产品，将会承担巨大的投资风险。四是侵权救济机制不完善影响消费者有效维权。监管套利下的各类交叉性金融产品较为复杂、涉及主体较多，金融消费者权益受侵害时举证相对于普通金融产品更困难，维权周期较长、成本较高。尤其是多层嵌套的资管产品，由于承担通道方的金融机构并不负责资管产品的投资运营，在发生法律纠纷时，各金融机构可能相互推诿责任，增加消费者维权难度。

2. 金融控股公司品牌效应与子公司法律责任不匹配对金融消费者权益的影响

金融消费者对品牌的认知会影响其消费意愿，当金融控股公司的品牌知名度高于其旗下子公司时，消费者可能基于对金融控股公司的信任，在并不了解其旗下子公司

---

① 陈增欢. 我国商业银行监管套利行为可能性分析 [J]. 山西农经, 2019（6）.

及产品的情况下购买金融产品或使用金融服务。虽然基于金融控股公司模式，母公司与各子公司形成了"利益集团"，但各子公司拥有独立的法人资格，依法独立享有民事权利和承担民事义务。金融控股公司旗下子公司管理不完善、运行不健全等原因导致金融产品或服务出现问题、侵害消费者合法权益时，为金融消费者营造"品牌效应"的金融控股公司并不承担连带责任，金融消费者只能向子公司寻求解决问题的路径，求偿权可能得不到保障。

如平安普惠是平安集团联营公司——陆金所控股旗下开展融资担保、融资咨询、小额贷款等业务的多家公司的总称。平安普惠及其工作人员在宣传中重点强调其为平安集团旗下的贷款机构，而金融消费者往往也因倾向于相信其拥有平安集团背书而在平安普惠进行贷款。但近年来平安普惠遭大量投诉，主要涉及高利贷、套路贷、捆绑销售保险、强制承担管理费、暴力催收等方面，而且投诉解决率极低，严重侵害了金融消费者的合法权益。因其旗下子公司的大量负面争议，平安集团企业信誉和口碑也受到影响。

3. 金融控股公司旗下金融机构与科技公司联合利用数字化手段侵害金融消费者合法权益

一是侵害金融消费者知情权。真实价格应是知情权的重要内容之一，在大数据环境下，金融控股公司尤其是旗下的科技公司、互联网平台利用算法对之前用户消费行为相关数据信息进行分析，对相同金融产品或服务进行区别定价，导致不同消费者所能看到的价格不同。金融控股公司尤其是旗下的科技公司、互联网平台未充分履行告知义务，"隐蔽"地抬高价格，进行大数据价格歧视，侵犯了消费者对金融产品真实价格的知情权。二是侵害金融消费者公平交易权。金融控股公司尤其是旗下的科技公司、互联网平台对不同消费者进行差异化定价的过程中，仅因消费者的平台忠诚度更高、对价格更不敏感而被给予较高价格，使同等交易条件下的消费者在价格上处于不平等地位，违背了自愿、平等、公平、诚实信用的原则，侵害了消费者的公平交易权。三是诱导性精准营销。金融控股公司尤其是大型互联网平台型金融控股公司的数据优势明显，利用平台进行数据整合，对各子公司经营活动中获取的金融消费者个人数据进行挖掘和分析，形成每一个消费者的特征标签，这些特征包括人口学特征、生活方式特征、线上行为特征、线下行为特征、社交行为特征等。大数据消费者画像的全样本、多层次、多维度以及数据的深度和精度使金融控股公司对金融消费者的描述愈发精准，意味着对消费者群体的认识接近于客观事实。在此基础上，对消费者开展有关金融产品的精准营销，会导致金融消费者更易受其诱导而发生购买行为。

（二）金融消费者保护领域的常见问题在金融控股公司背景下被放大

1. 金融控股公司消费者金融信息保护方面存在的问题

（1）金融控股公司有使用消费者金融信息进行创新和获利的强烈内在动力。大数据的核心经济原理是收集和处理海量数据后可在若干市场上获得巨大的竞争优势，而技术创新使企业可收集更多种类的消费者信息，高级计算增强了存储、管理和传输消费者信息的能力,高级分析允许企业更深入地了解消费者行为和偏好,信息呈爆炸式增长并对各行业都产生变革性的影响。在金融服务领域,新型的金融控股公司逐渐涌现,一是逐渐参与提供支付等金融服务;二是非金融公司通过移动应用程序、互联网门户和数字平台,将金融与非金融的产品和服务捆绑并向消费者营销;三是大型互联网平台通过成立专门公司直接进入金融行业,利用其庞大的消费者网络、消费者信息以及技术创新来提供金融服务。金融控股公司无论是由传统金融机构衍生而来还是由大型互联网平台衍生而来,都有以消费者金融信息进行创新和获利的强烈内在动力,并不断提高其收集和使用消费者金融信息的能力。

(2) 金融控股公司消费者金融信息保护不充分可能影响金融稳定。金融控股公司是由控股公司控制的子公司网络组成的多元化金融机构,其特点是能利用规模经济和跨部门协同效应建立产品网络并满足更广泛客户的需求,其组织结构决定了不仅单个业务单位的风险会提高,还会形成相互关联的风险。金融控股公司不单单属于特定金融行业的监管范畴,其消费者金融信息保护不充分极易出现连锁反应,如大规模消费者金融信息泄露事件等,甚至可能影响金融稳定。

(3) 传统监管措施难以对金融控股公司内部信息共享进行有效监管。消费者金融信息保护的传统监管措施是信息壁垒(即防火墙),通常包括金融控股公司保密承诺,数据存储、检索和通讯系统的物理分离。信息壁垒是传统金融监管架构中至关重要的组成部分,最初目的是避免金融控股公司内幕交易,同时也可防止或至少限制消费者非公开信息在金融控股公司内部流动,避免金融控股公司为实现自身利益而滥用消费者金融信息。但这一监管手段目前存在以下问题:一是实证研究表明信息壁垒难有实际效果,例如部分金融控股公司的消费者金融信息往往从投资银行部门传输到交易部门被用于盈利。二是消费者金融信息在金融控股公司内部流动很少留下痕迹,当金融控股公司被怀疑不当使用消费者金融信息时,信息壁垒通常成为金融控股公司的挡箭牌。三是尽管监管部门在消费者金融信息泄露事件发生后可以检查金融控股公司信息壁垒运行机制和程序,但在缺乏直接证据的情况下难以确定其是否有效运行。

2. 金融控股公司不当金融营销宣传行为问题

(1) 金融控股公司金融营销宣传行为特点。一是客户信息共享。金融控股公司不直接与金融消费者产生业务关系,但其往往建立内部资源平台或系统,将子公司获取的消费者金融信息进行整合,通过人工或科技手段对金融消费者自身资信状况、潜在金融需求等进行分析和挖掘。同时,根据消费者资信状况、金融交易活跃度等形成内部客户分类或分层,从而为各子公司拓展客户、营销业务等提供基础参考数据。二是营销渠道协同。一方面,金融控股公司在集团层面建立统一的业务集中平台和销售渠道,为各业务板块或子公司开展全方位营销宣传提供重要载体。另一方面,由于营销人员和渠道协同有利于降低营销成本,扩大营销覆盖,提高客户黏性,金融控股公司各业务板块和子公司会积极加强营销协同,支持一线业务和营销人员打破横向壁垒,多方位挖掘金融消费者需求,协同运用各渠道进行集团产品营销宣传。三是金融产品融合。为提升集团整体业务规模，金融控股公司各业务板块和子公司在开发设计有关金融产品时，通过业务指定、费率优惠等方式，将集团各业务板块产品进行一定程度上的捆绑，实现集团内部产品的连带或捆绑销售。例如，某金融控股公司银行子公司开发设计的贷款产品将优惠利率与所属集团的某项保险产品挂钩，从而在产品方面实现了业务连带，刺激了金融消费者产品需求，促进了营销宣传的协同。四是商业信誉共用。金融控股公司在发展过程中，形成了跨行业、多元化、综合性的特点。其子公司在进行产品营销宣传时，除在客观上间接利用其所属集团信誉外，还存在子公司信誉相互串用、共用等情况。例如，金融控股公司银行子公司代销所属集团保险子公司产品时，易使金融消费者误认为该保险业务由银行提供，从而产生信誉共用、串用。

（2）金融控股公司金融营销宣传方面的主要问题。因金融控股公司混业经营、综合发展的特点，相比银行、保险、信托等分业经营机构，其金融营销宣传行为更为复杂，监管难度较大。一是集团层面的营销宣传内控制度不健全。一方面，金融控股公司追求收入和利润，过于注重围绕销售目标建立考核激励机制，而在金融营销宣传的管控方面相对弱化；推行交叉营销模式，在金融控股公司集团层面尚未建立有效的金融营销宣传管控制度和机制。另一方面，在集团经营导向的背景下，金融控股公司各子公司对金融营销宣传的管理也往往局限于费用审批、形式审查，未有效落实金融消费者保护全流程管控要求，未建立金融营销宣传的基本程序和标准，未加强对金融营销宣传行为的监测与管控。二是业务人员自主营销管控不到位。一方面是自主营销缺乏一定的程序规制。例如，某金融控股公司银行子公司设计开发了"口袋银行家" APP，理财经理等人员可通过该 APP 自行向客户群体发送营销宣传短信，且无需消费者保护部门审核。另一方面是自媒体宣传管控弱。随着自媒体领域的快速兴起，利用个人微信公众号、视频号、朋友圈、抖音号进行营销宣传已成为营销人员的重要工作方式。日常监管发现，金融控股公司各子公司有关业务条线会制发相关产品的宣传模板，允许营销人员在自媒体等各类渠道上推送。但在实际工作中，营销人员迫于业绩压力，会对宣传模板进行二次加工或选择性编辑，从而出现对金融产品作出误导性、扩大性甚至虚假性宣传的问题，引发侵害金融消费者合法权益的风险隐患。三是交叉营销具有一定游离性。当前，多数金融控股公司积极通过各种途径进行扩张，涉及业务面不断扩大，有的几乎完全覆盖了银行、保险、证券等主要金融行业和领域，形成了一个类似"金融超市"的综合业态。在当前金融分业监管的背景下，针对金融控股公司特别是下属银行、保险和证券子公司利用共享的信息、渠道等进行跨行业、跨领域的金融营销宣传行为缺少明确的监管主体和监管规则，导致此类金融营销宣传行为在一定程度上游离在各监管领域之间。四是更易引发和扩散风险。金融控股公司是一个涉及多业务领域、多利益主体的庞大集团，加之交叉宣传的存在，一个金融消费者可能会同时购买某一金融控股公司的多类金融产品或服务，一旦发生风险，其所受影响会较分业经营公司更为集中、更易扩散。金融控股公司运用技术手段对金融消费者资信等状况进行"数据挖掘分析"，并通过后台系统提供给营销人员用于营销宣传。在利润导向的考核激励机制下,营销人员会向金融消费者进行二次营销和深度营销,促使金融消费者将潜在金融需求变为实际购买力,进行超前消费、过度负债等。自主营销的不可控性在传播方式多样化和社群化条件下,使金融营销宣传信息更易在转发中出现不实编发并广泛传播。交叉营销的游离性导致"靶向监管"存在难度,集团及子公司信誉串用、共用,不仅对金融消费者产生误导,而且不利于金融秩序的健康稳定。

(三) 金融控股公司形成垄断引发的金融消费者保护问题

1. 金融控股公司的垄断性风险及对金融消费者的侵害

实践中,金融控股公司在带来规模效应的同时会造成市场集中度的大幅提升,尤其是以集团形式存在的综合性全能银行,在实践中会造成单一金融经济体的过度集中,形成以下两种垄断性风险。

(1) 滥用市场支配地位的可能性。这种可能性源于金融消费者对金融控股公司子公司业务的依赖性。可能存在的滥用行为是对产品或者服务进行搭售。搭售是金融行业较为典型的滥用行为,其中最常发生在信贷业务上,即利用客户的资金需求,搭售保险产品或中高风险金融产品、要求购买银行不良资产等;附加不合理交易条件或制定过高服务价格,典型的如在利息之外收取各类费用,变相抬高实际利率,对此,中国人民银行公告〔2021〕第3号对贷款产品年化利率的披露及计算作出了专门规定;歧视性待遇,例如在给予客户信用等级时,金融控股公司子公司或其他关联公司客户有可能获得较高信用评级,或者优惠利率,直接影响公平对待客户。

(2) 形成垄断协议的可能性。金融控股公司母子公司之间的经营一致行为,有可能成为某种共谋行为:通过关联交易、内部协议等方式,限制或排挤该市场范围内的其他竞争者;达成某种价格同盟或价格歧视,从而造成损害竞争、损害客户整体性利益的后果。

2. 现行反垄断认定标准在金融控股公司垄断地位的认定上存在局限性

我国学术界关于垄断的判定标准主要有两个层次:结构主义理论和行为主义理论。在反垄断认定的实际中,倾向于以结构主义为标准,路径为:确定相关市场—经营者在市场中的份额—是否具有市场支配地位—是否存在滥用行为。这一标准较之行为主义来讲,具有良好的操作性,但在金融控股公司垄断判定上遭遇了挑战。

(1) 内部组织结构复杂性的挑战。金融控股公司作为一个整体还是多个经营主体接受反垄断规制尚待研讨,从公司法角度来看,母子公司结构应定性为多个经营者,但是集团化的运作模式和持股方式使金融控股公司在市场中呈现出"协同"作战的身份,实质上造就了一个"一致行动"的庞然大物,其中复杂的交叉营销、关联交易、捆绑销售等利益链条,抽丝剥茧方能厘清。

(2) 金融产品高度专业性的挑战。依据《反垄断法》,对经营者的垄断行为实施规制的前提是该经营者在相关市场中具有支配地位。金融控股公司是综合经营的载体,业务交叉、经营交叉等使相关产品、市场的界限越来越模糊,有些本质相同的产品呈现了多种表现方式,嵌套产品更是层出不穷,这些因素都将对"相关市场"的范围认定造成困扰。

在相关市场界定后，我国《反垄断法》以市场份额作为确定支配地位的主要标准。但金融控股公司一般都存在一个核心业务领域，其核心子公司在该领域中处于领先地位，综合化经营后将其在主营业务中具有的市场优势通过传导效应，传递给非主营业务领域，从而让非主营业务快速获取市场份额。比如"搭售"是金融控股公司获取非主营业务市场份额的常用手段，而"搭售"的前提就是利用了主营业务中的优势地位，同时也利用了"金融"这一资源本身的获取难度。

这一现象反映出一个冲突之处：即使金融控股公司现阶段在非主营业务或新增业务不具备支配地位，但是相较于同业其他单一金融机构而言，仍然具有不可比拟的相对优势。同时，在具体交易场景下，交易对方拒绝某一条件，可能导致金融控股公司关联方的联合抵制。因此，单一市场份额认定的标准在金融控股公司是否构成垄断的认定上，存在较大局限性。

四、完善我国金融控股公司金融消费者保护的建议

《金控办法》的出台使我国金融控股公司监管逐步规范化、专业化，在此过程中，为进一步完善金融控股公司的金融消费者保护，建议从立法、公司治理、监管与行业自律四个层面出发，解决目前金融控股公司金融消费者保护方面的突出问题。具体包括推动出台涵盖金融控股公司在内的金融消费者保护专门立法，制定《金融控股公司监督管理试行办法》配套实施细则，成立统一的金融消费者保护机构，以及在此之前通过金融消费权益保护工作协调机制强化监管协同，以便系统化提升金融控股公司金融消费者保护水平，构建和谐良好的金融消费关系，把好防范金融风险、维护金融安全的行为监管关口。

（一）立法层面

1. 推动出台涵盖金融控股公司在内的金融消费者保护专门立法

我国现有金融分业监管法律框架中，尚未制定行政法规层级以上金融消费者保护专门立法。建议研究制定覆盖整个金融领域的消费者保护专门立法，对所有金融行业消费者保护进行统一、基础的规范要求，明确金融控股公司属于该法适用范围，以专条明确金融控股公司母子公司层面均应落实专门立法的各项要求，并列明特定情况下，金融控股公司子公司出现金融消费者权益保护方面的违法违规行为，对母公司一并进行处罚的具体情形。

2. 制定《金融控股公司监督管理试行办法》配套实施细则

《金融控股公司监督管理试行办法》中对金融消费者保护的规定较为原则，建议根据金融控股公司的特点，在《金融控股公司监督管理试行办法》中对金融消费者保护通用规则增加专章规定，统一编排消费者保护相关条文，从市场准入、信息披露、消费者金融信息保护、争议解决、保障机制和清算等方面对金融控股公司金融消费者保护机制予以明确，为监管提供明确的法律依据。如明确金融控股公司信息

披露义务,规定售前阶段、售中阶段、售后阶段的信息披露规则,要求定期、充分披露有关集团运作、各子公司的业务经营、财务状况、风险评估等信息,减少金融消费者与金融控股公司之间的信息不对称。

(二) 公司治理层面

1. 金融控股公司应将金融消费者保护工作理念纳入企业战略、治理框架等各环节

金融控股公司应主动适应我国金融消费者保护监管趋势及要求,认真履行社会责任。在金融控股公司层面设立金融消费权益保护部门,具体执行金融消费者保护战略方针。

2. 集合金融消费者保护工作优势,制定集团金融消费者保护规则

金融消费者保护部门应对集团内部金融消费者保护工作统筹管理,及时梳理各子公司所属业务领域金融消费者保护监管要求,整合各子公司在业务创新、渠道整合、客户共享等方面的金融消费者保护资源,制定统一的集团金融消费权益保护工作目标,将强化金融消费者保护工作业务联动作为"必选项"写进各业务条线和子公司的金融消费者保护发展计划中,同时,建立相应的金融消费者保护质量风险管理体系,通过具体业务及金融消费者保护工作联动,提升金融控股集团日常经营的整体效率和市场核心竞争力。

3. 建立统一的投诉管理平台,实行集中化运作和管理

金融控股公司负责整个集团的投诉管理工作,建立投诉分析预警机制。一方面及时发现各控股子公司经营管理中存在的金融消费者保护问题,另一方面及时发现不同金融业务合作中的金融消费者保护盲点与不足,及时纠正其他控股子公司或综合金融产品服务存在的问题,避免发生集团性、系统性金融风险事件。

4. 建立科学的金融消费者保护考核体系

为确保金融控股集团金融消费者保护制度有效执行,以及金融消费者保护工作目标顺利实现,金融控股公司应建立科学完善的金融消费者保护考核评价体系,将金融消费者保护工作绩效、风险控制、经营行为规范和金融消费者保护文化建设等作为综合性考核指标,同时将金融消费者保护工作联动性作为各子公司的重要考核指标,督促各子公司履行金融消费者保护职责,引导各子公司着眼长远和全局,主动、积极地开展金融消费者保护业务协作,提高整个集团金融消费者保护工作质效及品牌影响力。

5. 建立金融控股公司金融消费者保护专员制度

要求金融控股公司设立金融消费者保护专员,该专员由金融监管部门任命,负责对金融控股公司金融消费者保护工作情况、政策执行情况、风险防范情况等进行监督,并将集团内消费者金融信息泄露、群体性投诉等金融消费者保护风险事件向监管部门汇报。

(三) 监管层面

1. 成立一个统一的金融消费者保护机构

金融控股公司通常以股权为纽带,持有多种业态的金融牌照,从事多种金融业务,公司架构非常复杂。我国可借鉴英国的"双峰"模式,将目前分散的金融消费者保护

组织或部门进行整合，建立统一的、独立性更高的金融消费者保护机构，负责研究金融消费者保护发展规划，制定金融消费者保护基本制度，监督金融消费者保护政策实施情况，提高金融消费者保护机构的地位和权威性，实现对金融控股公司的整体统一监管。

2. 在现行分业监管体制下，通过金融消费者保护工作协调机制强化监管协同

（1）增强金融监管部门之间的资源信息交换，建议人民银行与银保监会、证监会及地方金融监管局加强监管合作，定期召开协调会议，共同就争议事项进行商讨，实现资源信息共享，防范跨行业、跨市场的金融风险，提高监管效率，共同推进金融控股公司金融消费者保护工作。

（2）形成各金融监管部门共同参与的执法协调机制，按照金融控股公司的业务内容细化监管主体，形成综合监管，避免监管空白。探索以联合走访、联合约谈等方式加强协调联动，及时通报涉及金融控股集团的重大监督检查工作及处置情况，提高金融监管效能。

（3）建立跨行业、跨市场、交叉性金融产品监管评估机制。对于金融控股公司内部大量存在的交叉性、跨行业、跨市场的金融产品或经营行为，单个金融管理部门无法从全局性角度有效地识别和管控风险。建议人民银行牵头制定针对金融控股公司的金融消费者保护风险监测评估机制，统筹建立覆盖金融控股公司不同金融业务领域的评估指标体系，加强对金融消费者保护风险事件的早期干预，及时纠正金融控股公司不良行为。

（4）推进跨行业的金融纠纷解决机制建设。建议金融监管部门联合向金融控股公司发布内部投诉处理要求的详细规则和通用指南，要求控股公司快速公平地处理投诉，采用适当有效的投诉登记和回复程序，并对公司投诉业务开展监督。

（5）加强金融消费者金融知识普及协调工作力度，改善金融消费者对金融产品和金融交易的风险认知能力，提高风险防范意识和承担能力。

3. 从金融消费者保护角度重塑金融控股公司垄断判定标准

（1）对相关市场的判定进行重塑。从我国发展的实际出发，可以根据产品市场及地域市场两个标准进行认定。一是根据"产品群"来界定金融控股公司的产品市场。在金融业态中，经营者往往采取组合销售的方式，综合经营带来的业务延展性非常普遍。存款、贷款、保险、证券等金融产品往往具有高度关联性，这种关联性可能帮助金融控股公司为拒绝交易、搭售、掠夺性定价提供支撑点。二是从资源获取层面对本地市场原则进行解释。互联网金融的加入，为确定本地市场原则带来了挑战。对个体消费者来说，金融控股公司对当地市场的金融资源可能具有高度集中效用，或在该消费者可能获取的范围内具有高度集中效用，在这种效用之下，金融控股公司就具备了特定范围市场中其他经济主体无法比拟的竞争优势。

（2）对"相对支配地位"进行重塑。在相关市场不占据市场支配地位的经营者，未必不存在市场控制力，更多地表现为在交易中的相对市场优势地位，这一概念并未

在《反垄断法》中予以明确。判定金融控股公司是否具有相对市场优势地位的首要因素是考察金融消费者对该机构的"依赖性"程度。相对市场优势地位是针对交易双方而言的,即便是在相关市场中占据较小的市场份额,当其拥有稀缺的资源、产品供给渠道及便利服务等条件时,便处于相对优势地位。从消费者保护角度来看,对于利用相对市场优势地位,在交易中附加不合理条件的滥用行为,在以交易自愿、契约自由为基本原则的传统民商法很难进行规制时,《反垄断法》应当介入规制。

4. 强化金融控股公司金融消费者保护重点领域监管规则设计

(1) 完善金融控股公司内部跨业态消费者信息共享路径。一是金融控股公司内部跨业态消费者信息共享的目标应是让消费者更好地控制自身信息或促进金融控股公司向消费者提供更新或更好的服务。二是金融控股公司内部跨业态消费者信息共享必须受到消费者明示同意的条件约束。三是共享的消费者信息限于消费者主动和同意提供的"自愿数据"以及经消费者同意、金融控股公司内部通过服务或设备收集到的"观察数据",不包括金融控股公司内部从"自愿数据"和"观察数据"转换及分析所创建的"推断信息"或"衍生信息",例如对消费者的信用评估或报告。四是金融控股公司应建立内部跨业态消费者信息共享机制,例如事先授权、事中管理与跟踪、事后审计与追责,以及禁止将共享信息用于非法用途等合规红线。五是金融控股公司应建立透明且合理的内部跨业态消费者信息共享全流程的管理规范,管理规范应贯彻消费者保护原则并具有一定的灵活性以适应技术创新,尤其是要建立充分考虑防止信息泄露的防护体系,加强接口间安全、确保系统级别与应用层的双重防护。六是金融控股公司应确保消费者正确了解其内部跨业态消费者信息共享的条款、内容和范围。七是金融控股公司内部跨业态消费者信息共享的内容、范围、传输标准、管理规范均应向监管部门备案,由监管部门评估其共享是否实现预期目标。

(2) 完善金融控股公司金融营销宣传行为规制路径。一是明确行业交叉营销禁止原则。一方面,银行、保险、信托等不同行业的产品具有不同的性质和特点,需要不同的资质条件。另一方面,《关于进一步规范金融营销宣传行为的通知》(银发〔2019〕316号)明确禁止超范围开展金融营销宣传活动。因此,为避免金融控股公司下属公司信誉串用、共用对金融消费者产生误导,除允许金融控股公司子公司对代理的跨行业产品宣传外,建议禁止金融控股公司子公司之间进行跨行业交叉营销宣传。二是强化实施主体法律责任。由于交叉营销宣传跨行业、跨领域,建议由人民银行作为金融控股公司子公司交叉营销宣传行为的监管主体,将金融控股公司交叉营销宣传行为纳入综合执法检查内,按照"谁实施,谁负责,谁宣传,谁负责"的原则进行责任认定。三是加强金融控股公司内部管控。强化顶层设计,引导金融控股公司优化考核激励机制,建立健全内控制度,加强风险管理,从集团层面对内部各子公司之间跨行业交叉营销宣传等行为作出禁止性规定,实现业务和行为的隔离。加强人员管控,要求金融控股公司加强一线业务和营销人员管理,特别是要加强其利用自媒体渠道等进行自主宣传行为的监测与管控,规范宣传文案,严格审查程序,强化风险责任,避免其出于业绩压力,进行虚假、夸大或误导性宣传。

（四）行业自律层面

建议金融监管部门鼓励和支持构建行业自律监管机制,同时发展第三方市场评价机制。建议充分发挥行业组织自律机制作用,制定统一的金融控股公司金融消费者保护的各项自律规则,作为金融控股公司协商制定、自愿加入、自愿执行的行为规范。鼓励和支持第三方市场评价机构对金融控股公司金融消费者保护的各种情况进行市场化评价,构建公平合理的声誉激励机制。

参考文献

[1] 何淑兰,孙有发. BigTech 进入金融业:驱动因素、收益、风险特征及其监管 [J]. 社会科学家,2020(11):86-93.

[2] 王炳文. 金融控股公司语境下金融信息保护与信息共享的平衡路径 [J]. 北方金融,2020(7):17-24.

[3] 温长庆. 中国金融控股公司的风险透视与监管应对——兼论中国金融监管的主框架 [J]. 金融论坛,2020,25(5):33-45,80.

[4] 范云朋,尹振涛. 金融控股公司的发展演变与监管研究——基于国际比较的视角 [J]. 金融监管研究,2019(12):38-53.

[5] 罗顶. 个人金融信息保护及监管研究——基于金融集团经营模式视角 [J]. 当代金融研究,2019(6):95-103.

[6] 颜苏. 金融控股公司框架下数据共享的法律规制 [J]. 法学杂志,2019,40(2):61-70.

[7] 颜苏,王刚. 大数据条件下金融控股公司消费者金融隐私权保护研究 [J]. 中国银行业,2018(11):103-105.

第十三章　新兴领域金融消费者保护监管与规制[*]

在互联网和大数据技术蓬勃发展的大背景下，信息数据和数字技术在经济金融领域的重要性愈发凸显，直接影响金融消费者的个体行为变化，在提升效率、改善服务的同时，也带来了风险，不仅妨碍金融消费者福祉的实现，而且可能影响到宏观经济金融稳定。本章重点分析互联网平台、大数据算法、元宇宙概念等新兴领域金融消费者权益保护方面的情况，并针对性地提出相应的监管建议和意见。

一、互联网平台消费者金融信息保护

互联网平台是我国信息技术创新的重要力量，也是信息和数据的关键使用者，对推进金融科技进步和数字普惠金融发展发挥了积极作用。但同时也要看到，就现阶段而言，互联网平台消费者信息保护总体状况不容乐观，尤其是某些头部互联网平台在格式条款、信息收集和使用、营销宣传方面存在一些问题和争议，需要进一步审视和正确对待。

（一）互联网平台在信息收集使用方面多为概括性授权条款

大型互联网平台获取庞大信息源的关键一环，就是通过信息收集使用的概括性授权条款采集消费者个人信息，通过技术手段将消费者信息物化为商品，弱化了消费者对个人信息的控制，使消费者在大型互联网平台面前逐渐成为"透明人"。

1. 信息收集使用的"知情—同意"原则被弱化，金融消费者自主选择权受到限制

在消费者个人信息收集使用方面，《消费者权益保护法》与《网络安全法》均规定了信息收集者应"明示收集、使用信息的目的、方式和范围，并经消费者（被收集者）同意"，《个人信息保护法》也明确了处理个人信息应取得个人的同意，并且这种同意应当是个人在充分知情的前提下，自愿、明确作出的。这一规则理论上被称为"知情—同意"机制，但从实践来看，大型互联网平台往往通过概括性授权条款削弱了这一机制。一方面，在互联网环境下，"知情—同意"机制通常表现为大型互联网平台以格式合同的形式发布相关条款及隐私权政策声明，消费者在手机客户端上点击"同意"，视为同意授权。然而格式合同内容繁多复杂，大多数消费者少有耐心通读全部条

---

[*] 本章作者：余文建、马绍刚、李婧、高妮、苏怡、毕凤君、范云飞、郭艳玲、单琳琳、许红霞、刘真瑜、赵艳、王京、尚帅、阮玉盼、詹东新、陈杨旸、韦诗婷、刘海峰、覃容英、蒋翠云。

款,甚至根本不会点开协议文本。即便全文阅读,消费者也很可能无法完全理解合同中使用的专业术语所表达的实际含义,所以在点击同意时往往对于自己授权的具体范围并不清楚。金融行业标准《资产管理产品介绍要素》中明确要求,相关产品合同应以具体格式将核心内容限定在相对固定的篇幅内,就是致力于解决金融消费者阅读意愿低的问题,是保证金融消费者知情权的一个有益尝试。另一方面,即使消费者完整阅读了合同中所规定的授权范围,也不存在与大型互联网平台"讨价还价"的余地。消费者即使不同意自己的某些信息被收集、使用,也无法在合同上进行勾选或修改,只能作出"全部接受"或者"全部不接受"的决定。由于"全部不接受"意味着无法获得相关服务,消费者往往只能全盘接受合同条款。因此,在消费者缺乏议价能力的情况下,大型互联网平台收集了大量消费者信息,而消费者对此也许并不真正"知情",也并不真正"同意"。

除此之外,部分大型互联网平台的协议和合同文本只能在手机客户端查看,无法复制和下载保存。有的协议文本甚至嵌套隐藏在另一个协议的某一条款中,需要再次点击链接跳转到另一界面才能呈现相关内容。这些均不利于金融消费者反复阅读、全面理解、自行留存与其个人信息权利有关的合同文本。同时,大型互联网平台出于各种原因,会较为频繁地修改电子合同文本内容,导致发生纠纷时,金融消费者难以查阅签订合同时的原始文本。

2. 收集的"必要信息"范围过宽,大型互联网平台对信息收集范围掌握绝对"话语权"

在消费者金融信息收集、使用范围方面,《消费者权益保护法》与《网络安全法》都规定了"收集、使用(消费者)个人信息,应当遵循合法、正当、必要的原则",目的是要求经营者在最小范围内收集消费者金融信息,避免过度收集行为危害消费者金融信息安全。但在实际执行过程中,大型互联网平台往往使用"收集与本服务相关的必要信息""在本服务相关的必要范围内对您的信息进行共享""您同意我们将您的必要信息共享至以下主体"等表述,强调信息收集的必要性。然而其中所称的"必要信息",全方位覆盖了身份信息、交易信息、资产负债信息、诉讼信息、履约信息及履约能力判断信息等。其中,履约能力判断信息可能包含金融消费者在同一个平台下的其他非金融信息,比如消费者的购物信息、浏览和搜索信息、消费水平信息等。此类信息是否属于开展具体业务所必需,尚无具体衡量标准。这反映出信息收集的"最少、必要"原则没有明确的边界,在实践中均由机构端进行"自由裁量",大型互联网平台倾向于尽可能多地将消费者各类信息认定为必要信息。

深化数据运用是金融科技发展的必然趋势,但消费者个人信息保护也是不容忽视的重要方面。2020年10月31日召开的国务院金融稳定发展委员会专题会议再次明确,要建立数据资源产权、交易流通等基础制度和标准规范,加强个人信息保护。因此,应当督促大型互联网平台树立起尊重消费者数据主体权利的意识,区分不同数据对于业务开展的必要性,不能片面认为信息一旦收集到手就"理所当然"地变成了平台的私有财产。

（二）互联网平台信息保护监管应成为重点关注对象

综观全球发达经济体，对消费者金融信息保护的力度一直在不断加强。典型代表为欧盟，其在2016年通过《通用数据保护条例》，该条例意味着欧盟对个人信息保护及监管达到了前所未有的高度，堪称史上最严格的数据保护条例。2019年，英国航空公司就因为违反该条例被罚1.8339亿英镑（约合人民币15.8亿元）。美国对个人信息保护的力度之大相比欧盟也毫不逊色。例如，美国联邦贸易委员会（FTC）在2019年7月对脸书开出的高达50亿美元的罚单，就是因为这家社交网站对用户个人信息处理不当，导致信息泄露并被用于不正当途径。英国《卫报》报道，英国将在竞争及市场管理局（CMA）之下新设立数字市场部门，旨在集中监管大型科技公司，通过设立限制让更多小型科技公司拥有发展空间，确保消费者、小企业等不会因科技巨头的行为而处于不利地位。在监管新规之下，科技公司需在使用用户数据方面保持公开透明。此外，数字市场部门将有权暂停、阻止和推翻大型科技公司的决策，并采取措施令大型科技公司遵从监管新规。如果科技公司违反新规或不听从数字市场部门的命令，将面临罚款。

我国《个人信息保护法》已正式颁布。可以预见，未来随着我国个人信息保护立法的逐步完善，监管力度必将进一步提升。在此趋势下，大型互联网平台更应未雨绸缪、主动布局，正视发展过程中的信息保护和消费者保护漏洞与短板，切实担负起与自身体量和影响力相当的社会责任。市场终究要交给消费者来选择，消费者要看自己的信息权利到底有没有得到应有的保护，有没有受到不应有的侵害。大型互联网平台的信息保护应当持续加强，不能为了单纯追求经营扩张而短视地选择一些所谓的"捷径"。

（三）基于数据挖掘下的"精准营销"容易诱导更多资信脆弱人群掉进超前负债消费的陷阱

在数字经济繁荣发展的背景下，个人信息作为生产要素在精准营销方面发挥了关键作用。前文提及的脸书被罚案例，就是与脸书合作的第三方公司向剑桥分析公司泄露了用户的个人信息，这些个人信息最终被剑桥分析公司用于精准投送使人们对某个参选人产生好感和信任的信息，以左右他们手中的选票走向。剑桥分析公司号称其参与了世界各国超过200场竞选，并利用同样的数据挖掘手段屡屡得手。这些商业机构在营销宣传方面对数据挖掘、渗透和控制的程度可见一斑。

部分大型互联网平台在商业利益驱使下，过分追踪与收集用户"数字足迹"，不当使用数据驱动式营销策略，侵占用户私人空间，引起消费者反感与不适。用户诸多"数字足迹"中，最具含金量的就是各类金融信息，包括账户信息、交易信息、信用信息等，这些信息可以构建起大型互联网平台的"信用"支柱。它们通过挖掘用户的金融行为，分析用户金融行为特征，大量推送金融营销广告，使"超前消费""过度消费""负债消费"的理念越来越被资信脆弱人群所接受。例如，某些大型互联网平台旗下的小额贷款公司、助贷公司发布的消费贷款广告经常设计一些广告剧情，将大学生攀比奢侈消费的行为美化为"追求高品质生活"，宣传青年女性使用医疗美容整形就能"逆袭白富美"等。精准营销的另一大特点是诱导性极强，比如某互联网平台经常根据消费者的过往购物习惯，精准推送消费者曾经浏览或者关注过的商品，并标注"×期免息"和"×××元/月起"。此外，部分小额贷款产品给消费者展示的基本是日利率，换算为年化利率后息费均高于银行信用卡业务。当更多的高风险、低净值人群被吸引进入"无抵押消费贷陷阱"时，金融风险也就悄悄开始酝酿。

基于数据挖掘技术而生的精准营销几乎发生在我们生活中的每时每刻。大型互联网平台每天都会根据用户支付行为的数据，向用户精准推送各类营销宣传信息。且其推送的营销信息绝大部分与平台旗下的其他关联公司相关，其余则为收取相关服务费用之后，为平台以外的合作第三方企业推送信息。最终导致用户时常处于被五花八门的营销信息"轰炸"的状态，生产生活受到影响。虽然部分平台的APP客户端内设置了所谓关闭接收营销信息的功能，但往往无法实现简单快捷的"一键关闭"，用户必须对每个关注过的对象进行逐一操作后才能取消关注，这种通过技术手段干扰消费者营销信息退订权的手段屡见不鲜。

对此我们应该高度警惕，务必要督促大型互联网平台树立正确的信息观、消费观，在合法、合规、合情、合理、适度的前提下挖掘信息价值，促进消费升级。而不是薅信息"羊毛"，更不能杀鸡取卵、竭泽而渔。信息的根本价值在于服务广大消费者、服务实体经济，而不应成为某些机构攫取超级利润的工具。

（四）数字普惠金融发展不能脱离金融消费者保护的根基

2016年，二十国集团（G20）领导人在杭州峰会上核准了《G20数字普惠金融高级原则》，其中第五条原则就强调"采取负责任的数字金融措施保护消费者"，"创立一种综合性的消费者和数据保护方法，重点关注与数字金融服务相关的具体问题。"同时对数据保护提出了4条具体的行动建议：一是明确"个人数据"的定义，该定义需考虑综合各类信息进行个体识别的能力；二是确保接受数字金融服务的消费者，能够对个人数据进行有意识的选择和控制；三是禁止以不公平、歧视性方式使用数字金融服务相关数据；四是制定指引以保障数据的准确性和安全性。2020年，G20财长和央行行长会议发布的《G20应对新冠肺炎疫情行动计划》中，明确将"在确保金融消费者权益得到保护的同时，采用常规和可靠的数字手段，持续提供可获得和可负担的金融产品和服务，促进普惠金融发展"作为行动和承诺的一部分。在实践中，各国尤其重视加强数据安全和个人信息保护，让老百姓充分信任数字普惠金融服务，可以真正放心地使用数字普惠金融服务。

由此可见，数字普惠金融服务的重要前提是"采用常规和可靠的数字手段"，目标是"持续提供可获得和可负担的金融产品和服务"。虽然大型互联网平台提供的信贷产品极大地提高了"可获得性"，但却未能保证"可负担性"，对资信脆弱人群形成了更大的诱惑，甚至是风险。如果任其放大和扩散风险，给消费者造成损失，迫使消费者进入非正规融资渠道,加上数字鸿沟的存在,可能会出现"金融再排斥",使普惠金融出现倒退。事实上,国内大型互联网平台当前的利润不少是来源于互联网消费贷款业务。与经营性贷款不同,消费贷款不会直接产生未来现金流,因此没有直接还款来源,容易产生过度负债的问题。从国际上看,突破"可负担性"的数字普惠金融终将失去根基。其中最为深刻的例子莫过于美国次贷危机,在美国次贷危机爆发前,大量家庭和小微企业都可以轻易获得信贷,信贷普及率极高,配套的保险服务和证券化产品也很齐全。看似实现了高水平的普惠金融,但其对金融消费者的保护存在短板,让消费者承受了过高的风险,最终损害了整个宏观经济,消费者损失惨重,机构本身也不能幸免。

为此,国际社会提出了"负责任金融"(Responsible Finance)的理念,要求对消费者的风险承受能力开展尽职调查,而不是金融产品和服务的盲目扩张。相关经验教训说明,我国大型互联网平台亟须树立的是负责任金融的理念,而不是脱离信息保护和消费者权益空谈数字普惠金融,更不应将其二者对立起来。

(五)加强互联网平台消费者信息监管的建议

总的来说,对大型互联网平台监管的当务之急是综合运用各种监管手段,实现穿透性监管,令其树立起负责任金融的理念。建议从我国实际出发,依法将金融业务全面纳入监管,根据同一金融业务、同一监管标准的要求,加强对大型互联网平台的监管,尤其是增强业务信息披露全面性和透明度,切实保护金融消费者长远和根本利益。

1. 督促大型互联网平台树立负责任金融理念,切实履行消费者保护主体责任

在技术驱动金融创新、推进数字普惠金融发展的大背景下,建议高度警惕大型互联网平台偏离负责任金融轨道的过度逐利行为,尤其要注意其对低净值人群过度负债的诱惑以及就此引发的风险。督促大型互联网平台恪守负责任金融理念,使其经营活动真正服务于实体经济发展,服务于构建国内国际双循环相互促进的新发展格局。建立和完善消费者权益保护内控制度和工作机制,强化全流程管控,规范信息披露、信息保护、营销宣传等各类经营行为,切实履行消费者保护主体责任。

2. 加强消费者金融信息保护相关立法保障和标准化建设

党的十九届五中全会明确提出要保障国家数据安全,加强个人信息保护,强化消费者权益保护。为此,《个人信息保护法》出台后,建议尽快研究制定相关配套制度。特别是要通过立法对数据权属加以明晰,制定数据资源确权、开放、流通、交易相关制度,完善数据产权保护制度、数据分类分级安全保护制度、数据隐私保护和安全审查制度;进一步明确规定个人信息收集使用的"知情—同意""最少、必要"原则,推动大型互联网平台建立健全消费者金融信息保护机制。建议加强消费者金融信息保护相关标准化建设。完善数据基础通用标准和关键技术标准,建立国家数据资源目录体系,提高数据质量和规范性。推动《资产管理产品介绍要素》等金融行业标准落地见效,提高大型互联网平台提供金融产品和服务时的信息披露规范性,有效矫正金融

消费者不愿阅读冗长合同协议文本的行为偏差。建议强化消费者金融信息保护，逐项列明信息收集与共享的内容、目的及范围，进一步细化"知情—同意"机制的执行要求，在保证效率的前提下，供金融消费者自主选择其信息是否能够被用于营销、用户体验改进与市场调查等特定目的，确保遵循消费者真实意愿。

3. 加强对大型互联网平台的监管

鉴于大型互联网平台数据具有公共产品属性，建议将其纳入宏观审慎管理，视做公共产品提供者实施相应监管。对涉及金融业务或构成金融控股公司的机构实施准入管理，对具有系统重要性的机构实施严格监管，防范系统性金融风险。结合宏观审慎监管和功能监管措施，通过接入征信系统、设定居民债务收入比等多种手段控制共债风险。同时，由于大型互联网平台广泛覆盖多个业务领域，除金融领域外，又通过其关联集团涉猎电商、物流、营销等领域，涵盖购物、出行、住宿、支付转账、投资理财、生活、公益等数以百计的场景。若电商交易与金融场景结合，对信息交互环节的监管就会因监管领域的转变而被切断，这使监管部门难以掌握信息共享和使用的全貌。因此，建议加强信息共享，探索监管执法合作机制。充分发挥社会监督力量，及时发现大型互联网平台存在的问题和风险隐患，提升监管效能。

4. 加强对大型互联网平台企业的反垄断审查

建议完善平台企业垄断认定方面的法律规范，将利用算法实施价格共谋、滥用市场支配地位不当收集和支配数据等行为纳入反垄断规制范围。完善大型互联网平台企业的并购审查制度，制定符合数字经济特点的营业额标准，增加交易价格相关标准，避免其通过高价收购竞争对手达成垄断目的。同时，将隐私作为非价格竞争的重要参数予以考虑，评估并购是否对高隐私偏好消费者的福利产生影响。

5. 完善金融信用信息基础设施建设

建议进一步拓宽金融信用信息基础数据库接入机构范围，将全部从事放贷业务的机构接入数据库，全量报送借贷业务数据。加强对金融信用信息基础数据库接入机构的监管，从制度、业务、人员和技术等方面建立健全内控合规制度和问责机制。同时，引导并规范大型互联网平台的信息服务业务。重点关注大型互联网平台利用从集团内、外部获取的消费者金融信息开展个人评分、画像等业务，以及其为金融机构风控等提供信息服务的行为。按照"疏堵结合，先疏后堵"的思路，以"地方政府数据＋大型互联网平台数据"的方式发起设立个人征信机构，将有影响力的大型互联网平台的垄断信息予以整合，有序纳入征信服务和征信监管，变数据垄断为数据依法共享。依法加强对个人征信机构信息主体权益保护、信息合规使用、数据安全等方面的监管。

6. 规范大型互联网平台金融营销宣传行为

大型互联网平台应当进一步贯彻落实《关于进一步规范金融营销宣传行为的通知》要求，规范金融营销宣传行为，不断构建完善金融营销宣传内控机制，强化对金融营销宣传的审核，不得作出劝诱低净值人群超前消费、过度消费等存在严重价值观导向问题的金融营销宣传。同时，为消费者提供简单便捷的营销宣传推送信息"一键关闭"功能，避免出现用户必须对每个关注商户/功能进行逐一操作才能取消推送的情况。建议相关管理部门借鉴国际良好经验，进一步优化、细化金融营销宣传监管规则，综合运用制定行为规范、构建行业标准、推动行业自律等方式，强化对大型互联网平台金融营销宣传行为的监测追踪，对违反相关法律法规的行为依法严肃查处。凝聚多方合力，共同为金融消费者搭建公平、友好、无误导的金融消费环境，促进金融市场长远健康发展。

二、平台算法风险对金融消费者保护的影响及其规制

算法是数字平台处理海量用户数据、绘制用户画像、实现精准定价与个性化推送的技术手段，已经成为互联网平台运行的核心动力。算法运用直接影响金融消费者的个体行为选择，在提升效率、改善服务的同时，也带来了算法趋同、算法歧视、信息茧房、算法黑箱和算法绑架等风险，容易对金融消费者知情权、公平交易权、自主选择权等造成不良影响，不仅妨碍金融消费者福祉的实现，还影响宏观经济金融的稳定。需要通过明确算法治理原则，从事前—事中—事后三个维度对算法披露、算法评价、后台直连、算法问责等进行规制，构建多元化算法治理体系，使算法等技术真正服务于最广大金融消费者的长远利益和根本利益。

（一）以算法为核心驱动的金融科技产品不断涌现，算法固有的缺陷与金融本身的逻辑发生耦合，正在形成新型的算法金融风险

随着十余年平台经济的高速发展，算法的滥用与伦理缺失逐年累积，目前已经进入了风险显现期。新型的算法金融风险主要集中在算法趋同问题上，即算法加剧了金融波动的"双向化"，对金融市场稳定造成一定影响。

1. 算法交易的投资策略趋同化可能导致金融市场价格波动指数级放大

这一风险在证券投资领域最为显著。虽然算法投资策略种类并不复杂，但由于不同证券公司研发的基础投资策略算法可能存在交叉甚至重合，或者证券公司通过购买第三方机构开发的算法产品，造成算法交易系统的类似或者相同而导致投资策略趋同化。一旦算法对基本面和市场状况的理解、判断及应对策略相同或者相似，那么多家证券公司的算法可能"不约而同"地作出"买入"或者"卖出"证券的决策，导致股价大幅波动。由算法趋同造成的行情波动又会进一步刺激相关的算法系统继续作出买卖决定，最终形成算法不断相互"刺激"造成整个资本市场剧烈波动的恶性循环，并可能由此引发个人投资者的恐慌和市场的羊群效应。例如，2015年伊世顿国际贸易有限公司利用旗下账户组，在期货市场通过高频程序化交易软件自动批量、快速下单，通过包括自买自卖在内的大量交易实现盈利，严重破坏了市场秩序，最终由公安机关作为刑事案件进行处置。

2. 信贷评估算法的趋同化可能增强信贷市场的顺周期性

信贷评估趋同化的原因主要有两个方面：一是算法使用的基础数据类似或者相同。虽然放贷机构采用的是不同的信贷评估算法，但这些算法所依赖的基础数据采集标准、

挖掘分析标准和风险评估模型趋同，导致信贷评估结果相同。二是信贷评估算法趋同。主要是由于不同信贷机构购买、使用了相同或者类似的信贷评估服务。比如美国征信公司推出的信用评分算法（FICO）被许多放贷机构采用。信贷评估算法趋同会带来同质化竞争，导致放贷机构之间的信贷选择和决策愈发具有一致性，使不少放贷机构几乎同步扩张或者收缩信贷。累积效应可能导致信贷市场的大幅波动，产生顺周期问题，从而对信贷可得性甚至是金融稳定产生不利影响。

3. 智能投顾服务的趋同化可能加剧证券市场的顺周期性

与信贷评估算法趋同化的形成原因基本一致，一方面是智能投顾服务算法的设计者所使用的数据挖掘逻辑和投资组合近似导致算法底层架构趋同化；另一方面是多个运营商购买同一个智能投顾产品导致投资决策趋同化。此外，由于智能投顾的最终使用者为投资者，不同的投资者选择同一家智能投顾产品，也会导致智能投顾结果的趋同化。上述以"统买统卖""重涨重跌"为典型特征的算法趋同化，可能会在宏观市场繁荣时形成过于乐观的投资预期，并劝诱投资者（或者直接代替投资者）采取较为激进的风险投资行动，从而导致证券市场非理性繁荣，继而各项数据又对智能投顾形成乐观反馈，不断推高市场泡沫。相反，在宏观市场低迷阶段，又可能因算法趋同，一致采取保守型投资策略，使资本市场非理性萎缩，继而引发风险，最终损害投资者利益。

（二）平台算法风险直接影响金融消费者知情权、公平交易权、自主选择权等，乃至影响到整个金融业态的健康稳定发展

算法的运用在金融业的突出表现是，金融产品和服务提供者使用算法对用户进行信用评级和风险评估，并以此为基础决定是否发放贷款；采用协同过滤等算法技术对金融商品和服务实行个性化推荐，向金融消费者进行精准营销；网络金融平台采用感知哈希算法对用户上传的内容进行识别查验，自动移除或者屏蔽特定内容，等等。这些算法运用直接影响每个个体金融消费者的行为变化，若滥用算法技术，不仅妨碍金融消费者福祉的实现，而且会影响宏观经济金融的稳定。

1. 算法歧视侵害金融消费者的公平交易权，直接导致不公平现象

算法是互联网平台对金融消费者实行价格歧视的重要技术手段。例如，美国征信公司（FICO）推出的信用评分算法，一度被认为解决了传统贷款市场只服务于有抵押借款方人或高资产借款人的贷款歧视问题。然而长期以来，美国征信市场却频繁出现信用评分错误率较高、信用决定因素和信用降级理由不明确、征信公司不对低信用评分进行解释等问题。此外，还有企业利用低评分信用报告对女性、少数族裔和社会心理残疾者等给予歧视性待遇。例如，2016年暨南大学对某网贷平台订单数据进行分析，发现虽然女性客户的借款违约率相比男性客户低38%，但女性客户的贷款可获得性并没有高于男性客户，说明女性客户在该平台受到了歧视。同时，单身女性的借款成功率显著低于男性，受到歧视的情况更为严重。同样，2018年江南大学的一项类似研究还发现女性的学历背景无助于提高女性的贷款成功率。在广告领域，国外也已出现明

显的算法歧视案例。相关调查显示，在美国谷歌广告系统求职广告的推送中，男性用户组收到"年薪20万美元以上的职位"推送次数是女性的6倍。

2. 算法编织的"信息茧房"削弱和限制了金融消费者的知情权，加深平台用户的"群体极化"

算法推荐使用户只接收自己有需求或者感兴趣的内容，客观导致将其他信息排除在外，不利于金融消费者全方位掌握金融产品和服务的信息，尤其是风险信息和负面信息。此外，信息茧房的影响随着时间的推移会导致具有相同需求或者兴趣的群体不断地巩固和固化原有的观点和选择。久而久之，算法将促使用户群体趋向极端化的方向发展。例如，某新闻资讯类APP的口号为"你关心的，才是头条"，其凭借个性化信息推荐成为国内移动互联网领域成长最快的产品之一。由于该APP也承接了为金融机构产品和服务进行导流的业务，其有针对性地向用户推荐涉及金融投资的信息，直接或者间接地影响用户的理财投资决策，进而使用户不断加固对某类投资价值观或者投资策略的认同。

3. 算法黑箱在阻断金融消费者知情权的同时，还能够单向"监视"金融消费者的金融行为，对金融消费者的隐私权构成威胁

互联网平台凭借海量数据和算法技术，实现了信息在自身系统的"内循环"。平台企业可以向外"监视"金融消费者的各种金融行为，并将这些信息记录保存。相反，金融消费者却无法穿透和监督平台企业。也就是说，算法使平台能够在审视他人的同时避免自己被审查和监督。例如，美国证券交易委员会（SCE）2015年查处了一起案件。在该案件中，涉案机构使用了一种交易算法，该算法在一个原本透明的证券市场上向用户隐藏了证券的真实价格，使用户支付的费用远高于机构披露的证券买卖佣金。这一单向性使金融消费者无从得知自己的信息被用于哪些场景，自然也就无法实现对自身信息安全权和隐私权的合法维护。

4. 算法绑架侵害金融消费者自主选择权，可能诱导金融消费者作出不理智的金融交易行为

一是算法通过优先推荐方式"绑架"金融消费者的认知。我国金融产品和服务数量大、种类多，一定程度上超出了金融消费者，尤其是金融素养较低的金融消费者的认知和处理极限。金融消费者往往难以在合理时间内了解所有的金融产品选项并研究出最适合自己的选择，这就为算法影响金融消费者的选择提供了"土壤"。例如，互联网理财平台通过收集、分析金融消费者的投资偏好，以排序方式向金融消费者展示金融产品，并通过页面划分控制每页可显示的产品数量。金融消费者往往只关注前几页甚至是第一页的产品信息。同时，由于算法受到设计者的预置规则和后天学习的影响，可能会安排某些特定的产品以更高的频率出现。这种行为隐秘地在金融消费者的"自由选择"中添加了算法影响，损害了金融消费者自主选择金融产品的权利。例如，几乎所有头部电商平台均将自有支付方式放在显眼位置，高频率地向用户展示开通自有信贷支付产品的界面，增加用户选中的概率。二是算法通过向金融消费者推送所谓的

"心动产品""最优服务""最低价格"等,诱导甚至是欺骗金融消费者作出非理性金融交易行为。例如,2020 年下半年,上海市消费者权益保护委员会使用多个手机终端模拟不同收入群体的消费者使用相同的 APP,并进行一段时间的虚拟人设操作。测试发现,不同手机接收到的广告差异度极大,模拟低收入人群的手机高频度收到各类网络贷款广告和低价劣质商品广告,诱导低收入人群进行网络借贷。由此可见,算法绑架利用了金融消费者过于乐观、片面、冲动、盲从等弱点,阻碍了金融消费者自主选择权的完整实现。

(三)国际主要经济体对算法监管趋严,国内开始探索以平台经济反垄断为切入点规制算法使用

鉴于上述风险和问题的存在,算法规制在全球范围内受到越来越多经济体的关注。一是在立法层面,部分国家和地区已明确将算法列为监管对象。如美国计算机协会(ACM)下属的美国公共政策委员会于 2017 年发布了《算法透明性和可问责性声明》,列出了旨在解决潜在算法歧视的七项原则清单,包括意识、救济、问责、解释、数据来源、可审核性、验证及测试等内容。2018 年新加坡金融管理局(MAS)发布《金融业使用人工智能和数据分析时的公平、道德、问责和透明度原则》,针对金融业算法模型中出现的算法歧视等问题,提出了四项原则(FEAT 原则)。2019 年,加拿大政府发布《关于自动决策的指令》,欧盟议会发布《算法问责与透明的治理框架》。香港金融管理局(HKMA)于 2019 年先后发布了《人工智能的高层次原则》和《关于被授权机构使用大数据和人工智能的消费者保护指导原则》,就香港地区银行业应用人工智能时存在的算法问题提出了算法可解释、算法测试、算法公平、算法伦理等方面的要求。二是在机构设置层面,部分国家和地区计划或已经设置了算法监管专门机构。2019 年澳大利亚竞争与消费者委员会(ACCC)宣布计划设立专门分支机构,主动监管平台算法运行,并赋予该机构要求平台披露算法详细信息的权力。[1] 英国政府于 2021 年 4 月正式在英国竞争与市场监管局(CMA)内成立专门的数字市场部门。CMA 发表了《算法如何抑制竞争并损害消费者》[2] 报告,表明其对数字平台算法进行事前规范的重视。三是在执法层面,部分国家和地区的监管机构直接对平台内部结构与事务进行干预。例如,在美国脸书平台"剑桥分析"丑闻事件后,美国联邦贸易委员会(FTC)在脸书平台内部设立了三个委员会,委员会的工作人员不由脸书任免,并可向 FTC 直接汇报工作。FTC 还责令科技公司删除了非法收集的用户数据,以及以这些数据为基础设计开发的算法。印度《个人数据保护法案》要求数据控制者必须聘请独立的数据审计机构,以年度为单位对算法的数据处理进行审计。审计内容包括算法透明度、企业的相关保障措施等,审计结果表现为对数据控制者的评级打分。监管部门认为数据控

---

[1] Rob Taylor, Facebook and Google Algorithms Are Secret-But Australia Plans to Change That [EB/OL]. The Wall Street Journal, http://www.wsj.com/articles/facebook-and-google-algorithms-are-secretbut-australia-plans-to-change-that-11564134106.

[2] Algorithms. How They Can Reduce Competition and Harm Consumers.

者有可能造成算法损害结果时，也可以主动启动算法审计。

我国目前也开始尝试对算法或者算法导致的不良结果进行规制。例如，国务院反垄断委员会于2021年2月发布了《关于平台经济领域的反垄断指南》，该指南将算法作为衡量平台经营者是否构成垄断行为的重要因素，明确将算法纳入规制范围，例如该指南规定，分析平台经营者"是否构成差别待遇"可以考虑的因素包括"基于大数据和算法，根据交易相对人的支付能力、消费偏好、使用习惯等，实行差异性交易价格或者其他交易条件"，以及"实行差异性标准、规则、算法"。《个人信息保护法》给出了算法治理的中国方案，从事前设计部署、事中运行到事后结果输出的自动化决策全生命周期，为算法治理设置了法律框架，并明确了"1＋N"的多元化信息保护监管体系。此外，我国《消费者权益保护法》《网络安全法》《电子商务法》《民法典》等法律的部分条款，在一定条件下也可以用于对"信息茧房"、算法黑箱、算法歧视和算法侵权责任的认定。

（四）我国算法规制法律框架空缺较多，与《消费者权益保护法》等现有立法条款匹配度不足，"立法空白"和"适用困难"双重叠加

我们同时也要看到，我国当前法律体系对算法的规制仍存在明显不足，制度上的"短板"亟须补齐。一是算法规制存在较大的立法空白，现有可适用的规则分散且缺乏针对性。2021年11月1日生效的《个人信息保护法》中并未使用"算法"这一概念，通常认为该法第二十四条规定的"自动化决策"即等同于算法，但该条款主要规制的是自动化决策在信息推送、商业营销方面的应用场景，实务操作中恐怕难以全面覆盖更多的应用领域。《关于平台经济领域的反垄断指南》并无明确的行政强制力，需要结合《反垄断法》使用。二是在金融领域，对算法进行规制的立法几乎完全空白。《商业银行法》《保险法》《证券法》等金融领域的专门法律均未对金融机构使用算法提出要求。目前，仅有证监会的《证券期货市场程序化交易管理办法（征求意见稿）》开始尝试对智能投顾、算法交易等业务中的算法风险问题予以规范，但该办法自2015年公开征求意见后至今尚未发布。三是现有法律规定在算法领域的适用也存在困难。例如，《消费者权益保护法》中的公平交易主要指"质量保障、价格合理、计量正确等公平交易条件"，但质量、价格和计量很难套用在算法上。《网络安全法》能够介入的仅有利用算法"入侵、干扰网络正常功能"等危害网络安全的违法行为。《民法典》的侵权责任认定对平台设定的义务主要局限于"通知—删除"义务[①]。此外，司法裁判在平台侵权方面依旧以算法设计时是否具有主观过错为判断标准，对消费者的保护

[①] 《民法典》第一千一百九十五条规定：网络用户利用网络服务实施侵权行为的，权利人有权通知网络服务提供者采取删除、屏蔽、断开链接等必要措施。通知应当包括构成侵权的初步证据及权利人的真实身份信息。

网络服务提供者接到通知后，应当及时将该通知转送相关网络用户，并根据构成侵权的初步证据和服务类型采取必要措施；未及时采取必要措施的，对损害的扩大部分与该网络用户承担连带责任。

权利人因错误通知造成网络用户或者网络服务提供者损害的，应当承担侵权责任。法律另有规定的，依照其规定。

十分有限。

（五）建议明确算法治理原则，构建算法多元治理体系，切实加强平台经济领域金融消费者保护

算法的金融风险防控架构的搭建，以及金融科技发展大背景下金融消费者保护将是一个历史过程，需要理性与实践的耐心"打磨"。当下我国"国内国际双循环"的开放型经济体制为算法等数字技术的发展提供了新的机遇。与此同时，根植于技术土壤衍生的金融风险也已逐步显露。算法风险将给金融业的稳定发展和金融消费者保护带来一些不确定因素。在"十四五"期间，对算法的规制已具有必要性和紧迫性。总的来说，下一步，金融监管部门应当确立算法治理的核心原则，紧密围绕法治化、规范化的政策目标，从平台端、监管端和需求端等多维度进行制度安排，构建算法多元治理体系，使算法等技术真正服务于最广大金融消费者的长远利益和根本利益，服务于我国经济与社会发展。

1. 尽快确立由金融监管合作、平台自我规制、第三方参与和行业自律为支柱的算法多元治理体系

互联网、大数据和算法等技术极大地改变了金融产品和服务的提供方式。我国应当加快构建更强有力的算法多元治理格局，以防范化解相应的金融风险。由此，金融消费者保护的监管重点也需要从传统的解决金融市场信息不对称，向同时解决技术不对称扩张。一是充分发挥国务院金融稳定发展委员会在金融风险防控方面的牵头抓总职能，注重发挥多部门协同效应。监管目标预设的不同，将通过规则向市场主体传达不同的风险态度、规制重点和监管倾向，最终客观上可能导致对不同业态金融机构的相同或类似行为采取不同的监管力度。因此，需要充分发挥金稳委牵头抓总作用，统一对金融算法的监管口径，调动中央金融管理部门和地方金融监管部门两方面积极性，共同研究应对算法风险的监管良策。同时，要用活、用好各种监管协调机制，强化监管执法合作，及时共享与算法相关的风险监测与监管执法信息，有效解决金融"业态隔离"限制金融管理部门对整体性算法风险识别和处置的问题，以防止平台算法在金融、社交、购物、出行等场景发生变化时"阻断"监管。二是激活平台的算法风险自我规制功能。可以通过制定算法治理的原则、指南等不具有行政强制力的指引，向平台传递监管要求，推动平台算法风险自我规制机制的建立。例如，欧洲监管机构联合委员会（JCESA）提出的"行为与组织指引清单"，从算法文件、金融消费者保护和算法披露三个层面提出了金融机构开展算法风险治理行动的建议。三是鼓励创建中立的第三方监管科技公司。性质类似于我国"银联""网联"等实体，该公司可以接受监管部门或者其他市场主体的委托，对平台的算法合规情况和风险治理效能进行检测和评估，也可自行开展评估并定期向社会发布评估报告，向金融消费者提示风险。四是引导行业自律组织发挥算法风险的行业规制作用。例如，可考虑在中国互联网金融协会等行业自律组织下，设立专门的算法风险委员会，针对算法风险设计专门的自律公约或者行为守则，并开展监测算法风险、指导算法自律

的专项行动。

2. 贯彻落实《个人信息保护法》要求，明确金融管理部门是适格执法主体

《个人信息保护法》给出了算法自动化决策治理的法律框架。例如，该法第五十五条[①]确立了自动化决策的事前评估制度，使监管部门能够更早关注到相关风险。同时，该法初步确立了平台算法问责制度，体现了立法者将"主体—行为—责任"的传统思路更新为技术治理思路，不再囿于主观过错与违法结果的因果关系等传统的法律责任认知体系。将算法乃至平台架构纳入"行为"的范畴，使技术中立抗辩在《个人信息保护法》语境下无法产生规避法律责任的效果。因此，《个人信息保护法》为规制平台算法风险提供法律依据和监管抓手，应当深入贯彻落实《个人信息保护法》对算法的各项要求，规范平台的算法行为。在监管责任分配方面，该法第六章规定了履行个人信息保护职责的部门。其中第六十条第一款规定国家网信部门负责统筹协调个人信息保护工作和相关监督管理工作。国务院有关部门依照本法和有关法律、行政法规的规定，在各自职责范围内负责个人信息保护和监督管理工作。《个人信息保护法》对履行个人信息保护职责的部门赋予了监督检查、行政处罚等权力，因此需要明确金融管理部门是否属于该法中规定的"国务院有关部门"的范围。

3. 明确算法治理原则，在现有金融监管框架下强化与法律规则的衔接

算法治理应遵循一定的原则，治理原则往往能够反映出监管部门的态度和价值观，可以发挥引导市场预期和指导市场主体行为的作用。借鉴国外算法治理经验，结合国内算法监管需求，应当尽快明确算法治理的公平性原则、透明性原则、有限技术中立原则和可责性原则。其中，公平性原则是指在跨不同受众特征（如性别、年龄、民族等）进行比较时，应当确保算法决策不会对消费者产生歧视性或不公正的影响。透明性原则是指通过提供代码、文档、API接口等可供监测、复核或检查的信息，使监管机构或中立第三方能够探索和审查算法是否存在问题。有限技术中立原则是指技术中立原则并不是毫无限制的，当算法等金融科技手段带来的风险可能对金融风险和金融消费者保护带来不利影响时，要对算法缺陷进行及时干预和限制。可责性原则是指当算法对金融消费者或者社会造成不良影响时，应提供适当的救济途径以弥补算法缺陷造成的损失。

以上述原则为指引，在现有的金融分业监管框架内，将对算法的监管需求与现有法律规则相衔接，力争用现有规则解决部分前沿性问题。例如，算法歧视主要影响了

---

① 《个人信息保护法》第五十五条规定：有下列情形之一的，个人信息处理者应当事前进行个人信息保护影响评估，并对处理情况进行记录：

（一）处理敏感个人信息；

（二）利用个人信息进行自动化决策；

（三）委托处理个人信息、向其他个人信息处理者提供个人信息、公开个人信息；

（四）向境外提供个人信息；

（五）其他对个人权益有重大影响的个人信息处理活动。

消费者的公平交易权，可以考虑适用《消费者权益保护法》第十条"消费者在购买商品或者接受服务时，有权获得质量保障、价格合理、计量正确等公平交易条件"，同时援引第五十六条的行政处罚规定加以规制。又如，针对算法侵权问题，可以考虑适用《民法典》第一千一百九十五条的规定，要求网络服务提供者采取删除、屏蔽、断开链接等必要措施阻断侵权行为。

4. 落实算法公平性原则，明确数据采集标准，研究制定平台算法推荐管理规定

算法固有的歧视性数据取舍、偏颇性数据捕捉的风险，对金融消费者公平交易权的实现提出了新的挑战。金融行业链条能反映出不同地区或者不同人群的发展水平和基本状况，并起到向实体经济"输血"的作用。因此，金融大数据采集和算法推荐的公平与否不仅仅影响当下的金融发展，更关系到未来整个经济金融格局的走向。目前，普惠金融已经成为新时期金融发展的重要政策导向，算法与金融的互动更需要建立在公平基础之上，否则算法歧视有可能是普惠金融的现实悖论。因此，一方面，考虑到数据采集是算法的源头，确保金融公平的实现必须从源头开始规制。可考虑在金融领域明确数据采集的标准。将性别、民族、区域等要素平等融入算法的数据样本群中。对于因为客观条件无法被纳入算法捕捉范围的群体（如不会使用智能手机的老年人群体等），应当在算法设计中予以考虑，并预留出相应的比例。从算法数据采集的广泛性、公平性入手，一定程度上解决算法歧视问题。另一方面，应当加快研究制定金融算法推荐方面的管理办法，从结果输出端要求算法设计和运行符合负责任金融理念，符合我国社会主义核心价值观和公序良俗。禁止平台通过个性化推荐、低俗营销等不正当手段，诱导低风险承受能力人群通过借贷等金融活动进行"超前消费""过度消费"。

5. 落实算法透明性原则，明确算法披露要求，构建算法影响评价制度，保障金融消费者知情权

在算法的事前规制方面，应当强化算法披露（对金融消费者），构建算法影响评价制度（对监管机构），以解决算法黑箱问题。一方面，需要在保护商业秘密和保护金融消费者二者之间寻找平衡点。因此，在算法的信息披露方面，可通过立法设计将平台对金融消费者披露的内容和范围限定在合理范围内。例如，可要求平台披露金融消费者的哪些信息将被用于作出算法决策，这些信息如何影响算法决策，以及算法决策可能对金融消费者带来怎样的后果或者风险，但不强制要求平台必须披露算法的底层设计架构、源代码等核心信息。另一方面，构建算法影响评价制度，使算法风险点有效前移。各国实践证明，事后追责机制已经不能满足平台算法治理的客观需求。规制算法的重要措施之一是通过正当程序来打开"算法黑箱"，提高算法透明度，给监管部门提前预判风险的空间。例如，2019年加拿大政府发布了《关于自动决策的指令》，对算法影响评价作出了系统规定。2018年欧盟《通用数据保护条例》确立了数据保护影响批评家制度，2019年欧盟议会发布《算法问责与透明的治理政策》，建议采购与算法有关的公共服务设施时应将算法影响评价作为提高算法透明度和可问责性的治理手

段。我国《个人信息保护法》也确立了自动化决策的事前评估制度。因此,应当在《个人信息保护法》框架上探索研究在金融领域运用算法评价制度的具体规则,要求大型互联网平台在使用可能对金融消费者产生重大影响的算法技术之前,向金融管理部门提交算法评价报告,使金融管理部门能够在早期介入并发现风险。[①] 即使未能在算法评价报告中发现风险,该报告也能够为事后风险的发生提供证据,用于证明平台可能在披露算法的过程中进行了虚假陈述。

6. 落实有限技术中立原则,探索直连算法后台的自动化监管模式,实现对算法的穿透式监管

在算法的事中规制方面,应从优化算法监管工具的角度入手,利用自动化监管模式,促使机构的报告义务从"主动上报"到"自动上传"转变。因此,长远来看,在算法规则和标准逐步建立与完善之后,可以考虑通过将监管技术系统直连大型互联网平台、金融科技企业或者金融机构的算法后台,使监管技术系统可以直接获取、筛选、统计分析相应的算法运行过程,并形成可视化的结构性表格,向监管部门发送各类监测报告。同时,还可在此基础上开发算法有效性测试功能,以测试算法在实际运行过程中的情况。该监管技术系统可以参照目前的个人信用信息基础数据库管理模式,明确由某个金融管理部门进行管理,或者授权中国互联网金融协会等自律组织进行管理;也可以新建如"银联""网联"模式的中立第三方实体。例如,英国 FCA 正在与英格兰银行合作推动"数字法规报告"项目,旨在"探索如何通过技术,将法规、合规程序、公司政策和标准等与公司交易应用程序和数据库链接起来",以"为一种模型驱动的、机器可读的监管环境提供可能"。

7. 落实算法可责性原则,构建以"行为"为核心的算法问责机制

在算法的事后规制方面,应坚持"有限技术中立"原则,确立以"行为"为核心的算法问责机制。当前,尤其是在司法裁判领域,对算法致害的问责主要适用侵权责任中的过错原则,即必须有证据证明算法设计者或者使用者存在主观过错才构成侵权。在复杂的算法环境中,消费者难以对平台主观过错与违法结果的因果关系进行举证,客观导致平台在算法方面没有承担足够的法律义务。因此,应将算法等与平台自动化决策相关的技术纳入"行为"的范围加以规制,要求平台在算法的设计、使用和结果输出上均承担一定的注意义务。在监管操作中,也应加强算法造成危害后果后对平台的问责。目前,《个人信息保护法》已体现出立法者"技术治理""行政赋能"的思路,直接将平台算法作为法律监管的对象,使平台有义务在不利后果发生后报告并证明算法设计和应用的合理性,且需减轻算法可能或已经带来的负面影响或者潜在危害。

---

① 自 2017 年以来,中央网信办、工业和信息化部、公安部、市场监管总局四部门联合开展隐私条款专项治理工作。此后,四部门联合发布了《关于开展 APP 违法违规收集使用个人信息专项治理的公告》(中央网信办公告〔2019〕第 1 号)。受四部门委托,全国信息安全标准化技术委员会、中国消费者协会、中国互联网协会、中国网络空间安全协会成立专项治理工作组,具体推动工作。这为金融领域开展算法专项治理提供了可供借鉴的思路。

8. 从需求端入手，提升消费者的金融素养，提高消费者识别和判断算法影响的能力

算法延伸至金融领域，影响了金融消费者的投资偏好和决策。因此，消费者金融素养中应当包含"算法素养"的内容。应大力普及算法方面的金融知识，开展以算法为专题的金融消费者教育。金融消费者不仅需要具备分辨平台推送信息优劣的能力，而且需要对算法的运行原理有一个宏观的理性认识。可以通过生动的案例①向金融消费者展示算法的潜在风险，促使金融消费者保持头脑清醒，避免进入算法编织的信息"茧房"，从而作出真正符合自身实际情况的金融决策。

三、元宇宙概念对金融消费者权益保护的影响和对策

元宇宙的浪潮汹涌而来，全球各行业先后入局。2021年3月，元宇宙概念第一股罗布乐思（Roblox）在美国纽约证券交易所正式上市；2021年5月，微软首席执行官萨蒂亚·纳德拉表示公司正在努力打造"企业元宇宙"；2021年8月，英伟达宣布推出全球首个为元宇宙建立提供基础的模拟和协作平台，字节跳动斥巨资收购VR创业公司Pico；2021年11月，中国民营科技实业家协会元宇宙工作委员会揭牌。元宇宙成为科技领域最火爆的概念之一。但美国消费者新闻与商业频道（CNBC）报道：2021年，元宇宙地产均价从2017年的20美元涨至6000美元，2022年1—8月间，因加密货币持续贬值，基于以太坊的六大虚拟地产均价又从17000美元暴跌至2500美元，跌幅近85%。可见元宇宙作为新兴领域存在一定的隐患，可能对金融消费者权益保护、信息安全以及金融营销等产生重大影响，需要加以关注。

（一）元宇宙的概念源及特征

1. 元宇宙界定

"元宇宙"一词最早出现在美国著名科幻作家Neal Stevenson 1992年发表的科幻小说《雪崩》中，作者在书中描绘了人类通过数字替身在虚拟世界中生活的场景，这一与现实世界平行的虚拟世界被称为"元宇宙"。当前，虽然学术界对元宇宙尚未达成统一的定义，但总体认为元宇宙是一种整合互联网及运算技术、区块链技术、人工智能技术、交互技术等形成的虚实交互的互联网应用和社会形态，社会个体在其中能拥有虚拟身份，可以进行社交、娱乐、经济交易等行为。

2. 元宇宙的主要特征

元宇宙和传统的互联网相比，更加高度依赖高新技术的支持，核心要素包括：人工智能（AI）、增强现实（AR）、虚拟现实（VR）、混合现实（MR）、区块链（Block-

---

① 例如，2020年10月9日，"人物"微信公众号发布了一篇名为"外卖骑手，困在系统里"的文章，引发了社会公众的广泛关注和思考。网文中指出外卖平台利用算法不断压缩外卖配送员的配送时间。在强大的算法驱动下，外卖配送员为避免差评、保证收入，会选择超速、逆行、闯红灯等做法配送外卖。这种行为不仅危及自身安全，而且对公共交通安全构成风险隐患。此篇网文同时引发了公众对"算法正义"的讨论和审视，是贴近群众生产生活实际的生动案例。

chain）等技术。结合当前各类前沿学者对元宇宙的研究，以及技术发展带来的遐想空间，元宇宙的特征可以概括为：一是开放性编辑。元宇宙综合运用各种技术产生新型的虚实相融的互联网应用和社会形态，为用户提供大量技术性资源品种，在元宇宙多维空间中，允许每个用户进行内容生产和编辑，允许用户自由加入活动，第三方也可以连接加入，自由添加和丰富内容，在元宇宙和现实世界的重叠下可呈现出不同的虚实融合的场景。二是去中心化交易。区块链技术是元宇宙支撑技术之一，因而元宇宙保留区块链技术去中心化的显著特点。基于区块链技术的完全去中心化，不受单一方控制，使参与者可以持续地投入资源而不担心某一提供商的退出导致资产缩水或清零。在元宇宙中，每个用户都可能成为某个领域或活动的中心，用户的话语权得到了提升，去中心化的思维体现在内容创作与编辑、公共服务等方面。三是沉浸式体验。元宇宙基于外置算力、人机交互的提升思维，打破物力空间的局限性，让用户在虚拟世界拥有超现实的沉浸体验。这是因为元宇宙空间为内容创作者提供了文字、图片、音视频之外的全新载体，具有空间构造和仿真能力，可能释放人类的听觉、视觉、味觉、嗅觉和触觉，让人类身临其境，真真切切感受沉浸式体验。在元宇宙中，随着硬件和交互技术的进步，实现虚拟空间和现实世界相融合，用户将拥有"身临其境"的超级体验。四是虚实交互。元宇宙旨在建立一个与现实世界持久、稳定连接的数字世界，具有连通开放特征，信息互通互联、互相独立，可根据需要实现虚拟和现实世界的自由切换。当前普遍认为，脑机接口技术是人机交互核心技术之一，能达到平行世界的交互访问行为，支持在元宇宙中快捷访问信息。五是新的确权方式。元宇宙中的资产可能是虚拟的、数字化的，但和现实世界中的实物一样是有价值的，这是由它们的稀缺性决定的。因此需要用一种新的方式确定数字资产的权责，标记数字资产所有权。例如通过非同质化代币（Non-Fungible Token，NFT）[①]为元宇宙内数字资产的产生、确权、定价、流转、溯源等环节提供支持。

（二）元宇宙与金融

2021年3月"元宇宙"概念第一股Roblox在美国上市后，"元宇宙"概念瞬间火爆全球。美国Meta、微软、英伟达等科技企业纷纷发布元宇宙规划蓝图和技术路线，特别是以Meta为代表的科技巨头正全面推动元宇宙"政治战略"；韩国科学技术和信息通信部发起成立了"元宇宙联盟"，韩国财政部发布2022年预算，计划斥资2000万美元用于元宇宙平台开发；日本经济产业省发布了《关于虚拟空间行业未来可能性与课题的调查报告》，日本社交网站巨头GREE也宣布开展元宇宙业务，预计到2024年投资100亿日元，拟在全球发展1亿多用户，并最终实现旗下直播平台REALITY向元

[①] 非同质化代币是指以太坊开发者根据ERC721标准发行的代币，其特性为不可分割、不可替代、独一无二，是虚拟和现实世界资产的数字代币，可应用于艺术、游戏、金融和可穿戴设备、音乐、物流、房地产等多个领域。

宇宙转型①。中国上海等地已将元宇宙写入地方发展规划，腾讯、百度、阿里巴巴、华为、中国电信等科技公司也已纷纷布局元宇宙。从行业来看，游戏、影视、音乐等领域已率先进入元宇宙，主要归功于 NFT 在这些领域的灵活应用；而在金融领域，部分金融机构以金融场景虚拟化、数字虚拟人等方式开启对元宇宙的探索。

1. 货币领域

货币作为一般等价物发挥交易媒介作用，在元宇宙中自然也是不可或缺的角色。元宇宙中的货币主要以不可替代的代币 NFT 的形式存在。NFT 使用区块链技术记录数字货币资产的所有权，能够对财富、财产和身份进行认证，是元宇宙经济活动的重要媒介。每个 NFT 都由一个无法删除、复制或销毁的加密密钥保护，因此 NFT 能够对个人的虚拟身份和数字资产进行可靠、分散的验证。这是元宇宙经济交易和社交活动得以顺利运行的关键。由于 NFT 能够与特定资产相关联，用于证明类似游戏皮肤、艺术作品、音乐等数字作品的所有权，因此 NFT 最先应用于数字艺术资产的交易。

2. 支付领域

为应对新冠疫情对旅游业的冲击，万事达公司（Master Card）于 2020 年推出了一款增强现实 AR 应用程序，为持卡人提供虚拟旅行服务，并给予三档不同金额的激励。万事达公司表示将继续使用新技术和新方案在购物、交通和旅行等领域为消费者提供更多的感官体验。支付巨头 VISA 于 2021 年斥资 15 万美元购买了数字艺术品"CryptoPunk"，存放于 VISA 的数字保险库中，可以用 VISA 的私钥访问。国内支付巨头也积极试水元宇宙，阿里（基于蚂蚁链）和腾讯（基于至信链）的 NFT 均开始试运行。2021 年 6 月，支付宝在小程序上限量发售两款"敦煌飞天""九色鹿"付款码 NFT，用户可以用 10 支付宝积分 +9.9 元进行兑换，购买后 NFT 皮肤会显示在付款码上方。

3. 商业银行服务领域

2021 年 10 月，美国银行宣布将在该集团旗下 4300 个金融服务中心开展虚拟现实 VR 技术培训，大约有 5 万名员工将学习和使用 VR 设备来完成日常工作，并参与客户互动。美国佛罗里达信用社 GTE Financial 推出虚拟社区 GTE 3D，用户可以在虚拟社区中使用汽车和房屋贷款、投资、保险和金融知识等，实现足不出户逛银行。法国巴黎银行发布基于 VR 技术的应用程序，客户可以通过该程序访问自己的账户。韩国国民银行 Kookmin 在元宇宙平台 Gather 上创建了一个"虚拟城镇"，其中包括一家金融商务中心、一家远程办公中心和一个游戏场。客户可以在虚拟金融小镇中四处走动，并通过视频通话与现实生活中的客服交谈。

目前，国内有浙商银行、江苏银行、百信银行等商业银行布局元宇宙，落地的应用和服务主要包括虚拟数字人、数字藏品和元宇宙营业厅三类，提供沉浸式体验。例如，百信银行首位数字员工 AIYA（艾雅）正式入职，成为"AI 虚拟品牌官"。工商银

---

① 卢梦琪. 元宇宙：来一场"新基建"，如何？［EB/OL］. 中国电子报，https：//mp.weixin.qq.com/s/e3SJb72bMH8OtpZ1xlhB9w.

行河北雄安分行入驻由百度公司打造的元宇宙平台——希壤，试图"在未来城市建设未来银行"。

4. 投资理财与保险领域

金融科技公司和金融服务公司也积极投身元宇宙热潮，推出相关产品和服务。eToro 社交投资网络平台推出元宇宙产品 MetaverseLife，这是一款智能投资组合，能帮助消费者配置元宇宙平台上的金融产品，如 Meta、Roblox 平台以及加密货币和区块链平台。房地产信托基金（REIT）也积极在元宇宙中寻找投资机会，如数字房地产投资基金旗下的 Republic Realm 以 90 多万美元的价格在虚拟世界 Decentraland 中购买了一块土地，并模仿东京原宿区改造成一个虚拟购物中心。韩国投资公司 IBK Investment & Securities 与元宇宙平台 MetaCity Forum 合作，提供虚拟金融服务，以此来吸引年轻客户。国内的互联网保险公司泰康在线发布了以旗下自有 IP TKer 为原型的 NFT 数字藏品"福虎开泰"，提升了互联网保险用户的体验，丰富了互联网保险购买渠道。

（三）各国元宇宙治理经验

1. 美国政府对元宇宙处于观望状态

美国政府尚未提出明确的元宇宙建设纲要性文件，其对于元宇宙的"求稳心态"和"政治眼光"更加浓重，主要以对数据安全的担忧及产业巨头垄断风险的警惕为主。2021 年 10 月，美国参议员提出《政府对人工智能数据的所有权和监督法案》，要求对联邦人工智能系统涉及的数据特别是面部识别数据进行监管，并要求联邦政府建立人工智能工作组，以确保政府承包商能够负责任地使用人工智能技术收集的生物识别数据。这一新规体现了美国国会对基于数据与身份识别的数字化渗透持谨慎态度，元宇宙同样基于类似技术理念。

此外，美国对 NFT 的监管部门及定性均不明确，若发行与流通满足"证券"的条件，则 NFT 应当受到美国证券交易委员会监管；若属于《美国商品交易法》所定义的"商品"，则应当受到美国商品期货交易委员会监管。但尚未发现两个监管机构在个案中对此有更细致的规定。

2. 欧盟更加关注元宇宙监管与规则问题

欧盟对元宇宙持高度谨慎态度。欧盟相继出台了《人工智能法案》、"平台到业务"监管法规、《数字服务法案》、《数字市场法案》等，说明监管机构在处理元宇宙时可能采取的立场和倾向，包括增加透明度、尊重用户选择权、严格保护隐私、限制一些高风险应用等。这些立法预示着欧盟更关注元宇宙的监管和规则问题，试图在治理和规则上占据主动。

对于 NFT，欧盟同样尚未明确其法律性质与监管机构。但 2020 年 9 月，欧盟委员会通过了关于加密资产监管的《加密资产市场监管条例》，旨在规范加密资产的公开发行、加密资产在交易平台的交易准入、加密资产服务提供商的许可以及处置加密资产业务市场滥用行为，为加密资产市场监管提供了法律框架，以期在 2024 年之前在全欧盟范围内出台统一的虚拟资产领域的牌照。

3. 日本着重防范和解决"虚拟空间"内的法律问题

日本经济产业省于 2021 年 7 月发布《关于虚拟空间行业未来可能性与课题的调查报告》，将元宇宙定义为"在一个特定的虚拟空间内，各领域的生产者向消费者提供各种服务和内容"。报告认为，该行业应将用户群体扩大到一般消费者；政府应着重解决"虚拟空间"内的法律问题，并对跨国、跨平台业务法律适用等加以完善；政府应与业内人士制定行业标准和指导方针，并向全球输出此类规范。

4. 我国开展元宇宙系统性讨论

2022 年"两会"期间，元宇宙成为热点话题。有委员提出："从顶层设计、技术发展、产业布局、发展赛道、政策监管、道德规范、风险防控等宏观层面到建设元宇宙产业园区、元宇宙＋商业园区、元宇宙如何防沉迷上瘾、元宇宙如何连接老年人等具体内容，'两会'期间我国首次对元宇宙展开系统性大讨论，对元宇宙接下来的发展大有裨益。"各位委员的出发点和着眼点不同，总体围绕着以下三个方向：一是建议国家尽快对元宇宙进行总体产业规划布局，建立产业标准、规范和体系，明确产业边界、红线和禁区。有委员建议，由政府主导打造"元宇宙中国"数字经济体，引导虚拟世界与现实世界紧密联系，形成虚实融合、沉浸交互的新型社会关系平台，并选择对外开放度高、公共服务能力强、财政实力雄厚、具有代表性的城市先行试点，如打造"元宇宙上海""元宇宙广州"等。二是建议加快推动元宇宙相关技术发展和技术创新，加快新型数字基础设施建设，打牢元宇宙发展根基。有委员提出，加快关键技术攻关，打造领跑全球、引领未来的"硬核"技术体系；形成元宇宙"以虚强实"的发展导向，打造赋能千行百业的产业创新体系。三是建议加强对元宇宙的正向引导与普及，防止盲目逐利导致的泡沫经济。有委员提出，谨防资本利用国家发展规划和热点概念，让国民误解国家产业政策，误导地方产业规划的落实，产生新型数字经济监管风险，出现新的虚拟经济泡沫。

（四）元宇宙对金融消费者权益保护的潜在影响

1. 元宇宙运行规则增加监管难度

当前政府尚未制定元宇宙内普适的基本原则，区块链无法实现自治，元宇宙内的弹性与试错空间不足，容易导致元宇宙野蛮发展后再强势治理的监管困境。此外，由于元宇宙平台采用的数字技术具有跨行业、跨区域甚至跨境的特点，这种多元交融的态势进一步增大了监管难度。

2. 消费者主体认定困难

法律规范尚未对虚拟主体人格权进行调整，在元宇宙下认定金融消费者存在一定困难。元宇宙中拥有数字化外形的虚拟人物具有人的外观、行为，甚至思想等特征，相当于现实世界中自然人的替身。但在我国现行法律框架内，虚拟人并不是独立的法律主体，并不享有法律赋予自然人的相关权利。国外立法、司法实践中，对于虚拟角色多用著作权法来保护。但是，元宇宙世界中的"虚拟形象"不同于游戏或者影视中的虚拟角色,它还体现了现实世界中的主体人格。因此,元宇宙中的金融消费者如何认定、保护仍需进一步讨论。

3. 消费者金融权益或受侵害

一是虚拟财产规定不完善威胁金融消费者财产安全权。元宇宙本质上是一个网络平台或科技空间,消费者是以虚拟数字人的形态在空间活动,相关行为如何作用于虚拟数字人背后的实质主体以及作用程度都存在很大的不确定性。目前,我国对虚拟财产保护较为笼统,如《民法典》第一百二十七条原则性提出保护网络虚拟财产。元宇宙中的虚拟财产主要以 NFT 的形式呈现,而 NFT 表现出无准入门槛、公链系统缺乏风险管控机制的属性,使其存在一定的金融风险隐患,需要一套保障用户虚拟财产的完整法律制度。二是元宇宙的创新性特征加大了金融消费者知情难度。元宇宙类似于在现实环境的基础上,构建一个虚拟的"平行世界",但这个"平行世界"是基于底层技术、通过人的感知而存在的。在极致体验背景下,以海量信息资源为特色的元宇宙运用规则,很难再使金融消费者保持对金融产品专业性的警觉性,如现实世界中推行的风险产品双录制度,在"沉浸式"虚幻世界无时无刻的影像中很难凸显。"沉浸式"一方面给了金融消费者更好的消费体验,但也容易在消费者无感的情况下,减少披露风险和其他影响消费者决策的关键信息。三是元宇宙的复杂性特征加大了金融消费者自主选择难度。现有元宇宙的基础为数据和算法,而互联网金融的显著特征之一就是人工智能和大数据、云计算所生成的精准营销策略。元宇宙带来的"沉浸式"客户体验,将对客户形成更为全面的个体化数据分析样本,对客户的产品营销渗透、业务办理引导将更为细致,但也使客户接收到的服务和产品更为细分,有可能造成对客户的"需求"服务管理最终演变成"特征化"引导管理,金融消费者可能在丧失知情权的基础上进一步失去自主选择权。

4. 消费者金融信息安全风险增加

一是元宇宙中个人金融信息更加丰富。元宇宙是将现实事物数字化后投射到虚拟空间,在此过程中必然产生大量的个人信息,同时金融消费者在元宇宙中的金融活动也产生了大量的账户、交易、财产、信用等信息。此外,元宇宙依托人机交互和传感器等技术,也会产生大量的人脸、声纹、虹膜等生物信息。二是元宇宙信息管理制度不健全。元宇宙金融平台尚未对个人金融信息的收集、使用、储存、传输建立完备的制度,可能存在未经明示同意收集信息、过度收集信息、泄露信息等风险。并且,由于元宇宙中的货币采取去中心化的 NFT 设计,一旦密码或身份信息灭失、泄露,金融消费者将无法挂失账户密码,用户的虚拟金融资产及交易信息会一并丢失,容易对财产安全造成无法挽回的损失。三是个人信息保护监管更加困难。未来的元宇宙将不断发展,场景的复杂度将远远超过现阶段任何一种应用形式。虚拟的数字空间不仅增加了确定管辖监管机构和监管法律的难度,并且随着用户在将多个组织聚集在一起的复杂世界中移动,可能经过了多个组织的混合重复分析,导致对数据输出端口的监管也变得更加复杂。

5. 衍生不当营销和违法金融广告

元宇宙金融平台可能利用其掌握的信息优势，进行不当的数字化营销或发布夸大的金融广告，吸引金融消费者购买与其自身需要以及风险承受能力不匹配的产品。此外，元宇宙是一个新兴概念，已有一些不法分子披着元宇宙的外衣，进行非法集资、诈骗等活动。不法分子炒作与元宇宙相关的游戏制作、人工智能、虚拟现实等概念，编造包装名目众多的投资项目，公开虚假宣传高额收益，借机吸收公众资金。中国国家知识产权局表示，截至2021年末，商标数据库中约有1.6万余件元宇宙、Metaverse相关商标申请，存在"蹭热点"和不以使用为目的囤积商标等恶意注册行为。

6. "数字鸿沟"持续影响金融普惠性

元宇宙生态环境持续发展有赖于科技这一硬性条件的推动，因此，元宇宙具有典型的技术发展"知识爆炸""生产加快""交互融合"等特性，其中的金融生态或场景与之高度相附，这与社会功能治理"滞后"特性具有显著差异。元宇宙金融生态将加剧精英化、集中化情形出现，其必然会对金融机构线上线下业务整体布局造成影响。在金融数字化转型的过程中，部分只能够使用现金的群体尚且能够融入，完成日常的交易。但随着元宇宙的发展，数字鸿沟势必进一步加大，金融环境和金融服务会将该部分群体排斥在外，使他们无法享受到金融服务的普惠性。

（五）对策建议

1. 建议明确元宇宙中虚拟人格的法律地位

因为元宇宙不可能完全脱离现实世界而存在。在虚拟世界中，虚拟人不会凭空产生金融需求，其应是出于"实体"的自然人金融需求从而在元宇宙进行金融消费活动，该虚拟人的行为应均是现实世界的自然人意志的体现。从这个角度来看，现实世界中的金融消费者仍可延伸视为元宇宙中金融消费活动的主体，元宇宙中的金融消费行为，也应遵循现实世界法律法规的约束。但在目前的立法框架下，金融消费者保护规则还无法完全渗透至虚拟生态中。因此，需要在法律上先行明确自然人在元宇宙中对应的虚拟人的人格权，进而才能考虑将虚拟人购买、使用金融产品或服务等虚拟金融消费行为纳入金融消费者保护范围。

2. 建议强化元宇宙语境下的金融权益保护

一是建议进一步明确元宇宙中的虚拟财产权的新型权益属性及其保护、交易等规则。元宇宙的核心在于对数字资产和数字身份的承载，即数字资产的属性分类与归属。因此，完善数字资产的确权体系和法律保障至关重要。建议最高人民法院等部门尽快总结和完善司法探索中获取的经验，将网络虚拟财产、数据等属于新型权益的属性以法律形式进行确认，并制定和完善此类新型权益的法律保护规则和交易规则，为我国金融等行业在元宇宙领域的探索和发展提供法律保障。二是推动元宇宙平台强化信息披露等制度。监管部门应指导元宇宙平台加强信息披露，增加透明度，明示相关金融产品和服务的信息，不得对金融消费者进行虚假、欺诈、隐瞒或引人误解的宣传。三是强化算法的标准性，避免算法歧视对金融消费者权益的侵害。建议由监管部门牵头，在行业协会等部门的组织下，建立一套算法规范的行业标准，从源头杜绝算法隐含的歧视与不公。或者构建算法定期审计制度，由相关主体进行自查或第三方进行检查，检查是否存在算法歧视。通过对输入数据和输出决定的审查来提高监管部门对算法行为的洞察力，有助于初步建立监管部门、企业自律与第三方共同参与的算法多元治理框架。

3. 建议提前布局顶层设计，加强监管联动

应提前布局元宇宙顶层设计，对行业监管、技术研发和舆情引导等作出布局。监管部门对新兴事物应保持前瞻性预判，在坚持底线和红线的基础上，加紧制定相应准则和规则，引导社会资本投向原创性、引领性创新领域，也要突破现有约束，为产业发展提供一定包容度。还要做好数据安全防护，切实有效防范技术、市场、业务等各类风险叠加。强化机构监管，可以参考金融监管沙盒模式，开展元宇宙金融试点探索。针对元宇宙的技术特点，创新数字监管技术，可考虑由网信办等部门牵头建立元宇宙金融信息监测机制，做好风险预警，推动元宇宙纳入数据信息产业的行业自律管理。此外，还可考虑针对元宇宙金融活动的特点，加强金融监管部门与网信办、市场监管局等部门的横向联动，加强跨区域、中央与地方之间的联动，按职责依法查处借元宇宙概念侵害金融消费者合法权益的违法违规案件。

4. 建议完善元宇宙信息安全保障措施

元宇宙内不同应用之间、元宇宙和外部设备间的数据交互过程，以及外部设备采集、存储、处理、分发、利用和处置个人行为数据的过程，在法律层面上都应受到数据安全相关法律法规的严格约束。一是制定和完善元宇宙信息保护的相关法律法规，以现实世界的刚性法律确认并保障元宇宙"去中心化治理"机制的实现。二是明确个人信息保护原则在元宇宙中的应用。元宇宙项目应严格遵守"最小、必要"原则，当APP收集个人信息超过处理目的的最小范围时，应在隐私政策中作出合理的解释与说明，并取得用户的自主选择同意；处理敏感个人信息应当取得个人的单独同意，元宇宙项目必然涉及多种敏感个人信息的收集与处理，企业在设置单独同意规则时，应达到单独向用户提示并给予用户单独选择的机会；个人信息跨境时必须取得个人的单独同意，达到国家网信部门规定数量且确需向境外提供的，应当通过国家网信部门组织的安全评估。三是进行跨国跨区域的法律合作，制定统一的国际标准，主权国家形成统一的信息安全技术和规则体系，并为未来元宇宙的建设与发展确立现实物理世界的全球性法律架构。

5. 建议确立全方面的元宇宙营销监管规则

在监管职责、资质管理、行为规范、技术标准以及违规惩戒等方面，建立系统性监管制度和方案，确保元宇宙的金融营销宣传行为有章可循、有法可依。确立在元宇宙中开展金融营销宣传主体资质，必须依托现实世界中的主体资质，不得虚构主体、冒用主体名义或者滥用主体资格。由于元宇宙的虚拟特性，传统的纸质单证、广告折页将在元宇宙内彻底消失，取而代之的是云储存的数据；为保障金融消费者在虚拟世

界中的权益,在技术上必须要求实现数据存档,包括存档时间、存档内容、存档形式等,以及不可修改等技术要求,确保金融营销宣传有迹可查。此外,还应当继续加强对以"元宇宙"为噱头的违法金融广告的治理,相关部门应当严厉打击以"元宇宙"等概念为名进行的各类违法活动。

6. 建议在技术层面进行突破,推动形成数字化普惠金融新模式

元宇宙世界需要搭建相适应的基础设施体系,算力是元宇宙基础设施的核心要素,也是衡量数字经济发展的"晴雨表"。元宇宙在实现数字经济与实体融合的过程中,如果在基于元宇宙构建的金融基础设施上顺利实现经济金融运行的数字化,将降低不必要的金融中介成本和服务门槛,而且区块链技术的广泛、成熟运用使信息可追踪,将使金融行业服务实体经济的成本更低、效率更高,有利于金融机构形成数字化普惠金融的新模式。

第十四章　普惠金融指标体系构建与运用[*]

建立普惠金融指标体系是普惠金融领域一项十分必要的基础性工作，国内外在发展普惠金融的过程中，都非常注重构建衡量评估普惠金融发展水平的指标体系。本章通过对国际上主要普惠金融指标体系的比较，梳理中国普惠金融指标体系和相关制度的建立与发展情况，并进一步分析中国普惠金融指标体系重点指标及其结果运用，以期为相关政策制定和评估提供重要依据。

一、构建中国普惠金融指标体系的必要性

党中央、国务院高度重视发展普惠金融。党的十八届三中全会首次提出"发展普惠金融"；党的十九届五中全会提出"增强金融普惠性"；经党中央同意，国务院印发《推进普惠金融发展规划（2016—2020年）》（以下简称《规划》），发展普惠金融已成为国家战略。普惠性成为中国特色金融发展之路的重要特征，普惠金融成为中国特色金融体系的重要组成部分，高度体现了金融工作的政治性、人民性。

建立普惠金融指标体系是普惠金融领域一项十分必要的基础性工作，国内外在发展普惠金融的过程中，都非常注重构建衡量评估普惠金融发展水平的指标体系。首先，普惠金融内涵丰富、外延较广，构建一套科学的普惠金融指标体系，有助于使现代普惠金融理念更加立体、生动，更好凝聚各有关方面对发展普惠金融的共识。其次，建立普惠金融指标体系，有助于系统、全面监测和评估普惠金融发展水平，通过一个个客观具体的指标数据，能够夯实普惠金融数据信息基础，支撑开展多样化的定量分析，既可以从时间序列上分析普惠金融发展变化情况，也可以从横向维度比较不同地区普惠金融发展差异，还可以通过指标体系中不同指标的数据差异看出该地普惠金融发展的特点。再次，普惠金融指标体系可以为政策制定等提供定量依据，政策制定部门可以依托普惠金融指标体系设定普惠金融发展目标，也可以通过对普惠金融的定量衡量查找当前普惠金融发展水平与普惠金融发展目标之间的差距，推动有效发现普惠金融发展的重点领域和薄弱环节，进而更有针对性地制定普惠金融发展举措、配置普惠金融资源等。最后，从国际社会来看，普惠金融指标体系已经成为普惠金融领域的通用标准，被国际社会广为认可的客观的指标数据有利于各国更顺畅地开展普惠金融交流与合作。

---

[*] 本章作者：余文建、马绍刚、汪天都、蒋润东。

早在 2014 年，中央全面深化改革领导小组就提出要研究建立我国的普惠金融指标体系。2015 年，《规划》也明确要求"建立健全普惠金融指标体系"。特别是近年来，全国各地在发展普惠金融方面进行了许多尝试和创新，既包括普惠金融试点（示范区）的设立，也包括立足地方实际进行的其他探索，都推动了我国普惠金融不断向前发展。因此，需要有一套科学的评价体系用于统计和分析普惠金融发展状况，客观衡量各地普惠金融发展成效，更好指引普惠金融发展方向。此外，普惠金融具有极强的正外部性，我国在普惠金融发展过程中，始终坚持政府引导、市场主导，政府部门在推进普惠金融发展过程中提供了多样化的激励奖补政策，促进激发金融机构等市场部门的普惠金融发展活力，这其中如何公平客观地开展激励和奖补也离不开普惠金融指标数据的定量支撑。

2016 年，中国人民银行代表中国担任了普惠金融全球合作伙伴（GPFI）主席，推动制定了一系列普惠金融方面的重要成果文件，并得到 G20 杭州峰会核准，其中一个重要的成果文件就是对 G20 普惠金融指标体系进行更新升级，形成《G20 普惠金融指标体系（升级版）》[以下简称《指标体系（升级版）》]。《指标体系（升级版）》倡导 G20 国家积极开展本国的普惠金融指标体系建设，明确指出"不论在国内还是国际层面，《指标体系（升级版）》通过与每个国家的特色指标相结合，能够使政策制定者加深了解并监测普惠金融发展。"

总体来看，建立中国普惠金融指标体系既是落实《规划》要求，也是对 G20 杭州峰会成果的积极呼应；有利于长期积累普惠金融指标数据，对普惠金融发展水平进行全面监测和评价，科学衡量《规划》落实进展，并有效开展普惠金融国际比较；有利于及时总结好的经验做法，查找问题和薄弱领域，为更有针对性地推进普惠金融发展提供依据和参考。

二、国际上主要普惠金融指标体系的比较

目前，一些国际组织相继推动建立了普惠金融指标体系或相关数据库，这些普惠金融指标体系各有侧重，从不同维度监测、衡量、评估普惠金融发展水平，取得了一些阶段性成果，在有关政策制定、学术研究、产品创新等方面发挥了积极作用，有效推动了普惠金融发展。

（一）G20 普惠金融指标体系

G20 普惠金融指标体系由普惠金融全球合作伙伴（GPFI）负责构建。GPFI 自成立伊始，就将建立普惠金融指标体系作为一项重要工作。GPFI 认为可靠的普惠金融数据对于监测和评估政策措施效果至关重要，并可基于此制定普惠金融目标。2011 年，GPFI 倡导和支持国际和国内层面在建立普惠金融指标体系和搜集有关数据方面作出努力，得到 G20 戛纳峰会的核准。2012 年，G20 洛斯卡沃斯峰会通过了《G20 普惠金融指标体系》，这也是 GPFI 最早建立的一套基础的普惠金融指标体系。此后，G20 普惠金融指标体系共经历了两次更新：第一次更新是在 2013 年俄罗斯担任 G20 主席国期

第十四章 普惠金融指标体系构建与运用

间，GPFI 新增了金融素养和金融服务质量等指标，对 G20 普惠金融指标体系进行了扩展，并得到 G20 圣彼得堡峰会核准通过；第二次更新是在 2016 年中国担任 G20 主席国期间，顺应数字普惠金融发展的最新趋势，GPFI 新增了数字普惠金融等新业态指标，对其又进行了一次升级，形成了《指标体系（升级版）》，并得到 G20 杭州峰会核准。

《指标体系（升级版）》衡量普惠金融的三个维度是金融服务的可得性、金融服务的使用情况和金融产品与服务的质量，包含 19 类 35 个指标，纳入了供给方和需求方指标。G20 在构建普惠金融指标体系时，可得性、可持续性和可靠性是关键的标准，同时也兼顾适当性和全面性。使用情况维度包含 10 类 20 个指标，并对个人和企业的使用情况分别设置指标进行衡量；可得性维度包含 4 类 9 个指标；质量维度包含 5 类 6 个指标（见表 14-1）。《G20 普惠金融指标体系》的数据主要来源于现有的国际组织数据库或调查数据，如世界银行全球普惠金融数据库、国际货币基金组织金融可得性调查、盖洛普全球调查、世界银行企业调查、经合组织国家金融素养和普惠金融调查等，有的数据频次为每年，有的为三年一次，有的频次更长。《指标体系（升级版）》集合了 G20 国家和相关国际组织的智慧，涵盖范围很广，力图较为及时、全面地衡量普惠金融发展情况，但《指标体系（升级版）》也提出"收集新数据的努力以及不断发展的技术和商业模型还是需要我们在未来不断更新合适的指标"。

表 14-1　　　　　　　　　《G20 普惠金融指标体系（升级版）》

类别	指标
使用情况指标：成年人	
拥有账户的成年人	在正规金融机构或移动支付服务提供商处拥有账户（由本人开立或与其他人一起开立）的成年人（年满十五周岁）比例
账户数	每千成年人拥有的存款账户数
	每千成年人拥有的电子货币账户数
	每十万成年人移动支付交易笔数
在正规金融机构发生信贷业务的成年人	过去一年在银行或其他正规金融机构至少有一次未偿贷款的成年人（年满十五周岁）比例
	每千成年人未偿贷款笔数
购买保险的成年人	每千成年人中保单持有人数（分为寿险和非寿险）
非现金交易	每千成年人非现金零售交易笔数 包括支票、贷记转账、直接借记、支付卡交易（借记卡、信用卡）以及通过电子货币工具（卡基类电子货币工具、移动支付产品和在线货币产品）支付的数量
使用数字支付的成年人	使用交易账户（在银行或其他正规金融机构或移动支付服务提供商处开立）进行数字支付或接收数字支付的成年人（年满十五周岁）比例
高频率使用账户	高频率使用账户的成年人（年满十五周岁）比例
储蓄倾向	过去一年在银行或其他正规金融机构存款的成年人（年满十五周岁）比例

续表

类别	指标
使用情况指标：企业	
享有正规银行服务的企业	拥有账户（在银行或其他正规金融机构处开立）的中小企业比例
	中小企业存款账户数（在非金融公司借款人中的占比）
在正规金融机构有未偿贷款或授信额度的企业	在银行或其他正规金融机构有未偿贷款或授信额度的中小企业比例
	中小企业贷款账户数（在非金融公司借款人中的占比）
企业进行数字支付或接收数字支付	从某一账户进行数字支付或接收数字支付的中小企业比例
可得性指标：物理服务网点	
服务网点	每十万成年人拥有的商业银行分支机构数
	每十万成年人拥有的 ATM 数
	每十万成年人拥有的支付服务代理商数
	每十万成年人拥有的移动代理网点数
	每十万成年人拥有的 POS 终端数
	拥有移动电话、设备或家庭网络连接的成年人（年满十五周岁）比例
借记卡持有	每千成年人拥有的借记卡数
企业服务网点	拥有 POS 终端的中小企业比例
服务网点的互通性	ATM 网络的互通性和 POS 终端的互通性（0－1）
	如果绝大多数或所有的 ATM 网络（或 POS 终端）互通，选值为 1；如果不互通，则选值为 0
质量指标：金融素养和能力	
金融知识	金融知识得分
	正确回答有关基本金融概念的问题，将得分相加计算总分。例如：（1）通货膨胀；（2）利率；（3）复利；（4）货币幻觉；（5）风险分散；（6）保险的主要目的
金融行为	将存款用作应急资金
	下列问题中回答"存款"的成年人比例。问题如下：如果遇到紧急情况急需 10 美元（或人均 GDP 的 1/25），你会从哪里获取该笔资金？（1）向朋友或亲戚借款；（2）做更多的工作；（3）出售资产；（4）存款；（5）从"储蓄俱乐部"贷款；（6）从银行贷款；（7）无法获取
信息披露要求	信息披露指数
纠纷解决机制	反映内部、外部纠纷解决机制的指数
信贷障碍	在上一笔贷款中被要求提供抵押物的中小企业比例（反映信贷条件紧缩）
	信贷可得性：信用报告系统的效力、担保的有效性和促进放贷的破产法

（二）世界银行全球普惠金融数据库

世界银行较早开展了与普惠金融相关的调查，调查种类也较为丰富，如世界银行全球普惠金融调查、世界银行企业调查、世界银行全球营商环境调查、世界银行全球消费者保护和金融素养调查、世界银行金融能力调查、世界银行全球支付系统调查等，其中与普惠金融关联最为密切、普惠金融数据最全面、影响最大的是全球普惠金融调查（Global Findex）。该调查始于2011年，调查指标较全面地涵盖了账户、支付、储蓄、借贷以及风险管理等领域，侧重从需求侧了解消费者获取和使用金融服务的情况。调查由比尔及梅琳达·盖茨基金会资助，主要依托与盖洛普合作在全球范围开展问卷调查，通过随机抽样选取调查对象，以电话或面对面访谈的方式进行。调查每三年开展一次，截至目前，已于2011年、2014年、2017年、2021年开展了四次调查。2021年，世界银行新增了数字支付、金融健康（包括财务担忧）等方面的调查指标，对全球123个经济体12.5万成年人开展了抽样调查。

2022年6月，世界银行披露了2021年全球普惠金融调查指标和数据，主要包括账户、银行卡、支付、储蓄、借贷、财务担忧、应急资金等类别的指标数据（见表14-2），每个类别项下又细分了很多指标，每个指标又可按性别、收入、农村地区等多维度进行细分。

表14-2　　　　　　　世界银行主要普惠金融指标（2021年版）

类别	指标
账户	账户拥有率
	不同场景使用账户的比例
	通过手机/互联网使用账户的比例
	有非活跃账户的比例
	无账户原因
银行卡	借记卡拥有率
	信用卡拥有率
	不同场景使用借记卡或信用卡的比例
支付	接收和进行汇款的比例
	接收和进行数字支付的比例
	不同场景接收和进行汇款的比例
储蓄	储蓄参与率
	储蓄原因
	储蓄渠道
借贷	借贷参与率
	借贷原因
	借贷渠道
财务担忧	担忧不能支付医疗费用的比例
	担忧没有足够钱养老的比例
	担忧不能负担每月开支的比例
	担忧不能支付教育费用的比例
	担忧疫情带来经济困难的比例
应急资金	应急资金的主要来源
	可筹集到应急资金的比例

(三) 国际货币基金组织金融服务可获得性调查

金融服务可获得性调查（Financial Access Survey，FAS）数据主要来源于各国（或地区）的中央银行、金融监管部门和相关统计机构，目前涵盖了近200个经济体的数据，侧重从供给侧反映普惠金融发展情况。FAS数据库也被用于评估联合国2030年可持续发展议程的实现情况。该数据库主要从物理服务点、银行卡、存款、贷款、数字金融、保险等方面衡量普惠金融发展状况，每个类别中又有很多细分指标，其中部分指标可基于人口数、地理面积等计算平均值，还可按商业银行、信用合作组织、小额信贷机构等进行了细分（见表14-3）。近几年，国际货币基金组织加大了对移动货币（Mobile Money）的关注，与全球移动通信系统联盟（GSMA）合作开展移动货币相关指标数据调查。

表14-3　　　　　　　　国际货币基金组织主要普惠金融指标

类别	指标
物理服务点	金融机构总数及其分支机构数量
	代理机构数量
	ATM数
银行卡	借记卡数量
	信用卡数量
存款	存款人数量
	存款账户数
	存款余额
贷款	贷款人数量
	贷款账户数
	贷款余额
数字金融	移动和网上交易笔数
	移动和网上交易金额
	移动货币账户数
	移动货币交易量
	移动货币交易金额
	移动货币余额
保险	保单数量
	保单持有人数

(四) 普惠金融联盟的普惠金融指标体系

2011年，普惠金融联盟（AFI）的普惠金融数据工作组通过了普惠金融核心指标（Core Indicators of Financial Inclusion），从金融服务的可获得性和使用情况两大维度设计了5项核心指标（见表14-4）。

表 14-4　　　　　　　　　　　AFI 普惠金融核心指标

维度	指标
可获得性	每万成年人拥有的服务点数
	拥有至少一个服务点的行政区比例
	居住在拥有服务点的行政区的人口比例
使用情况	至少拥有一种正规存款账户的成年人比例
	至少拥有一种正规贷款账户的成年人比例

此后，AFI 也一直致力于完善普惠金融指标体系和鼓励成员国加强数据收集和分析，例如，2016 年 AFI 推出了衡量普惠金融质量维度的有关指标（包括可负担性、透明性、便捷性、公平对待、消费者保护、金融教育、不良贷款等类别的指标），2019 年推出了衡量数字金融服务的相关指标（包括数字金融可得性、数字金融使用、数字金融质量等类别的指标），2021 年 AFI 对中小微企业的数据收集、绿色普惠金融需求侧的数据收集等提出了相关建议。

此外，经济合作与发展组织（OECD）也开展了多项相关调查，其中与普惠金融相关的调查有 3 项，分别为金融素养和普惠金融调查（Survey on Measuring Financial Literacy and Financial Inclusion）、中小企业计分板（SME Scoreboard）及国际学生评估项目（Programme for International Student Assessment）。金融素养和普惠金融调查通过了解被调查者金融行为、金融态度和金融知识等方面内容评估金融素养和普惠金融水平；中小企业计分板重点衡量中小企业获得的银行信贷情况、获得的非银行融资情况、政府提供的融资担保情况、中小企业财务健康状况等方面的内容；国际学生评估项目旨在通过测试学生的技能和知识来评估全球的教育系统，并对各国改进教育政策和实践提供借鉴和指引。

总体来说，这些普惠金融指标体系各有侧重、各具特色，对监测和评估全球普惠金融发展水平、推动普惠金融发展起到了积极作用。但从具体实践来看，这些普惠金融指标体系在指标的全面性、及时性、有效性等方面或多或少存在一些局限性，部分指标还存在指标定义和口径不明确、数据可得性差、数据质量不高等问题，且难以充分反映各国普惠金融发展特色。国际普惠金融指标体系可为我们提供有益借鉴，但不可简单套用，需要结合我国国情和普惠金融的具体实践，研究建立一套适合我国的普惠金融指标体系。

三、中国普惠金融指标体系的构建过程

近年来，中国人民银行金融消费权益保护局（以下简称消保局）持续加强对普惠金融指标体系的研究探索，牵头建立健全中国普惠金融指标体系。

（一）建立普惠金融指标体系及相关填报制度

2014 年，消保局选取了四川、陕西、吉林、浙江、福建、贵州六个省份开展普惠金融指标体系建设试点工作。2016 年底，消保局推动出台了《中国人民银行办公厅关

于建立中国普惠金融指标体系填报制度（试行）的通知》（银办发〔2016〕269号），建立了《中国普惠金融指标体系（2016年版）》。2018年，消保局参照人民银行普惠金融定向降准等统计制度调整，对指标体系进行了小幅更新。2021年，为更加全面反映我国数字普惠金融发展水平，新增了若干互联网贷款相关指标。2022年，为及时反映我国普惠金融高质量发展情况，新增了绿色贷款、直接融资等类别的指标，形成了《中国普惠金融指标体系（2022年版）》，包括3个维度24类共57个指标，涵盖账户、信贷、理财、保险、物理服务点、信用建设等领域，聚焦小微企业（小微企业主）、农户等群体，从供需两侧全面反映普惠金融发展水平。

（二）探索建立区域性普惠金融指标体系

2020年，为贯彻落实《长江三角洲区域一体化发展规划纲要》《关于进一步加快推进上海国际金融中心建设和金融支持长三角一体化发展的意见》等重大决策部署，促进普惠金融更好服务长三角高质量一体化发展，加强长三角地区普惠金融经验交流和数据共享，消保局指导人民银行上海总部、南京分行、杭州中心支行、合肥中心支行、宁波市中心支行消保部门探索建立长三角普惠金融指标体系，开展长三角普惠金融发展情况的监测评估。同时，支持长三角地区首次探索开展小微企业普惠金融问卷调查，从小微企业金融素养、金融服务使用情况和金融满意度等方面跟踪小微企业金融服务情况。2021年，消保局指导人民银行营业管理部、天津分行、石家庄中心支行消费者保护部门探索构建京津冀普惠金融协同指数，在推动京津冀协同发展的战略背景下，科学衡量区域整体普惠金融协同程度。

（三）定期开展普惠金融指标体系填报和分析并发布分析报告

2017年以来，消保局每年组织开展全国、区域、省、市、县多层次的普惠金融指标体系填报和分析工作，连续5年公开发布全国普惠金融指标分析报告，连续5年汇编省级普惠金融指标分析报告。同时，消保局支持人民银行上海总部、南京分行、杭州中心支行、合肥中心支行、宁波市中心支行连续三年联合发布长三角普惠金融指标分析报告。

四、中国普惠金融指标体系重点指标分析

（一）使用情况维度

1. 账户和银行卡使用情况

（1）银行结算账户和银行卡人均拥有量持续稳步增长。截至2021年末，全国人均拥有9.61个银行账户；人均持有6.55张银行卡；人均持有信用卡和借贷合一卡0.57张。农村地区累计开立个人银行结算账户48.7亿户，占全国累计开立个人银行结算账户总量的35.86%。农村地区银行卡数量为39.2亿张，其中借记卡、信用卡和借贷合一卡数量分别为36.4亿张、2.8亿张。人民银行持续推进优化银行账户服务和加强风险防控，一方面推动做好流动就业群体等个人银行账户服务，支持银行业金融机构为个人客户提供便利的异地银行账户服务，指导银行业金融机构在遵循"风险为本"原

则的基础上，视情况为流动就业群体等个人客户提供简易开户服务，并通过优化机具功能、提供向导服务和上门服务等方式优化对老年人等群体的银行账户服务；另一方面组织开展"一人多卡（户）"等治理，排查存量账户风险。总体来看，人均持有的银行结算账户和银行卡数量在保持增长的同时，增速有所下降。

（2）企业、个体工商户等市场主体新开立单位银行账户较快增长。截至2021年末，全国共开立单位银行账户8336.97万户。2021年，企业、个体工商户等市场主体新开立单位银行账户1394.93万户。人民银行按照开户便利度不减、风险防控力度不减，优化账户服务要加强、账户管理要加强的"两个不减、两个加强"原则，持续推动建立与我国经济发展相适应的高水平银行账户服务体系。推行小微企业简易开户和账户分类分级管理，指导银行业金融机构公开有关开户事项，提高小微企业账户可得性和开户服务透明度，并通过健全小微企业银行账户事前、事中、事后全生命周期管理机制等多种措施，持续加强银行账户风险防控。总体来看，小微企业、个体工商户支付服务明显改善，小微企业开户流程持续优化，开户时间缩减为1~3天。

（3）银行卡人均交易笔数较快增长。2021年，人均银行卡交易笔数为303.71笔。随着国内经济持续恢复发展，旅游、餐饮等持续复苏，消费者支付需求进一步释放。

（4）九成受访者拥有活跃使用账户[①]。调查显示，九成受访者拥有活跃使用账户，与上年基本持平。不同年龄段受访者拥有活跃使用账户的情况存在一定差异，中年受访者拥有率相对较高，老年受访者[②]拥有率相对较低，比平均水平低8个百分点；不同收入受访者拥有活跃使用账户的情况也存在一定差异，月收入3000元及以上的各收入段受访者拥有率较为接近，月收入3000元以下受访者拥有率比平均水平低8个百分点；城乡受访者拥有率仍存在差距，农村受访者拥有率比城镇受访者低7个百分点。

2. 电子支付使用情况

（1）数字支付[③]使用广泛。调查显示，超过85%的受访者使用数字支付。分不同年龄的受访者看，20~39岁的受访者使用数字支付的比例相对较高，老年受访者使用数字支付的比例相对较低，低于平均水平20多个百分点；分不同收入的受访者看，月收入在5000元及以上受访者使用数字支付的比例相对较高，且5000元及以上不同收入段的受访者使用比例差距不大，月收入3000元以下的受访者使用数字支付的比例相对较低；分城乡受访者看，农村受访者使用率比城镇受访者低15个百分点。新冠疫情期间，世界各地通过推广普及移动电话、使用银行账户和借记卡发放紧急救济金、降低交易费用、出台相关政策等多样化举措鼓励使用数字化支付工具，加速推动了数字支付的发展。

（2）移动支付业务保持较快增长。2021年，全国银行业金融机构共办理非现金支付业务4395.06亿笔，金额为4415.56万亿元。银行业金融机构共处理网上支付业务

[①] 活跃使用账户指最近6个月内有交易记录的账户，包含银行结算账户和在非银行支付机构开立的支付账户。

[②] 老年受访者指60岁及以上的受访者。

[③] 数字支付包括使用手机银行、网上银行、云闪付以及支付宝、微信支付等数字渠道进行支付的业务。

1022.78亿笔，金额为2353.96万亿元；移动支付业务1512.28亿笔，金额为526.98万亿元。非银行支付机构处理网络支付业务10283.22亿笔，金额为355.46万亿元。2021年，银行业金融机构共处理农村地区网上支付业务111.3亿笔，移动支付业务173.7亿笔。非银行支付机构共处理农村地区网络支付业务5765.6亿笔，其中业务笔数的绝大部分是通过移动电话完成的。各地积极推动移动支付便民工程纵深发展，解决老年人面临的"数字鸿沟"等问题。

（3）数字人民币试点稳妥推进。截至2021年末，数字人民币在"10+1"试点地区[①]有序开展试点应用，在批发零售、餐饮文旅、教育医疗、公共交通等便民支付领域形成涵盖线上线下、可复制可推广的应用模式；各试点地区围绕"促进消费""抗击疫情""低碳出行"等主题累计举办18次面向公众的试点活动，向市民发放数字人民币红包2.9亿元。数字人民币具有与银行账户松耦合、支付即结算、低成本、可编程等特性，能为更广泛群体和更丰富场景提供法定货币，有利于进一步提升基础金融服务的覆盖面和可得性，也有助于提高资金周转效率，进一步降低支付成本。

3. 个人金融资产情况

（1）近六成受访者办理过定期存款，老年受访者办理比例高于平均水平。调查显示，2021年有57.61%的受访者在银行业金融机构办理过定期存款。月收入3000元以下受访者办理比例相对较低，比平均水平低5个百分点；老年受访者办理比例相对较高，比平均水平高7个百分点；城乡受访者办理比例差异不明显。

（2）超四成受访者购买过银行理财、国债、基金、股票等金融资产，购买者中有六成左右的购买方式以线上居多。调查显示，老年受访者、月收入3000元以下的受访者以及农村受访者购买比例相对较低，均低于平均水平10个百分点以上。线上购买已成为主要的购买方式，60.94%的购买者购买方式以线上居多。

（3）公募基金有效账户数及资产净值继续较快增长。截至2021年末，全国共有公募基金9152只；公募基金有效账户数为142322.56万户；公募基金资产净值为255637.77亿元。

4. 个人信贷使用情况

（1）1/4的受访者在银行有贷款余额。调查显示，49.05%的受访者在银行有过贷款，25.27%的受访者在银行有贷款余额。分不同年龄的受访者看，30~39岁的受访者在银行有贷款余额的比例相对较高，老年人有贷款余额的比例相对较低，不到10%的老年人在银行有贷款余额；分不同收入水平的受访者看，月收入在2万~5万元的受访者有贷款余额的比例相对较高，月收入3000元以下的受访者有贷款余额的比例相对较低，该部分群体获得过银行贷款的比例也较低；分城乡受访者看，城镇受访者有贷款余额的比例比农村受访者高约10个百分点。

---

① "10+1"试点地区包括深圳、苏州、雄安新区、成都、上海、海南、长沙、西安、青岛、大连及2022年北京冬奥会场景。

(2) 个人消费贷款平稳增长。截至 2021 年末，个人消费贷款余额为 54.89 万亿元；农户消费贷款余额为 6.63 万亿元。人均个人消费贷款余额为 3.89 万元；其中不含住房贷款的人均个人消费贷款余额为 1.17 万元。

(3) 商业银行互联网贷款[①]中用于生产经营的个人贷款增长迅速。截至 2021 年末，商业银行互联网贷款中用于生产经营的个人贷款余额为 9867 亿元。

5. 普惠小微贷款[②]使用情况

截至 2021 年末，普惠小微贷款余额为 19.23 万亿元；普惠小微授信户数为 4456 万户；2021 年新发放的普惠小微企业贷款加权平均利率为 4.93%。全国各地金融机构持续创新普惠小微服务方式，不断提升小微企业信贷可得性和便利性，加快金融产品和服务创新，积极拓展首贷户，持续加大普惠金融信贷投放力度，其中大型商业银行普惠小微企业贷款增幅超过 40%。

6. 绿色贷款使用情况

截至 2021 年末，本外币绿色贷款余额为 15.9 万亿元，其中个人绿色贷款余额为 660 亿元。2021 年，人民银行推出了碳减排支持工具、支持煤炭清洁高效利用专项再贷款两项工具，引导更多资金投向绿色低碳领域，并积极向企业和公众倡导绿色生产生活方式、循环经济等理念，助力实现碳达峰、碳中和目标。多地积极探索推进普惠金融与绿色金融的融合发展。

7. 小微企业互联网流动资金贷款使用情况

截至 2021 年末，小微企业互联网流动资金贷款余额为 6974 亿元。数字技术正持续改变普惠金融发展方式，大型商业银行数字化转型深入推进，数字金融服务品种和服务场景日趋丰富，智能风控处理能力和处理效率持续提升，服务客户的广度和深度继续拓展；中小商业银行加快数字化发力和布局速度，逐步探索普惠金融服务模式重塑，打造具有地域、行业特色的数字普惠金融产品和服务，精准有效满足小微企业金融需求。

8. 创业担保贷款和助学贷款使用情况

截至 2021 年末，创业担保贷款余额为 2349 亿元；助学贷款余额为 1468 亿元。

9. 脱贫人口贷款使用情况

2021 年末，全国脱贫人口贷款余额为 9141 亿元；脱贫人口贷款覆盖面达 28.2%。

10. 农户生产经营贷款使用情况

截至 2021 年末，农户生产经营贷款余额为 6.84 万亿元。

11. 保险使用情况

(1) 四成左右的受访者持有商业保险产品和服务。2021 年，全国保险密度为

---

① 商业银行互联网贷款是指商业银行运用互联网和移动通信等信息通信技术，基于风险数据和风险模型进行交叉验证和风险管理，线上自动受理贷款申请及开展风险评估，并完成授信审批、合同签订、贷款支付、贷后管理等核心业务环节操作，为符合条件的借款人提供的用于消费、日常生产经营周转等的个人贷款和流动资金贷款。

② 普惠小微贷款包括单户授信小于 1000 万元的小微企业贷款、个体工商户和小微企业主经营性贷款。

3178.54元/人，保险深度为3.93%。调查显示，30~39岁受访者在所有年龄段受访者中持有商业保险产品和服务的比例相对较高，月收入2万~5万元的受访者在所有收入段受访者中持有比例相对较高，老年人、月收入3000元以下受访者持有比例相对较低，与平均水平的差距均在10个百分点以上。持有比例的城乡差距也较为明显，城镇受访者持有比例比农村受访者高10个百分点以上。在2021年新购买保险产品和服务的受访者中，以线下方式购买的比例略高于以线上方式购买，48.8%的受访者购买方式以线下居多，38.75%的受访者购买方式以线上居多，其余受访者对两种方式使用情况相当。

（2）农业保险保费较快增长。2021年，农业保险保费收入为976.02亿元。为更好更全面地推进乡村振兴和加快农业农村现代化，财政部、农业农村部、银保监会联合印发《关于扩大三大粮食作物完全成本保险和种植收入保险实施范围的通知》，进一步扩大农业保险覆盖面，提高粮食作物保障水平，稳定种粮农民收益。同时，银保监会持续强化科技赋能，推进全国农业保险承保理赔线上化工作，促进农业保险持续转型升级。各地因地制宜开展优势特色农产品保险，为当地特色农业提供保障。

（3）城乡居民大病保险保费平稳增长。2021年，城乡居民大病保险保费收入为828.27亿元。银保监会制定《保险公司城乡居民大病保险业务管理办法》，构建覆盖大病保险承保全流程、全环节的监管体系，推动城乡居民大病保险业务健康开展；鼓励和支持保险机构积极参与长期护理保险制度试点，增强参保群众的获得感和幸福感；规范保险公司城市定制型商业医疗保险业务，满足人民群众多样化、个性化的医疗保障需求。

（4）小微企业贷款保证保险保费同比下降。2021年，小微企业贷款保证保险保费收入为177亿元。

12. 资本市场使用情况

（1）小微金融债发行量基本平稳。金融管理部门持续支持商业银行发行小微金融债，拓宽小微信贷资金来源。2021年共支持41家商业银行发行小微金融债合计3420亿元，平均利率为3.34%。

（2）北京证券交易所与新三板持续增强创新型中小企业服务能力。截至2021年末，北京证券交易所上市公司82家，战略新兴产业、先进制造业、现代服务业等占比达87%；新三板挂牌公司6932家，其中中小企业6500家。全市场累计783家公司获评专精特新"小巨人"，59家成长为"单项冠军"，2017年以来65家公司获得国家科学技术奖，市场服务创新型中小企业的聚集效应初步形成。2021年，全市场发行598次，合计融资281亿元。其中，41家公司公开发行融资75亿元，532家公司定向发行融资206亿元。截至2021年末，全市场投资者超过476万人，同比增长1.9倍；北京证券交易所开市以来至2021年末，日均成交额较2021年8月新三板精选层增长3.04倍，有效提升了新三板创新层和基础层市场活力。

（3）区域性股权市场探索提升小微企业综合金融服务能力。2021年，区域性股权市场新增服务企业 12496 家,融资金额为 2448.13 亿元。截至 2021 年末,区域性股权市场共服务企业 18.68 万家,企业累计实现各类融资 1.66 万亿元;服务企业中累计转沪、深、北交易所上市 69 家,转新三板挂牌 737 家,被上市公司和新三板挂牌公司收购 58 家,改制为股份公司 5390 家。

(4) 农产品期货和期权产品数量稳步增长。2021 年,期货市场共上市 37 个农产品期货和期权产品,其中期货产品 30 个,新增 2 个;期权产品 7 个,新增 1 个。

(5) 私募股权和创业投资基金在投本金稳步增长。截至 2021 年末,私募股权和创业投资基金管理人 15012 家,在投本金 7.97 万亿元。

(二) 可得性维度

1. 银行网点可得性

全国乡镇基本实现银行业金融机构全覆盖,每万人拥有的银行网点数基本保持稳定。截至 2021 年末,全国乡镇银行业金融机构覆盖率达 98.17%;平均每万人拥有银行网点 1.55 个。人民银行等金融管理部门积极引导金融机构利用移动互联网、人工智能、大数据、影像识别等技术推动传统实体网点向智慧型网点转变,优化和改进网点布局与服务流程,提升网点营业效率。国家市场监督管理总局、国家标准化管理委员会发布实施《银行营业网点 无障碍环境建设规范》国家标准,引导银行加大营业网点无障碍环境改造升级力度,助力完善传统金融服务模式,为老年人、残障人士提供更周全、更贴心的服务。

2. ATM、联网机具可得性

全国每万人拥有的 ATM 数量有所下降,每万人拥有的联网 POS 机具数量略有增加。近年来,随着数字支付的快速发展,消费者现金使用需求有所降低,商业银行布放的传统 ATM 总数呈下降态势,但新型智能 ATM 数量及在总体机具中的占比不断增加。截至 2021 年末,平均每万人拥有 ATM 6.71 台;平均每万人拥有联网 POS 机具 275.63 台。2021 年,人民银行配合银保监会推出降低 ATM 跨行取现手续费措施,更好适应和满足消费者异地养老、医疗等领域的支付需求。

3. 助农取款点可得性

支付服务村级行政区覆盖率持续提升。截至 2021 年末,全国助农取款服务点 81.1 万个。以银行卡助农取款服务为主体的基础支付服务村级行政区覆盖率达 99.6%。2021 年,农村地区助农取款服务点共办理支付业务(包括取款、汇款、代理缴费等)合计 4.05 亿笔,金额为 3486.8 亿元,业务运行较为平稳。

(三) 质量维度

1. 消费者金融素养

深入开展金融知识普及教育,促进消费者金融素养持续提升。持续组织开展"金融消费者权益日""普及金融知识 守住'钱袋子'""金融知识普及月 金融知识进万家 争做理性投资者 争做金融好网民"活动,以多样化、喜闻乐见的形式向公众普及金融知识。充分利用数字技术赋能金融教育,推广使用"一码直达"线上金融宣传教育作品库，为公众提供免费便利的金融知识获取渠道。建立和实施消费者金融素养问卷调查制度。推动金融核心概念首次纳入义务教育课程方案和课程标准，形成中小学金融素养教育长效机制。有序推进金融教育基地建设，夯实金融教育常态化、阵地化建设。

2. 金融消费者投诉

（1）多数受访者知晓金融消费纠纷解决方式。调查显示，在遇到金融消费权益受到侵害或与金融机构发生金融消费纠纷时，61.80%的受访者表示会向金融机构投诉，58.38%的受访者表示会向金融管理部门或相关政府热线等投诉，40.26%的受访者表示会向金融消费纠纷调解组织或消费者协会等社会机构申请调解，25.61%的受访者表示会向法院起诉，还有少部分受访者不知道如何解决或选择自己承受。

（2）金融消费纠纷处理质效不断提升。2021年金融消费者投诉主要集中在银行卡、债务催收、贷款、支付结算、银行代理业务、人民币储蓄等领域。金融机构高度重视投诉处理工作，切实承担起投诉处理主体责任，在国内新冠疫情多点散发的情况下切实保障投诉渠道畅通，依法处理金融消费者投诉，及时有效回应金融消费者诉求。

（3）金融纠纷多元化解机制建设深入推进。金融管理部门持续推进金融纠纷多元化解机制建设，与最高人民法院合作建立"总对总"金融纠纷在线诉调对接机制。持续推广金融纠纷在线调解新模式，实现案件受理、视频调解、协议签署、司法确认全流程在线办理。加强金融纠纷调解区域合作，强化协同发展效应，积极服务国家战略。

3. 银行卡卡均授信额度

银行卡卡均授信额度保持增长。截至2021年末，银行卡卡均授信额度为2.63万元。

4. 信用贷款情况

农户和普惠小微信用贷款占比提升。截至2021年末，农户信用贷款比例为21.4%；普惠小微贷款中信用贷款占比为18.1%。数字赋能深入推进，以及涉农主体、小微企业缺信息缺信用等问题逐步缓解，有力支持了金融机构信用贷款投放。

5. 信用建设

（1）金融信用信息基础数据库收录的自然人、小微企业和个体工商户数量持续增长。金融信用信息基础数据库已基本覆盖各类正规放贷机构，为我国几乎所有有信贷活动的个人和企业建立了信用档案，成为世界规模最大、收录数量最多的征信系统。截至2021年末，全国金融信用信息基础数据库收录的自然人数为11.3亿人，收录的企业和其他组织数为9039.1万户；其中，收录小微企业4578万户，收录个体工商户1200.9万户。近年来，人民银行征信中心不断优化个人信用信息互联网服务平台、网银、手机银行、银联云闪付、自助查询机以及现场临柜查询等查询渠道建设，为社会公众提供更加安全便捷的查询服务；疫情期间采取有力措施保障征信服务不断档，积极开展异议处理，切实保障信息主体征信权益。

（2）开展信用评定的农户数量持续扩大。人民银行持续推动农村信用信息服务平台建设，不断扩展农户信用信息采集覆盖面，逐步纳入新型农业经营主体相关信息，推动农村信用信息共享。截至2021年末，累计为全国1.56亿农户开展信用评定，收录新型农业经营主体162.81万个。大力推进"信用户""信用村""信用乡（镇）"的评定和创建。截至2021年末，评定信用户1.07亿个、信用村24.5万个、信用乡（镇）1.29万个。同时，积极强化信用评价结果应用，对于信用评价良好的农村经济主体，在授信额度、贷款利率、贷款手续等方面给予政策倾斜，充分发挥示范效应，带动更多农村经济主体主动守信，营造诚实守信的良好信用环境。

（3）动产融资统一登记公示系统中担保人为小微企业的登记量持续增长。2021年，动产融资统一登记公示系统中担保人为小微企业的登记笔数为505.6万笔，占当年登记总量的87%。统一登记公示系统有助于促进动产资源有效转化为抵质押品，便利各类机构更好开展动产担保融资业务，解决小微企业缺乏抵质押物、融资难问题。同时，统一登记实施后，过去多头登记、查询的情况得以改变，小微企业可7×24小时在线自主办理登记、查询，登记流程简单，查询效率提高，成本明显降低。多个省市积极推动动产和权利担保统一登记工作，盘活动产资源，提升金融机构放贷意愿。

（4）企业征信市场有效助力小微企业获得融资。截至2021年末，人民银行备案的企业征信机构134家；2021年全年，备案企业征信机构累计向金融机构及商事主体提供各类征信服务103亿次。人民银行大力培育、发展企业征信市场，指导企业征信机构运用大数据、人工智能等技术，创造性地挖掘分析小微企业非信贷信用信息，创新征信产品和服务，为有效化解银企信息不对称、缓解小微企业融资难题提供征信支持。人民银行监测的7家企业征信机构数据显示，截至2021年末，7家机构累计助力310.26万户小微企业获得融资1.8万亿元；其中，信用贷款为7390.72亿元，占比为41.06%；平均贷款利率为6.6%，贷款不良率为1.17%。

（5）地方征信平台建设持续深入推进。《中国人民银行办公厅关于进一步推动地方征信平台建设的指导意见》和《中国人民银行办公厅关于进一步改善中小微企业征信服务的通知》陆续发布，指导分支机构主动与地方政府对接，配合地方政府建设地方征信平台，推进金融、政务、公用事业、商务等不同领域的信用信息共享应用，助力中小微企业融资发展。截至2021年末，全国已建成省级地方征信平台10余家。2021年各地方征信平台助力100多万户企业获得融资支持3.59万亿元。同时，人民银行指导建设"长三角征信链""珠三角征信链""京津冀征信链"，有效推进区域涉企信用信息互联互通。

6. 政府性融资担保公司服务效能

政府性融资担保公司对农户和新型农业经营主体、小微企业的融资担保直保余额增长较快。截至2021年末，全国政府性融资担保公司数量达1428家，政府性融资担保放大倍数为2.6；政府性融资担保公司直保余额达1.5万亿元，其中，农户和新型农业经营主体融资担保直保余额达4448亿元，小微企业融资担保直保余额达9414亿元。

五、中国普惠金融指标体系的结果运用

近年来,人民银行充分发挥普惠金融指标体系的牵头抓总作用,利用指标体系客观定量反映我国普惠金融发展情况,找准普惠金融发展的优势和短板,坚持正向激励与改进问题并重,为相关政策制定和评估提供重要依据,并在凝聚各部门推进普惠金融发展合力、指导地方精准施策、引领和宣传普惠金融理念和政策、提升中国普惠金融国际影响力等方面发挥了重要作用。

(一)促进加强顶层设计,为普惠金融发展规划的总结评估和下一阶段政策制定提供科学依据和决策参考

2021年,银保监会、人民银行牵头开展《规划》实施情况评估,充分使用普惠金融指标体系中的指标数据作为定量的评估依据。2016—2020年的普惠金融指标数据表明,党中央部署实施《规划》以来,我国金融服务覆盖率、可得性、满意度不断提升,已基本建成与全面建成小康社会相适应的普惠金融体系,在统筹疫情防控和经济社会发展、助力打赢脱贫攻坚战、补齐民生领域短板等方面发挥了积极作用。

《规划》到期收官后,银保监会、人民银行牵头起草《推进普惠金融高质量发展的实施意见》,作为下一阶段普惠金融发展的顶层设计。普惠金融指标数据定量反映出当前我国普惠金融发展的优势和短板,为找出下一阶段普惠金融高质量发展的重点难点提供了科学的决策依据。

(二)促进相关部委各司其职,凝聚推进普惠金融发展的"几家抬"合力

推进普惠金融发展协调机制有18个部委成员单位,涉及扶贫、小微企业、"三农"、民生等方方面面。普惠金融指标体系综合反映了普惠金融发展全貌,有利于促进相关部委分工协作,掌握和分析现状,凝聚普惠金融发展合力。例如,2017年中国人民银行发布《关于对普惠金融实施定向降准的通知》,决定对普惠金融实施定向降准政策,普惠金融领域贷款采纳了普惠金融指标体系中的创业担保(下岗失业人员)贷款和助学贷款等指标,并对小微企业贷款、农户贷款等指标进行了细化。

(三)促进各地开展普惠金融评价评估,指导地方政府和金融机构精准施策推进普惠金融发展

在人民银行的支持指导下,各地将普惠金融指标体系与当地情况有机结合,开展普惠金融发展评价评估、监督激励,促进地方普惠金融发展。例如,陕西省地方金融监督管理局和人民银行西安分行联合印发《关于开展县域普惠金融发展评估指数化工作的通知》,通过加强对普惠金融政策措施落实情况的评估,推动普惠金融发展与乡村振兴战略深度融合。人民银行长沙中心支行依据普惠金融指标体系对湖南省银行业金融机构普惠金融业务情况开展评估,表彰一批普惠金融发展先进单位,为下一步工作发展树立榜样和标杆。

(四)促进与社会各界的沟通交流,宣传普惠金融理念和政策

消保局在人民银行官方网站公开发布中国普惠金融指标年度分析报告,客观展示

中国普惠金融发展和采取的政策举措，接受社会公众的监督，回应社会各界对普惠金融发展和成效数据的关切，引发了社会舆论较多关注和积极评价。

通过综合分析普惠金融各指标情况，宣传正确的普惠金融理念，逐步纠正社会上一些将普惠金融等同于小微信贷、财政补贴等片面认识，也直观宣传了金融管理部门采取的普惠金融政策，促使社会各界从更全局视角看待普惠金融，更好理解普惠金融政策意图。例如《中国普惠金融指标体系（2022年版）》新增了绿色贷款相关指标，体现出推进普惠金融与绿色金融融合发展的政策导向。

（五）促进普惠金融国际治理，推动中国普惠金融国际影响力逐步提升

中国普惠金融指标体系充分参照了G20普惠金融指标体系，包含的三个维度完全一致，具有较好的国际可比性。在国际货币基金组织和世界银行开展的金融部门评估规划（FSAP）中，国际组织专家对中国普惠金融指标体系建设给予认可，在《中华人民共和国金融部门评估规划——普惠金融技术文本》中予以肯定。消保局还通过GPFI等国际多边机制积极介绍中国普惠金融指标体系和数据；相关国际报告（如2020年博鳌亚洲论坛发布的《亚洲金融发展报告——普惠金融篇》）对普惠金融指标数据也有所引用。

消保局通过建立中国普惠金融指标体系并公开发布中国普惠金融指标分析报告，全面客观地向国际社会展现了中国普惠金融的发展成就，得到国际社会的认可，推动中国普惠金融国际影响力稳步提升。2019年，中国被选为G20普惠金融议题改革工作的牵头国，推动数字普惠金融和中小企业融资成为G20普惠金融长期议题，顺利延续了G20杭州峰会成果。

第十五章　普惠金融、实体经济与货币政策[*]

受到普惠金融发展水平所限，同一国家的不同居民（消费者）能够享受到的金融服务存在很大的差别，这会导致他们的消费、储蓄和投资等行为存在明显的差异，从而对宏观经济的运行产生不同的影响，而相同的宏观调控政策对不同人群的实际作用也会因此存在差异。本章根据享受金融服务的程度将居民划分为全普惠、半普惠、未普惠三类，建立一个包含金融部门和实体经济的动态随机一般均衡（DSGE）模型，刻画这三类人群、金融机构和实体企业如何进行最优化决策，分析普惠金融在宏观经济运行中的作用，并使用中国数据校准模型参数，观察各经济变量对于全要素生产率冲击的反应，定量地分析普惠金融发展水平对于一国经济增长和居民长期生活水平提升的作用。同时，出于中央银行政策研究的需要，使用中国普惠金融指标体系数据对普惠金融与货币政策的关系进行实证研究，旨在进一步分析普惠金融发展对货币政策传导机制和有效性的作用。

一、文献综述

（一）金融服务可获得性与群体划分

Gali 等（2004）指出，除了能够享受各类金融服务的常规居民以外，还存在一批受到金融排斥的居民，他们不享受任何金融服务，远离金融市场，不能进行储蓄或借贷，缺乏平滑自身消费的能力，往往对物价波动十分敏感；与常规居民相比，货币政策对这类居民的作用截然不同。因此，一个国家受到金融排斥居民比例的高低对其货币政策的有效性和宏观经济的整体表现都会产生显著的影响。

事实上，随着普惠金融发展水平的变化，居民能够享受到的金融服务种类繁多，金融服务的可得性可以进一步细化为几个档次，而不是简单地"完全有"或"完全没有"。结合中国的实际情况，有关研究将社会中的居民细分为三类：第一类是全普惠人群，能够全面享受各类金融服务，包括储蓄、信贷和投资理财等；大部分城市高收入和中产居民属于这一类，他们可以进入各类金融市场，可以获取信贷用于创业，可以对实体经济进行直接投资。第二类是半普惠人群，拥有账户，能够进行储蓄，但由于缺乏投资渠道、达不到投资门槛或者自身金融素养不高等原因，难以进行直接投资，

---

[*] 本章作者：马绍刚、白当伟、汪天都、李潇潇、蒋润东、冯丝卉、茹中昊。

还面临信贷约束，能够获得的贷款额度不足以支持创业；中国传统的城市工薪阶层和有稳定收入的农村居民属于这一类，他们简单地将消费剩余的收入存入金融机构，获取利息，由金融机构统一向实体经济提供间接融资。第三类是未普惠人群，受到金融排斥，不享受金融服务，很多是在非正规部门或是封闭的"小农经济"中劳动；偏远地区、贫困地区的居民往往属于这一类，他们只是简单消费掉自己的劳动所得，没有金融类活动。一个国家的普惠金融水平由这三类人群的占比决定，全普惠人群比例越高、未普惠人群比例越低，则该国的普惠金融水平越高。

(二) 普惠金融与宏观经济

自2005年联合国首次提出普惠金融的概念以来，在实务界，普惠金融被视为促进经济增长、维护金融稳定、实现社会公平的重要方式和手段（周小川，2015；易纲，2016；刘国强，2017）。马绍刚和冯丝卉（2018）、白当伟和汪天都（2018）总结了世界各国和国际组织发展普惠金融的理念与实践，认为普惠金融可推动各国经济发展。但在理论界，普惠金融对宏观经济，尤其是经济增长、金融稳定、收入分配等方面的影响存在一定的争议。

支持普惠金融能够促进经济增长的学者（Galor和Zeira，1993；Beck等，2017；Honohan，2004）指出，将穷人和小微企业排斥在金融体系之外，会加大这些群体的流动性约束，使他们难以优化配置资源，降低了社会整体资源配置效率，不利于经济增长；普惠金融可以为这些群体提供便捷的融资渠道，有助于降低流动性约束，提高全社会资源配置效率，促进经济增长。

但另一些学者认为，发展普惠金融会加大银行对经济的影响，形成经济和金融体系对银行的过度依赖，这将会阻碍经济发展。Hellwig（1991）和Rajan（1992）发现，对银行的过度依赖会提高银行的议价能力，银行会借此向企业收取超额利息，不利于企业投资。Weinstein和Yafeh（1998）指出，银行行为具有顺周期的特征，当经济下行时，银行会紧缩贷款，这不利于经济增长和复苏。Beck（2012）发现过大的银行系统会给经济带来额外的成本。李稻葵等（2013）发现，在中国，间接融资占比较高的年份，经济增长反而下降。李涛等（2016）发现，在充分考虑内生性的情况下，大部分普惠金融指标对经济增长并没有正面影响，但有个别指标会产生负面影响。

对于普惠金融与金融稳定的关系，一些学者认为普惠金融扩大了金融市场参与者的规模，增加了金融体系的稳定性。Hanning和Jansen（2010）认为，低收入人群受经济周期影响较小，将其纳入金融体系能够增加存款和贷款的稳定性。Khan（2011）认为向农民、小微企业等提供小额贷款多样化了银行资产，可以帮助银行分散风险，从而有利于金融稳定。白当伟等（2017）从宏观、中观、微观三种传导渠道解释了普惠金融对金融稳定的正面推动效应，并运用国际数据验证了普惠金融有助于金融稳定，且金融稳定反过来也能促进普惠金融。但另一些学者认为普惠金融为农民、小微企业提供贷款会降低银行的放贷标准，增加信用风险，不利于金融稳定。Adasme等（2006）发现小企业的系统性风险显著高于大企业，因此为小企业提供金融服务不利于金融稳定。

Helms（2006）认为普惠金融通过为低收入人群提供平等发展机会帮助他们摆脱贫困。Beck等（2008）发现普惠金融可有效降低基尼系数。Bruhn和Love（2014）研究了墨西哥一家银行在各地开业这一自然试验事件，发现金融服务覆盖率的提高可以显著提高劳动力市场的活跃度和收入水平。但也有一些研究得出了不同的结论，例如Pitt和Khandker（1998）设计了一个对照试验组，发现小额信贷并不会显著地降低贫困水平。

总体来看，多数文献支持普惠金融对于经济增长、金融稳定、收入分配有正面作用，但对普惠金融与宏观经济、实体经济之间的关系以及相互作用的机制仍存在一定的争论，因此有必要继续进行深入研究。

（三）普惠金融与货币政策

目前关于普惠金融与货币政策的研究主要分为两类：一类是普惠金融发展水平对货币政策制定的影响，另一类是货币政策对普惠金融的影响。

一些学者认为，受到金融排斥的消费者既不储蓄，也不借贷，仅仅消费他们的劳动收入，这类人群会降低货币政策的有效性，因此普惠金融发展程度不高的地区应采取被动的货币政策。Gali等（2004）将被金融排斥的人群融入新凯恩斯黏性价格模型，将这类群体称为"经验规则"消费者（Rule-of-thumb Consumers），并展示了在不同货币政策下，这类消费的存在是如何对经济产生影响的：泰勒规则产量参数值的稳定性和独特性很大程度上取决于能够进入金融市场的家庭比例；如果"经验规则"消费者比例过大，中央银行应采取被动规则，只对预期通胀作出响应。Bilbiie（2008）构建了一个有限参与的金融市场框架，如果金融排斥家庭的比例特别高，泰勒规则中货币膨胀对名义利率的影响将不再是一对一的，甚至可能是反向的；在这种情况下，需要选择一个被动的货币政策规则。Motta和Tirelli（2010）进一步发现，将习惯的一致性纳入效用函数后，即使存在黏性工资，货币政策无效。Mehrotra和Yetman（2014）发现产出波动率与通胀波动率之比与普惠金融水平正相关，当产出波动时，已普惠家庭能通过运用金融工具平滑消费，但很难应对价格波动带来的损失，故他们更能接受产出波动而非价格波动；相反，未普惠家庭更能接受价格波动而非产出波动，故随着普惠金融水平的提升，货币政策应更加关注稳定价格。

而另一些学者认为，货币政策有效性与普惠金融发展程度无关。Di Bartolomeo和Rossi（2007）发现普惠金融水平较低并不会像想象中的那样将货币政策有效性降低很多，因为未普惠家庭的消费需求对收入更敏感，货币政策会影响已普惠家庭的消费和未普惠家庭的收入，这创造了一个间接的政策传导渠道。Colciago等（2011）认为有限的资本市场参与并不会对最优货币政策的制定产生太大影响，而且无论资本市场的参与程度如何，最优利率规则总是有效的。Ascari等（2011）进一步发现黏性工资是维持泰勒规则确定性的重要因素，在价格黏性存在的情况下，泰勒规则会恢复有效性。

国内文献更多地关注货币政策对普惠金融的影响。王婧等（2013）通过实证检验发现，准备金调整越频繁，越不利于普惠金融水平的提升，他们认为货币政策调控不利于普惠金融发展。蔡洋萍（2015）使用湖南、湖北、河南三省的数据，也得出类似的结论。马理等（2015）以农业贷款作为定向降准政策的代表性调控目标，发现当央行实施定向降准释放流动性时，商业银行不会直接增加农业贷款，而是依据农业贷款和非农业贷款所能带来的收益选择是否增加农业贷款。张景智（2016）提供的实证结果则表明，尽管定向降准等新型货币政策工具在推出之初仍存在一定的传导时滞，但确实起到了引导信贷资金流向"三农"、小微等领域的作用。

反过来看，围绕普惠金融发展水平对货币政策制定的影响，国内文献还关注得不够，因此有必要在国外文献的基础上，使用国内数据进一步开展研究，从而为中国的货币政策制定提供参考。

二、DSGE 模型的构建

（一）三类人群

考虑一个封闭经济体，将全部居民划分为三类：全普惠人群、半普惠人群、未普惠人群，三类人群在社会中的占比分别是 b_1、b_2、b_3，即

$$b_1 + b_2 + b_3 = 1$$

居民的效用函数是简单常见的对数效用函数：

$$U(C,L) = \gamma \ln C_t + (1 - \gamma) \ln L_t$$

式中，C 是消费，L 是闲暇，γ 是居民对消费的偏好系数（$0 < \gamma < 1$）。

居民跨期最大化自身的总效用：

$$\max E_t \sum_{t=0}^{\infty} \beta^t U(C_t, L_t)$$

式中，β 是跨期贴现因子（$0 < \beta < 1$）。

将居民可支配的总时间标准化为 1，则其受到时间约束：

$$L_t + N_t = 1$$

式中，N 是劳动时间。

全普惠人群（变量上标为 1）拥有账户，可以享受储蓄服务[①]；同时可以进行直接投资，获得投资回报。全普惠人群的预算约束由下式给出：

$$P_t(C_t^1 + I_t^1) + S_t^1 = W_t(1 - L_t^1) + R_{t-1} S_{t-1}^1 + F_t K_{t-1}^1 \quad (15-1)$$

式中，P 是价格水平，I 是投资，S 是储蓄，W 是劳动工资，F 是资本回报率，K 是资本持有量，R 是储蓄利率[②]。为了简化模型，将价格水平标准化：

[①] 为简化模型，此处不考虑个人贷款，但在后面会考虑企业贷款，也就是将居民抽象为储蓄的净提供者，将企业抽象为储蓄的净使用者，这与大多数文献的设定保持一致。或者也可以将个人贷款设想成负的储蓄，但总储蓄永远为正，否则无法为企业提供贷款。

[②] 储蓄利率通常以存入时的利率为准，因此使用 R_{t-1}。考虑到一些国家有浮动利率储蓄产品，笔者也尝试使用 R_t，发现对模型推导和主要结论不会产生明显的影响。此外，这里的利率含本金（视为1），因此通常 R 大于1。

$$P_t = 1$$

因此在后续理论模型中不再考虑价格因素。

全普惠人群能够以资本的方式积累财富,同时根据收入平滑消费,由资本积累方程可计算居民持有的总资本:

$$K_t^1 = (1-\delta) K_{t-1}^1 + b_1 I_t^1 \quad (15-2)$$

式中,δ 是资本折旧率 $(0 < \delta < 1)$。

由全普惠人群优化问题的一阶条件可知消费和闲暇的边际替代率等于闲暇的单位机会成本:

$$(1-\gamma) C_t^1 / (\gamma L_t^1) = W_t \quad (15-3)$$

同时消费的跨期边际替代率等于投资的边际收益率:

$$C_{t+1}^1 / C_t^1 = \beta (F_{t+1} + 1 - \delta) \quad (15-4)$$

或储蓄的边际收益率为

$$C_{t+1}^1 / C_t^1 = \beta R_t \quad (15-5)$$

半普惠人群(变量上标为2)拥有账户,可以享受储蓄服务,但由于缺乏投资渠道、达不到投资门槛或者自身金融素养不高等种种原因,无法进行直接投资。半普惠人群的预算约束由下式给出:

$$C_t^2 + S_t^2 = W_t (1 - L_t^2) + R_{t-1} S_{t-1}^2 \quad (15-6)$$

类似地,由半普惠人群优化问题的一阶条件可知:

$$(1-\gamma) C_t^2 / (\gamma L_t^2) = W_t \quad (15-7)$$

$$C_{t+1}^2 / C_t^2 = \beta R_t \quad (15-8)$$

未普惠人群(变量上标为3)没有储蓄账户,不享受金融服务,难以平滑自己的消费,而是简单地消费掉所有的工资收入①,其预算约束由下式给出:

$$C_t^3 = W_t (1 - L_t^3)$$

由未普惠人群优化问题的一阶条件可知:

$$C_t^3 = \gamma W_t \quad (15-9)$$

$$L_t^3 = 1 - \gamma \quad (15-10)$$

综合三类人群,可以获得全社会的总消费和总劳动:

$$C_t = b_1 C_t^1 + b_2 C_t^2 + b_3 C_t^3 \quad (15-11)$$

$$N_t = b_1 (1 - L_t^1) + b_2 (1 - L_t^2) + b_3 (1 - L_t^3) \quad (15-12)$$

而社会总储蓄来源于全普惠和半普惠人群:

$$S_t = b_1 S_t^1 + b_2 S_t^2 \quad (15-13)$$

---

① 这是因为在无法获得储蓄或投资回报的情况下,由于贴现因子小于1,未普惠人群总是偏好于当期消费而非推迟消费。有一些文献将此类人群称为"非李嘉图经济主体"。

（二）金融机构

金融机构将吸收的居民存款用于企业贷款，金融机构选择贷款投放率（将存款转化为贷款的比例）q，最大化利润为

$$\max \pi(q_t) = E_t \left[A_t^f S_t q_t F_{t+1} - S_t(R_t - 1) - \frac{h}{A_t^f(1-q_t)} \right]$$

式中，A^f 代表金融机构的经营效率，体现在贷款业务收入和风险控制两个方面；等式最后一项是金融机构因流动性风险可能遭受的挤兑等损失，h 是流动性风险因子（h 越大则风险越高），金融机构的风控水平（也由 A^f 体现）和流动性储备 $(1-q)$ 有助于覆盖和化解风险。①

假设金融机构的经营效率与全要素生产率 A 正相关，即

$$A_t^f = g A_t \tag{15-14}$$

式中，g 是金融科技转化因子（$0 < g < 1$），代表社会总体的技术水平对金融机构经营效率的贡献程度。

由金融机构优化问题的一阶条件可知：

$$q_t = 1 - (\sqrt{h/S_t F_{t+1}} / A_t^f) \tag{15-15}$$

将式（15-13）和式（15-14）代入式（15-15），可得

$$q_t = 1 - \frac{1}{g A_t} \sqrt{\frac{h}{(b_1 S_t^1 + b_2 S_t^2) F_{t+1}}}$$

可以看出贷款投放率 q 与普惠金融水平参数 b_1 和 b_2 正相关，与金融科技转化因子 g 正相关，与流动性风险因子 h 负相关。于是可得以下命题：

命题：随着居民普惠金融水平的提高，金融机构对企业的放贷意愿（贷款投放率）会提升。

社会总信贷 D 为

$$D_t = S_t q_t \tag{15-16}$$

金融机构的贷款进入实体企业转化为资本：

$$D_t = K_t^0 \tag{15-17}$$

这部分资本也使用类似的积累方程：

$$K_t^0 = (1-\delta) K_{t-1}^0 + I_t^0 \tag{15-18}$$

式中，I_t^0 是当期新增的贷款投资（企业间接融资），而直接投资（企业直接融资）则来源于全普惠人群，因此社会总投资等于二者之和，即

$$I_t = I_t^0 + b_1 I_t^1 \tag{15-19}$$

社会总资本是

$$K_t = K_t^0 + K_t^1 \tag{15-20}$$

---

① 为简化模型，这里假设贷款回报率等于资本回报率，同时忽略了金融机构的劳动力成本。

（三）实体企业

假设企业在完全竞争的环境下使用柯布—道格拉斯生产函数生产同质产品，则产量为

$$Y_t = A_t K_{t-1}^{\alpha} N_t^{1-\alpha} \quad (15-21)$$

式中，a 是产出对资本的弹性系数（$0 < a < 1$）；假设规模报酬不变，则产出对劳动的弹性系数为 $1 - a$。假设积累的资本需要一期的转化时间才能投入生产，因此这里使用 K_{t-1}。[①]

企业最大化利润为

$$\max \pi(K, N) = Y_t - F_t K_{t-1} - W_t N_t$$

由企业优化问题的一阶条件，可知：

$$W_t = (1 - \alpha) Y_t / N_t \quad (15-22)$$

$$F_t = \alpha Y_t / K_t \quad (15-23)$$

而市场出清意味着：

$$Y_t = C_t + I_t \quad (15-24)$$

对全要素生产率施加持续的冲击：

$$\ln A_t = \rho_A \ln A_{t-1} + \varepsilon_t \quad (15-25)$$

最终的模型中共有 25 个内生变量（$Y_t, A_t, A_t^f, W_t, R_t, q_t, F_t, C_t, S_t, D_t, K_t, N_t, I_t, C_t^1, C_t^2, C_t^3, I_t^1, I_t^0, S_t^1, S_t^2, K_t^1, K_t^0, L_t^1, L_t^2, L_t^3$），根据式（15-1）至式（15-25）这 25 个方程，我们使用 Dynare 软件编程验证了模型存在一个稳态。

（四）模型校准

我们使用中国数据对模型进行了校准，参数的取值（见表 15-1）参考了相关文献，其中，产出对资本的弹性、贴现因子、消费偏好参数、资本折旧率等均为相关研究中的常见取值。

表 15-1　　　　　　　　　　模型校准参数表

参数	含义	取值
a	产出对资本的弹性	0.333
β	贴现因子	0.997
γ	消费偏好参数	0.4
δ	资本折旧率	0.06
b_1	全普惠人群占比	0.46
b_2	半普惠人群占比	0.34
b_3	未普惠人群占比	0.2

[①] 这种假设在相关文献中很普遍，例如 Mehrotra 和 Yetman（2014）。我们也尝试使用 K_t，发现对模型推导和主要结论不会产生明显的影响。

续表

参数	含义	取值
g	金融科技转化因子	0.8
h	金融机构流动性风险因子	0.02
ρ_A	全要素生产率冲击的持久性	0.95
σ_A	全要素生产率冲击的标准差	0.01

根据世界银行全球普惠金融调查 2017 年的数据，中国有 80% 的成年人至少拥有一个账户。假设拥有账户即意味着可以享受储蓄服务，那么中国的未普惠人群占比为 20%，故 b_3 的取值为 0.2。

根据中国人民银行发布的《2017 年中国普惠金融指标分析报告》，全国平均有 46% 的成年人购买过投资理财产品。假设购买过投资理财产品意味着拥有直接投资渠道，可以享受资本回报率，那么中国的全普惠人群占比为 46%，故 b_1 的取值为 0.46。

除去全普惠人群和未普惠人群之外的即为半普惠人群，故 b_2 的取值为 0.34。

金融科技转化因子 g 和金融机构流动性风险因子 h 的取值是利用中国近年来的存贷款余额等数据校准获得，与中国的实际情况拟合度较高。

(五) 冲击响应

有了各参数的校准值，就可以观察各宏观经济变量对全要素生产率冲击的响应情况。

面对持续的冲击带来的工资水平的提升（见图 15-1），全普惠和半普惠人群通过减少闲暇时间（见图 15-2），提高劳动时间，来进一步提高工资收入，从而为消费、储蓄和投资增长提供资金。资本回报率在短期内会显著上升（见图 15-3），激发全普惠人群和金融机构的投资意愿。从长期来看，资本回报率会逐步下降，并恢复至相对

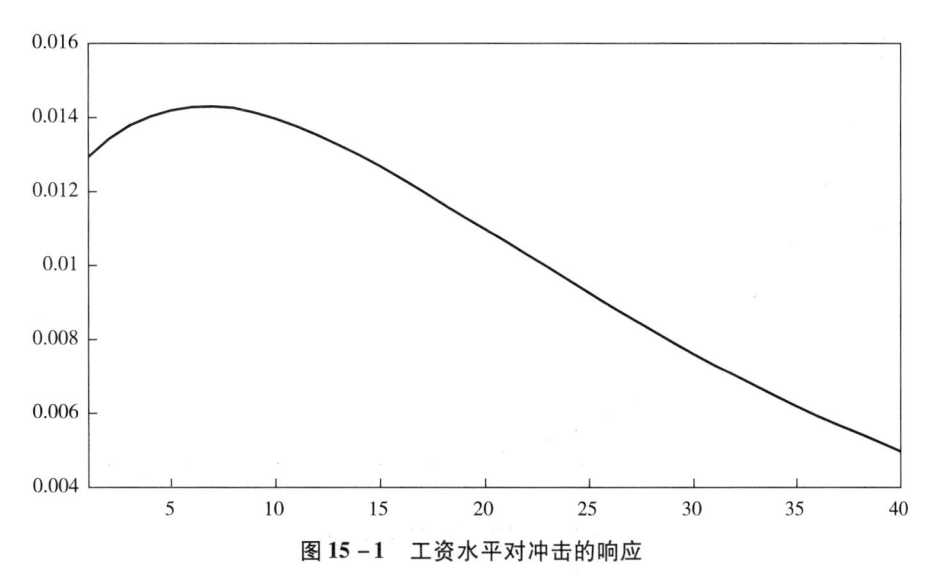

图 15-1 工资水平对冲击的响应

稳定的水平。未普惠人群的劳动时间保持不变，仅仅是从工资水平提升中获得收入增加，会在短期大幅增加消费（见图15-4），而不是跨期平滑消费。全普惠和半普惠人群要将一部分收入用于投资或储蓄，因此在短期内消费增长幅度小于未普惠人群，但在长期会反超，并且更加持久；这两类人群在积累了一定财富之后，其闲暇时间从长期来看反而会增加，并且全普惠人群增幅更大。总体来看，普惠金融水平较高的人群更容易实现财富积累和长期生活水平的提升。

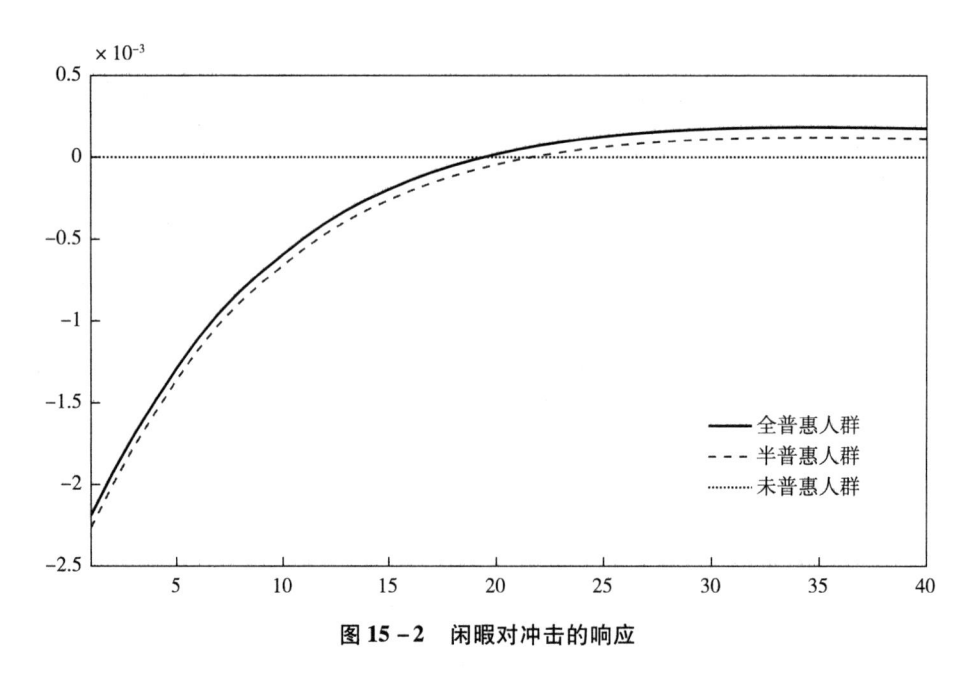

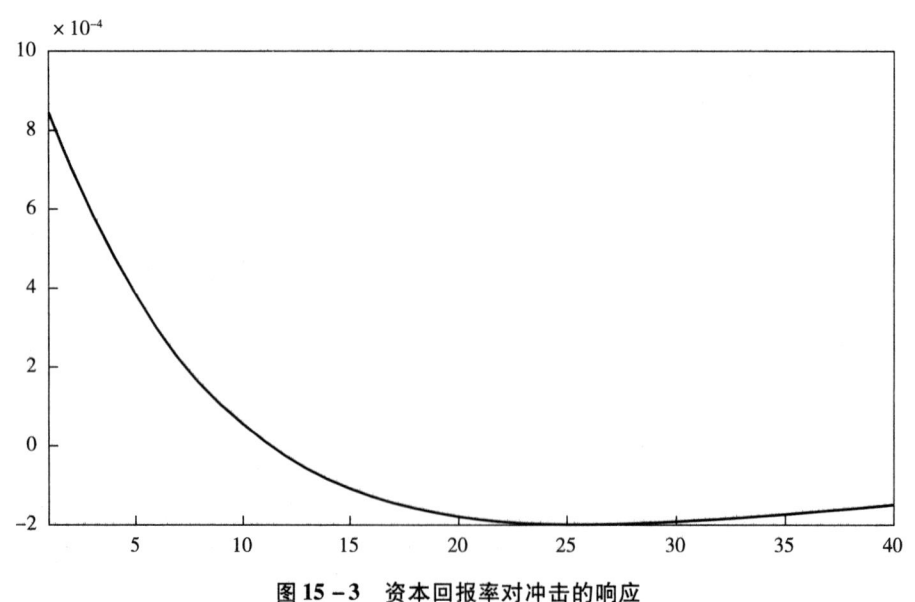

图15-2 闲暇对冲击的响应

图15-3 资本回报率对冲击的响应

图 15-4 消费对冲击的响应

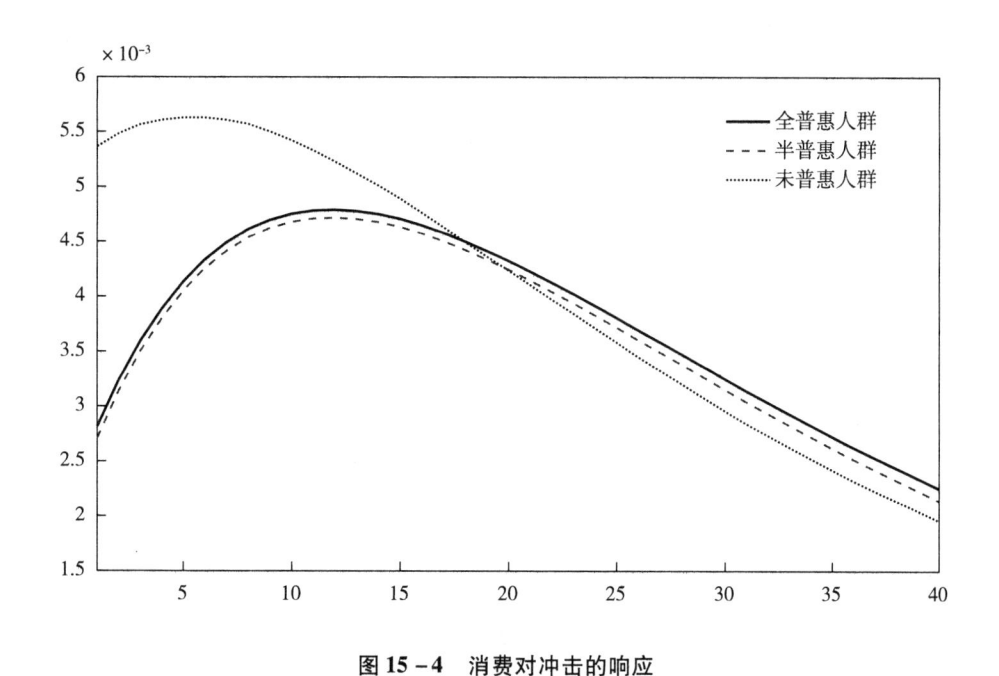

为了比较不同普惠金融发展水平对宏观经济的作用,我们在保持其他参数不变的情况下,参考世界银行 2017 全球普惠金融调查数据,在中国校准值之外(代表中普惠金融水平),引入了高普惠金融水平和低普惠金融水平的取值,观察全要素生产率的冲击响应。

表 15-2 普惠金融水平与三类居民占比的参数取值

普惠金融水平	三类居民占比			代表性国家
	b_1	b_2	b_3	
高	0.70	0.29	0.01	日本
中	0.46	0.34	0.20	中国
低	0.10	0.50	0.40	印度尼西亚

面对持续的冲击,普惠金融水平较高的国家总劳动时间在短期增加较多,在长期减少较多(见图 15-5);总消费在短期增加较少,在长期增加较多(见图 15-6)。这意味着在较高的普惠金融水平下,居民更容易通过短期的勤劳和节俭,来获取长期的闲暇和富裕。普惠金融水平较高国家的总投资和总产出的增长也较多(见图 15-7 和图 15-8),而普惠金融水平较低国家的新增收入多用于短期消费,不利于资本的长期积累。因此,通过这样一个宏观路径,普惠金融对经济增长和居民长期生活水平的提升有显著的促进作用。

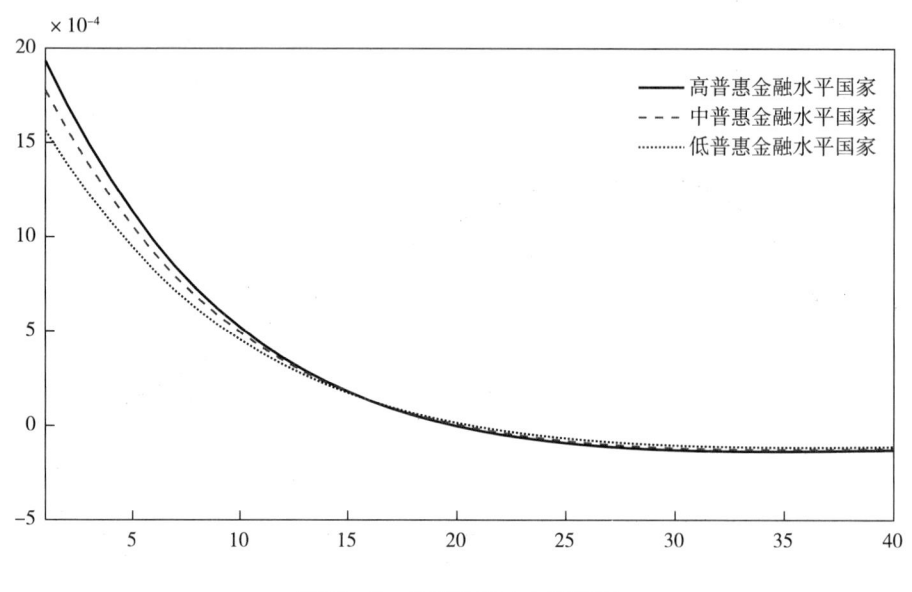

图 15-5　总劳动对冲击的响应

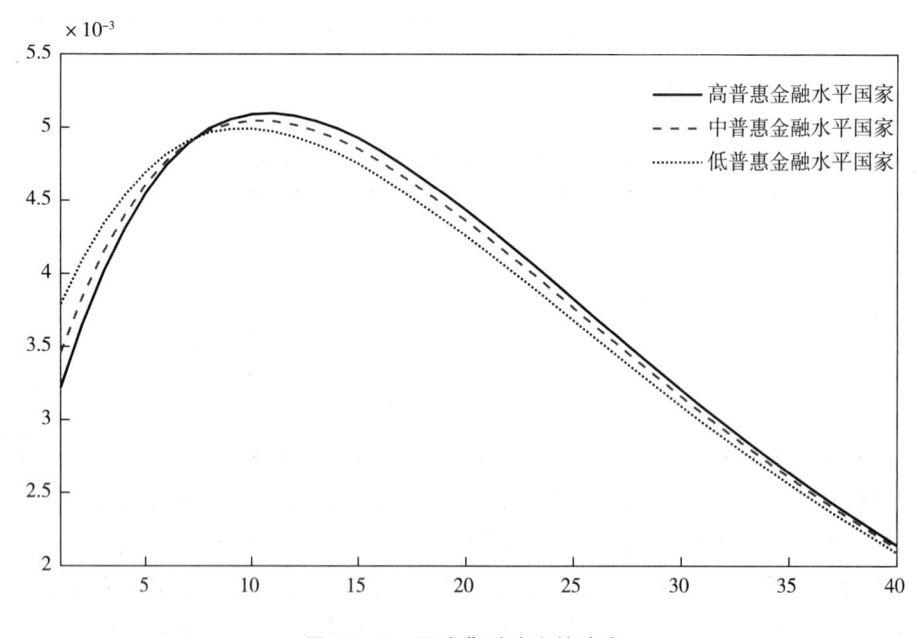

图 15-6　总消费对冲击的响应

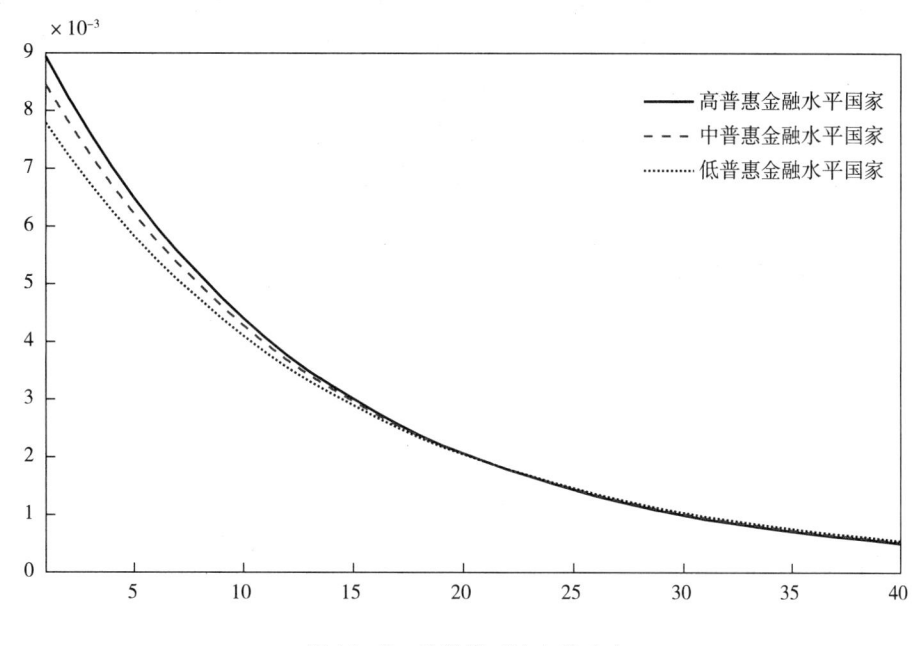

图 15-7 总投资对冲击的响应

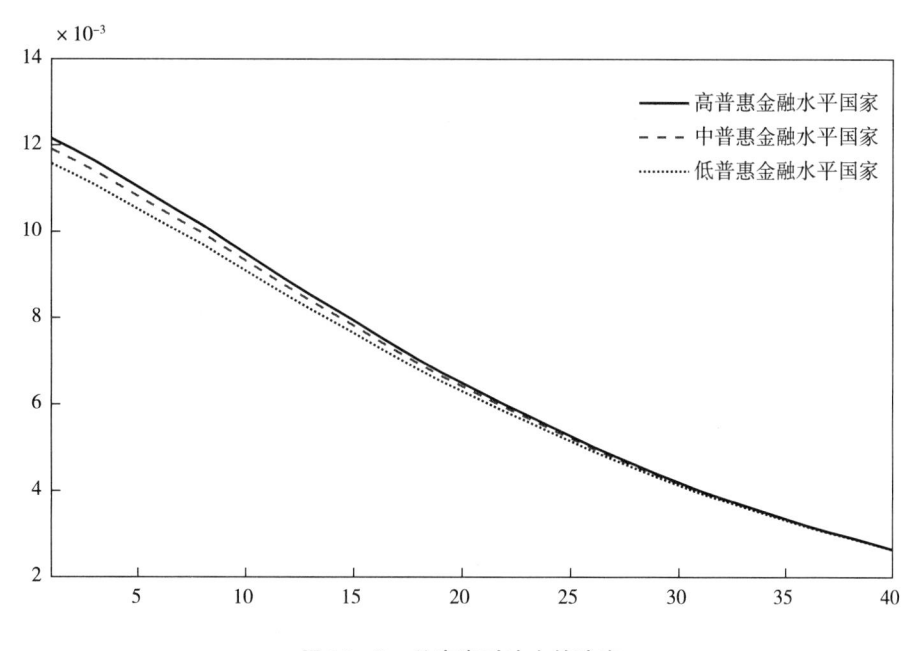

图 15-8 总产出对冲击的响应

从金融业的视角来看，面对持续的全要素生产率冲击，普惠金融水平较高的国家总储蓄（存量）的增长较多（见图 15-9），资本积累速度较快；金融科技水平的提升带来了金融机构经营效率的进步，存款的增加也提升了金融机构抵御流动性风险的能力,再加上资本回报率的提升,这些都激发了金融机构的放贷意愿,提高了贷款投放率(见图 15-10);并且在普惠金融水平较高的国家,贷款投放率提升较多。总储蓄的增加和贷款投放率的提升同时促进了总信贷的增加(见图 15-11);在普惠金融水平较高的国家,总信贷增加较多,金融业更加发达,对实体经济的支持力度更大。因此,普惠金融对金融业和整个实体经济的发展有显著的促进作用。

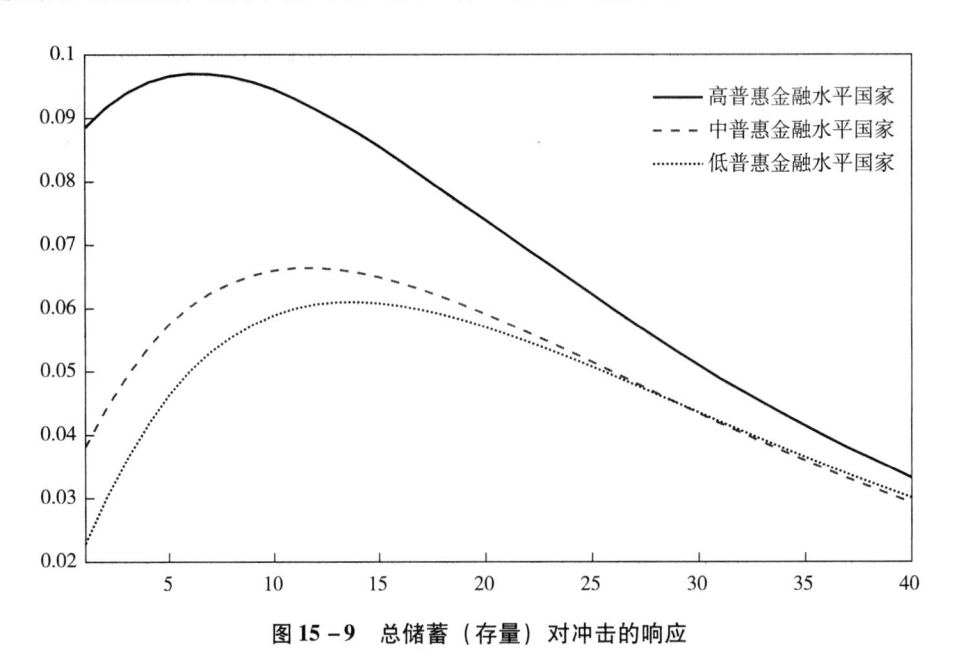

图 15-9 总储蓄(存量)对冲击的响应

图 15-10 贷款投放率对冲击的响应

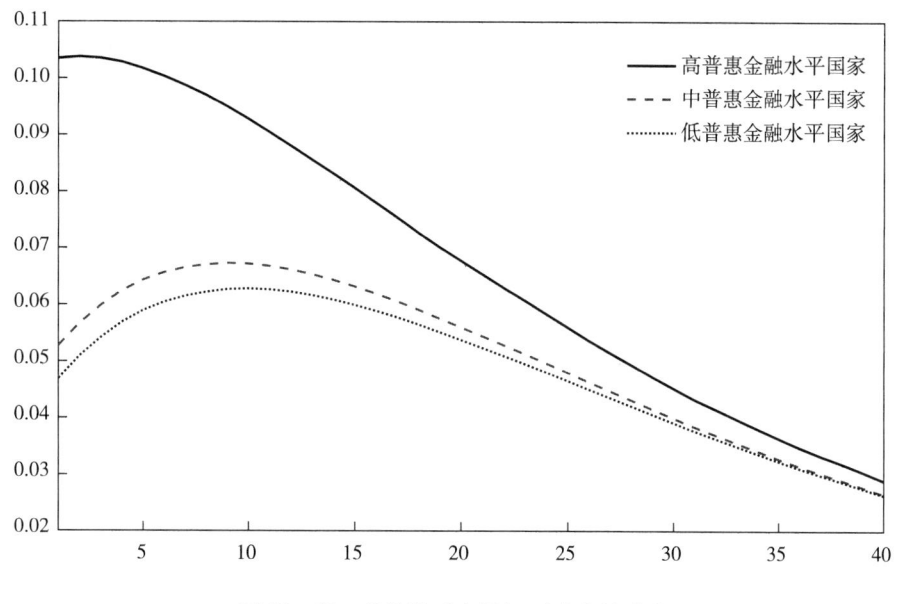

图 15-11　总信贷（存量）对冲击的响应

三、基于 DSGE 模型的实证研究

为了对普惠金融开展实证研究，学者寻找了很多指标来度量普惠金融水平。Mehrotra 和 Yetman（2014）在跨国研究中使用账户拥有率作为普惠金融的代理变量。焦瑾璞等（2015）构建了中国普惠金融发展指数，对各省的普惠金融发展水平进行了定量测算和比较。余文建（2017）总结了国际普惠金融指标体系的构建经验，介绍了中国人民银行构建的中国普惠金融指标体系，并强调了账户拥有率对普惠金融的重要性。本章根据理论部分对三类人群的定义，综合考虑相关文献和数据可得性因素，在跨国研究中使用账户拥有率，在国内省际研究中使用普惠金融指数。

（一）普惠金融与实体经济

根据命题，随着社会中全普惠人群或者半普惠人群的比例提高（普惠金融水平提高），贷款投放率会相应提高，金融业对实体经济的支持力度变大。因此，可以提出：

假设 1：控制其他因素不变，全普惠人群或半普惠人群的比例越高，金融机构贷款投放率越高。

为了检验实证结果是否与理论模型的预测相符，我们使用世界银行全球普惠金融数据库提供的 183 个国家的普惠金融数据配合国际货币基金组织发布的宏观经济数据进行实证分析。Global Findex 从 2011 年开始每 3 年采集一次数据，现有 2011 年、2014 年、2017 年共 3 个年份的数据。

这里的被解释变量是贷款投放率，根据理论模型中的定义，也就是贷款余额与存款余额的比值；解释变量是普惠金融水平，根据全普惠人群和半普惠人群的定义，使用账户拥有率作为代理变量；控制变量选择贷款利率、实际 GDP 增长率、通货膨胀指数、进口额占 GDP 的比例。变量详细定义见表 15-3，描述性统计见表 15-4。回归方程如下：

$$LS_{i,t} = C + \beta \times FI_{i,t} + \gamma_1 \times LR_{i,t} + \gamma_2 \times GR_{i,t} + \gamma_3 \times IF_{i,t} + \gamma_4 \times IM_{i,t} + \varepsilon_{i,t}$$

表 15-3　　　　　　　　　　　　变量定义

变量	定义
LG	国内贷款余额占 GDP 的比例，数据来源于世界银行数据库。
SG	国内存款余额占 GDP 的比例，数据来源于世界银行数据库。
LS	贷款余额与存款余额之比，由 L/S 计算而得，取对数。
FI	15 岁以上人口的账户拥有率，数据来源于世界银行数据库。
LR	贷款利率，数据来源于世界银行数据库。
GR	实际 GDP，根据名义 GDP 与 GDP 平减指数计算，数据来源于国际货币基金组织数据库。
IF	通货膨胀指数，数据来源于国际货币基金组织数据库。
IM	进口额占 GDP 的比例，数据来源于世界银行数据库。

表 15-4　　　　　　　　　　　　描述性统计

变量	中位数	最大值	最小值	均值	标准差
LS	0.9617	4.9040	-4.6598	0.8927	1.0572
FI	51.3462	100	0.4049	54.7360	29.5898
LR	10.2947	60	0.5	11.7296	8.1080
GR	0.3488	180.5073	0.0003	4.4969	16.9434
IF	116.729	3.19E+13	0	1.709E+11	2.153E+12
IM	40.8910	212.8855	0.1009	47.0679	27.3502

由回归结果（见表 15-5）可以看出，在未设置控制变量时，普惠金融水平 FI 的系数显著为正。在加入了控制变量后，其系数仍然显著为正，这说明普惠金融水平对贷款投放率有显著的正向影响。因此接受假设 1。控制变量中只有进口额占 GDP 的比例较为显著，一种解释是进口较多的国家通常是外向型经济，金融机构往往更为活跃。

表 15-5　　　　　　普惠金融水平对贷款投放率影响的回归结果

变量	(1)	(2)	(3)	(4)	(5)	(6)
FI	0.0119*** (7.1144)	0.0093*** (3.3510)	0.0112*** (6.1625)	0.0088*** (3.0818)	0.0087*** (3.0191)	0.0074** (2.5266)
IR	—	-0.0112 (-1.2863)	—	-0.0141 (-1.4360)	-0.0156 (-1.5370)	-0.0149 (-1.4869)
GR	—	—	-0.1397 (-0.1939)	—	-0.5784 (-0.6094)	-0.6924 (-0.7354)

第十五章 普惠金融、实体经济与货币政策

续表

变量	(1)	(2)	(3)	(4)	(5)	(6)
IF	—	—	—	2.15E–14 (0.8592)	2.35E–14 (0.9298)	3.07E–14 (1.2133)
IM	—	—	—	—	—	0.0057** (2.1877)
C	0.2456** (2.2977)	0.5780*** (2.7051)	0.2715** (2.3088)	0.6338*** (2.7844)	0.6724*** (2.8417)	0.4725* (1.8781)
R^2	0.1221	0.0821	0.1057	0.0847	0.0864	0.1082

注：***、**、*分别表示系数在1%、5%、10%显著性水平下显著，括号内数字为回归结果的t统计值。

（二）普惠金融与货币政策

为了满足政策研究的需要以及补上相关文献的不足之处，我们也关注普惠金融对货币政策的影响，并将其作为一个相对独立的子课题。

由于三类人群的差异，相同的货币政策可能对于普惠金融水平不同的地区产生不同的效果。普惠金融水平越高的地区，被纳入金融体系的个人和企业越多，货币政策传导渠道也越通畅，从而有利于提升货币政策的有效性，实现货币政策目标。降低通胀波动率是货币政策关注的重要目标之一，可以提出以下假设：

假设2：控制其他因素不变，在相同的货币政策下，普惠金融水平越高的地区，通胀波动率越低。

本章构建了普惠金融指数，用于衡量中国各省份的普惠金融水平，并使用省际数据检验假设2在中国是否成立。[①] 普惠金融数据的来源为中国人民银行建立的中国普惠金融指标体系，具备一定的权威性。该数据从2016年开始统计，目前还是内部未公开的数据。中国普惠金融指标体系共含有51项普惠金融指标，全部在普惠金融指数中得到体现，下面简要介绍指数的构建方法。

由于各普惠金融指标量纲和数量级不同，先对各指标取对数，并进行0–1标准化处理，公式如下：

$$Z_{ij} = \frac{\ln X_{ij} - \ln X_{\min}}{\ln X_{\max} - \ln X_{\min}} \text{ 正向指标}$$

$$Z_{ij} = \frac{\ln X_{\max} - \ln X_{ij}}{\ln X_{\max} - \ln X_{\min}} \text{ 反向指标}$$

式中，X_{ij}为第j项指标下第i个评价对象取值，$X_{\max}$为指标取值范围内最大值，$X_{\min}$为指标取值范围内最小值，Z_{ij}为标准化后的值。第i个评价对象普惠金融指数采用加权算术

[①] 一方面，国内的金融机构可以将存款和贷款跨省调配，本省存款未必用于投放本省贷款，因此不能使用省际数据对假设1进行检验。另一方面，由于各国的货币政策不同，不能使用跨国数据对假设2进行检验，否则无法区分到底是普惠金融的作用还是由于各国货币政策本身的目标或制定水准存在差异。

平均法，公式为

$$FI_i = \sum_{j=1}^{n} W_j Z_{ij}$$

式中，W_j 为各指标权重，通过层次分析法来确定。层次分析法是定量与定性相结合的方法，被广泛应用于经济分析和政策评价等领域，基本思路为将复杂问题转换为递阶层次结构，并对要素两两比较构建判别矩阵，进一步计算得出要素权重。在计算指数时，将全国平均水平的普惠金融指数设为100。表15-6给出了2016年和2017年各省普惠金融指数的计算结果。

表 15-6　　　　　　　　中国各省份的普惠金融指数

省份	2017年	2016年	省份	2017年	2016年	省份	2017年	2016年
北京	124.99	113.24	安徽	89.06	79.12	四川	94.81	95.08
天津	104.01	101.85	福建	117.04	115.86	贵州	86.80	84.96
河北	78.63	84.63	江西	91.58	83.71	云南	87.32	81.96
山西	89.37	91.95	山东	90.88	94.54	西藏	63.26	56.62
内蒙古	92.06	106.49	河南	85.25	80.53	陕西	101.08	98.85
辽宁	88.61	98.95	湖北	96.19	86.85	甘肃	103.34	93.55
吉林	103.00	88.01	湖南	88.03	84.65	青海	84.25	77.42
黑龙江	90.55	72.98	广东	98.93	95.80	宁夏	101.47	102.60
上海	116.24	113.64	广西	89.67	78.74	新疆	69.77	79.47
江苏	102.13	108.80	海南	85.45	82.72			
浙江	132.06	126.20	重庆	105.10	92.75			

有了普惠金融指数度量普惠金融水平，就可以进行回归分析。被解释变量为通胀波动率，解释变量为普惠金融水平，控制变量包括实际GDP增长率、城镇登记失业率、存款余额占GDP的比例、贷款余额占GDP的比例、进口额占GDP的比例。实际GDP增长率和失业率用于控制经济增长的影响，存款余额、贷款余额占GDP的比例用于控制金融深度的影响，进口额占GDP的比例用于控制国外通胀的影响。

普惠金融数据包括2016年和2017年两年，2016年普惠金融指数对应的通胀波动率为2003—2016年，2017年普惠金融指数对应的通胀波动率为2004—2017年，其余控制变量均为对应各年的平均值。变量详细定义见表15-7，描述性统计见表15-8。回归方程如下：

$$\text{VaRCPI}_{i,t} = C + \beta \times FI_{i,t} + \gamma_1 \times GR_{i,t} + \gamma_2 \times UE_{i,t} + \gamma_3 \times LG_{i,t} + \gamma_4 \times SG_{i,t} + \gamma_5 \times IM_{i,t} + \varepsilon_{i,t}$$

从回归结果可以看出（见表15-9），普惠金融指数 FI 的系数在两次回归下均显著为负，说明其对通胀波动率有着显著的负向影响。对此，一种直观的解释是当更多人群被纳入金融体系后，货币政策的传导机制会更畅通，货币政策的目标更容易实现。

因此接受假设2。

表15-7　变量定义

变量	定义
CPI	消费价格指数，数据来源于国家统计局。
VarCPI	CPI的对数波动率，用CPI的方差计算，再取对数。
FI	普惠金融指数，数据来源于中国人民银行。
GR	实际GDP增长率，数据来源于国家统计局。
UE	城镇登记失业率，数据来源于国家统计局。
SG	存款余额占GDP的比例，数据来源于万得数据库。
LG	贷款余额占GDP的比例，数据来源于万得数据库。
IM	以经营单位所在地划分的进口额占GDP的比例，数据来源于万得数据库。

表15-8　描述性统计

变量	中位数	最大值	最小值	均值	标准差
VarCPI	-7.9121	-7.2551	-8.7055	-7.8944	0.2985
FI	91.7672	132.0599	56.6175	93.6037	14.4330
GR	0.0262	0.0497	-0.0011	0.0264	0.0098
UE	0.0361	0.0434	0.0149	0.0353	0.0058
LG	1.1022	2.4003	0.7220	1.1638	0.3617
SG	1.5851	4.6857	0.8875	1.6576	0.6995
IM	0.0084	0.1575	0.0019	0.0217	0.0328

表15-9　普惠金融水平对通胀波动率影响的回归结果

变量	(1)	(2)	(3)
FI	-0.0065***	-0.0067***	-0.0063**
	(0.0024)	(0.0023)	(0.0027)
GR	11.6338***	9.8733***	9.4776**
	(3.2797)	(3.2675)	(3.5572)
UE		-13.3795**	-13.9984**
		(5.9947)	(6.3981)
SG	-0.4367***	-0.5406***	-0.5262***
	(0.0890)	(0.0978)	(0.1101)
LG	0.8947***	0.9867***	0.9892***
	(0.1928)	(0.1909)	(0.1927)
IM			-0.5366
			(1.8195)
C	-7.9823***	-7.3766***	-7.3951***
	(0.2213)	(0.3456)	(0.3541)
R^2	0.4676	0.5111	0.5119

注：表中***、**和*分别表示系数在1%、5%和10%显著性水平上显著，括号内数字为回归结果的t统计值。

从控制变量来看，实际 GDP 增长率的系数均显著为正，失业率的系数均显著为负——经济繁荣有利于物价稳定。存款余额占 GDP 的比例的系数均显著为负——存款余额占比越大，游离于金融体系外的货币越少，有利于货币政策实现价格稳定的目标。贷款余额占 GDP 的比例的系数均显著为正——贷款余额占比过大，容易产生过度投资行为，不利于物价稳定。进口额占 GDP 的比例的系数不显著。综上所述，控制变量的系数均可以找到合理的解释。

四、主要结论与政策建议

（一）主要结论

本章根据享受金融服务水平的不同将居民分为全普惠、半普惠、未普惠三类，构建了一个包含金融部门和实体经济的 DSGE 模型，验证模型存在一个稳态，使用中国数据对模型进行了校准。从模拟结果可以看出，伴随着生产力的进步，普惠金融水平较高的人群更容易实现财富积累和长期生活水平提升，模型中对实现的路径给出了定量的分析过程。进一步对普惠金融水平不同的国家进行比较，发现在其他初始条件相同的情况下，普惠金融水平较高的国家从生产力的进步中获益更多，经济增长和居民长期生活水平的提升幅度更大、更持久，金融业发展更好、对实体经济的支持力度也更大。通过该模型，可以定量地观察普惠金融水平对总劳动、总消费、总投资、总产出、总储蓄、总信贷等宏观经济变量的作用效果和路径。因此，普惠金融对于宏观经济的表现有着至关重要的助推作用，应将普惠金融水平纳为宏观经济研究中的重要参数。

在理论模型的基础上，我们使用跨国数据验证了普惠金融水平对贷款投放率有着显著的正向影响。这说明普惠金融水平高的国家，金融业对实体经济的支持力度也更大，与理论模型的预测相符。

作为一个相对独立的子课题，实证部分还使用尚未公开的中国普惠金融指标体系数据，构建了各省的普惠金融指数，对普惠金融发展水平与货币政策之间的关系进行了研究，发现在相同的货币政策下，普惠金融水平越高的省份通胀波动率越小。这说明通过将更多人群纳入正规金融体系，普惠金融的发展有助于打通货币政策的传导机制，提高货币政策的有效性，有利于实现货币政策的目标。

未来的研究可以从以下方面进行拓展：（1）为简单起见，本章的模型将普惠金融水平作为一个外生参数，但如果进一步深入，可以想象随着经济的发展，居民能够享受到的金融服务肯定会有所提升；在未来的研究中，可以设法将普惠金融水平作为内生变量纳入模型，甚至作为冲击变量，观察普惠金融水平冲击对宏观经济的影响。（2）模型中将价格简单地进行了标准化，没有引入通胀，只是在实证部分对通胀进行了研究；在未来的拓展研究中，可以把通胀也纳入模型。（3）由于篇幅所限，只研究了对全要素生产率冲击的响应，未来可以进一步研究模型对其他冲击的响应。

（二）政策建议

从本章构建的 DSGE 模型可以看出，普惠金融水平对于宏观经济的运行有着显著影响；为了实现可持续的经济增长和居民长期生活水平的提升，应将普惠金融作为一个优先发展的领域，提高全普惠人群的比例，降低未普惠人群的比例。具体提出以下政策建议：

1. 将普惠金融水平定量纳入宏观调控的考量因素

本章的理论与实证结果都表明，由于普惠金融对实体经济有重要意义，在制定货币政策等宏观调控政策时，应将普惠金融水平纳入考量范畴，考虑三类人群的异同及其在本国所占的比例，从而有助于政策的最优化，更有效地将政策传导到实体经济中。

2. 建立全面的普惠金融统计监测评估体系

为了定量测算普惠金融水平，为政策制定提供依据，建议加速建立全面的普惠金融统计监测评估体系。加快推进金融业综合统计工作，不断完善普惠金融领域贷款等专项统计制度，完善中国普惠金融指标体系建设及指标分析工作，以更全面地了解金融资源流向及配置情况，为普惠金融相关政策的制定提供数据支撑。

3. 发展数字普惠金融，减少未普惠人群比例

2018 年，G20 布宜诺斯艾利斯峰会通过了一份政策指引，明确了如何利用数字化的金融服务帮助从事非正规经济的人群实现正规化，也就是将未普惠人群纳入正规金融体系。发展数字普惠金融有利于打通金融服务的"最后一公里"，减少未普惠人群比例，提高账户拥有率和储蓄参与率。同时，建议继续推进金融基础设施建设，优化金融机构的账户服务，进一步改善农村地区的账户使用环境；提高账户使用率，减少睡眠账户比例。

4. 拓展居民投融资渠道，提高全普惠人群比例

半普惠人群若要实现全普惠，主要存在四个方面的障碍：缺乏投资渠道、达不到投资门槛、创业融资受到约束、缺乏金融素养。为此，建议多管齐下，拓展居民投融资渠道：（1）促进多层次资本市场发展，提高直接融资比重；（2）创造条件让更多居民拥有财产性收入，鼓励开发符合普惠金融特点的低门槛理财产品；（3）提高创业融资的可得性，注重培育小额贷款公司、村镇银行、民营银行等新型普惠金融组织，满足居民多元化的融资需求；（4）开展金融知识普及和各类别金融教育，提升公众金融素养。

5. 发挥金融科技作用，提高金融机构业务能力

为了提高金融业服务实体经济的效率，建议鼓励金融机构将大数据、云计算、生物识别、区块链等金融科技手段与普惠金融有机融合，提高获客效率和风险控制水平；同时优化对金融机构的监管手段，实施差异化的监管政策，切实提高其服务普惠金融目标群体的能力。

参考文献

[1] 李稻葵，孔睿，伏霖. 中国经济高增长融资之谜——国内非中介融资（DNI）研究 [J]. 经济学动态，2013（7）：17.

［2］王婧. 金融排除视角下我国普惠金融体系构建研究［D］. 武汉：武汉理工大学，2013.

［3］焦瑾璞，黄亭亭，汪天都，张韶华，王瑱. 中国普惠金融发展进程及实证研究［J］. 上海金融，2015（4）：12－22.

［4］蔡洋萍. 中国农村普惠金融发展的差异分析——以中部六省为例［J］. 财经理论与实践，2015，36（6）：31－37.

［5］马理，娄田田，牛慕鸿. 定向降准与商业银行行为选择［J］. 金融研究，2015（9）：82－95.

［6］周小川. 深化金融体制改革［J］. 中国金融，2015（22）：9－12.

［7］张景智. 新型货币政策工具总量与结构效应比较研究——基于定向降准的实证［J］. 浙江金融，2016（6）：32－37.

［8］李涛，徐翔，孙硕. 普惠金融与经济增长［J］. 金融研究，2016（4）：1－16.

［9］易纲. 完善全球金融治理 促进世界经济增长［N］. 人民日报，2016－10－25（7）.

［10］刘国强. 以普惠金融助力实体经济发展［J］. 金融电子化，2017（10）：7－9＋6.

［11］余文建. 普惠金融指标体系构建——从国际探索到中国实践［J］. 中国金融，2017（5）：90－91.

［12］马绍刚，冯丝卉. 普惠金融国际实践的主要模式比较［J］. 上海金融，2018（1）：43－46.

［13］白当伟，汪天都. 普惠金融国际前沿趋势、重要成果与经验启示［J］. 国际金融，2018（2）：69－75.

［14］白当伟，汪天都，李潇潇，蒋润东，冯丝卉. 普惠金融与金融稳定：传导机理及实证研究［J］. 上海金融，2018（8）：25－35.

［15］Hellwig M. European Financial Integration：Banking, Financial Intermediation and Corporate Finance［M］. Cambridge：Cambridge University Press，1991.

［16］Rajan R. G. Insiders and Outsiders：The Choice between Informed and Arm's-Lenght Debt［J］. Journal of Finance，1992，48（4）：1367－1400.

［17］Oded G.，Joseph Z. Income Distribution and Macroeconomics［J］. Review of Economic Studies，1993（1）：35－52.

［18］Weinstein D. E.，Yafeh Y. On the Costs of a Bank-Centered Financial System：Evidence from the Changing Main Bank Relations in Japan［J］. Journal of Finance，1998，53（2）：635－672.

［19］Pitt M. M.，Khandker S. R. The Impact of Group-based Credit Programs on Poor Households in Bangladesh：Does the Gender of Participants Matter?［J］. Journal of Political Economy，1998，106（5）：958－996.

［20］Gali J.，Lopez-Salido J. D.，Valles J. Rule-of-thumb Consumers and the Design of Interest Rate Rules［R］. NBER Working Papers，2004.

［21］Honohan, Patrick. Financial Development, Growth, and Poverty：How Close Are the Links?［R］. World Bank Policy Research Working Paper，2004.

［22］Helms B. Access for All：Building Inclusive Financial Systems［M］. World Bank Publications，2006.

［23］Adasme O.，G. Majnoni，M. Uribe. Access and Risk：Friends or Fose, Lessons from Chile

［R］. World Bank Policy Research Working Paper, 2006.

［24］Bartolomeo G. D., Rossi L. Effectiveness of Monetary Policy and Limited Asset Market Participation: Neoclassical Versus Keynesian Effects［J］. International Journal of Economic Theory, 2007, 3 (3): 213-218.

［25］Levine D. K. Finance, Inequality and the Poor［J］. Journal of Economic Growth, 2007 (1): 12.

［26］Bilbiie F. O. Limited Asset Market Participation, Monetary Policy and (Inverted) Aggregate Demand Logic［J］. Journal of Economic Theory, 2008, 140 (1): 162-196.

［27］Beck, Thorsten, Asli Demirgüc-Kunt, Luc Laeven, Ross Levine. Finance, Firm Size and Growth［J］. Journal of Money, Banking and Credit, 2008 (40).

［28］Giorgio Motta, Patrizio Tirelli. Rule-of-thumb Consumers, Consumption Habits and the Taylor Principle［R］. Working Paper, University of Milano-Bicocca, 2010.

［29］Hanning Alfred, Stefan Jansen. Financial Inclusion and Financial Stability: Current Policy Issue［R］. ADBI Working Paper Series, 2010.

［30］Ascari G., Colciago A., Rossi L. Limited Asset Market Participation: Does It Really Matter for Monetary Policy?［J］. SSRN Electronic Journal, 2011.

［31］Colciago, A. Rule-of-thumb Consumers Meet Sticky Wages［J］. Journal of Money, Credit, and Banking, 2011 (2).

［32］Khan H. R. Financial Inclusion and Financial Stability: Are They Two Sides of the Same Coin?［R］. Reserve Bank of India Working Paper, 2011.

［33］Beck T. Finance and Growth: Lessons from the Literature and the Recent Crisis［R］. Prepared for the LSE Growth Commission, 2012.

［34］Mehrotra A, Yetman J. Financial Inclusion and Optimal Monetary Policy［R］. BIS Working Paper, 2014.

［35］Bruhn M., Love I. The Real Impact of Improved Access to Finance: Evidence from Mexico［J］. Journal of Finance, 2014, 69 (3): 1347-1376.

第十六章　普惠金融与财政政策作用机理*

一国的普惠金融发展水平主要取决于该国居民所能享受到的账户、支付、储蓄、信贷、保险等各类基础金融产品和服务。通常来说，这些产品和服务的普及率越高，该国的普惠金融发展程度也就越高。随着普惠金融的不断发展，其对该国财政政策的制定和实施可能产生多方面的影响。反过来，一国财政政策的制定和实施也可能对该国的普惠金融水平产生影响。本章主要围绕普惠金融与财政政策的相互关系，分析其中的作用机理，构建相应的理论框架。在此基础上，使用跨国和省际数据对普惠金融发展水平与财政政策的关系开展基于回归分析的实证检验。同时，总结美国、日本、印度、德国等国家通过财政政策促进普惠金融发展的经验，并根据理论和实证研究的结果提出政策建议。

一、文献综述

近年来，在全球范围内，发展普惠金融得到了广泛认同。普惠金融全球合作伙伴（2011）、世界银行和中国人民银行（2018）、焦瑾璞（2019）、白当伟等（2018）都对普惠金融理念进行了阐述，虽然存在细微差别，但目前理论界对普惠金融已经有了比较一致的认识。在对普惠金融的评估方面，焦瑾璞等（2015）建立了普惠金融指标体系并对各省普惠金融发展水平进行了测算；余文建（2017）总结了国际上常用的普惠金融指标体系，并提出了适合中国国情的普惠金融指标体系；中国人民银行金融消费权益保护局（2018、2019）公布了我国普惠金融指标数据。理论界对普惠金融与宏微观经济变量之间的关系也做了很多研究。周小川（2013）、易纲（2016）、刘国强（2017）认为发展普惠金融有助于服务实体经济和促进经济包容性增长。白当伟等（2018）研究发现普惠金融与金融稳定具有双向促进效应。Helms（2006）认为发展普惠金融，特别是提高信贷和储蓄等产品的可获得性，有助于帮助贫困人口脱贫。Beck等（2008）研究发现金融体系对穷人来说非常重要，金融发展对最贫困五分之一人群收入增长的长期影响中约40%来自收入不平等程度的减轻。

对于普惠金融与财政政策的关系，也有一些研究，主要体现在以下几个方面。

（一）普惠金融对财政政策的影响

有的学者研究发现发展普惠金融对财政政策变量有正向促进作用。Oz-Yalaman

---

* 本章作者：尹优平、白当伟、汪天都、李潇潇、蒋润东、冯丝卉、茹中昊。

(2019) 研究发现普惠金融与税收收入之间有显著的正相关性，普惠金融是税收收入的一个决定因素，这种结论对公司税收、个人所得税及其他直接税收都是成立的。因此，对全球的政策制定者来说，可以考虑通过提高普惠金融发展水平来增加税收收入。王修华等（2019）利用县域数据进行实证研究发现金融渗透能够提高财政收入水平，并有助于减贫，且该效应在贫困县更为明显。Ahamed（2016）研究发现发展中国家金融包容性程度较高时，企业偷税漏税的程度较轻，这种效应在法制更完善、非正规经济所占份额更小的国家更为明显，因此，公共政策对实现普惠金融发展的重视有助于减少发展中国家的逃税行为。国际货币基金组织的部门论文（2018）研究发现普惠金融与财政政策之间有双向促进作用，一方面，财政政策的运用及其透明度的提高有助于促进普惠金融发展；另一方面，普惠金融发展能够促进提升财政政策的效率和有效性，主要体现在可以促进财政收入增加、提高财政支出效率以及营造更有利于政策实施的环境和条件方面，这同样也会促使财政积累更多的资源来促进包容性增长。此外，普惠金融发展还能通过提高财政乘数来增强财政政策的逆周期作用。

（二）财政政策对普惠金融的影响

财政政策对普惠金融的影响方面存在较多争议。（1）有的学者认为特定的或在一定条件下的财政政策有利于促进普惠金融发展。国际货币基金组织财政监测报告（2018）认为政府数字化在财政收入、支出、税源、效率等方面对财政政策效果会产生广泛的影响，并对发展中国家政府转移数字化进行了测算，测算得出数字化会带来节约效应，其程度约占 GDP 的 1%，并能促进更广泛地使用数字金融产品，降低非正规金融的比重。此外，农业保险已经被较广泛地视为普惠金融的一个重要工具，Coble 和 Barnett（2013）研究发现农业保险通常需要政府补贴，其覆盖面提升往往需要大量的财政支持。Jin 和 Qian（2004）等研究发现，当政府具有更强的事前财政激励时（政府预算收入有更高的边际保留率），非国有部门的经济发展及国有部门经济的改革进程更快。何利辉和钟玮（2016）认为，当市场化的改革能够提升税收在地方政府可支配收入中的比例时，地方政府就能受到良好的激励，进而营造更好的小微企业融资和发展环境，更好的政策环境对应着更低的融资成本。（2）有的学者认为一些财政政策举措不利于促进普惠金融发展。林毅夫和李永军（2001）认为各级政府不恰当地干预中小金融机构经营会使中小金融机构出现经营混乱，从而不能很好地为中小企业服务。巴曙松等（2005）认为转型期地方政府对银行的干预会带来三个方面的负面影响，即会直接影响金融资源的合理化配置，直接影响货币政策的传导效果，同时还会影响银行业金融机构开展市场化运营。（3）有的学者认为财政政策对普惠金融发展有利也有弊。粟勤和孟娜娜（2019）认为地方政府干预（采用非公共财政支出比例作为地方政府干预的代理变量）对区域普惠金融发展同时存在正向和负向影响，地方政府干预不利于形成良好的金融环境从而对本省金融包容性发展带来阻碍，使金融资源流出到相邻省份，促进了相邻省份金融包容水平的提升；同时也对地区法治建设不利，从而对本地区金融包容性发展形成阻碍，但对邻近地区影响不显著。（4）有的学者发现财政政策作用不明显。郭娜（2013）发现受到"政府帮助"（包括提供补贴或拨款、提供担保服务、协助企业与银行打交道等）的中小企业并没有比未获得帮助的中小企业在获得融资方面具有明显的优势，政府应将精力放在提高担保体系质量以及完善信用评级制度上。

（三）财政政策在普惠金融中应发挥的作用

对于政府及财政政策在普惠金融中的作用，学者也从多个方面给出了建议。谢平和徐忠（2006）认为贷款的质量与贷款用途有紧密联系，如果贷款被大量用于医疗、教育等非生产性用途，就难以避免贷款质量低下，因此，政府应给予贫困地区更多的财政投资来完善农村的社会保障体系。Ehrbeck 和 Pickens 等（2012）认为政府在建立普惠金融生态系统时可以在三个方面发挥重要作用：一是推动建立健全征信体系、个人身份系统等基础设施；二是制定法律法规，如制定对新进入者的监管政策、竞争政策和消费者保护规则等；三是促进交易量提升，如通过电子渠道实现政府对个人的转移支付，为服务商和个人参与正规金融活动提供激励等。焦瑾璞（2010）指出，可以通过财政刺激等手段来引导资金和鼓励金融机构为贫困和低收入群体提供金融服务，促进普惠金融发展。林毅夫（2009）认为落后与发达经济体的最优金融结构是不一样的，在建立最优金融结构时，政府应放弃推行经济赶超战略，而是应与现阶段的要素禀赋所决定的实体经济相一致，否则会带来人为扭曲和低下的资源配置效率。星焱（2016）认为普惠金融分为内生式发展和外生式发展，多数国家以内生式为主，包括初级和高级两个阶段，政府应该在普惠金融不同发展阶段采取不同的干预措施，发展中国家政府采取哪种外生式手段（如政策引导、税收补贴）来稳步提高小微金融机构的比较收益并进而缩短初级阶段的普惠金融进程具有重要意义，但应注意政府补贴可能会抑制微型金融技术的创新；在普惠金融进入高级阶段后，除适度的监管外不应该过多干预。此外，财政政策可以通过影响其他变量进而间接促进普惠金融发展，如 Datta 和 Singh（2019）研究发现普惠金融发展指数与人权发展指数之间有很强的正相关性，随着收入、教育水平和健康状况的提升，居民使用金融产品和服务的意识和意愿都在提升。

总体来看，学者较为普遍地认为发展普惠金融对财政政策效果具有正面促进作用，但政府干预及财政政策对普惠金融的影响仍存在较多争议，关于政府应该在哪些方面采取何种财政政策值得进一步探讨。

二、普惠金融与财政政策之间的作用机理

从理论上看，普惠金融与财政政策的作用是双向的，即一国的普惠金融发展水平会影响该国财政政策的制定与实施；反过来，一国的财政政策也会对该国的普惠金融发展水平产生影响。其中，普惠金融对财政政策的影响又可细分为财政支出和财政收入两个方面。

第十六章 普惠金融与财政政策作用机理

（一）普惠金融对财政支出的作用机理

1. 普惠性的账户和支付服务能够提升政府转移支付的精准性并减少损耗

在银行账户普及之前，政府转移支付只能通过现金发放，这些转移支付通常额度小、发放次数多、环节多，通过现金发放会对政府和居民产生较高的人力、交通和时间成本，而且容易产生账目错误，现金在流转中也可能给腐败留下滋生空间。而在账户服务普及之后，政府转移支付可以直接自动发放到每个居民的账户，节约了大量成本，提高了精准性，减少了损耗，显著提升了财政支出的效率。

2. 普惠性的储蓄和保险服务能够增加居民的财务韧性，减少社保资金的压力

居民享受到储蓄和保险服务后，可以更好地应对各种意外支出和收入波动，有效缓解个人面临的风险，增加其财务韧性，从而为政府节约了用于社会救济的财政开支。特别是以养老和医疗为目的的储蓄和保险产品，可以直接分担政府在养老和医保方面的财政资金压力。

3. 信贷产品可以平滑消费，并增加私人部门对民生领域的补充性投资，减少财政压力

一方面，面向个人的信贷产品能够帮助居民平滑消费，起到类似于储蓄的作用，因此，负责任的小额信贷同样可以增加居民的财务韧性，减少社保压力。另一方面，针对教育、医疗等民生领域的信贷支持能够激励私人部门增加对这些领域的投资，从而分担公共部门在这些领域的财政支出。

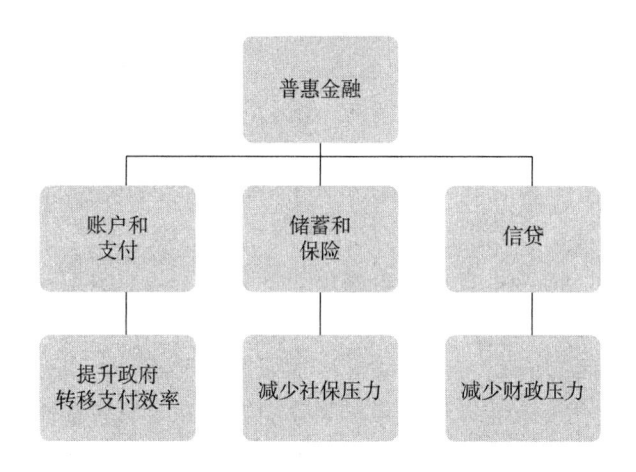

图 16-1 普惠金融对财政支出的作用路径

（二）普惠金融对财政收入的作用机理

1. 数字支付系统和储蓄服务能够减少非正规经济中的税收规避，从而增加财政收入

在非正规经济较为发达的国家和地区，经济活动参与者往往采用面对面的现金交易方式，交易具有匿名性、隐蔽性和不可追溯性，对政府征税带来很大的困难。而随着电子支付系统和储蓄产品的普及，越来越多的经济活动可以被追溯，非正规经济逐

渐正规化，这给税收征缴提供了依据，从而扩大了财政收入的来源。

2. 信贷的普及能够提振投资、扩大税基，从而增加财政收入

随着信贷产品的普及，特别是小微企业融资水平的提高，企业资本的供给增加，这将直接提振投资，尤其是私人部门的投资，进而扩大企业的数量和规模，提高企业的开办率和存活率，最终实现扩大税基、增加财政收入的目的。

3. 保险产品能够提升市场主体的风险管理水平，同样也能够增加税收收入

保险产品的本质是帮助市场主体对冲风险，减少不确定性可能带来的损失，降低投资风险，提高企业的经营效率和稳定性，提高存活率，因此同样能够扩大税基，起到增加财政收入的作用。

此外，银行业、保险业、支付业等普惠金融相关行业本身也是国民经济的一部分，能够贡献大量税收。

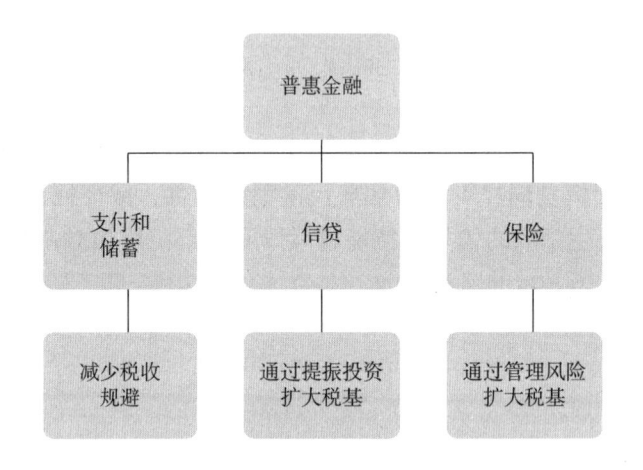

图 16-2 普惠金融对财政收入的作用路径

（三）财政政策对普惠金融的作用机理

1. 政府转移支付的数字化能够提升账户普及率

通过政府引导和鼓励，为接收转移支付的居民开立银行账户，不仅能够提高账户普及率这一普惠金融基本指标，而且能够增加账户的活跃度，从而直接提升普惠金融水平。从政策可行性角度来看，由于账户服务能够提高政府转移支付的支出效率，政府有充分的动机为居民开设银行账户提供一定程度的补贴，实现政府转移支付的数字化，总的来看，仍然可以节约成本。

2. 税收优惠能够鼓励以医疗和养老为目的的储蓄和保险

由于医疗和养老属于基本社会保障，政府可以通过对相应的金融服务减免一定的税收，鼓励居民购买以医疗和养老为目的的储蓄和保险产品，减轻社保压力，实现财政收支的优化，同时增加储蓄和保险的普及率，提升普惠金融水平。

3. 财政贴息和风险分担机制能够提升信贷的普及率

普惠性的信贷服务通常风险较高，金融机构为了覆盖风险不得不提高利率，因此

容易造成金融排斥。为了解决这个问题，政府可以通过财政贴息降低利率，或是通过财政出资建立融资担保机构，按照一定的比例为金融机构提供风险分担机制，这样可以有效降低金融机构承担的风险，从而提高信贷的普及率。

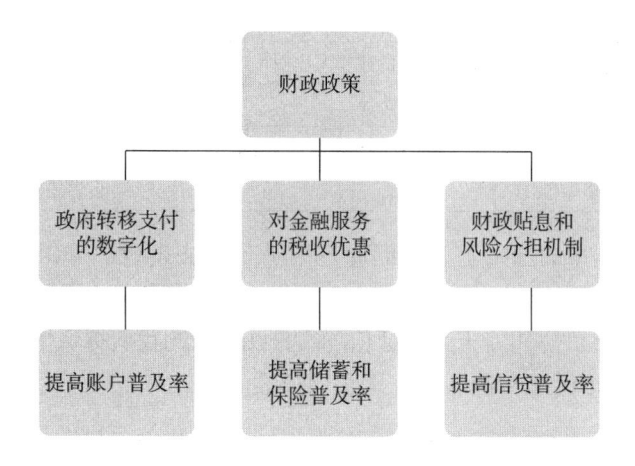

图 16 - 3　财政政策对普惠金融的作用路径

从以上分析可以看出，普惠金融与财政政策之间的作用机理是双向的，二者互相促进，互为依托，形成合力。比如，数字化的账户服务有助于提高政府转移支付的效率，政府转移支付的数字化反过来也能够提升账户的普及率；再比如，储蓄和保险产品能够分担财政资金的压力，而税收优惠反过来也能够促进储蓄和保险的普及。因此，在政策制定中应注意发挥好这样的协同效应。

三、实证检验

（一）跨国数据

1. 构建普惠金融指数

本章基于《G20 普惠金融指标体系（升级版）》，并借鉴白当伟等（2018）[1]，在兼顾指标数据可得性、国家和地区数量的基础上，选取了 83 个国家和地区的 3 个维度、6 个普惠金融指标开展研究。其中，使用情况维度包括 3 个指标：拥有账户的成年人（15 周岁以上）比例、过去一年在金融机构储蓄的成年人比例、过去一年在金融机构借款的成年人比例；可得性维度包括 2 个指标：每 10 万成年人拥有的 ATM 数、每 10 万成年人拥有的商业银行分支机构数；质量维度包括 1 个指标：信贷障碍，该指标是对征信体系、担保制度和破产法律对债权人和债务人的保护程度等的综合衡量，用"信贷边界距离"计算，在 0 ~ 100 之间取值，衡量各个经济体到达边界的距离，0 代表最差。

---

[1] 白当伟，汪天都，李潇潇，蒋润东，冯丝卉. 普惠金融与金融稳定：传导机理及实证研究 [J]. 上海金融，2018（8）：25 - 35.

表 16-1　　　　　　　　　　普惠金融指标体系

维度	指标	来源
使用情况	拥有账户的成年人（15周岁以上）比例	世界银行全球普惠金融调查
	过去一年在金融机构储蓄的成年人比例	
	过去一年在金融机构借款的成年人比例	
可得性	每10万成年人拥有的ATM数	国际货币基金组织金融服务可获得性调查
	每10万成年人拥有的商业银行分支机构数	
质量	信贷障碍	世界银行全球营商环境调查

在所构建指标体系的基础上，我们通过因子分析法进行"降维"处理。三年数据均能够通过 KMO 检验和 Bartlett 检验，这表明样本数据适合进行因子分析。从图 16-4 可以看出，第一、第二公共因子的特征值均大于 1，因此我们提取前两个因子作为公共因子，计算得出 83 个国家和地区的普惠金融指数。

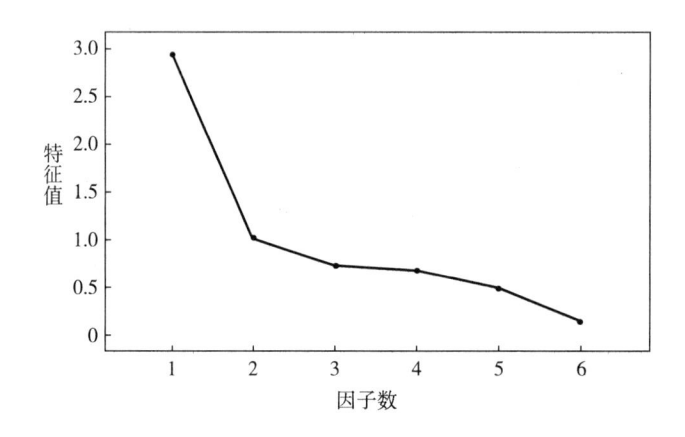

图 16-4　普惠金融指数因子分析碎石图（2017 年）

2. 变量、数据与描述性统计

本研究的核心解释变量为普惠金融指数（FI），我们通过构建综合指标体系进行量化评估。被解释变量包括财政收入占 GDP 的比例（Revenue）、财政支出占 GDP 的比例（Expense）。另外，在控制变量的选择上，我们选取人均国内生产总值（RGDP）、信贷占 GDP 的比例（Credit）、通货膨胀率（Inflation）、贸易开放度（Openness）。其中，贸易开放度指标通过进口额占 GDP 的比例进行衡量。

本章普惠金融指标体系中的数据来源主要是世界银行全球普惠金融数据库、国际货币基金组织金融服务可获得性调查以及世界银行全球营商环境调查。被解释变量和控制变量中的各指标数据均来源于世界银行的在线公开数据库（WB Open Data）[①]。由于世界银行普惠金融调查每三年开展一次，目前仅能得到 2011 年、2014 年和 2017 共 3

---

① https://data.worldbank.org.cn/indicator.

个年份的数据，因此我们使用 2011 年、2014 年和 2017 年的样本数据进行实证研究。

由于使用因子分析法所得到的普惠金融指数综合因子得分值存在负数，在后续的计量模型构建中对该变量取对数时，我们借鉴朱江丽和李子联（2015）[①] 的处理方法，对综合因子得分值进行了标准化和平移化处理[②]。各变量的描述性统计分析结果见表 16 – 2。

表 16 – 2　　　　　　　　　　描述性统计分析结果

变量性质	变量名称	观测数	均值	标准差	最小值	最大值
被解释变量	财政收入占 GDP 的比例	249	25.78	10.16	3.01	46.70
	财政支出占 GDP 的比例	249	27.16	11.37	3.90	59.49
解释变量	普惠金融指数（取对数）	249	0.39	0.16	0.00	0.69
控制变量	人均 GDP（取对数）	249	8.97	1.41	6.01	11.58
	信贷占 GDP 的比例	249	67.79	45.34	3.59	250.01
	通货膨胀率	249	4.44	5.71	-2.27	66.83
	贸易开放度	249	49.94	28.52	11.57	189.79

资料来源：根据 Stata14.0 软件结果整理。

描述性统计结果显示，各变量数据的标准差均明显小于其均值，表明各变量数据在样本期间的变化趋势比较平稳，不存在明显的异常波动情况。其中，普惠金融指数由于采用因子分析法进行测度，存在负值的情况，我们先对其进行标准化和平移化处理，然后取自然对数，使其标准差也明显小于其均值。

3. 实证结果分析

为了减弱样本数据可能存在的异方差影响，我们在具体的回归分析过程中，对非比率类的指标变量均进行了取自然对数处理。本章构建的回归模型形式如下：

$$Expense_{i,t} = \alpha + \beta \ln FI_{i,t} + \gamma_1 \ln RGDP_{i,t} + \gamma_2 Credit_{i,t} + \gamma_3 Inflation_{i,t} + \gamma_4 Openness_{i,t} + \mu_i + \varepsilon_{i,t}$$

$$Revenue_{i,t} = \alpha + \beta \ln FI_{i,t} + \gamma_1 \ln RGDP_{i,t} + \gamma_2 Credit_{i,t} + \gamma_3 Inflation_{i,t} + \gamma_4 Openness_{i,t} + \mu_i + \varepsilon_{i,t}$$

式中，α、β、$\gamma_1 \sim \gamma_4$ 均为待估参数，$\varepsilon_{i,t}$ 为随机误差项，μ_i 为跨截面变化的个体效应。具体的回归结果分别见表 16 – 3 和表 16 – 4。

[①] 朱江丽，李子联. 长三角城市群产业—人口—空间耦合协调发展研究 [J]. 中国人口·资源与环境，2015 (2)：75 – 82.

[②] 某样本的普惠金融指数为负值，表明其普惠金融指数在所有样本中位于平均水平以下。标准化和平移化处理的具体方法为：首先进行 min-max 标准化，然后将所有数据加 1，从而使处理后的数据位于 [1, 2] 区间。此种处理方法不会改变原始数据中的相对序列关系。

表 16–3　　　　　　　普惠金融对财政支出影响的实证结果

变量	(1)	(2)	(3)	(4)	(5)
ln*FI*	16.9502***	10.9408*	10.3322*	10.4641*	
	(2.71)	(1.87)	(1.76)	(1.78)	
Account					1.5841**
					(2.17)
ln*RGDP*	−7.8748***	−7.8401***	−8.1572***	−8.3896***	−9.2336***
	(−2.92)	(−3.17)	(−3.27)	(−3.30)	(−3.52)
Credit		0.1032***	0.1028***	0.1026***	0.0989***
		(5.64)	(5.61)	(5.58)	(5.34)
Inflation			−0.0431	−0.0385	−0.0256
			(−0.97)	(−0.84)	(−0.55)
Openness				−0.0171	−0.0106
				(−0.49)	(−0.31)
Cons	91.1244***	86.1845***	89.4940***	92.3742***	97.6598***
	(3.93)	(4.05)	(4.15)	(4.13)	(4.31)
R^2	0.2761	0.2323	0.2390	0.2474	0.2682
Prob (F-sta.)	0.0048	0.0000	0.0000	0.0000	0.0000

注：***、**和*分别表示在1%、5%和10%的显著性水平上显著，括号中的数字为各系数的 t 统计量值。Hausman 检验结果的概率 P 值为 0，从而选择固定效应（FE）模型的估计结果。

表 16–4　　　　　　　普惠金融对财政收入影响的实证结果

变量	(1)	(2)	(3)	(4)	(5)
Account	0.9009*	0.8754*	0.9483*	1.0753**	
	(1.86)	(1.77)	(1.85)	(2.10)	
Saving					0.9109**
					(2.12)
ln*RGDP*	3.7964***	3.7428***	3.7422***	3.4982***	3.4762***
	(5.92)	(5.60)	(5.58)	(5.18)	(5.09)
Credit		0.0038	0.0038	0.0039	0.0070
		(0.30)	(0.30)	(0.31)	(0.56)
Inflation			0.0191	0.0074	0.0082
			(0.54)	(0.21)	(0.23)
Openness				0.0438**	0.0353*
				(2.14)	(1.73)
Cons	−11.8490**	−11.5224**	−11.8933**	−12.3455**	−10.2949*
	(−2.22)	(−2.11)	(−2.15)	(−2.25)	(−1.83)
R^2	0.3832	0.3800	0.3813	0.3955	0.3723
Prob (F-sta.)	0.0000	0.0000	0.0000	0.0000	0.0000

注：***、**和*分别表示在1%、5%和10%的显著性水平上显著，括号中的数字为各系数的 t 统计量值。Hausman 检验结果的概率 P 值为 0.52，从而选择随机效应（RE）模型的估计结果。

从实证结果可以看出，随着控制变量的逐渐引入，普惠金融指数的回归系数始终显著为正，显著性程度虽有所减弱，但总体来说，能够得出普惠金融发展对财政支出具有显著正向影响的结论。从控制变量来看，人均 GDP 水平对财政支出的影响显著为负，信贷占 GDP 的比例能够对财政支出产生显著的正向影响。另外，采用拥有账户的成年人（15 周岁以上）比例（Account）这一单一指标作为普惠金融的代理变量，用于稳健性检验，结果显示该代理变量回归系数依然显著为正，能够印证回归结果的稳健性。

此处分别选择拥有账户的成年人（15 周岁以上）比例（Account）、在金融机构储蓄的成年人比例（Saving）两个单一指标作为普惠金融的代理变量，来实证检验其对财政收入占 GDP 的比例的影响。结果显示，随着控制变量逐渐引入，普惠金融发展始终能够对财政收入产生显著的正向影响，且使用普惠金融的两个代理变量得出了同样的结论，表明实证检验结果较为稳健。

（二）国内数据

1. 假设 1：普惠金融水平较高的省份，社保资金支出的压力较小

普惠金融水平的提高能够提升居民保险和储蓄服务的可获得性，从而能够更好应对各种意外支出和收入波动，使政府节约社保资金的开支。因此假设普惠金融发展水平较高的省份，社保资金支出的压力相对较小。

2. 假设 2：普惠金融水平较高的省份，财政收入相对较高

普惠金融水平提高对财政收入的影响是多渠道的，通过减少非正规经济导致的税收规避，通过增加金融产品供给、提振投资从而扩大税基，通过增加保险服务降低企业风险从而扩大税基，以及金融服务行业本身的发展，都能够促进税收提高。因此假设普惠金融发展水平较高的省份，财政收入相对较高。

3. 普惠金融指数的构造

为研究国内普惠金融对社保支出及财政收入的影响，我们通过构建普惠金融指数来衡量中国各省份的普惠金融发展水平，并使用省际数据来检验假设 1 和假设 2 在中国是否成立。普惠金融数据的来源是中国人民银行建立的中国普惠金融指标体系，具备较高的权威性，该数据从 2016 年开始统计，目前还是官方内部未公开的数据，具备独有性。中国普惠金融指标体系共含有 21 类 51 项普惠金融指标，考虑到数据代表性和数据是否齐全，本次指数选取 2016—2018 年的 10 项普惠金融相关指标，分别是：个人银行结算账户人均拥有量、银行卡人均持卡量、人均非现金支付笔数、人均移动支付笔数、在银行有贷款的人口比例、保险深度、每万人拥有的银行网点数、金融服务村级行政区覆盖率、金融知识、投诉处理办结率指标。我们采用主成分分析法构建指数，具体方法如下。

首先需要标准化各环境变量，消除各环境变量单位差异的影响。标准化公式如下：

$$X_i = \frac{X_i - E X_i}{\sqrt{Var(X_i)}}(i = 1, 2, \cdots, p)$$

对标准化后的 10 个指标提取主成分,结果如表 16-5 所示。

表 16-5　　　　　　　　　　　主成分结果分析表

项目	第一主成分	第二主成分	第三主成分	第四主成分	第五主成分	第六主成分	第七主成分	第八主成分	第九主成分	第十主成分
	comp1	comp2	comp3	comp4	comp5	comp6	comp7	comp8	comp9	comp10
标准差	3.806	1.587	1.221	1.057	0.693	0.589	0.49	0.287	0.193	0.078
方差贡献率(%)	38.061	15.865	12.209	10.575	6.931	5.887	4.895	2.867	1.929	0.78
累计方差贡献率(%)	38.061	53.926	66.135	76.71	83.641	89.528	94.423	97.29	99.22	100

抽取 5 个主成分后,方差贡献率为 83.641%。以此构建普惠金融指数 FI:

$$FI = \sum_{i=1}^{10} a_i \times X_i$$

各指标的成分矩阵如表 16-6 所示。

表 16-6　　　　　　　　　　　成分矩阵结果分析表

变量	comp1	comp2	comp3	comp4	comp5
X_1	0.893	0.013	-0.055	-0.221	-0.164
X_2	0.812	0.182	-0.253	0.125	0.135
X_3	0.83	0.169	0.133	-0.323	-0.253
X_4	0.826	0.219	0.177	-0.221	0.015
X_5	0.011	0.27	0.841	0.25	-0.162
X_6	0.54	-0.282	-0.153	0.584	0.151
X_7	0.263	0.494	-0.327	0.572	-0.361
X_8	0.378	-0.608	0.475	0.312	0.006
X_9	0.688	-0.29	-0.02	-0.053	0.389
X_{10}	-0.041	0.792	0.202	0.092	0.503

以各指标的方差贡献率与累计方差贡献率相除获得各主成分的加权权重,与各成分矩阵进行加权得到各项指标的权重,结合各项指标数据,得到各省份普惠金融指数的计算结果,见表 16-7。

利用普惠金融指数,可以进行回归分析。被解释变量分别为社保支出占 GDP 的比例、财政收入占 GDP 的比例,控制变量包括人均 GDP、CPI、存款余额占 GDP 的比例、贷款余额占 GDP 的比例等。所用数据均为 2016—2018 年的年度省级数据。回归方程如下:

$$Expense_{i,t} = C + \beta \times FI_{i,t} + \gamma_1 \times \ln RGDP_{i,t} + \gamma_2 \times Inflation_{i,t} + \gamma_3 \times Credit_{i,t} + \gamma_4 \times Deposit_{i,t} + \varepsilon_{i,t}$$

$$Revenue_{i,t} = C + \beta \times FI_{i,t} + \gamma_1 \times \ln RGDP_{i,t} + \gamma_2 \times Inflation_{i,t} + \gamma_3 \times Credit_{i,t} + \gamma_4 \times Deposit_{i,t} + \varepsilon_{i,t}$$

第十六章 普惠金融与财政政策作用机理

表 16-7 各省份普惠金融指数

省份	2016年	2017年	2018年	省份	2016年	2017年	2018年	省份	2016年	2017年	2018年
北京	108.18	122.36	152.23	安徽	66.43	90.13	101.27	四川	71.11	103.33	108.58
天津	96.50	121.31	144.72	福建	121.34	177.09	186.94	贵州	78.69	96.80	110.33
河北	78.93	95.64	110.86	江西	66.14	86.21	87.42	云南	77.44	77.66	51.69
山西	80.04	102.73	114.83	山东	73.23	103.42	104.93	西藏	56.41	82.06	92.91
内蒙古	86.00	108.93	123.31	河南	75.15	86.16	91.90	陕西	88.38	111.08	96.88
辽宁	90.70	115.80	131.44	湖北	79.88	103.36	80.55	甘肃	57.87	77.31	102.39
吉林	73.64	98.29	94.54	湖南	82.22	107.36	114.38	青海	65.50	84.46	107.87
黑龙江	56.46	80.23	90.23	广东	98.79	112.02	135.34	宁夏	83.41	125.89	147.18
上海	166.46	205.80	254.55	广西	71.33	97.51	113.09	新疆	75.50	92.74	109.57
江苏	95.12	89.38	151.28	海南	86.20	126.45	142.68				
浙江	168.39	203.08	226.01	重庆	53.90	91.06	130.01				

表 16-8 变量定义

变量	定义
$Expense$	社保支出占 GDP 的比例,数据来源于万得数据库。
$Revenue$	财政收入占 GDP 的比例,数据来源于国家统计局。
FI	普惠金融指数,数据来源于中国人民银行内部未公开数据。
$\ln RGDP$	人均 GDP 取对数,数据来源于万得数据库。
$Inflation$	消费价格指数,数据来源于万得数据库。
$Credit$	贷款余额占 GDP 的比例,数据来源于万得数据库。
$Deposit$	存款余额占 GDP 的比例,数据来源于万得数据库。

表 16-9 普惠金融水平对社保支出的影响回归结果

变量	(1)	(2)	(3)	(4)
FI	-0.0002*** (-3.3884)	-0.0003*** (-6.4496)	-0.0002*** (-2.8967)	-0.0002*** (-2.9426)
$Credit$	—	0.0444*** (8.2773)	0.0368*** (6.6005)	0.0361*** (6.5168)
$Deposit$	—	-0.0059* (-1.8945)	-0.0016 (-0.4953)	-0.0015 (-0.4561)
$\ln RGDP$	—	—	-0.0187*** (-3.3347)	-0.0206*** (-3.6320)

续表

变量	(1)	(2)	(3)	(4)
Inflation	—	—	—	0.0059 (1.6557)
C	0.0604*** (8.5753)	0.0125* (1.8774)	0.2072*** (3.5278)	-0.3723 (-1.0493)
R^2	0.1120	0.5999	0.6448	0.6556

注：***、**和*分别表示系数在1%、5%、10%显著性水平上显著；括号内数字为回归结果的t统计值。

表 16-10　　　　　普惠金融水平对财政收入的影响回归结果

变量	(1)	(2)	(3)	(4)
FI	0.0004*** (4.3069)	0.0002*** (3.8025)	0.0001** (2.0058)	0.0001** (1.9963)
Credit	—	-0.0026 (-0.4024)	0.0011 (0.1619)	0.0005 (0.0766)
Deposit	—	0.0313*** (8.3759)	0.0292*** (7.1843)	0.0293*** (7.2188)
lnRGDP	—	—	0.0091 (1.2937)	0.0075 (1.0483)
Inflation	—	—	—	0.0049 (1.0941)
C	0.0757*** (8.2790)	0.0345*** (4.3613)	-0.0602 (-0.8172)	-0.5444 (-1.2134)
R^2	0.1693	0.6842	0.6901	0.6943

注：***、**和*分别表示系数在1%、5%、10%显著性水平上显著；括号内数字为回归结果的t统计值。

从对社保支出的回归结果可以看出，在对社保支出的影响中，普惠金融指数 FI 的系数在加入控制变量前后均显著为负，说明普惠金融水平与社保支出显著负相关，因此接受假设1。

从对财政收入的回归结果可以看出，在对财政收入的影响中，普惠金融指数 FI 的系数在加入控制变量前后均显著为正，说明普惠金融水平与财政收入显著正相关，因此接受假设2。

四、国际经验及借鉴

自2005年联合国首次提出普惠金融概念以来，尤其在国际金融危机发生之后，各国逐渐认识到发展普惠金融的重要性。一国普惠金融发展水平的提升，不但有助于促进本国经济发展和金融稳定，而且有利于货币政策和财政政策传导。而普惠金融在发展的初级阶段，也往往需要财政政策、金融政策以至国家战略的协调干预，以应对初期的商业不可持续等问题。国际上普惠金融发展模式的成功范例，例如孟加拉乡村银行等，在发展初期均借力于政府注资或财政扶持。有针对性的财政支持政策促进了一国普惠金融整体水平的提高，引致贫困人口减少、贫困程度下降，拉动就业率上升，推动小微企业及农业等重点领域发展向好，进而增加政府税收收入，进一步促进金融稳定和社会和谐。从国际实践来看，通过财政政策促进普惠金融领域发展主要体现在以下几方面。

（一）建设政策支持体系

各国主要是通过立法手段为普惠金融发展提供保护机制。早在1953年，美国国会就通过了《小企业法》，扶持小企业的政策措施逐步系统化，而后又先后通过了《机会均等法》《公平信贷机会法》等多部法律，形成了一套覆盖金融税收、政府采购、经营指导等方面的小微企业金融政策体系。此外，一些国家成立了中小企业管理机构，建立了多部门参与的服务组织体系。如德国联邦政府在经济部设立了中小企业局，在各州设有分局，财政部、科技部等也设有中小企业管理机构，为小微企业提供政府组织支撑。

（二）财政支持方面

一是成立政策性金融机构。各国一般都在初期由政府直接出资组建政策性或合作性金融机构，并提供长期的优惠低息贷款。美国由联邦政府主导建立起多元化的政策性金融机构，主要包括农民家计局、商品信贷公司、农村电气化管理局和小企业管理局，专门为农业和农村发展提供融资支持、担保服务。政府为涉农贷款提供担保，并补贴优惠贷款产生的利差，缓解了信贷风险，降低了农场主的融资成本。美国小企业管理局（SBA）也向中小企业发放各类政策性贷款，贷款利率较低。德国联邦政府联合州政府设立了德国复兴信贷银行，通过转贷为小企业提供小额贷款。日本政府设立了三类政策性金融机构，即国民生活金融公库、中小企业金融公库和商工组合中央金库，主要服务其他金融机构不愿意或不能提供贷款的领域，支持对象涵盖个体企业、中小企业、农业等。印度的地区农业银行作为农村政策性银行之一，由商业银行主办，政府出资入股，通过发行债券筹资，网点主要建立在金融服务薄弱的农村地区，为农村贫困群体发放利率低于当地信用合作机构的生产、生活性贷款。2016年，印度设立微型单位发展与再融资机构，旨在促进非公司法人小微企业发展与再融资。二是通过完善政策信用担保体系，加强对小微企业的资金扶持。美国组建起一套支持中小企业发展的担保体系，具体包括：全国性的中小企业信用担保体系，涵盖了美国大部分银行和非银行金融机构，主要为地方开发公司和中小企业提供融资，由联邦政府直接出资，国会预算拨款；区域性专业担保体系，通过政银合作的模式分散中小企业的信贷风险；社区性担保体系，主要为居民创业就业提供融资担保服务。三是实施股权投资计划，引导资源向小微企业倾斜。美国中小企业管理局设立了小企业投资公司计划，最初对小企业投资公司给予直接资金支持，经过约30年的发展，开始转向采用债券融资担保的方式为小企业投资公司从事股权投资提供金融支持，并利用募集的资金对发展中的小企业进行股权投资。英国政府成立政策性基金项目，支持范围涵盖企业孵化、项目投资、技术改造等领域。为培育本土风投市场支持小微企业和科技创新型企业，以色列在1992年推出了YOZMA计划，被认为是世界上最成功的政府引导基金之一，其衍生的创业风险投资一度占据了以色列风投市场超过80%的资金来源。1994年，瑞典政府通过设立政府引导创业投资基金的方式，为科创型小微企业的发展提供了必要的资金支持。在基金成立后的10年，瑞典人均研发支出跃居世界第二位，生物、信息技术等企业数量位居欧洲前列。

（三）实行财政补贴

一些国家为农业保险提供补贴。印度农业保险实行自愿与有条件的强制保险相结合的方式，申请生产性贷款的农户必须参加农业保险，政府给予大量财政支持，如为农民提供保险费用补贴，为农业保险机构补贴理赔费用和管理费用，设立重大灾害风险补偿基金。巴西政府根据农产品生产经营周期，为农户提供农业保险，并与农业信贷保持同步，由政府提供保费补贴，并通过立法允许延期换代，以帮助农民化解债务。美国对农业保险的扶持政策主要包括保费补贴和业务费用补贴。如联邦政府对投保农场主直接给予补贴，减轻农民的保费压力；政府承担联邦农作物保险公司的各项费用，以及农业保险推广与教育费用。

还有许多国家建立财政贴息制度。为鼓励金融机构面向农户、小微企业等普惠金融领域提供融资，一些国家对发放的低息贷款提供利差补贴。日本政府对农协发放的农业贷款给予利息补贴。法国政府鼓励各金融机构向农业生产者提供低息贷款，帮助农民获取贷款，优惠贷款与市场贷款之间的利差由政府补贴。一些国家还引入市场竞争机制，以招标方式促使商业银行发放农业优惠贷款，并对中标银行给予财政贴息，以财政资金撬动金融信贷资源。印度的银行针对农业等特定部门发放的贷款也可享受贴息补贴。

（四）实行税收优惠

许多国家对涉农、双创企业、小额信贷等领域金融服务提供税收减免、降低税率、征税延期等政策支持。美国早在1981年就出台《经济复兴税法》，对持有高科技小企业股份不少于5年的，其资本收益仅按14%征收，将长期资本收益的税率降到28%；政府对农村合作金融机构不征收营业税和所得税，对于社员存放在信用社的资金免征个人利息所得税，对投资中小企业获得的投资收益给予税收减免。日本对新设立的农村合作金融组织免征营业税、所得税和固定资产税。德国农村合作金融组织自成立起10年内，每年可享受15339欧元的法人税免税额度，为农业企业提供咨询等服务的合作金融组织可免交税率为25%的法人税。1997—2007年，孟加拉乡村银行享有所得税、超额税及营业利润税的免除待遇，2008—2011年开始享有无条件的所得税免除待遇。加拿大对持有投资于小企业的公司股票的投资人给予税率优惠，等等。

五、结论及政策建议

根据理论与实证结果可知，普惠金融和财政政策二者之间可以互相促进：一是发展普惠金融能够促进财政增收。发展普惠金融，为农民、贫困人群等提供普惠金融服务，能够有效提高其营收能力，促进经济增长和发展，扩大税基，增加财政收入。二是发展普惠金融能够减轻财政负担。发展普惠金融，在一定程度上促进了经济发展，提高了居民收入，减少了财政转移支付的负担和压力。三是发展普惠金融能够提高财政运营效率。发展普惠金融，提高低收入等群体对金融服务的使用度，通过电子方式将财政补贴直接打入受补贴群体银行账户，减少了现金发放流程，提高了财政运营效率。四是财政支持能有效促进普惠金融发展，转移支付、税收优惠、财政补贴等财政支持手段可提高普惠金融发展水平。因此，应大力发展普惠金融，增加财政政策对普惠金融的支持力度，在良性循环中促进普惠金融与财政政策共同发展。

（一）坚持问题导向，着力推进普惠金融发展

一是加强金融基础设施建设，构建覆盖广、功能完善的普惠金融服务网络，强化征信体系、农村支付服务体系建设，让社会各阶层和群体都能享受到方便、快捷的金融服务。二是加速推进普惠金融统计评估体系建设。全面推进金融业综合统计工作，不断完善普惠金融领域贷款、金融精准扶贫贷款、创业担保贷款等专项统计制度；进一步完善中国普惠金融指标体系，对普惠金融发展水平进行比较评估，为精准制定政策措施提供参考。三是加强风险防范，坚持把完善风险治理体系放在发展普惠金融的首要位置，通过政策激励等鼓励金融机构个体运用数字技术降低成本，同时注重防控系统性金融风险。四是强化金融消费者保护，健全消费者权益保护制度，建设多元化金融消费纠纷解决机制，打击损害消费者合法权益行为。

（二）不断提高政府转移支付数字化水平

政府应进一步扩大政府服务数字化支付场景，培养居民对数字金融服务的使用习惯，提高民众对数字金融服务的使用水平，进一步提高政府收支效率，降低财政资金漏损率。

（三）对普惠性储蓄和保险产品扩大税收优惠

通过金融机构税收减免和个人所得税抵扣等手段，从供需两侧鼓励发展以养老和医疗为目的的普惠性储蓄和保险产品，提高居民储蓄率和参保率，提升普惠金融对于养老和医疗领域的服务能力，有效分担社会保障压力。

（四）增加对普惠性信贷产品的财政支持力度

有效发挥财政贴息和风险分担政策，支持金融机构为有需要、能负担的普惠金融重点群体提供信贷服务，在风险可控、商业可持续的前提下提升信贷普及率，鼓励小微企业、农民、低收入群体等利用普惠信贷发展生产，为促进经济高质量增长和实现共同富裕作出贡献。充分发挥普惠金融发展专项资金作用，鼓励各地增加配套资金。制定普惠金融发展专项资金使用效果评估办法，对资金的使用效率及效果进行评估。通过财政支持，更有效地促进普惠金融发展。

（五）进一步加强金融教育

定期开展集中性的金融知识普及教育活动，建立金融消费者教育长效机制，推动金融知识普及教育纳入国民教育体系，不断提高金融消费者的金融素养和金融能力，有效推动普惠金融发展，进而促进财政效率和水平不断提高。

参考文献

[1] 安国俊，李皓．政府引导基金国际比较［J］．中国金融，2019（4）：78-79．

[2] 白当伟，汪天都，李潇潇，蒋润东，冯丝卉．普惠金融与金融稳定：传导机理及实证研究［J］．上海金融，2018（8）：25-35．

[3] 巴曙松，刘孝红，牛播坤．转型时期中国金融体系中的地方治理与银行改革的互动研究［J］．金融研究，2005（5）：25-37．

[4] 董玉峰，戴婧妮，杜崇东．国家政策支持农村金融普惠发展的国际经验与启示［J］．农业经济，2018（2）：98-100．

[5] 郭娜．政府? 市场? 谁更有效——中小企业融资难解决机制有效性研究［J］．金融研究，2013（3）：194-206．

[6] 何利辉，钟玮．支持中小企业融资的财政政策研究［J］．经济研究参考，2016（47）：38-43．

[7] 焦瑾璞．构建普惠金融体系的重要性［J］．中国金融，2010（10）：12-13．

[8] 焦瑾璞．普惠金融导论［M］．北京：中国金融出版社，2019．

[9] 焦瑾璞，黄亭亭，汪天都，张韶华，王瑱．中国普惠金融发展进程及实证研究［J］．上海金融，2015（4）：12-22．

[10] 刘国强．以普惠金融助力实体经济发展［J］．金融电子化，2017（10）：7-9+6．

[11] 李建军，等．中国普惠金融体系：理论、发展与创新［M］．北京：知识产权出版社，2014．

[12] 李建军，杜宏．孟加拉国财政改革及成效［J］．南亚研究季刊，2014（2）：62-65+5．

[13] 粟勤，孟娜娜．地方政府干预如何影响区域金融包容？——基于省际面板数据的空间计量分析［J］．国际金融研究，2019（8）：14-24．

[14] 凌彤．财税政策支持小微企业金融服务的国际经验及借鉴［J］．产业创新研究，2019（1）：88-89．

[15] 林毅夫，李永军．中小金融机构发展与中小企业融资［J］．经济研究，2001（1）：10-18+53-93．

[16] 林毅夫，孙希芳，姜烨．经济发展中的最优金融结构理论初探［J］．经济研究，2009，44（8）：4-17．

[17] 马九杰，吴本健，郑海荣．政府作用与金融普惠：国际经验及中国改革取向［J］．福建农林大学学报（哲学社会科学版），2016，19（4）：7-13．

[18] 世界银行，中国人民银行．全球视野下的中国普惠金融：实践、经验与挑战［M］．北京：中国金融出版社，2018．

[19] 汪笛晚．新常态下支持小微企业融资的税收政策［J］．会计之友，2017（6）：59-63．

[20] 王修华，赵亚雄，付盼盼．金融渗透、资金流动与多维贫困——来自中国县域的证据

第十六章 普惠金融与财政政策作用机理

[J]. 当代财经,2019(6):47-58.

[21] 解传喜,邢乐成. 普惠金融与中小企业融资——国际实践与政府扶持经验[J]. 济南大学学报(社会科学版),2015,25(3):74-80,92.

[22] 谢平,徐忠. 公共财政、金融支农与农村金融改革——基于贵州省及其样本县的调查分析[J]. 经济研究,2006(4):106-114.

[23] 谢妍,胡秀群. 发达国家支持农村合作金融可持续发展的财政政策经验及启示[J]. 中国财政,2015(19):75-77.

[24] 星焱. 普惠金融:一个基本理论框架[J]. 国际金融研究,2016(9):21-37.

[25] 姚瑞平. 美国支持中小科技企业创新的财税金融政策研究[J]. 中小企业管理与科技(下旬刊),2012(11):69-70.

[26] 易纲. 完善全球金融治理 促进世界经济增长[N]. 人民日报,2016-10-25(7).

[27] 杨国川. 政府对农村金融支持的国际比较研究[J]. 国际经贸探索,2009,25(6):42-46.

[28] 余文建. 普惠金融指标体系构建——从国际探索到中国实践[J]. 中国金融,2017(5):90-91.

[29] 于细婷. 印度财政与金融支持农业合作社发展的经验及启示[J]. 中国农民合作社,2011(9):59-61.

[30] 张锐. 发展普惠金融的国际经验与启示[EB/OL]. (2017-03-07)[2023-03-01]. http://finance.china.com.cn/roll/20170307/4126472.shtml.

[31] 周小川. 践行党的群众路线 推进包容性金融发展[J]. 中国金融,2013(18).

[32] Beck T., Demirgüc-Kunt A., Laeven L., et al. Finance, Firm Size, and Growth[J]. Journal of Money, Credit and Banking, 2008:40.

[33] Coble K. H., Barnett B. J. Why Do We Subsidize Crop Insurance?[J]. American Journal of Agricultural Economics, 2013, 95(2):498-504.

[34] Ehrbeck, T., Pickens, M. and Tarazi, M. Financially Inclusive Ecosystems: The Roles of Government Today[R]. CGAP Focus Note No.76, 2012.

[35] Oz-Yalaman G. Financial Inclusion and Tax Revenue[J]. Central Bank Review, 2019, 19(3):107-113.

[36] GPFT. Global Standard-setting Bodies and Financial Inclusion for the Poor: Toward Proportionate Standards and Guidance[R]. GPFI Working Paper, 2011.

[37] International Monetary Fund. Fiscal Monitor: Capitalizing on Good Times[R]. 2018(4).

[38] Jin H., Qian Y., Weingast B. R. Regional Decentralization and Fiscal Incentives: Federalism, Chinese Style[J]. Journal of Public Economics, 2006, 89:1719-1742.

[39] Loukoianova E., Yang Y., De J., et al. Financial Inclusion in Asia-Pacific[R]. IMF Departmental Paper, 2018(18/17).

[40] Ahamed M. M. Does Inclusive Financial Development Matter for Firms' Tax Evasion? Evidence from Developing Countries[J]. Economics Letters, 2016, 149(Dec.):15-19.

[41] Datta S. K., Singh K. Variation and Determinants of Financial Inclusion and Association with Human Development: A Cross Country Analysis[J]. IIMB Management Review, 2019, 31(4).

第十七章　普惠金融与金融稳定*

探究普惠金融对金融稳定的影响，有助于寻找出普惠金融中的潜在风险点，从而提高金融稳定性。本章从理论上分析普惠金融对金融稳定正反两方面的作用以及金融稳定对普惠金融的作用，提出宏观、中观、微观三种传导渠道解释普惠金融对金融稳定的正面推动效应。同时，构建普惠金融指数和金融稳定指数，利用联立方程对普惠金融与金融稳定的双向关系进行回归分析，并据此提出一系列政策建议。

一、引言和文献综述

（一）问题的提出

"普惠金融"是指立足机会平等要求和商业可持续原则，以可负担的成本为有金融服务需求的社会各阶层和群体提供适当、有效的金融服务。这一概念一经提出，便得到了国际社会的广泛响应。2009年12月，G20首尔峰会批准了《普惠金融行动计划》（FIAP），并成立普惠金融全球合作伙伴（GPFI）作为G20框架下推动普惠金融发展的国际组织。2011年9月，普惠金融联盟（AFI）全体成员在墨西哥通过了《玛雅宣言》（*Maya Declaration*）。普惠金融联盟要求各成员依据该宣言，对普惠金融的实质性进程、目标作出明确承诺。2015年，世界银行提出了到2020年在全球普及金融服务的目标（Universal Financial Access by 2020）。我国也将发展普惠金融作为一项重要的目标和任务。2015年，国务院出台《推进普惠金融发展规划（2016—2020年）》，将小微企业、偏远地区居民、农民、城镇低收入人群、贫困人群和残疾人、老年人等特殊群体明确为我国普惠金融服务的重点对象。

普惠金融在支持经济增长、促进就业、消除贫困、实现社会公平上的积极作用已得到广泛认可。[①] Gine和Townsend（2004）、Banerjee（2009）均发现普惠金融可以促进经济增长，Beck等（2008）认为普惠金融可有效降低基尼系数。但在普惠金融与金融稳定之间的关系上，理论界和实务界均存在较大争议。一方面，2008年的次贷危机表明盲目扩大金融服务范围、给不具备享受某些金融服务的群体提供金融服务会增加金融系统中的风险，破坏金融稳定；另一方面，又有经验显示金字塔底部高度本地化的市场通常较少受金融危机的影响，为处于底端群体服务的金融机构更能承受金融危

---

* 本章作者：余文建、尹优平、白当伟、汪天都、李潇潇、蒋润东、冯丝卉。
① 参见周小川（2013）。

机的冲击,例如,印度尼西亚人民银行的微型金融在印度尼西亚危机中仍保持稳健、孟加拉乡村银行的实践显示穷人是值得信任的。印度尼西亚银行副行长 Ronald Waas 在巴厘岛举行的主题为"金融服务覆盖能力最大化:寻求普惠金融和金融稳定的最佳平衡"全球会议上称:因为普惠金融削弱了影子银行并支持金融市场深度发展,为银行提供潜在的新市场,并以此促进国民经济的增长,所以普惠金融促进了金融稳定。因此,探究普惠金融对金融稳定的影响,有助于寻找出普惠金融中的潜在风险点。在开展普惠金融相关工作中,可有效避免该风险,从而提高金融稳定性。

(二)普惠金融与金融稳定的概念界定

焦瑾璞(2010)提出,普惠金融(Financial Inclusion)理念起源于小额信贷,在引入中国之初也被译为"包容性金融"。2005 年,在联合国总部举行的世界峰会上,与会领导人达成共识,认为小额信贷是发展中国家实现普惠金融的重要手段,为此联合国将 2005 年定为"小额信贷年",第一次明确提出了"普惠金融"的概念,并强调"要让每一个人在有金融需求时都能以合适的价格,享受到及时的、有尊严的、方便的、高质量的金融服务。"

虽然各方对普惠金融的定义存在一定差异,例如,联合国的定义除关注"成本合理"外,还关注监管和制度;世界银行的定义则强调金融产品和服务的使用;GPFI 的定义强调正规金融机构在普惠金融中的作用;但在普惠金融应遵循商业可持续原则上,各方已达成共识。Demirgüç-Kunt、Beck 和 Honohan 等对世界范围内普惠金融的发展进行了深入的反思,并发表了系列论文,他们指出:"普惠金融"并不是说所有的家庭和企业可以以一定的利率借入无限多的资金,也不是说要对没有偿债能力的最穷的人也提供金融服务,"普惠金融"的含义是要降低金融服务的准入门槛,不断扩大金融服务面,以合理的价格为更多的人提供金融服务,使更多的人能够发挥聪明才智,以促进经济增长和摆脱贫困。如果金融服务完全注重最穷的群体,那么金融机构就可能成为发放补贴的机构或慈善机构,这样做的结果将既损害效率,又损害公平。

Rahman(2009)则认为,包容性增长(Inclusive Growth)强调的是成功机会的平等而不是收入的平等,而普惠金融则强调的是融资机会的平等而并不是侧重于扶贫,发展普惠金融的目的是通过金融发展创造较平等的经济机会,特别是要让人们凭借才能而不是父母的财富或关系获得经济机会以创造收入,从而帮助那些缺乏财富,因而只能依靠自己的才智和努力的穷人分享经济增长的果实。

总之,目前国外学术界有关普惠金融问题的一个新进展是认为普惠金融不是单纯地"输血",不是片面地专注于扶贫,而应该是"造血",普惠金融的最终目的是通过为以前难以享受到金融服务的群体(如农民、小微企业、低收入人群、边远地区人群、老年人等)提供金融服务,激发这些群体中有劳动能力者的自生能力,从而最终帮助他们发展生产,或帮助穷人摆脱贫困;此外,普惠金融还应该帮助上述群体改善生活领域的金融服务,增强其生活的便利性,提高其抗风险能力。在实现上述功能的同时,普惠金融应具有商业上的可持续性,从而使普惠金融能够起到促进经济全面发展的作用。

国内也越来越重视普惠金融概念的界定。过去，国内许多人往往将普惠金融等同于政策性金融甚至第二财政，过度强调社会性，忽视市场原则和可持续性。追求过高的融资满意度，对风险相对忽视，这实际上不利于普惠金融的健康发展及可持续发展；普惠金融不能单纯依靠政府补贴和政策支持，普惠金融同样应以发挥市场作用为主，且应该实现可持续发展。这一认识上的进展有利于极大地推动中国普惠金融事业的健康发展和可持续发展。

在实证研究方面，焦瑾璞等（2015）对中国普惠金融发展进程开展了全面的实证研究。余文建（2017）结合国际经验构建了中国普惠金融指标体系，对普惠金融发展水平进行了科学的度量。

2008年国际金融危机使发达国家受到了不同程度的冲击，人们开始注意到金融稳定的重要性，我国也多次强调"把防风险摆在更重要的位置上"。但由于金融稳定问题较为复杂、涉及面广，目前对于金融稳定的定义尚未统一。欧洲央行前行长Duisenberg（2001）认为金融稳定就是金融市场、机构、工具等各种金融要素都能保证正常运转。而荷兰央行前行长Wellink（2002）认为，保证金融稳定最重要的就是保证货币的正常支付功能，只有货币充分流通，资源在金融系统中得到有效配置，金融系统才能抵御冲击、保持稳定。

Padoa-Schioppa（2002）从本金融系统内部和外部的角度吸收了上述两人的观点，他认为当金融系统内部的金融市场、机构等要素能够正常运转，同时还能抵御一定的外部冲击，这样的金融系统是稳定的。Foot（2003）认为稳定的金融系统应该具有以下几个特征：币值稳定；失业率处于正常水平；市场参与者信心坚定；币值和就业水平等因素不会受资产价格影响而偏离均衡水平。中国人民银行《中国金融稳定报告（2005）》中对金融稳定作出了定义：金融稳定是指金融系统能够对实体经济产生重要影响，推动实体经济稳定增长时的状态；当金融系统处于稳定状态时，一个国家或地区的宏观经济运行是稳定的，政策制定者制定的经济政策是有效的，金融市场环境能够不断改善，金融机构、金融市场和金融工具等能够充分发挥作用实现资源的有效配置，最为关键的是当金融体系受到来自外部的冲击时，能够继续稳定运行。

鉴于金融不稳定的特征比较突出，很多学者从金融稳定的对立面——金融不稳定来进行阐释，例如，Crockett（1997）认为金融稳定是指不存在金融不稳定，而金融不稳定的主要表现就是金融市场对实体经济会产生严重的负面影响。Mishkin（1999）认为市场中的信息不对称是导致金融市场不稳定的原因。为警示货币当局防范金融风险，Ferguson（2003）总结了金融不稳定的三个特征：一是金融资产价格严重偏离均衡水平，二是金融系统的功能和金融市场的信用发生了严重扭曲，三是金融市场的总支出相比于实体经济的实际产出能力发生了严重的偏离。无论是从正向说明还是从反向阐述，学者基本都认同金融稳定是指金融系统中的各项要素能够正常运转，并对实体经济产生正向影响。

（三）普惠金融与金融稳定的关系

普惠金融对社会发展的意义已毋庸置疑，但普惠金融与金融稳定的关系却尚有争论。欧洲央行行长 Jean Claude Trichet（2003）曾指出，金融系统的稳定性取决于三个因素：一是参与者所能获得的信息的质量和数量，二是危机的防范和解决框架是否完备，三是市场的完善程度。因此，一些学者认为普惠金融扩大了金融市场参与者的规模，增加了金融体系的稳定性。同时，也有一些学者认为普惠金融降低了获取金融服务的门槛，创新了金融服务产品，引入了新的风险，增加了金融不稳定性。

支持普惠金融可以促进金融稳定的学者主要是从普惠金融可扩大参与者范围、促进就业、减少系统性风险等方面展开论证。Khan（2011）从三个角度论述了普惠金融可促进金融稳定：一是给小企业提供贷款，多样化了银行资产，降低了金融机构贷款组合的整体风险。贷款组合中单个借款人之间的相关性减少，组合的风险也随之减少。二是增加小额存款者的数量可以增加存款规模和稳定性，减少银行对那些在危机中波动比较大的非核心金融的依赖。三是普惠金融有利于货币政策传导，进而有利于金融稳定。Hanning 和 Jansen（2010）认为低收入人群受经济周期影响较小，将其纳入金融体系可以增加存款和贷款的稳定性。Prasad（2010）认为不给中小企业贷款会对就业造成不良影响，因为这些企业大多是劳动密集型的。从这个角度讲，金融服务的收缩会引发金融不稳定。Morgan P. 和 V. Pontines（2014）通过实证检验分析了普惠金融和金融稳定的因果关系。他们发现通过提高向中型企业贷款的份额，可以减少不良贷款和金融机构的违约率，进而提高金融稳定。

另有一些学者认为，普惠金融是金融稳定的潜在威胁。Mishkin（1999）认为，由于金融的规模是一定的，普惠金融会带来利率上升，进而给金融系统带来冲击。Khan（2011）论述了普惠金融给金融稳定带来负面影响的三个方面原因：一是金融机构为了增加借款者的数量会降低放贷标准；二是在获取小额借款客户的过程中将信用评估等众多功能外包会增加银行的信用风险；三是如果小额信贷金融机构没有被恰当地监管，信贷增长将会稀释监管效力，增加系统性风险。Adasme、Majnoni 和 Uribe 等（2006）在一篇关于智利银行业的研究中发现小型企业的系统性风险大于大型企业。这意味着为中小企业提供金融服务会削弱金融稳定。

二、普惠金融对金融稳定作用的理论与假设

（一）普惠金融对金融稳定作用的理论分析

从理论上看，普惠金融对金融稳定可能存在正反两方面的作用。

1. 正面作用

正面作用主要体现在以下方面：（1）从微观上看，普惠金融可以帮助个人、家庭和小微企业获得信贷、储蓄、支付、保险等广泛的金融服务，有助于其利用金融产品和服务改进生产生活，促进收入增加和维持财务健康，提高其抗风险能力；（2）从中观（金融行业层面）上看，普惠金融有助于金融机构差异化经营，将信贷资产的覆盖

面扩展到中小微企业和更广泛的消费者,避免过度集中在大型企业,特别是周期性行业,从而有助于分散风险;(3)从宏观上看,普惠金融有助于减少收入不平等,缩小贫富差距,从而提升社会稳定,社会稳定在一定程度上也有利于实现金融稳定。下文将对这三条作用路径开展进一步的分析。

2. 负面作用

负面作用主要体现在以下方面:(1)普惠金融所服务的对象是传统上被金融排斥或服务不足的群体,其金融素养相对较低,生产经营稳定性较差,收入来源渠道有限,风险承受能力较差,同时也缺乏必要的抵质押品,故而开展相关业务会给金融机构带来一定的风险。(2)普惠金融相关产品和服务的门槛相对较低,尤其是信贷产品,与常规信贷产品相比,往往是降低了授信的标准,从而产生风险隐患,而且可能存在过度授信的风险。从以上两个方面看,由于普惠金融对象的特性,以及对客户要求的放松,普惠金融会对金融稳定带来一定的负面影响。

总体来看,上述负面作用主要带来的是非系统性风险,对于系统性风险的影响不大;并且这些负面作用可以通过良好的金融消费者教育和先进的审慎监管工具进行缓解。因此,我们认为普惠金融对金融稳定的正面作用大于负面作用,从而产生以下假设。

假设1:一国的普惠金融发展水平越高,金融稳定水平越高。

为了检验该假设,可以选取普惠金融相关指标构建普惠金融指数,选取金融稳定相关指标构建金融稳定指数,从而开展回归分析。

(二)普惠金融对金融稳定的正面作用路径

正如前文所述,普惠金融可能对金融稳定在不同层面产生正面影响,产生影响的原因和渠道有多种可能的解释,本章从微观、中观和宏观层面分别提出一种解释。这三种解释是在不同层面上分析普惠金融对金融稳定的影响,相互之间并不矛盾,而是相辅相成的关系。在现实中,完全可以在微观、中观、宏观之间相互过渡,共同对本章的结论产生影响。图17-1中给出了三种解释的逻辑路径。

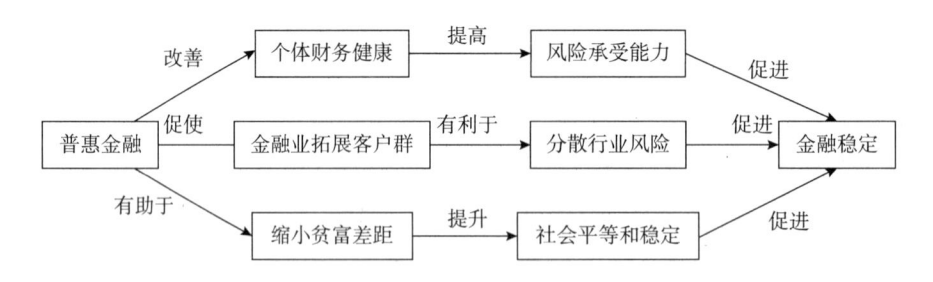

注:从上到下依次为微观解释、中观解释和宏观解释。

图17-1 普惠金融对金融稳定正面作用的三条渠道

1. 微观解释:普惠金融有助于增进个人、家庭和小微企业的财务健康,从而对金融稳定有正面作用

普惠金融能够帮助微观经济中的个体享受基础金融服务,支付、储蓄、信贷、保

险等基础金融服务有助于个体形成良好的收支和财务管理习惯,有助于借助金融产品和服务开展经营性活动,提高交易资金的便捷性、安全性,降低交易成本。总体而言,有助于促进收入增加和维持健康的财务状况。随着家庭与小微企业(小微企业大多数也是以家庭为单位的)财务状况的改善以及对保险等产品的充分运用,这些微观个体的风险承受能力能够得到提升,最终有益于促进金融稳定。从美国次贷危机可以看出,当财务状况有限的个体普遍遭遇超出其承受能力的风险时,就会对金融稳定造成非常严重的破坏。

例如,肯尼亚、坦桑尼亚等非洲国家近年来通过这一微观渠道取得了一定的成功。这些国家的移动运营商大力推广移动货币、移动支付。大量原本享受不到任何金融服务的民众,现在只需拥有普通手机就可以拥有自己的账户,并获得支付、保险、储蓄、理财等各类金融服务,使这些民众第一次融入现代经济生活中。移动支付和保险服务对于民众经营小微企业至关重要,储蓄和理财服务能够帮助其积累资金,提升获取接受教育的机会,迈出了彻底摆脱贫穷的重要一步。最终,个人、家庭和小微企业的财务状况得到极大改善,整个国家的金融体系不仅体量显著增大,而且变得更加成熟稳定。

2. 中观解释:普惠金融有助于金融机构分散信贷风险,从而对金融稳定有正面作用

从个体性风险的角度来看,传统金融机构往往更青睐大客户,信贷资产相对集中,风险分散度不够。从金融行业层面上看,普惠金融使金融行业可以将信贷资产分散到更广泛的客户群,从而分散经营风险。从系统性风险的角度来看,传统金融业往往更青睐重资产的传统性周期性行业,受经济周期影响较大,也就是 β 值较高,受系统性风险影响较大。相反,普惠金融的理念有助于拓展金融机构的客户群,促进金融机构多样化经营,避免把"鸡蛋放到一个篮子里",有助于控制金融业的风险,从而有利于金融稳定。

这一作用路径对中国具有较强的现实意义。中国的国有金融机构往往更愿意将大量贷款发放给大型国有企业,特别是房地产、重工业等传统的周期性行业。在经济快速增长的时期,产能和信贷也会迅速扩张,但一旦遭遇经济不景气,面临"去产能、去库存、去杠杆"的压力,金融机构就会存在极大的金融风险隐患。通过大力发展普惠金融,促使金融机构扩大信贷发放范围,将更多的信贷资产配置于新兴行业或中小微企业中,从而达到分散风险的作用,这无疑有助于金融稳定,并且有利于推动供给侧结构性改革,有利于增强金融服务实体经济。

3. 宏观解释:普惠金融有助于缩小贫富差距,促进社会平等和稳定,从而对金融稳定有正面作用

普惠金融可以直接通过宏观机制产生作用。普惠金融的一个根本理念是让低收入群体也能平等享受到金融服务,帮助其摆脱贫困,避免"穷者愈穷,富者愈富",从而缩小贫富差距,因此,普惠金融的重点服务对象往往是社会中的弱势群体,最终目标

是促进社会平等。社会平等有助于促进社会稳定，而一个稳定的社会才能够孕育出稳定的金融体系。

例如，印度和孟加拉国是传统上贫富差距极大的地区。近年来，普惠金融成为当地开展扶贫开发、解决贫富差距过大问题的关键要素。穆罕默德·尤努斯创办了孟加拉乡村银行，专门为因贫穷而被传统银行拒之门外的人群提供小额贷款，取得了成功，尤努斯也因为其对社会的贡献而获得诺贝尔和平奖。国际社会普遍认为，普惠金融对于这些国家缩小贫富差距、培育中产阶级、提升社会稳定度起到了重要的作用。社会的平等和稳定又进一步提升了金融稳定，形成了良性循环。

（三）金融稳定对普惠金融的反作用

金融稳定也可以反作用于普惠金融，金融稳定可以为普惠金融提供更好的发展环境。在一个金融稳定的环境中，金融资源的定价不会扭曲，贷款利率能够合理地反映借款人的风险，投机活动受到一定程度的遏制，注重风险分散，注重对新兴行业的支持，重视对实体经济的服务（特别是对小微企业、普通民众的服务）往往成为行业共识。在这种情况下，金融机构改善消费者生活、帮助小微企业扩大生产的意愿和能力会相应增强，金融体系拓展普惠金融服务的广度和深度也相应增强。

假设2：一国的金融稳定水平反过来也会对其普惠金融发展水平产生正面作用。

因此，普惠金融与金融稳定之间的相互作用，可能存在反向的因果关系。下文我们将检验金融稳定是否会对普惠金融产生反作用。

三、普惠金融对金融稳定作用的实证分析

（一）构建普惠金融指数

为定量衡量各国普惠金融发展水平，我们选取有代表性的普惠金融指标构建普惠金融发展指数。从国际社会来看，最具有代表性和影响力的指标体系为《G20普惠金融指标体系》。该指标体系由G20框架下的普惠金融全球合作伙伴（GPFI）于2011年建立，此后经历了多次修改，最近一次修改经G20杭州峰会核准后通过。我们基于该指标体系进行指标选取和指数构建。

《G20普惠金融指标体系》包含金融服务的使用情况、金融服务的可得性和金融产品与服务的质量3个维度共35个指标，使用情况维度分为成年人和企业的使用情况，衡量对账户、支付产品、储蓄、信贷、保险等金融产品和服务的使用，包含拥有账户的成年人比例，过去一年在金融机构借款的成年人比例等指标；可得性维度主要通过对物理服务网点等的衡量来反映可得性情况，包含每十万成年人拥有的ATM数/商业银行分支机构数等指标；质量维度主要衡量消费者金融素养和能力、市场行为和消费者保护以及使用障碍等情况，包括金融知识、信贷障碍等指标。G20普惠金融指标体系数据主要来源于世界银行全球普惠金融数据库和国际货币基金组织金融服务可获得性调查等。前者主要通过每三年一次的全球普惠金融调查，从需求端取得数据。后者主要从各国中央银行、监管部门等供给端获取普惠金融数据。鉴于世界银行普惠金融

第十七章 普惠金融与金融稳定

调查每三年开展一次，目前仅 2011 年、2014 年数据可得，故本章使用 2011 年和 2014 年的数据进行实证研究。

在兼顾指标可得性、国家数量的基础上，我们选取了 90 个国家和地区的 3 个维度、6 个普惠金融指标开展研究，这 6 个指标也是反映普惠金融发展状况最为基础和核心的指标。使用情况维度包含 3 个指标：拥有账户的成年人（15 岁以上）比例、在金融机构储蓄的成年人比例、过去一年在金融机构借款的成年人比例；可得性维度包含 2 个指标：每十万成年人拥有的 ATM 数、每十万成年人拥有的银行网点数；质量维度包含 1 个指标：信贷障碍，该指标是对征信体系、担保制度和破产法律对债权人和债务人的保护程度等的综合衡量，用"信贷边界距离"计量，在 0～100 之间取值，衡量各个经济体到达边界的距离，0 代表最差。

我们通过主成分分析法构建普惠金融指数，两年数据均能通过 KMO 和 Bartlett 检验。从图 17-2 可以看出，第一主因子和第二主因子特征值均大于 1。为保留更多信息，我们提取了 2 个主成分，计算出了 90 个国家和地区的普惠金融指数（计算结果见表 17-1）。

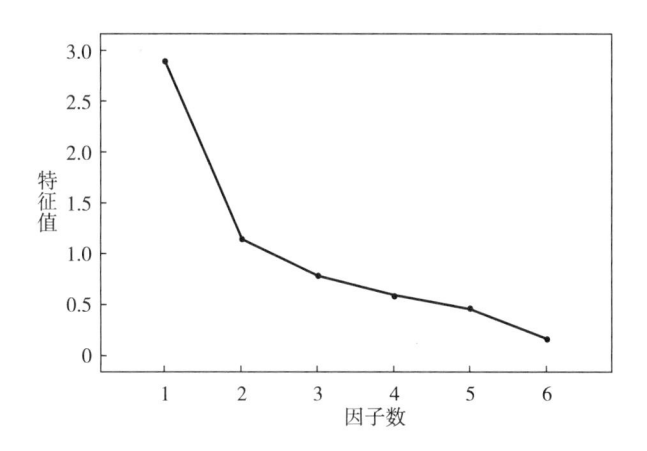

图 17-2 普惠金融指数因子分析碎石图

（二）构建金融稳定指数

为了构建金融稳定指数，我们选取了消费者价格指数、中央政府债务占 GDP 的比重、外商直接投资（FDI）流入与流出占 GDP 的比重、银行机构国内私人部门信贷供给占 GDP 的比重、金融部门国内信贷供给占 GDP 的比重和汇款收入占 GDP 的比重等指标，进行因子分析以提取金融稳定指数。

由图 17-3 可知，第一主因子特征值显著大于 1，而第二主因子特征值在 1 左右，故第一主因子有较强的代表性。

表 17-1 给出了通过因子分析法（主因子法）计算得出的 2011 年、2014 年的普惠金融指数与金融稳定指数（囿于数据可得性的限制，只计算 90 个国家和地区）。通过观察表 17-1 不难发现，普惠金融指数和金融稳定指数的计算结果与人们通常的认知

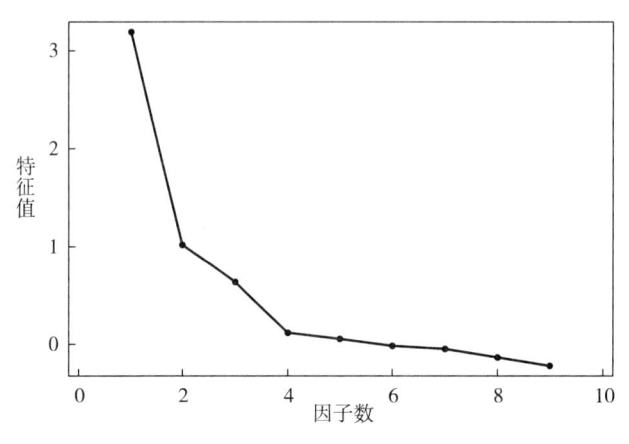

图 17-3　金融稳定指数因子分析碎石图

基本一致。比如，在普惠金融指数方面，2014 年澳大利亚（1.7544）、以色列（1.5699）、瑞典（0.8243）等高收入国家数值较高，而马达加斯加（-1.7611）、刚果（金）（-1.3896）、阿富汗（-1.1968）等欠发达国家则表现出较低的普惠金融发展水平。与此同时，在金融稳定方面，2014 年荷兰（2.4834）、丹麦（2.4111）、卢森堡（1.8137）等发达国家表现同样突出，而阿富汗（-1.2850）、刚果（金）（-1.1818）、乌干达（-1.0311）等经济发展落后甚至发生战乱的国家金融稳定水平极低。可见，本章的普惠金融指数及金融稳定指数具有较强的代表性。

表 17-1　　普惠金融/金融稳定指数（因子分析—主因子法）

国家或地区	年份	普惠金融指数	金融稳定指数	年份	普惠金融指数	金融稳定指数
阿富汗	2011	-4.7292	-1.2177	2014	-1.1968	-1.25801
阿尔巴尼亚	2011	-0.0259	-0.18222	2014	-0.2559	-0.23893
阿尔及利亚	2011	-6.0907	-1.17095	2014	-1.3658	-0.95297
安哥拉	2011	-4.2011	-0.94434	2014	-1.395	-0.93534
阿根廷	2011	-1.7801	-0.8263	2014	-0.4045	-0.85134
亚美尼亚	2011	0.70268	-0.56186	2014	-0.0053	-0.34095
澳大利亚	2011	7.35711	1.231564	2014	1.7544	1.4927
奥地利	2011	3.48988	0.816034	2014	0.74131	0.763015
阿塞拜疆	2011	-0.7116	-0.8838	2014	-0.4776	-0.72499
比利时	2011	2.79606	0.422363	2014	0.66733	1.311516
贝宁	2011	-5.0566	-0.83343	2014	-1.195	-0.94114
玻利维亚	2011	-1.6403	-0.58014	2014	-0.3173	-0.4793
波斯尼亚和黑塞哥维那	2011	0.21318	-0.28311	2014	0.04905	-0.28285
博茨瓦纳	2011	-2.0448	-0.99639	2014	-0.272	-1.0959

续表

国家或地区	年份	普惠金融指数	金融稳定指数	年份	普惠金融指数	金融稳定指数
保加利亚	2011	1.91059	-0.12545	2014	0.66281	-0.28886
布隆迪	2011	-6.8616	-0.80105	2014	-1.7092	-0.94523
柬埔寨	2011	-1.9466	-0.78926	2014	0.07286	-0.4775
喀麦隆	2011	-4.8515	-0.95402	2014	-1.3264	-1.05372
智利	2011	-0.3233	0.198851	2014	-0.0547	0.316974
中国	2011	-1.1306	1.004774	2014	-0.0811	1.410982
哥伦比亚	2011	0.41053	-0.40077	2014	2.20387	-0.40567
刚果（金）	2011	-7.0805	-1.08	2014	-1.3896	-1.1818
哥斯达黎加	2011	-0.6512	-0.38121	2014	0.02042	-0.2945
克罗地亚	2011	3.46138	0.200757	2014	0.8567	0.124382
塞浦路斯	2011	5.66963	3.692027	2014	0.16658	3.692027
捷克	2011	1.47687	-0.15354	2014	0.37624	-0.16839
丹麦	2011	5.65577	2.582172	2014	0.91352	2.411116
多米尼加	2011	-0.6828	-0.61044	2014	-0.1853	-0.612
厄瓜多尔	2011	-0.7867	-0.76278	2014	-0.0755	-0.79726
埃及	2011	-4.1325	-0.1673	2014	-0.9553	-0.05347
萨尔瓦多	2011	-2.3468	-0.33567	2014	-0.3077	-0.35021
爱沙尼亚	2011	2.2498	0.172534	2014	0.50264	-0.08938
芬兰	2011	5.19497	1.77562	2014	0.58333	1.549442
法国	2011	4.67251	1.061314	2014	0.75	1.130785
格鲁吉亚	2011	0.44662	-0.61769	2014	0.22533	-0.37352
加纳	2011	-3.2114	-0.78407	2014	-0.5054	-0.66504
希腊	2011	0.74498	1.170331	2014	0.00573	0.908745
危地马拉	2011	1.05957	-0.60206	2014	0.1513	-0.58164
几内亚	2011	-5.7613	-0.80296	2014	-1.4544	-0.90048
洪都拉斯	2011	-0.5429	-0.29269	2014	-0.047	-0.1861
匈牙利	2011	0.71079	-0.01551	2014	0.13754	-0.32335
伊朗	2011	3.74014	-0.34028	2014	0.60199	-0.32432
爱尔兰	2011	5.3247	2.286852	2014	0.81468	1.491309
以色列	2011	4.715	0.184438	2014	1.56987	0.059886
意大利	2011	0.58642	1.275953	2014	0.57473	1.42969
牙买加	2011	-0.9729	-0.44282	2014	0.14104	-0.39767
约旦	2011	-5.2425	0.391168	2014	-1.101	0.418987
哈萨克斯坦	2011	-1.4103	-0.58115	2014	-0.1441	-0.71311

续表

国家或地区	年份	普惠金融指数	金融稳定指数	年份	普惠金融指数	金融稳定指数
肯尼亚	2011	-1.1523	-0.57415	2014	-0.4524	-0.60223
科索沃	2011	-0.7785	-0.76816	2014	-0.1716	-0.75386
吉尔吉斯斯坦	2011	-0.9761	-0.94666	2014	-0.4417	-0.81587
拉脱维亚	2011	2.57304	0.112673	2014	0.55698	-0.38275
黎巴嫩	2011	-0.8828	1.17845	2014	-0.1902	1.612417
卢森堡	2011	3.64026	1.651206	2014	0.74787	1.813725
北马其顿	2011	0.71142	-0.45861	2014	0.16837	-0.49749
马达加斯加	2011	-7.2378	-0.99118	2014	-1.7611	-1.02327
马拉维	2011	-3.6634	-0.80324	2014	-1.2954	-1.01664
马来西亚	2011	3.15112	0.714465	2014	0.43551	0.96454
马耳他	2011	-0.0888	1.338894	2014	-0.2533	0.89207
毛里求斯	2011	1.35583	0.334044	2014	0.39209	0.457674
摩尔多瓦	2011	-3.2617	-0.50101	2014	-0.4724	-0.51233
蒙古国	2011	4.11532	-0.58645	2014	1.27537	-0.18208
黑山	2011	3.34015	-0.17842	2014	0.82494	-0.27566
荷兰	2011	3.35229	2.110762	2014	0.24119	2.483396
尼加拉瓜	2011	-3.0679	-0.52386	2014	-0.7233	-0.5219
巴拿马	2011	-0.5652	0.099202	2014	0.16309	0.063136
秘鲁	2011	1.00933	-0.84037	2014	0.83685	-0.86784
菲律宾	2011	-2.9799	-0.40289	2014	-0.6908	-0.37027
波兰	2011	2.52265	-0.17278	2014	0.63182	-0.16574
葡萄牙	2011	3.15102	1.995672	2014	0.8036	1.592912
罗马尼亚	2011	1.26105	-0.43369	2014	0.42389	-0.70958
卢旺达	2011	-3.0022	-0.99953	2014	-0.1631	-1.00776
沙特阿拉伯	2011	-1.3558	-1.11898	2014	-0.1083	-1.17088
塞尔维亚	2011	1.26039	-0.33479	2014	-0.0025	-0.39663
新加坡	2011	3.7917	0.203692	2014	0.52536	0.859915
斯洛伐克	2011	2.413	-0.20966	2014	0.53243	-0.29769
斯洛文尼亚	2011	1.69988	0.287657	2014	0.28157	-0.21869
南非	2011	0.95017	0.757654	2014	0.11364	0.779642
西班牙	2011	5.3031	2.665229	2014	1.25086	2.17738
斯里兰卡	2011	1.02334	-0.37971	2014	-0.0572	-0.33144
瑞典	2011	5.64769	1.187587	2014	0.82425	1.302427
坦桑尼亚	2011	-3.9392	-0.93673	2014	-1.165	-0.98326

续表

国家或地区	年份	普惠金融指数	金融稳定指数	年份	普惠金融指数	金融稳定指数
泰国	2011	3.31387	0.827201	2014	0.34395	1.051403
土耳其	2011	-1.2377	-0.21739	2014	0.13769	-0.13981
乌干达	2011	-3.3203	-0.9533	2014	-0.7747	-1.03111
乌克兰	2011	0.15642	0.061648	2014	0.0338	0.30142
阿联酋	2011	-0.1759	0.108011	2014	0.06693	0.063712
乌拉圭	2011	-0.6269	-0.76091	2014	0.06279	-0.76532
越南	2011	-0.5506	0.506315	2014	-0.2214	0.554247
约旦河西岸和加沙	2011	-5.2538	-0.99992	2014	-1.0515	-1.08117

（三）回归变量说明

数据方面，本章研究所涉及的数据均为国家层面的宏观数据，主要数据来源于世界银行。由于普惠金融调查从 2011 年开始，每三年一次，故目前仅能够得到 2011 年和 2014 年两年的数据。在进行实证分析时，为避免极端异常值对实证结果的干扰，对所有变量进行上下 1% 水平的 Winsorize 处理。

本章实证分析所涉及的主要变量及含义如表 17-2 所示，其中账户渗透率和储蓄渗透率可以作为普惠金融的代理变量。本章主要使用普惠金融指数衡量普惠金融发展水平，这两个代理变量将用作稳健性检验。

表 17-2　　　　　　　　　　　　主要变量含义

变量	含义
FS	金融稳定指数（根据因子分析法计算）
FI	普惠金融指数（根据因子分析法计算）
CAB^*	资本账户余额
$Inflation$	通货膨胀率
$Employ$	就业率
EXP^*	总消费
NX^*	净出口额
$Industry^*$	工业总产值
$Urban$	城镇化率
$Account$	账户拥有率，指拥有银行或电子账户的成年人比例
$Saving$	储蓄渗透率，指在银行等正规金融机构有储蓄行为的成年人比例
$Unemp$	失业率
$Primary$	基础教育入学率
GDP	人均国内生产总值
$Time$	时间虚拟变量（2011 年取值为 0，2014 年取值为 1）

注：以上变量中凡是打"*"的均除以当年本国 GDP。

表 17-3 为主要变量的相关系数矩阵。可以看出，普惠金融指数、账户拥有率和

表 17-3 主要变量的相关系数矩阵

变量	FS	FI	CAB	Inflation	Employ	EXP	NX	Industry	Urban	Account	Saving	Unemp	Primary	GDP
FS	1.0000													
FI	0.5394	1.0000												
CAB	0.0994	0.0921	1.0000											
Inflation	-0.3949	-0.3257	-0.2403	1.0000										
Employ	0.1064	-0.0840	0.3411	-0.2092	1.0000									
EXP	0.4838	0.2736	0.1507	-0.2668	0.1143	1.0000								
NX	0.3975	0.3340	0.7724	-0.3187	0.3257	0.1872	1.0000							
Industry	-0.4900	-0.1390	0.2430	0.0525	0.2801	-0.4535	0.2013	1.0000						
Urban	0.4192	0.2985	0.2457	-0.3181	0.1932	0.3413	0.3891	-0.2570	1.0000					
Account	0.6992	0.6157	0.2806	-0.3463	0.0503	0.4945	0.4772	-0.4218	0.4678	1.0000				
Saving	0.6989	0.5583	0.3566	-0.2997	0.0229	0.3108	0.4511	-0.3482	0.5174	0.8112	1.0000			
Unemp	0.1501	-0.0180	-0.2190	-0.2468	0.2197	0.2337	-0.1814	-0.2965	0.1386	0.1551	-0.1134	1.0000		
Primary	0.4763	0.4376	0.1194	-0.4820	0.0807	0.3631	0.2228	-0.2143	0.2598	0.4876	0.3926	0.1499	1.0000	
GDP	0.6845	0.5011	0.3702	-0.3157	0.0678	0.4305	0.5466	-0.4119	0.5586	0.6664	0.8144	-0.0526	0.3252	1.0000

第十七章 普惠金融与金融稳定

在金融机构有储蓄行为的成年人比例均与金融稳定指数呈正相关关系，而通货膨胀率等则与金融稳定和普惠金融发展水平存在负相关关系。

表17-4 主要变量的描述性统计

变量	min	Mean	Median	max	Std. err	N
FS	-1.2177	0.0006	-0.3105	3.6920	0.9940	180
FI	-7.0805	-0.0085	0.0271	5.6696	2.3615	180
CAB	-25.5125	-3.4460	-3.1734	23.6198	8.2945	174
Inflation	98.5833	113.3895	108.0885	205.6490	15.6313	180
Employ	0.6400	4.0761	3.9000	13.7200	2.1289	125
EXP	2.2061	28.2467	28.0019	54.3625	12.0252	144
NX	-40.8585	-5.1595	-3.2196	32.5297	14.2289	180
Industry	12.4669	28.7103	27.7688	63.6764	9.0133	174
Urban	11.7610	61.0966	63.1130	100.0000	21.0461	178
Account	3.6878	54.9501	52.6999	100.0000	30.5451	180
Saving	0.8087	21.0180	15.5060	64.6884	17.3155	180
Unemp	0.2000	8.9724	7.2235	28.0300	6.1626	178
Primary	78.0178	95.4170	96.7354	99.8326	4.4609	129
GDP	312.7490	15300.0000	7208.7156	116000.0000	19900.0000	180

（四）回归分析结果

接下来，我们将对普惠金融如何影响金融稳定进行实证分析。具体回归方程为

$$FS_{i,t} = \alpha + \beta FI_{i,t} + \sum \gamma_k Z_{k,i,t} + \varepsilon_{i,t}$$

式中，Z 为控制变量向量，具体包括通货膨胀率（Inflation）、失业率（Unemp）、资本账户余额（CAB）、消费（EXP）、净出口额（NX）、工业总产值（Industry）、城镇化率（Urban）和时间控制变量（Time）。本研究预期普惠金融发展水平项 FI 的系数显著为正。

表17-5给出了普惠金融对金融稳定的回归分析结果。其中第（1）列是以普惠金融指数作为普惠金融发展水平代理变量进行回归的结果，第（2）列、第（3）列分别为使用账户拥有率、在金融机构有存款行为的成年人比例作为普惠金融发展水平代理变量的回归结果。

观察表17-5不难发现，无论使用前面构建的普惠金融指数，还是使用账户拥有率、在金融机构有存款行为的成年人比例，普惠金融发展水平项的系数均在1%显著性水平上大于零，说明普惠金融发展水平能对金融稳定产生正面影响。且这三个代理变量可以相互视为替代变量，一定程度上能够说明回归结果的稳健性。

表 17-5　　　　　　　　普惠金融对金融稳定影响的实证结果

变量	(1)	(2)	(3)
FI	0.1431*** (0.0328)		
Account		0.0123*** (0.0028)	
Saving			0.0216*** (0.0047)
CAB	-0.0004 (0.0039)	0.0000 (0.0040)	0.0030 (0.0040)
Inflation	-0.0171*** (0.0053)	-0.0116** (0.0053)	-0.0109** (0.0051)
EXP	0.0105* (0.0058)	0.0070 (0.0067)	0.0100 (0.0061)
NX	0.0202*** (0.0051)	0.0149** (0.0058)	0.0159*** (0.0059)
Industry	-0.0518*** (0.0088)	-0.0428*** (0.0098)	-0.0400*** (0.0115)
Employ	0.0005 (0.0100)	-0.0021 (0.0105)	0.0119 (0.0097)
Urban	0.0099*** (0.0037)	0.0114*** (0.0035)	0.0103*** (0.0035)
Time	0.1770 (0.1437)	-0.0169 (0.1522)	-0.0166 (0.1503)
_cons	2.5682*** (0.8047)	1.1088 (0.8021)	1.0052 (0.8812)
N	131	131	131
adj. R^2	0.6344	0.6115	0.6331

注：(1) 括号内数值为异方差稳健标准误。

(2) ***、**和*分别表示系数在1%、5%和10%显著性水平上显著。

值得注意的是，时间虚拟变量系数并不显著异于零，说明并不存在明显的时间效应，故我们采用混合回归并无太大问题。

前面我们分析提出，一方面，普惠金融会对金融稳定产生正向作用；另一方面，金融稳定应该可以反作用于普惠金融发展。为验证这一猜想，本章构建能够反映金融稳定与普惠金融发展相互作用的联立方程模型，对该问题进行进一步研究。此外，构建联立方程模型能够避免金融稳定与普惠金融发展水平之间可能存在的互为因果问题

第十七章 普惠金融与金融稳定

而导致的内生性偏误。具体模型形式如下:

$$\begin{cases} FS_{i,t} = \alpha_1 + \beta_1 FI_{i,t} + \sum \gamma_{1k} Z_{k,i,t} + \varepsilon_{i,t} \\ FI_{i,t} = \alpha_2 + \beta_2 FS_{i,t} + \sum \gamma_{2k} X_{k,i,t} + \eta_{i,t} \end{cases}$$

其中, Z 和 X 均为控制变量向量。Z 具体包括通货膨胀率 (Inflation)、失业率 (Unemp)、经常账户余额 (CAB)、消费 (EXP)、净出口额 (NX)、工业总产值 (Industry)、城镇化率 (Urban) 和时间控制变量 (Time)。X 包括基础教育入学率 (Primary)、人均 GDP (GDP)、就业率 (Employ) 和城镇化率 (Urban)。

若金融稳定与普惠金融发展水平之间存在相互促进的作用,预期系数 β_1 和 β_2 均显著为正。

由表 17-6 结果可知,普惠金融发展水平显著有助于金融稳定,而同时金融稳定反过来也显著有利于普惠金融发展水平的提高。

表 17-6 金融稳定与普惠金融发展水平的联立方程回归结果

变量	(1) OLS	(2) SURE	(3) SURE_Adj
FS			
FI	0.1889*** (0.0445)	0.2592*** (0.0406)	0.2613*** (0.0433)
CAB	-0.0009 (0.0041)	-0.0005 (0.0037)	-0.0005 (0.0040)
Inflation	-0.0309** (0.0122)	-0.0258** (0.0111)	-0.0257** (0.0118)
EXP	0.0065 (0.0079)	0.0057 (0.0072)	0.0057 (0.0077)
NX	0.0210*** (0.0077)	0.0187*** (0.0070)	0.0187** (0.0075)
Industry	-0.0547*** (0.0119)	-0.0464*** (0.0109)	-0.0462*** (0.0116)
Employ	0.0068 (0.0176)	0.0081 (0.0160)	0.0082 (0.0171)
Urban	0.0012 (0.0052)	0.0014 (0.0048)	0.0014 (0.0052)
Time	0.3876* (0.2069)	0.3281* (0.1878)	0.3267 (0.2006)
_cons	4.6699*** (1.5398)	3.8301*** (1.4043)	3.8095** (1.4999)

续表

变量	(1) OLS	(2) SURE	(3) SURE_Adj
R^2	0.6543	0.6362	0.6352
FI			
FS	0.6030** (0.2505)	0.9953*** (0.2347)	0.9845*** (0.2439)
$Urban$	−0.0003 (0.0129)	−0.0041 (0.0123)	−0.0040 (0.0128)
$Unemp$	−0.1567* (0.0902)	−0.1226 (0.0850)	−0.1235 (0.0883)
$Primary$	0.1396** (0.0633)	0.1026* (0.0593)	0.1034* (0.0616)
GDP	0.1944 (0.1197)	0.1188 (0.1124)	0.1208 (0.1168)
$\_cons$	−12.5445** (6.0279)	−8.8612 (5.6451)	−8.9503 (5.8665)
N	81	81	81
R^2	0.3991	0.3769	0.3781

注：***、**和*分别表示系数在1%、5%和10%显著性水平上显著。

四、相关普惠金融工作的政策建议

综上所述，可以看出一国的普惠金融发展水平与其金融体系的稳定程度相互影响、相辅相成，推进普惠金融发展对于保持金融稳定的重要意义不言自明，较为稳定的金融体系能够为普惠金融发展提供良好的环境及条件。基于普惠金融与金融稳定之间存在的关系，结合我国国情及金融业发展状况，我们提出以下建议，为金融管理部门研究制定相关政策措施提供参考。

（一）从更宽的视角认识推进普惠金融的重要性

之前人们普遍认为，普惠金融的服务对象是弱势群体，发展普惠金融，对于解决这部分群体的生产、生活问题，对于缩小社会差距有重要的意义。因此，普惠金融在本质上属于发展问题。现在看来，对普惠金融的重要性应予重新认识。除了对于发展、增长等的重要作用外，普惠金融对一国的金融稳定及金融体系的完善，甚至货币政策的传导，都具有积极意义。因此，我们应从更高的层面、更宽的视角认识普惠金融，增强做好普惠金融工作的责任感和使命感。

（二）加快推进普惠金融体系建设

2017年，第五次全国金融工作会议提出："要建设普惠金融体系，加强对小微企业、'三农'和偏远地区的金融服务，推进金融精准扶贫，鼓励发展绿色金融。同时要把主动防范化解系统性金融风险放在更加重要的位置。"发展普惠金融有助于金融稳定，而稳定的金融体系也有助于普惠金融的发展。因此，一方面，金融机构应当牢牢把握推进普惠金融发展与防范金融风险之间的重要关系，以为实体经济服务作为出发点和落脚点，更好满足人民群众和实体经济，特别是普惠金融重点群体多样化的金融需求。增强金融服务实体经济的能力，既是发展普惠金融的需要，又是减少资金空转、套利，防范金融风险的需要。另一方面，包括普惠金融部门和金融稳定部门在内的有关部门应协调配合、统筹考虑、形成合力，全面贯彻落实党的十九大和第五次全国金融工作会议精神，切实落实《推进普惠金融发展规划（2016—2020年）》各项任务的落实。这样有利于普惠金融和金融稳定两方面工作的推进，更有利于两方面工作质量的提高。

（三）注重普惠金融服务的金融风险防范机制建设

普惠金融服务既要求金融机构为传统服务范围之外的弱势群体提供基本金融服务，又要实现自身商业可持续发展，这就对机构个体和金融体系的风险防范机制提出特殊要求，这既涉及微观审慎，也涉及宏观审慎。在微观审慎层面，收入端需要监管部门允许金融机构合理提高收费标准，覆盖成本和风险溢价，在保持商业可持续的同时避免逆向选择。成本端要鼓励大型银行通过各种合理手段降低成本。在宏观审慎层面，要重点防控系统性金融风险，构建涵盖数据共享、大数据分析、实时动态分行业跟踪、跨部门联动、早期预警、应急预案、危机恢复、违规惩罚机制、绩效评估等环节的普惠金融风险防范工作机制。

（四）建立完善普惠金融发展评估体系

为全面监测、评估我国及各地普惠金融发展水平，便于开展普惠金融国际比较及更有针对性地研究制定相关政策措施，有力推动普惠金融发展，应建立起普惠金融评估或指标体系，并不断优化指标设置，使之更准确、客观地反映我国普惠金融发展的情况。要根据评估体系指标数据反映出的问题，查找出薄弱环节，精准制定政策措施，在防范风险的基础上推动普惠金融更快更好发展。

（五）加强金融消费者保护

金融消费者保护是普惠金融发展的重要组成部分，其也对金融稳定有着积极的意义。有关部门应持续深入开展针对普惠金融重点人群的金融知识普及和教育，深化社会各界对普惠金融理念的认识；不断加强金融消费权益保护制度、法规建设；加强监督，稳步推进对金融机构消费者保护情况的检查和评估工作；进一步规范和完善金融消费者投诉受理与处理工作，助力普惠金融发展。

参考文献

[1] 周小川. 践行党的群众路线 推进包容性金融发展 [J]. 中国金融, 2013 (18): 9-12.
[2] 焦瑾璞. 构建普惠金融体系的重要性 [J]. 中国金融, 2010 (10): 12-13.

[3] 焦瑾璞，黄亭亭，汪天都，张韶华，王玺. 中国普惠金融发展进程及实证研究[J]. 上海金融，2015（4）：12-22.

[4] 余文建. 普惠金融指标体系构建——从国际探索到中国实践[J]. 中国金融，2017（5）：90-91.

[5] Crockett A. Why Is Financial Stability a Goal of Public Policy? [J]. Economic Review, Federal Reserve Bank of Kansas City, 1997.

[6] Mishkin F. S. Global Financial Instability: Framework, Events, Issues [J]. The Journal of Economic Perspectives, 1999.

[7] Duisenberg W. The Contribution of the Euro to Financial Stability [C]. Globalization of Financial Markets and Financial Stability—Challenges for Europe, Baden-Baden: Nomos Verlagsgesellschaft, 2001: 37-51.

[8] Wellink A. Current Issues in Central Banking [C]. Speech Presented at the Central Bank of Aruba. Oranjestad, Aruba, 2002.

[9] Padoa-Schioppa T. Central Banks and Financial Stability: Exploring a Land in Between [C]. The Transformation of the European Financial System, Second ECB Central Banking Conference, 2002.

[10] Foot M. What Is "Financial Stability" and How do We Get It? [R]. The Roy Bridge Memorial Lecture, 2003.

[11] Ferguson R. W. Should Financial Stability Be an Explicit Central Bank Objective? [C]. Challenges to Central Banking from Globalized Financial Systems, International Monetary Fund, Washington D. C. , 2003.

[12] Gine X. , Townsend R. Evaluation of Financial Liberalization: A General Equilibrium Model with Constrained Occupation Choice [J]. Journal of Development Economics, 2004.

[13] Adasme O. , G. Majnoni, M. Uribe. Access and Risk: Friends or Fose, Lessons from Chile [R]. World Bank Policy Research Working Paper, 2006.

[14] Beck T. Bank Competition and Financial Stability: Friends or Foes? [R]. The World Bank Working Paper [R]. 2008.

[15] Hanning Alfred, Stefan Jansen . Financial Inclusion and Financial Stability: Current Policy Issue [R]. ADBI Working Paper Series, 2010.

[16] Khan H. R. Financial Inclusion and Financial Stability: Are They Two Sides of the Same Coin? [R]. Reserve Bank of India Working Paper, 2011.

[17] Morgan P. , V. Pontines. Financial Stability and Financial Inclusion [R]. ADBI Working Paper, 2014.

第十八章 普惠金融与央行数字货币*

央行数字货币和普惠金融是服务数字经济的重要力量，两者实现互动协同是必然亦是必要之举。目前，央行数字货币与普惠金融之间的关系、协同发展的作用机制、可行路径等，尚未得到充分关注与讨论。央行数字货币是破解普惠金融发展难题的新途径、新手段，可以一定程度上改善金融包容性、促进普惠金融高质量发展；普惠金融为优化央行数字货币使用提供新视角、新推力，可以助力应对央行数字货币运行中的潜在挑战。因此，探索与谋划实现央行数字货币与普惠金融协同发展的可行路径并提出政策建议，具有重要的现实意义。

一、研究背景与国内现状

"十四五"时期乃至未来更长一段时期，我国进入新发展阶段，在新发展理念引领下构建新发展格局，推动经济高质量发展。作为可促进经济增长的两种基础性金融制度安排，央行数字货币与普惠金融之间的关系、协同发展的作用机制、可行路径等，目前尚未得到充分关注与讨论，因此加以深入研究十分必要且势在必行。

（一）加快发展数字经济是顺应大局、大势所趋

党中央、国务院高度重视推进数字经济的发展。党的十九届五中全会指出，要加快数字化发展。数字经济增加值规模已由 2005 年的 2.6 万亿元增长至 2019 年的 35.8 万亿元，数字经济占 GDP 的比重提升至 36.2%。[①] 发展数字经济，构建数字经济发展新优势，推动经济发展实现质量变革、效率变革、动力变革正当其时。从国际竞争性发展角度看，发展数字经济是顺应历史变革的大势所趋。依托数字经济发展"双循环"将为我国在国际竞争中打造核心优势提供巨大可能，关系到能否赢得未来发展和国际竞争的主动权。从国内经济可持续发展路径看，发展数字经济是推动我国国民经济持续高质量健康发展的重要途径，是提高我国经济发展韧性的客观要求。在后疫情时代，发展数字经济将有助于补齐传统经济短板，强化市场动力和产业支撑作用。

（二）央行数字货币和数字普惠金融是服务数字经济的重要力量

当前，互联网移动支付应用广泛且发展迅猛，数字经济正在迈向新的发展快车道，金融和科技深度融合成为大势所趋。央行数字货币和数字普惠金融将为数字经济的发

---

* 本章作者：余文建、尹优平、陈小五、汪天都、梁榜。
① 中国信息通信研究院. 中国数字经济发展白皮书（2020）[R]. 2020：3.

展提供巨大助力。央行数字货币可以有效适应和满足社会公众对数字经济环境下的法定货币发行的需要。一是维护法定货币地位和货币发行权；二是提升支付体系效率并兼具可靠性；三是防范打击洗钱、恐怖融资和逃税等违法犯罪行为，切实保护金融消费者权益，促进普惠金融，维护金融稳定。数字普惠金融可以有效拓展数字经济的广度和深度。一方面，数字普惠金融能够缓解传统金融的排除效应，扩大数字经济的覆盖面；另一方面，数字普惠金融的发展能够有效降低数字经济发展成本。

(三) 增强金融普惠性是央行数字货币的重要使命

央行数字货币公共产品的内在特征决定了其应具有金融普惠性。针对数字化发展过程中的弱势群体，如不会使用智能手机的老年人、无法接触智能终端的部分人群，电子支付的发展不仅没有实现金融的包容性增长，反而导致金融排斥现象。货币作为公共产品，服务社会所有群体，要保证为老百姓提供普惠性的、使用方便的数字化央行货币，避免金融排斥和数字鸿沟。人民银行的职责所在决定了央行数字货币应当关注金融普惠性。人民银行承担协调推进普惠金融和发行人民币、管理人民币流通等职责，央行数字货币发行势必要与普惠金融目标协同，形成良好互动，通过央行数字货币承载金融服务、有效缩短金融流通半径，解决传统金融体系中的融资难、成本高、服务差等普惠金融发展难点、痛点问题。

(四) 促进央行数字货币与普惠金融的互动协同十分必要且任重道远

数字货币和普惠金融作为助推数字经济的重要力量，两者实现互动协同是必然亦是必要之举。一方面，央行数字货币是破解普惠金融发展难题的新途径、新手段。增强金融普惠性是央行发行数字货币的重要使命。另一方面，普惠金融发展为优化央行数字货币使用提供新视角、新推力。由于央行数字货币处于试点阶段，其本身的推广和全面应用尚有一个过程，其与普惠金融之间的协同发展缺乏实践层面的经验借鉴，同时，理论层面也还关注不多、研究不够、认识不足，二者的协同发展需要加强理论指导和顶层制度设计，当务之急是解决好数字货币和数字普惠金融发展中的问题和难题，如金融安全风险、部分金融消费者接受程度较低、监管难度增加等问题。

二、理论基础与国际经验

(一) 央行数字货币的理论基础与国际经验

1. 央行数字货币的理论基础

法定货币数字化是货币发展的必然趋势。从货币演化史看，经历了商品货币—贵金属充当一般等价物—纸质货币—电子货币—数字货币的演进。货币存在形式的演进使货币体系运行成本更低、更安全、更高效，数字货币是货币体系从商品货币向信用货币不断演进的必然结果。为顺应数字技术与金融业的融合发展，有必要将流通中现金进行数字化，为数字经济发展提供通用性的基础货币。

央行发行法定数字货币是货币发展的必然要求。在货币形态演化过程中，需要由国家（或地区）集中统一发行法定数字货币。法定数字货币应沿袭现有的货币发行体系，中央银行在法定数字货币体系中居于中心地位，负责向指定商业银行批发法定数字货币并进行全生命周期管理，商业银行等机构负责面向社会公众提供数字货币兑换流通服务。由央行发行数字货币，以国家信用作为支撑，既能够维护法定货币地位和货币发行权，又能够提高支付体系效率，改善货币政策传导，维护金融稳定。

2. 央行数字货币发行的国际经验

国际清算银行（BIS）定义"央行数字货币"为"不同于实物现金、央行储备或结算账户的央行货币的数字形式"。按发行人、货币形态、可获得性、实现技术四个关键属性，可以将央行数字货币分为两种模式：通用型央行数字货币和批发型央行数字货币。目前，国际清算银行联合加拿大央行、日本央行等共同组成央行数字货币研发小组，在各自管辖范围内评估央行数字货币的有关情况并分享经验。根据国际清算银行的统计，截至2020年7月，至少有36家央行公布正在研发零售型或批发型央行数字货币（CBDC）。厄瓜多尔、乌克兰和乌拉圭已完成零售央行数字货币试点。巴哈马、柬埔寨、东加勒比地区、韩国和瑞典正在进行零售型央行数字货币试点。18家央行发布了零售型央行数字货币研究报告，13家公布了批发型央行数字货币的研发工作进展。[①]

通用型央行数字货币广泛适用于普通大众，包括公司、小型企业和个人，我国发行的央行数字货币也采用该种模式。批发型央行数字货币的使用限于中央银行和金融机构之间，不面向公众，只对有限的用户开放，如商业银行、清算机构或其他传统上可以动用央行准备金的实体。表18-1总结了央行数字货币两种模式的代表经济体及优劣势。

表18-1　　　　　通用型央行数字货币和批发型央行数字货币

类别	代表经济体	优势	劣势
通用型央行数字货币	瑞典（e-Krona）、美国（Fedcoin）、中国（DC/EP）、英国、欧盟、挪威	1. 减少与现金管理相关的成本和摩擦； 2. 增加支付市场的竞争性； 3. 为用户提供安全性较高的储蓄选择，降低违约风险； 4. 根据利率政策潜在地影响货币政策的传导和有效性。	1. 在网络安全和相关支付系统弹性方面需进行大量投资； 2. 系统存在网络安全风险隐患； 3. 有可能产生实质性的金融风险。
批发型央行数字货币	新加坡（Ubin）、加拿大（Jasper）、乌拉圭（e-Peso）、南非（Khokha）	1. 减少对中央运营商的依赖，支持跨境支付，提高结算效率； 2. 能够降低结算风险和交易对手风险。	1. 延长央行数据处理器的工作时间； 2. 安全有效地实施新技术之前，需要更多的试验和经验积累。

（二）数字普惠金融的理论基础与国际经验

1. 数字普惠金融的理论基础

《G20数字普惠金融高级原则》明确"数字普惠金融"泛指"一切通过使用数字

[①] Raphael Auer, Giulio Cornelli and Jon Frost. Rise of the Central Bank Digital Currencies: Drivers, Approaches and Technologies [R]. BIS Working Papers, August 24, 2020. https://www.bis.org/publ/work880.htm.

金融服务以促进普惠金融的行动",具体内容包括"各类金融产品和服务(如支付、转账、储蓄、信贷、保险、证券、财务规划和银行对账单服务等),以及通过数字化或电子化技术进行交易(如电子货币、支付卡和常规银行账户)等。"

传统普惠金融的发展亟需数字技术的支撑。传统普惠金融中出现的信息主体风险信息甄别盲区、个人隐私泄露等问题,需要通过数字技术加以解决。数字普惠金融将被动报送转化为大数据主动抓取,构建出基于知识图谱的风险识别模型和风险定价模型,为金融机构风险甄别提供数据支撑,提升金融机构风险甄别效率。同时运用区块链技术解决个人隐私外泄等问题,实现互联网企业、金融机构和各类平台之间的相互信任,有利于建立数据共享长效机制。

数字技术为传统普惠金融带来新的发展机遇。一是促进商业可持续发展,数字技术跨越时空和"公共物品"的属性能够大幅降低金融服务成本。二是有助于构建普遍服务机制,数字普惠金融具有更强的地区覆盖度,使较为偏远地区的人们也能够享受到金融服务。三是推动构建场景延伸机制,为了让数字技术在普惠金融领域发挥更大作用,各金融机构和互联网平台积极推进场景金融建设,使金融机构、金融消费者和应用平台实现多方共赢。

2. 数字普惠金融的国际经验

发展中国家在发展数字普惠金融时依托移动货币提供基本金融服务。发展中国家的需求集中于支付、汇兑等基本需求,形成了通过移动货币提供基本金融服务的数字普惠金融发展模式。发达国家在发展数字普惠金融时通过金融科技(FinTech)提供全方位的金融服务。发达国家的普惠金融业务涵盖对消费者和小微企业的基本金融服务以及对所有人群的综合金融服务,其特点是通过金融科技推动数字普惠金融发展。

(三)央行数字货币与数字普惠金融目标原则的一致性与启示

央行数字货币与数字普惠金融的目标原则具有互动协同性。第一,提高交易的安全性和便捷性是央行数字货币的使命之一,有利于减少清算环节、降低交易成本、拓展金融覆盖的广度与深度,与普惠金融的目标不谋而合。第二,数字普惠金融高级原则一倡导利用数字技术推动普惠金融发展,推进央行数字货币研发运行同样需要依靠区块链、智能合约、大数据分析等数字技术作为支撑。第三,数字普惠金融高级原则二建议平衡创新和风险,央行数字货币的设计与运行也将遵循这一原则。第四,稳妥推进央行数字货币落地运行需要相应的法律制度和监管框架作为基础保障,与数字普惠金融高级原则三要求构建恰当的数字普惠金融法律和监管框架相一致。第五,数字普惠金融高级原则提出扩展数字金融服务基础设施生态系统,这也是央行数字货币推广的基础。第六,数字普惠金融高级原则五和原则六对于用户保护、知情权、金融知识普及的建议,也是央行数字货币应当关注的重点问题。第七,从我国央行数字货币的试点实践来看,在用户身份认证上采取了"前台自愿、后台实名"的思路,在一定程度上保证用户隐私的同时,又严格防范非法交易风险,与数字普惠金融高级原则七提出的"促进数字金融产品的身份识别"相一致。第八,央行数字货币有助于实现更精准地向特定领域、特定地区乃至特定群体投放货币，助力普惠金融进程，这也是对数字普惠金融高级原则八"通过全面、可靠的数据测量评估系统来监测数字普惠金融的进展"的良好实践。

不难看出，普惠金融和央行数字货币二者相辅相成，缺一不可。央行数字货币能够在一定程度上提升金融包容性、促进普惠金融的发展，同时普惠金融又为央行数字货币的产生和运用创造了动能。因此，在发展过程中既要着力发展普惠金融、加紧研究央行数字货币，也要将央行数字货币试用于普惠金融的具体场景，促使二者互动协同发展，发挥出"1+1>2"的效果。

三、央行数字货币是破解普惠金融发展难题的新途径、新手段

近年来，普惠金融发展迅速、成效显著，金融服务可获得感明显增强，但仍面临成本高、效率低、"最后一公里"难以打通、商业可持续性不强等一系列现实难题。央行数字货币是法定货币，以国家信用做背书，具有无限法偿性。与现有移动支付或第三方支付工具不同，央行数字货币是对 M_0 的替代，具有发行、维护与交易成本低，交易速度快、时效性强、海量交易、小额便捷，具有可追溯性、便于追踪、匿名可控、安全性强等天然优势，为破解普惠金融发展难题提供了新途径、新手段，主要体现在以下五个方面。

（一）拓宽金融服务覆盖面和便利度，提高金融可获得性

央行数字货币可支持双离线支付，采用账户松耦合方式，将极大地降低对网络的要求以及交易环节对账户的依赖程度，拓宽金融服务覆盖面和提升便利度，提高金融可获得性。微信、支付宝等第三方支付平台采用的是账户紧耦合方式，必须通过绑定银行账户进行价值转移，且需要联网使用。与此不同，央行数字货币无需依赖网络和账户，比如可实现"碰一碰"功能，在无网络环境下双方只需手机碰一碰，便能完成货币支付。特别是在极端条件下如天灾、地震等情况导致通信中断、网络卡顿时，央行数字货币可保证与纸币同样使用。双离线支付功能与账户松耦合将大大增强金融可得性，提升用户使用便捷度。另外，央行数字货币还可与互联网、物联网、大数据等各类现代技术有效对接，配合日新月异的移动技术，能显著拓宽普惠金融服务覆盖面和提升便利性。

（二）降低金融服务的交易成本和时间成本，实现成本可负担

央行数字货币可减少价值交换中中介机构的第三方手续费和摩擦成本，提升支付清算基础设施的效率，降低金融服务的交易成本与时间成本，促进普惠金融实现成本可负担。央行数字货币易于流通和支付，便于存取、携带和管理，货币的运行成本较低。同时，央行数字货币系统除研发、搭建等一次性投入外，后期运营维护、升级管理的成本相对较低。与移动支付相比，央行数字货币交易成本极低，甚至可实现真正无成本。用户使用微信、支付宝等第三方支付仍然会产生手续费，只不过这笔费用由商户承担，而且尽管消费者使用移动支付时交易本身并不收费，但是提现收费。与此

不同，央行数字货币是人民币的数字化形态，与使用现金交易一样是点对点交易，且可采用线上线下结合的模式，无需经过第三方平台，为消费者创造了一种方便快捷、成本低廉的支付、转账方式。从理论上讲，如果没有中间服务，央行数字货币账户之间转移资金无需缴纳手续费。

(三) 易于普遍接受、使用和监管，提升金融服务质量和满意度

央行数字货币是主权法定货币的数字化，以国家信用为支撑，具有无限法偿性，相比第三方电子支付更加安全稳定，因而易于被金融消费者普遍接受和使用。央行数字货币具有交易可追溯性、可控匿名性、不可伪造性、不可重复交易性、不可抵赖性等技术特性，能有效防范和打击假币、洗钱、逃漏税等违法犯罪行为，在很多方面填补传统金融服务的空白，满足人民群众对业务融合、安全便捷、标准规范的高质量金融服务要求，提高金融服务质量和满意度。基于央行数字货币的支付体系使金融交易更加安全、高效、便捷，有利于加强金融监管，提高支付、清算和结算效率，从而提升普惠金融服务质量。此外，央行数字货币非对称加密的特性能够增强金融服务的安全性和透明度，消费者对金融服务的满意度将会大幅提升。

(四) 降低信息不对称，促进普惠金融服务安全高效、风险可控

借助区块链、智能合约、人工智能、监管科技等先进技术，央行数字货币能够实现金融交易的可追溯性和匿名可控，有助于积累与完善金融弱势群体的征信信息，减少信息不对称。理论上讲，任何参与者都无法伪造央行数字货币，信息不对称问题的解决将有助于减少交易风险。可追溯性、匿名可控使基于央行数字货币的支付结算体系能够让每一笔交易"留痕"，实现资金的实时动态追踪，这不仅有助于提高金融服务的透明度，也能为央行提供连续、全面、真实的数据基础，帮助监管当局全面监测和评估金融风险，从而有助于加强对普惠金融服务的监管，促进金融服务安全高效、风险可控。此外，央行数字货币借助区块链、人工智能等现代技术，采用中心化的管理模式能够实现可控匿名，只对央行这一第三方披露交易数据，而不会泄露给其他第三方，从而有利于保护个人信息安全，加强金融消费者权益保护，并有利于更好地加强数字金融监管，维护金融体系稳定。

(五) 创新与重塑金融服务模式，增强普惠金融商业可持续性和政策有效性

央行数字货币对流通中货币（M_0）进行逐步替代，既可以与法定纸币和硬币一样易于流通，又借助先进数字技术手段实现海量高频交易、小额高效便捷，同时数字货币交易的安全性更高、边际成本相对更低，从而为普惠金融服务实现"成本—风险—盈利"的权衡与可持续发展提供了可能的解决方案。而且，金融机构也有动力借助央行数字货币的巨大技术优势来完善数字货币账户的应用场景和生态服务链，解决推广普惠金融服务过程中遭受的诸多限制与现实难题，以抢占大量的"尾部"客户群体，从而增加金融机构的客户基础与盈利能力，增强普惠金融服务的商业可持续性。此外，基于央行数字货币提供的连续、全面、真实的数据信息，政府能够差异化地对企业、产业、个体和区域实施普惠金融政策，有助于提升普惠金融政策

的灵活性、精度度和有效性。信息不对称等问题的解决使央行宏观调控得到更加及时、高效的反馈，便于实行更加精准化、差异化的财政政策、货币政策以及宏观审慎管理等。

四、普惠金融发展为优化央行数字货币使用提供新视角、新推力

（一）推进普惠金融高质量发展对央行数字货币提出了新要求

"十四五"期间，普惠金融将处于一个新的战略发展期。随着我国进入新发展阶段，普惠金融必须转向高质量发展，以新发展理念为指导，构建普惠金融高质量发展新格局。但是，推进我国普惠金融高质量发展仍面临不少挑战，当前仍存在普惠金融发展不平衡、供需不匹配、普惠金融基础设施和法律法规不完善、普惠金融服务实体经济水平有待提高、普惠金融领域风险乱象较多等问题。在此背景下，必须借助新的技术手段来有效解决这些现实难题以推进普惠金融高质量发展，这对央行数字货币提出了新的更高要求，同时也提供了一个审视央行数字货币的新视角。一是普惠金融服务发展不平衡、供需不匹配、基础设施不完善、"最后一公里"难以打通的难题依然突出，这就要求央行在稳妥推进数字货币研发与落地运行时要更注重其普惠性、包容性。二是普惠金融特别是数字金融领域风险乱象较多，其可持续发展要求坚持"市场主导、政府引导"的基本原则，注重"平衡创新和风险"，这对于央行数字货币设计及应用具有重要启示。三是提高普惠金融服务的质量和满意度，要求央行数字货币注重客户隐私保护、用户知识普及和服务精准匹配，确保金融弱势群体在使用央行数字货币过程中切身感受到高效便捷、安全友好。

（二）数字普惠金融发展为央行数字货币推广提供巨大空间

随着数字普惠金融在中国的大力推广发展，政府部门、金融机构、客户等相关主体积累了丰富和宝贵的实践经验，为央行数字货币的落地运行与推广提供了巨大空间。从现实情况来看，如果央行数字货币不能充分结合各类应用场景和流量、契合金融消费者的实际需求，就难以有效运行与推广。一是数字普惠金融平台为央行数字货币提供了巨大流量入口，大量的数字金融产品与服务则提供了丰富的工具载体。第三方支付或移动支付相当于"钱包"，其使用的货币实际上是银行账户的金额，对账户与网络的依赖度非常高。而央行数字货币则可以充当钱包中的"货币"，且无需依赖账户与网络即可使用，相比而言更加安全、高效和便捷，因而未来对央行数字货币的流通需求量巨大。二是数字普惠金融的发展为央行数字货币推广构建了应用场景。储蓄、支付转账、数字借贷、数字理财、数字保险、数字缴费等丰富的电子商务场景与生活社交场景为央行数字货币的落地运行提供了天然温床。可以预见，各类应用场景可与央行数字货币充分结合，具有良好的发展前景与强大的活力。随着数字生态环境的不断完善以及民众的广泛认可，央行数字货币生态系统应用场景的覆盖广度将不断扩大并惠及广大金融消费者。三是数字普惠金融的基础设施为央行数字货币普及搭建了基础。央行数字货币不可能脱离当前的金融体系及金融基础设施，现有的普惠金融基础设施

为央行数字货币发行搭建了基础。以中国的农村移动支付为例，我国助农取款服务点已基本覆盖全部村级行政区。助农取款服务点的设置及配备的金融机具为在农村地区推广应用央行数字货币提供了良好的基础条件，数十万个助农取款服务点有望发挥基层代理商的作用，承担央行数字货币推广使用、兑换、存取工作，成为我国央行数字货币流通体系的神经末梢。四是移动终端设备普及率的提升与日趋成熟的数字金融技术可为央行数字货币的落地运行提供良好的网络环境与技术支撑。数字货币要实现普惠化应用，需要考虑技术的稳定性、安全性。目前开发应用数字货币的技术多样、发展路径多变，并且技术创新风险巨大，因而央行数字货币的研发运行需要平衡创新与风险。随着数字普惠金融的发展，一批比较成熟的数字技术手段已经形成，比如当前在大数据分析、云计算、人工智能、物联网等领域已取得积极进展，为稳妥推进央行数字货币研发运行打下了良好的技术基础。五是消费者数字金融素养的逐渐提升以及数字金融消费者权益保护体系的构建完善为央行数字货币运行推广提供了良好的客户基础和数字生态环境。普惠金融教育与数字金融消费者权益保护有助于帮助金融弱势群体更好地接受与使用央行数字货币，避免产生新的"数字鸿沟"问题，从而保障央行数字货币的平稳落地与安全运行。同时，通过金融知识普及宣传活动推动民众金融素养水平的提升，特别是近年来积极推动金融通识教育纳入国民教育体系并已在部分试点地区取得了突破，获取了"教育一个学生、辐射整个家庭、造福经济社会"的良好成效，民众金融素养的提升有利于推广央行数字货币。

（三）在普惠金融发展与推广中积累的经验能够助力应对央行数字货币运行中的潜在挑战

尽管央行数字货币具有诸多优势，但由于数字生态环境尚不完善，相关法律法规和金融监管体系不健全，央行数字货币的落地运行仍面临不少挑战。从普惠金融视角来看，央行数字货币面临的阻碍主要体现在以下方面：一是普惠金融服务群体的金融素养或金融认知能力比较薄弱，"数字鸿沟"问题仍较为突出，特别是老年群体仍更倾向于使用现金。二是部分农村基础设施不完善，特别是网络基础设施建设落后，智能终端普及率低，导致央行数字货币在这些地区的运行推广存在硬件桎梏。三是随着金融科技的快速发展，目前金融消费人群已对支付宝、微信、云闪付等移动支付工具形成一定依赖，"移动支付惯性"的形成也在一定程度上阻碍了央行数字货币的流通。

金融管理部门在普惠金融的不断发展和推广中积累了十分丰富的实践经验，这有助于应对央行数字货币运行中的潜在挑战，为央行数字货币的落地运行与推广普及保驾护航。主要体现在以下方面：第一，普惠金融教育和金融消费者权益保护有利于加强央行数字货币金融知识宣传与普及，是循序渐进稳妥推广法定数字货币的重要基础和基本保障。第二，多年来普惠金融基础设施的建设、法律法规体系的构建以及数字普惠金融生态的改善也为央行数字货币的落地运行提供了软硬条件保障。第三，普惠金融可缓解央行数字货币可能导致的金融脱媒。第四，发展普惠金融能提升数字货币反洗钱、反恐怖融资和反逃税监管的有效性。

五、央行数字货币与普惠金融协同发展可行路径及政策建议

（一）构建央行数字货币与普惠金融协同发展的政策框架与协调机制

一是坚持规划统筹，在国家层面上制定促进央行数字货币与普惠金融协同发展的战略规划或实施方案，出台一系列支持配套政策，构建并逐步形成行之有效的政策框架体系。二是高度重视各区域普惠金融发展不平衡、供需不匹配的问题，以及在不同区域分批分阶段推广央行数字货币的适宜时间点，加强相关部门的沟通交流与统筹协调，做到分步分类实施，维持金融市场稳定。三是打造央行数字货币运行推广与普惠金融发展效果监测的互动平台，促进央行数字货币体系与普惠金融服务体系、指标体系、业务标准体系等有机融合，及时评估总结实践经验，为制定和调整政策规划提供有力支撑。

（二）依托央行数字货币创新普惠金融产品和探索商业可持续发展模式

一是央行数字货币不依赖网络和账户，因此，金融机构可广泛用于开发各类普惠金融产品，且更易于被金融弱势群体获取和使用，如提供基于央行数字货币的支付转账、储蓄理财、投资保险、生活消费等数字化的普惠性金融服务。二是依托央行数字货币能够降低信息不对称，获得连续、全面、真实的数据，有助于金融机构开展征信评估与风险控制，能够加强普惠金融服务需求与供给的有效精准衔接，缓解普惠金融供需不匹配的矛盾，提高金融服务效率。三是央行数字货币广泛普及后，金融机构可充分利用广大普惠金融群体的"基数效应"和"网络效应"，有效降低普惠金融服务成本，金融机构能实现金融服务的规模经济效益，形成商业可持续的服务模式，促进普惠金融服务可持续发展。

（三）探索央行数字货币在普惠金融重点领域和重点服务群体中的普及应用

一是在边远贫穷的农村区域，鼓励和支持金融机构充分利用央行数字货币优势，开展针对"三农"的普惠金融业务，打通普惠金融服务"最后一公里"，推进农村普惠金融快速发展。二是针对老年人、儿童、低收入人群等金融弱势群体，建议央行与金融机构设立基于法定数字货币的可在线开立的普惠账户，专门用来进行小额存款和转账支付，实现普惠金融服务对金融弱势群体的覆盖。三是对于中小微企业、个体工商户等普惠金融重点服务群体，政府可出台相应激励政策，大力支持和推广使用央行数字货币进行收付款交易。

（四）加强央行数字货币使用中的消费者保护与教育

一是明确数字货币金融消费者保护主管部门，以行为监管为主、以审慎监管为辅，构建分层、分级、分类监管体系，确保数字货币发行机构、交易平台等平稳运行。二是加强央行数字货币风险预警和信息披露，完善数字货币纠纷解决机制。三是加强数字货币个人信息保护，提升金融消费者风险责任意识。

第十九章　普惠金融与绿色金融融合发展[*]

进入新发展阶段，普惠金融与绿色金融都已成为金融理论研究与实践探索的热点，二者在一些领域呈现出融合发展的趋势。本章梳理国内外最新文献，对绿色普惠金融的概念进行界定，探索性提出绿色普惠金融的理论基础；总结绿色普惠金融发展的国际经验，分析中国绿色普惠金融发展的基本情况，并选取 18 家全国性商业银行绿色普惠金融相关指标和商业银行经营指标，对金融机构绿色普惠金融业务开展情况进行统计分析，进一步分析绿色普惠金融发展面临的问题和挑战，并提出促进绿色普惠金融发展的政策支持框架和相应的对策建议。

一、引言与文献综述

中国正处于经济结构调整和发展方式转变的关键时期，绿色产业和经济社会可持续发展带来的金融需求不断扩大。特别是为实现碳达峰、碳中和目标，需要充分发挥普惠金融对绿色经济、绿色产业、绿色消费的支持作用，不断增强绿色金融的普惠性，持续引入金融活水，更好地促进环境改善、应对气候变化和资源节约高效利用。2016年，普惠金融和绿色金融都在中国倡议下被纳入 G20 杭州峰会议题；中国一直作为普惠金融与绿色金融的重要倡导者和引领者之一，为世界可持续发展贡献了中国方案和中国智慧。刘桂平（2021）指出，应树立系统观念，推进普惠金融与绿色金融、科创金融、供应链金融等融合发展。

（一）绿色普惠金融的含义

1. 普惠金融的界定

国务院《推进普惠金融发展规划（2016—2020 年）》将普惠金融定义为"立足机会平等要求和商业可持续原则，以可负担的成本为有金融服务需求的社会各阶层和群体提供适当、有效的金融服务"，并明确"小微企业、农民、城镇低收入人群、贫困人群和残疾人、老年人等特殊群体是当前我国普惠金融重点服务对象"。自联合国在 2005 年国际小额信贷年宣传活动中首次正式提出普惠金融的概念以来，普惠金融的理念被越来越多的国家所接受，其内涵和外延不断丰富，从主要关注小额信贷扩展到提供支付、汇款、存款、贷款、保险、理财等多层次、多样化的金融服务。2010 年，G20 领导人首尔峰会核准了《G20 普惠金融行动计划》，并宣布成立普惠金融全球合作伙伴

---

[*] 本章作者：尹优平、陈小五、汪天都、蒋润东、冯丝卉、茹中昊。

(GPFI) 作为推动普惠金融发展的多边机制，普惠金融理念已形成国际共识。

2. 绿色金融的界定

2016 年，在中国人民银行等七部门发布的《关于构建绿色金融体系的指导意见》中，绿色金融被定义为"为支持环境改善、应对气候变化和资源节约高效利用的经济活动，即对环保、节能、清洁能源、绿色交通、绿色建筑等领域的项目投融资、项目运营、风险管理等所提供的金融服务。"同时，绿色金融体系被定义为"通过绿色信贷、绿色债券、绿色股票指数和相关产品、绿色发展基金、绿色保险、碳金融等金融工具和相关政策支持经济向绿色化转型的制度安排。"2016 年中国担任 G20 主席国期间，G20 设立了绿色金融研究小组，2018 年更名为可持续金融研究小组，2021 年升格为可持续金融工作组；在全球共同应对气候变化的过程中，绿色与可持续金融已得到各方认可，绿色金融理念也已形成国际共识。

3. 绿色普惠金融的含义辨析

学术界关于绿色金融和普惠金融的文献较多，但是对于绿色普惠金融的研究还处于起步阶段，国内外尚未对绿色普惠金融形成统一的权威定义。Ponsner（2007）阐述了绿色微型金融对于促进社会平等和环境可持续性的作用。张燕等（2011）分析了绿色小额信贷对于低碳农业的支持路径。姜再勇（2018）认为，绿色普惠金融的内涵是指在金融机构商业可持续的条件下，为普惠对象提供相关绿色金融服务，促进其参与绿色经济、绿色产业和绿色项目的金融活动；而绿色普惠金融的外延包括为普惠对象提供绿色、便捷、安全的存取款、转账、结算、支付、兑换等金融服务，为普惠对象从事绿色创业、生产活动提供金融服务，为普惠对象从事绿色消费提供金融服务，为引导抵押品缺乏、财务报表不规范的小微企业转向绿色生产、技术创新提供金融服务以及在绿色产业链中打通大中型企业与小微企业之间的绿色通道，服务小微企业的金融服务。张明哲（2020）认为，绿色金融旨在支持代际间、纵向性的可持续发展，普惠金融旨在支持群体间、横向性的可持续发展，因此绿色普惠金融是绿色金融和普惠金融的有机统一，是支持代际间、群体间的可持续发展，与可持续金融理念一脉相承。刘超勇（2020）认为，普惠金融与绿色金融的发展与兴起均是对经济金融化程度加深过程中由金融内在缺陷所引发的系统性经济风险的积极应对。

可以看出，绿色普惠金融是普惠金融和绿色金融的有机统一。本章取二者的交集，将绿色普惠金融定义为：立足机会平等要求和商业可持续原则，以支持环境改善、应对气候变化和资源节约高效利用的经济活动为目的，以可负担的成本为有金融服务需求的社会各阶层和群体提供适当、有效的金融服务。

（二）中小微企业在碳减排中的作用

在普惠金融重点群体中，中小微企业是实现碳达峰、碳中和目标潜在的重要力量，也是绿色普惠金融重要的服务对象之一，近年来有不少文献关注中小微企业在碳减排中的作用。

Meng 等（2018）使用中国 2010 年扩展版的投入产出表对不同行业、不同规模企业的碳排放量进行了测算，结果发现中小微企业产生了当年全国 8418 百万吨二氧化碳（$MtCO_2$）排放量的 53%。其详细的供应链分析显示，中国碳排放主要来自上游大型国有企业主导的高碳强度的电力、供热等行业（当年排放 3699 $MtCO_2$，中小微企业占比为 33%）以及民营中小微企业主导的非金属采矿、物流运输等行业（当年排放 1508 $MtCO_2$，中小微企业占比为 86%）。如果计算供应链上下游，中小微企业通过其供应链产生了中国 65% 的二氧化碳排放量。尽管 68% 的中小微企业产品的碳强度（单位 GDP 的碳排放量）低于大型企业的碳强度，但它们的数量以及在 GDP 中占比不断增长，使其成为中国碳排放的主要驱动力之一。中国的碳减排任务通过自上而下的行政程序分配到地方，其执行主要关注关键部门和大型企业。虽然大量的民营中小微企业在经济活动和环境影响中起着越来越重要的作用，大量文献都强调中小微企业在中国经济中的重要性，中小微企业在碳减排中的重要性却较少受到关注。大型企业特别是国有企业更可能获得优惠资金，用于对节能技术和设备的投资，而大多数中小微企业相对缺乏这方面的资金，这将影响中小微企业的减排努力，因此决策者需要更加关注中小微企业的减排潜力，为中小微企业等普惠群体提供绿色金融服务。

Teng 和 Gu（2007）认为，由于中国一半的碳排放和污染来自能力和资源有限的中小企业，建议政府为中小企业提供特殊的财务和能力建设支持。Wang 和 William（2010）发现，中国大量的中小企业经营有色金属生产，能源效率低，而鼓励回收是政策制定者帮助中小企业提高能源效率的最重要工具之一。Kostka 等（2013）基于对浙江省 480 家中小企业的调查，对中小企业能源效率投资的金融、信息和组织障碍进行了研究，发现信息障碍是核心瓶颈，抑制了中小企业能源效率的提高。Wei 等（2015）的实证检验发现，2004 年浙江大型电力企业的效率较低，但 2008 年在能源利用和碳排放方面的效率比小电厂更高。Peng 等（2015）分析了中国纸浆造纸业（88.7% 为中小企业）的能源效率，发现该行业有潜力通过提高能源效率进一步节能减排，并强调改变企业规模的政策是提高纸浆造纸业能源效率的最实际的选择。Cai 等（2016）评估了水泥行业的总体碳排放量，发现中小企业占水泥行业排放总量的 38.1%；小型、中型和大型水泥企业的排放强度分别为 0.896 吨二氧化碳/吨水泥熟料、0.822 吨二氧化碳/吨水泥熟料、0.814 吨二氧化碳/吨水泥熟料。

二、绿色普惠金融发展的理论基础

（一）普惠金融和绿色金融具有内在一致性和协同性

普惠金融和绿色金融都是新发展理念的集中体现，两者的理念和目标具有内在一致性，二者的发展在许多方面可以发挥协同性。

1. 两者都是为了满足人民群众美好生活的需要

党的十九大报告提出："中国特色社会主义进入新时代，我国社会主要矛盾已经转化为人民日益增长的美好生活需要和不平衡不充分的发展之间的矛盾。"随着我国经济金融化程度的不断提高，金融制度已成为我国经济社会发展中重要的基础性制度，金

第十九章 普惠金融与绿色金融融合发展

融与每个人息息相关,金融功能不断增强演化,协调好金融与人之间的关系至关重要。绿色金融、普惠金融是破解金融发展不平衡不充分矛盾的主要努力方向,两者分别从维护人与自然的关系、人与人的关系两个层面践行"以人为本",共同致力于追求实现金融与人之间和谐关系的构建与维护,推动实现高质量发展和共同富裕。

2. 两者都是金融业承担社会责任的集中体现

在市场经济环境中,企业在追求利润最大化的同时,还应承担相应的社会责任,大型企业尤其如此。国内许多大型上市银行每年都会公开发布社会责任报告,普惠金融、绿色金融往往都是报告中的重点。近年来,ESG(环境、社会、治理)理念日益受到关注,普惠金融侧重社会视角,绿色金融侧重环境视角,都是 ESG 理念的核心内容,体现出金融业在促进社会公平、改善生态环境等方面所作出的努力。

3. 两者都强调发展的公平性

普惠金融立足于机会平等要求,其宗旨是让社会各阶层都能公平享有基础金融服务;绿色金融则强调在应对气候变化的转型过程中要实现公平性,并综合考虑历史碳排放、人均碳排放,在各国之间体现出"共同但有区别"的责任。此外,普惠金融在实现横向公平的基础上,即同一时期不同群体之间的公平性,还可进一步追求纵向也就是代际之间金融服务的公平。随着绿色金融的不断发展,资源环境恶化趋势逐步得到缓解,人与自然的关系随之可以得到改善,人的代际关系随之得到优化,这就为经济与金融活动的公平代际传递提供了广阔空间,有助于金融资源配置的代际间公平与普惠。

4. 两者都强调发展的可持续性

普惠金融更加关注金融服务的可持续性。从需求侧角度看,普惠金融的广泛、深度实施,可有效改善边际消费倾向和边际投资倾向,即以可负担的价格提供金融服务,可以相应地促进需求个体的发展;从供应端来说,金融机构需要有适当的盈利,这样才有持续的动力做好服务。绿色金融则关注生态环境的可持续性,相应地也要关注与生态环境相关的经济活动的金融服务的可持续性。归根结底,二者的共同目标都是要实现发展的可持续性。

5. 两者都强调风险管理

普惠金融的发展往往会面向金融素养相对不足和财务相对脆弱的客户,特别是在大力推进数字化转型的金融科技时代,普惠金融必须关注金融服务下沉和数字化带来的风险,做好信用风险管理,同时加强金融消费者保护并弥合"数字鸿沟"。绿色金融则关注气候与环境变化对金融体系带来的风险,主要包括转型风险和物理风险。转型风险是指由于低碳转型可能带来的不确定性所导致的金融风险,包括政策变化、技术突破或限制、市场偏好和社会规范的转变等,其更多体现在金融机构的资产方面。物理风险是指与气候变化相关的灾害及人类和自然系统的脆弱性相互作用而产生的风险,直接影响是遭受气候冲击的企业、家庭和国家的贷款违约风险或资产贬值,间接影响是气候变化对广泛的经济活动的影响和金融系统内部的反馈效应。可以看出,二者都强调风险管理,体现出"风险为本"的理念。

(二) 普惠群体易受气候与环境变化的影响

1. 气候与环境变化对农民、中小微企业等普惠金融重点群体产生冲击

一是自然灾害引起的冲击。各种自然灾害会以不同的方式影响农作物生长，重大的气候灾害会导致农民遭受巨大的经济损失。干旱、洪水、泥石流、高温、暴雪、浮尘等自然灾害往往都会造成农作物产量的减少，直接影响农民收入。市场上农作物因自然灾害供给减少，必然引起农产品价格上升，这就将成本压力传导至依赖于农产品原材料的中小微企业，进一步对中小微企业经营产生冲击。二是环境污染引起的冲击。对于农民而言，土壤、大气、水源等环境污染对农作物的生长有极大的负面作用，进而造成农民收入的减少。对于中小微企业而言，环境污染直接增加了企业生产成本。随着国家强化企业污染防治责任，加大对环境违法行为的法律制裁力度，企业的环境违法成本大大增加。违法成本作为企业生产成本的一部分，既包括经济成本，又包括法律责任成本，如果中小微企业短期内无法达到新的环保标准，则将面临生产成本居高不下的困境。三是能源价格波动导致生产生活成本增加。无论是国内能源价格波动还是国际能源价格波动，对普惠金融重点群体产生重要的影响取决于两个方面：能源价格传导机制是否畅通直接影响生产生活成本是否增加；对能源的依赖程度决定了受影响的程度。四是低碳环保要求对传统粗放式生产生活的限制。尽管我国农村生产生活方式发生了重大变化，但是目前还没有建立起相对健全完善的农村科技生产体系和生产模式。受传统生产生活方式和观念的影响，部分农民仍坚持传统粗放式生产生活方式，笃定"靠天吃饭"的理念，依然易受自然环境变化的影响。因此，若仅仅推行低碳环保的生产生活方式，则必然对传统粗放式生产生活形成限制，影响这部分群体的正常活动。

2. 高质量的普惠金融服务可增强普惠金融重点群体适应气候与环境变化的能力

一是增强防灾能力。随着极端气候、自然灾害的不断增多，普惠金融重点群体适应气候与环境变化的一个重要途径是提高预防灾害的能力，比如保险是增强防灾能力的重要手段，尤其是农业保险，对于农民适应气候与环境变化有着重要的作用。二是提高增收效应。发展普惠金融有助于农户和中小微企业扩大生产，提高收入，从而获得更多的资金和物资来适应气候与环境变化。三是平滑消费水平。如果当前居民的收入小于未来的收入，可以通过借贷提高消费；反之，若当前的收入大于未来的收入，可以降低当前消费，剩余部分通过储蓄积累起来增加未来消费。普惠金融服务能够帮助居民更好地实现消费平滑，从而提高其适应气候与环境变化的能力。

(三) 普惠群体是应对气候与环境变化的重要力量

普惠金融服务的长尾群体规模庞大，虽然每个个体的碳排放量有限，但汇总起来的碳排放量相当可观。因此，应对气候与环境变化离不开普惠群体的力量。

1. 金融促进中小微企业转型升级

低碳环保技术的前期投资一般较高，许多中小微企业缺乏相应资金，需要金融支持其开展技术变革。普惠金融在其中能够发挥重要作用，通过金融服务创新等方式帮助企业加快低碳转型和减少环境污染。

2. 金融促进农户生产生活方式转变

一方面,绿色普惠金融降低了农户生产生活带来的外部不经济。经济发展水平与耕地利用集约度一般呈正相关关系,即经济发展水平越低,农民的经济实力越弱,因而其对耕地的投入越少,表现为耕地集约利用水平降低,单位能耗较大。绿色普惠金融能够帮助农业扩大生产,有利于缓解农民生产生活带来的外部不经济。另一方面,绿色普惠金融服务有助于提升农村环境治理水平,帮助农民转向更低碳环保的生产生活方式,有助于建设可持续的生态农业和绿色农村。

三、绿色普惠金融发展的国际经验

(一) 相关国际组织对绿色普惠金融的探索

2002年,世界银行下属的国际金融公司等机构提出了"赤道原则",该原则从大气排放物、噪声、土地污染等方面将项目潜在的环境影响分为A、B、C三级。银行需综合评估每一个项目对环境和社会的影响。只有在项目发起人能够证明项目在执行中对社会和环境负责的前提下,银行才能提供融资。

联合国环境规划署(UNEP,2007)在联合国环境规划署金融倡议组织北美区报告中提出,绿色零售银行业务要将环境激励纳入"绿色"零售金融产品和服务等主流产品,鼓励消费者和中小微企业可持续发展。

2012年,联合国绿色气候基金会议通过韩国仁川松岛为联合国绿色气候基金秘书处所在地的决定,该基金计划自2020年起,每年筹集1000亿美元资金,用于帮助发展中国家减少温室气体排放。韩国仁川市随后在松岛新区启动"国际绿色气候金融城市"建设。欧盟委员会成立可持续金融高级别专家组与可持续金融技术专家组,其他国家纷纷效仿专家组模式,比如英国成立绿色金融专家组,加拿大成立可持续金融专家组,澳大利亚成立澳大利亚可持续金融倡议组织。

2017年,普惠金融联盟(AFI)成员国通过了关于普惠金融、气候变化和绿色金融的《沙姆沙伊赫协议》。一些成员国随后试图将绿色普惠金融的相关理念整合到国家战略之中。例如,尼日利亚的《尼日利亚可持续银行业原则》、加纳的《可持续银行业原则和行业指导说明》、斯里兰卡中央银行的《可持续金融路线图》都包含绿色普惠金融的元素。

(二) 国际绿色普惠金融典型案例

近年来,各国在绿色普惠金融产品和服务等方面不断创新,主要包括以下几种类型的绿色普惠金融实践。

1. 创新绿色普惠金融信贷产品

如英国渣打银行参考特定行业的环保实践标准、IFC绩效标准以及赤道原则制定了渣打银行自身的立场声明,明确了融资企业应遵守的环保细则标准,并通过初始风险评估、详细的尽职调查、声誉风险委员会的批准、贷款协议的动态监管机制来保证立场声明的落实;日本瑞穗银行作为亚洲首家赤道银行,根据赤道原则制定了自身的

"行业环境影响筛选表",规定了38个行业的具体实施细则。此外,德国复兴信贷银行面向环境领域的中小企业融资专门设立了"KFW环保贷款项目""KFW能源效率项目"等;韩国创新推出以政府奖励或补贴资金账户为质押的"节能补贴贷"等产品,并推出将绿色消费行为与碳排放交易挂钩的绿色信用卡,持卡用户购买绿色认证产品和服务时,银行提供更高的信用额度及优惠的还款条件和借款利率。

2. 创新绿色普惠金融保险产品

摩洛哥推出"多重气候风险"保险产品,保护对主要谷物作物的投资免受各种与气候有关的损害,包括干旱、洪涝、冰雹、霜冻、沙尘暴等;尼日利亚中央银行建立了收入指数保险,根据卫星数据预测的作物产量,向农民提供赔偿;韩国环境部与财险公司合作推出低碳绿色车险,按照运行里程的年同比减少数额给予相应的保费补贴,鼓励民众减少私家车使用。

3. 设立绿色普惠金融投资基金

摩洛哥推出创新投资基金,以支持金融科技和可再生能源等领域的初创企业,包括清洁技术。美国花旗银行设立创投基金,主要投资于全球替代能源市场,用于支持替代能源小微企业的发展。韩国政策性银行主导设立了中小企业扶持基金和绿色技术研发及产业化专项扶持基金。

4. 发展绿色供应链金融

绿色供应链金融更多地聚焦于上游供应商的持续性绿色生产策略,即供应链上游中小企业获得融资服务的前提是要将生产过程中的环保信息持续反馈给银行与供应链条上的核心企业。这种模式强调的是上游中小微企业必须满足核心企业的绿色环保要求,跨国公司把绿色供应链当作金融激励手段来推动某个产业可持续发展。如在花旗银行与苹果公司的绿色供应链融资模式中,上游的中小微企业若融资,除提供与苹果公司签订的购销合同外,还需提供绿色评级信息,花旗银行审核通过后才会将贷款发放给中小微企业。

四、绿色普惠金融发展的国内现状

(一)中国在绿色普惠金融领域的探索

当前我国正处于经济结构调整和发展方式转变的关键时期,绿色产业和经济社会可持续发展所带来的金融需求不断扩大,特别是为实现碳达峰、碳中和目标,需要充分发挥普惠金融对绿色经济、绿色产业、绿色消费的支持作用,为促进环境改善、应对气候变化和资源节约高效利用等经济活动更好地引入金融活水。

近年来,我国普惠金融和绿色金融在一些领域开始呈现出融合发展的趋势,有利于逐步形成"让绿色更普惠,让普惠更绿色"的发展局面。早在《推进普惠金融发展规划(2016—2020年)》发布后不久,在我国的倡议下,普惠金融和绿色金融都被纳入2016年G20杭州峰会议题,我国作为普惠金融与绿色金融的重要倡导者之一,为世界可持续发展贡献了中国方案和中国智慧。同年,中国人民银行等七部门联合印发

《关于构建绿色金融体系的指导意见》，我国普惠金融与绿色金融工作开始同步发力。一些地区和金融机构开展普惠金融与绿色金融相融合的改革创新探索，通过普惠金融、绿色金融、科创金融、供应链金融等业务的融合发展、相互促进，不断提升发展效率。

(二) 国内绿色普惠金融典型案例

当前，全国各地主要是通过搭建系统平台、促进产业升级、探索产品创新等方式开展实践，具有以下显著特点：一是注重普惠金融和绿色金融的有机统一，更加重视为普惠重点群体的绿色行为提供金融服务，推动绿色金融与乡村振兴、中小微企业融资等同步发展、同步促进，实现普惠性和绿色性的结合。二是注重环境效益、经济效益与社会效益的有机统一，更加重视与地方生态环境保护、产业转型升级、地方社会长远发展的有机结合，实现地方经济社会可持续发展。三是注重绿色普惠金融供需的有机统一，更加立足各地实际情况，持续创新绿色普惠金融产品和服务方式，满足绿色普惠金融发展需求，提升绿色普惠金融服务能力。

例如，广东省运用中征应收账款融资服务平台指导金融机构打造"中征平台＋"一系列绿色普惠金融新模式，撮合提升清洁能源融资效能，有效盘活绿色资产，助力绿色环保产业发展；云南省普洱市统筹普惠金融与绿色金融融合发展，形成"创新金融服务机制推进普洱茶产业产融发展"的实践模式，助力擦亮普洱茶"金字招牌"；青海省黄南州加强对生态有机畜牧业的支持力度，构建了生态有机畜牧业发展及金融支持特色统计监测体系；浙江省丽水市以全国农村金融改革试点为契机，积极探索普惠金融助推生态产品价值实现的有效路径，在良好的生态基础、扎实的政策基础和丰富的实践基础上，创新推出"三贷一卡"（生态抵/质押贷、两山信用贷、生态区块链贷和生态主题卡）金融服务模式。浙江省衢州市依托绿色金融改革创新试验区，运用金融科技手段，积极探索"银行个人碳账户"，开拓了绿色普惠金融发展思路。江苏省太仓市设立"蔬菜气象指数保险""蔬菜气象灾害违约责任保险""蔬菜收购价格指数保险"等新型农业保险，帮助农户等普惠群体应对气候变化影响。

(三) 长三角绿色普惠金融合作

为进一步促进长三角地区绿色普惠金融发展，中国人民银行上海总部联合中国人民银行苏浙皖分支机构于2019年初建立了"金融服务长三角高质量一体化发展合作机制"，加强区域金融合作，绿色金融和普惠金融是其中重要的合作主题。

在绿色金融方面，中国人民银行上海总部联合中国人民银行苏浙皖分支机构成立了绿色金融专题工作组，加强协调合作和经验交流，在绿色金融信息共享、环境信息披露、绿色金融发展联盟建设等方面取得初步成果。一是在长三角推广应用绿色金融信息管理系统。绿色金融信息管理系统可实现绿色金融数据可视化展示及长三角地区互联互通、绿色金融评价、绿色金融信息发布与共享等功能，有利于提升金融机构绿色信贷管理能力，促进长三角绿色金融高质量发展。2020年如期完成了绿色金融信息管理系统的上线运行、互联互通和数据共享。2021年第三季度，根据中国人民银行发布的《银行业金融机构绿色金融评价方案》，协调统一长三角绿色金融定性评价指标体系，在绿色金融系统中改进绿色金融评价模块，实现绿色金融评价标准化、线上化和可视化，系统建设和应用水平不断提升。二是在长三角地区分地区、分层次、分步骤推动金融机构环境信息披露。2021年上半年，中国人民银行上海总部联合中国人民银行苏浙皖分支机构广泛开展调研，赴浙江湖州专题学习环境信息披露实践经验，探讨披露框架模板的制定。目前，浙江湖州和衢州已基本实现银行机构环境信息披露全覆盖，浙江加紧推行省内其他地区的环境信息披露；上海也已启动银行机构环境信息披露试点工作。三是探索建立长三角绿色金融发展联盟。中国人民银行上海总部联合中国人民银行苏浙皖分支机构已初步制定联盟组建方案，拟在中国金融学会绿色金融专业委员会的指导下，由长三角各地市金融学会、部分金融机构、重点高校、科研院所等联合组建绿色金融发展联盟，推动区域绿色金融业务合作，深化绿色金融问题研究与经验交流，支持长三角绿色金融高质量一体化发展。

在普惠金融方面，中国人民银行上海总部联合中国人民银行苏浙皖分支机构着力在普惠金融指标体系建设、资金跨域流动、信用信息互通共享等方面加强合作。一是深化长三角普惠金融经验交流合作。健全"长三角普惠金融指标体系"，将绿色普惠金融作为长三角普惠金融交流合作重要事项，深入浙江湖州、江苏无锡一线调研当地绿色普惠金融最新实践。开展长三角普惠金融合作交流活动，引导长三角地区金融机构重视普惠金融与绿色金融融合发展。二是促进资金跨域流动，提高金融资源配置效率。将再贷款、再贴现资金支持的企业范围拓展至整个长三角地区，开展长三角地区银行汇票数字化创新试点，推进长三角地区电子商业承兑汇票应用，缓解民营、小微企业融资难问题，更好地服务于长三角地区经济金融一体化发展。三是优化长三角小微企业信用环境。建设长三角征信链平台，鼓励和推动三省一市备案征信机构稳步上链，引导和推动金融机构加强征信链平台应用，创新金融产品与服务，加大信用信息的跨省、市共享应用力度，缓解信息不对称和小微企业融资难问题。

五、商业银行促进绿色普惠金融发展的实证分析

绿色普惠金融服务的群体以小微企业等普惠群体为主，其融资方式以间接融资为主，因此，商业银行是当前推动绿色普惠金融发展的主力军。在绿色普惠金融贷款中，全国性商业银行占较大份额。为准确分析我国商业银行促进绿色普惠金融发展的情况，本章以全国性商业银行为样本进行研究，以期为下一步更好推动绿色普惠金融发展提供理论支撑。

（一）指标选取及数据描述性统计

我们从商业银行收集了从2020年第一季度末到2021年第三季度末[①]的绿色贷款余额、普惠金融领域贷款余额和绿色普惠金融贷款[②]余额的季度数据。为更准确地反映各

[①] 2019年末，中国人民银行对《绿色贷款专项统计制度》进行了修订，新的统计制度从2020年起执行。

[②] 本章中绿色普惠金融贷款指单户授信小于1000万元的绿色贷款。

第十九章 普惠金融与绿色金融融合发展

全国性商业银行经营情况，区分不同银行的经营风格，我们还从 Wind 数据库中收集了从 2020 年第一季度末到 2021 年第三季度末各全国性商业银行的贷款总余额、净息差、成本收入比、不良贷款率、资本充足率、不良拨备覆盖率、拨备比等数据（见表 19-1）。

表 19-1　　　　　　　　　　　　　选取指标

序号	细分指标	维度
1	绿色贷款余额（GL）	绿色金融、普惠金融、绿色普惠金融发展情况
2	普惠金融领域贷款余额（IFL）	
3	绿色普惠金融贷款余额（GIL）	
4	贷款总余额（TL）	经营规模
5	净息差（NIM）	盈利能力
6	成本收入比（CIR）	
7	不良贷款率（NPLR）	风控情况
8	资本充足率（CAR）	损失承受能力
9	不良拨备覆盖率（PPC）	
10	拨备比（LAR）	

本研究采用的数据为 18 家全国性商业银行 7 个季度的数据，样本量应为 126 个。但由于部分商业银行未在季报中披露不良贷款率、净息差、资本充足率等数据，一些银行未按季度统计绿色贷款余额、绿色普惠金融贷款余额等数据，故部分银行数据存在缺失。表 19-2 为面板数据的描述性统计。

表 19-2　　　　　　　面板数据描述性统计　　　　　　单位：个、亿元、%

指标	样本数 N	均值 Mean	标准差 SD	最小值 Min	最大值 Max
绿色贷款余额（GL）	120	3892.65	5027.25	60.52	18357
普惠金融领域贷款余额（IFL）	126	5030.21	4998.68	120.95	19643.47
绿色普惠金融贷款余额（GIL）	114	17.71	23.22	0.10	111.28
贷款总余额（TL）	111	69283.43	58426.39	5548.56	204254.8
净息差（NIM）	112	2.19	0.37	1.53	3.11
成本收入比（CIR）	112	26.49	7.72	16.62	57.88
不良贷款率（NPLR）	112	1.49	0.30	0.82	2.67
资本充足率（CAR）	115	14.27	1.61	11.01	17.45
不良拨备覆盖率（PPC）	112	219.54	85.84	139.38	451.27
拨备比（LAR）	112	3.07	0.61	2.35	5.03

（二）模型设定

为研究不同经营风格的商业银行对普惠金融、绿色金融和绿色普惠金融的支持倾向，我们提出以下四个假设。

假设一：贷款总余额越高的商业银行，其绿色贷款、普惠金融领域贷款、绿色普惠金融贷款余额越高。

假设二：绿色贷款、普惠金融领域贷款、绿色普惠金融贷款余额与商业银行盈利能力无关。绿色金融、普惠金融、绿色普惠金融目前尚属于新兴领域，贷款利率普遍相对较低，给商业银行带来的直接收益有限，对这些领域提供金融服务给银行带来的更多是潜在收益和未来广阔的发展空间。

假设三：绿色贷款、普惠金融领域贷款、绿色普惠金融贷款余额与不良贷款率呈正相关。目前，绿色金融、普惠金融、绿色普惠金融领域相关企业的经营管理尚不成熟、规范，对这些领域贷款的管理方法和模式还处于探索阶段，其不良率可能会在一定程度上出现上浮。但由于绿色金融、普惠金融、绿色普惠金融贷款在总贷款中占比较小，影响应该相对较小。

假设四：绿色贷款、普惠金融领域贷款、绿色普惠金融贷款余额与银行损失承受能力正相关。商业银行提取的拨备越多，对绿色金融、普惠金融、绿色普惠金融等领域贷款损失的承受能力越强，其越敢于尝试将资金投入绿色金融、普惠金融、绿色普惠金融等新兴领域，以扩展未来市场空间。

故本章采用以下模型：

$$L_i = \alpha + \beta_1 TL + \beta_2 Pro + \beta_3 NPLR + \beta_4 LT$$

式中，L_i（$i=1,2,3$）分别代表绿色贷款、普惠金融领域贷款、绿色普惠金融贷款余额，TL代表贷款总余额，Pro代表商业银行的盈利能力，$NPLR$代表商业银行的不良贷款率，LT代表商业银行的损失承受能力。

（三）单位根检验与豪斯曼检验

1. 单位根检验

为避免伪回归，确保估计结果的有效性，我们对面板数据进行单位根检验。除去无效值，面板数据的单位根检验结果如表19-3所示，面板数据在10%的显著性水平下均平稳。

表19-3　　　　　　　　　单位根检验结果

指标	T值	调整后的T值	P值
绿色贷款余额（GL）	-7.47	-5.25	0.00
普惠金融领域贷款余额（IFL）	-120	-120	0.00
绿色普惠金融贷款余额（GIL）	-10.55	-9.91	0.00
贷款总余额（TL）	-22.17	-19.80	0.00
净息差（NIM）	-36.90	-35.51	0.00
成本收入比（CIR）	-500	-500	0.00
不良贷款率（NPLR）	-14.19	-12.50	0.00
资本充足率（CAR）	-10.29	-9.26	0.00
不良拨备覆盖率（PPC）	-48.02	-47.29	0.00
拨备比（LAR）	-2.88	-1.46	0.07

2. 豪斯曼检验

为确定采用固定效应模型还是随机效应模型，我们对面板回归模型进行豪斯曼检验。由于我们选取了净息差和收入成本比两个指标来反映银行的盈利能力，选取了资本充足率、不良拨备覆盖率、拨备比三个指标来反映银行的损失承受能力，因此以普惠金融领域贷款余额、绿色贷款余额、绿色普惠金融贷款余额为因变量的模型各可拆分为6个子模型。模型1的因变量为贷款总额（TL）、净息差（NIM）、不良贷款率（NPLR）、资本充足率（CAR）；模型2的因变量为贷款总额（TL）、成本收入比（CIR）、不良贷款率（NPLR）、资本充足率（CAR）；模型3的因变量为贷款总额（TL）、净息差（NIM）、不良贷款率（NPLR）、不良拨备覆盖率（PPC）；模型4的因变量为贷款总额（TL）、成本收入比（CIR）、不良贷款率（NPLR）、不良拨备覆盖率（PPC）；模型5的因变量为贷款总额（TL）、净息差（NIM）、不良贷款率（NPLR）、拨备比（LAR）；模型6的因变量为贷款总额（TL）、成本收入比（CIR）、不良贷款率（NPLR）、拨备比（LAR）。豪斯曼（Hausman）检验P值如表19-4所示，因此应采用固定效应模型。

表19-4　　　　　　　　　　　　豪斯曼检验P值

因变量	模型1	模型2	模型3	模型4	模型5	模型6
绿色贷款余额	0.00	0.00	0.00	0.00	0.00	0.00
普惠金融领域贷款余额	0.00	0.00	0.00	0.00	0.00	0.00
绿色普惠金融贷款余额	0.00	0.00	0.00	0.00	0.00	0.00

（四）回归分析及结果

我们采用固定效应模型分别分析商业银行绿色贷款、普惠金融领域贷款、绿色普惠金融贷款余额的影响因素，以绿色贷款余额为因变量的模型回归结果如表19-5所示。从回归结果可知绿色贷款余额与贷款总余额、不良贷款率、拨备比有显著的正相关关系，与银行盈利能力、资本充足率、不良拨备覆盖率不显著相关。

表19-5　　　　　　　绿色贷款余额影响因素：回归结果　　　　　　单位：亿元、%

变量	系数					
贷款总余额（TL）	0.19***	0.19***	0.19***	0.18***	0.18***	0.18***
净息差（NIM）	77.84		72.56		45.84	
成本收入比（CIR）		0.06		1.43		8.44
不良贷款率（NPLR）	735.60***	707.78***	784.97**	772.19**	165.31	112.78
资本充足率（CAR）	-54.66	-54.87				
不良拨备覆盖率（PPC）			0.97	1.16		
拨备比（LAR）					477.31**	505.15**

注：***、**和*分别表示在1%、5%和10%的显著性水平上显著。

表 19-6 为影响普惠金融领域贷款余额因素的回归分析,从中可以看出,普惠金融领域贷款余额仅与该银行贷款总余额相关,与其他因素没有显著相关关系。近年来,我国大力推动普惠金融发展,引导各种类型的商业银行加大普惠金融领域贷款投放力度,加大向普惠金融领域的资源倾斜已成为商业银行承担社会责任、谋求自身发展转型的内在要求,与商业银行财务经营状况相关性不高。

表 19-6　　　　普惠金融领域贷款余额影响因素:回归结果　　　单位:亿元、%

变量	系数					
贷款总余额（TL）	0.23***	0.23***	0.23***	0.23***	0.23***	0.23***
净息差（NIM）	41.00		27.00		36.88	39.41
成本收入比（CIR）		35.67		40.72*		
不良贷款率（NPLR）	249.20*	214.82	381.99	461.61	88.38	-71.70
资本充足率（CAR）	-125.36	-124.83				
不良拨备覆盖率（PPC）			2.49	4.03		
拨备比（LAR）					102.18	213.02

注:***、**和*分别表示在1%、5%和10%的显著性水平上显著。

表 19-7 为绿色普惠金融贷款余额影响因素的回归分析,从中可以看出,绿色普惠金融贷款余额与贷款总余额、拨备比正相关,与银行盈利能力、不良贷款率、资本充足率、不良拨备覆盖率无显著相关关系。

表 19-7　　　　绿色普惠金融贷款余额影响因素:回归结果　　　单位:亿元、%

变量	系数					
贷款总余额（TL）	0.001***	0.001***	0.001***	0.001***	0.001***	0.001***
净息差（NIM）	-0.25		-0.59		-0.93	
成本收入比（CIR）		0.10		0.16		0.27
不良贷款率（NPLR）	2.41	2.44	5.90	6.37	-8.26	-8.77
资本充足率（CAR）	0.78	0.78				
不良拨备覆盖率（PPC）			0.05	0.05		
拨备比（LAR）					9.45**	10.08**

注:***、**和*分别表示在1%、5%和10%的显著性水平上显著。

由上述实证分析可得出以下结论:

(1)"假设一"成立,绿色贷款、普惠金融领域贷款、绿色普惠金融贷款余额与贷款总余额相关性较高,一般来说,银行的体量、规模越大,其能够为绿色金融、普惠金融、绿色普惠金融领域提供的贷款越多。因此,要推动规模较大的商业银行充分发挥"头雁效应",积极推动普惠金融和绿色金融融合发展。

(2)"假设二"成立,绿色贷款、普惠金融领域贷款、绿色普惠金融贷款余额与商业银行盈利能力不显著相关。绿色金融、普惠金融、绿色普惠金融具有一定的政策属性,其能够给商业银行带来的收益更多是潜在的发展空间和前景,短期并不能对商业银行的盈利能力产生太大影响。因此,仅靠商业银行出于当前盈利目的发展绿色普惠金融,力度往往不足,需要从政策端给予更多支持。

(3)"假设三"部分成立,绿色贷款余额与不良贷款率呈正相关关系,但普惠金融领域贷款、绿色普惠金融贷款余额与不良贷款率相关性不大。一般对不良率容忍度越大的银行,越敢于将资金投入新兴领域。因此,应在监管政策上加大对绿色金融、普惠金融、绿色普惠金融的支持,适当放松对这些领域贷款的不良率要求,提高商业银行发展绿色金融、普惠金融、绿色普惠金融的积极性。

(4)"假设四"部分成立,绿色贷款、绿色普惠金融贷款余额与银行损失承受能力正相关,普惠金融领域贷款余额与银行损失承受能力相关性不大。近年来,党中央、国务院高度重视普惠金融发展,积极推动各商业银行加大对普惠金融领域的信贷投放力度,各商业银行在发放普惠金融领域贷款时并未过多受自身损失承受能力影响,而绿色金融、绿色普惠金融受自身损失承受能力影响相对较大。因此,应加大政策支持引导,推动商业银行适当改变在绿色金融、绿色普惠金融领域的风险偏好,加大对绿色金融、绿色普惠金融领域的信贷支持力度。

六、绿色普惠金融发展面临的问题与挑战

(一)现有绿色金融标准难以直接用于普惠群体

从定义上看,普惠金融与绿色金融的服务领域与对象各有侧重,专业要求存在不同。普惠金融主要针对分布面广、收入较低的个人和企业,为小微企业、农民、城镇低收入人群、贫困人群和残疾人、老年人等特殊群体提供基本金融服务是当前我国普惠金融服务重点。而我国现有的绿色金融标准包括国家发展和改革委员会等七部门发布的《绿色产业指导目录(2019年版)》、中国人民银行发布的《绿色债券支持项目目录(2021年版)》以及绿色金融改革创新试验区的地方性绿色金融标准主要从产业的角度界定绿色项目的标准与范围,具体包括环保、节能、清洁能源、绿色交通、绿色建筑等。这些绿色金融领域和某些普惠群体存在重合,比如一些涉农项目,但大多数标准聚焦于大型绿色项目上,无法直接用于普惠金融。同时,绿色金融标准的界定也更为专业化,涉及绿色项目环境状况评价、绿色金融产品界定、信息披露等,大多数普惠群体无法满足这一专业化要求,普惠群体因此成为绿色金融标准界定的空白区。

(二)绿色普惠金融相关统计制度较为缺乏

从监管机构现行的统计制度看,绿色金融和普惠金融统计相对独立。绿色金融特别是绿色信贷的口径更多聚焦于公司类贷款和绿色项目贷款,针对小微企业和个人信贷的相关统计制度有所缺失。初期的绿色信贷统计仅限于项目类贷款,未覆盖小额贷款、消费贷款、小微企业贷款等普惠金融领域。2019年12月,中国人民银行修订了

《绿色贷款专项统计制度》，增加了个人经营性贷款，但未覆盖个人消费贷款、小额贷款等领域。《中国银监会办公厅关于报送绿色信贷统计表的通知》《中国银监会办公厅关于印发〈绿色信贷实施情况关键评价指标〉的通知》等文件中明确，"绿色信贷"涵盖节能环保项目及服务贷款，节能环保、新能源、新能源汽车三大战略性新兴产业生产制造端贷款，合计15类，其中基本不涉及普惠领域。2020年7月，银保监会印发《绿色融资专项统计制度》，是对此前绿色信贷政策框架体系的升级，但其中仍未覆盖普惠领域贷款。绿色金融和普惠金融统计口径的割裂，可能会导致两方面的不良结果：一方面是只突出绿色金融，无法实现普惠，大量分布广、环境保护意识较差的小微经济体难以获得绿色金融服务，最终绿色金融的服务范围和作用范围只能局限于一些优势企业，造成"绿而不普"；另一方面只突出普惠金融，使一些以依靠牺牲环境为代价生存的小微企业、农民群体获得普惠金融的支持，造成"普而不绿"。

（三）绿色普惠金融产品和服务不够完善

当前，我国绿色普惠金融产品和服务仍不够丰富，产品创新性不足，规模和数量还比较有限，无法充分满足普惠群体绿色转型的多层次、多样化的金融需求。在绿色金融市场上，绿色信贷占很大比重，绿色证券、绿色保险、绿色基金等金融产品和服务的比重明显偏低。在绿色信贷领域，金融产品和服务同质化较强，绿色理念还未有机融入金融产品和服务创新的全流程，绿色信贷的结构比较单一，覆盖范围有限，如绿色消费信贷产品主要支持对象大多集中在购买新能源汽车、绿色建筑等领域，面向购买绿色产品、绿色出行等更高频次的日常生活场景的金融产品和服务还比较少；再如绿色信贷对产业链绿色转型的支持力度还不够，较多局限于支持产业链的某一环节或紧密关联的一两个环节，目前还较难向产业链上下游进行更多延伸。在绿色证券领域，绿色债券相较绿色信贷而言规模偏小，绿色PE、VC在支持绿色技术投资和创新等方面的力度还不够，碳相关的期货和期权产品还较为空白。绿色保险产品和服务的种类有限，绿色农产品保险、绿色消费品保险、绿色技术创新险等都还亟待进一步发展。

（四）绿色普惠金融能力建设有待加强

金融机构绿色普惠金融发展能力有待提升，对绿色普惠金融的认识和理解还不够科学全面，绿色普惠金融发展战略和路径还不够清晰，从全行战略层面推动发展的力度还不够，绿色普惠金融职业经理人还较为缺乏，绿色普惠金融风险管理水平有待完善，金融科技在绿色普惠金融发展中的作用还有待加强。中介机构能力有待提升，既懂绿色又懂金融的专业人才还比较缺乏，绿色认证、评级、审计等领域的专业服务质量和效率有待提升，相关中介服务费用还比较高，小微企业负担较重。农户等群体对生产绿色农产品出于不了解、不信任等多方面的因素，还有一定的抵触心理，影响绿色农产品的推广普及。居民个人的绿色理念有待进一步觉醒，还有相当比例的人群没有树立起绿色理念，有的群体即使初步具有绿色意识，短期内也难以完全养成绿色消费、绿色出行等绿色行为习惯。

第十九章 普惠金融与绿色金融融合发展

（五）绿色普惠金融风险分担机制不够健全

绿色技术研发大多周期较长，投产运用具有一定的风险，绿色普惠金融往往风险大、不确定性高，不能单靠金融机构的努力，需要持续完善普惠金融的风险分担机制。当前，相关机制仍存在一定的短板，融资担保公司绩效评价机制不完善，在一定程度上制约了融资担保公司的展业经营，加之融资担保公司对绿色经济的理解和认识仍然不足，影响其有效参与绿色信贷等过程的风险分担，目前绿色领域的融资担保放大倍数不高、担保覆盖领域有限、担保效能未能得到充分发挥。绿色风险分担基金数量整体较少，部分地区探索设立了一些绿色风险分担基金，但总体规模仍然偏小，能撬动的绿色信贷资源有限。社会资本的力量还未得到充分调动，政府和市场共同作用的风险分担机制还不完善。

七、绿色普惠金融发展路径与对策建议

普惠金融与绿色金融都是贯彻新发展理念的重要体现，是促进共同富裕的重要抓手，要坚持以人民为中心，完整准确全面贯彻新发展理念，以深化金融供给侧结构性改革为主线，以改革创新为根本动力，切实推进普惠金融与绿色金融融合发展，做到经济效益、社会效益、生态效益的同步提升。要坚持有为政府和有效市场的有机结合，不断优化政府作用，加强政策引领和制度供给，推动货币政策、财税政策、产业政策等协同发力，为绿色普惠金融发展营造更具激励性的发展环境；夯实绿色普惠金融发展的基础设施建设，完善绿色普惠金融标准建设和统计制度，健全绿色普惠金融的信用信息共享和担保增信机制；激发金融机构发挥主力军作用，引导金融机构不断探索有利于绿色普惠金融发展的战略安排、组织架构、产品体系和风控能力，持续积累探索绿色普惠金融发展的实践经验。结合当前我国绿色普惠金融发展面临的突出问题，提出以下对策建议。

（一）注重标准先行，建设适用于普惠群体的绿色标准

建立健全适用于普惠群体的绿色金融标准体系是推进绿色普惠金融工作的一个重要前提。应在现有绿色金融标准体系中增加普惠维度，针对符合普惠标准的个人和企业，结合其经营特点和发展需求，探索设计专门的绿色普惠金融标准体系，明确相关标准和界定，尤其在主体资格、项目界定、产品标准、信息披露等方面给出标准的认定体系。目前，浙江湖州、衢州等绿色金融改革创新试验区已在绿色普惠金融标准建设方面取得了一定进展，可在地方绿色普惠金融探索经验的基础上，逐步形成有依据、讲科学、可复制的绿色普惠金融标准体系，从而为绿色普惠金融业务政策实施和业务发展奠定基础。

（二）注重客观评价，完善绿色普惠金融统计制度安排

建议以中国人民银行《绿色贷款专项统计制度》为总原则，将绿色信贷分为以企业项目为主的大额贷款，以及小微企业、个人贷款，从两个维度对绿色贷款进行统计，将符合绿色标准的小微企业、消费贷款、"三农"贷款等纳入绿色金融统计范围。纳入

绿色普惠金融专项统计口径的业务或绿色普惠金融发展较好的机构可同时享有绿色金融和普惠金融领域所有扶持政策，比如，实施差异化风险权重、存款准备金率、贷款贴息、税收优惠、财政补贴、风险补偿金、再贷款、再贴现等政策。鼓励金融机构将绿色金融原则与评价标准延伸至小微企业贷款、涉农贷款、脱贫攻坚、双创贷款等普惠金融业务，注重业务的环境影响评估，优选具有绿色低碳、节能环保特性的项目，支持可持续发展，凸显普惠金融的绿色基因，改善小微企业"普而不绿"的现状。

（三）注重实践创新，优化绿色普惠金融产品和服务

探索建立个人碳账户，鼓励金融机构加大与公共部门的数据对接和信息共享，通过综合内外部数据，追踪居民的绿色行为，通过碳账户进行记录，并对碳账户给予一定的奖励，引导居民形成绿色的生活方式；探索研究绿色信用卡，加大与各类绿色消费场景的对接和合作，满足广大居民绿色消费的金融服务需求，提供有激励的信用卡积分或优惠的分期利率，联合场景方给予一定的购买折扣或奖励；创新完善绿色农业领域的金融产品和服务，加大对农田环境修复、绿色农产品、绿色化肥、绿色无公害处理的金融支持力度；加强对小微企业绿色转型的支持力度，支持具有绿色创新能力的"专精特新"小微企业发展壮大，提供全生命周期的金融服务；创新绿色保险产品和服务，丰富完善绿色农产品保险、绿色消费品保险、绿色技术风险保险等多样化的保险产品和服务；增强资本市场的绿色性、普惠性，鼓励发展投早、投小的绿色产业基金，探索发行绿色中小企业集合债、金融债等产品，鼓励更多中小企业参与多层次资本市场的挂牌融资，创新发展绿色资产证券化，盘活绿色信贷资产。

（四）注重能力建设，鼓励金融机构深耕绿色普惠金融

金融机构要持续增强发展绿色普惠金融的意识，加深对绿色普惠金融的认识和理解，从发展战略的高度统筹谋划绿色普惠金融的发展思路和路径，并建立与绿色普惠金融发展相适应的组织管理体系、激励和绩效考核方式等。要强化对绿色普惠金融特征和风险的研究，提高绿色普惠金融的全流程风险管控能力；加强金融科技运用，将互联网、物联网、大数据、云计算等数字技术发展成果应用于绿色普惠金融的识别、准入和风控，提高业务标准化程度和作业效率。注重对从业人员的专业培训，培育既懂普惠金融又懂绿色金融的职业经理人，落实尽职免责制度，减轻业务经理开展绿色普惠金融的思想束缚。中介机构也要不断提升在绿色认证、评级、审计等方面的专业能力，增强在碳排放测算、碳评级方面的科学性和可信性，不断探索研发标准化的产品和服务，稳步降低相关中介费。

（五）注重风险分担，撬动更多金融资源配置绿色普惠金融领域

积极发挥政府在风险分担中的作用，优化政府性融资担保公司绩效管理，强化对绿色领域的融资担保力度，落实尽职免责机制，扩大担保倍数，有效发挥对绿色普惠金融的担保增信作用；鼓励有条件的商业性融资担保公司参与绿色普惠金融领域的风险分担，与政府性融资担保公司形成有机互动、有益补充；支持有条件的地区建立绿色普惠金融贷款风险补偿机制，通过设立绿色普惠金融风险基金等多种方式撬动更多

金融资源配置到绿色普惠金融领域，助力当地绿色普惠金融发展；持续深化保险在绿色普惠金融发展中的风险保障作用，加强保险与绿色信贷、绿色产业等的有效对接，为绿色经济的全流程提供更加完善的风险保障；发挥金融衍生品市场在风险分担中的作用，提供更多套期、保值等风险分担工具。

（六）注重先行先试，开展试点示范与区域合作

长三角生态绿色一体化发展示范区作为长三角一体化发展战略的"先手棋"和"突破口"，已在制度创新、协同发展方面进行了积极探索并积累了有益经验。建议以一体化示范区为试点区域，积极探索绿色普惠金融创新，加强绿色普惠金融的区域合作。例如，在区域内增加绿色金融有效供给，支持绿色金融创新产品开发，重点支持"三农"、小微企业绿色发展；依托跨区域数字人民币创新试点，推进智能化改造和数字化转型，为绿色创业、绿色消费、绿色生产活动提供绿色、便捷、安全的存取款、转账、支付、兑换等普惠金融服务；形成区域绿色交通、城市绿色出行等环节的碳普惠激励体系，开发基于碳普惠的创新产品，促进公众参与绿色金融、引导形成绿色生产生活方式等。

（七）注重开放合作，推进绿色普惠金融国际治理

要继续深度参与普惠金融和绿色金融的国际治理与规则制定，积极参加普惠金融全球合作伙伴（GPFI）、普惠金融联盟（AFI）、G20可持续金融工作组（SFWG）、央行与监管机构绿色金融网络（NGFS）等国际组织和多边机制的国际合作。一方面，推动将普惠金融的发展要求融入绿色金融的合作内容，促进国际社会更多关注"三农"、小微企业等普惠群体的碳减排和绿色转型，在出台相关绿色金融国际标准和规则时考虑对普惠金融领域的适用性；另一方面，推动将绿色金融的发展要求融入普惠金融的合作内容，倡导以更加绿色、可持续的发展理念引领普惠金融发展，发挥普惠金融支持绿色发展的作用。积极借鉴绿色普惠金融发展的国际经验，推动中国绿色普惠金融创新发展。同时，也要注重总结提炼中国绿色普惠金融发展的实践做法，以案例、标准等多种形式将案例价值向国际社会推广，更好传播中国经验和中国智慧。

参考文献

[1] 姜再勇. 绿色普惠金融探析 [J]. 中国金融, 2018 (18)：52-54.

[2] 张燕, 庞标丹, 侯娟. 绿色小额信贷：低碳农业的政策性金融支持路径探析 [J]. 武汉金融, 2011 (2)：32-35.

[3] 张明哲. 供给侧改革助推绿色普惠金融发展 [J]. 清华金融评论, 2020 (2)：72-74.

[4] 刘超勇. 绿色金融与普惠金融的逻辑关系分析 [J]. 湖南行政学院学报, 2020 (6)：108-114.

[5] 刘桂平. 关于中国普惠金融发展的几个问题 [J]. 中国金融, 2021 (16)：9-12.

[6] Posner A. V. Green Microfinance: A Blueprint for Advancing Social Equality and Environmental Sustainability in the United States [R]. 2009.

[7] Teng F., Gu A. Climate Change: National and Local Policy Opportunities in China [J].

Environmental Sciences, 2007, 4 (3): 183 - 194.

[8] Wang Y., Chandler W. The Chinese Nonferrous Metals Industry—Energy Use and CO_2 Emissions [J]. Energy Policy, 2010, 38 (11): 6475 - 6484.

[9] Kostka G., Moslener U., Andreas J.. Barriers to Increasing Energy Efficiency: Evidence from Small-and Medium-sized Enterprises in China [J]. Journal of Cleaner Production, Oct. 2013, 57 (15): 59 - 68.

[10] A C W, C A L B, D B L. Energy-saving and Emission-abatement Potential of Chinese Coal-fired Power Enterprise: A Non-parametric Analysis [J]. Energy Economics, 2015 (49): 33 - 43.

[11] Peng L., Zeng X., Wang Y., et al. Analysis of Energy Efficiency and Carbon Dioxide Reduction in the Chinese Pulp and Paper Industry [J]. Energy Policy, May 2015, (80): 65 - 75.

[12] Cai BF, Wang JN, He J, Geng Y. Evaluating CO_2 Emission Performance in China's Cement Industry: An Enterprise Perspective [J]. Applied Energy, 2016 (166): 191 - 200.

[13] Meng B., Liu Y., Andrew R., et al. More than Half of China's CO_2 Emissions Are from Micro, Small and Medium-sized Enterprises [J]. Applied Energy, 2018 (230): 712 - 725.

第二十章　金融健康问题的理论与实践*

本章从我国当前普惠金融发展阶段出发，对金融健康问题进行全面深入的研究：深入辨析金融健康的概念，全面总结国内外的金融健康实践，从理论和现实的角度阐述促进金融健康的必要性；首次构建中国居民金融健康指标体系，试点开展金融健康问卷调查，并在此基础上尝试构建个人金融健康指数。调查显示，我国受访者整体具有一定的金融健康水平，但还有较大的提升空间，且结构性差异显著，一些群体的金融健康状况不容乐观。本章在定性和定量研究的基础上，提出我国推进金融健康建设的六个着力点建议。

一、金融健康问题的提出

（一）近年来国际社会日益关注金融健康

2008年美国次贷危机爆发后，国际社会深刻认识到行为监管缺失、金融消费者保护不足是次贷危机的重要根源之一，光靠传统的审慎监管是不够的，必须强化行为监管和金融消费者保护，筑牢宏观金融稳定的微观基础。2013年，美国芝加哥联邦储备银行发布小企业金融健康分析报告，率先关注小企业金融健康问题。2015年，美国金融服务创新中心（Center for Financial Services Innovation，CFSI）提出个人金融健康概念，受到国际社会关注。

2019年新冠疫情暴发以来，金融消费者的脆弱性更加凸显，金融健康问题在全球范围内受到更加广泛的关注和讨论。一些研究发现，普通家庭特别是低收入家庭在新冠疫情的冲击下生活可能会变得更加艰难。2021年1月，联合国秘书长普惠金融特别代表——荷兰王后马克西玛创立了联合国金融健康工作小组（UNSGSA Financial Health Working Group），致力于在普惠金融的框架内推动金融健康工作，并于2021年9月发布了题为"金融健康：给金融政策制定者的简单介绍"的报告，阐述制定金融健康政策的必要性。

2022年6月，世界银行发布2021年度全球普惠金融调查（Global Findex）数据和分析报告，首次在报告中设立专章讨论金融健康相关指标，反映出金融健康在全球是一个普遍性问题，也是普惠金融发展中面临的重要问题。

---

* 本章作者：余文建、尹优平、陈小五、汪天都、蒋润东、冯丝卉、茹中昊。

(二) 我国普惠金融高质量发展离不开金融健康

党中央部署实施《推进普惠金融发展规划（2016—2020年）》以来，金融服务覆盖率、可得性、满意度不断提升，在统筹疫情防控和经济社会发展、助力打赢脱贫攻坚战、补齐民生领域短板等方面发挥了积极作用。2022年2月28日，习近平总书记主持召开中央全面深化改革委员会第二十四次会议，审议通过了《推进普惠金融高质量发展的实施意见》。会议强调，要始终坚持以人民为中心的发展思想，推进普惠金融高质量发展，健全具有高度适应性、竞争力、普惠性的现代金融体系，更好满足人民群众和实体经济多样化的金融需求。这对下一阶段我国普惠金融发展提出了更高要求。

当前，我国已全面建成小康社会，经济从高速增长阶段转向高质量发展阶段。在新的历史阶段，我们不仅要关注发展总量，更要关注发展质量；不仅要关注供给端金融机构的金融服务覆盖面和可得性，更要关注需求端每个金融消费者的获得感、幸福感和安全感，也就是让每一个个体都能实现金融健康。

(三) 研究目的和重点

尽管国际社会对金融健康已开展一些研究，但目前对金融健康的理论框架尚未形成共识。国内对金融健康的研究还处于起步阶段，相关文献较少。有鉴于此，有必要开展系统性的专题研究，充分研究如何发挥好金融健康对于普惠金融高质量发展的作用，更好地贯彻落实党中央对普惠金融高质量发展的决策部署。一方面，可以有效借鉴国际经验，充分结合国内实际，合理界定金融健康的内涵和外延，形成具有中国特色的金融健康理论框架，从而科学指导国内的金融健康实践。另一方面，考虑到指标数据对金融健康相关政策制定至关重要，需要研究设计切实可行、科学合理的金融健康指标和评价体系，为金融健康提供合适的衡量标准，并在此基础上开展实证分析。我们拟通过理论和实证研究，重点探讨分析以下问题：什么是金融健康？国内外已经有了哪些金融健康相关实践？促进金融健康的必要性有哪些？我国居民金融健康总体情况如何，群体间有哪些差异，存在哪些短板和不足？未来我国提升居民金融健康水平有哪些着力点？

二、金融健康的界定

(一) 金融健康的含义

目前，尚未形成公认的金融健康定义，不同机构、不同学者对金融健康的诠释有一定的差别。在国际上，金融健康的表述也尚未统一，可以对应 Financial Health、Financial Wellbeing 等英文词汇，其含义有一定的区别。Financial Health 相对更加微观，强调微观个体本身金融健康的状态，而 Financial Wellbeing 相对更加宏观，升华出金融福祉的含义，强调金融健康带来的结果。

CFSI 认为，金融健康意味着个人每天的金融状况都是良好的，且具有一定的金融韧性和把握金融机会的能力。联合国资本发展基金（UNCDF）提出，金融健康是指个人可以实现日常生活需求，能应对突发财务危机并追求长远财务目标的状态。美国消费者金融保护局（CFPB）对金融消费者开展了近60个小时的开放访谈，得出金融健康有以下几点特征：（1）能够掌控日常的金融活动；（2）能够应对财务冲击；（3）正在循序实现金融目标；（4）有自主享受生活的基本财务自由。联合国金融健康工作小组将金融健康的概念进一步扩展，提出金融健康是指个人、企业或金融机构通过货币资产和负债状况来衡量自身健康状况的一种状态，将金融健康从个人扩展到企业和金融机构的金融状况。中国普惠金融研究院（CAFI）发布的《中国普惠金融发展报告（2019）》提出："金融健康是指消费者通过运用金融知识、使用金融工具、采取合理的金融行为达到良好的个人财务状态。"

综合考虑各方的观点，我们将金融健康定义为：消费者个人（或小微企业）处于一种良好、健康的金融状态，在这种状态中消费者个人（或小微企业）既能够应对短期的日常生产生活需要，又能够满足长期的消费和投资需求；既能从容地应对临时的意外冲击，又能循序渐进地实现自身的金融目标，同时消费者个人（或小微企业）对自身的金融状态满意且富有信心。因此，金融健康既是一种状态，又是一种目标。金融健康意味着居民有良好的金融能力、金融韧性、金融规划，强调诚实守信、有借有还、理性投资、风险为本。当个体处于金融健康状态时，其对自己的经济社会生活将更有掌控力，能够更好地安排和规划自己的生活，能更好地运用金融产品和服务来满足自身需求、提升生活质量，面对疫情等风险冲击时的韧性也更强。

（二）金融健康的基本构成要素

CFSI、CFPB、CAFI等机构对如何衡量和评价金融健康开展了研究。CFPB、CFSI主要从客观方面评价金融健康，CPFB根据现在和未来、自由和安全划分了金融健康的四个维度；CFSI和金融健康网络创建了一套金融健康指标体系，从消费、储蓄、借贷、计划四个方面设计了8项具体指标来衡量金融健康，分别是：（1）收入可覆盖支出；（2）及时全额支付账单；（3）有一定流动资金可应付日常开支；（4）有足够的长期资产；（5）负债金额在可承受范围内；（6）拥有良好的征信记录；（7）拥有适合自己的保险；（8）大额支出前有计划。CAFI认为金融健康表现为四个方面：（1）收支平衡，即能够支付日常生活必需的开支；（2）金融韧性，即具备抗击突发事件冲击并从中恢复的能力；（3）投资未来，即有未来的规划，包括储蓄、保险等；（4）金融能力，即偿债能力、财务管理能力、与金融服务提供者打交道的掌控力等。CAFI认为金融健康应具有二维属性，即主观金融健康和客观金融健康。其中，主观金融健康是指金融消费者对目前财务状况的满意程度和对未来财务状况的信心程度，客观金融健康是指金融消费者实际的金融状态。

虽然目前对金融健康的研究主要集中于消费者个人的金融健康，但小微企业等其他主体的金融健康同样不容忽视。美国芝加哥联邦储备银行认为，小微企业的金融健康体现在四个方面：（1）小微企业有持续生产净利润；（2）有能力履行短期和长期经济义务；（3）在意外的经济下行和冲击中能够维持运营；（4）有能力使用债务融资和收益现金为其增长提供资金。CFSI认为可以衡量小微企业金融健康的指标包括是否能支付应该支付的费用、是否有充足的现金储备、是否有全面的财务管理系统、是否有应对重大风险的计划、是否有应对现金流波动的计划、是否有适当的保险、是否能及时获得负担得起的信贷、债务负担是否可持续等。

聚焦个人的金融健康，我们重点关注四个方面的基本构成要素：（1）日常收支及平衡管理；（2）风险应对及保险保障；（3）金融素养及行为理性；（4）财务规划及未来信心。本章第五部分还将研究构建中国金融健康指标体系，对这些要素进一步细分和量化。

（三）金融健康与普惠金融的区别和联系

普惠金融和金融健康在本质上是相似的，两者都体现了以人民为中心的发展思想，强调以人为本，其最终目标都是通过提升人们的金融状态来提高其生产生活水平，从而满足人民群众美好生活的需要。两者对经济社会发展和稳定都具有重要影响，都需要金融管理部门、金融行业乃至社会各界积极承担责任，发挥各自的作用并形成合力。

普惠金融和金融健康也存在一定差异。在关注对象上，普惠金融主要针对特定群体，目标是将小微企业、农民、老年人等群体有效纳入正规金融服务体系，解决这些群体的金融排斥问题；而金融健康进一步关注群体中的每个个体，强调让每个个体保持一种良好的金融状态，使其能够摆脱金融脆弱性，更好应对生产生活中遇到的风险与挑战。金融健康、金融教育与金融消费者保护都是针对个体的，三者密切相关，呈现出"三位一体"的特征。在着力点上，普惠金融侧重从供给端发力，推动金融机构扩大金融服务的覆盖面，提升金融服务的包容性；而金融健康在此基础上更加重视在需求端同步发力，通过提升居民的金融素养，帮助其合理规划日常生活开支，理性选择适合自身的金融产品，使其财务状况保持在较好的水平。在发展阶段上，金融健康是普惠金融发展的高级形态。普惠金融主要关注金融服务"有没有"，而金融健康更多关注金融服务"好不好"。也就是在金融服务"有"的基础上，将个体努力和外部支持相结合，不断改善金融消费者财务状况，进一步加强对金融消费者的教育和保护，提升其财务韧性和抵御风险的能力，最终实现金融健康。

三、金融健康的国际和国内实践

（一）国际实践

从国际上看，一些国际组织和部分发达国家已经开展了一些金融健康实践，也有国际组织在部分发展中国家探索开展了金融健康调查工作。

联合国资本发展基金（UNCDF）于2021年7月发布《全球金融健康白皮书》，提出要在发展普惠金融的基础上持续推进金融健康建设。白皮书构建了衡量金融健康的基本框架，包括制定金融健康指标并设定监测目标、设定衡量标准并定期监测金融健康状况、利用监测数据为相关政策提供信息。白皮书对监管当局和金融机构提出了促进金融健康的相关建议，认为监管当局应把握金融健康和金融稳定的协同关系，推进金融健康监管体系建设；金融机构应将金融健康设定为企业战略核心，开发衡量客户金融健康状况的系统。

CFPB 长期关注金融健康问题，发布了金融健康量表。该量表包含 3 个模块 10 个问题，可用于初步评估个人的金融健康状况，跟踪金融健康的变化情况，评估金融教育项目的效果等。此外，CFPB 还提出了一个青少年金融能力开发模型，为美国青少年设计并提供接受金融教育的机会，目的是从青少年开始培养其金融素养，让每个人都有机会拥有金融能力从而改善金融健康状况。通过该模型能够了解青年在何时、何地如何获得金融能力的基本要素，并应用这些知识来评估项目的进展；丰富和完善现有的金融教育项目、资源和课程；帮助制定和测试新的金融教育策略；宣传金融教育政策；确定适合不同年龄段的金融能力分类时间表。

CFSI 推出"美国金融健康脉搏"计划。该计划旨在利用消费者调查和交易数据跟踪调研美国人的金融健康状况，2018 年初步研究结果显示美国人的金融健康水平分为三个层次：金融健康（7000 万人，约占成年人口的 28%）；处在处理某些财务问题状态中（1.38 亿人，约占成年人口的 55%）；金融脆弱（4200 万人，约占成年人口的 17%）。从 2020 年的跟踪结果看，美国整体的金融健康有所进步，但这种进步的趋势受到新冠疫情影响而难以为继，并且整体趋势并不代表个体，实际上绝大多数的美国人仍处于金融不够健康的状态，不同种族、收入水平、性别之间的金融健康水平差异持续扩大，黑人、低收入人群、妇女的金融健康状况相对不佳，受到疫情的冲击也最大。

英国货币与养老金融服务局（The Money and Pensions Service）于 2020 年启动了为期 10 年的《英国金融健康战略》。该战略提出在金融教育、国民储蓄、负债管理、债务咨询和未来规划等方面提升金融健康状况的 5 个优先措施，并在此基础上制定了 10 年内大规模改革的计划，计划内容包括加大对有效金融教育的投资、帮助青少年和社会公众养成储蓄习惯、为弱势群体提供更多可负担的信贷服务、更好地提供债务咨询服务、提供关于未来财务规划和养老金规划的指导工具等。

普惠金融中心（CFI）[①] 和小额信贷中心（MFC）[②] 合作构建了一个金融健康工具，帮助金融机构的客户衡量和改善金融健康状况。该工具包含 15 个问题，并于 2017 年底在东欧和中亚的 6 家金融机构、2 个国家协会和 3 家金融教育机构中进行测试。结果显示，有 36% 的受访者处于金融健康良好状态，57% 的受访者处于中等状态，7% 的受访者处于不良状态。

扶贫创新行动组织（IPA）[③] 认为金融健康的一个关键是拥有能够快速、经济地获得流动资金的能力，并提出了金融健康的三个主要方面：获得资金、融资渠道和金融行为。2018 年 6 月至 2019 年 2 月，IPA 对阿富汗、孟加拉国、哥伦比亚、多米尼加、

---

① CFI 是 2008 年在美国创立的独立智库，致力于推动全球普惠金融发展。
② MFC 是一个旨在促进提供公平、普惠和负责任服务的金融服务提供者联盟，成员主要来自欧洲和中亚国家。
③ IPA 是一个专注扶贫研究和分享政策的非营利组织，长期在亚非拉国家开展前沿研究和相关业务。

加纳、秘鲁、菲律宾和乌干达等国居民的金融健康进行了调查研究，并根据不同的社会经济特征来划分群体，观察这些不同特征群体之间的金融健康得分的差异。

（二）国内实践

从国内看，中国人民银行及其分支机构已尝试开展了一些金融健康方面的工作，CAFI较早使用了金融健康概念并开展了一系列实践，但总体而言国内的金融健康实践还处于探索起步阶段。

中国人民银行与世界银行合作开展了普惠金融全球倡议（FIGI）中国项目，其中包含金融健康相关实践。2019年12月至2020年6月，项目组在陕西省宜君县、湖南省平江县两个试点县同时开展为期半年的"财务日记"调查，全面收集了181户家庭详细的财务和金融流水数据，对样本家庭的金融健康状况开展了深入分析，编制调查对象有关"钱从哪里来、钱到哪里去"的"日记"，全面深入了解微观个体的财务状况、金融行为和金融需求，从而反映出其金融健康水平。

2022年，中国人民银行就金融健康工作进行了明确部署，并要求各分支机构加强相关研究。中国人民银行发布的《消费者金融素养调查分析报告（2021）》指出，中国消费者在金融态度上的表现良好，但在金融行为和技能的不同方面体现出较大差异；金融知识水平决定消费个体的金融行为，而金融行为影响金融健康程度；因此，提升金融健康水平亟须加强金融教育，使消费者个体具备一定的金融知识。

2022年6月，由中国人民银行广州分行、中国人民银行深圳市中心支行、广东省地方金融监督管理局、广东银保监局、广东证监局联合指导，广东省金融消费权益保护联合会主办的"2022中国财经素养教育高峰论坛"在广州举行。该论坛以"树立金融健康与韧性观念 实现可持续高质量发展"为主题，深入探讨"金融健康"问题。论坛发布了《关于树立金融健康观念，强化金融韧性建设的倡议》：（1）加强金融健康理论研究，积极普及金融健康观念；（2）以普惠金融高质量发展促进社会相关群体的金融健康与福祉；（3）推动金融健康的社会共建；（4）发挥金融机构促进金融健康的主力军作用；（5）通过系统性、持续性的教育，不断提升国民金融健康水平。

CAFI针对不同群体开展了一系列金融健康方面的实践活动。2019年，CAFI开展消费者金融健康调查，发现我国消费者较为重视收入与支出的平衡性与可持续性，且对自身金融状况大体较为满意，但是保险的配置较低，保险意识仍有待提高。个人收入和支出金额越高、拥有资产越多、年龄越大、身体越健康的消费者，金融健康水平越高；男性、已婚人士、城镇居民的金融健康水平比女性、单身人士、农村居民更高。2020年，CAFI在新冠疫情期间针对工薪阶层、微小企业[①]、蓝领工人[②]开展金融健康调查，结果显示，工薪阶层整体金融健康不太理想，其收支管理、收支预期、流动性

---

① 主要由国家统计局统计标准中的微型企业以及线上和线下的个体工商户构成，比常规的小微企业"更微、更小"。

② 新一代制造业蓝领，月收入在3000~8000元。

资产配置、应急管理相对较差,风险管理稍好。微小企业比工薪阶层得分更高,贷款展期政策为缓解还债压力发挥实质性作用;但该群体对风险认识不足,保险意识有待提升。蓝领工人受到收入低、结余少、保险不足的限制,消费谨慎、资产少且流动性差,抗风险能力弱;但该群体对未来财务状况充满信心,较为乐观。2021 年 3 月,CAFI 发布《中国女性金融健康正在加速发展》报告,其调查发现我国女性总体处于金融亚健康状态,金融行为参与度高,保险保障程度偏低,但对金融知识有强烈的学习欲望,未来发展可期。

四、促进金融健康的必要性

在市场经济的三大组成部分中,政府、企业和住户(居民)都对经济发展有巨大作用。随着我国经济增长由传统的投资驱动逐步转向消费驱动,住户(居民)部门还有较大经济潜力有待释放,金融健康在其中可以发挥重要的支持和保障作用。特别是为了推动全体人民共同富裕,需要日益关注每个居民的金融健康。

(一)促进金融健康是以人民为中心的发展思想在金融领域的体现

全心全意为人民服务是中国共产党的根本宗旨,"以人民为中心的发展思想"要求我们始终把人民放在心中最高位置、把人民对美好生活的向往作为奋斗目标,坚持发展为了人民、依靠人民、成果由人民共享。在新的历史阶段,我国的社会主要矛盾已经转化为人民日益增长的美好生活需要和不平衡不充分的发展之间的矛盾,我们不仅要关注发展规模,更要关注发展质量,关注社会公平正义,关注每个个体的获得感、幸福感和安全感,这在普惠金融领域的集中体现就是要让每个个体都能实现金融健康。金融健康建设是个体努力和外部支持的有机结合,是个体金融需求和金融体系包容的有机结合,是发挥我国制度优势和调动人民力量共建的有机结合。当个体拥有较为健康的金融状态时,其所具有的融资需求能通过正规金融体系得到较好满足,余钱能通过投资理财更好实现保值增值,可能面临的较大风险冲击能通过保险等方式获得较强保障。总体而言,金融健康的持续改善有助于普惠金融个体更好追求美好生活和实现自身的全面发展。

(二)促进金融健康是共同富裕的内在要求和重要推力

回顾中国共产党百年征程,党团结带领全国各族人民经历了从新中国成立初期的一穷二白,到打赢脱贫攻坚战全面建成小康社会的历史跨越,如今已经到了扎实推动共同富裕的历史阶段。扎实推动共同富裕的首要任务是在新发展理念的引领下,扎实推进高质量发展,不断创造和积累社会财富,通过高质量发展把"蛋糕"做大做好。金融是现代经济的核心,在经济社会发展中发挥着重要作用。要通过大力推进普惠金融高质量发展促进金融健康,以此为勤劳致富营造更好的金融环境,让市场主体和居民个人在勤劳致富过程中不再受到金融排斥或制约,使金融成为勤劳奋斗的有力帮手,通过金融力量更好巩固"大众创业、万众创新"成果,持续支持小微企业发展壮大,在实现高质量发展中推动就业优先导向政策落地,并充分调动和激发人的积极性、主动性、创造性，进而更好地促进人民群众收入的稳步提升和生活的日益改善，重点帮助更多低收入群体迈入中等收入行列，助力缩小地区差距、城乡差距、收入差距。

(三) 促进金融健康是增强行为理性的有效途径

近年来，个体非理性行为产生的不良后果得到了越来越多的关注，不少经济学家开展了相关研究，如理查德·塞勒、罗伯特·希勒等多位经济学家发现金融消费者往往具有过度自信、反应不足、羊群效应、动物精神等非理性特征，再叠加金融市场的复杂性，很容易出现行为偏差和不理性行为。同时，消费者由于金融素养和金融能力不足，不知道如何选择适合自身需求的金融产品和服务，对于可以提供风险保障的保险等产品和服务缺乏认知，存在漠视甚至使用空白。同时，由于金融消费者和供给者地位不对等，金融消费者在交易中往往处于弱势地位，市场逐利的特性意味着金融机构难以完全对金融消费者提供完善的保护，甚至推出了一些违背金融伦理的产品和服务。这些都要求我们推进金融健康建设，其中的两个核心要义就是开展金融教育和金融消费者保护。从金融健康的角度看，金融教育要更加强化诚实守信、有借有还、理性投资、风险为本等意识；金融消费者权益保护要更加强化"负责任金融"理念，夯实金融机构保护金融消费者的主体责任，增强民众对金融体系的信任，使其长远和根本利益得到更好保护。总体而言，推进金融健康建设有助于促进广大民众更好学金融、用金融、信金融，更好地、可持续地享受金融改革发展的成果。

(四) 促进金融健康是维护金融稳定的必要微观基础

维护金融稳定是现代中央银行追求的主要政策目标之一，是经济社会稳定发展的重要保障。但宏观层面的金融稳定并不一定意味着局部的稳定和个体的金融健康。个体往往具有一定的金融脆弱性，在不利时机、不利条件、不利环境下，个体之间的金融风险容易相互传染，尤其是当经济社会中处于金融健康状态的个体占比较低时，较易形成局部性金融风险，甚至演化成系统性金融风险。随着互联网等数字技术的蓬勃发展，个体金融的脆弱性较以往能在更大范围内更快蔓延。而一旦宏观层面金融稳定受到影响，又会反过来削弱个体的金融健康水平，进而陷入恶性循环。因此，需要密切关注个体的金融健康，当经济社会中处于金融健康的个体占比较高时，宏观层面的金融稳定才会更坚实、更可持续。总体而言，金融健康与金融稳定可以相互促进，产生良性互动；相反，如果忽视了个体的金融健康，金融稳定就容易成为无源之水、无本之木。

(五) 促进金融健康是提升货币政策有效性的有力抓手

为有效服务实体经济和增进民众福祉，要不断创造更加稳健适宜的货币金融环境，尤其为解决普惠金融发展中的不平衡不充分问题，需要更好发挥结构性货币政策作用，不断增强政策的精准性、直达性。在促进金融健康的过程中，全面客观的金融健康评估有助于更好了解消费者多元化、差异化的金融需求，找准金融供需缺口，推动制定更有针对性的货币政策；促进金融健康建设有助于消费者更好地知晓货币政策意图，使货币政策能在个体层面产生实效，并起到引导行为预期、增强调控效果的作用。同时，围绕个体改善收入、就业、福利等生产生活状况的需求，金融健康建设能够促进货币政策与财政政策、产业政策、就业政策等同向发力、有机协调。

（六）促进金融健康是治理金融乱象和应对风险冲击的现实需要

近年来，我国金融事业取得了长足发展，但也暴露出一些问题和短板，比如"校园贷""美丽贷"使一些大学生陷入债务泥潭；非法经营的P2P模式使一些群体出现亏损甚至是血本无归；还有一些群体热衷炒作虚拟币等虚拟资产，有着不切实际的一夜暴富的幻想，结果反被收割；养老等民生领域的金融产品和服务还较为缺乏，等等。这些问题和短板凸显了金融健康建设的必要性和紧迫性。特别是这次突如其来的新冠疫情给经济社会带来了严重冲击，我们在取得很多疫情应对经验的同时，也要认真总结和反思。从国际国内的一系列实践经验可以看出，金融健康较好的群体即使短期受到严重冲击，也能相对较好地维持正常生活，或更快实现恢复发展。我国有规模庞大的个体工商户、小微企业等市场主体，个体工商户数量已突破1亿户，带动了近3亿人就业，帮助这些微弱经济体实现金融健康，是构筑风险屏障、增强经济韧性的关键。

五、我国居民金融健康指标体系的构建及调查分析

为定量衡量我国居民的金融健康状况，有必要充分借鉴金融健康指标体系建设的国际经验，结合我国实际，研究构建适合我国国情的金融健康指标体系，以此对居民金融健康状况开展评估。我们成立了一个课题组，在充分借鉴国际经验的基础上，首次尝试构建了中国居民金融健康指标体系，试点开展了金融健康问卷调查，并在此基础上初步编制了个人金融健康指数。

（一）构建中国居民金融健康指标体系

构建居民金融健康指标体系应遵循系统性、可比性、可行性等原则。系统性是指该指标体系能全面系统地衡量居民金融健康状况；可行性是指可以通过较为经济可靠的方式获取指标数据；可比性是指与国际上已有的金融健康指标能够在一定程度上进行比较。

中国居民金融健康指标体系（见表20-1）包括日常收支及平衡管理、风险应对及保险保障、金融素养及行为理性、财务规划及未来信心四个维度，兼具考虑金融健康的短期和长期维度，综合反映居民当下的金融状况、金融安全和未来的金融规划、金融信心等方面的情况。日常收支及平衡管理考量居民家庭的日常收支状况以及能否较好管理和平衡收支，主要衡量居民家庭的收入来源、收入波动、支出用途、收支差额以及余（缺）钱管理等方面的情况；风险应对及保险保障考量居民家庭是否具有应对意外和风险事件的能力和韧性，主要衡量居民家庭可动用资金状况、保险覆盖情况、保险保障程度等方面的情况；金融素养及行为理性重点关注居民是否具有参与日常金融活动应具备的金融能力，主要衡量居民在数字支付、信用、理财、理性维权等方面的素养；财务规划及未来信心则着眼于关注居民的规划安排是否具有长期导向性以及对未来是否有信心，主要衡量大额支出规划、债务负担和未来信心等方面的情况。针对这些指标，我们设计了相应的居民金融健康调查问卷，共计22个问题，对应金融健

康指标的四个维度,力图以较为精简的问题满足调查所需,保证受访者的作答配合度。此外,问卷中还针对小微企业主和个体工商户附加了3个问题。

表20-1　　　　　　　　　　中国居民金融健康指标体系

一、日常收支及平衡管理	二、风险应对及保险保障
收入来源	可动用资金状况
收入波动	保险覆盖情况
支出用途	保险保障程度
收支差额	
余(缺)钱管理	
三、金融素养及行为理性	四、财务规划及未来信心
数字支付使用情况	大额支出规划
信用状况	债务负担
理财能力	未来信心
理性维权能力	

(二)金融健康调查情况

在构建金融健康指标体系的基础上,我们于2022年4月在我国东部、中部、西部地区组织开展了居民金融健康问卷调查,调查地点包括陕西(西安、汉中)、四川(成都、甘孜、阿坝、凉山)、湖北(十堰、孝感)、湖南(岳阳、张家界)、山东(烟台、枣庄、泰安、滨州)和浙江(宁波),调查方法为概率比例规模抽样法(原则上按调查地市常住人口的万分之一确定样本数量),以电子问卷调查和纸质问卷调查相结合的方式开展。调查人员通过银行网点调查、走村入户调查和赴商户调查等多样化形式采集样本,共计收集到有效调查样本8990个,样本分布情况见表20-2。根据样本数据,下文对我国居民金融健康的各项指标进行初步分析。

表20-2　　　　　　金融健康调查样本分布情况　　　　　　单位:%

省份分布		年龄分布	
山东省	27.34	16~19岁	3.97
湖北省	8.31	20~29岁	18.12
湖南省	8.40	30~39岁	25.91
四川省	32.24	40~49岁	18.61
陕西省	13.35	50~59岁	16.73
浙江省	10.37	60岁及以上	16.66
性别分布		教育程度分布	
男性	50.86	小学及以下	16.13
女性	49.14	初中	18.78
		高中/中专/技校	20.29

续表

居住地分布		教育程度分布	
城镇	62.40	大专	16.81
农村	37.60	大学本科	25.56
		研究生及以上	2.44

人均月收入分布		职业分布	
1000 元以下	7.21	企事业单位员工	36.02
1000~2999 元	19.44	务农	17.71
3000~4999 元	32.18	自主创业、企业主或个体户	14.75
5000~9999 元	26.52	兼职或打零工	7.93
10000~19999 元	9.25	没有工作	3.94
2 万~5 万元	3.27	学生	3.59
5 万元以上	2.12	退休	6.81
		其他	9.25

1. 日常收支及平衡管理

在收入来源方面，53.40%的受访者家庭主要收入来源是固定工作的工资性收入，14.87%、13.15%和9.73%的受访者家庭的主要收入来源分别是农业生产经营的收入、自己经营生意的收入以及兼职或打零工的收入，主要收入来源于存款利息和金融投资收入、租金收入等的受访者家庭占比很低。在收入波动方面，受访者家庭收入稳定性较高，29.19%的家庭收入非常稳定，48.04%的家庭收入较为稳定，收入不太稳定和非常不稳定的家庭占比较低，分别为19.45%和3.31%。在支出用途方面，受访者家庭认为最主要的日常支出用途分别是购买食品烟酒、衣着等生活用品及水电煤等生活费的开支（72.08%）、教育支出（31.75%）以及房贷、车贷等归还贷款等债务支出（31.12%），10.58%的受访者认为保险保费支出是家庭的主要支出之一。在收支差额方面，大部分受访者家庭年收入能覆盖支出。42.24%的受访者家庭年收入大于支出且有结余，39.04%的受访者家庭收入和支出大致相当，仅有13.36%的受访者家庭收入不足以覆盖支出，还有5.36%的受访者不清楚自己家庭的收支状况。在余（缺）钱管理方面，当受访者家庭每月有余钱时，存在银行是最主要的管理方式（68.94%），还有28.48%的家庭选择购买银行理财或基金、股票、信托等金融产品，16.04%的家庭会存放一些钱在家里，还有14.18%的家庭基本没有余钱；当有临时资金需求时，大部分受访者家庭都能通过不同方式应对日常生活中出现的临时缺钱的状况，动用自己的存款或卖出投资理财产品是最主要的解决方式（54.09%），其次是向银行贷款或透支银行信用卡（33.34%）和向亲戚朋友借钱（31.11%），还有5.42%的家庭较难筹集到钱。

2. 风险应对及风险保障

在可动用资金状况方面，假定在没有其他任何收入来源的情况下，41.79%的受访者家庭目前能马上动用或快速变现的自有资金能支撑 1 年以上的日常生活开支，20.68% 的家庭能支撑 7 个月至 1 年，14.24% 的家庭能支撑 4~6 个月，13.07% 的家庭能支撑 1~3 个月，仍有 10.22% 的家庭几乎没有可以马上动用或快速变现的自有资金。在保险覆盖方面，约八成的受访者家庭持有商业保险产品和服务。持有健康险（包括重疾险、医疗险等）的家庭比例最高（47.30%），其次是持有车险及其他家庭财产保险（35.73%）、意外险（33.45%）和寿险（28.09%），持有农业险以及责任险、保证保险或其他商业保险的家庭比例相对较低，还有 21.95% 的家庭没有持有任何商业保险。对未持有保险产品和服务的受访者家庭来说，认为"保险没有什么用处，白白浪费资金"（27.98%）和"不懂保险也不知道应该买什么保险"（27.07%）是最主要的两大原因，其次还有家庭认为"想买保险但保险费用太贵"（19.26%）以及认为"在已有社会保险的情况下是否持有商业保险无所谓"（16.22%）等。在保险保障程度方面，在购买了保险的受访者家庭中，38.30% 的受访者家庭认为保险重要且理赔收入解决了家庭资金难题或有保险公司代劳处理事情，30.82% 的家庭尚未遇到事件需要理赔，24.35% 的家庭认为保险比较重要但保额太低理赔金额难以覆盖损失，还有 6.53% 的家庭由于保险理赔难而认为保险未能对其发挥风险保障作用。

3. 金融素养及行为理性

在数字支付使用方面，大部分受访者使用支付宝、微信、云闪付、银行 APP 等数字支付时没有障碍，66.60% 的受访者没有使用障碍、经常使用，11.11% 的受访者没有障碍但不太喜欢或不考虑使用，7.93% 的受访者认为操作有点儿困难、使用时需要花点儿时间，6.61% 的受访者不太会操作、使用时需要有人指导。在信用状况方面，大部分受访者信用记录良好。72.11% 的受访者了解自己的信用记录且没有不良信用记录，5.04% 的受访者曾经有过不良信用记录，14.43% 的受访者不了解自己的信用状况，从未查询过自己的信用记录，还有 8.42% 的受访者不关心信用状况，感觉信用状况和自己的日常生活没有多大关系。在理财能力方面，大多数受访者投资理财行为较为理性。42.26% 的受访者反映主要将余钱存在银行、不怎么买各种理财产品，33.45% 的受访者投资行为较为稳健、不太会买高收益的产品、不愿意承担较高的损失，20.71% 的受访者会买一些高收益的产品、愿意承担较高的损失，还有 3.58% 的受访者认为银行理财产品可以随便买、亏损了可以找银行赔。对社会上有些机构宣传推介的高收益产品，71.91% 的受访者能识别一些机构不是正规金融机构，不会购买其产品，21.80% 的受访者不能识别这些机构是否为正规金融机构，购买其产品有些犹豫，还有 6.28% 的受访者不在乎这些机构是不是正规金融机构、收益高就愿意试试其产品。在理性维权能力方面，受访者具有一定的金融消费者权益意识和能力。当遇到金融消费者权益受到侵害或与金融机构发生金融消费纠纷时，超半数的受访者会通过一种或多种渠道维护自身合法权益，52.84% 的受访者会向金融机构投诉，46.95% 的受访者向人民银行、银保监等监管部门或相关政府热线等投诉，还有部分受访者选择向金融消费纠纷调解组织等社会机构申请调解或向法院起诉,但也有18.69%的受访者选择自己承受,还有10.81%的受访者不知道如何维护自身权益。

4. 财务规划及未来信心

在大额支出规划方面,大部分受访者能为特定目的或重大开支提前制定规划。40.85%的受访者能提前规划并能存下钱,29.58%的受访者能提前规划,但有时候并不能按计划存下钱,9.35%的受访者能提前规划,但基本没有执行,还有20.22%的受访者基本没有规划。除动用储蓄外,八成左右的受访者家庭还能通过其他方式筹集到购房购车、创业等重大开支所需的资金。48.72%的受访者能有抵押物或良好的信用向银行借款,32.73%的受访者可以向亲戚朋友借款,19.77%的受访者可以向银行以外的其他机构借款,10.37%的受访者可以变卖其他资产,还有18.72%的受访者认为很难筹集所需要的资金。在债务负担方面,大部分受访者债务负担不重。41.98%的受访者没有债务,21.99%的受访者感觉债务负担较轻,21.97%的受访者感觉债务负担适中,10.73%的受访者感觉债务负担有点重,还有3.33%的受访者感觉已经明显过度负债。在金融信心方面,七成左右的受访者认为自己具有一定的金融能力。当询问受访者自身情况是否与"我具有较好的金融能力,这使我和家人能更好享受生活"相符时,27.30%的受访者认为完全相符,42.18%的受访者认为较为相符,20.98%的受访者认为不太相符,还有9.54%的受访者认为不相符。在未来信心方面,一半左右的受访者对未来有充足信心。46.46%的受访者认为能够采取有效措施,对未来有充分信心,26.23%的受访者采取了一些积极措施,但对未来没有太大把握和信心,15.55%的受访者能采取的措施有限,但对未来感到焦虑或担心未来钱不够用,还有11.76%的受访者对未来无所谓或不关心。在养老信心方面,大部分受访者对养老具有一定的信心。40.06%的受访者对养老非常有信心,32.17%的受访者对养老比较有信心,12.25%的受访者对养老没有信心,还有15.53%的受访者觉得太遥远、不好说。受访者对养老没有信心或信心不足、不确定的原因最主要是担心自己没有足够用于养老的储蓄(32.71%),其次是没有重疾险等商业保险,可能难以负担一场大病的费用(14.79%)和没有养老保险或感觉养老保险提供的钱不够自己用(14.71%),再次是没有房产等大额资产(7.46%)和没有子女赡养或担心子女赡养有限(5.60%)。

5. 小微企业主/个体工商户调查情况

在生产经营信心方面,七成左右的小微企业主/个体工商户受访者[①]对未来的生产经营比较有信心。34.29%的小微企业主/个体工商户受访者对未来的生产经营非常有信心,39.44%比较有信心,16.06%不那么有信心,3.96%没有信心,还有6.24%认为不好判断。在小微企业主/个体工商户生产经营面临的突出困难方面,最突出的困难就是新冠疫情带来的不确定性(56.25%),市场不好、需求不足(49.70%)以及原材料、用工等成本高(38.49%)三大困难。还有小微企业主/个体工商户认为存在企业

---

① 本部分共获得1009份小微企业主/个体工商户的有效回答。

生产技术升级换代难度大、存在被淘汰的风险（13.19%），政策环境、政府补贴或其他支持等具有不确定性（10.12%）等困难。认为环保达标或碳减排压力大（7.04%）、获取银行贷款等金融支持存在难度（7.64%）是突出困难的小微企业主/个体工商户比例相对较少。在金融服务满意度方面，大多数受访小微企业主/个体工商户对银行金融服务较为满意。62.74%的小微企业主/个体工商户认为银行能积极响应企业需求，能较好地提供所需要的金融服务，17.94%认为银行暂时不能满足企业的一些需求，但愿意积极想办法，14.27%没有用到太多金融服务，平时和银行打交道不多，有5.15%认为银行不怎么关心小微企业的金融需求，不太好打交道。

（三）个人金融健康指数构建

金融健康的构成要素较多，所涉指标也较为复杂，为了综合反映居民金融健康情况，我们尝试构建个人金融健康指数，为每个受访者赋予一个金融健康指数得分，从而能够简单直观地展示每个居民的金融健康总体水平。我们使用了能直接反映受访者金融健康情况的12个指标（见表20-3），以等权重法构建金融健康指数。这12个指标共涉及16个调查问题，问题的每个选项根据其反映的金融健康程度被赋值0~12分，分值越高意味着金融健康水平越高，金融健康指数由各题得分加总并换算成百分制得出。

表20-3　　　　　　　　　　个人金融健康指数所含指标

维度	指标
日常收支及平衡管理	收支差额
	余钱管理
	缺钱应对
风险应对及保险保障	可动用资金状况
	保险覆盖情况
金融素养及行为理性	数字支付使用情况
	信用状况
	理财能力
	理性维权能力
财务规划及未来信心	大额支出规划
	债务负担
	未来信心

我们利用8990个样本计算得出受访者金融健康指数平均分为69.38分，中位数为73.96分，标准差为20.64分，其中，得分小于60分的受访者占比为28.74%，得分在60~69分之间的受访者占比为14.18%，得分在70~79分之间的受访者占比为19.20%，得分在80~89分之间的受访者占比为23.68%，得分在90~100分之间的受访者占比为14.19%（见图20-1）。

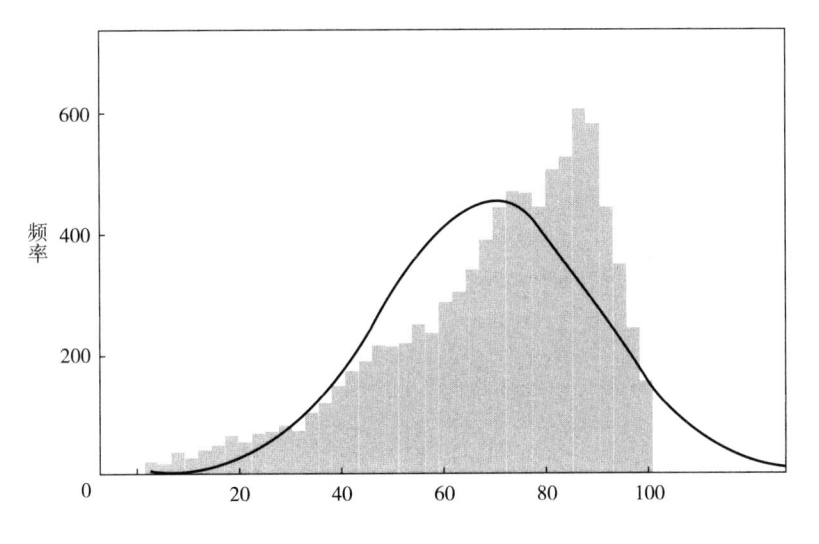

图 20-1 受访者金融健康指数分布直方图

具有不同年龄、性别、学历等特征的受访者，其金融健康水平存在一定差异（见表 20-4）。如按年龄细分，中年受访者金融健康水平最高，老年受访者金融健康水平最低。30~39 岁的受访者金融健康指数平均分最高（73.41 分），得分在 60 分和 80 分以上的占比也均为最高（78.79% 和 43.24%）；而 60 岁及以上受访者金融健康指数平均分最低（59.60 分），在 60 分以上的比例最低（53.14%）；16~19 岁的受访者金融健康水平相对较低[①]，平均分（64.06 分）仅略高于 60 岁及以上受访者。按性别细分，男性和女性的金融健康水平差异不大。男性金融健康指数平均分为 69.13 分，女性为 69.65 分，男女金融健康指数在 60 分和 80 分以上的比例差异均在 2 个百分点以内。按学历细分，学历越高，金融健康水平相对越高，研究生及以上受访者金融健康水平最高（平均分为 78.12 分），小学及以下受访者金融健康水平最低（54.82 分）。研究生及以上受访者金融健康指数在 60 分、80 分和 90 分以上的占比均为最高（86.76%、55.25% 和 26.03%）；而小学及以下受访者金融健康指数在 60 分以上的比例最低（44.62%）。按职业细分，受访者为企事业单位员工的金融健康水平最高（平均分为 77.84 分），没有工作的受访者金融健康水平最低（平均分为 53.29 分）。企事业单位员工金融健康指数在 60 分、80 分和 90 分以上的占比均为最高（86.75%、53.98% 和 21.68%）；自主创业、企业主或个体户的金融健康水平次之（平均分为 74.58 分），超八成受访者金融健康指数在 60 分以上；近六成没有工作的受访者金融健康指数在 60 分以下，在所有群体中比例最高。

---

① 这可能与部分 16~19 岁受访者为学生且尚未充分参与经济金融活动有关。

表 20-4　　　　　　　　受访者金融健康指数平均得分　　　　　　　单位：分

省份		年龄	
山东省	74.20	16~19 岁	64.06
湖北省	68.83	20~29 岁	72.29
湖南省	66.91	30~39 岁	73.41
四川省	64.86	40~49 岁	72.45
陕西省	66.26	50~59 岁	67.59
浙江省	77.19	60 岁及以上	59.60
性别		教育程度	
男性	69.13	小学及以下	54.82
女性	69.65	初中	65.11
居住地		高中/中专/技校	70.04
城镇	73.48	大专	73.89
农村	62.58	大学本科	77.39
		研究生及以上	78.12
人均月收入		职业	
1000 元以下	46.17	企事业单位员工	77.84
1000~2999 元	58.89	务农	58.79
3000~4999 元	69.95	自主创业、企业主或个体户	74.58
5000~9999 元	77.23	兼职或打零工	59.09
10000~19999 元	79.32	没有工作	53.29
2 万~5 万元	79.36	学生	67.53
5 万元以上	79.02	退休	67.62
		其他	66.12

（四）实证分析的主要结论

1. 受访者整体具有一定的金融健康水平

超过七成的受访者金融健康指数在 60 分以上。在日常收支及平衡管理方面，一半左右的家庭收入来源于固定工作的工资性收入，近八成受访者收入稳定性较高，超八成受访者家庭年收入能覆盖支出，大部分家庭能借助存贷款等方式较好管理余（缺）钱；在风险应对及风险保障方面，大部分家庭具有一定的应对韧性，超六成家庭目前能马上动用或快速变现的自有资金能支撑半年以上的日常生活开支，约八成的受访者家庭持有不同种类的商业保险产品和服务；在金融素养及行为理性方面，近七成的受访者在使用数字支付时没有障碍，超七成受访者没有不良信用记录，大多数受访者投资理财行为较为理性，还有超半数的受访者会通过一种或多种渠道维护自身合法权益；在财务规划及未来信心方面，七成左右受访者能为特定目的或重大开支提前制定规划，八成左右的受访者家庭能通过各种方式筹集到购房购车、创业等重大开支所需的资金，超八成受访者认为债务负担不重，七成左右的受访者较为认可自身的金融能力，超七成受访者对未来有一定的信心。

2. 受访者金融健康水平还有较大提升空间

仅有不到四成的受访者金融健康指数在80分以上，不到两成的受访者金融健康指数在90分以上。受访者余（缺）钱管理能力有待改进，少部分受访者尚未利用金融工具管理余（缺）钱，大部分能利用金融工具的家庭在管理余钱时也是较多采用存款方式，只有不到三成的家庭会将购买银行理财或基金、股票、信托等金融产品作为管理余钱的主要方式，同时正规渠道借贷在缺钱管理中的作用还有待发挥，只有三成左右家庭将向银行贷款或透支银行信用卡作为管理余钱的主要方式；受访者金融韧性有待提升，超两成的家庭假定在没有其他任何收入来源的情况下几乎没有可以马上动用或快速变现的自有资金，超两成家庭没有持有任何保险产品，不到四成的家庭同时持有人身和财产等多样化的保险产品，部分家庭对保险产品还存在不懂、不了解等情况；受访者金融能力有待加强，三成左右的受访者信用意识还有待提升，两成左右受访者不了解或不关心自身信用状况，少部分受访者尚未树立正确的理财风险意识，还有部分消费者在遇到金融消费纠纷时不知道如何解决或选择自我承受；受访者财务规划和未来信心仍然不足，两成受访者基本没有大额支出规划，四成受访者即便制定了规划但规划执行情况不佳，三成左右的受访者对自身金融能力认可度不高，还有超过一半的受访者对未来缺乏信心，少部分受访者对未来毫不关心。

3. 金融健康指数的地区、城乡、收入差距还较为明显

在地区差距方面，东部的浙江宁波受访者金融健康指数整体水平最高，平均分为77.19分（金融健康指数在60分和80分以上的占比分别达83.48%和53.00%）；西部的四川受访者金融健康指数平均分最低（64.86分），其金融健康指数在60分以上的占比也最低（63.22%）；中部的湖南受访者金融健康指数也相对较低，平均分为66.91分，金融健康指数在80分以上的占比最低（28.08%）。在城乡差距方面，农村受访者金融健康指数平均分（62.58分）明显低于城镇受访者平均分（73.48分）；58.64%的农村受访者金融健康指数在60分以上，比城镇受访者低近20个百分点。在收入差距方面，月收入在2万~5万元的受访者金融健康指数平均分最高（79.36分），其在60分和80分以上的占比也均为最高（89.12%和61.90%）；而月收入在1000元以下受访者金融健康指数平均分最低（46.17分），在60分以上的比例也最低（31.02%）。

4. 有些群体在金融健康的多个指标上均表现不好，这些指标相互交织，从多个层面影响受访者的金融健康水平

比如低收入群体收入不稳定，信用状况往往较差，这部分群体一方面感觉债务负担过重的比例高，另一方面缺钱时融资难度大，更容易对未来感到焦虑或担心未来钱不够用，对自身的金融能力认可度相对不高，这些因素相互影响可能使其陷入金融和生活上的困境或是发生恶性循环，极大地影响其生产生活。此外，调查还发现老年受访者金融健康水平相对较低，需要不断提升金融服务的适老化水平，更好帮助老年群

体弥合"数字鸿沟"。

5. 从小微企业主/个体工商户的情况看,获取金融服务并不是其生产经营面临的突出困难

仅有7.64%的受访小微企业主/个体工商户认为获取银行贷款等金融支持存在难度是其生产经营面临的突出困难;相较而言,新冠疫情带来不确定性,市场不好、需求不足,原材料、用工等成本高是其面临的最突出的三大困难。在金融服务方面,大多数受访小微企业主/个体工商户对银行金融服务较为满意,虽然还有两成左右的小微企业主/个体工商户认为银行暂时不能满足企业的一些需求,但银行愿意积极想办法,也还有少部分小微企业主、个体工商户与银行打交道不多或认为银行不好打交道。由此可以看出,金融服务小微企业和个体工商户仍有较大提升空间,银行在金融服务态度、方式等方面仍需进一步改进,金融服务内容有待更加契合金融需求。此外,金融政策与其他政策的协调联动有待加强,以更好解决小微企业主和个体工商户面临的各方面的经营困难。

六、我国金融健康建设的着力点

综合分析上述金融健康调查的结果及相关情况,可以看出我国居民的金融健康整体而言有一定的基础,但仍有较大的提升空间。受访者在余(缺)钱管理能力、金融韧性、金融能力、财务规划和未来信心等方面均有明显不足,不同群体的金融健康水平还存在较多不平衡现象,金融健康建设任重而道远,且与普惠金融高质量发展有密切的协同性,对乡村振兴和共同富裕有明显的助力作用。为进一步提升金融健康水平,建议未来一段时间可聚焦以下着力点进行拓展推进。

(一)提升普惠金融发展能级,探索在乡村振兴和共同富裕中构建金融健康的政策框架

建议在现有普惠金融覆盖面较广的基础上,研究探索宏观、中观、微观相结合的政策框架,因地制宜、因时施策、多措并举、多管齐下推进金融健康建设,有力支持乡村振兴和共同富裕。通过提升农村居民的财务韧性,助力巩固脱贫攻坚成果,防止返贫致贫;通过优化城乡居民财务状况,助力激发居民的创新创业动力和潜能,实现财产保值增值,为共同富裕奠定更加坚实的群众基础;通过解决普惠金融发展不平衡不充分问题,实现普惠金融高质量发展,助力缩小地区差距、城乡差距和收入差距。

(二)发挥金融机构主力军作用,为普惠个体提供针对性更强的金融产品和服务

金融机构应不断加强金融健康能力建设,围绕促进金融健康的内在要求,创新优化产品和服务,将金融健康理念融入产品设计,覆盖事前、事中、事后的服务全流程,使普惠金融从面向普惠群体更进一步落实到普惠个体,根据每个客户的金融健康水平为其提供量身定制的支付、储蓄、保险、信贷、理财等各类金融服务,与其财务状况和风险承受能力精准匹配。同时,要将提升客户的金融健康水平作为经营的重要目标之一,与金融机构自身的风控环节有机结合,最终实现金融机构稳健经营与客户金融

健康的双赢，更好地走出一条普惠金融"成本可负担、商业可持续"之路。

（三）构建行为监管体系，发挥金融教育和消费者保护在金融健康建设中的支柱作用

建议探索将金融健康作为行为监管的核心目标之一，统筹健全金融教育和金融消费者保护体系。应在金融教育的顶层设计中有效融入金融健康理念，系统推进金融知识纳入国民教育体系，统筹开展集中性金融知识普及活动，不断提升消费者金融素养，培养其科学作出财务决策和适当选择金融产品的能力，从需求侧为消费者自我追求金融健康充分赋能；不断强化金融消费者权益保护力度，持续加强对供给侧的行为监管，打击侵害消费者合法权益的行为，为广大人民群众的金融健康保驾护航。

（四）加强宏观调控与微观主体的良性互动，实现金融健康与货币政策和金融稳定的相互促进

建议在货币政策制定中适时将金融健康纳入考量范围，既可以发挥金融健康在畅通货币政策传导机制中的作用，提升货币政策的有效性；又可以发挥货币政策的引导作用，激励金融机构和微观主体作出有利于金融健康的行为，通过合理影响个体的资产（投资）、负债与消费而对金融健康产生积极作用。同时，应研究分析影响微观个体金融健康水平的要素，综合运用个体收入、支出、金融素养、现金流稳定性、应对意外冲击的准备情况等要素衡量弱势群体金融健康状况，充分通过金融健康建设增强个体应对风险事件的韧性，实现与金融稳定的相互促进；在风险监测和风险处置中充分考虑相关群体的金融健康状况，既要避免大量个体的金融不健康积聚形成金融风险的隐患，也要防止金融风险外溢而对大量个体的金融健康产生负面影响。

（五）完善相关基础设施和法律法规，为金融健康提供制度保障

对于消费者而言，金融健康建设离不开更加高效便捷安全的支付、征信等金融基础设施；对于金融机构而言，需要充分借助大数据、云计算、人工智能、区块链等科技创新成果，深化高效能的数字普惠金融服务，在有条件的范围内探索建立客户金融健康档案。同时，可考虑将金融健康理念纳入相关法律法规的框架中，在推进金融稳定、金融消费者权益保护、个人破产等立法工作中充分考虑金融健康的要素；建立完善与金融健康要求相适应的监管规则体系，打造有利于金融健康建设的良好金融生态。

（六）建立健全评估评价指标体系和诊断工具，为金融健康提供科学的衡量标准

指标数据对金融健康的政策制定和批量化的"体检诊断"至关重要，是金融健康实践的基础。建议在现有普惠金融指标体系及填报制度的基础上，建立健全金融健康指标体系及填报制度，完善金融健康评价标准；可以借鉴吸收财务日记调查等国际先进的微观调查方式方法，将其与传统普惠金融调查结果相结合，使其在广度和深度上相互补充，为金融健康建设提供更全面的衡量标准和客观依据。可考虑在普惠金融改革试验区等地大胆探索，先行先试，试点开展一段时期的金融健康跟踪调查，研究开发金融健康诊断工具，探索更多可复制可推广的实践经验。

参考文献

[1] 刘国强. 以普惠金融助力实体经济发展 [J]. 金融电子化, 2017 (10): 7-9+6.

[2] 余文建. 普惠金融指标体系构建——从国际探索到中国实践 [J]. 中国金融, 2017 (5): 90-91.

[3] Center for Financial Inclusion. Toward a Financial Health Tool for Consumers—Test Results from Eastern Europe and Central Asia [R]. 2018.

[4] Center for Financial Services Innovative. Understanding and Improving Consumer Financial Health in America [R]. 2015.

[5] Center for Financial Services Innovative. Eight Ways to Measure Financial Health [R]. 2016.

[6] Center for Financial Services Innovation. Beyond Financial Inclusion: Financial Health as a Global Framework [R]. 2017.

[7] Center for Financial Services Innovation. U.S. Financial Health Pulse—2018 Baseline Survey Results [R]. 2018.

[8] Consumer Financial Protection Bureau. Measuring Financial Well-being [R]. 2015.

[9] Consumer Financial Protection Bureau. Building Blocks to Help Youth Achieve Financial Capability [R]. 2016.

[10] Federal Reserve Bank of Chicago. Small Business Financial Health Analysis [R]. 2013.

[11] Innovations for Poverty Action. Measuring Financial Health Around the Globe: Survey Manual [R]. 2020.

[12] United Nations Capital Development Fund. Delivering Financial Health Globally [R]. 2021.

后　记

　　2012年12月26日，中国人民银行金融消费权益保护局（以下简称消保局）正式成立。消保局成立十年来的风雨兼程既是党的十八大以来以习近平同志为核心的党中央亲切关怀和坚定领导金融工作的一个小缩影，也是消保局积极探索实践具有中国特色金融发展之路的一个小故事。为了更好地回顾历程、总结经验，进一步深入学习领会习近平经济思想，深刻把握金融工作规律，深化对金融工作政治性和人民性的认识，消保局结合党的十八大以来尤其是消保局成立以来中国特色金融消费权益保护的实践探索，对中国特色金融消费权益保护发展的内在逻辑进行了总结分析。为此，我们在近年来完成的重点研究课题的基础上，组织撰写了《中国特色金融消费权益保护：内在逻辑与实践探索》一书。

　　本书是集体智慧的结晶。特别感谢历任分管行领导的悉心指导，本书中很多论述直接来源于各位行领导的思想和观点。感谢人民银行各司局、所属单位和原银保监会、原银监会、证监会、原保监会等部门有关司局给予的支持和帮助。感谢各金融机构消保部门、普惠金融部门的合作与配合。感谢消保局各位同事、人民银行分支机构消保战线各位同事的努力和付出，尤其是各位重点研究课题参与者做了大量工作，付出了辛勤劳动，对各位参与者作出的贡献表示感谢（具体见各章的相关说明）。同时，本书得以付梓，还要感谢中国金融出版社的大力支持，尤其是各位编辑对书稿的匡正和校核。

　　由于水平有限，错误或遗漏在所难免，敬请广大读者批评指正，并诚挚希望多提宝贵意见。